法律政策全书系列

法律政策全书

2024年版

税收

- 全面准确收录
- 合理分类检索

含法律、法规、司法解释、典型案例及相关文书

中国法制出版社
CHINA LEGAL PUBLISHING HOUSE

导　　读

　　税收不但是财政收入的主要来源、调控经济运行的重要手段，而且是调节收入分配的重要工具。目前，我国税收制度日趋完善，但对于广大的一般读者来说，要想全面、准确地适用繁多、复杂的法律法规，往往会感到无从下手，而对于专业人士来说，一本全面、明晰的税收法律工具书也是工作中不可多得的好帮手。我们出版本书的目的就在于对我国现行有效的税收法律、政策进行全面、系统的梳理，通过合理的分类方便读者检索与应用。

　　需要注意的是，2018年6月15日，按照党中央、国务院统一部署，全国各省（自治区、直辖市）级以及计划单列市的国税局、地税局正式宣告合并。国家税务总局遂对相关规范性文件作出了调整，本书也进行了更新。

　　本书共分为以下几个部分：

　　一、一般规定

　　本部分收录了关于税收管理的常用规定。其中，以加强税收征收管理、规范税收征收和缴纳行为为目的的《中华人民共和国税收征收管理法》最为重要。该部分还收录了新近修正的《中华人民共和国发票管理办法实施细则》等重要规定。

　　二、所得税

　　本部分包含了企业所得税和个人所得税两大部分。2018年，《中华人民共和国个人所得税法》和《中华人民共和国企业所得税法》进行了较大规模的修改，需要重点关注国家税务总局发布的预扣预缴、专项附加扣除等方面的相关规定。

三、增值税

经国务院批准,自 2016 年 5 月 1 日起,在全国范围内全面推开营业税改征增值税试点。2017 年 11 月 19 日,国务院决定废止《中华人民共和国营业税暂行条例》。随着增值税改革的不断深化,国家相关部门相继发布了许多关于增值税的新规定,本部分也收录了近年发布的相关规定,以资参考。

四、消费税

本部分收录了《中华人民共和国消费税暂行条例》《中华人民共和国消费税暂行条例实施细则》等消费税税收依据。

五、关税

《中华人民共和国关税法》自 2024 年 12 月 1 日起施行。本部分在收录该法的同时,还收录了《中华人民共和国海关法》中与关税相关的内容及其他相关规范。

六、土地方面相关税收

《中华人民共和国耕地占用税法》于 2019 年 9 月 1 日起施行。本部分不仅收录了该法,而且收录了《国家税务总局关于房地产开发企业土地增值税清算管理有关问题的通知》等相关规范性文件。

七、房产税

本部分收录了《中华人民共和国房产税暂行条例》及其他关于房产税的规范。

八、资源税、环境保护税、烟叶税

《中华人民共和国环境保护税法》于 2018 年 10 月 26 日修正。《中华人民共和国资源税法》于 2020 年 9 月 1 日起施行。《中华人民共和国烟叶税法》于 2018 年 7 月 1 日起施行。随着这些法律的修正或施行,税收制度得到进一步完善。

九、契税、印花税

《中华人民共和国契税法》自2021年9月1日起施行。《中华人民共和国印花税法》自2022年7月1日起施行。此两个税种与我们的生活联系比较紧密，相关规定应当认真学习。

十、城市维护建设税、教育费附加

《中华人民共和国城市维护建设税法》自2021年9月1日起施行。城市维护建设税的设置目的为加强城市的维护建设，扩大和稳定城市维护建设资金的来源。教育费附加的设置目的为加快发展地方教育事业，扩大地方教育经费的资金来源。除了《中华人民共和国城市维护建设税法》《征收教育费附加的暂行规定》等基本规范外，本书还收录了相关通知、公告。

十一、车船税、车辆购置税、船舶吨税

《中华人民共和国车船税法》于2019年4月23日修正。《中华人民共和国车辆购置税法》于2019年7月1日起施行。《中华人民共和国船舶吨税法》于2018年7月1日起施行，于同年10月26日修正。本部分除收录了以上三部法律外，还收录了《国家税务总局、交通运输部关于城市公交企业购置公共汽电车辆免征车辆购置税有关事项的公告》等相关规定。

目　　录

一、一般规定

● **法　律**

中华人民共和国税收征收管理法 …………………………（1）
　　（2015年4月24日）①
中华人民共和国刑法（节录）……………………………（19）
　　（2023年12月29日）

● **行政法规及文件**

中华人民共和国税收征收管理法实施细则 ………………（25）
　　（2016年2月6日）
中华人民共和国发票管理办法 ……………………………（46）
　　（2023年7月20日）

● **部门规章及文件**

（一）税务管理

中华人民共和国发票管理办法实施细则 …………………（54）
　　（2024年1月15日）
网络发票管理办法 …………………………………………（60）
　　（2018年6月15日）
税务登记管理办法 …………………………………………（62）
　　（2019年7月24日）

---

① 本目录中的时间为法律文件的公布时间或最后一次修正、修订公布时间。

纳税评估管理办法（试行）……………………………………（71）
　　（2018年6月15日）
纳税人涉税保密信息管理暂行办法……………………………（78）
　　（2018年6月15日）
涉税信息查询管理办法…………………………………………（83）
　　（2016年6月30日）
国家税务总局关于纳税信用管理有关事项的公告……………（85）
　　（2020年9月13日）
纳税信用管理办法（试行）……………………………………（88）
　　（2014年7月4日）
境外旅客购物离境退税管理办法（试行）……………………（95）
　　（2018年6月15日）
启运港退（免）税管理办法（2018年12月28日修订）………（102）
　　（2018年12月28日）
出口货物退（免）税管理办法（试行）………………………（105）
　　（2018年6月15日）

（二）税款征收

委托代征管理办法………………………………………………（113）
　　（2013年5月10日）
税收票证管理办法………………………………………………（120）
　　（2019年7月24日）
纳税担保试行办法………………………………………………（134）
　　（2005年5月24日）
抵税财物拍卖、变卖试行办法…………………………………（144）
　　（2005年5月24日）

（三）检查监督

税务稽查案件办理程序规定……………………………………（153）
　　（2021年7月12日）
重大税收违法失信主体信息公布管理办法……………………（169）
　　（2021年12月31日）

重大税务案件审理办法……………………………………（176）
　　（2021年6月7日）
税收违法行为检举管理办法……………………………………（185）
　　（2019年11月26日）
一般反避税管理办法（试行）…………………………………（193）
　　（2014年12月2日）
税收违法案件发票协查管理办法（试行）……………………（198）
　　（2013年6月19日）
税收执法督察规则………………………………………………（203）
　　（2018年6月15日）

（四）其　　他

非居民纳税人享受协定待遇管理办法…………………………（213）
　　（2019年10月14日）
税收政策合规工作实施办法（试行）…………………………（218）
　　（2015年10月10日）

● 司法解释及文件

最高人民法院、最高人民检察院关于办理危害税收征管刑事
　　案件适用法律若干问题的解释………………………………（221）
　　（2024年3月15日）
最高人民法院关于审理偷税抗税刑事案件具体应用法律若干
　　问题的解释……………………………………………………（232）
　　（2002年11月5日）

二、所　得　税

● 法　　律

中华人民共和国企业所得税法…………………………………（235）
　　（2018年12月29日）

中华人民共和国个人所得税法 ………………………………… (247)
　　(2018 年 8 月 31 日)

● 行政法规及文件
中华人民共和国企业所得税法实施条例 …………………………… (255)
　　(2019 年 4 月 23 日)
中华人民共和国个人所得税法实施条例 …………………………… (282)
　　(2018 年 12 月 18 日)
国务院关于提高个人所得税有关专项附加扣除标准的通知 ……… (290)
　　(2023 年 8 月 28 日)

● 部门规章及文件

(一) 企业所得税

财政部、税务总局关于设备、器具扣除有关企业所得税政策
　的公告 …………………………………………………………… (291)
　　(2023 年 8 月 18 日)
财政部、税务总局关于进一步支持小微企业和个体工商户发
　展有关税费政策的公告 ………………………………………… (292)
　　(2023 年 8 月 2 日)
国家税务总局关于落实小型微利企业所得税优惠政策征管问
　题的公告 ………………………………………………………… (294)
　　(2023 年 3 月 27 日)
国家税务总局关于企业所得税年度纳税申报有关事项的公告 …… (295)
　　(2022 年 12 月 30 日)
企业所得税核定征收办法 (试行) …………………………………… (297)
　　(2018 年 6 月 15 日)
跨地区经营汇总纳税企业所得税征收管理办法 …………………… (302)
　　(2018 年 6 月 15 日)
跨省市总分机构企业所得税分配及预算管理办法 ………………… (314)
　　(2012 年 6 月 12 日)

关于《跨省市总分机构企业所得税分配及预算管理办法》的
补充通知……………………………………………………（320）
　　（2012年12月25日）
企业重组业务企业所得税管理办法………………………（322）
　　（2010年7月26日）
国家税务总局关于企业重组业务企业所得税征收管理若干问
题的公告……………………………………………………（333）
　　（2018年6月15日）
企业资产损失所得税税前扣除管理办法…………………（337）
　　（2018年6月15日）
企业所得税汇算清缴管理办法……………………………（350）
　　（2018年6月15日）
国家税务总局关于技术转让所得减免企业所得税有关问题的
公告…………………………………………………………（356）
　　（2013年10月21日）
非居民企业所得税核定征收管理办法……………………（357）
　　（2018年6月15日）
非居民企业所得税汇算清缴管理办法……………………（359）
　　（2018年6月15日）

（二）个人所得税

国家税务总局关于贯彻执行提高个人所得税有关专项附加扣
除标准政策的公告…………………………………………（363）
　　（2023年8月30日）
财政部、税务总局、国家发展改革委、中国证监会关于延续
实施创业投资企业个人合伙人所得税政策的公告………（365）
　　（2023年8月21日）
财政部、税务总局关于延续实施全年一次性奖金个人所得税
政策的公告…………………………………………………（368）
　　（2023年8月18日）

财政部、税务总局关于延续实施上市公司股权激励有关个人
　　所得税政策的公告……………………………………………（369）
　　　　（2023年8月18日）
财政部、税务总局、住房城乡建设部关于延续实施支持居民
　　换购住房有关个人所得税政策的公告……………………（370）
　　　　（2023年8月18日）
国家税务总局关于进一步落实支持个体工商户发展个人所得
　　税优惠政策有关事项的公告………………………………（371）
　　　　（2023年8月2日）
个人所得税专项附加扣除操作办法（试行）……………………（373）
　　　　（2022年3月25日）
财政部、税务总局关于权益性投资经营所得个人所得税征收
　　管理的公告……………………………………………………（380）
　　　　（2021年12月30日）
国家税务总局关于进一步简便优化部分纳税人个人所得税预
　　扣预缴方法的公告……………………………………………（381）
　　　　（2020年12月4日）
国家税务总局关于完善调整部分纳税人个人所得税预扣预缴
　　方法的公告……………………………………………………（382）
　　　　（2020年7月28日）
国家税务总局关于自然人纳税人识别号有关事项的公告………（383）
　　　　（2018年12月17日）
个人所得税扣缴申报管理办法（试行）…………………………（384）
　　　　（2018年12月21日）
个体工商户个人所得税计税办法…………………………………（389）
　　　　（2018年6月15日）
个人所得税管理办法………………………………………………（396）
　　　　（2018年6月15日）
个人所得税自行纳税申报办法（试行）…………………………（410）
　　　　（2018年6月15日）

股权转让所得个人所得税管理办法（试行） ……………… （418）
　　（2018年6月15日）
国家税务总局关于个人非货币性资产投资有关个人所得税征
　　管问题的公告 …………………………………………… （425）
　　（2018年6月15日）
财政部、国家税务总局、证监会关于上市公司股息红利差别
　　化个人所得税政策有关问题的通知 …………………… （429）
　　（2015年9月7日）

三、增　值　税

● 行政法规及文件

中华人民共和国增值税暂行条例 ………………………… （431）
　　（2017年11月19日）

● 部门规章及文件

中华人民共和国增值税暂行条例实施细则 ……………… （437）
　　（2011年10月28日）
财政部、税务总局关于增值税小规模纳税人减免增值税政策
　　的公告 …………………………………………………… （446）
　　（2023年8月1日）
国家税务总局关于增值税小规模纳税人减免增值税等政策有
　　关征管事项的公告 ……………………………………… （446）
　　（2023年1月9日）
财政部、税务总局关于扩大全额退还增值税留抵税额政策行
　　业范围的公告 …………………………………………… （449）
　　（2022年6月7日）
财政部、税务总局、海关总署关于深化增值税改革有关政策
　　的公告 …………………………………………………… （451）
　　（2019年3月20日）

营业税改征增值税跨境应税行为增值税免税管理办法（试
　　行）……………………………………………………………（457）
　　　（2018年6月15日）
税务机关代开增值税专用发票管理办法（试行）……………（466）
　　　（2018年6月15日）
增值税一般纳税人纳税申报办法………………………………（469）
　　　（2018年6月15日）
增值税专用发票使用规定………………………………………（473）
　　　（2018年6月15日）
纳税人转让不动产增值税征收管理暂行办法…………………（481）
　　　（2018年6月15日）
纳税人提供不动产经营租赁服务增值税征收管理暂行办法…（485）
　　　（2018年6月15日）

● 司法解释及文件

最高人民法院关于虚开增值税专用发票定罪量刑标准有关问
　　题的通知………………………………………………………（489）
　　　（2018年8月22日）

四、消　费　税

● 行政法规及文件

中华人民共和国消费税暂行条例………………………………（490）
　　　（2008年11月10日）

● 部门规章及文件

中华人民共和国消费税暂行条例实施细则……………………（495）
　　　（2008年12月15日）
财政部、国家税务总局关于《中华人民共和国消费税暂行条
　　例实施细则》有关条款解释的通知 …………………………（501）
　　　（2012年7月13日）

财政部、税务总局关于部分成品油消费税政策执行口径的公告……（502）
　　（2023年6月30日）
国家税务总局关于电子烟消费税征收管理有关事项的公告……（502）
　　（2022年10月25日）
卷烟消费税计税价格信息采集和核定管理办法……（504）
　　（2018年6月15日）

五、关　　税

● 法　　律

中华人民共和国关税法……（513）
　　（2024年4月26日）
中华人民共和国海关法（节录）……（530）
　　（2021年4月29日）

● 部门规章及文件

中华人民共和国海关进出口货物征税管理办法……（534）
　　（2018年5月29日）
中华人民共和国海关税收保全和强制措施暂行办法……（554）
　　（2009年8月19日）

六、土地方面相关税收

● 法　　律

中华人民共和国耕地占用税法……（559）
　　（2018年12月29日）

● 行政法规及文件

中华人民共和国土地增值税暂行条例……（563）
　　（2011年1月8日）

中华人民共和国城镇土地使用税暂行条例……………………（565）
　　（2019年3月2日）

● 部门规章及文件
中华人民共和国土地增值税暂行条例实施细则……………（567）
　　（1995年1月27日）
土地增值税清算管理规程……………………………………（573）
　　（2009年5月12日）
国家税务总局关于房地产开发企业土地增值税清算管理有关
　问题的通知……………………………………………（582）
　　（2018年6月15日）
国家税务总局关于耕地占用税征收管理有关事项的公告……（586）
　　（2019年8月30日）

七、房　产　税

● 行政法规及文件
中华人民共和国房产税暂行条例……………………………（590）
　　（2011年1月8日）

● 部门规章及文件
国家税务总局关于调整房产税和土地使用税具体征税范围解
　释规定的通知…………………………………………（591）
　　（2018年6月15日）
财政部、国家税务总局关于对外资企业及外籍个人征收房产
　税有关问题的通知……………………………………（592）
　　（2009年1月12日）
财政部、国家税务总局关于房产税、城镇土地使用税有关问
　题的通知………………………………………………（593）
　　（2009年11月22日）

八、资源税、环境保护税、烟叶税

● 法　律

中华人民共和国资源税法 ……………………………………（595）
　　（2019年8月26日）
中华人民共和国环境保护税法 ………………………………（601）
　　（2018年10月26日）
中华人民共和国烟叶税法 ……………………………………（613）
　　（2017年12月27日）

● 部门规章及文件

国家税务总局关于资源税征收管理若干问题的公告 ………（614）
　　（2020年8月28日）
财政部、国家税务总局关于资源税有关问题执行口径的公告……（616）
　　（2020年6月28日）

九、契税、印花税

● 法　律

中华人民共和国契税法 ………………………………………（619）
　　（2020年8月11日）
中华人民共和国印花税法 ……………………………………（622）
　　（2021年6月10日）

● 部门规章及文件

（一）契　税

财政部、税务总局关于契税法实施后有关优惠政策衔接问题
　　的公告 ………………………………………………………（627）
　　（2021年8月27日）

国家税务总局关于契税纳税服务与征收管理若干事项的公告……(633)
　　（2021年8月26日）
财政部、税务总局关于贯彻实施契税法若干事项执行口径的
　　公告……………………………………………………………(636)
　　（2021年6月30日）

（二）印 花 税

财政部、税务总局关于减半征收证券交易印花税的公告…………(640)
　　（2023年8月27日）
国家税务总局关于实施《中华人民共和国印花税法》等有关
　　事项的公告………………………………………………………(640)
　　（2022年6月28日）
财政部、税务总局关于印花税法实施后有关优惠政策衔接问
　　题的公告…………………………………………………………(642)
　　（2022年6月27日）
财政部、税务总局关于印花税若干事项政策执行口径的公告……(643)
　　（2022年6月12日）

十、城市维护建设税、教育费附加

● **法　　律**

中华人民共和国城市维护建设税法……………………………………(647)
　　（2020年8月11日）

● **行政法规及文件**

征收教育费附加的暂行规定……………………………………………(649)
　　（2011年1月8日）
国务院关于统一内外资企业和个人城市维护建设税和教育费
　　附加制度的通知…………………………………………………(651)
　　（2010年10月18日）

● 部门规章及文件

国家税务总局关于城市维护建设税征收管理有关事项的公告…… （652）
　　（2021 年 8 月 31 日）
财政部、税务总局关于城市维护建设税计税依据确定办法等
　　事项的公告……………………………………………………（655）
　　（2021 年 8 月 24 日）
财政部、税务总局关于继续执行的城市维护建设税优惠政策
　　的公告……………………………………………………………（656）
　　（2021 年 8 月 24 日）

十一、车船税、车辆购置税、船舶吨税

● 法　　律

中华人民共和国车船税法……………………………………（658）
　　（2019 年 4 月 23 日）
中华人民共和国车辆购置税法…………………………………（661）
　　（2018 年 12 月 29 日）
中华人民共和国船舶吨税法……………………………………（663）
　　（2018 年 10 月 26 日）

● 行政法规及文件

中华人民共和国车船税法实施条例……………………………（668）
　　（2019 年 3 月 2 日）

● 部门规章及文件

财政部、税务总局、工业和信息化部关于延续和优化新能源
　　汽车车辆购置税减免政策的公告……………………………（673）
　　（2023 年 6 月 19 日）
国家税务总局、交通运输部关于城市公交企业购置公共汽电
　　车辆免征车辆购置税有关事项的公告………………………（675）
　　（2019 年 6 月 6 日）

船舶车船税委托代征管理办法……………………………………（678）
（2013年1月5日）

附　录

（一）典型案例

依法惩治危害税收征管典型刑事案例……………………………（681）
未按规定办理个人所得税汇算案例………………………………（694）
企业恶意骗取留抵退税案例………………………………………（696）
增值税发票虚开骗税和隐瞒高收入未如实申报纳税典型案例…（698）
增值税发票虚开骗税典型案例……………………………………（700）
虚开发票违法典型案例……………………………………………（701）
电子普通发票虚开违法典型案例…………………………………（703）

（二）相关文书

税务处理决定书……………………………………………………（705）
催告书（申请人民法院强制执行适用）…………………………（708）
税收强制执行决定书（扣缴税收款项适用）……………………（711）
扣缴税收款项通知书………………………………………………（714）
强制执行申请书……………………………………………………（717）
税务行政处罚决定书（简易）……………………………………（720）
社会保险费行政处罚决定书（简易）……………………………（722）

一 一般规定

法　律

中华人民共和国税收征收管理法

（1992年9月4日第七届全国人民代表大会常务委员会第二十七次会议通过　根据1995年2月28日第八届全国人民代表大会常务委员会第十二次会议《关于修改〈中华人民共和国税收征收管理法〉的决定》第一次修正　2001年4月28日第九届全国人民代表大会常务委员会第二十一次会议修订　根据2013年6月29日第十二届全国人民代表大会常务委员会第三次会议《关于修改〈中华人民共和国文物保护法〉等十二部法律的决定》第二次修正　根据2015年4月24日第十二届全国人民代表大会常务委员会第十四次会议《关于修改〈中华人民共和国港口法〉等七部法律的决定》第三次修正）

目　录

第一章　总　则
第二章　税务管理
　第一节　税务登记

第二节 帐簿、凭证管理

第三节 纳税申报

第三章 税款征收

第四章 税务检查

第五章 法律责任

第六章 附　则

第一章 总　则

第一条 为了加强税收征收管理，规范税收征收和缴纳行为，保障国家税收收入，保护纳税人的合法权益，促进经济和社会发展，制定本法。

第二条 凡依法由税务机关征收的各种税收的征收管理，均适用本法。

第三条 税收的开征、停征以及减税、免税、退税、补税，依照法律的规定执行；法律授权国务院规定的，依照国务院制定的行政法规的规定执行。

任何机关、单位和个人不得违反法律、行政法规的规定，擅自作出税收开征、停征以及减税、免税、退税、补税和其他同税收法律、行政法规相抵触的决定。

第四条 法律、行政法规规定负有纳税义务的单位和个人为纳税人。

法律、行政法规规定负有代扣代缴、代收代缴税款义务的单位和个人为扣缴义务人。

纳税人、扣缴义务人必须依照法律、行政法规的规定缴纳税款、代扣代缴、代收代缴税款。

第五条 国务院税务主管部门主管全国税收征收管理工作。各地国家税务局和地方税务局应当按照国务院规定的税收征收管理范围分别进行征收管理。

地方各级人民政府应当依法加强对本行政区域内税收征收管理工作的领导或者协调，支持税务机关依法执行职务，依照法定税率计算税额，依法征收税款。

各有关部门和单位应当支持、协助税务机关依法执行职务。

税务机关依法执行职务，任何单位和个人不得阻挠。

第六条 国家有计划地用现代信息技术装备各级税务机关，加强税收征收管理信息系统的现代化建设，建立、健全税务机关与政府其他管理机关的信息共享制度。

纳税人、扣缴义务人和其他有关单位应当按照国家有关规定如实向税务机关提供与纳税和代扣代缴、代收代缴税款有关的信息。

第七条 税务机关应当广泛宣传税收法律、行政法规，普及纳税知识，无偿地为纳税人提供纳税咨询服务。

第八条 纳税人、扣缴义务人有权向税务机关了解国家税收法律、行政法规的规定以及与纳税程序有关的情况。

纳税人、扣缴义务人有权要求税务机关为纳税人、扣缴义务人的情况保密。税务机关应当依法为纳税人、扣缴义务人的情况保密。

纳税人依法享有申请减税、免税、退税的权利。

纳税人、扣缴义务人对税务机关所作出的决定，享有陈述权、申辩权；依法享有申请行政复议、提起行政诉讼、请求国家赔偿等权利。

纳税人、扣缴义务人有权控告和检举税务机关、税务人员的违法违纪行为。

第九条 税务机关应当加强队伍建设，提高税务人员的政治业务素质。

税务机关、税务人员必须秉公执法，忠于职守，清正廉洁，礼貌待人，文明服务，尊重和保护纳税人、扣缴义务人的权利，依法接受监督。

税务人员不得索贿受贿、徇私舞弊、玩忽职守、不征或者少征应征税款；不得滥用职权多征税款或者故意刁难纳税人和扣缴义务人。

第十条 各级税务机关应当建立、健全内部制约和监督管理制度。

上级税务机关应当对下级税务机关的执法活动依法进行监督。

各级税务机关应当对其工作人员执行法律、行政法规和廉洁自律准则的情况进行监督检查。

第十一条 税务机关负责征收、管理、稽查、行政复议的人员的职责应当明确，并相互分离、相互制约。

第十二条 税务人员征收税款和查处税收违法案件，与纳税人、扣缴义务人或者税收违法案件有利害关系的，应当回避。

第十三条 任何单位和个人都有权检举违反税收法律、行政法规的行为。收到检举的机关和负责查处的机关应当为检举人保密。税务机关应当按照规定对检举人给予奖励。

第十四条 本法所称税务机关是指各级税务局、税务分局、税务所和按照国务院规定设立的并向社会公告的税务机构。

第二章 税务管理

第一节 税务登记

第十五条 企业，企业在外地设立的分支机构和从事生产、经营的场所，个体工商户和从事生产、经营的事业单位（以下统称从事生产、经营的纳税人）自领取营业执照之日起三十日内，持有关证件，向税务机关申报办理税务登记。税务机关应当于收到申报的当日办理登记并发给税务登记证件。

工商行政管理机关应当将办理登记注册、核发营业执照的情况，定期向税务机关通报。

本条第一款规定以外的纳税人办理税务登记和扣缴义务人办理

扣缴税款登记的范围和办法，由国务院规定。

第十六条 从事生产、经营的纳税人，税务登记内容发生变化的，自工商行政管理机关办理变更登记之日起三十日内或者在向工商行政管理机关申请办理注销登记之前，持有关证件向税务机关申报办理变更或者注销税务登记。

第十七条 从事生产、经营的纳税人应当按照国家有关规定，持税务登记证件，在银行或者其他金融机构开立基本存款帐户和其他存款帐户，并将其全部帐号向税务机关报告。

银行和其他金融机构应当在从事生产、经营的纳税人的帐户中登录税务登记证件号码，并在税务登记证件中登录从事生产、经营的纳税人的帐户帐号。

税务机关依法查询从事生产、经营的纳税人开立帐户的情况时，有关银行和其他金融机构应当予以协助。

第十八条 纳税人按照国务院税务主管部门的规定使用税务登记证件。税务登记证件不得转借、涂改、损毁、买卖或者伪造。

第二节 帐簿、凭证管理

第十九条 纳税人、扣缴义务人按照有关法律、行政法规和国务院财政、税务主管部门的规定设置帐簿，根据合法、有效凭证记帐，进行核算。

第二十条 从事生产、经营的纳税人的财务、会计制度或者财务、会计处理办法和会计核算软件，应当报送税务机关备案。

纳税人、扣缴义务人的财务、会计制度或者财务、会计处理办法与国务院或者国务院财政、税务主管部门有关税收的规定抵触的，依照国务院或者国务院财政、税务主管部门有关税收的规定计算应纳税款、代扣代缴和代收代缴税款。

第二十一条 税务机关是发票的主管机关，负责发票印制、领用、开具、取得、保管、缴销的管理和监督。

单位、个人在购销商品、提供或者接受经营服务以及从事其他经营活动中,应当按照规定开具、使用、取得发票。

发票的管理办法由国务院规定。

第二十二条 增值税专用发票由国务院税务主管部门指定的企业印制;其他发票,按照国务院税务主管部门的规定,分别由省、自治区、直辖市国家税务局、地方税务局指定企业印制。

未经前款规定的税务机关指定,不得印制发票。

第二十三条 国家根据税收征收管理的需要,积极推广使用税控装置。纳税人应当按照规定安装、使用税控装置,不得损毁或者擅自改动税控装置。

第二十四条 从事生产、经营的纳税人、扣缴义务人必须按照国务院财政、税务主管部门规定的保管期限保管帐簿、记帐凭证、完税凭证及其他有关资料。

帐簿、记帐凭证、完税凭证及其他有关资料不得伪造、变造或者擅自损毁。

第三节 纳税申报

第二十五条 纳税人必须依照法律、行政法规规定或者税务机关依照法律、行政法规的规定确定的申报期限、申报内容如实办理纳税申报,报送纳税申报表、财务会计报表以及税务机关根据实际需要要求纳税人报送的其他纳税资料。

扣缴义务人必须依照法律、行政法规规定或者税务机关依照法律、行政法规的规定确定的申报期限、申报内容如实报送代扣代缴、代收代缴税款报告表以及税务机关根据实际需要要求扣缴义务人报送的其他有关资料。

第二十六条 纳税人、扣缴义务人可以直接到税务机关办理纳税申报或者报送代扣代缴、代收代缴税款报告表,也可以按照规定采取邮寄、数据电文或者其他方式办理上述申报、报送事项。

第二十七条　纳税人、扣缴义务人不能按期办理纳税申报或者报送代扣代缴、代收代缴税款报告表的，经税务机关核准，可以延期申报。

经核准延期办理前款规定的申报、报送事项的，应当在纳税期内按照上期实际缴纳的税额或者税务机关核定的税额预缴税款，并在核准的延期内办理税款结算。

第三章　税　款　征　收

第二十八条　税务机关依照法律、行政法规的规定征收税款，不得违反法律、行政法规的规定开征、停征、多征、少征、提前征收、延缓征收或者摊派税款。

农业税应纳税额按照法律、行政法规的规定核定。

第二十九条　除税务机关、税务人员以及经税务机关依照法律、行政法规委托的单位和人员外，任何单位和个人不得进行税款征收活动。

第三十条　扣缴义务人依照法律、行政法规的规定履行代扣、代收税款的义务。对法律、行政法规没有规定负有代扣、代收税款义务的单位和个人，税务机关不得要求其履行代扣、代收税款义务。

扣缴义务人依法履行代扣、代收税款义务时，纳税人不得拒绝。纳税人拒绝的，扣缴义务人应当及时报告税务机关处理。

税务机关按照规定付给扣缴义务人代扣、代收手续费。

第三十一条　纳税人、扣缴义务人按照法律、行政法规规定或者税务机关依照法律、行政法规的规定确定的期限，缴纳或者解缴税款。

纳税人因有特殊困难，不能按期缴纳税款的，经省、自治区、直辖市国家税务局、地方税务局批准，可以延期缴纳税款，但是最长不得超过三个月。

第三十二条　纳税人未按照规定期限缴纳税款的，扣缴义务人未按照规定期限解缴税款的,税务机关除责令限期缴纳外,从滞纳税款之日起,按日加收滞纳税款万分之五的滞纳金。

第三十三条 纳税人依照法律、行政法规的规定办理减税、免税。

地方各级人民政府、各级人民政府主管部门、单位和个人违反法律、行政法规规定,擅自作出的减税、免税决定无效,税务机关不得执行,并向上级税务机关报告。

第三十四条 税务机关征收税款时,必须给纳税人开具完税凭证。扣缴义务人代扣、代收税款时,纳税人要求扣缴义务人开具代扣、代收税款凭证的,扣缴义务人应当开具。

第三十五条 纳税人有下列情形之一的,税务机关有权核定其应纳税额:

(一)依照法律、行政法规的规定可以不设置帐簿的;

(二)依照法律、行政法规的规定应当设置帐簿但未设置的;

(三)擅自销毁帐簿或者拒不提供纳税资料的;

(四)虽设置帐簿,但帐目混乱或者成本资料、收入凭证、费用凭证残缺不全,难以查帐的;

(五)发生纳税义务,未按照规定的期限办理纳税申报,经税务机关责令限期申报,逾期仍不申报的;

(六)纳税人申报的计税依据明显偏低,又无正当理由的。

税务机关核定应纳税额的具体程序和方法由国务院税务主管部门规定。

第三十六条 企业或者外国企业在中国境内设立的从事生产、经营的机构、场所与其关联企业之间的业务往来,应当按照独立企业之间的业务往来收取或者支付价款、费用;不按照独立企业之间的业务往来收取或者支付价款、费用,而减少其应纳税的收入或者所得额的,税务机关有权进行合理调整。

第三十七条 对未按照规定办理税务登记的从事生产、经营的纳税人以及临时从事经营的纳税人,由税务机关核定其应纳税额,责令缴纳；不缴纳的，税务机关可以扣押其价值相当于应纳税款的商品、货物。扣押后缴纳应纳税款的，税务机关必须立即解除扣押，并归还所扣押的商品、货物；扣押后仍不缴纳应纳税款的，经县以上税务局（分局）局长批准，依法拍卖或者变卖所扣押的商品、货物，以拍卖或者变卖所得抵缴税款。

第三十八条 税务机关有根据认为从事生产、经营的纳税人有逃避纳税义务行为的，可以在规定的纳税期之前，责令限期缴纳应纳税款；在限期内发现纳税人有明显的转移、隐匿其应纳税的商品、货物以及其他财产或者应纳税的收入的迹象的，税务机关可以责成纳税人提供纳税担保。如果纳税人不能提供纳税担保，经县以上税务局（分局）局长批准，税务机关可以采取下列税收保全措施：

（一）书面通知纳税人开户银行或者其他金融机构冻结纳税人的金额相当于应纳税款的存款；

（二）扣押、查封纳税人的价值相当于应纳税款的商品、货物或者其他财产。

纳税人在前款规定的限期内缴纳税款的，税务机关必须立即解除税收保全措施；限期期满仍未缴纳税款的，经县以上税务局（分局）局长批准，税务机关可以书面通知纳税人开户银行或者其他金融机构从其冻结的存款中扣缴税款，或者依法拍卖或者变卖所扣押、查封的商品、货物或者其他财产，以拍卖或者变卖所得抵缴税款。

个人及其所扶养家属维持生活必需的住房和用品，不在税收保全措施的范围之内。

第三十九条 纳税人在限期内已缴纳税款，税务机关未立即解除税收保全措施，使纳税人的合法利益遭受损失的，税务机关应当承担赔偿责任。

第四十条 从事生产、经营的纳税人、扣缴义务人未按照规定的期限缴纳或者解缴税款，纳税担保人未按照规定的期限缴纳所担保的税款，由税务机关责令限期缴纳，逾期仍未缴纳的，经县以上税务局（分局）局长批准，税务机关可以采取下列强制执行措施：

（一）书面通知其开户银行或者其他金融机构从其存款中扣缴税款；

（二）扣押、查封、依法拍卖或者变卖其价值相当于应纳税款的商品、货物或者其他财产，以拍卖或者变卖所得抵缴税款。

税务机关采取强制执行措施时，对前款所列纳税人、扣缴义务人、纳税担保人未缴纳的滞纳金同时强制执行。

个人及其所扶养家属维持生活必需的住房和用品，不在强制执行措施的范围之内。

第四十一条 本法第三十七条、第三十八条、第四十条规定的采取税收保全措施、强制执行措施的权力，不得由法定的税务机关以外的单位和个人行使。

第四十二条 税务机关采取税收保全措施和强制执行措施必须依照法定权限和法定程序，不得查封、扣押纳税人个人及其所扶养家属维持生活必需的住房和用品。

第四十三条 税务机关滥用职权违法采取税收保全措施、强制执行措施，或者采取税收保全措施、强制执行措施不当，使纳税人、扣缴义务人或者纳税担保人的合法权益遭受损失的，应当依法承担赔偿责任。

第四十四条 欠缴税款的纳税人或者他的法定代表人需要出境的，应当在出境前向税务机关结清应纳税款、滞纳金或者提供担保。未结清税款、滞纳金，又不提供担保的，税务机关可以通知出境管理机关阻止其出境。

第四十五条 税务机关征收税款，税收优先于无担保债权，法律另有规定的除外；纳税人欠缴的税款发生在纳税人以其财产设定抵押、质押或者纳税人的财产被留置之前的，税收应当先于抵押权、质权、留置权执行。

纳税人欠缴税款，同时又被行政机关决定处以罚款、没收违法所得的,税收优先于罚款、没收违法所得。

税务机关应当对纳税人欠缴税款的情况定期予以公告。

第四十六条 纳税人有欠税情形而以其财产设定抵押、质押的,应当向抵押权人、质权人说明其欠税情况。抵押权人、质权人可以请求税务机关提供有关的欠税情况。

第四十七条 税务机关扣押商品、货物或者其他财产时,必须开付收据;查封商品、货物或者其他财产时,必须开付清单。

第四十八条 纳税人有合并、分立情形的,应当向税务机关报告,并依法缴清税款。纳税人合并时未缴清税款的,应当由合并后的纳税人继续履行未履行的纳税义务;纳税人分立时未缴清税款的,分立后的纳税人对未履行的纳税义务应当承担连带责任。

第四十九条 欠缴税款数额较大的纳税人在处分其不动产或者大额资产之前,应当向税务机关报告。

第五十条 欠缴税款的纳税人因怠于行使到期债权,或者放弃到期债权,或者无偿转让财产,或者以明显不合理的低价转让财产而受让人知道该情形,对国家税收造成损害的,税务机关可以依照合同法第七十三条、第七十四条的规定行使代位权、撤销权。

税务机关依照前款规定行使代位权、撤销权的,不免除欠缴税款的纳税人尚未履行的纳税义务和应承担的法律责任。

第五十一条 纳税人超过应纳税额缴纳的税款,税务机关发现后应当立即退还;纳税人自结算缴纳税款之日起三年内发现的,可以向税务机关要求退还多缴的税款并加算银行同期存款利息,税务机关及时查实后应当立即退还;涉及从国库中退库的,依照法律、行政法规有关国库管理的规定退还。

第五十二条 因税务机关的责任,致使纳税人、扣缴义务人未缴或者少缴税款的,税务机关在三年内可以要求纳税人、扣缴义务人补缴税款,但是不得加收滞纳金。

因纳税人、扣缴义务人计算错误等失误,未缴或者少缴税款的，税务机关在三年内可以追征税款、滞纳金；有特殊情况的，追征期可以延长到五年。

对偷税、抗税、骗税的，税务机关追征其未缴或者少缴的税款、滞纳金或者所骗取的税款，不受前款规定期限的限制。

第五十三条 国家税务局和地方税务局应当按照国家规定的税收征收管理范围和税款入库预算级次，将征收的税款缴入国库。

对审计机关、财政机关依法查出的税收违法行为，税务机关应当根据有关机关的决定、意见书，依法将应收的税款、滞纳金按照税款入库预算级次缴入国库，并将结果及时回复有关机关。

第四章 税 务 检 查

第五十四条 税务机关有权进行下列税务检查：

（一）检查纳税人的帐簿、记帐凭证、报表和有关资料，检查扣缴义务人代扣代缴、代收代缴税款帐簿、记帐凭证和有关资料；

（二）到纳税人的生产、经营场所和货物存放地检查纳税人应纳税的商品、货物或者其他财产，检查扣缴义务人与代扣代缴、代收代缴税款有关的经营情况；

（三）责成纳税人、扣缴义务人提供与纳税或者代扣代缴、代收代缴税款有关的文件、证明材料和有关资料；

（四）询问纳税人、扣缴义务人与纳税或者代扣代缴、代收代缴税款有关的问题和情况；

（五）到车站、码头、机场、邮政企业及其分支机构检查纳税人托运、邮寄应纳税商品、货物或者其他财产的有关单据、凭证和有关资料；

（六）经县以上税务局（分局）局长批准，凭全国统一格式的检查存款帐户许可证明，查询从事生产、经营的纳税人、扣缴义务人在银行或者其他金融机构的存款帐户。税务机关在调查税收违法案件时，经设区的市、自治州以上税务局（分局）局长批准，可以查询案件涉嫌人员的储蓄存款。税务机关查询所获得的资料,不得用于税收以外的用途。

第五十五条 税务机关对从事生产、经营的纳税人以前纳税期的纳税情况依法进行税务检查时,发现纳税人有逃避纳税义务行为,并有明显的转移、隐匿其应纳税的商品、货物以及其他财产或者应纳税的收入的迹象的,可以按照本法规定的批准权限采取税收保全措施或者强制执行措施。

第五十六条 纳税人、扣缴义务人必须接受税务机关依法进行的税务检查,如实反映情况,提供有关资料,不得拒绝、隐瞒。

第五十七条 税务机关依法进行税务检查时,有权向有关单位和个人调查纳税人、扣缴义务人和其他当事人与纳税或者代扣代缴、代收代缴税款有关的情况,有关单位和个人有义务向税务机关如实提供有关资料及证明材料。

第五十八条 税务机关调查税务违法案件时,对与案件有关的情况和资料,可以记录、录音、录像、照相和复制。

第五十九条 税务机关派出的人员进行税务检查时,应当出示税务检查证和税务检查通知书,并有责任为被检查人保守秘密;未出示税务检查证和税务检查通知书的,被检查人有权拒绝检查。

第五章 法律责任

第六十条 纳税人有下列行为之一的,由税务机关责令限期改正,可以处二千元以下的罚款;情节严重的,处二千元以上一万元以下的罚款:

(一) 未按照规定的期限申报办理税务登记、变更或者注销登记的;

(二) 未按照规定设置、保管帐簿或者保管记帐凭证和有关资料的;

(三) 未按照规定将财务、会计制度或者财务、会计处理办法和会计核算软件报送税务机关备查的；

（四）未按照规定将其全部银行帐号向税务机关报告的；

（五）未按照规定安装、使用税控装置，或者损毁或者擅自改动税控装置的。

纳税人不办理税务登记的，由税务机关责令限期改正；逾期不改正的，经税务机关提请，由工商行政管理机关吊销其营业执照。

纳税人未按照规定使用税务登记证件，或者转借、涂改、损毁、买卖、伪造税务登记证件的，处二千元以上一万元以下的罚款；情节严重的，处一万元以上五万元以下的罚款。

第六十一条 扣缴义务人未按照规定设置、保管代扣代缴、代收代缴税款帐簿或者保管代扣代缴、代收代缴税款记帐凭证及有关资料的，由税务机关责令限期改正，可以处二千元以下的罚款；情节严重的，处二千元以上五千元以下的罚款。

第六十二条 纳税人未按照规定的期限办理纳税申报和报送纳税资料的，或者扣缴义务人未按照规定的期限向税务机关报送代扣代缴、代收代缴税款报告表和有关资料的，由税务机关责令限期改正，可以处二千元以下的罚款；情节严重的，可以处二千元以上一万元以下的罚款。

第六十三条 纳税人伪造、变造、隐匿、擅自销毁帐簿、记帐凭证，或者在帐簿上多列支出或者不列、少列收入，或者经税务机关通知申报而拒不申报或者进行虚假的纳税申报，不缴或者少缴应纳税款的，是偷税。对纳税人偷税的，由税务机关追缴其不缴或者少缴的税款、滞纳金，并处不缴或者少缴的税款百分之五十以上五倍以下的罚款；构成犯罪的，依法追究刑事责任。

扣缴义务人采取前款所列手段，不缴或者少缴已扣、已收税款，由税务机关追缴其不缴或者少缴的税款、滞纳金，并处不缴或者少缴的税款百分之五十以上五倍以下的罚款；构成犯罪的，依法追究刑事责任。

第六十四条　纳税人、扣缴义务人编造虚假计税依据的，由税务机关责令限期改正，并处五万元以下的罚款。

纳税人不进行纳税申报，不缴或者少缴应纳税款的，由税务机关追缴其不缴或者少缴的税款、滞纳金，并处不缴或者少缴的税款百分之五十以上五倍以下的罚款。

第六十五条　纳税人欠缴应纳税款，采取转移或者隐匿财产的手段，妨碍税务机关追缴欠缴的税款的，由税务机关追缴欠缴的税款、滞纳金，并处欠缴税款百分之五十以上五倍以下的罚款；构成犯罪的，依法追究刑事责任。

第六十六条　以假报出口或者其他欺骗手段，骗取国家出口退税款的，由税务机关追缴其骗取的退税款，并处骗取税款一倍以上五倍以下的罚款；构成犯罪的，依法追究刑事责任。

对骗取国家出口退税款的，税务机关可以在规定期间内停止为其办理出口退税。

第六十七条　以暴力、威胁方法拒不缴纳税款的，是抗税，除由税务机关追缴其拒缴的税款、滞纳金外，依法追究刑事责任。情节轻微，未构成犯罪的，由税务机关追缴其拒缴的税款、滞纳金，并处拒缴税款一倍以上五倍以下的罚款。

第六十八条　纳税人、扣缴义务人在规定期限内不缴或者少缴应纳或者应解缴的税款，经税务机关责令限期缴纳，逾期仍未缴纳的，税务机关除依照本法第四十条的规定采取强制执行措施追缴其不缴或者少缴的税款外，可以处不缴或者少缴的税款百分之五十以上五倍以下的罚款。

第六十九条　扣缴义务人应扣未扣、应收而不收税款的，由税务机关向纳税人追缴税款，对扣缴义务人处应扣未扣、应收未收税款百分之五十以上三倍以下的罚款。

第七十条　纳税人、扣缴义务人逃避、拒绝或者以其他方式阻挠税务机关检查的，由税务机关责令改正，可以处一万元以下的罚款；情节严重的，处一万元以上五万元以下的罚款。

第七十一条 违反本法第二十二条规定，非法印制发票的，由税务机关销毁非法印制的发票，没收违法所得和作案工具，并处一万元以上五万元以下的罚款；构成犯罪的，依法追究刑事责任。

第七十二条 从事生产、经营的纳税人、扣缴义务人有本法规定的税收违法行为，拒不接受税务机关处理的，税务机关可以收缴其发票或者停止向其发售发票。

第七十三条 纳税人、扣缴义务人的开户银行或者其他金融机构拒绝接受税务机关依法检查纳税人、扣缴义务人存款帐户，或者拒绝执行税务机关作出的冻结存款或者扣缴税款的决定，或者在接到税务机关的书面通知后帮助纳税人、扣缴义务人转移存款，造成税款流失的，由税务机关处十万元以上五十万元以下的罚款，对直接负责的主管人员和其他直接责任人员处一千元以上一万元以下的罚款。

第七十四条 本法规定的行政处罚，罚款额在二千元以下的，可以由税务所决定。

第七十五条 税务机关和司法机关的涉税罚没收入，应当按照税款入库预算级次上缴国库。

第七十六条 税务机关违反规定擅自改变税收征收管理范围和税款入库预算级次的，责令限期改正，对直接负责的主管人员和其他直接责任人员依法给予降级或者撤职的行政处分。

第七十七条 纳税人、扣缴义务人有本法第六十三条、第六十五条、第六十六条、第六十七条、第七十一条规定的行为涉嫌犯罪的，税务机关应当依法移交司法机关追究刑事责任。

税务人员徇私舞弊，对依法应当移交司法机关追究刑事责任的不移交，情节严重的，依法追究刑事责任。

第七十八条 未经税务机关依法委托征收税款的，责令退还收取的财物，依法给予行政处分或者行政处罚；致使他人合法权益受到损失的，依法承担赔偿责任；构成犯罪的，依法追究刑事责任。

第七十九条　税务机关、税务人员查封、扣押纳税人个人及其所扶养家属维持生活必需的住房和用品的，责令退还，依法给予行政处分；构成犯罪的，依法追究刑事责任。

第八十条　税务人员与纳税人、扣缴义务人勾结，唆使或者协助纳税人、扣缴义务人有本法第六十三条、第六十五条、第六十六条规定的行为，构成犯罪的，依法追究刑事责任；尚不构成犯罪的，依法给予行政处分。

第八十一条　税务人员利用职务上的便利，收受或者索取纳税人、扣缴义务人财物或者谋取其他不正当利益，构成犯罪的，依法追究刑事责任；尚不构成犯罪的，依法给予行政处分。

第八十二条　税务人员徇私舞弊或者玩忽职守，不征或者少征应征税款，致使国家税收遭受重大损失，构成犯罪的，依法追究刑事责任；尚不构成犯罪的，依法给予行政处分。

税务人员滥用职权，故意刁难纳税人、扣缴义务人的，调离税收工作岗位，并依法给予行政处分。

税务人员对控告、检举税收违法违纪行为的纳税人、扣缴义务人以及其他检举人进行打击报复的，依法给予行政处分；构成犯罪的，依法追究刑事责任。

税务人员违反法律、行政法规的规定，故意高估或者低估农业税计税产量，致使多征或者少征税款，侵犯农民合法权益或者损害国家利益，构成犯罪的，依法追究刑事责任；尚不构成犯罪的，依法给予行政处分。

第八十三条　违反法律、行政法规的规定提前征收、延缓征收或者摊派税款的，由其上级机关或者行政监察机关责令改正，对直接负责的主管人员和其他直接责任人员依法给予行政处分。

第八十四条　违反法律、行政法规的规定，擅自作出税收的开征、停征或者减税、免税、退税、补税以及其他同税收法律、行政法规相抵触的决定的,除依照本法规定撤销其擅自作出的决定外,补征应征未征税款,退还不应征收而征收的税款,并由上级机关追究直接负责的主管人员和其他直接责任人员的行政责任;构成犯罪的,依法追究刑事责任。

第八十五条 税务人员在征收税款或者查处税收违法案件时,未按照本法规定进行回避的,对直接负责的主管人员和其他直接责任人员,依法给予行政处分。

第八十六条 违反税收法律、行政法规应当给予行政处罚的行为,在五年内未被发现的,不再给予行政处罚。

第八十七条 未按照本法规定为纳税人、扣缴义务人、检举人保密的,对直接负责的主管人员和其他直接责任人员,由所在单位或者有关单位依法给予行政处分。

第八十八条 纳税人、扣缴义务人、纳税担保人同税务机关在纳税上发生争议时,必须先依照税务机关的纳税决定缴纳或者解缴税款及滞纳金或者提供相应的担保,然后可以依法申请行政复议;对行政复议决定不服的,可以依法向人民法院起诉。

当事人对税务机关的处罚决定、强制执行措施或者税收保全措施不服的,可以依法申请行政复议,也可以依法向人民法院起诉。

当事人对税务机关的处罚决定逾期不申请行政复议也不向人民法院起诉、又不履行的,作出处罚决定的税务机关可以采取本法第四十条规定的强制执行措施,或者申请人民法院强制执行。

第六章 附 则

第八十九条 纳税人、扣缴义务人可以委托税务代理人代为办理税务事宜。

第九十条 耕地占用税、契税、农业税、牧业税征收管理的具体办法,由国务院另行制定。

关税及海关代征税收的征收管理,依照法律、行政法规的有关规定执行。

第九十一条　中华人民共和国同外国缔结的有关税收的条约、协定同本法有不同规定的，依照条约、协定的规定办理。

第九十二条　本法施行前颁布的税收法律与本法有不同规定的，适用本法规定。

第九十三条　国务院根据本法制定实施细则。

第九十四条　本法自2001年5月1日起施行。

中华人民共和国刑法（节录）

（1979年7月1日第五届全国人民代表大会第二次会议通过　1997年3月14日第八届全国人民代表大会第五次会议修订　根据1998年12月29日第九届全国人民代表大会常务委员会第六次会议通过的《全国人民代表大会常务委员会关于惩治骗购外汇、逃汇和非法买卖外汇犯罪的决定》、1999年12月25日第九届全国人民代表大会常务委员会第十三次会议通过的《中华人民共和国刑法修正案》、2001年8月31日第九届全国人民代表大会常务委员会第二十三次会议通过的《中华人民共和国刑法修正案（二）》、2001年12月29日第九届全国人民代表大会常务委员会第二十五次会议通过的《中华人民共和国刑法修正案（三）》、2002年12月28日第九届全国人民代表大会常务委员会第三十一次会议通过的《中华人民共和国刑法修正案（四）》、2005年2月28日第十届全国人民代表大会常务委员会第十四次会议通过的《中华人民共和国刑法修正案（五）》、2006年6月29日第十届全国人民代表大会常务委员会第二十二次会议通过的《中华人民共和国刑法修正案（六）》、2009年2月28日第十一届全国人民代表大会常务委员会第七次会议通过的《中华人民共和国刑法修正案（七）》、2009年8月27日第十一届全国人民代表大会常务委员会第十次会议通过的《全国人民代表大会常务委员会关于修改部分法律的决定》、2011年2月25日第十一届全国人民代表大会常务委员会第十九次会议通过的《中华人民共和国刑法修正案（八）》、2015年8月29日第十二届全国人民代表大会常务委员会第十六次会议通过的《中华人民共和国刑法修正案（九）》、2017年11月4日第十二届全国人民代表大会常务委员会第三十次会议通过的《中华人民共和国刑法修正案（十）》、2020年12月26日第十三届全国人民代表大会常务委员会第二十四次会议通过的《中华人民共和国刑法修正案（十一）》和2023年12月29日第十四届全国人民代表大会常务委员会第七次会议通过的《中华人民共和国刑法修正案（十二）》修正）①

第三章　破坏社会主义市场经济秩序罪

……

第六节　危害税收征管罪

第二百零一条　【逃税罪】② 纳税人采取欺骗、隐瞒手段进行虚假纳税申报或者不申报，逃避缴纳税款数额较大并且占应纳税额百分之十以上的，处三年以下有期徒刑或者拘役，并处罚金；数额巨大并且占应纳税额百分之三十以上的，处三年以上七年以下有期

---

① 刑法、历次刑法修正案、涉及修改刑法的决定的施行日期，分别依据各法律所规定的施行日期确定。

② 条文主旨为编者所加，下同。

徒刑，并处罚金。

扣缴义务人采取前款所列手段，不缴或者少缴已扣、已收税款，数额较大的，依照前款的规定处罚。

对多次实施前两款行为，未经处理的，按照累计数额计算。

有第一款行为，经税务机关依法下达追缴通知后，补缴应纳税款，缴纳滞纳金，已受行政处罚的，不予追究刑事责任；但是，五年内因逃避缴纳税款受过刑事处罚或者被税务机关给予二次以上行政处罚的除外。

第二百零二条 【抗税罪】以暴力、威胁方法拒不缴纳税款的，处三年以下有期徒刑或者拘役，并处拒缴税款一倍以上五倍以下罚金；情节严重的，处三年以上七年以下有期徒刑，并处拒缴税款一倍以上五倍以下罚金。

第二百零三条 【逃避追缴欠税罪】纳税人欠缴应纳税款，采取转移或者隐匿财产的手段，致使税务机关无法追缴欠缴的税款，数额在一万元以上不满十万元的，处三年以下有期徒刑或者拘役，并处或者单处欠缴税款一倍以上五倍以下罚金；数额在十万元以上的，处三年以上七年以下有期徒刑，并处欠缴税款一倍以上五倍以下罚金。

第二百零四条 【骗取出口退税罪】以假报出口或者其他欺骗手段，骗取国家出口退税款，数额较大的，处五年以下有期徒刑或者拘役，并处骗取税款一倍以上五倍以下罚金；数额巨大或者有其他严重情节的，处五年以上十年以下有期徒刑，并处骗取税款一倍以上五倍以下罚金；数额特别巨大或者有其他特别严重情节的，处十年以上有期徒刑或者无期徒刑，并处骗取税款一倍以上五倍以下罚金或者没收财产。

纳税人缴纳税款后，采取前款规定的欺骗方法，骗取所缴纳的税款的，依照本法第二百零一条的规定定罪处罚；骗取税款超过所缴纳的税款部分，依照前款的规定处罚。

第二百零五条 【虚开增值税专用发票、用于骗取出口退税、抵扣税款发票罪】虚开增值税专用发票或者虚开用于骗取出口退税、抵扣税款的其他发票的,处三年以下有期徒刑或者拘役,并处二万元以上二十万元以下罚金；虚开的税款数额较大或者有其他严重情节的,处三年以上十年以下有期徒刑,并处五万元以上五十万元以下罚金；虚开的税款数额巨大或者有其他特别严重情节的,处十年以上有期徒刑或者无期徒刑,并处五万元以上五十万元以下罚金或者没收财产。

单位犯本条规定之罪的,对单位判处罚金,并对其直接负责的主管人员和其他直接责任人员,处三年以下有期徒刑或者拘役；虚开的税款数额较大或者有其他严重情节的,处三年以上十年以下有期徒刑；虚开的税款数额巨大或者有其他特别严重情节的,处十年以上有期徒刑或者无期徒刑。

虚开增值税专用发票或者虚开用于骗取出口退税、抵扣税款的其他发票,是指有为他人虚开、为自己虚开、让他人为自己虚开、介绍他人虚开行为之一的。

第二百零五条之一 【虚开发票罪】虚开本法第二百零五条规定以外的其他发票,情节严重的,处二年以下有期徒刑、拘役或者管制,并处罚金；情节特别严重的,处二年以上七年以下有期徒刑,并处罚金。

单位犯前款罪的,对单位判处罚金,并对其直接负责的主管人员和其他直接责任人员,依照前款的规定处罚。

第二百零六条 【伪造、出售伪造的增值税专用发票罪】伪造或者出售伪造的增值税专用发票的,处三年以下有期徒刑、拘役或者管制,并处二万元以上二十万元以下罚金；数量较大或者有其他严重情节的,处三年以上十年以下有期徒刑,并处五万元以上五十万元以下罚金；数量巨大或者有其他特别严重情节的,处十年以上有期徒刑或者无期徒刑,并处五万元以上五十万元以下罚金或者没收财产。

单位犯本条规定之罪的,对单位判处罚金,并对其直接负责的主管人员和其他直接责任人员，处三年以下有期徒刑、拘役或者管制；数量较大或者有其他严重情节的，处三年以上十年以下有期徒刑；数量巨大或者有其他特别严重情节的，处十年以上有期徒刑或者无期徒刑。

第二百零七条 【非法出售增值税专用发票罪】非法出售增值税专用发票的，处三年以下有期徒刑、拘役或者管制，并处二万元以上二十万元以下罚金；数量较大的，处三年以上十年以下有期徒刑，并处五万元以上五十万元以下罚金；数量巨大的，处十年以上有期徒刑或者无期徒刑，并处五万元以上五十万元以下罚金或者没收财产。

第二百零八条 【非法购买增值税专用发票、购买伪造的增值税专用发票罪】非法购买增值税专用发票或者购买伪造的增值税专用发票的，处五年以下有期徒刑或者拘役，并处或者单处二万元以上二十万元以下罚金。

非法购买增值税专用发票或者购买伪造的增值税专用发票又虚开或者出售的，分别依照本法第二百零五条、第二百零六条、第二百零七条的规定定罪处罚。

第二百零九条 【非法制造、出售非法制造的用于骗取出口退税、抵扣税款发票罪】伪造、擅自制造或者出售伪造、擅自制造的可以用于骗取出口退税、抵扣税款的其他发票的，处三年以下有期徒刑、拘役或者管制，并处二万元以上二十万元以下罚金；数量巨大的，处三年以上七年以下有期徒刑，并处五万元以上五十万元以下罚金；数量特别巨大的，处七年以上有期徒刑，并处五万元以上五十万元以下罚金或者没收财产。

【非法制造、出售非法制造的发票罪】伪造、擅自制造或者出售伪造、擅自制造的前款规定以外的其他发票的，处二年以下有期徒刑、拘役或者管制，并处或者单处一万元以上五万元以下罚金；情节严重的，处二年以上七年以下有期徒刑，并处五万元以上五十万元以下罚金。

【非法出售用于骗取出口退税、抵扣税款发票罪】 非法出售可以用于骗取出口退税、抵扣税款的其他发票的，依照第一款的规定处罚。

【非法出售发票罪】 非法出售第三款规定以外的其他发票的，依照第二款的规定处罚。

第二百一十条　**【盗窃罪】** 盗窃增值税专用发票或者可以用于骗取出口退税、抵扣税款的其他发票的，依照本法第二百六十四条的规定定罪处罚。

【诈骗罪】 使用欺骗手段骗取增值税专用发票或者可以用于骗取出口退税、抵扣税款的其他发票的，依照本法第二百六十六条的规定定罪处罚。

第二百一十条之一　**【持有伪造的发票罪】** 明知是伪造的发票而持有，数量较大的，处二年以下有期徒刑、拘役或者管制，并处罚金；数量巨大的，处二年以上七年以下有期徒刑，并处罚金。

单位犯前款罪的，对单位判处罚金，并对其直接负责的主管人员和其他直接责任人员，依照前款的规定处罚。

第二百一十一条　**【单位犯危害税收征管罪的处罚规定】** 单位犯本节第二百零一条、第二百零三条、第二百零四条、第二百零七条、第二百零八条、第二百零九条规定之罪的，对单位判处罚金，并对其直接负责的主管人员和其他直接责任人员，依照各该条的规定处罚。

第二百一十二条　**【税收征缴优先原则】** 犯本节第二百零一条至第二百零五条规定之罪，被判处罚金、没收财产的，在执行前，应当先由税务机关追缴税款和所骗取的出口退税款。

行政法规及文件

中华人民共和国税收征收管理法实施细则

(2002年9月7日中华人民共和国国务院令第362号公布 根据2012年11月9日《国务院关于修改和废止部分行政法规的决定》第一次修订 根据2013年7月18日《国务院关于废止和修改部分行政法规的决定》第二次修订 根据2016年2月6日《国务院关于修改部分行政法规的决定》第三次修订)

第一章 总 则

第一条 根据《中华人民共和国税收征收管理法》(以下简称税收征管法)的规定,制定本细则。

第二条 凡依法由税务机关征收的各种税收的征收管理,均适用税收征管法及本细则;税收征管法及本细则没有规定的,依照其他有关税收法律、行政法规的规定执行。

第三条 任何部门、单位和个人作出的与税收法律、行政法规相抵触的决定一律无效,税务机关不得执行,并应当向上级税务机关报告。

纳税人应当依照税收法律、行政法规的规定履行纳税义务;其签订的合同、协议等与税收法律、行政法规相抵触的,一律无效。

第四条 国家税务总局负责制定全国税务系统信息化建设的总体规划、技术标准、技术方案与实施办法;各级税务机关应当按照国家税务总局的总体规划、技术标准、技术方案与实施办法,做好本地区税务系统信息化建设的具体工作。

地方各级人民政府应当积极支持税务系统信息化建设，并组织有关部门实现相关信息的共享。

第五条 税收征管法第八条所称为纳税人、扣缴义务人保密的情况，是指纳税人、扣缴义务人的商业秘密及个人隐私。纳税人、扣缴义务人的税收违法行为不属于保密范围。

第六条 国家税务总局应当制定税务人员行为准则和服务规范。

上级税务机关发现下级税务机关的税收违法行为，应当及时予以纠正；下级税务机关应当按照上级税务机关的决定及时改正。

下级税务机关发现上级税务机关的税收违法行为，应当向上级税务机关或者有关部门报告。

第七条 税务机关根据检举人的贡献大小给予相应的奖励，奖励所需资金列入税务部门年度预算，单项核定。奖励资金具体使用办法以及奖励标准，由国家税务总局会同财政部制定。

第八条 税务人员在核定应纳税额、调整税收定额、进行税务检查、实施税务行政处罚、办理税务行政复议时，与纳税人、扣缴义务人或者其法定代表人、直接责任人有下列关系之一的，应当回避：

（一）夫妻关系；

（二）直系血亲关系；

（三）三代以内旁系血亲关系；

（四）近姻亲关系；

（五）可能影响公正执法的其他利害关系。

第九条 税收征管法第十四条所称按照国务院规定设立的并向社会公告的税务机构，是指省以下税务局的稽查局。稽查局专司偷税、逃避追缴欠税、骗税、抗税案件的查处。

国家税务总局应当明确划分税务局和稽查局的职责，避免职责交叉。

第二章　税务登记

第十条　国家税务局、地方税务局对同一纳税人的税务登记应当采用同一代码,信息共享。

税务登记的具体办法由国家税务总局制定。

第十一条　各级工商行政管理机关应当向同级国家税务局和地方税务局定期通报办理开业、变更、注销登记以及吊销营业执照的情况。

通报的具体办法由国家税务总局和国家工商行政管理总局联合制定。

第十二条　从事生产、经营的纳税人应当自领取营业执照之日起 30 日内,向生产、经营地或者纳税义务发生地的主管税务机关申报办理税务登记,如实填写税务登记表,并按照税务机关的要求提供有关证件、资料。

前款规定以外的纳税人,除国家机关和个人外,应当自纳税义务发生之日起 30 日内,持有关证件向所在地的主管税务机关申报办理税务登记。

个人所得税的纳税人办理税务登记的办法由国务院另行规定。

税务登记证件的式样,由国家税务总局制定。

第十三条　扣缴义务人应当自扣缴义务发生之日起 30 日内,向所在地的主管税务机关申报办理扣缴税款登记,领取扣缴税款登记证件;税务机关对已办理税务登记的扣缴义务人,可以只在其税务登记证件上登记扣缴税款事项,不再发给扣缴税款登记证件。

第十四条　纳税人税务登记内容发生变化的,应当自工商行政管理机关或者其他机关办理变更登记之日起 30 日内,持有关证件向原税务登记机关申报办理变更税务登记。

纳税人税务登记内容发生变化,不需要到工商行政管理机关或者其他机关办理变更登记的,应当自发生变化之日起 30 日内,持有关证件向原税务登记机关申报办理变更税务登记。

　　第十五条　纳税人发生解散、破产、撤销以及其他情形，依法终止纳税义务的，应当在向工商行政管理机关或者其他机关办理注销登记前，持有关证件向原税务登记机关申报办理注销税务登记；按照规定不需要在工商行政管理机关或者其他机关办理注册登记的，应当自有关机关批准或者宣告终止之日起15日内，持有关证件向原税务登记机关申报办理注销税务登记。

　　纳税人因住所、经营地点变动，涉及改变税务登记机关的，应当在向工商行政管理机关或者其他机关申请办理变更或者注销登记前或者住所、经营地点变动前，向原税务登记机关申报办理注销税务登记，并在30日内向迁达地税务机关申报办理税务登记。

　　纳税人被工商行政管理机关吊销营业执照或者被其他机关予以撤销登记的，应当自营业执照被吊销或者被撤销登记之日起15日内，向原税务登记机关申报办理注销税务登记。

　　第十六条　纳税人在办理注销税务登记前，应当向税务机关结清应纳税款、滞纳金、罚款，缴销发票、税务登记证件和其他税务证件。

　　第十七条　从事生产、经营的纳税人应当自开立基本存款账户或者其他存款账户之日起15日内，向主管税务机关书面报告其全部账号；发生变化的，应当自变化之日起15日内，向主管税务机关书面报告。

　　第十八条　除按照规定不需要发给税务登记证件的外，纳税人办理下列事项时，必须持税务登记证件：

　　（一）开立银行账户；

　　（二）申请减税、免税、退税；

　　（三）申请办理延期申报、延期缴纳税款；

　　（四）领用发票；

　　（五）申请开具外出经营活动税收管理证明；

（六）办理停业、歇业；

（七）其他有关税务事项。

第十九条 税务机关对税务登记证件实行定期验证和换证制度。纳税人应当在规定的期限内持有关证件到主管税务机关办理验证或者换证手续。

第二十条 纳税人应当将税务登记证件正本在其生产、经营场所或者办公场所公开悬挂，接受税务机关检查。

纳税人遗失税务登记证件的，应当在15日内书面报告主管税务机关，并登报声明作废。

第二十一条 从事生产、经营的纳税人到外县（市）临时从事生产、经营活动的，应当持税务登记证副本和所在地税务机关填开的外出经营活动税收管理证明，向营业地税务机关报验登记，接受税务管理。

从事生产、经营的纳税人外出经营，在同一地累计超过180天的，应当在营业地办理税务登记手续。

第三章 账簿、凭证管理

第二十二条 从事生产、经营的纳税人应当自领取营业执照或者发生纳税义务之日起15日内，按照国家有关规定设置账簿。

前款所称账簿，是指总账、明细账、日记账以及其他辅助性账簿。总账、日记账应当采用订本式。

第二十三条 生产、经营规模小又确无建账能力的纳税人，可以聘请经批准从事会计代理记账业务的专业机构或者财会人员代为建账和办理账务。

第二十四条 从事生产、经营的纳税人应当自领取税务登记证件之日起15日内，将其财务、会计制度或者财务、会计处理办法报送主管税务机关备案。

纳税人使用计算机记账的，应当在使用前将会计电算化系统的会计核算软件、使用说明书及有关资料报送主管税务机关备案。

纳税人建立的会计电算化系统应当符合国家有关规定,并能正确、完整核算其收入或者所得。

第二十五条 扣缴义务人应当自税收法律、行政法规规定的扣缴义务发生之日起10日内,按照所代扣、代收的税种,分别设置代扣代缴、代收代缴税款账簿。

第二十六条 纳税人、扣缴义务人会计制度健全,能够通过计算机正确、完整计算其收入和所得或者代扣代缴、代收代缴税款情况的,其计算机输出的完整的书面会计记录,可视同会计账簿。

纳税人、扣缴义务人会计制度不健全,不能通过计算机正确、完整计算其收入和所得或者代扣代缴、代收代缴税款情况的,应当建立总账及与纳税或者代扣代缴、代收代缴税款有关的其他账簿。

第二十七条 账簿、会计凭证和报表,应当使用中文。民族自治地方可以同时使用当地通用的一种民族文字。外商投资企业和外国企业可以同时使用一种外国文字。

第二十八条 纳税人应当按照税务机关的要求安装、使用税控装置,并按照税务机关的规定报送有关数据和资料。

税控装置推广应用的管理办法由国家税务总局另行制定,报国务院批准后实施。

第二十九条 账簿、记账凭证、报表、完税凭证、发票、出口凭证以及其他有关涉税资料应当合法、真实、完整。

账簿、记账凭证、报表、完税凭证、发票、出口凭证以及其他有关涉税资料应当保存10年;但是,法律、行政法规另有规定的除外。

第四章 纳税申报

第三十条 税务机关应当建立、健全纳税人自行申报纳税制度。纳税人、扣缴义务人可以采取邮寄、数据电文方式办理纳税申报或者报送代扣代缴、代收代缴税款报告表。

数据电文方式,是指税务机关确定的电话语音、电子数据交换和网络传输等电子方式。

第三十一条 纳税人采取邮寄方式办理纳税申报的,应当使用统一的纳税申报专用信封,并以邮政部门收据作为申报凭据。邮寄申报以寄出的邮戳日期为实际申报日期。

纳税人采取电子方式办理纳税申报的,应当按照税务机关规定的期限和要求保存有关资料,并定期书面报送主管税务机关。

第三十二条 纳税人在纳税期内没有应纳税款的,也应当按照规定办理纳税申报。

纳税人享受减税、免税待遇的,在减税、免税期间应当按照规定办理纳税申报。

第三十三条 纳税人、扣缴义务人的纳税申报或者代扣代缴、代收代缴税款报告表的主要内容包括:税种、税目,应纳税项目或者应代扣代缴、代收代缴税款项目,计税依据,扣除项目及标准,适用税率或者单位税额,应退税项目及税额、应减免税项目及税额,应纳税额或者应代扣代缴、代收代缴税额,税款所属期限、延期缴纳税款、欠税、滞纳金等。

第三十四条 纳税人办理纳税申报时,应当如实填写纳税申报表,并根据不同的情况相应报送下列有关证件、资料:

(一)财务会计报表及其说明材料;

(二)与纳税有关的合同、协议书及凭证;

(三)税控装置的电子报税资料;

(四)外出经营活动税收管理证明和异地完税凭证;

(五)境内或者境外公证机构出具的有关证明文件;

(六)税务机关规定应当报送的其他有关证件、资料。

第三十五条 扣缴义务人办理代扣代缴、代收代缴税款报告时,应当如实填写代扣代缴、代收代缴税款报告表,并报送代扣代缴、代收代缴税款的合法凭证以及税务机关规定的其他有关证件、资料。

第三十六条 实行定期定额缴纳税款的纳税人，可以实行简易申报、简并征期等申报纳税方式。

第三十七条 纳税人、扣缴义务人按照规定的期限办理纳税申报或者报送代扣代缴、代收代缴税款报告表确有困难，需要延期的，应当在规定的期限内向税务机关提出书面延期申请，经税务机关核准，在核准的期限内办理。

纳税人、扣缴义务人因不可抗力，不能按期办理纳税申报或者报送代扣代缴、代收代缴税款报告表的，可以延期办理；但是，应当在不可抗力情形消除后立即向税务机关报告。税务机关应当查明事实，予以核准。

第五章 税款征收

第三十八条 税务机关应当加强对税款征收的管理，建立、健全责任制度。

税务机关根据保证国家税款及时足额入库、方便纳税人、降低税收成本的原则，确定税款征收的方式。

税务机关应当加强对纳税人出口退税的管理，具体管理办法由国家税务总局会同国务院有关部门制定。

第三十九条 税务机关应当将各种税收的税款、滞纳金、罚款，按照国家规定的预算科目和预算级次及时缴入国库，税务机关不得占压、挪用、截留，不得缴入国库以外或者国家规定的税款账户以外的任何账户。

已缴入国库的税款、滞纳金、罚款，任何单位和个人不得擅自变更预算科目和预算级次。

第四十条 税务机关应当根据方便、快捷、安全的原则，积极推广使用支票、银行卡、电子结算方式缴纳税款。

第四十一条 纳税人有下列情形之一的，属于税收征管法第三十一条所称特殊困难：

（一）因不可抗力，导致纳税人发生较大损失，正常生产经营活动受到较大影响的；

（二）当期货币资金在扣除应付职工工资、社会保险费后，不足以缴纳税款的。

计划单列市国家税务局、地方税务局可以参照税收征管法第三十一条第二款的批准权限，审批纳税人延期缴纳税款。

第四十二条 纳税人需要延期缴纳税款的，应当在缴纳税款期限届满前提出申请，并报送下列材料：申请延期缴纳税款报告，当期货币资金余额情况及所有银行存款账户的对账单，资产负债表，应付职工工资和社会保险费等税务机关要求提供的支出预算。

税务机关应当自收到申请延期缴纳税款报告之日起 20 日内作出批准或者不予批准的决定；不予批准的，从缴纳税款期限届满之日起加收滞纳金。

第四十三条 享受减税、免税优惠的纳税人，减税、免税期满，应当自期满次日起恢复纳税；减税、免税条件发生变化的，应当在纳税申报时向税务机关报告；不再符合减税、免税条件的，应当依法履行纳税义务；未依法纳税的，税务机关应当予以追缴。

第四十四条 税务机关根据有利于税收控管和方便纳税的原则，可以按照国家有关规定委托有关单位和人员代征零星分散和异地缴纳的税收，并发给委托代征证书。受托单位和人员按照代征证书的要求，以税务机关的名义依法征收税款，纳税人不得拒绝；纳税人拒绝的，受托代征单位和人员应当及时报告税务机关。

第四十五条 税收征管法第三十四条所称完税凭证，是指各种完税证、缴款书、印花税票、扣（收）税凭证以及其他完税证明。

未经税务机关指定，任何单位、个人不得印制完税凭证。完税凭证不得转借、倒卖、变造或者伪造。

完税凭证的式样及管理办法由国家税务总局制定。

第四十六条　税务机关收到税款后,应当向纳税人开具完税凭证。纳税人通过银行缴纳税款的,税务机关可以委托银行开具完税凭证。

第四十七条　纳税人有税收征管法第三十五条或者第三十七条所列情形之一的,税务机关有权采用下列任何一种方法核定其应纳税额:

(一) 参照当地同类行业或者类似行业中经营规模和收入水平相近的纳税人的税负水平核定;

(二) 按照营业收入或者成本加合理的费用和利润的方法核定;

(三) 按照耗用的原材料、燃料、动力等推算或者测算核定;

(四) 按照其他合理方法核定。

采用前款所列一种方法不足以正确核定应纳税额时,可以同时采用两种以上的方法核定。

纳税人对税务机关采取本条规定的方法核定的应纳税额有异议的,应当提供相关证据,经税务机关认定后,调整应纳税额。

第四十八条　税务机关负责纳税人纳税信誉等级评定工作。纳税人纳税信誉等级的评定办法由国家税务总局制定。

第四十九条　承包人或者承租人有独立的生产经营权,在财务上独立核算,并定期向发包人或者出租人上缴承包费或者租金的,承包人或者承租人应当就其生产、经营收入和所得纳税,并接受税务管理;但是,法律、行政法规另有规定的除外。

发包人或者出租人应当自发包或者出租之日起30日内将承包人或者承租人的有关情况向主管税务机关报告。发包人或者出租人不报告的,发包人或者出租人与承包人或者承租人承担纳税连带责任。

第五十条　纳税人有解散、撤销、破产情形的,在清算前应当向其主管税务机关报告;未结清税款的,由其主管税务机关参加清算。

第五十一条　税收征管法第三十六条所称关联企业,是指有下列关系之一的公司、企业和其他经济组织：

（一）在资金、经营、购销等方面，存在直接或者间接的拥有或者控制关系；

（二）直接或者间接地同为第三者所拥有或者控制；

（三）在利益上具有相关联的其他关系。

纳税人有义务就其与关联企业之间的业务往来，向当地税务机关提供有关的价格、费用标准等资料。具体办法由国家税务总局制定。

第五十二条 税收征管法第三十六条所称独立企业之间的业务往来，是指没有关联关系的企业之间按照公平成交价格和营业常规所进行的业务往来。

第五十三条 纳税人可以向主管税务机关提出与其关联企业之间业务往来的定价原则和计算方法，主管税务机关审核、批准后，与纳税人预先约定有关定价事项，监督纳税人执行。

第五十四条 纳税人与其关联企业之间的业务往来有下列情形之一的，税务机关可以调整其应纳税额：

（一）购销业务未按照独立企业之间的业务往来作价；

（二）融通资金所支付或者收取的利息超过或者低于没有关联关系的企业之间所能同意的数额，或者利率超过或者低于同类业务的正常利率；

（三）提供劳务，未按照独立企业之间业务往来收取或者支付劳务费用；

（四）转让财产、提供财产使用权等业务往来，未按照独立企业之间业务往来作价或者收取、支付费用；

（五）未按照独立企业之间业务往来作价的其他情形。

第五十五条 纳税人有本细则第五十四条所列情形之一的，税务机关可以按照下列方法调整计税收入额或者所得额：

（一）按照独立企业之间进行的相同或者类似业务活动的价格；

（二）按照再销售给无关联关系的第三者的价格所应取得的收入和利润水平；

（三）按照成本加合理的费用和利润；

（四）按照其他合理的方法。

第五十六条 纳税人与其关联企业未按照独立企业之间的业务往来支付价款、费用的，税务机关自该业务往来发生的纳税年度起3年内进行调整；有特殊情况的，可以自该业务往来发生的纳税年度起10年内进行调整。

第五十七条 税收征管法第三十七条所称未按照规定办理税务登记从事生产、经营的纳税人，包括到外县（市）从事生产、经营而未向营业地税务机关报验登记的纳税人。

第五十八条 税务机关依照税收征管法第三十七条的规定，扣押纳税人商品、货物的，纳税人应当自扣押之日起15日内缴纳税款。

对扣押的鲜活、易腐烂变质或者易失效的商品、货物，税务机关根据被扣押物品的保质期，可以缩短前款规定的扣押期限。

第五十九条 税收征管法第三十八条、第四十条所称其他财产，包括纳税人的房地产、现金、有价证券等不动产和动产。

机动车辆、金银饰品、古玩字画、豪华住宅或者一处以外的住房不属于税收征管法第三十八条、第四十条、第四十二条所称个人及其所扶养家属维持生活必需的住房和用品。

税务机关对单价5000元以下的其他生活用品，不采取税收保全措施和强制执行措施。

第六十条 税收征管法第三十八条、第四十条、第四十二条所称个人所扶养家属，是指与纳税人共同居住生活的配偶、直系亲属以及无生活来源并由纳税人扶养的其他亲属。

第六十一条 税收征管法第三十八条、第八十八条所称担保，包括经税务机关认可的纳税保证人为纳税人提供的纳税保证，以及纳税人或者第三人以其未设置或者未全部设置担保物权的财产提供的担保。

纳税保证人，是指在中国境内具有纳税担保能力的自然人、法人或者其他经济组织。

法律、行政法规规定的没有担保资格的单位和个人，不得作为纳税担保人。

第六十二条　纳税担保人同意为纳税人提供纳税担保的，应当填写纳税担保书，写明担保对象、担保范围、担保期限和担保责任以及其他有关事项。担保书须经纳税人、纳税担保人签字盖章并经税务机关同意，方为有效。

纳税人或者第三人以其财产提供纳税担保的，应当填写财产清单，并写明财产价值以及其他有关事项。纳税担保财产清单须经纳税人、第三人签字盖章并经税务机关确认，方为有效。

第六十三条　税务机关执行扣押、查封商品、货物或者其他财产时，应当由两名以上税务人员执行，并通知被执行人。被执行人是自然人的，应当通知被执行人本人或者其成年家属到场；被执行人是法人或者其他组织的，应当通知其法定代表人或者主要负责人到场；拒不到场的，不影响执行。

第六十四条　税务机关执行税收征管法第三十七条、第三十八条、第四十条的规定，扣押、查封价值相当于应纳税款的商品、货物或者其他财产时，参照同类商品的市场价、出厂价或者评估价估算。

税务机关按照前款方法确定应扣押、查封的商品、货物或者其他财产的价值时，还应当包括滞纳金和拍卖、变卖所发生的费用。

第六十五条　对价值超过应纳税额且不可分割的商品、货物或者其他财产，税务机关在纳税人、扣缴义务人或者纳税担保人无其他可供强制执行的财产的情况下，可以整体扣押、查封、拍卖。

第六十六条　税务机关执行税收征管法第三十七条、第三十八条、第四十条的规定，实施扣押、查封时，对有产权证件的动产或者不动产，税务机关可以责令当事人将产权证件交税务机关保管，同时可以向有关机关发出协助执行通知书，有关机关在扣押、查封期间不再办理该动产或者不动产的过户手续。

第六十七条 对查封的商品、货物或者其他财产，税务机关可以指令被执行人负责保管，保管责任由被执行人承担。

继续使用被查封的财产不会减少其价值的，税务机关可以允许被执行人继续使用；因被执行人保管或者使用的过错造成的损失，由被执行人承担。

第六十八条 纳税人在税务机关采取税收保全措施后，按照税务机关规定的期限缴纳税款的，税务机关应当自收到税款或者银行转回的完税凭证之日起1日内解除税收保全。

第六十九条 税务机关将扣押、查封的商品、货物或者其他财产变价抵缴税款时，应当交由依法成立的拍卖机构拍卖；无法委托拍卖或者不适于拍卖的，可以交由当地商业企业代为销售，也可以责令纳税人限期处理；无法委托商业企业销售，纳税人也无法处理的，可以由税务机关变价处理，具体办法由国家税务总局规定。国家禁止自由买卖的商品，应当交由有关单位按照国家规定的价格收购。

拍卖或者变卖所得抵缴税款、滞纳金、罚款以及拍卖、变卖等费用后，剩余部分应当在3日内退还被执行人。

第七十条 税收征管法第三十九条、第四十三条所称损失，是指因税务机关的责任，使纳税人、扣缴义务人或者纳税担保人的合法利益遭受的直接损失。

第七十一条 税收征管法所称其他金融机构，是指信托投资公司、信用合作社、邮政储蓄机构以及经中国人民银行、中国证券监督管理委员会等批准设立的其他金融机构。

第七十二条 税收征管法所称存款，包括独资企业投资人、合伙企业合伙人、个体工商户的储蓄存款以及股东资金账户中的资金等。

第七十三条 从事生产、经营的纳税人、扣缴义务人未按照规定的期限缴纳或者解缴税款的，纳税担保人未按照规定的期限缴纳所担保的税款的，由税务机关发出限期缴纳税款通知书，责令缴纳或者解缴税款的最长期限不得超过15日。

第七十四条 欠缴税款的纳税人或者其法定代表人在出境前未按照规定结清应纳税款、滞纳金或者提供纳税担保的，税务机关可以通知出入境管理机关阻止其出境。阻止出境的具体办法，由国家税务总局会同公安部制定。

第七十五条 税收征管法第三十二条规定的加收滞纳金的起止时间，为法律、行政法规规定或者税务机关依照法律、行政法规的规定确定的税款缴纳期限届满次日起至纳税人、扣缴义务人实际缴纳或者解缴税款之日止。

第七十六条 县级以上各级税务机关应当将纳税人的欠税情况，在办税场所或者广播、电视、报纸、期刊、网络等新闻媒体上定期公告。

对纳税人欠缴税款的情况实行定期公告的办法，由国家税务总局制定。

第七十七条 税收征管法第四十九条所称欠缴税款数额较大，是指欠缴税款5万元以上。

第七十八条 税务机关发现纳税人多缴税款的，应当自发现之日起10日内办理退还手续；纳税人发现多缴税款，要求退还的，税务机关应当自接到纳税人退还申请之日起30日内查实并办理退还手续。

税收征管法第五十一条规定的加算银行同期存款利息的多缴税款退税，不包括依法预缴税款形成的结算退税、出口退税和各种减免退税。

退税利息按照税务机关办理退税手续当天中国人民银行规定的活期存款利率计算。

第七十九条 当纳税人既有应退税款又有欠缴税款的，税务机关可以将应退税款和利息先抵扣欠缴税款；抵扣后有余额的，退还纳税人。

第八十条 税收征管法第五十二条所称税务机关的责任，是指税务机关适用税收法律、行政法规不当或者执法行为违法。

第八十一条 税收征管法第五十二条所称纳税人、扣缴义务人计算错误等失误，是指非主观故意的计算公式运用错误以及明显的笔误。

第八十二条 税收征管法第五十二条所称特殊情况，是指纳税人或者扣缴义务人因计算错误等失误，未缴或者少缴、未扣或者少扣、未收或者少收税款，累计数额在10万元以上的。

第八十三条 税收征管法第五十二条规定的补缴和追征税款、滞纳金的期限，自纳税人、扣缴义务人应缴未缴或者少缴税款之日起计算。

第八十四条 审计机关、财政机关依法进行审计、检查时，对税务机关的税收违法行为作出的决定，税务机关应当执行；发现被审计、检查单位有税收违法行为的，向被审计、检查单位下达决定、意见书，责成被审计、检查单位向税务机关缴纳应当缴纳的税款、滞纳金。税务机关应当根据有关机关的决定、意见书，依照税收法律、行政法规的规定，将应收的税款、滞纳金按照国家规定的税收征收管理范围和税款入库预算级次缴入国库。

税务机关应当自收到审计机关、财政机关的决定、意见书之日起30日内将执行情况书面回复审计机关、财政机关。

有关机关不得将其履行职责过程中发现的税款、滞纳金自行征收入库或者以其他款项的名义自行处理、占压。

第六章 税务检查

第八十五条 税务机关应当建立科学的检查制度,统筹安排检查工作,严格控制对纳税人、扣缴义务人的检查次数。

税务机关应当制定合理的税务稽查工作规程,负责选案、检查、审理、执行的人员的职责应当明确,并相互分离、相互制约,规范选案程序和检查行为。

税务检查工作的具体办法,由国家税务总局制定。

第八十六条 税务机关行使税收征管法第五十四条第(一)项职权时,可以在纳税人、扣缴义务人的业务场所进行;必要时,经县以上税务局(分局)局长批准,可以将纳税人、扣缴义务人以前会计年度的账簿、记账凭证、报表和其他有关资料调回税务机关检查,但是税务机关必须向纳税人、扣缴义务人开付清单,并在3个月内完整退还;有特殊情况的,经设区的市、自治州以上税务局局长批准,税务机关可以将纳税人、扣缴义务人当年的账簿、记账凭证、报表和其他有关资料调回检查,但是税务机关必须在30日内退还。

第八十七条 税务机关行使税收征管法第五十四条第(六)项职权时,应当指定专人负责,凭全国统一格式的检查存款账户许可证明进行,并有责任为被检查人保守秘密。

检查存款账户许可证明,由国家税务总局制定。

税务机关查询的内容,包括纳税人存款账户余额和资金往来情况。

第八十八条 依照税收征管法第五十五条规定,税务机关采取税收保全措施的期限一般不得超过6个月;重大案件需要延长的,应当报国家税务总局批准。

第八十九条 税务机关和税务人员应当依照税收征管法及本细则的规定行使税务检查职权。

税务人员进行税务检查时，应当出示税务检查证和税务检查通知书；无税务检查证和税务检查通知书的，纳税人、扣缴义务人及其他当事人有权拒绝检查。税务机关对集贸市场及集中经营业户进行检查时，可以使用统一的税务检查通知书。

税务检查证和税务检查通知书的式样、使用和管理的具体办法，由国家税务总局制定。

第七章　法　律　责　任

第九十条　纳税人未按照规定办理税务登记证件验证或者换证手续的，由税务机关责令限期改正，可以处 2000 元以下的罚款；情节严重的，处 2000 元以上 1 万元以下的罚款。

第九十一条　非法印制、转借、倒卖、变造或者伪造完税凭证的，由税务机关责令改正，处 2000 元以上 1 万元以下的罚款；情节严重的，处 1 万元以上 5 万元以下的罚款；构成犯罪的，依法追究刑事责任。

第九十二条　银行和其他金融机构未依照税收征管法的规定在从事生产、经营的纳税人的账户中登录税务登记证件号码，或者未按规定在税务登记证件中登录从事生产、经营的纳税人的账户账号的，由税务机关责令其限期改正，处 2000 元以上 2 万元以下的罚款；情节严重的，处 2 万元以上 5 万元以下的罚款。

第九十三条　为纳税人、扣缴义务人非法提供银行账户、发票、证明或者其他方便，导致未缴、少缴税款或者骗取国家出口退税款的，税务机关除没收其违法所得外，可以处未缴、少缴或者骗取的税款 1 倍以下的罚款。

第九十四条　纳税人拒绝代扣、代收税款的，扣缴义务人应当向税务机关报告，由税务机关直接向纳税人追缴税款、滞纳金；纳税人拒不缴纳的，依照税收征管法第六十八条的规定执行。

第九十五条　税务机关依照税收征管法第五十四条第（五）项

的规定，到车站、码头、机场、邮政企业及其分支机构检查纳税人有关情况时，有关单位拒绝的，由税务机关责令改正，可以处1万元以下的罚款；情节严重的，处1万元以上5万元以下的罚款。

第九十六条 纳税人、扣缴义务人有下列情形之一的，依照税收征管法第七十条的规定处罚：

（一）提供虚假资料，不如实反映情况，或者拒绝提供有关资料的；

（二）拒绝或者阻止税务机关记录、录音、录像、照相和复制与案件有关的情况和资料的；

（三）在检查期间，纳税人、扣缴义务人转移、隐匿、销毁有关资料的；

（四）有不依法接受税务检查的其他情形的。

第九十七条 税务人员私分扣押、查封的商品、货物或者其他财产，情节严重，构成犯罪的，依法追究刑事责任；尚不构成犯罪的，依法给予行政处分。

第九十八条 税务代理人违反税收法律、行政法规，造成纳税人未缴或者少缴税款的，除由纳税人缴纳或者补缴应纳税款、滞纳金外，对税务代理人处纳税人未缴或者少缴税款50%以上3倍以下的罚款。

第九十九条 税务机关对纳税人、扣缴义务人及其他当事人处以罚款或者没收违法所得时，应当开付罚没凭证；未开付罚没凭证的，纳税人、扣缴义务人以及其他当事人有权拒绝给付。

第一百条 税收征管法第八十八条规定的纳税争议，是指纳税人、扣缴义务人、纳税担保人对税务机关确定纳税主体、征税对象、征税范围、减税、免税及退税、适用税率、计税依据、纳税环节、纳税期限、纳税地点以及税款征收方式等具体行政行为有异议而发生的争议。

第八章 文书送达

第一百零一条 税务机关送达税务文书,应当直接送交受送达人。

受送达人是公民的,应当由本人直接签收;本人不在的,交其同住成年家属签收。

受送达人是法人或者其他组织的,应当由法人的法定代表人、其他组织的主要负责人或者该法人、组织的财务负责人、负责收件的人签收。受送达人有代理人的,可以送交其代理人签收。

第一百零二条 送达税务文书应当有送达回证,并由受送达人或者本细则规定的其他签收人在送达回证上记明收到日期,签名或者盖章,即为送达。

第一百零三条 受送达人或者本细则规定的其他签收人拒绝签收税务文书的,送达人应当在送达回证上记明拒收理由和日期,并由送达人和见证人签名或者盖章,将税务文书留在受送达人处,即视为送达。

第一百零四条 直接送达税务文书有困难的,可以委托其他有关机关或者其他单位代为送达,或者邮寄送达。

第一百零五条 直接或者委托送达税务文书的,以签收人或者见证人在送达回证上的签收或者注明的收件日期为送达日期;邮寄送达的,以挂号函件回执上注明的收件日期为送达日期,并视为已送达。

第一百零六条 有下列情形之一的,税务机关可以公告送达税务文书,自公告之日起满30日,即视为送达:

(一)同一送达事项的受送达人众多;

(二)采用本章规定的其他送达方式无法送达。

第一百零七条 税务文书的格式由国家税务总局制定。本细则所称税务文书,包括:

（一）税务事项通知书；

（二）责令限期改正通知书；

（三）税收保全措施决定书；

（四）税收强制执行决定书；

（五）税务检查通知书；

（六）税务处理决定书；

（七）税务行政处罚决定书；

（八）行政复议决定书；

（九）其他税务文书。

第九章 附 则

第一百零八条 税收征管法及本细则所称"以上"、"以下"、"日内"、"届满"均含本数。

第一百零九条 税收征管法及本细则所规定期限的最后一日是法定休假日的，以休假日期满的次日为期限的最后一日；在期限内有连续3日以上法定休假日的，按休假日天数顺延。

第一百一十条 税收征管法第三十条第三款规定的代扣、代收手续费，纳入预算管理，由税务机关依照法律、行政法规的规定付给扣缴义务人。

第一百一十一条 纳税人、扣缴义务人委托税务代理人代为办理税务事宜的办法，由国家税务总局规定。

第一百一十二条 耕地占用税、契税、农业税、牧业税的征收管理，按照国务院的有关规定执行。

第一百一十三条 本细则自2002年10月15日起施行。1993年8月4日国务院发布的《中华人民共和国税收征收管理法实施细则》同时废止。

中华人民共和国发票管理办法

（1993年12月12日国务院批准 1993年12月23日财政部令第6号发布 根据2010年12月20日《国务院关于修改〈中华人民共和国发票管理办法〉的决定》第一次修订 根据2019年3月2日《国务院关于修改部分行政法规的决定》第二次修订 根据2023年7月20日《国务院关于修改和废止部分行政法规的决定》第三次修订）

第一章 总 则

第一条 为了加强发票管理和财务监督，保障国家税收收入，维护经济秩序，根据《中华人民共和国税收征收管理法》，制定本办法。

第二条 在中华人民共和国境内印制、领用、开具、取得、保管、缴销发票的单位和个人（以下称印制、使用发票的单位和个人），必须遵守本办法。

第三条 本办法所称发票，是指在购销商品、提供或者接受服务以及从事其他经营活动中，开具、收取的收付款凭证。

发票包括纸质发票和电子发票。电子发票与纸质发票具有同等法律效力。国家积极推广使用电子发票。

第四条 发票管理工作应当坚持和加强党的领导，为经济社会发展服务。

国务院税务主管部门统一负责全国的发票管理工作。省、自治区、直辖市税务机关依据职责做好本行政区域内的发票管理工作。

财政、审计、市场监督管理、公安等有关部门在各自的职责范围内，配合税务机关做好发票管理工作。

第五条 发票的种类、联次、内容、编码规则、数据标准、使用范围等具体管理办法由国务院税务主管部门规定。

第六条 对违反发票管理法规的行为，任何单位和个人可以举报。税务机关应当为检举人保密，并酌情给予奖励。

第二章 发票的印制

第七条 增值税专用发票由国务院税务主管部门确定的企业印制；其他发票，按照国务院税务主管部门的规定，由省、自治区、直辖市税务机关确定的企业印制。禁止私自印制、伪造、变造发票。

第八条 印制发票的企业应当具备下列条件：

（一）取得印刷经营许可证和营业执照；

（二）设备、技术水平能够满足印制发票的需要；

（三）有健全的财务制度和严格的质量监督、安全管理、保密制度。

税务机关应当按照政府采购有关规定确定印制发票的企业。

第九条 印制发票应当使用国务院税务主管部门确定的全国统一的发票防伪专用品。禁止非法制造发票防伪专用品。

第十条 发票应当套印全国统一发票监制章。全国统一发票监制章的式样和发票版面印刷的要求，由国务院税务主管部门规定。发票监制章由省、自治区、直辖市税务机关制作。禁止伪造发票监制章。

发票实行不定期换版制度。

第十一条 印制发票的企业按照税务机关的统一规定，建立发票印制管理制度和保管措施。

发票监制章和发票防伪专用品的使用和管理实行专人负责制度。

第十二条 印制发票的企业必须按照税务机关确定的式样和数量印制发票。

第十三条　发票应当使用中文印制。民族自治地方的发票，可以加印当地一种通用的民族文字。有实际需要的，也可以同时使用中外两种文字印制。

第十四条　各省、自治区、直辖市内的单位和个人使用的发票，除增值税专用发票外，应当在本省、自治区、直辖市内印制；确有必要到外省、自治区、直辖市印制的，应当由省、自治区、直辖市税务机关商印制地省、自治区、直辖市税务机关同意后确定印制发票的企业。

禁止在境外印制发票。

第三章　发票的领用

第十五条　需要领用发票的单位和个人，应当持设立登记证件或者税务登记证件，以及经办人身份证明，向主管税务机关办理发票领用手续。领用纸质发票的，还应当提供按照国务院税务主管部门规定式样制作的发票专用章的印模。主管税务机关根据领用单位和个人的经营范围、规模和风险等级，在 5 个工作日内确认领用发票的种类、数量以及领用方式。

单位和个人领用发票时，应当按照税务机关的规定报告发票使用情况，税务机关应当按照规定进行查验。

第十六条　需要临时使用发票的单位和个人，可以凭购销商品、提供或者接受服务以及从事其他经营活动的书面证明、经办人身份证明，直接向经营地税务机关申请代开发票。依照税收法律、行政法规规定应当缴纳税款的，税务机关应当先征收税款，再开具发票。税务机关根据发票管理的需要，可以按照国务院税务主管部门的规定委托其他单位代开发票。

禁止非法代开发票。

第十七条　临时到本省、自治区、直辖市以外从事经营活动的单位或者个人，应当凭所在地税务机关的证明，向经营地税务机关领用经营地的发票。

临时在本省、自治区、直辖市以内跨市、县从事经营活动领用发票的办法，由省、自治区、直辖市税务机关规定。

第四章　发票的开具和保管

第十八条　销售商品、提供服务以及从事其他经营活动的单位和个人，对外发生经营业务收取款项，收款方应当向付款方开具发票；特殊情况下，由付款方向收款方开具发票。

第十九条　所有单位和从事生产、经营活动的个人在购买商品、接受服务以及从事其他经营活动支付款项，应当向收款方取得发票。取得发票时，不得要求变更品名和金额。

第二十条　不符合规定的发票，不得作为财务报销凭证，任何单位和个人有权拒收。

第二十一条　开具发票应当按照规定的时限、顺序、栏目，全部联次一次性如实开具，开具纸质发票应当加盖发票专用章。

任何单位和个人不得有下列虚开发票行为：

（一）为他人、为自己开具与实际经营业务情况不符的发票；

（二）让他人为自己开具与实际经营业务情况不符的发票；

（三）介绍他人开具与实际经营业务情况不符的发票。

第二十二条　安装税控装置的单位和个人，应当按照规定使用税控装置开具发票，并按期向主管税务机关报送开具发票的数据。

使用非税控电子器具开具发票的，应当将非税控电子器具使用的软件程序说明资料报主管税务机关备案，并按照规定保存、报送开具发票的数据。

单位和个人开发电子发票信息系统自用或者为他人提供电子发票服务的，应当遵守国务院税务主管部门的规定。

第二十三条　任何单位和个人应当按照发票管理规定使用发票，不得有下列行为：

（一）转借、转让、介绍他人转让发票、发票监制章和发票防伪专用品；

（二）知道或者应当知道是私自印制、伪造、变造、非法取得或者废止的发票而受让、开具、存放、携带、邮寄、运输；

（三）拆本使用发票；

（四）扩大发票使用范围；

（五）以其他凭证代替发票使用。

（六）窃取、截留、篡改、出售、泄露发票数据。

税务机关应当提供查询发票真伪的便捷渠道。

第二十四条 除国务院税务主管部门规定的特殊情形外，纸质发票限于领用单位和个人在本省、自治区、直辖市内开具。

省、自治区、直辖市税务机关可以规定跨市、县开具发票的办法。

第二十五条 除国务院税务主管部门规定的特殊情形外，任何单位和个人不得跨规定的使用区域携带、邮寄、运输空白发票。

禁止携带、邮寄或者运输空白发票出入境。

第二十六条 开具发票的单位和个人应当建立发票使用登记制度，配合税务机关进行身份验证，并定期向主管税务机关报告发票使用情况。

第二十七条 开具发票的单位和个人应当在办理变更或者注销税务登记的同时，办理发票的变更、缴销手续。

第二十八条 开具发票的单位和个人应当按照国家有关规定存放和保管发票，不得擅自损毁。已经开具的发票存根联，应当保存5年。

第五章　发票的检查

第二十九条 税务机关在发票管理中有权进行下列检查：

（一）检查印制、领用、开具、取得、保管和缴销发票的情况；

（二）调出发票查验；

（三）查阅、复制与发票有关的凭证、资料；

（四）向当事各方询问与发票有关的问题和情况；

（五）在查处发票案件时，对与案件有关的情况和资料，可以记录、录音、录像、照像和复制。

第三十条 印制、使用发票的单位和个人，必须接受税务机关依法检查，如实反映情况，提供有关资料，不得拒绝、隐瞒。

税务人员进行检查时，应当出示税务检查证。

第三十一条 税务机关需要将已开具的发票调出查验时，应当向被查验的单位和个人开具发票换票证。发票换票证与所调出查验的发票有同等的效力。被调出查验发票的单位和个人不得拒绝接受。

税务机关需要将空白发票调出查验时，应当开具收据；经查无问题的，应当及时返还。

第三十二条 单位和个人从中国境外取得的与纳税有关的发票或者凭证，税务机关在纳税审查时有疑义的，可以要求其提供境外公证机构或者注册会计师的确认证明，经税务机关审核认可后，方可作为记账核算的凭证。

第六章 罚 则

第三十三条 违反本办法的规定，有下列情形之一的，由税务机关责令改正，可以处1万元以下的罚款；有违法所得的予以没收：

（一）应当开具而未开具发票，或者未按照规定的时限、顺序、栏目，全部联次一次性开具发票，或者未加盖发票专用章的；

（二）使用税控装置开具发票，未按期向主管税务机关报送开具发票的数据的；

（三）使用非税控电子器具开具发票，未将非税控电子器具使用的软件程序说明资料报主管税务机关备案，或者未按照规定保存、报送开具发票的数据的；

（四）拆本使用发票的；

（五）扩大发票使用范围的；

（六）以其他凭证代替发票使用的；

（七）跨规定区域开具发票的；

（八）未按照规定缴销发票的；

（九）未按照规定存放和保管发票的。

第三十四条　跨规定的使用区域携带、邮寄、运输空白发票，以及携带、邮寄或者运输空白发票出入境的，由税务机关责令改正，可以处1万元以下的罚款；情节严重的，处1万元以上3万元以下的罚款；有违法所得的予以没收。

丢失发票或者擅自损毁发票的，依照前款规定处罚。

第三十五条　违反本办法的规定虚开发票的，由税务机关没收违法所得；虚开金额在1万元以下的，可以并处5万元以下的罚款；虚开金额超过1万元的，并处5万元以上50万元以下的罚款；构成犯罪的，依法追究刑事责任。

非法代开发票的，依照前款规定处罚。

第三十六条　私自印制、伪造、变造发票，非法制造发票防伪专用品，伪造发票监制章窃取、截留、篡改、出售、泄露发票数据的，由税务机关没收违法所得，没收、销毁作案工具和非法物品，并处1万元以上5万元以下的罚款；情节严重的，并处5万元以上50万元以下的罚款；构成犯罪的，依法追究刑事责任。

前款规定的处罚，《中华人民共和国税收征收管理法》有规定的，依照其规定执行。

第三十七条　有下列情形之一的，由税务机关处1万元以上5万元以下的罚款；情节严重的，处5万元以上50万元以下的罚款；有违法所得的予以没收：

（一）转借、转让、介绍他人转让发票、发票监制章和发票防伪专用品的；

（二）知道或者应当知道是私自印制、伪造、变造、非法取得或者废止的发票而受让、开具、存放、携带、邮寄、运输的。

第三十八条 对违反发票管理规定2次以上或者情节严重的单位和个人，税务机关可以向社会公告。

第三十九条 违反发票管理法规，导致其他单位或者个人未缴、少缴或者骗取税款的，由税务机关没收违法所得，可以并处未缴、少缴或者骗取的税款1倍以下的罚款。

第四十条 当事人对税务机关的处罚决定不服的，可以依法申请行政复议或者向人民法院提起行政诉讼。

第四十一条 税务人员利用职权之便，故意刁难印制、使用发票的单位和个人，或者有违反发票管理法规行为的，依照国家有关规定给予处分；构成犯罪的，依法追究刑事责任。

第七章 附 则

第四十二条 国务院税务主管部门可以根据有关行业特殊的经营方式和业务需求，会同国务院有关主管部门制定该行业的发票管理办法。

国务院税务主管部门可以根据增值税专用发票管理的特殊需要，制定增值税专用发票的具体管理办法。

第四十三条 本办法自发布之日起施行。财政部1986年发布的《全国发票管理暂行办法》和原国家税务局1991年发布的《关于对外商投资企业和外国企业发票管理的暂行规定》同时废止。

部门规章及文件

（一）税务管理

中华人民共和国发票管理办法实施细则

（2011年2月14日国家税务总局令第25号公布 根据2014年12月27日《国家税务总局关于修改〈中华人民共和国发票管理办法实施细则〉的决定》第一次修正 根据2018年6月15日《国家税务总局关于修改部分税务部门规章的决定》第二次修正 根据2019年7月24日《国家税务总局关于公布取消一批税务证明事项以及废止和修改部分规章规范性文件的决定》第三次修正 根据2024年1月15日《国家税务总局关于修改〈中华人民共和国发票管理办法实施细则〉的决定》第四次修正）

第一章 总 则

第一条 根据《中华人民共和国发票管理办法》（以下简称《办法》）规定，制定本实施细则。

第二条 在全国范围内统一式样的发票，由国家税务总局确定。

在省、自治区、直辖市范围内统一式样的发票，由省、自治区、直辖市税务局（以下简称省税务局）确定。

第三条 《办法》第三条所称电子发票是指在购销商品、提供或者接受服务以及从事其他经营活动中，按照税务机关发票管理规定以数据电文形式开具、收取的收付款凭证。

电子发票与纸质发票的法律效力相同，任何单位和个人不得拒收。

第四条 税务机关建设电子发票服务平台，为用票单位和个人提供数字化等形态电子发票开具、交付、查验等服务。

第五条 税务机关应当按照法律、行政法规的规定，建立健全发票数据安全管理制度，保障发票数据安全。

单位和个人按照国家税务总局有关规定开展发票数据处理活动，依法承担发票数据安全保护义务，不得超过规定的数量存储发票数据，不得违反规定使用、非法出售或非法向他人提供发票数据。

第六条 纸质发票的基本联次包括存根联、发票联、记账联。存根联由收款方或开票方留存备查；发票联由付款方或受票方作为付款原始凭证；记账联由收款方或开票方作为记账原始凭证。

省以上税务机关可根据纸质发票管理情况以及纳税人经营业务需要，增减除发票联以外的其他联次，并确定其用途。

第七条 发票的基本内容包括：发票的名称、发票代码和号码、联次及用途、客户名称、开户银行及账号、商品名称或经营项目、计量单位、数量、单价、大小写金额、税率（征收率）、税额、开票人、开票日期、开票单位（个人）名称（章）等。

省以上税务机关可根据经济活动以及发票管理需要，确定发票的具体内容。

第八条 领用发票单位可以书面向税务机关要求使用印有本单位名称的发票，税务机关依据《办法》第十五条的规定，确认印有该单位名称发票的种类和数量。

第二章　发票的印制

第九条 税务机关根据政府采购合同和发票防伪用品管理要求

对印制发票企业实施监督管理。

第十条 全国统一的纸质发票防伪措施由国家税务总局确定，省税务局可以根据需要增加本地区的纸质发票防伪措施，并向国家税务总局备案。

纸质发票防伪专用品应当按照规定专库保管，不得丢失。次品、废品应当在税务机关监督下集中销毁。

第十一条 全国统一发票监制章是税务机关管理发票的法定标志，其形状、规格、内容、印色由国家税务总局规定。

第十二条 全国范围内发票换版由国家税务总局确定；省、自治区、直辖市范围内发票换版由省税务局确定。

发票换版时，应当进行公告。

第十三条 监制发票的税务机关根据需要下达发票印制通知书，印制企业必须按照要求印制。

发票印制通知书应当载明印制发票企业名称、用票单位名称、发票名称、发票代码、种类、联次、规格、印色、印制数量、起止号码、交货时间、地点等内容。

第十四条 印制发票企业印制完毕的成品应当按照规定验收后专库保管，不得丢失。废品应当及时销毁。

第三章　发票的领用

第十五条　《办法》第十五条所称经办人身份证明是指经办人的居民身份证、护照或者其他能证明经办人身份的证件。

第十六条　《办法》第十五条所称发票专用章是指领用发票单位和个人在其开具纸质发票时加盖的有其名称、统一社会信用代码或者纳税人识别号、发票专用章字样的印章。

发票专用章式样由国家税务总局确定。

第十七条　税务机关对领用纸质发票单位和个人提供的发票专用章的印模应当留存备查。

第十八条　《办法》第十五条所称领用方式是指批量供应、交旧领新、验旧领新、额度确定等方式。

税务机关根据单位和个人的税收风险程度、纳税信用级别、实际经营情况确定或调整其领用发票的种类、数量、额度以及领用方式。

第十九条　《办法》第十五条所称发票使用情况是指发票领用存情况及相关开票数据。

第二十条　《办法》第十六条所称书面证明是指有关业务合同、协议或者税务机关认可的其他资料。

第二十一条　税务机关应当与受托代开发票的单位签订协议，明确代开发票的种类、对象、内容和相关责任等内容。

第四章　发票的开具和保管

第二十二条　《办法》第十八条所称特殊情况下，由付款方向收款方开具发票，是指下列情况：

（一）收购单位和扣缴义务人支付个人款项时；

（二）国家税务总局认为其他需要由付款方向收款方开具发票的。

第二十三条　向消费者个人零售小额商品或者提供零星服务的，是否可免予逐笔开具发票，由省税务局确定。

第二十四条　填开发票的单位和个人必须在发生经营业务确认营业收入时开具发票。未发生经营业务一律不准开具发票。

第二十五条　《办法》第十九条规定的不得变更金额，包括不得变更涉及金额计算的单价和数量。

第二十六条　开具纸质发票后，如发生销售退回、开票有误、应税服务中止等情形，需要作废发票的，应当收回原发票全部联次并注明"作废"字样后作废发票。

开具纸质发票后，如发生销售退回、开票有误、应税服务中止、销售折让等情形,需要开具红字发票的,应当收回原发票全部联次并注明"红冲"字样后开具红字发票。无法收回原发票全部联次的,应当取得对方有效证明后开具红字发票。

第二十七条　开具电子发票后,如发生销售退回、开票有误、应税服务中止、销售折让等情形的,应当按照规定开具红字发票。

第二十八条　单位和个人在开具发票时,应当填写项目齐全,内容真实。

开具纸质发票应当按照发票号码顺序填开,字迹清楚,全部联次一次打印,内容完全一致,并在发票联和抵扣联加盖发票专用章。

第二十九条　《办法》第二十一条所称与实际经营业务情况不符是指具有下列行为之一的:

(一)未购销商品、未提供或者接受服务、未从事其他经营活动,而开具或取得发票;

(二)有购销商品、提供或者接受服务、从事其他经营活动,但开具或取得的发票载明的购买方、销售方、商品名称或经营项目、金额等与实际情况不符。

第三十条　开具发票应当使用中文。民族自治地方可以同时使用当地通用的一种民族文字。

第三十一条　单位和个人向委托人提供发票领用、开具等服务,应当接受税务机关监管,所存储发票数据的最大数量应当符合税务机关的规定。

第三十二条　开发电子发票信息系统为他人提供发票数据查询、下载、存储、使用等涉税服务的,应当符合税务机关的数据标准和管理规定,并与委托人签订协议,不得超越授权范围使用发票数据。

第三十三条　《办法》第二十五条所称规定的使用区域是指国家税务总局和省税务局规定的区域。

第三十四条 《办法》第二十六条所称身份验证是指单位和个人在领用、开具、代开发票时，其经办人应当实名办税。

第三十五条 使用纸质发票的单位和个人应当妥善保管发票。发生发票丢失情形时，应当于发现丢失当日书面报告税务机关。

第五章 发票的检查

第三十六条 税务机关在发票检查中，可以对发票数据进行提取、调出、查阅、复制。

第三十七条 《办法》第三十一条所称发票换票证仅限于在本县（市）范围内使用。需要调出外县（市）的发票查验时，应当提请该县（市）税务机关调取发票。

第三十八条 用票单位和个人有权申请税务机关对发票的真伪进行鉴别。收到申请的税务机关应当受理并负责鉴别发票的真伪；鉴别有困难的，可以提请发票监制税务机关协助鉴别。

在伪造、变造现场以及买卖地、存放地查获的发票，由当地税务机关鉴别。

第六章 罚 则

第三十九条 税务机关对违反发票管理法规的行为依法进行处罚的，由县以上税务机关决定；罚款额在 2000 元以下的，可由税务所决定。

第四十条 《办法》第三十三条第六项规定以其他凭证代替发票使用的，包括：

（一）应当开具发票而未开具发票，以其他凭证代替发票使用；

（二）应当取得发票而未取得发票，以发票外的其他凭证或者自制凭证用于抵扣税款、出口退税、税前扣除和财务报销；

（三）取得不符合规定的发票，用于抵扣税款、出口退税、税前扣除和财务报销。

构成逃避缴纳税款、骗取出口退税、虚开发票的，按照《中华人民共和国税收征收管理法》《办法》相关规定执行。

第四十一条 《办法》第三十八条所称的公告是指，税务机关应当在办税场所或者广播、电视、报纸、期刊、网络等新闻媒体上公告纳税人发票违法的情况。公告内容包括：纳税人名称、统一社会信用代码或者纳税人识别号、经营地点、违反发票管理法规的具体情况。

第四十二条 对违反发票管理法规情节严重构成犯罪的，税务机关应当依法移送司法机关处理。

第七章 附 则

第四十三条 计划单列市税务局参照《办法》中省、自治区、直辖市税务局的职责做好发票管理工作。

第四十四条 本实施细则自2011年2月1日起施行。

网络发票管理办法

（2013年2月25日国家税务总局令第30号公布 根据2018年6月15日《国家税务总局关于修改部分税务部门规章的决定》修正）

第一条 为加强普通发票管理，保障国家税收收入，规范网络发票的开具和使用，根据《中华人民共和国发票管理办法》规定，制定本办法。

第二条 在中华人民共和国境内使用网络发票管理系统开具发票的单位和个人办理网络发票管理系统的开户登记、网上领取发票手续、在线开具、传输、查验和缴销等事项，适用本办法。

第三条 本办法所称网络发票是指符合国家税务总局统一标准并通过国家税务总局及省、自治区、直辖市税务局公布的网络发票管理系统开具的发票。

国家积极推广使用网络发票管理系统开具发票。

第四条 税务机关应加强网络发票的管理,确保网络发票的安全、唯一、便利,并提供便捷的网络发票信息查询渠道;应通过应用网络发票数据分析,提高信息管税水平。

第五条 税务机关应根据开具发票的单位和个人的经营情况,核定其在线开具网络发票的种类、行业类别、开票限额等内容。

开具发票的单位和个人需要变更网络发票核定内容的,可向税务机关提出书面申请,经税务机关确认,予以变更。

第六条 开具发票的单位和个人开具网络发票应登录网络发票管理系统,如实完整填写发票的相关内容及数据,确认保存后打印发票。

开具发票的单位和个人在线开具的网络发票,经系统自动保存数据后即完成开票信息的确认、查验。

第七条 单位和个人取得网络发票时,应及时查询验证网络发票信息的真实性、完整性,对不符合规定的发票,不得作为财务报销凭证,任何单位和个人有权拒收。

第八条 开具发票的单位和个人需要开具红字发票的,必须收回原网络发票全部联次或取得受票方出具的有效证明,通过网络发票管理系统开具金额为负数的红字网络发票。

第九条 开具发票的单位和个人作废开具的网络发票,应收回原网络发票全部联次,注明"作废",并在网络发票管理系统中进行发票作废处理。

第十条 开具发票的单位和个人应当在办理变更或者注销税务登记的同时,办理网络发票管理系统的用户变更、注销手续并缴销空白发票。

第十一条 税务机关根据发票管理的需要,可以按照国家税务总局的规定委托其他单位通过网络发票管理系统代开网络发票。

税务机关应当与受托代开发票的单位签订协议，明确代开网络发票的种类、对象、内容和相关责任等内容。

第十二条 开具发票的单位和个人必须如实在线开具网络发票，不得利用网络发票进行转借、转让、虚开发票及其他违法活动。

第十三条 开具发票的单位和个人在网络出现故障，无法在线开具发票时，可离线开具发票。

开具发票后，不得改动开票信息，并于48小时内上传开票信息。

第十四条 开具发票的单位和个人违反本办法规定的，按照《中华人民共和国发票管理办法》有关规定处理。

第十五条 省以上税务机关在确保网络发票电子信息正确生成、可靠存储、查询验证、安全唯一等条件的情况下，可以试行电子发票。

第十六条 本办法自2013年4月1日起施行。

税务登记管理办法

（2003年12月17日国家税务总局令第7号公布　根据2014年12月27日《国家税务总局关于修改〈税务登记管理办法〉的决定》和2018年6月15日《国家税务总局关于修改部分税务部门规章的决定》第一次修正　根据2019年7月24日《国家税务总局关于公布取消一批税务证明事项以及废止和修改部分规章规范性文件的决定》第二次修正）

第一章　总　　则

第一条 为了规范税务登记管理，加强税源监控，根据《中华人民共和国税收征收管理法》（以下简称《税收征管法》）以及《中华人民共和国税收征收管理法实施细则》（以下简称《实施细则》）的规定，制定本办法。

第二条 企业，企业在外地设立的分支机构和从事生产、经营的场所，个体工商户和从事生产、经营的事业单位，均应当按照《税收征管法》及《实施细则》和本办法的规定办理税务登记。

前款规定以外的纳税人，除国家机关、个人和无固定生产、经营场所的流动性农村小商贩外，也应当按照《税收征管法》及《实施细则》和本办法的规定办理税务登记。

根据税收法律、行政法规的规定负有扣缴税款义务的扣缴义务人（国家机关除外），应当按照《税收征管法》及《实施细则》和本办法的规定办理扣缴税款登记。

第三条 县以上（含本级，下同）税务局（分局）是税务登记的主管税务机关，负责税务登记的设立登记、变更登记、注销登记和税务登记证验证、换证以及非正常户处理、报验登记等有关事项。

第四条 税务登记证件包括税务登记证及其副本、临时税务登记证及其副本。

扣缴税款登记证件包括扣缴税款登记证及其副本。

第五条 县以上税务局（分局）按照国务院规定的税收征收管理范围，实施属地管理。有条件的城市，可以按照"各区分散受理、全市集中处理"的原则办理税务登记。

第六条 税务局（分局）执行统一纳税人识别号。纳税人识别号由省、自治区、直辖市和计划单列市税务局按照纳税人识别号代码行业标准联合编制，统一下发各地执行。

已领取组织机构代码的纳税人，其纳税人识别号共15位，由纳税人登记所在地6位行政区划码+9位组织机构代码组成。以业主身份证件为有效身份证明的组织，即未取得组织机构代码证书的个体工商户以及持回乡证、通行证、护照办理税务登记的纳税人，其纳税人识别号由身份证件号码+2位顺序码组成。

纳税人识别号具有唯一性。

第七条 纳税人办理下列事项时，必须提供税务登记证件：

（一）开立银行账户；

（二）领购发票。

纳税人办理其他税务事项时，应当出示税务登记证件，经税务机关核准相关信息后办理手续。

第二章 设 立 登 记

第八条 企业，企业在外地设立的分支机构和从事生产、经营的场所，个体工商户和从事生产、经营的事业单位（以下统称从事生产、经营的纳税人），向生产、经营所在地税务机关申报办理税务登记：

（一）从事生产、经营的纳税人领取工商营业执照的，应当自领取工商营业执照之日起30日内申报办理税务登记，税务机关发放税务登记证及副本；

（二）从事生产、经营的纳税人未办理工商营业执照但经有关部门批准设立的，应当自有关部门批准设立之日起30日内申报办理税务登记，税务机关发放税务登记证及副本；

（三）从事生产、经营的纳税人未办理工商营业执照也未经有关部门批准设立的，应当自纳税义务发生之日起30日内申报办理税务登记，税务机关发放临时税务登记证及副本；

（四）有独立的生产经营权、在财务上独立核算并定期向发包人或者出租人上交承包费或租金的承包承租人，应当自承包承租合同签订之日起30日内，向其承包承租业务发生地税务机关申报办理税务登记，税务机关发放临时税务登记证及副本；

（五）境外企业在中国境内承包建筑、安装、装配、勘探工程和提供劳务的，应当自项目合同或协议签订之日起30日内，向项目所在地税务机关申报办理税务登记，税务机关发放临时税务登证及副本。

第九条　本办法第八条规定以外的其他纳税人，除国家机关、个人和无固定生产、经营场所的流动性农村小商贩外，均应当自纳税义务发生之日起30日内，向纳税义务发生地税务机关申报办理税务登记，税务机关发放税务登记证及副本。

第十条　税务机关对纳税人税务登记地点发生争议的，由其共同的上级税务机关指定管辖。

第十一条　纳税人在申报办理税务登记时，应当根据不同情况向税务机关如实提供以下证件和资料：

（一）工商营业执照或其他核准执业证件；

（二）有关合同、章程、协议书；

（三）组织机构统一代码证书；

（四）法定代表人或负责人或业主的居民身份证、护照或者其他合法证件。

其他需要提供的有关证件、资料，由省、自治区、直辖市税务机关确定。

第十二条　纳税人在申报办理税务登记时，应当如实填写税务登记表。

税务登记表的主要内容包括：

（一）单位名称、法定代表人或者业主姓名及其居民身份证、护照或者其他合法证件的号码；

（二）住所、经营地点；

（三）登记类型；

（四）核算方式；

（五）生产经营方式；

（六）生产经营范围；

（七）注册资金（资本）、投资总额；

（八）生产经营期限；

（九）财务负责人、联系电话；

（十）国家税务总局确定的其他有关事项。

第十三条 纳税人提交的证件和资料齐全且税务登记表的填写内容符合规定的，税务机关应当日办理并发放税务登记证件。纳税人提交的证件和资料不齐全或税务登记表的填写内容不符合规定的，税务机关应当场通知其补正或重新填报。

第十四条 税务登记证件的主要内容包括：纳税人名称、税务登记代码、法定代表人或负责人、生产经营地址、登记类型、核算方式、生产经营范围（主营、兼营）、发证日期、证件有效期等。

第十五条 已办理税务登记的扣缴义务人应当自扣缴义务发生之日起30日内，向税务登记地税务机关申报办理扣缴税款登记。税务机关在其税务登记证件上登记扣缴税款事项，税务机关不再发放扣缴税款登记证件。

根据税收法律、行政法规的规定可不办理税务登记的扣缴义务人，应当自扣缴义务发生之日起30日内，向机构所在地税务机关申报办理扣缴税款登记。税务机关发放扣缴税款登记证件。

第三章 变更登记

第十六条 纳税人税务登记内容发生变化的，应当向原税务登记机关申报办理变更税务登记。

第十七条 纳税人已在工商行政管理机关办理变更登记的，应当自工商行政管理机关变更登记之日起30日内，向原税务登记机关如实提供下列证件、资料，申报办理变更税务登记：

（一）工商登记变更表；

（二）纳税人变更登记内容的有关证明文件；

（三）税务机关发放的原税务登记证件（登记证正、副本和登记表等）；

（四）其他有关资料。

第十八条　纳税人按照规定不需要在工商行政管理机关办理变更登记，或者其变更登记的内容与工商登记内容无关的，应当自税务登记内容实际发生变化之日起 30 日内，或者自有关机关批准或者宣布变更之日起 30 日内，持下列证件到原税务登记机关申报办理变更税务登记：

（一）纳税人变更登记内容的有关证明文件；

（二）税务机关发放的原税务登记证件（登记证正、副本和税务登记表等）；

（三）其他有关资料。

第十九条　纳税人提交的有关变更登记的证件、资料齐全的，应如实填写税务登记变更表，符合规定的，税务机关应当日办理；不符合规定的，税务机关应通知其补正。

第二十条　税务机关应当于受理当日办理变更税务登记。纳税人税务登记表和税务登记证中的内容都发生变更的，税务机关按变更后的内容重新发放税务登记证件；纳税人税务登记表的内容发生变更而税务登记证中的内容未发生变更的，税务机关不重新发放税务登记证件。

第四章　停业、复业登记

第二十一条　实行定期定额征收方式的个体工商户需要停业的，应当在停业前向税务机关申报办理停业登记。纳税人的停业期限不得超过一年。

第二十二条　纳税人在申报办理停业登记时，应如实填写停业复业报告书，说明停业理由、停业期限、停业前的纳税情况和发票的领、用、存情况，并结清应纳税款、滞纳金、罚款。税务机关应收存其税务登记证件及副本、发票领购簿、未使用完的发票和其他税务证件。

第二十三条　纳税人在停业期间发生纳税义务的，应当按照税收法律、行政法规的规定申报缴纳税款。

第二十四条 纳税人应当于恢复生产经营之前，向税务机关申报办理复业登记，如实填写《停业复业报告书》，领回并启用税务登记证件、发票领购簿及其停业前领购的发票。

第二十五条 纳税人停业期满不能及时恢复生产经营的，应当在停业期满前到税务机关办理延长停业登记，并如实填写《停业复业报告书》。

第五章 注销登记

第二十六条 纳税人发生解散、破产、撤销以及其他情形，依法终止纳税义务的，应当在向工商行政管理机关或者其他机关办理注销登记前，持有关证件和资料向原税务登记机关申报办理注销税务登记；按规定不需要在工商行政管理机关或者其他机关办理注册登记的，应当自有关机关批准或者宣告终止之日起15日内，持有关证件和资料向原税务登记机关申报办理注销税务登记。

纳税人被工商行政管理机关吊销营业执照或者被其他机关予以撤销登记的，应当自营业执照被吊销或者被撤销登记之日起15日内，向原税务登记机关申报办理注销税务登记。

第二十七条 纳税人因住所、经营地点变动，涉及改变税务登记机关的，应当在向工商行政管理机关或者其他机关申请办理变更、注销登记前，或者住所、经营地点变动前，持有关证件和资料，向原税务登记机关申报办理注销税务登记，并自注销税务登记之日起30日内向迁达地税务机关申报办理税务登记。

第二十八条 境外企业在中国境内承包建筑、安装、装配、勘探工程和提供劳务的，应当在项目完工、离开中国前15日内，持有关证件和资料，向原税务登记机关申报办理注销税务登记。

第二十九条 纳税人办理注销税务登记前，应当向税务机关提交相关证明文件和资料，结清应纳税款、多退（免）税款、滞纳金和罚款,缴销发票、税务登记证件和其他税务证件,经税务机关核准后,办理注销税务登记手续。

第六章 外出经营报验登记

第三十条 纳税人到外县(市)临时从事生产经营活动的,应当在外出生产经营以前,持税务登记证到主管税务机关开具《外出经营活动税收管理证明》(以下简称《外管证》)。

第三十一条 税务机关按照一地一证的原则,发放《外管证》,《外管证》的有效期限一般为30日,最长不得超过180天。

第三十二条 纳税人应当在《外管证》注明地进行生产经营前向当地税务机关报验登记,并提交下列证件、资料:

(一)税务登记证件副本;

(二)《外管证》。

纳税人在《外管证》注明地销售货物的,除提交以上证件、资料外,应如实填写《外出经营货物报验单》,申报查验货物。

第三十三条 纳税人外出经营活动结束,应当向经营地税务机关填报《外出经营活动情况申报表》,并结清税款、缴销发票。

第三十四条 纳税人应当在《外管证》有效期届满后10日内,持《外管证》回原税务登记地税务机关办理《外管证》缴销手续。

第七章 证照管理

第三十五条 税务机关应当加强税务登记证件的管理,采取实地调查、上门验证等方法进行税务登记证件的管理。

第三十六条 税务登记证式样改变,需统一换发税务登记证的,由国家税务总局确定。

第三十七条 纳税人、扣缴义务人遗失税务登记证件的,应当自遗失税务登记证件之日起15日内,书面报告主管税务机关,如实填写《税务登记证件遗失报告表》,并将纳税人的名称、税务登记证件名称、税务登记证件号码、税务登记证件有效期、发证机关名称在税务机关认可的报刊上作遗失声明，凭报刊上刊登的遗失声明到主管税务机关补办税务登记证件。

第八章 非正常户处理

第三十八条 已办理税务登记的纳税人未按照规定的期限申报纳税，在税务机关责令其限期改正后，逾期不改正的，税务机关应当派员实地检查，查无下落并且无法强制其履行纳税义务的，由检查人员制作非正常户认定书，存入纳税人档案，税务机关暂停其税务登记证件、发票领购簿和发票的使用。

第三十九条 纳税人被列入非正常户超过三个月的，税务机关可以宣布其税务登记证件失效，其应纳税款的追征仍按《税收征管法》及其《实施细则》的规定执行。

第九章 法律责任

第四十条 纳税人不办理税务登记的，税务机关应当自发现之日起3日内责令其限期改正；逾期不改正的，依照《税收征管法》第六十条第一款的规定处罚。

第四十一条 纳税人通过提供虚假的证明资料等手段，骗取税务登记证的，处2000元以下的罚款；情节严重的，处2000元以上10000元以下的罚款。纳税人涉嫌其他违法行为的，按有关法律、行政法规的规定处理。

第四十二条 扣缴义务人未按照规定办理扣缴税款登记的，税务机关应当自发现之日起3日内责令其限期改正，并可处以1000元以下的罚款。

第四十三条 纳税人、扣缴义务人违反本办法规定，拒不接受税务机关处理的，税务机关可以收缴其发票或者停止向其发售发票。

第四十四条 税务人员徇私舞弊或者玩忽职守，违反本办法规定为纳税人办理税务登记相关手续,或者滥用职权,故意刁难纳税人、扣缴义务人的,调离工作岗位,并依法给予行政处分。

第十章 附 则

第四十五条 本办法涉及的标识、戳记和文书式样,由国家税务总局确定。

第四十六条 本办法由国家税务总局负责解释。各省、自治区、直辖市和计划单列市税务局可根据本办法制定具体的实施办法。

第四十七条 本办法自2004年2月1日起施行。

纳税评估管理办法(试行)

(2005年3月11日 国税发〔2005〕43号 根据2018年6月15日《国家税务总局关于修改部分税收规范性文件的公告》修正)

第一章 总 则

第一条 为进一步强化税源管理,降低税收风险,减少税款流失,不断提高税收征管的质量和效率,根据国家有关税收法律、法规,结合税收征管工作实际,制定本办法。

第二条 纳税评估是指税务机关运用数据信息对比分析的方法,对纳税人和扣缴义务人(以下简称纳税人)纳税申报(包括减免缓抵退税申请,下同)情况的真实性和准确性作出定性和定量的判断,并采取进一步征管措施的管理行为。纳税评估工作遵循强化管理、优化服务;分类实施、因地制宜;人机结合、简便易行的原则。

第三条 纳税评估工作主要由基层税务机关的税源管理部门及

其税收管理员负责，重点税源和重大事项的纳税评估也可由上级税务机关负责。

前款所称基层税务机关是指直接面向纳税人负责税收征收管理的税务机关；税源管理部门是指基层税务机关所属的税务分局、税务所或内设的税源管理科（股）。

对汇总合并缴纳企业所得税企业的纳税评估，由其汇总合并纳税企业申报所在地税务机关实施，对汇总合并纳税成员企业的纳税评估，由其监管的当地税务机关实施；对合并申报缴纳外商投资和外国企业所得税企业分支机构的纳税评估，由总机构所在地的主管税务机关实施。

第四条 开展纳税评估工作原则上在纳税申报到期之后进行，评估的期限以纳税申报的税款所属当期为主，特殊情况可以延伸到往期或以往年度。

第五条 税评估主要工作内容包括：根据宏观税收分析和行业税负监控结果以及相关数据设立评估指标及其预警值；综合运用各类对比分析方法筛选评估对象；对所筛选出的异常情况进行深入分析并作出定性和定量的判断；对评估分析中发现的问题分别采取税务约谈、调查核实、处理处罚、提出管理建议、移交稽查部门查处等方法进行处理；维护更新税源管理数据，为税收宏观分析和行业税负监控提供基础信息等。

第二章 纳税评估指标

第六条 税评估指标是税务机关筛选评估对象、进行重点分析时所选用的主要指标，分为通用分析指标和特定分析指标两大类，使用时可结合评估工作实际不断细化和完善。

第七条 纳税评估指标的功能、计算公式及其分析使用方法参照《纳税评估通用分析指标及其使用方法》（附件1）、《纳税评估分税种特定分析指标及其使用方法》（附件2）。

第八条 纳税评估分析时，要综合运用各类指标，并参照评估指标预警值进行配比分析。评估指标预警值是税务机关根据宏观税收分析、行业税负监控、纳税人生产经营和财务会计核算情况以及内外部相关信息，运用数学方法测算出的算术、加权平均值及其合理变动范围。测算预警值，应综合考虑地区、规模、类型、生产经营季节、税种等因素，考虑同行业、同规模、同类型纳税人各类相关指标的若干年度的平均水平，以使预警值更加真实、准确和具有可比性。纳税评估指标预警值由各地税务机关根据实际情况自行确定。

第三章　纳税评估对象

第九条 纳税评估的对象为主管税务机关负责管理的所有纳税人及其应纳所有税种。

第十条 纳税评估对象可采用计算机自动筛选、人工分析筛选和重点抽样筛选等方法。

第十一条 筛选纳税评估对象，要依据税收宏观分析、行业税负监控结果等数据，结合各项评估指标及其预警值和税收管理员掌握的纳税人实际情况，参照纳税人所属行业、经济类型、经营规模、信用等级等因素进行全面、综合的审核对比分析。

第十二条 综合审核对比分析中发现有问题或疑点的纳税人要作为重点评估分析对象；重点税源户、特殊行业的重点企业、税负异常变化、长时间零税负和负税负申报、纳税信用等级低下、日常管理和税务检查中发现较多问题的纳税人要列为纳税评估的重点分析对象。

第四章　纳税评估方法

第十三条 纳税评估工作根据国家税收法律、行政法规、部门规章和其他相关经济法规的规定，按照属地管理原则和管户责任开展；对同一纳税人申报缴纳的各个税种的纳税评估要相互结合、统一进行，避免多头重复评估。

第十四条 纳税评估的主要依据及数据来源包括：

"一户式"存储的纳税人各类纳税信息资料，主要包括：纳税人税务登记的基本情况，各项核定、认定、减免缓抵退税审批事项的结果，纳税人申报纳税资料，财务会计报表以及税务机关要求纳税人提供的其他相关资料，增值税交叉稽核系统各类票证比对结果等；

税收管理员通过日常管理所掌握的纳税人生产经营实际情况，主要包括：生产经营规模、产销量、工艺流程、成本、费用、能耗、物耗情况等各类与税收相关的数据信息；

上级税务机关发布的宏观税收分析数据，行业税负的监控数据，各类评估指标的预警值；

本地区的主要经济指标、产业和行业的相关指标数据，外部交换信息，以及与纳税人申报纳税相关的其他信息。

第十五条 纳税评估可根据所辖税源和纳税人的不同情况采取灵活多样的评估分析方法，主要有：

对纳税人申报纳税资料进行案头的初步审核比对，以确定进一步评估分析的方向和重点；

通过各项指标与相关数据的测算，设置相应的预警值，将纳税人的申报数据与预警值相比较；

将纳税人申报数据与财务会计报表数据进行比较、与同行业相关数据或类似行业同期相关数据进行横向比较；

将纳税人申报数据与历史同期相关数据进行纵向比较；

根据不同税种之间的关联性和钩稽关系，参照相关预警值进行税种之间的关联性分析，分析纳税人应纳相关税种的异常变化；

应用税收管理员日常管理中所掌握的情况和积累的经验，将纳税人申报情况与其生产经营实际情况相对照，分析其合理性，以确定纳税人申报纳税中存在的问题及其原因；

通过对纳税人生产经营结构、主要产品能耗、物耗等生产经营要素的当期数据、历史平均数据、同行业平均数据以及其他相关经济指标进行比较，推测纳税人实际纳税能力。

第十六条 对纳税人申报纳税资料进行审核分析时，要包括以下重点内容：

纳税人是否按照税法规定的程序、手续和时限履行申报纳税义务，各项纳税申报附送的各类抵扣、列支凭证是否合法、真实、完整；

纳税申报主表、附表及项目、数字之间的逻辑关系是否正确，适用的税目、税率及各项数字计算是否准确，申报数据与税务机关所掌握的相关数据是否相符；

收入、费用、利润及其他有关项目的调整是否符合税法规定，申请减免缓抵退税、亏损结转、获利年度的确定是否符合税法规定并正确履行相关手续；

与上期和同期申报纳税情况有无较大差异；

税务机关和税收管理员认为应进行审核分析的其他内容。

第十七条 对实行定期定额（定率）征收税款的纳税人以及未达起征点的个体工商户，可参照其生产经营情况，利用相关评估指标定期进行分析，以判断定额（定率）的合理性和是否已经达到起征点并恢复征税。

第五章 评估结果处理

第十八条 对纳税评估中发现的计算和填写错误、政策和程序理解偏差等一般性问题，或存在的疑点问题经约谈、举证、调查核实等程序认定事实清楚，不具有偷税等违法嫌疑，无需立案查处的，可提请纳税人自行改正。需要纳税人自行补充的纳税资料，以及需要纳税人自行补正申报、补缴税款、调整账目的，税务机关应督促纳税人按照税法规定逐项落实。

第十九条 对纳税评估中发现的需要提请纳税人进行陈述说明、补充提供举证资料等问题，应由主管税务机关约谈纳税人。

税务约谈要经所在税源管理部门批准并事先发出《税务约谈通知书》，提前通知纳税人。

税务约谈的对象主要是企业财务会计人员。因评估工作需要，必须约谈企业其他相关人员的，应经税源管理部门批准并通过企业财务部门进行安排。

纳税人因特殊困难不能按时接受税务约谈的，可向税务机关说明情况，经批准后延期进行。

纳税人可以委托具有执业资格的税务代理人进行税务约谈。税务代理人代表纳税人进行税务约谈时，应向税务机关提交纳税人委托代理合法证明。

第二十条 对评估分析和税务约谈中发现的必须到生产经营现场了解情况、审核账目凭证的，应经所在税源管理部门批准，由税收管理员进行实地调查核实。对调查核实的情况，要作认真记录。需要处理处罚的，要严格按照规定的权限和程序执行。

第二十一条 发现纳税人有偷税、逃避追缴欠税、骗取出口退税、抗税或其他需要立案查处的税收违法行为嫌疑的，要移交税务稽查部门处理。

对税源管理部门移交稽查部门处理的案件，税务稽查部门要将处理结果定期向税源管理部门反馈。

发现外商投资和外国企业与其关联企业之间的业务往来不按照独立企业业务往来收取或支付价款、费用，需要调查、核实的，应移交上级税务机关国际税收管理部门（或有关部门）处理。

第二十二条 对纳税评估工作中发现的问题要作出评估分析报告，提出进一步加强征管工作的建议，并将评估工作内容、过程、证据、依据和结论等记入纳税评估工作底稿。纳税评估分析报告和纳税评估工作底稿是税务机关内部资料，不发纳税人，不作为行政复议和诉讼依据。

第六章 评估工作管理

第二十三条 基层税务机关及其税源管理部门要根据所辖税源的规模、管户的数量等工作实际情况，结合自身纳税评估的工作能力，制定评估工作计划，合理确定纳税评估工作量，对重点税源户，要保证每年至少重点评估分析一次。

第二十四条 基层税务机关及其税源管理部门要充分利用现代化信息手段，广泛收集和积累纳税人各类涉税信息，不断提高评估工作水平；要经常对评估结果进行分析研究，提出加强征管工作的建议；要作好评估资料整理工作，本着"简便、实用"的原则，建立纳税评估档案，妥善保管纳税人报送的各类资料，并注重保护纳税人的商业秘密和个人隐私；要建立健全纳税评估工作岗位责任制、岗位轮换制、评估复查制和责任追究制等各项制度，加强对纳税评估工作的日常检查与考核；要加强对从事纳税评估工作人员的培训，不断提高纳税评估工作人员的综合素质和评估能力。

第二十五条 各级税务机关的征管部门负责纳税评估工作的组织协调工作，制定纳税评估工作业务规程，建立健全纳税评估规章制度和反馈机制，指导基层税务机关开展纳税评估工作，明确纳税评估工作职责分工并定期对评估工作开展情况进行总结和交流；

各级税务机关的计划统计部门负责对税收完成情况、税收与经济的对应规律、总体税源和税负的增减变化等情况进行定期的宏观分析，为基层税务机关开展纳税评估提供依据和指导；

各级税务机关的专业管理部门（包括各税种、国际税收、出口退税管理部门以及县级税务机关的综合业务部门）负责进行行业税负监控、建立各税种的纳税评估指标体系、测算指标预警值、制定分税种的具体评估方法，为基层税务机关开展纳税评估工作提供依据和指导。

第二十六条 从事纳税评估的工作人员,在纳税评估工作中徇私舞弊或者滥用职权,或为有涉嫌税收违法行为的纳税人通风报信致使其逃避查处的,或瞒报评估真实结果、应移交案件不移交的,或致使纳税评估结果失真、给纳税人造成损失的,不构成犯罪的,由税务机关按照有关规定给予行政处分;构成犯罪的,要依法追究刑事责任。

第二十七条 各级税务局要加强纳税评估工作的协作,提高相关数据信息的共享程度,简化评估工作程序,提高评估工作实效,最大限度地方便纳税人。

附件:(略)

纳税人涉税保密信息管理暂行办法

(2008年10月9日 国税发〔2008〕93号 根据2018年6月15日《国家税务总局关于修改部分税收规范性文件的公告》修正)

第一章 总 则

第一条 为维护纳税人的合法权益,规范对纳税人涉税保密信息管理工作,根据《中华人民共和国税收征收管理法》和《中华人民共和国税收征收管理法实施细则》及相关法律、法规的规定,制定本办法。

第二条 本办法所称纳税人涉税保密信息,是指税务机关在税收征收管理工作中依法制作或者采集的,以一定形式记录、保存的涉及到纳税人商业秘密和个人隐私的信息。主要包括纳税人的技术信息、经营信息和纳税人、主要投资人以及经营者不愿公开的个人事项。

纳税人的税收违法行为信息不属于保密信息范围。

第三条 对于纳税人的涉税保密信息，税务机关和税务人员应依法为其保密。除下列情形外，不得向外部门、社会公众或个人提供：

（一）按照法律、法规的规定应予公布的信息；

（二）法定第三方依法查询的信息；

（三）纳税人自身查询的信息；

（四）经纳税人同意公开的信息。

第四条 根据法律、法规的要求和履行职责的需要，税务机关可以披露纳税人的有关涉税信息，主要包括：根据纳税人信息汇总的行业性、区域性等综合涉税信息、税收核算分析数据、纳税信用等级以及定期定额户的定额等信息。

第五条 各级税务机关应指定专门部门负责纳税人涉税非保密信息的对外披露、纳税人涉税保密信息查询的受理和纳税人涉税保密信息的对外提供工作。要制定严格的信息披露、提供和查询程序，明确工作职责。

第二章 涉税保密信息的内部管理

第六条 在税收征收管理工作中，税务机关、税务人员应根据有关法律、法规规定和征管工作需要，向纳税人采集涉税信息资料。

第七条 税务机关、税务人员在税收征收管理工作各环节采集、接触到纳税人涉税保密信息的，应当为纳税人保密。

第八条 税务机关内部各业务部门、各岗位人员必须在职责范围内接收、使用和传递纳税人涉税保密信息。

对涉税保密信息纸质资料，税务机关应明确责任人员，严格按照程序受理、审核、登记、建档、保管和使用。

对涉税保密信息电子数据，应由专门人员负责采集、传输和储存、分级授权查询，避免无关人员接触纳税人的涉税保密信息。

第九条 对存储纳税人涉税保密信息的纸质资料或者电子存储

介质按规定销毁时,要指定专人负责监督,确保纸质资料全部销毁,电子存储介质所含数据不可恢复。

第十条　税务机关在税收征收管理信息系统或者办公用计算机系统的开发建设、安装调试、维护维修过程中,要与协作单位签订保密协议,采取保密措施,防止纳税人涉税保密信息外泄。

第十一条　税务机关对纳税人涉税保密资料的存放场所要确保安全,配备必要的防盗设施。

第三章　涉税保密信息的外部查询管理

第十二条　税务机关对下列单位和个人依照法律、法规规定,申请对纳税人涉税保密信息进行的查询应在职责范围内予以支持。具体包括:

(一)人民法院、人民检察院和公安机关根据法律规定进行的办案查询;

(二)纳税人对自身涉税信息的查询;

(三)抵押权人、质权人请求税务机关提供纳税人欠税有关情况的查询。

第十三条　人民法院、人民检察院和公安机关依法查询纳税人涉税保密信息的,应当向被查询纳税人所在地的县级或县级以上税务机关提出查询申请。

第十四条　人民法院、人民检察院和公安机关向税务机关提出查询申请时,应当由两名以上工作人员到主管税务机关办理,并提交以下资料:

1.《纳税人、扣缴义务人涉税保密信息查询申请表》(式样见附件);

2. 单位介绍信;

3. 有效身份证件原件。

第十五条　纳税人通过税务机关网站提供的查询功能查询自身

涉税信息的，必须经过身份认证和识别。

直接到税务机关查询自身涉税保密信息的纳税人，应当向主管税务机关提交下列资料：

1.《纳税人、扣缴义务人涉税保密信息查询申请表》；

2. 查询人本人有效身份证件原件。

第十六条　纳税人授权其他人员代为查询的，除提交第十五条规定资料外，还需提交纳税人本人（法定代表人或财务负责人）签字的委托授权书和代理人的有效身份证件原件。

第十七条　抵押权人、质权人申请查询纳税人的欠税有关情况时，除提交本办法第十五条、第十六条规定的资料外，还需提交合法有效的抵押合同或者质押合同的原件。

第十八条　税务机关应在本单位职责权限内，向查询申请单位或个人（以下简称"申请人"）提供有关纳税人的涉税保密信息。

第十九条　税务机关负责受理查询申请的部门，应对申请人提供的申请资料进行形式审查。对于资料齐全的，依次交由部门负责人和单位负责人分别进行复核和批准；对申请资料不全的，一次性告知申请人补全相关申请资料。

负责核准的人员应对申请查询的事项进行复核，对符合查询条件的，批准交由有关部门按照申请内容提供相关信息；对不符合查询条件的，签署不予批准的意见，退回受理部门，由受理部门告知申请人。

负责提供信息的部门，应根据已批准的查询申请内容，及时检索、整理和制作有关信息，并按规定程序交由查询受理部门。受理部门应在履行相关手续后将有关信息交给申请人。

第二十条　税务机关应根据申请人查询信息的内容，本着方便申请人的原则，确定查询信息提供的时间和具体方式。

第二十一条　税务机关对申请人申请查询涉税信息的申请资料应专门归档管理，保存期限为3年。

第四章 责任追究

第二十二条 各级税务机关应强化保密教育，努力增强税务人员的保密意识，采取有效措施，防止泄密、失密。

第二十三条 对有下列行为之一的税务人员，按照《中华人民共和国税收征收管理法》第八十七条的规定处理：

（一）在受理、录入、归档、保存纳税人涉税资料过程中，对外泄露纳税人涉税保密信息的；

（二）在日常税收管理、数据统计、报表管理、税源分析、纳税评估过程中，对外泄露纳税人涉税保密信息的；

（三）违规设置查询权限或者违规进行技术操作，使不应知晓纳税人涉税保密信息的税务人员可以查询或者知晓的；

（四）违反规定程序向他人提供纳税人涉税保密信息的。

第二十四条 有关查询单位和个人发生泄露纳税人涉税保密信息的，按照有关法律、法规的规定处理。

第二十五条 各级税务机关要严格执行泄密汇报制度，及时掌握泄密情况。对延误报告时间或者故意隐瞒、影响及时采取补救措施的，根据造成后果的严重程度，分别追究经办人和有关负责人的责任。

第五章 附 则

第二十六条 本办法由国家税务总局负责解释。各省、自治区、直辖市和计划单列市税务局可根据本办法，制定具体实施办法。

第二十七条 扣缴义务人涉税保密信息的管理适用本办法。

第二十八条 按照《国务院办公厅关于社会信用体系建设的若干意见》（国办发〔2007〕17号）的要求，税务总局与国务院相关部门建立的信息共享制度中涉及的保密规定，另行制定。

第二十九条 我国政府与其他国家（地区）政府缔结的税收协

定或情报交换协议中涉及纳税人涉税信息保密的,按协定或协议的规定办理。

第三十条 本办法自 2009 年 1 月 1 日起施行。

涉税信息查询管理办法

(2016 年 6 月 30 日 国家税务总局公告 2016 年第 41 号)

第一条 为规范涉税信息查询管理,推进税务部门信息公开,促进税法遵从,便利和服务纳税人,根据《中华人民共和国税收征收管理法》及其实施细则、《中华人民共和国政府信息公开条例》的有关规定,制定本办法。

第二条 本办法所称涉税信息查询,是指税务机关依法对外提供的信息查询服务。可以查询的信息包括由税务机关专属掌握可对外提供查询的信息,以及有助于纳税人履行纳税义务的税收信息。

涉税咨询、依申请公开信息不属于本办法所称涉税信息查询。

第三条 本办法适用于社会公众对公开涉税信息的查询,纳税人对自身涉税信息的查询。

税务部门之外具有社会管理和公共服务职能的有关部门依法对特定涉税信息的查询,以及抵押权人、质权人对欠税信息的查询,由各级税务机关依照相关法律、法规及国家税务总局相关规定组织实施。

第四条 省税务机关应当推进实现涉税信息统一归集,充实查询内容,加强查询平台建设,提供多元化查询渠道,探索主动推送信息等创新服务方式。

第五条 各级税务机关应当采取有效措施,切实保障涉税信息查询安全可控。

第六条 社会公众可以通过报刊、网站、信息公告栏等公开渠道查询税收政策、重大税收违法案件信息、非正常户认定信息等依法公开的涉税信息。

税务机关应当对公开涉税信息的查询途径及时公告,方便社会公众查询。

第七条 纳税人可以通过网站、客户端软件、自助办税终端等渠道,经过有效身份认证和识别,自行查询税费缴纳情况、纳税信用评价结果、涉税事项办理进度等自身涉税信息。

第八条 纳税人按照本办法第七条无法自行获取所需自身涉税信息,可以向税务机关提出书面申请,税务机关应当在本单位职责权限内予以受理。

书面申请查询,应当提交以下资料:

(一)涉税信息查询申请表(式样见附件1);

(二)纳税人本人(法定代表人或主要负责人)有效身份证件原件及复印件。

第九条 纳税人本人(法定代表人或主要负责人)授权其他人员代为书面申请查询,应当提交以下资料:

(一)涉税信息查询申请表;

(二)纳税人本人(法定代表人或主要负责人)有效身份证件复印件;

(三)经办人员有效身份证件原件及复印件;

(四)由纳税人本人(法定代表人或主要负责人)签章的授权委托书。

第十条 纳税人书面申请查询,要求税务机关出具书面查询结果的,税务机关应当出具《涉税信息查询结果告知书》(式样见附件2)。

涉税信息查询结果不作为涉税证明使用。

第十一条 纳税人对查询结果有异议,可以向税务机关申请核实，并提交以下资料：

（一）涉税信息查询结果核实申请表（式样见附件3）；

（二）原涉税信息查询结果；

（三）相关证明材料。

第十二条 税务机关应当对纳税人提供的异议信息进行核实，并将核实结果告知纳税人。

税务机关确认涉税信息存在错误，应当及时进行信息更正。

第十三条 对于未按规定提供涉税信息或泄露纳税人信息的税务人员，应当按照有关规定追究责任。

第十四条 省税务机关可以根据本办法制定具体实施意见。

第十五条 《国家税务总局关于印发〈纳税人涉税保密信息管理暂行办法〉的通知》（国税发〔2008〕93号）与本办法有关规定不一致的，适用本办法。

第十六条 本办法自发布之日起施行。

国家税务总局关于
纳税信用管理有关事项的公告

（2020年9月13日　国家税务总局公告2020年第15号）

为深入贯彻落实国务院"放管服"改革精神，优化税收营商环境，完善纳税信用体系，根据《中华人民共和国税收征收管理法实施细则》和《国务院关于印发社会信用体系建设规划纲要（2014-2020年）的通知》（国发〔2014〕21号），现就纳税信用管理有关事项公告如下：

一、非独立核算分支机构可自愿参与纳税信用评价。本公告所称非独立核算分支机构是指由企业纳税人设立，已在税务机关完成登记信息确认且核算方式为非独立核算的分支机构。

非独立核算分支机构参评后,2019年度之前的纳税信用级别不再评价,在机构存续期间适用国家税务总局纳税信用管理相关规定。

二、自开展2020年度评价时起,调整纳税信用评价计分方法中的起评分规则。近三个评价年度内存在非经常性指标信息的,从100分起评;近三个评价年度内没有非经常性指标信息的,从90分起评。

三、自开展2019年度评价时起,调整税务机关对D级纳税人采取的信用管理措施。对于因评价指标得分评为D级的纳税人,次年由直接保留D级评价调整为评价时加扣11分;税务机关应按照本条前述规定在2020年11月30日前调整其2019年度纳税信用级别,2019年度以前的纳税信用级别不作追溯调整。对于因直接判级评为D级的纳税人,维持D级评价保留2年、第三年纳税信用不得评价为A级。

四、纳税人对指标评价情况有异议的,可在评价年度次年3月份填写《纳税信用复评(核)申请表》,向主管税务机关提出复核,主管税务机关在开展年度评价时审核调整,并随评价结果向纳税人提供复核情况的自我查询服务。

五、本公告自2020年11月1日起施行。《纳税信用管理办法(试行)》(国家税务总局公告2014年第40号发布)第十五条第二款、第三十二条第七项,《国家税务总局关于明确纳税信用管理若干业务口径的公告》(2015年第85号,2018年第31号修改)第三条第一款、第七条第一项,《国家税务总局关于明确纳税信用补评和复评事项的公告》(2015年第46号,2018年第31号修改)所附《纳税信用复评申请表》同时废止。

特此公告。

附件:纳税信用复评(核)申请表

附件

纳税信用复评（核）申请表

纳税人识别号			
纳税人名称			
主管税务机关			
经办人		经办人联系电话	
申请复评（核）年度		年度评价结果	（申请复核的不填）
申请原因			
□1. 对纳税信用评价得分计算有疑问 □2. 对直接判为 D 级有疑问 □3. 对涉税申报信息评价指标扣分有疑问 □4. 对税（费）缴纳信息评价指标扣分有疑问 □5. 对发票与税控器具信息评价指标扣分有疑问 □6. 对登记与账簿信息评价指标扣分有疑问 □7. 对纳税评估、税务审计、反避税调查信息评价指标扣分有疑问 □8. 对税务稽查信息评价指标扣分有疑问 □9. 对外部评价信息指标扣分有疑问 □10. 其他：_____			
经办人签章： 年　月　日		纳税人公章： 年　月　日	

以下由税务机关填写	
受理人：	
受理日期：　年　　月　　日	主管税务机关（章）

备注：1. 税务机关在受理复评申请后15个工作日内完成纳税信用复评，并向纳税人提供复评情况的自我查询服务。

2. 税务机关在3月份集中受理复核申请，在开展年度评价时审核调整，并随评价结果向纳税人提供复核情况的自我查询服务。

3. 本表一式两份，主管税务机关留存一份，返纳税人一份。

4. 主管税务机关（章）指办税服务厅业务专用章。

纳税信用管理办法（试行）[①]

（2014年7月4日　国家税务总局公告2014年第40号）

第一章　总　　则

第一条　为规范纳税信用管理，促进纳税人诚信自律，提高税法遵从度，推进社会信用体系建设，根据《中华人民共和国税收征收管理法》及其实施细则、《国务院关于促进市场公平竞争维护市场正常秩序的若干意见》（国发〔2014〕20号）和《国务院关于印发社会信用体系建设规划纲要（2014-2020年）的通知》（国发

---

① 本办法第十七条第二项已被《关于纳税信用评价有关事项的公告》（国家税务总局公告2018年第8号）废止；第七条已被《国家税务总局关于公布全文失效废止和部分条款失效废止的税收规范性文件目录的公告》（国家税务总局公告2018年第33号）废止；第十五条第二款、第三十二条第七项已被《关于纳税信用管理有关事项的公告》（国家税务总局公告2020年第15号）废止。

〔2014〕21号），制定本办法。

第二条　本办法所称纳税信用管理，是指税务机关对纳税人的纳税信用信息开展的采集、评价、确定、发布和应用等活动。

第三条　本办法适用于已办理税务登记，从事生产、经营并适用查账征收的企业纳税人（以下简称纳税人）。

扣缴义务人、自然人纳税信用管理办法由国家税务总局另行规定。

个体工商户和其他类型纳税人的纳税信用管理办法由省税务机关制定。

第四条　国家税务总局主管全国纳税信用管理工作。省以下税务机关负责所辖地区纳税信用管理工作的组织和实施。

第五条　纳税信用管理遵循客观公正、标准统一、分级分类、动态调整的原则。

第六条　国家税务总局推行纳税信用管理工作的信息化，规范统一纳税信用管理。

第七条　国家税务局、地方税务局应联合开展纳税信用评价工作。

第八条　税务机关积极参与社会信用体系建设，与相关部门建立信用信息共建共享机制，推动纳税信用与其他社会信用联动管理。

第二章　纳税信用信息采集

第九条　纳税信用信息采集是指税务机关对纳税人纳税信用信息的记录和收集。

第十条　纳税信用信息包括纳税人信用历史信息、税务内部信息、外部信息。

纳税人信用历史信息包括基本信息和评价年度之前的纳税信用记录，以及相关部门评定的优良信用记录和不良信用记录。

税务内部信息包括经常性指标信息和非经常性指标信息。经常性指标信息是指涉税申报信息、税（费）款缴纳信息、发票与税控器具信息、登记与账簿信息等纳税人在评价年度内经常产生的指标信息；非经常性指标信息是指税务检查信息等纳税人在评价年度内不经常产生的指标信息。

外部信息包括外部参考信息和外部评价信息。外部参考信息包括评价年度相关部门评定的优良信用记录和不良信用记录；外部评价信息是指从相关部门取得的影响纳税人纳税信用评价的指标信息。

第十一条 纳税信用信息采集工作由国家税务总局和省税务机关组织实施，按月采集。

第十二条 本办法第十条第二款纳税人信用历史信息中的基本信息由税务机关从税务管理系统中采集，税务管理系统中暂缺的信息由税务机关通过纳税人申报采集；评价年度之前的纳税信用记录，以及相关部门评定的优良信用记录和不良信用记录，从税收管理记录、国家统一信用信息平台等渠道中采集。

第十三条 本办法第十条第三款税务内部信息从税务管理系统中采集。

第十四条 本办法第十条第四款外部信息主要通过税务管理系统、国家统一信用信息平台、相关部门官方网站、新闻媒体或者媒介等渠道采集。通过新闻媒体或者媒介采集的信息应核实后使用。

第三章 纳税信用评价

第十五条 纳税信用评价采取年度评价指标得分和直接判级方式。评价指标包括税务内部信息和外部评价信息。

年度评价指标得分采取扣分方式。纳税人评价年度内经常性指标和非经常性指标信息齐全的，从100分起评；非经常性指标缺失的，从90分起评。

直接判级适用于有严重失信行为的纳税人。

纳税信用评价指标由国家税务总局另行规定。

第十六条 外部参考信息在年度纳税信用评价结果中记录，与纳税信用评价信息形成联动机制。

第十七条 纳税信用评价周期为一个纳税年度，有下列情形之一的纳税人，不参加本期的评价：

（一）纳入纳税信用管理时间不满一个评价年度的；

（二）本评价年度内无生产经营业务收入的；

（三）因涉嫌税收违法被立案查处尚未结案的；

（四）被审计、财政部门依法查出税收违法行为，税务机关正在依法处理，尚未办结的；

（五）已申请税务行政复议、提起行政诉讼尚未结案的；

（六）其他不应参加本期评价的情形。

第十八条 纳税信用级别设A、B、C、D四级。A级纳税信用为年度评价指标得分90分以上的；B级纳税信用为年度评价指标得分70分以上不满90分的；C级纳税信用为年度评价指标得分40分以上不满70分的；D级纳税信用为年度评价指标得分不满40分或者直接判级确定的。

第十九条 有下列情形之一的纳税人，本评价年度不能评为A级：

（一）实际生产经营期不满3年的；

（二）上一评价年度纳税信用评价结果为D级的；

（三）非正常原因一个评价年度内增值税或营业税连续3个月或者累计6个月零申报、负申报的；

（四）不能按照国家统一的会计制度规定设置账簿，并根据合法、有效凭证核算，向税务机关提供准确税务资料的。

第二十条 有下列情形之一的纳税人，本评价年度直接判为D级：

（一）存在逃避缴纳税款、逃避追缴欠税、骗取出口退税、虚开增值税专用发票等行为，经判决构成涉税犯罪的；

（二）存在前项所列行为，未构成犯罪，但偷税（逃避缴纳税款）金额10万元以上且占各税种应纳税总额10%以上，或者存在逃避追缴欠税、骗取出口退税、虚开增值税专用发票等税收违法行为，已缴纳税款、滞纳金、罚款的；

（三）在规定期限内未按税务机关处理结论缴纳或者足额缴纳税款、滞纳金和罚款的；

（四）以暴力、威胁方法拒不缴纳税款或者拒绝、阻挠税务机关依法实施税务稽查执法行为的；

（五）存在违反增值税发票管理规定或者违反其他发票管理规定的行为，导致其他单位或者个人未缴、少缴或者骗取税款的；

（六）提供虚假申报材料享受税收优惠政策的；

（七）骗取国家出口退税款，被停止出口退（免）税资格未到期的；

（八）有非正常户记录或者由非正常户直接责任人员注册登记或者负责经营的；

（九）由D级纳税人的直接责任人员注册登记或者负责经营的；

（十）存在税务机关依法认定的其他严重失信情形的。

第二十一条　纳税人有下列情形的，不影响其纳税信用评价：

（一）由于税务机关原因或者不可抗力，造成纳税人未能及时履行纳税义务的；

（二）非主观故意的计算公式运用错误以及明显的笔误造成未缴或者少缴税款的；

（三）国家税务总局认定的其他不影响纳税信用评价的情形。

第四章　纳税信用评价结果的确定和发布

第二十二条　纳税信用评价结果的确定和发布遵循谁评价、谁确定、谁发布的原则。

第二十三条 税务机关每年4月确定上一年度纳税信用评价结果，并为纳税人提供自我查询服务。

第二十四条 纳税人对纳税信用评价结果有异议的，可以书面向作出评价的税务机关申请复评。作出评价的税务机关应按本办法第三章规定进行复核。

第二十五条 税务机关对纳税人的纳税信用级别实行动态调整。

因税务检查等发现纳税人以前评价年度需扣减信用评价指标得分或者直接判级的，税务机关应按本办法第三章规定调整其以前年度纳税信用评价结果和记录。

纳税人因第十七条第三、四、五项所列情形解除而向税务机关申请补充纳税信用评价的，税务机关应按本办法第三章规定处理。

第二十六条 纳税人信用评价状态变化时，税务机关可采取适当方式通知、提醒纳税人。

第二十七条 税务机关对纳税信用评价结果，按分级分类原则，依法有序开放：

（一）主动公开A级纳税人名单及相关信息；

（二）根据社会信用体系建设需要，以及与相关部门信用信息共建共享合作备忘录、协议等规定，逐步开放B、C、D级纳税人名单及相关信息；

（三）定期或者不定期公布重大税收违法案件信息。具体办法由国家税务总局另行规定。

第五章 纳税信用评价结果的应用

第二十八条 税务机关按照守信激励，失信惩戒的原则，对不同信用级别的纳税人实施分类服务和管理。

第二十九条 对纳税信用评价为A级的纳税人，税务机关予以下列激励措施：

（一）主动向社会公告年度 A 级纳税人名单；

（二）一般纳税人可单次领取 3 个月的增值税发票用量，需要调整增值税发票用量时即时办理；

（三）普通发票按需领用；

（四）连续 3 年被评为 A 级信用级别（简称 3 连 A）的纳税人，除享受以上措施外，还可以由税务机关提供绿色通道或专门人员帮助办理涉税事项；

（五）税务机关与相关部门实施的联合激励措施，以及结合当地实际情况采取的其他激励措施。

第三十条　对纳税信用评价为 B 级的纳税人，税务机关实施正常管理，适时进行税收政策和管理规定的辅导，并视信用评价状态变化趋势选择性地提供本办法第二十九条的激励措施。

第三十一条　对纳税信用评价为 C 级的纳税人，税务机关应依法从严管理，并视信用评价状态变化趋势选择性地采取本办法第三十二条的管理措施。

第三十二条　对纳税信用评价为 D 级的纳税人，税务机关应采取以下措施：

（一）按照本办法第二十七条的规定，公开 D 级纳税人及其直接责任人员名单，对直接责任人员注册登记或者负责经营的其他纳税人纳税信用直接判为 D 级；

（二）增值税专用发票领用按辅导期一般纳税人政策办理，普通发票的领用实行交（验）旧供新、严格限量供应；

（三）加强出口退税审核；

（四）加强纳税评估，严格审核其报送的各种资料；

（五）列入重点监控对象，提高监督检查频次，发现税收违法违规行为的，不得适用规定处罚幅度内的最低标准；

（六）将纳税信用评价结果通报相关部门，建议在经营、投融资、取得政府供应土地、进出口、出入境、注册新公司、工程招投标、政府采购、获得荣誉、安全许可、生产许可、从业任职资格、资质审核等方面予以限制或禁止；

（七）D级评价保留2年，第三年纳税信用不得评价为A级；

（八）税务机关与相关部门实施的联合惩戒措施，以及结合实际情况依法采取的其他严格管理措施。

第六章 附 则

第三十三条 省税务机关可以根据本办法制定具体实施办法。

第三十四条 本办法自2014年10月1日起施行。2003年7月17日国家税务总局发布的《纳税信用等级评定管理试行办法》（国税发〔2003〕92号）同时废止。

境外旅客购物离境退税管理办法（试行）

（2015年6月2日国家税务总局公告2015年第41号发布 根据2018年6月15日《国家税务总局关于修改部分税收规范性文件的公告》修正）

第一章 总 则

第一条 为贯彻落实国务院关于实施境外旅客购物离境退税政策的决定，根据《财政部关于实施境外旅客购物离境退税政策的公告》（财政部公告2015年第3号），制定本办法。

第二条 本办法所称：

境外旅客，是指在我国境内连续居住不超过183天的外国人和港澳台同胞。

有效身份证件，是指标注或能够采集境外旅客最后入境日期的护照、港澳居民来往内地通行证、台湾居民来往大陆通行证等。

退税物品，是指由境外旅客本人在退税商店购买且符合退税条件的个人物品，但不包括下列物品：

（一）《中华人民共和国禁止、限制进出境物品表》所列的禁止、限制出境物品；

（二）退税商店销售的适用增值税免税政策的物品；

（三）财政部、海关总署、国家税务总局规定的其他物品。

退税商店，是指报省、自治区、直辖市和计划单列市税务局（以下简称省税务局）备案、境外旅客从其购买退税物品离境可申请退税的企业。

离境退税管理系统，是指符合《财政部关于实施境外旅客离境退税政策的公告》（财政部公告2015年第3号）有关条件的用于离境退税管理的计算机管理系统。

退税代理机构，是指省税务局会同财政、海关等相关部门按照公平、公开、公正的原则选择的离境退税代理机构。

第二章 退税商店的备案、变更与终止

第三条 符合以下条件的企业，经省税务局备案后即可成为退税商店。

（一）具有增值税一般纳税人资格；

（二）纳税信用等级在 B 级以上；

（三）同意安装、使用离境退税管理系统，并保证系统应当具备的运行条件，能够及时、准确地向主管税务机关报送相关信息；

（四）已经安装并使用增值税发票系统升级版；

（五）同意单独设置退税物品销售明细账，并准确核算。

第四条 符合条件且有意向备案的企业，填写《境外旅客购物离境退税商店备案表》（附件1）并附以下资料直接或委托退税代理机构向主管税务机关报送：

（一）主管税务机关出具的符合第三条第（一）、（二）和

(四)款的书面证明;

(二)同意做到第三条第(三)、(五)款的书面同意书。

主管税务机关受理后应当在 5 个工作日内逐级报送至省税务局备案。省税务局应在收到备案资料 15 个工作日内审核备案条件,并对不符合备案条件的企业通知主管税务机关告知申请备案的企业。

第五条 省税务局向退税商店颁发统一的退税商店标识(退税商店标识规范见附件 2)。退税商店应当在其经营场所显著位置悬挂退税商店标识,便于境外旅客识别。

第六条 退税商店备案资料所载内容发生变化的,应自有关变更之日起 10 日内,持相关证件及资料向主管税务机关办理变更手续。主管税务机关办理变更手续后,应在 5 个工作日内将变更情况逐级报省税务局。

退税商店发生解散、破产、撤销以及其他情形,应持相关证件及资料向主管税务机关申请办理税务登记注销手续,由省税务局终止其退税商店备案,并收回退税商店标识,注销其境外旅客购物离境退税管理系统用户。

第七条 退税商店存在以下情形之一的,由主管税务机关提出意见逐级报省税务局终止其退税商店备案,并收回退税商店标识,注销其境外旅客购物离境退税管理系统用户。

(一)不符合本办法第三条规定条件的情形;

(二)未按规定开具《境外旅客购物离境退税申请单》(附件 3,以下简称《离境退税申请单》);

(三)开具《离境退税申请单》后,未按规定将对应发票抄报税;

(四)备案后发生因偷税、骗取出口退税等税收违法行为受到行政、刑事处理的。

第三章 离境退税申请单管理

第八条 境外旅客在退税商店购买退税物品,需要离境退税的,应当在离境前凭本人的有效身份证件及购买退税物品的增值税普通发票(由增值税发票系统升级版开具),向退税商店索取《离境退税申请单》。

第九条 《离境退税申请单》由退税商店通过离境退税管理系统开具,加盖发票专用章,交境外旅客。

退税商店开具《离境退税申请单》时,要核对境外旅客有效身份证件,同时将以下信息采集到离境退税管理系统:

(一)境外旅客有效身份证件信息以及其上标注或能够采集的最后入境日期;

(二)境外旅客购买的退税物品信息以及对应的增值税普通发票号码。

第十条 具有以下情形之一的,退税商店不得开具《离境退税申请单》:

(一)境外旅客不能出示本人有效身份证件的;

(二)凭有效身份证件不能确定境外旅客最后入境日期的;

(三)购买日距境外旅客最后入境日超过183天;

(四)退税物品销售发票开具日期早于境外旅客最后入境日;

(五)销售给境外旅客的货物不属于退税物品范围;

(六)境外旅客不能出示购买退税物品的增值税普通发票(由增值税发票系统升级版开具);

(七)同一境外旅客同一日在同一退税商店内购买退税物品的金额未达到500元人民币。

第十一条 退税商店在向境外旅客开具《离境退税申请单》后,如发生境外旅客退货等需作废销售发票或红字冲销等情形的,在作废销售发票的同时,需将作废或冲销发票对应的《离境退税申请单》同时作废。

第十二条　已办理离境退税的销售发票，退税商店不得作废或对该发票开具红字发票冲销。

第四章　退税代理机构的选择、变更与终止

第十三条　具备以下条件的银行，可以申请成为退税代理机构：

（一）能够在离境口岸隔离区内具备办理退税业务的场所和相关设施；

（二）具备离境退税管理系统运行的条件，能够及时、准确地向主管税务机关报送相关信息；

（三）遵守税收法律法规规定，三年内未因发生税收违法行为受到行政、刑事处理的；

（四）愿意先行垫付退税资金。

第十四条　退税代理机构由省税务局会同财政、海关等部门，按照公平、公开、公正的原则选择，并由省税务局公告。

第十五条　完成选定手续后，省税务局应与选定的退税代理机构签订服务协议，服务期限为两年。

第十六条　主管税务机关应加强对退税代理机构的管理，发现退税代理机构存在以下情形之一的，应逐级上报省税务局，省税务局会商同级财政、海关等部门后终止其退税代理服务，注销其离境退税管理系统用户：

（一）不符合本办法第十三条规定条件的情形；

（二）未按规定申报境外旅客离境退税结算；

（三）境外旅客离境退税结算申报资料未按规定留存备查；

（四）将境外旅客不符合规定的离境退税申请办理了退税，并申报境外旅客离境退税结算；

（五）在服务期间发生税收违法行为受到行政、刑事处理的；

（六）未履行与省税务局签订的服务协议。

第十七条　退税代理机构应当在离境口岸隔离区内设置专用场所，并在显著位置用中英文做出明显标识（退税代理机构标识规范见附件4）。退税代理机构设置标识应符合海关监管要求。

第五章　离境退税的办理流程

第十八条　境外旅客离境时，应向海关办理退税物品验核确认手续。

第十九条　境外旅客向退税代理机构申请办理离境退税时，须提交以下资料：

（一）本人有效身份证件；

（二）经海关验核签章的《离境退税申请单》。

第二十条　退税代理机构接到境外旅客离境退税申请的，应首先采集申请离境退税的境外旅客本人有效身份证件信息，并在核对以下内容无误后，按海关确认意见办理退税：

（一）提供的离境退税资料齐全；

（二）《离境退税申请单》上所载境外旅客信息与采集申请离境退税的境外旅客本人有效身份证件信息一致；

（三）《离境退税申请单》经海关验核签章；

（四）境外旅客离境日距最后入境日未超过183天；

（五）退税物品购买日距离境日未超过90天；

（六）《离境退税申请单》与离境退税管理系统比对一致。

第二十一条[①]　退税款的计算。以离境的退税物品的增值税普通发票金额（含增值税）为依据，退税率为11%，计算应退增值税额。计算公式为：

---

① 根据《财政部、税务总局、海关总署关于深化增值税改革有关政策的公告》（财政部、税务总局、海关总署公告2019年第39号）的规定，本条中"退税率为11%"修改为"适用13%税率的境外旅客购物离境退税物品，退税率为11%；适用9%税率的境外旅客购物离境退税物品，退税率为8%"。

应退增值税额＝离境的退税物品销售发票金额（含增值税）×退税率

实退增值税额＝应退增值税额−退税代理机构办理退税手续费

第二十二条 退税币种为人民币。退税金额超过 10000 元人民币的，退税代理机构应以银行转账方式退税。退税金额未超过 10000 元人民币的，根据境外旅客选择，退税代理机构采用现金退税或银行转账方式退税。

境外旅客领取或者办理领取退税款时，应当签字确认《境外旅客购物离境退税收款回执单》（附件5）。

第二十三条 若离境退税管理系统因故不能及时提供相关信息比对时，退税代理机构可先按照本办法第二十一条规定计算应退增值税额，在系统可提供相关信息并比对无误后在系统中确认，并采取银行转账方式办理退税。

第二十四条 退税代理机构办理退税应于每月 15 日前，通过离境退税管理系统将上月为境外旅客办理离境退税金额生成《境外旅客购物离境退税结算申报表》（附件6），报送主管税务机关，作为申报境外旅客离境退税结算的依据。同时将以下资料装订成册，留存备查：

（一）《境外旅客购物离境退税结算申报表》；

（二）经海关验核签章的《离境退税申请单》；

（三）经境外旅客签字确认的《境外旅客购物离境退税收款回执单》。

第二十五条 退税代理机构首次向主管税务机关申报境外旅客离境退税结算时，应首先提交与省税务局签订的服务协议、《出口退（免）税备案表》进行备案。

第二十六条 主管税务机关对退税代理机构提交的境外旅客购物离境退税结算申报数据审核、比对无误后，按照规定开具《税收收入退还书》，向退税代理机构办理退付。省税务局应按月将离境退税情况通报同级财政机关。

第六章 信息传递与交换

第二十七条 主管税务机关、海关、退税代理机构和退税商店应传递与交换相关信息。

第二十八条 退税商店通过离境退税管理系统开具境外旅客购物离境退税申请单,并实时向主管税务机关传送相关信息。

第二十九条 退税代理机构通过离境退税管理系统为境外旅客办理离境退税,并实时向主管税务机关传送相关信息。

第七章 附 则

第三十条 本办法自发布之日起执行。

附件:(略)

启运港退(免)税管理办法
(2018年12月28日修订)

(2018年12月28日 国家税务总局公告2018年第66号 自2019年1月1日起施行)

第一条 为规范启运港退(免)税管理,根据《财政部、海关总署、税务总局关于完善启运港退税政策的通知》的有关规定,制定本办法。

第二条 出口企业适用启运港退(免)税政策须同时满足以下条件:

(一)出口企业的出口退(免)税分类管理类别为一类或二类,并且在海关的信用等级为一般信用企业或认证企业(以税务总局清分的企业海关信用等级信息为准）；

（二）出口企业出口适用退（免）税政策的货物，并且能够取得海关提供的启运港出口货物报关单电子信息；

（三）除本公告另有规定外，出口货物自启运日（以启运港出口货物报关单电子信息上注明的出口日期为准，下同）起2个月内办理结关核销手续。

第三条 适用启运港退（免）税政策的出口货物，其退税率执行时间以启运港出口货物报关单电子信息上注明的出口日期为准。

第四条 出口企业应自启运日起2个月内，凭启运港出口货物报关单电子信息及相关材料向主管出口退税的税务机关申报办理启运港退（免）税。

出口企业自启运日起超过2个月未办理结关核销手续或未申报启运港退（免）税的出口货物，应使用正常结关核销的出口货物报关单电子信息及相关材料按照现行规定申报办理退（免）税。

出口企业申报办理启运港退（免）税时，应在申报明细表的"退（免）税业务类型"栏内填写"QYGTS"标识。外贸企业应使用单独关联号申报适用本办法的出口货物退（免）税。

第五条 主管出口退税的税务机关受理出口企业启运港退（免）税首次申报时，即视为出口企业完成启运港退（免）税备案。

第六条 主管出口退税的税务机关办理启运港退（免）税相关事项所使用的信息，应以税务总局清分的下列信息为准：

（一）企业海关信用等级信息；

（二）启运港出口货物报关单信息（加启运港退税标识，以下简称"启运数据"）；

（三）正常结关核销的报关单数据（加启运港退税标识，以下简称"结关数据"）；

（四）货物未运抵离境港不再出口，海关撤销的报关单数据（以下简称"撤销数据"）。

第七条 主管出口退税的税务机关应使用启运数据受理审核启运港退（免）税。

第八条 主管出口退税的税务机关应定期使用结关数据和撤销数据开展启运港退（免）税复核工作。对复核比对异常的，按以下原则进行处理：

（一）启运数据中的出口数量及单位、总价等项目与结关数据不一致的，以结关数据为准进行调整或追缴已退（免）税款；

（二）涉及撤销数据的，根据现行规定进行调整或追缴已退（免）税款；

（三）自启运日起超过2个月仍未收到结关数据（以下简称"到期未结关数据"）的，除本办法第九条规定情形外，根据现行规定追缴已退（免）税款，该笔出口货物不再适用启运港退（免）税政策。

第九条 出口企业已申报办理启运港退（免）税的货物，因自然灾害、社会突发事件等不可抗力因素，预计2个月内无法办理结关核销手续的，应自启运日起2个月内向主管出口退税的税务机关提出申请，经主管出口退税的税务机关同意后，暂不追缴已退（免）税款。

上述货物在启运日次年的退（免）税申报期限截止之日前，主管出口退税的税务机关收到结关数据的，应按照本办法第八条规定处理；仍未收到结关数据的（以下简称"次年未结关数据"），该笔出口货物不再适用启运港退（免）税政策，主管出口退税的税务机关根据现行规定追缴已退（免）税款。

第十条 按第八条、第九条规定已追缴退（免）税款或进行调整处理的到期未结关数据和次年未结关数据，海关又办理结关核销手续的，出口企业可凭正常结关核销的出口货物报关单电子信息及相关材料重新申报出口退（免）税，主管出口退税的税务机关依据结关数据按照现行规定审核办理退（免）税。

第十一条 货物未运抵离境港不再出口，海关撤销出口货物报关单的，出口企业应按照现行规定向主管出口退税的税务机关申请出具《出口货物退运已补税（未退税）证明》，主管出口退税的税务机关在出具证明时，应使用撤销数据进行审核比对。出口企业未申报退（免）税的，不得再申报退（免）税；已申报办理退（免）税的，应补缴已退（免）税款。

第十二条 2018年4月10日（以海关出口报关单电子信息注明的出口日期为准）以后的启运港出口货物，出口企业不再提供纸质出口货物报关单（出口退税专用）。

第十三条 本办法施行前符合本办法规定的适用启运港退（免）税办法的出口货物，可按本办法申报办理出口退（免）税相关事项。此前已按结关数据办理出口退（免）税事项的，不作调整。

第十四条 本办法未尽事宜，按照现行出口退（免）税相关规定执行。

第十五条 本办法自2019年1月1日起施行，启运港出口货物报关单电子信息上注明的出口日期为2019年1月1日以后（含）的启运港退（免）税事项按本办法执行。《启运港退（免）税管理办法》（国家税务总局公告2014年第52号发布，国家税务总局公告2018年第31号修改）同时废止。

出口货物退（免）税管理办法（试行）

（2005年3月16日 国税发〔2005〕51号 根据2018年6月15日《国家税务总局关于修改部分税收规范性文件的公告》修正）

第一章 总 则

第一条 为规范出口货物退（免）税管理，根据《中华人民共和国税收征收管理法》、《中华人民共和国税收征收管理法实施细则》、《中华人民共和国增值税暂行条例》、《中华人民共和国消费税暂行条例》以及国家其他有关出口货物退（免）税规定，制定本管理办法。

第二条　出口商自营或委托出口的货物，除另有规定者外，可在货物报关出口并在财务上做销售核算后，凭有关凭证报送所在地税务局（以下简称税务机关）批准退还或免征其增值税、消费税。

本办法所述出口商包括对外贸易经营者、没有出口经营资格委托出口的生产企业、特定退（免）税的企业和人员。

上述对外贸易经营者是指依法办理工商登记或者其他执业手续，经商务部及其授权单位赋予出口经营资格的从事对外贸易经营活动的法人、其他组织或者个人。其中，个人（包括外国人）是指注册登记为个体工商户、个人独资企业或合伙企业。

上述特定退（免）税的企业和人员是指按国家有关规定可以申请出口货物退（免）税的企业和人员。

第三条　出口货物的退（免）税范围、退税率和退（免）税方法，按国家有关规定执行。

第四条　税务机关应当按照办理出口货物退（免）税的程序，根据工作需要，设置出口货物退（免）税认定管理、申报受理、初审、复审、调查、审批、退库和调库等相应工作岗位，建立岗位责任制。因人员少需要一人多岗的，人员设置必须遵循岗位监督制约机制。

第二章　出口货物退（免）税认定管理

第五条　对外贸易经营者按《中华人民共和国对外贸易法》和商务部《对外贸易经营者备案登记办法》的规定办理备案登记后，没有出口经营资格的生产企业委托出口自产货物（含视同自产产品，下同），应分别在备案登记、代理出口协议签定之日起30日内持有关资料,填写《出口货物退(免)税认定表》,到所在地税务机关办理出口货物退(免)税认定手续。

特定退(免)税的企业和人员办理出口货物退(免)税认定手续按国家有关规定执行。

第六条 已办理出口货物退(免)税认定的出口商,其认定内容发生变化的,须自有关管理机关批准变更之日起30日内,持相关证件向税务机关申请办理出口货物退(免)税认定变更手续。

第七条 出口商发生解散、破产、撤销以及其他依法应终止出口货物退(免)税事项的,应持相关证件、资料向税务机关办理出口货物退(免)税注销认定。

对申请注销认定的出口商,税务机关应先结清其出口货物退(免)税款,再按规定办理注销手续。

第三章 出口货物退(免)税申报及受理

第八条 出口商应在规定期限内,收齐出口货物退(免)税所需的有关单证,使用国家税务总局认可的出口货物退(免)税电子申报系统生成电子申报数据,如实填写出口货物退(免)税申报表,向税务机关申报办理出口货物退(免)税手续。逾期申报的,除另有规定者外,税务机关不再受理该笔出口货物的退(免)税申报,该补税的应按有关规定补征税款。

第九条 出口商申报出口货物退(免)税时,税务机关应及时予以接受并进行初审。经初步审核,出口商报送的申报资料、电子申报数据及纸质凭证齐全的,税务机关受理该笔出口货物退(免)税申报。出口商报送的申报资料或纸质凭证不齐全的,除另有规定者外,税务机关不予受理该笔出口货物的退(免)税申报,并要当即向出口商提出改正、补充资料、凭证的要求。

税务机关受理出口商的出口货物退(免)税申报后,应为出口商出具回执,并对出口货物退(免)税申报情况进行登记。

第十条 出口商报送的出口货物退（免）税申报资料及纸质凭证齐全的，除另有规定者外，在规定申报期限结束前，税务机关不得以无相关电子信息或电子信息核对不符等原因，拒不受理出口商的出口货物退（免）税申报。

第四章 出口货物退（免）税审核、审批

第十一条 税务机关应当使用国家税务总局认可的出口货物退（免）税电子化管理系统以及总局下发的出口退税率文库，按照有关规定进行出口货物退（免）税审核、审批，不得随意更改出口货物退（免）税电子化管理系统的审核配置、出口退税率文库以及接收的有关电子信息。

第十二条 税务机关受理出口商出口货物退（免）税申报后，应在规定的时间内，对申报凭证、资料的合法性、准确性进行审查，并核实申报数据之间的逻辑对应关系。根据出口商申报的出口货物退（免）税凭证、资料的不同情况，税务机关应当重点审核以下内容：

（一）申报出口货物退（免）税的报表种类、内容及印章是否齐全、准确。

（二）申报出口货物退（免）税提供的电子数据和出口货物退（免）税申报表是否一致；

（三）申报出口货物退（免）税的凭证是否有效，与出口货物退（免）税申报表明细内容是否一致等。重点审核的凭证有：

1. 出口货物报关单（出口退税专用）。出口货物报关单必须是盖有海关验讫章，注明"出口退税专用"字样的原件（另有规定者除外），出口报关单的海关编号、出口商海关代码、出口日期、商品编号、出口数量及离岸价等主要内容应与申报退（免）税的报表一致。

2. 代理出口证明。代理出口货物证明上的受托方企业名称、

出口商品代码、出口数量、离岸价等应与出口货物报关单（出口退税专用）上内容相匹配并与申报退（免）税的报表一致。

3. 增值税专用发票（抵扣联）。增值税专用发票（抵扣联）必须印章齐全，没有涂改。增值税专用发票（抵扣联）的开票日期、数量、金额、税率等主要内容应与申报退（免）税的报表匹配。

4. 出口收汇核销单（或出口收汇核销清单，下同）。出口收汇核销单的编号、核销金额、出口商名称应当与对应的出口货物报关单上注明的批准文号、离岸价、出口商名称匹配。

5. 消费税税收（出口货物专用）缴款书。消费税税收（出口货物专用）缴款书各栏目的填写内容应与对应的发票一致；征税机关、国库（银行）印章必须齐全并符合要求。

第十三条　在对申报的出口货物退（免）税凭证、资料进行人工审核后，税务机关应当使用出口货物退（免）税电子化管理系统进行计算机审核，将出口商申报出口货物退（免）税提供的电子数据、凭证、资料与国家税务总局及有关部门传递的出口货物报关单、出口收汇核销单、代理出口证明、增值税专用发票、消费税税收（出口货物专用）缴款书等电子信息进行核对。审核、核对重点是：

（一）出口报关单电子信息。出口报关单的海关编号、出口日期、商品代码、出口数量及离岸价等项目是否与电子信息核对相符；

（二）代理出口证明电子信息。代理出口证明的编号、商品代码、出口日期、出口离岸价等项目是否与电子信息核对相符；

（三）出口收汇核销单电子信息。出口收汇核销单号码等项目是否与电子信息核对相符；

（四）出口退税率文库。出口商申报出口退（免）税的货物是否属于可退税货物，申报的退税率与出口退税率文库中的退税率是否一致；

（五）增值税专用发票电子信息。增值税专用发票的开票日期、金额、税额、购货方及销售方的纳税人识别号、发票代码、发票号码是否与增值税专用发票电子信息核对相符。

在核对增值税专用发票时应使用增值税专用发票稽核、协查信息。暂未收到增值税专用发票稽核、协查信息的，税务机关可先使用增值税专用发票认证信息，但必须及时用相关稽核、协查信息进行复核；对复核有误的，要及时追回已退（免）税款。

（六）消费税税收（出口货物专用）缴款书电子信息。消费税税收（出口货物专用）缴款书的号码、购货企业海关代码、计税金额、实缴税额、税率（额）等项目是否与电子信息核对相符。

第十四条 税务机关在审核中，发现的不符合规定的申报凭证、资料，税务机关应通知出口商进行调整或重新申报；对在计算机审核中发现的疑点，应当严格按照有关规定处理；对出口商申报的出口货物退（免）税凭证、资料有疑问的，应分别以下情况处理：

（一）凡对出口商申报的出口货物退（免）税凭证、资料无电子信息或核对不符的，应及时按照规定进行核查。

（二）凡对出口货物报关单（出口退税专用）、出口收汇核销单等纸质凭证有疑问的，应向相关部门发函核实。

（三）凡对防伪税控系统开具的增值税专用发票（抵扣联）有疑问的，应向同级税务稽查部门提出申请，通过税务系统增值税专用发票协查系统进行核查。

（四）对出口商申报出口货物的货源、纳税、供货企业经营状况等情况有疑问的，税务机关应按国家税务总局有关规定进行发函调查，或向同级税务稽查部门提出申请，由税务稽查部门按有关规定进行调查，并依据回函或调查情况进行处理。

第十五条 出口商提出办理相关出口货物退（免）税证明的申请，税务机关经审核符合有关规定的，应及时出具相关证明。

第十六条 出口货物退（免）税应当由设区的市、自治州以上

（含本级）税务机关根据审核结果按照有关规定进行审批。

税务机关在审批后应当按照有关规定办理退库或调库手续。

第五章 出口货物退（免）税日常管理

第十七条 税务机关对出口货物退（免）税有关政策、规定应及时予以公告，并加强对出口商的宣传辅导和培训工作。

第十八条 税务机关应做好出口货物退（免）税计划及其执行情况的分析、上报工作。税务机关必须在国家税务总局下达的出口退（免）税计划内办理退库和调库。

第十九条 税务机关遇到下述情况，应及时结清出口商出口货物的退（免）税款：

（一）出口商发生解散、破产、撤销以及其他依法应终止出口退（免）税事项的，或者注销出口货物退（免）税认定的。

（二）出口商违反国家有关政策法规，被停止一定期限出口退税权的。

第二十条 税务机关应建立出口货物退（免）税评估机制和监控机制，强化出口货物退（免）税管理，防止骗税案件的发生。

第二十一条 税务机关应按照规定，做好出口货物退（免）税电子数据的接收、使用和管理工作，保证出口货物退（免）税电子化管理系统的安全，定期做好电子数据备份及设备维护工作。

第二十二条 税务机关应建立出口货物退（免）税凭证、资料的档案管理制度。出口货物退（免）税凭证、资料应当保存10年。但是，法律、行政法规另有规定的除外。具体管理办法由各省税务局制定。

第六章 违章处理

第二十三条 出口商有下列行为之一的，税务机关应按照《中华人民共和国税收征收管理法》第六十条规定予以处罚：

（一）未按规定办理出口货物退（免）税认定、变更或注销认定手续的；

（二）未按规定设置、使用和保管有关出口货物退（免）税账簿、凭证、资料的。

第二十四条 出口商拒绝税务机关检查或拒绝提供有关出口货物退（免）税账簿、凭证、资料的，税务机关应按照《中华人民共和国税收征收管理法》第七十条规定予以处罚。

第二十五条 出口商以假报出口或其他欺骗手段骗取国家出口退税款的，税务机关应当按照《中华人民共和国税收征收管理法》第六十六条规定处理。

对骗取国家出口退税款的出口商，经省以上（含本级）税务局批准，可以停止其六个月以上的出口退税权。在出口退税权停止期间自营、委托和代理出口的货物，一律不予办理退（免）税。

第二十六条 出口商违反规定需采取税收保全措施和税收强制执行措施的，税务机关应按照《中华人民共和国税收征收管理法》及《中华人民共和国税收征收管理法实施细则》的有关规定执行。

第七章 附 则

第二十七条 本办法未列明的其他管理事项，按《中华人民共和国税收征收管理法》、《中华人民共和国税收征收管理法实施细则》等法律、行政法规的有关规定办理。

第二十八条 本办法由国家税务总局负责解释。

第二十九条 本办法自2005年5月1日起施行。此前规定与本办法不一致的，以本办法为准。

（二）税款征收

委托代征管理办法

（2013年5月10日 国家税务总局公告2013年第24号 自2013年7月1日起施行）

第一章 总　则

第一条　为加强税收委托代征管理，规范委托代征行为，降低征纳成本，根据《中华人民共和国税收征收管理法》《中华人民共和国税收征收管理法实施细则》《合同法》及《中华人民共和国发票管理办法》的有关规定，制定本办法。

第二条　本办法所称委托代征，是指税务机关根据《中华人民共和国税收征收管理法实施细则》有利于税收控管和方便纳税的要求，按照双方自愿、简便征收、强化管理、依法委托的原则和国家有关规定，委托有关单位和人员代征零星、分散和异地缴纳的税收的行为。

第三条　本办法所称税务机关，是指县以上（含本级）税务局。

本办法所称代征人，是指依法接受税务机关委托、行使代征税款权利并承担《委托代征协议书》规定义务的单位或人员。

第二章　委托代征的范围和条件

第四条　委托代征范围由税务机关根据《中华人民共和国税收征收管理法实施细则》关于加强税收控管、方便纳税的规定，结合当地税源管理的实际情况确定。税务机关不得将法律、行政法规已确定的代扣代缴、代收代缴税收，委托他人代征。

第五条　税务机关确定的代征人，应当与纳税人有下列关系之一：

（一）与纳税人有管理关系；

（二）与纳税人有经济业务往来；

（三）与纳税人有地缘关系；

（四）有利于税收控管和方便纳税人的其他关系。

第六条 代征人为行政、事业、企业单位及其他社会组织的，应当同时具备下列条件：

（一）有固定的工作场所；

（二）内部管理制度规范，财务制度健全；

（三）有熟悉相关税收法律、法规的工作人员，能依法履行税收代征工作；

（四）税务机关根据委托代征事项和税收管理要求确定的其他条件。

第七条 代征税款人员，应当同时具备下列条件：

（一）具备中国国籍，遵纪守法，无严重违法行为及犯罪记录，具有完全民事行为能力；

（二）具备与完成代征税款工作要求相适应的税收业务知识和操作技能；

（三）税务机关根据委托代征管理要求确定的其他条件。

第八条 税务机关可以与代征人签订代开发票书面协议并委托代征人代开普通发票。代开发票书面协议的主要内容应当包括代开的普通发票种类、对象、内容和相关责任。

代开发票书面协议由各省、自治区、直辖市和计划单列市自行制定。

第九条 代征人不得将其受托代征税款事项再行委托其他单位、组织或人员办理。

第三章 委托代征协议的生效和终止

第十条 税务机关应当与代征人签订《委托代征协议书》,明确委托代征相关事宜。《委托代征协议书》包括以下内容:

(一)税务机关和代征人的名称、联系电话,代征人为行政、事业、企业单位及其他社会组织的,应包括法定代表人或负责人姓名、居民身份证号码和地址;代征人为自然人的,应包括姓名、居民身份证号码和户口所在地、现居住地址;

(二)委托代征范围和期限;

(三)委托代征的税种及附加、计税依据及税率;

(四)票、款结报缴销期限和额度;

(五)税务机关和代征人双方的权利、义务和责任;

(六)代征手续费标准;

(七)违约责任;

(八)其他有关事项。

代征人为行政、事业、企业单位及其他社会组织的,《委托代征协议书》自双方的法定代表人或法定代理人签字并加盖公章后生效;代征人为自然人的,《委托代征协议书》自代征人及税务机关的法定代表人签字并加盖税务机关公章后生效。

第十一条 《委托代征协议书》签订后,税务机关应当向代征人发放《委托代征证书》,并在广播、电视、报纸、期刊、网络等新闻媒体或者代征范围内纳税人相对集中的场所,公告代征人的委托代征资格和《委托代征协议书》中的以下内容:

(一)税务机关和代征人的名称、联系电话,代征人为行政、事业、企业单位及其他社会组织的,应包括法定代表人或负责人姓名和地址;代征人为自然人的,应包括姓名、户口所在地、现居住地址;

(二)委托代征的范围和期限;

（三）委托代征的税种及附加、计税依据及税率；

（四）税务机关确定的其他需要公告的事项。

第十二条 《委托代征协议书》有效期最长不得超过3年。有效期满需要继续委托代征的，应当重新签订《委托代征协议书》。

《委托代征协议书》签订后，税务机关应当向代征人提供受托代征税款所需的税收票证、报表。

第十三条 有下列情形之一的，税务机关可以向代征人发出《终止委托代征协议通知书》，提前终止委托代征协议：

（一）因国家税收法律、行政法规、规章等规定发生重大变化，需要终止协议的；

（二）税务机关被撤销主体资格的；

（三）因代征人发生合并、分立、解散、破产、撤销或者因不可抗力发生等情形，需要终止协议的；

（四）代征人有弄虚作假、故意不履行义务、严重违反税收法律法规的行为，或者有其他严重违反协议的行为；

（五）税务机关认为需要终止协议的其他情形。

第十四条 终止委托代征协议的，代征人应自委托代征协议终止之日起5个工作日内，向税务机关结清代征税款，缴销代征业务所需的税收票证和发票；税务机关应当收回《委托代征证书》，结清代征手续费。

第十五条 代征人在委托代征协议期限届满之前提出终止协议的，应当提前20个工作日向税务机关申请，经税务机关确认后按照本办法第十四条的规定办理相关手续。

第十六条 税务机关应当自委托代征协议终止之日起10个工作日内，在广播、电视、报纸、期刊、网络等新闻媒体或者代征范围内纳税人相对集中的场所，公告代征人委托代征资格终止和本办法第十一条规定需要公告的《委托代征协议书》主要内容。

第四章　委托代征管理职责

第十七条　税收委托代征工作中，税务机关应当监督、管理、检查委托代征业务，履行以下职责：

（一）审查代征人资格，确定、登记代征人的相关信息；

（二）填制、发放、收回、缴销《委托代征证书》；

（三）确定委托代征的具体范围、税种及附加、计税依据、税率等；

（四）核定和调整代征人代征的个体工商户定额，并通知纳税人和代征人执行；

（五）定期核查代征人的管户信息，了解代征户籍变化情况；

（六）采集委托代征的征收信息、纳税人欠税信息、税收票证管理情况等信息；

（七）辅导和培训代征人；

（八）在有关规定确定的代征手续费比率范围内，按照手续费与代征人征收成本相匹配的原则，确定具体支付标准，办理手续费支付手续；

（九）督促代征人按时解缴代征税款，并对代征情况进行定期检查；

（十）其他管理职责。

第十八条　税收委托代征工作中，代征人应当履行以下职责：

（一）根据税务机关确定的代征范围、核定税额或计税依据、税率代征税款，并按规定及时解缴入库；

（二）按照税务机关有关规定领取、保管、开具、结报缴销税收票证、发票，确保税收票证和发票安全；

（三）代征税款时，向纳税人开具税收票证；

（四）建立代征税款账簿，逐户登记代征税种税目、税款金额及税款所属期等内容；

(五）在税款解缴期内向税务机关报送《代征代扣税款结报单》，以及受托代征税款的纳税人当期已纳税、逾期未纳税、管户变化等相关情况；

（六）对拒绝代征人依法代征税款的纳税人，自其拒绝之时起24小时内报告税务机关；

（七）在代征税款工作中获知纳税人商业秘密和个人隐私的，应当依法为纳税人保密。

第十九条　代征人不得对纳税人实施税款核定、税收保全和税收强制执行措施，不得对纳税人进行行政处罚。

第二十条　代征人应根据《委托代征协议书》的规定向税务机关申请代征税款手续费，不得从代征税款中直接扣取代征税款手续费。

第五章　法律责任

第二十一条　代征人在《委托代征协议书》授权范围内的代征税款行为引起纳税人的争议或法律纠纷的，由税务机关解决并承担相应法律责任；税务机关拥有事后向代征人追究法律责任的权利。

第二十二条　因代征人责任未征或少征税款的，税务机关应向纳税人追缴税款，并可按《委托代征协议书》的约定向代征人按日加收未征少征税款万分之五的违约金，但代征人将纳税人拒绝缴纳等情况自纳税人拒绝之时起24小时内报告税务机关的除外。代征人违规多征税款的，由税务机关承担相应的法律责任，并责令代征人立即退还，税款已入库的，由税务机关按规定办理退库手续；代征人违规多征税款致使纳税人合法权益受到损失的，由税务机关赔偿，税务机关拥有事后向代征人追偿的权利。

代征人违规多征税款而多取得代征手续费的，应当及时退回。

第二十三条　代征人造成印有固定金额的税收票证损失的，应当按照票面金额赔偿,未按规定领取、保管、开具、结报缴销税收票证的,税务机关应当根据情节轻重,适当扣减代征手续费。

第二十四条 代征人未按规定期限解缴税款的,由税务机关责令限期解缴,并可从税款滞纳之日起按日加收未解缴税款万分之五的违约金。

第二十五条 税务机关工作人员玩忽职守,不按照规定对代征人履行管理职责,给委托代征工作造成损害的,按规定追究相关人员的责任。

第二十六条 违反《委托代征协议书》其他有关规定的,按照协议约定处理。

第二十七条 纳税人对委托代征行为不服,可依法申请税务行政复议。

第六章 附 则

第二十八条 各省、自治区、直辖市和计划单列市税务机关根据本地实际情况制定具体实施办法。

第二十九条 税务机关可以比照本办法的规定,对代售印花税票者进行管理。

第三十条 本办法自 2013 年 7 月 1 日起施行。

附件:1. 委托代征协议书(略)
　　　2. 委托代征协议书使用说明(略)
　　　3. 终止委托代征协议通知书(略)
　　　4. 委托代征证书(略)

税收票证管理办法

(2013年2月25日国家税务总局令第28号公布 根据2019年7月24日《国家税务总局关于公布取消一批税务证明事项以及废止和修改部分规章规范性文件的决定》修订)

第一章 总 则

第一条 为了规范税收票证管理工作，保证国家税收收入的安全完整，维护纳税人合法权益，适应税收信息化发展需要，根据《中华人民共和国税收征收管理法》及其实施细则等法律法规，制定本办法。

第二条 税务机关、税务人员、纳税人、扣缴义务人、代征代售人和税收票证印制企业在中华人民共和国境内印制、使用、管理税收票证，适用本办法。

第三条 本办法所称税收票证，是指税务机关、扣缴义务人依照法律法规，代征代售人按照委托协议，征收税款、基金、费、滞纳金、罚没款等各项收入（以下统称税款）的过程中，开具的收款、退款和缴库凭证。税收票证是纳税人实际缴纳税款或者收取退还税款的法定证明。

税收票证包括纸质形式和数据电文形式。数据电文税收票证是指通过横向联网电子缴税系统办理税款的征收缴库、退库时，向银行、国库发送的电子缴款、退款信息。

第四条 国家积极推广以横向联网电子缴税系统为依托的数据电文税收票证的使用工作。

第五条 税务机关、代征代售人征收税款时应当开具税收票证。通过横向联网电子缴税系统完成税款的缴纳或者退还后，纳税人需要纸质税收票证的，税务机关应当开具。

扣缴义务人代扣代收税款时，纳税人要求扣缴义务人开具税收票证的，扣缴义务人应当开具。

第六条 税收票证的基本要素包括：税收票证号码、征收单位名称、开具日期、纳税人名称、纳税人识别号、税种（费、基金、罚没款）、金额、所属时期等。

第七条 纸质税收票证的基本联次包括收据联、存根联、报查联。收据联交纳税人作完税凭证；存根联由税务机关、扣缴义务人、代征代售人留存；报查联由税务机关做会计凭证或备查。

省、自治区、直辖市和计划单列市（以下简称省）税务机关可以根据税收票证管理情况，确定除收据联以外的税收票证启用联次。

第八条 国家税务总局统一负责全国的税收票证管理工作。其职责包括：

（一）设计和确定税收票证的种类、适用范围、联次、内容、式样及规格；

（二）设计和确定税收票证专用章戳的种类、适用范围、式样及规格；

（三）印制、保管、发运需要全国统一印制的税收票证，刻制需要全国统一制发的税收票证专用章戳；

（四）确定税收票证管理的机构、岗位和职责；

（五）组织、指导和推广税收票证信息化工作；

（六）组织全国税收票证检查工作；

（七）其他全国性的税收票证管理工作。

第九条 省以下税务机关应当依照本办法做好本行政区域内的税收票证管理工作。其职责包括：

（一）负责本级权限范围内的税收票证印制、领发、保管、开具、作废、结报缴销、停用、交回、损失核销、移交、核算、归档、审核、检查、销毁等工作；

（二）指导和监督下级税务机关、扣缴义务人、代征代售人、自行填开税收票证的纳税人税收票证管理工作；

（三）组织、指导、具体实施税收票证信息化工作；

（四）组织税收票证检查工作；

（五）其他税收票证管理工作。

第十条 扣缴义务人和代征代售人在代扣代缴、代收代缴、代征税款以及代售印花税票过程中应当做好税收票证的管理工作。其职责包括：

（一）妥善保管从税务机关领取的税收票证，并按照税务机关要求建立、报送和保管税收票证账簿及有关资料；

（二）为纳税人开具并交付税收票证；

（三）按时解缴税款、结报缴销税收票证；

（四）其他税收票证管理工作。

第十一条 各级税务机关的收入规划核算部门主管税收票证管理工作。

国家税务总局收入规划核算司设立主管税收票证管理工作的机构；省、市（不含县级市，下同）、县税务机关收入规划核算部门应当设置税收票证管理岗位并配备专职税收票证管理人员；直接向税务机关税收票证开具人员、扣缴义务人、代征代售人、自行填开税收票证的纳税人发放税收票证并办理结报缴销等工作的征收分局、税务所、办税服务厅等机构（以下简称基层税务机关）应当设置税收票证管理岗位，由税收会计负责税收票证管理工作。税收票证管理岗位和税收票证开具（含印花税票销售）岗位应当分设，不得一人多岗。

扣缴义务人、代征代售人、自行填开税收票证的纳税人应当由专人负责税收票证管理工作。

第二章　种类和适用范围

第十二条　税收票证包括税收缴款书、税收收入退还书、税收完税证明、出口货物劳务专用税收票证、印花税专用税收票证以及国家税务总局规定的其他税收票证。

第十三条　税收缴款书是纳税人据以缴纳税款，税务机关、扣缴义务人以及代征代售人据以征收、汇总税款的税收票证。具体包括：

（一）《税收缴款书（银行经收专用）》。由纳税人、税务机关、扣缴义务人、代征代售人向银行传递，通过银行划缴税款（出口货物劳务增值税、消费税除外）到国库时使用的纸质税收票证。其适用范围是：

1. 纳税人自行填开或税务机关开具，纳税人据以在银行柜面办理缴税（转账或现金），由银行将税款缴入国库；

2. 税务机关收取现金税款、扣缴义务人扣缴税款、代征代售人代征税款后开具，据以在银行柜面办理税款汇总缴入国库；

3. 税务机关开具，据以办理"待缴库税款"账户款项缴入国库。

（二）《税收缴款书（税务收现专用）》。纳税人以现金、刷卡（未通过横向联网电子缴税系统）方式向税务机关缴纳税款时，由税务机关开具并交付纳税人的纸质税收票证。代征人代征税款时，也应开具本缴款书并交付纳税人。为方便流动性零散税收的征收管理，本缴款书可以在票面印有固定金额，具体面额种类由各省税务机关确定，但是，单种面额不得超过一百元。

（三）《税收缴款书（代扣代收专用）》。扣缴义务人依法履行税款代扣代缴、代收代缴义务时开具并交付纳税人的纸质税收票证。扣缴义务人代扣代收税款后，已经向纳税人开具了税法规定或国家税务总局认可的记载完税情况的其他凭证的，可不再开具本缴款书。

（四）《税收电子缴款书》。税务机关将纳税人、扣缴义务人、代征代售人的电子缴款信息通过横向联网电子缴税系统发送给银行，银行据以划缴税款到国库时，由税收征管系统生成的数据电文形式的税收票证。

第十四条　税收收入退还书是税务机关依法为纳税人从国库办理退税时使用的税收票证。具体包括：

（一）《税收收入退还书》。税务机关向国库传递，依法为纳税人从国库办理退税时使用的纸质税收票证。

（二）《税收收入电子退还书》。税务机关通过横向联网电子缴税系统依法为纳税人从国库办理退税时，由税收征管系统生成的数据电文形式的税收票证。

税收收入退还书应当由县以上税务机关税收会计开具并向国库传递或发送。

第十五条　出口货物劳务专用税收票证是由税务机关开具，专门用于纳税人缴纳出口货物劳务增值税、消费税或者证明该纳税人再销售给其他出口企业的货物已缴纳增值税、消费税的纸质税收票证。具体包括：

（一）《税收缴款书（出口货物劳务专用）》。由税务机关开具，专门用于纳税人缴纳出口货物劳务增值税、消费税时使用的纸质税收票证。纳税人以银行经收方式，税务收现方式，或者通过横向联网电子缴税系统缴纳出口货物劳务增值税、消费税时，均使用本缴款书。纳税人缴纳随出口货物劳务增值税、消费税附征的其他税款时，税务机关应当根据缴款方式，使用其他种类的缴款书，不得使用本缴款书。

（二）《出口货物完税分割单》。已经缴纳出口货物增值税、消费税的纳税人将购进货物再销售给其他出口企业时，为证明所售货物完税情况，便于其他出口企业办理出口退税，到税务机关换开的纸质税收票证。

第十六条　印花税专用税收票证是税务机关或印花税票代售人在征收印花税时向纳税人交付、开具的纸质税收票证。具体包括：

（一）印花税票。印有固定金额，专门用于征收印花税的有价证券。纳税人缴纳印花税，可以购买印花税票贴花缴纳，也可以开具税收缴款书缴纳。采用开具税收缴款书缴纳的，应当将纸质税收缴款书或税收完税证明粘贴在应税凭证上，或者由税务机关在应税凭证上加盖印花税收讫专用章。

（二）《印花税票销售凭证》。税务机关和印花税票代售人销售印花税票时一并开具的专供购买方报销的纸质凭证。

第十七条　税收完税证明是税务机关为证明纳税人已经缴纳税款或者已经退还纳税人税款而开具的纸质税收票证。其适用范围是：

（一）纳税人、扣缴义务人、代征代售人通过横向联网电子缴税系统划缴税款到国库（经收处）后或收到从国库退还的税款后，当场或事后需要取得税收票证的；

（二）扣缴义务人代扣代收税款后，已经向纳税人开具税法规定或国家税务总局认可的记载完税情况的其他凭证，纳税人需要换开正式完税凭证的；

（三）纳税人遗失已完税的各种税收票证（《出口货物完税分割单》、印花税票和《印花税票销售凭证》除外），需要重新开具的；

（四）对纳税人特定期间完税情况出具证明的；

（五）国家税务总局规定的其他需要为纳税人开具完税凭证情形。

税务机关在确保纳税人缴、退税信息全面、准确、完整的条件下，可以开展前款第四项规定的税收完税证明开具工作，具体开具办法由各省税务机关确定。

第十八条　税收票证专用章戳是指税务机关印制税收票证和征、退税款时使用的各种专用章戳，具体包括：

（一）税收票证监制章。套印在税收票证上，用以表明税收票证制定单位和税收票证印制合法性的一种章戳。

（二）征税专用章。税务机关办理税款征收业务，开具税收缴款书、税收完税证明、《印花税销售凭证》等征收凭证时使用的征收业务专用公章。

（三）退库专用章。税务机关办理税款退库业务，开具《税收收入退还书》等退库凭证时使用的，在国库预留印鉴的退库业务专用公章。

（四）印花税收讫专用章。以开具税收缴款书代替贴花缴纳印花税时，加盖在应税凭证上，用以证明应税凭证已完税的专用章戳。

（五）国家税务总局规定的其他税收票证专用章戳。

第十九条 《税收缴款书（税务收现专用）》、《税收缴款书（代扣代收专用）》、《税收缴款书（出口货物劳务专用）》、《出口货物完税分割单》、印花税票和税收完税证明应当视同现金进行严格管理。

第二十条 税收票证应当按规定的适用范围填开，不得混用。

第二十一条 国家税务总局增设或简并税收票证及税收票证专用章戳种类，应当及时向社会公告。

第三章 设计和印制

第二十二条 税收票证及税收票证专用章戳按照税收征收管理和国家预算管理的基本要求设计，具体式样另行制发。

第二十三条 税收票证实行分级印制管理。

《税收缴款书（出口货物劳务专用）》、《出口货物完税分割单》、印花税票以及其他需要全国统一印制的税收票证由国家税务总局确定的企业印制；其他税收票证，按照国家税务总局规定的式样和要求，由各省税务机关确定的企业集中统一印制。

禁止私自印制、倒卖、变造、伪造税收票证。

第二十四条 印制税收票证的企业应当具备下列条件：

（一）取得印刷经营许可证和营业执照；

（二）设备、技术水平能够满足印制税收票证的需要；

（三）有健全的财务制度和严格的质量监督、安全管理、保密制度；

（四）有安全、良好的保管场地和设施。

印制税收票证的企业应当按照税务机关提供的式样、数量等要求印制税收票证，建立税收票证印制管理制度。

税收票证印制合同终止后，税收票证的印制企业应当将有关资料交还委托印制的税务机关，不得保留或提供给其他单位及个人。

第二十五条 税收票证应当套印税收票证监制章。

税收票证监制章由国家税务总局统一制发各省税务机关。

第二十六条 除税收票证监制章外，其他税收票证专用章戳的具体刻制权限由各省税务机关确定。刻制的税收票证专用章戳应当在市以上税务机关留底归档。

第二十七条 税收票证应当使用中文印制。民族自治地方的税收票证，可以加印当地一种通用的民族文字。

第二十八条 负责税收票证印制的税务机关应当对印制完成的税收票证质量、数量进行查验。查验无误的，办理税收票证的印制入库手续；查验不合格的，对不合格税收票证监督销毁。

第四章　使　用

第二十九条 上、下级税务机关之间，税务机关税收票证开具人员、扣缴义务人、代征代售人、自行填开税收票证的纳税人与税收票证管理人员之间，应当建立税收票证及税收票证专用章戳的领发登记制度，办理领发手续，共同清点、确认领发种类、数量和号码。

税收票证的运输应当确保安全、保密。

数据电文税收票证由税收征管系统自动生成税收票证号码，分配给税收票证开具人员，视同发放。数据电文税收票证不得重复发放、重复开具。

第三十条 税收票证管理人员向税务机关税收票证开具人员、扣缴义务人和代征代售人发放视同现金管理的税收票证时，应当拆包发放，并且一般不得超过一个月的用量。

视同现金管理的税收票证未按照本办法第三十九条规定办理结报的，不得继续发放同一种类的税收票证。

其他种类的税收票证，应当根据领用人的具体使用情况，适度发放。

第三十一条 税务机关、扣缴义务人、代征代售人、自行填开税收票证的纳税人应当妥善保管纸质税收票证及税收票证专用章戳。县以上税务机关应当设置具备安全条件的税收票证专用库房；基层税务机关、扣缴义务人、代征代售人和自行填开税收票证的纳税人应当配备税收票证保险专用箱柜。确有必要外出征收税款的，税收票证及税收票证专用章戳应当随身携带，严防丢失。

第三十二条 税务机关对结存的税收票证应当定期进行盘点，发现结存税收票证实物与账簿记录数量不符的，应当及时查明原因并报告上级或所属税务机关。

第三十三条 税收收入退还书开具人员不得同时从事退库专用章保管或《税收收入电子退还书》复核授权工作。印花税票销售人员不得同时从事印花税收讫专用章保管工作。外出征收税款的，税收票证开具人员不得同时从事现金收款工作。

第三十四条 税收票证应当分纳税人开具；同一份税收票证上，税种（费、基金、罚没款）、税目、预算科目、预算级次、所属时期不同的，应当分行填列。

第三十五条 税收票证栏目内容应当填写齐全、清晰、真实、规范，不得漏填、简写、省略、涂改、挖补、编造；多联式税收票证应当一次全份开具。

第三十六条　因开具错误作废的纸质税收票证，应当在各联注明"作废"字样、作废原因和重新开具的税收票证字轨及号码。《税收缴款书（税务收现专用）》、《税收缴款书（代扣代收专用）》、税收完税证明应当全份保存；其他税收票证的纳税人所持联次或银行流转联次无法收回的，应当注明原因，并将纳税人出具的情况说明或银行文书代替相关联次一并保存。开具作废的税收票证应当按期与已填用的税收票证一起办理结报缴销手续，不得自行销毁。

税务机关开具税收票证后，纳税人向银行办理缴税前丢失的，税务机关参照前款规定处理。

数据电文税收票证作废的，应当在税收征管系统中予以标识；已经作废的数据电文税收票证号码不得再次使用。

第三十七条　纸质税收票证各联次各种章戳应当加盖齐全。

章戳不得套印，国家税务总局另有规定的除外。

第三十八条　税务机关税收票证开具人员、扣缴义务人、代征代售人、自行填开税收票证的纳税人与税收票证管理人员之间，基层税务机关与上级或所属税务机关之间，应当办理税收票款结报缴销手续。

税务机关税收票证开具人员、扣缴义务人、代征代售人向税收票证管理人员结报缴销视同现金管理的税收票证时，应当将已开具税收票证的存根联、报查联等联次，连同作废税收票证、需交回的税收票证及未开具的税收票证（含未销售印花税票）一并办理结报缴销手续；已开具税收票证只设一联的，税收票证管理人员应当查验其开具情况的电子记录。

其他各种税收票证结报缴销手续的具体要求，由各省税务机关确定。

第三十九条　税收票款应当按照规定的时限办理结报缴销。税务机关税收票证开具人员、代征代售人开具税收票证（含销售印花税票）收取现金税款时，办理结报缴销手续的时限要求是：

（一）当地设有国库经收处的，应于收取税款的当日或次日办理税收票款的结报缴销；

（二）当地未设国库经收处和代征代售人收取现金税款的，由各省税务机关确定办理税收票款结报缴销的期限和额度，并以期限或额度条件先满足之日为准。

扣缴义务人代扣代收税款的，应按税法规定的税款解缴期限一并办理结报缴销。

其他各种税收票证的结报缴销时限、基层税务机关向上级或所属税务机关缴销税收票证的时限，由各省税务机关确定。

第四十条 领发、开具税收票证时，发现多出、短少、污损、残破、错号、印刷字迹不清及联数不全等印制质量不合格情况的，应当查明字轨、号码、数量，清点登记，妥善保管。

全包、全本印制质量不合格的，按照本办法第五十一条规定销毁；全份印制质量不合格的，按开具作废处理。

第四十一条 由于税收政策变动或式样改变等原因，国家税务总局规定停用的税收票证及税收票证专用章戳，应由县以上税务机关集中清理，核对字轨、号码和数量，造册登记，按照本办法第五十一条规定销毁。

第四十二条 未开具税收票证（含未销售印花税票）发生毁损或丢失、被盗、被抢等损失的，受损单位应当及时组织清点核查，并由各级税务机关按照权限进行损失核销审批。《税收缴款书（出口货物劳务专用）》、《出口货物完税分割单》、印花税票发生损失的，由省税务机关审批核销；《税收缴款书（税务收现专用）》、《税收缴款书（代扣代收专用）》、税收完税证明发生损失的，由市税务机关审批核销；其他各种税收票证发生损失的，由县税务机关审批核销。

毁损残票和追回的税收票证按照本办法第五十一条规定销毁。

第四十三条 视同现金管理的未开具税收票证（含未销售印花税票）丢失、被盗、被抢的，受损税务机关应当查明损失税收票证的字轨、号码和数量，立即向当地公安机关报案并报告上级或所属税务机关；经查不能追回的税收票证，除印花税票外，应当及时在办税场所和广播、电视、报纸、期刊、网络等新闻媒体上公告作废。

受损单位为扣缴义务人、代征代售人或税收票证印制企业的，扣缴义务人、代征代售人或税收票证印制企业应当立即报告基层税务机关或委托印制的税务机关，由税务机关按前款规定办理。

对丢失印花税票和印有固定金额的《税收缴款书（税务收现专用）》负有责任的相关人员，税务机关应当要求其按照面额赔偿；对丢失其他视同现金管理的税收票证负有责任的相关人员，税务机关应当要求其适当赔偿。

第四十四条 税收票证专用章戳丢失、被盗、被抢的，受损税务机关应当立即向当地公安机关报案并逐级报告刻制税收票证专用章戳的税务机关；退库专用章丢失、被盗、被抢的，应当同时通知国库部门。重新刻制的税收票证专用章戳应当及时办理留底归档或预留印鉴手续。

毁损和损失追回的税收票证专用章戳按照本办法第五十一条规定销毁。

第四十五条 由于印制质量不合格、停用、毁损、损失追回、领发错误，或者扣缴义务人和代征代售人终止税款征收业务、纳税人停止自行填开税收票证等原因，税收票证及税收票证专用章戳需要交回的，税收票证管理人员应当清点、核对字轨、号码和数量，及时上交至发放或有权销毁税收票证及税收票证专用章戳的税务机关。

第四十六条 纳税人遗失已完税税收票证需要税务机关另行提供的，如税款经核实确已缴纳入库或从国库退还，税务机关应当开具税收完税证明或提供原完税税收票证复印件。

第五章 监督管理

第四十七条 税务机关税收票证开具人员、税收票证管理人员工作变动离岗前,应当办理税收票证、税收票证专用章戳、账簿以及其他税收票证资料的移交。移交时应当有专人监交,监交人、移交人、接管人三方共同签章,票清离岗。

第四十八条 税务机关应当按税收票证种类、领用单位设置税收票证账簿,对各种税收票证的印制、领发、用存、作废、结报缴销、停用、损失、销毁的数量、号码进行及时登记和核算,定期结账。

第四十九条 基层税务机关的税收票证管理人员应当按日对已结报缴销税收票证的完整性、准确性和税收票证管理的规范性进行审核;基层税务机关的上级或所属税务机关税收票证管理人员对基层税务机关缴销的税收票证,应当定期进行复审。

第五十条 税务机关应当及时对已经开具、作废的税收票证、账簿以及其他税收票证资料进行归档保存。

纸质税收票证、账簿以及其他税收票证资料,应当整理装订成册,保存期限五年;作为会计凭证的纸质税收票证保存期限十五年。

数据电文税收票证、账簿以及其他税收票证资料,应当通过光盘等介质进行存储,确保数据电文税收票证信息的安全、完整,保存时间和具体办法另行制定。

第五十一条 未填用的《税收缴款书(出口货物劳务专用)》、《出口货物完税分割单》、印花税票需要销毁的,应当由两人以上共同清点,编制销毁清册,逐级上缴省税务机关销毁;未填用的《税收缴款书(税务收现专用)》、《税收缴款书(代扣代收专用)》、税收完税证明需要销毁的,应当由两人以上共同清点,编制销毁清册，报经市税务机关批准，指派专人到县税务机关复核并监督销毁；其他各种税收票证、账簿和税收票证资料需要销毁的，由税收票证主管人员清点并编制销毁清册，报经县或市税务机关批准，由两人以上监督销毁；税收票证专用章戳需要销毁的，由刻制税收票证专用章戳的税务机关销毁。

第五十二条　税务机关应当定期对本级及下级税务机关、税收票证印制企业、扣缴义务人、代征代售人、自行填开税收票证的纳税人税收票证及税收票证专用章戳管理工作进行检查。

第五十三条　税务机关工作人员违反本办法的，应当根据情节轻重，给予批评教育、责令做出检查、诫勉谈话或调整工作岗位处理；构成违纪的，依照《中华人民共和国公务员法》、《行政机关公务员处分条例》等法律法规给予处分；涉嫌犯罪的，移送司法机关。

第五十四条　扣缴义务人未按照本办法及有关规定保管、报送代扣代缴、代收代缴税收票证及有关资料的，按照《中华人民共和国税收征收管理法》及相关规定进行处理。

扣缴义务人未按照本办法开具税收票证的，可以根据情节轻重，处以一千元以下的罚款。

第五十五条　税务机关与代征代售人、税收票证印制企业签订代征代售合同、税收票证印制合同时，应当就违反本办法及相关规定的责任进行约定，并按约定及其他有关规定追究责任；涉嫌犯罪的，移送司法机关。

第五十六条　自行填开税收票证的纳税人违反本办法及相关规定的，税务机关应当停止其税收票证的领用和自行填开，并限期缴销全部税收票证；情节严重的，可以处以一千元以下的罚款。

第五十七条　非法印制、转借、倒卖、变造或者伪造税收票证的，依照《中华人民共和国税收征收管理法实施细则》的规定进行处理；伪造、变造、买卖、盗窃、抢夺、毁灭税收票证专用章戳的，移送司法机关。

第六章 附 则

第五十八条 各级政府部门委托税务机关征收的各种基金、费可以使用税收票证。

第五十九条 本办法第六条、第七条、第二十五条、第三十六条、第三十七条、第四十六条所称税收票证，不包括印花税票。

第六十条 本办法所称银行，是指经收预算收入的银行、信用社。

第六十一条 各省税务机关应当根据本办法制定具体规定，并报国家税务总局备案。

第六十二条 本办法自2014年1月1日起施行。1998年3月10日国家税务总局发布的《税收票证管理办法》（国税发〔1998〕32号）同时废止。

纳税担保试行办法

（2005年5月24日国家税务总局令第11号公布 自2005年7月1日起施行）

第一章 总 则

第一条 为规范纳税担保行为，保障国家税收收入，保护纳税人和其他当事人的合法权益，根据《中华人民共和国税收征收管理法》（以下简称《税收征管法》）及其实施细则和其他法律、法规的规定，制定本办法。

第二条 本办法所称纳税担保，是指经税务机关同意或确认，纳税人或其他自然人、法人、经济组织以保证、抵押、质押的方式，为纳税人应当缴纳的税款及滞纳金提供担保的行为。

纳税担保人包括以保证方式为纳税人提供纳税担保的纳税保证人和其他以未设置或者未全部设置担保物权的财产为纳税人提供纳税担保的第三人。

第三条 纳税人有下列情况之一的，适用纳税担保：

（一）税务机关有根据认为从事生产、经营的纳税人有逃避纳税义务行为，在规定的纳税期之前经责令其限期缴纳应纳税款，在限期内发现纳税人有明显的转移、隐匿其应纳税的商品、货物以及其他财产或者应纳税收入的迹象，责成纳税人提供纳税担保的；

（二）欠缴税款、滞纳金的纳税人或者其法定代表人需要出境的；

（三）纳税人同税务机关在纳税上发生争议而未缴清税款，需要申请行政复议的；

（四）税收法律、行政法规规定可以提供纳税担保的其他情形。

第四条 扣缴义务人按照《税收征管法》第八十八条规定需要提供纳税担保的，适用本办法的规定。

纳税担保人按照《税收征管法》第八十八条规定需要提供纳税担保的，应当按照本办法规定的抵押、质押方式，以其财产提供纳税担保；纳税担保人已经以其财产为纳税人向税务机关提供担保的，不再需要提供新的担保。

第五条 纳税担保范围包括税款、滞纳金和实现税款、滞纳金的费用。费用包括抵押、质押登记费用，质押保管费用，以及保管、拍卖、变卖担保财产等相关费用支出。

用于纳税担保的财产、权利的价值不得低于应当缴纳的税款、滞纳金，并考虑相关的费用。纳税担保的财产价值不足以抵缴税款、滞纳金的，税务机关应当向提供担保的纳税人或纳税担保人继续追缴。

第六条 用于纳税担保的财产、权利的价格估算，除法律、行政法规另有规定外,由税务机关按照税收征管法实施细则第六十四条规定的方式,参照同类商品的市场价、出厂价、或者评估价估算。

第二章 纳税保证

第七条 纳税保证,是指纳税保证人向税务机关保证,当纳税人未按照税收法律、行政法规规定或者税务机关确定的期限缴清税款、滞纳金时,由纳税保证人按照约定履行缴纳税款及滞纳金的行为。税务机关认可的,保证成立;税务机关不认可的,保证不成立。

本办法所称纳税保证为连带责任保证,纳税人和纳税保证人对所担保的税款及滞纳金承担连带责任。当纳税人在税收法律、行政法规或税务机关确定的期限届满未缴清税款及滞纳金的,税务机关即可要求纳税保证人在其担保范围内承担保证责任,缴纳担保的税款及滞纳金。

第八条 纳税保证人,是指在中国境内具有纳税担保能力的自然人、法人或者其他经济组织。法人或其他经济组织财务报表资产净值超过需要担保的税额及滞纳金2倍以上的,自然人、法人或其他经济组织所拥有或者依法可以处分的未设置担保的财产的价值超过需要担保的税额及滞纳金的,为具有纳税担保能力。

第九条 国家机关,学校、幼儿园、医院等事业单位、社会团体不得作为纳税保证人。

企业法人的职能部门不得为纳税保证人。企业法人的分支机构有法人书面授权的,可以在授权范围内提供纳税担保。

有以下情形之一的,不得作为纳税保证人:

(一)有偷税、抗税、骗税、逃避追缴欠税行为被税务机关、司法机关追究过法律责任未满2年的;

(二)因有税收违法行为正在被税务机关立案处理或涉嫌刑事犯罪被司法机关立案侦查的;

(三)纳税信誉等级被评为C级以下的;

（四）在主管税务机关所在地的市（地、州）没有住所的自然人或税务登记不在本市（地、州）的企业；

（五）无民事行为能力或限制民事行为能力的自然人；

（六）与纳税人存在担保关联关系的；

（七）有欠税行为的。

第十条 纳税保证人同意为纳税人提供纳税担保的，应当填写纳税担保书。纳税担保书应当包括以下内容：

（一）纳税人应缴纳的税款及滞纳金数额、所属期间、税种、税目名称；

（二）纳税人应当履行缴纳税款及滞纳金的期限；

（三）保证担保范围及担保责任；

（四）保证期间和履行保证责任的期限；

（五）保证人的存款账号或者开户银行及其账号；

（六）税务机关认为需要说明的其他事项。

第十一条 纳税担保书须经纳税人、纳税保证人签字盖章并经税务机关签字盖章同意方为有效。

纳税担保从税务机关在纳税担保书签字盖章之日起生效。

第十二条 保证期间为纳税人应缴纳税款期限届满之日起60日，即税务机关自纳税人应缴纳税款的期限届满之日起60日内有权要求纳税保证人承担保证责任，缴纳税款、滞纳金。

履行保证责任的期限为15日，即纳税保证人应当自收到税务机关的纳税通知书之日起15日内履行保证责任，缴纳税款及滞纳金。

纳税保证期间内税务机关未通知纳税保证人缴纳税款及滞纳金以承担担保责任的，纳税保证人免除担保责任。

第十三条 纳税人在规定的期限届满未缴清税款及滞纳金，税务机关在保证期限内书面通知纳税保证人的，纳税保证人应按照纳税担保书约定的范围，自收到纳税通知书之日起15日内缴纳税款及滞纳金,履行担保责任。

纳税保证人未按照规定的履行保证责任的期限缴纳税款及滞纳金的,由税务机关发出责令限期缴纳通知书,责令纳税保证人在限期15日内缴纳;逾期仍未缴纳的,经县以上税务局(分局)局长批准,对纳税保证人采取强制执行措施,通知其开户银行或其他金融机构从其存款中扣缴所担保的纳税人应缴纳的税款、滞纳金,或扣押、查封、拍卖、变卖其价值相当于所担保的纳税人应缴纳的税款、滞纳金的商品、货物或者其他财产,以拍卖、变卖所得抵缴担保的税款、滞纳金。

第三章 纳税抵押

第十四条 纳税抵押,是指纳税人或纳税担保人不转移对本办法第十五条所列财产的占有,将该财产作为税款及滞纳金的担保。纳税人逾期未缴清税款及滞纳金的,税务机关有权依法处置该财产以抵缴税款及滞纳金。

前款规定的纳税人或者纳税担保人为抵押人,税务机关为抵押权人,提供担保的财产为抵押物。

第十五条 下列财产可以抵押:

(一)抵押人所有的房屋和其他地上定着物;

(二)抵押人所有的机器、交通运输工具和其他财产;

(三)抵押人依法有权处分的国有的房屋和其他地上定着物;

(四)抵押人依法有权处分的国有的机器、交通运输工具和其他财产;

(五)经设区的市、自治州以上税务机关确认的其他可以抵押的合法财产。

第十六条 以依法取得的国有土地上的房屋抵押的,该房屋占用范围内的国有土地使用权同时抵押。

以乡(镇)、村企业的厂房等建筑物抵押的,其占用范围内的土地使用权同时抵押。

第十七条 下列财产不得抵押：

（一）土地所有权；

（二）土地使用权，但本办法第十六条规定的除外；

（三）学校、幼儿园、医院等以公益为目的的事业单位、社会团体、民办非企业单位的教育设施、医疗卫生设施和其他社会公益设施；

（四）所有权、使用权不明或者有争议的财产；

（五）依法被查封、扣押、监管的财产；

（六）依法定程序确认为违法、违章的建筑物；

（七）法律、行政法规规定禁止流通的财产或者不可转让的财产。

（八）经设区的市、自治州以上税务机关确认的其他不予抵押的财产。

第十八条 学校、幼儿园、医院等以公益为目的事业单位、社会团体，可以其教育设施、医疗卫生设施和其他社会公益设施以外的财产为其应缴纳的税款及滞纳金提供抵押。

第十九条 纳税人提供抵押担保的，应当填写纳税担保书和纳税担保财产清单。纳税担保书应当包括以下内容：

（一）担保的纳税人应缴纳的税款及滞纳金数额、所属期间、税种名称、税目；

（二）纳税人履行应缴纳税款及滞纳金的期限；

（三）抵押物的名称、数量、质量、状况、所在地、所有权权属或者使用权权属；

（四）抵押担保的范围及担保责任；

（五）税务机关认为需要说明的其他事项。

纳税担保财产清单应当写明财产价值以及相关事项。纳税担保书和纳税担保财产清单须经纳税人签字盖章并经税务机关确认。

第二十条 纳税抵押财产应当办理抵押物登记。纳税抵押自抵押物登记之日起生效。纳税人应向税务机关提供由以下部门出具的抵押登记的证明及其复印件（以下简称证明材料）：

（一）以城市房地产或者乡（镇）、村企业的厂房等建筑物抵押的，提供县级以上地方人民政府规定部门出具的证明材料；

（二）以船舶、车辆抵押的，提供运输工具的登记部门出具的证明材料；

（三）以企业的设备和其他动产抵押的，提供财产所在地的工商行政管理部门出具的证明材料或者纳税人所在地的公证部门出具的证明材料。

第二十一条 抵押期间，经税务机关同意，纳税人可以转让已办理登记的抵押物，并告知受让人转让物已经抵押的情况。

纳税人转让抵押物所得的价款，应当向税务机关提前缴纳所担保的税款、滞纳金。超过部分，归纳税人所有，不足部分由纳税人缴纳或提供相应的担保。

第二十二条 在抵押物灭失、毁损或者被征用的情况下，税务机关应该就该抵押物的保险金、赔偿金或者补偿金要求优先受偿，抵缴税款、滞纳金。

抵押物灭失、毁损或者被征用的情况下，抵押权所担保的纳税义务履行期未满的，税务机关可以要求将保险金、赔偿金或补偿金等作为担保财产。

第二十三条 纳税人在规定的期限内未缴清税款、滞纳金的，税务机关应当依法拍卖、变卖抵押物，变价抵缴税款、滞纳金。

第二十四条 纳税担保人以其财产为纳税人提供纳税抵押担保的，按照纳税人提供抵押担保的规定执行；纳税担保书和纳税担保财产清单须经纳税人、纳税担保人签字盖章并经税务机关确认。

纳税人在规定的期限届满未缴清税款、滞纳金的，税务机关应当在期限届满之日起 15 日内书面通知纳税担保人自收到纳税通书之日起 15 日内缴纳担保的税款、滞纳金。

纳税担保人未按照前款规定的期限缴纳所担保的税款、滞纳金的，由税务机关责令限期在 15 日内缴纳；逾期仍未缴纳的，经县以上税务局（分局）局长批准，税务机关依法拍卖、变卖抵押物，抵缴税款、滞纳金。

第四章 纳 税 质 押

第二十五条 纳税质押，是指经税务机关同意，纳税人或纳税担保人将其动产或权利凭证移交税务机关占有，将该动产或权利凭证作为税款及滞纳金的担保。纳税人逾期未缴清税款及滞纳金的，税务机关有权依法处置该动产或权利凭证以抵缴税款及滞纳金。纳税质押分为动产质押和权利质押。

动产质押包括现金以及其他除不动产以外的财产提供的质押。

汇票、支票、本票、债券、存款单等权利凭证可以质押。

对于实际价值波动很大的动产或权利凭证，经设区的市、自治州以上税务机关确认，税务机关可以不接受其作为纳税质押。

第二十六条 纳税人提供质押担保的，应当填写纳税担保书和纳税担保财产清单并签字盖章。纳税担保书应当包括以下内容：

（一）担保的税款及滞纳金数额、所属期间、税种名称、税目；

（二）纳税人履行应缴纳税款、滞纳金的期限；

（三）质物的名称、数量、质量、价值、状况、移交前所在地、所有权权属或者使用权权属；

（四）质押担保的范围及担保责任；

（五）纳税担保财产价值；

（六）税务机关认为需要说明的其他事项。

纳税担保财产清单应当写明财产价值及相关事项。

纳税质押自纳税担保书和纳税担保财产清单经税务机关确认和质物移交之日起生效。

第二十七条 以汇票、支票、本票、公司债券出质的,税务机关应当与纳税人背书清单记载"质押"字样。以存款单出质的,应由签发的金融机构核押。

第二十八条 以载明兑现或者提货日期的汇票、支票、本票、债券、存款单出质的,汇票、支票、本票、债券、存款单兑现日期先于纳税义务履行期或者担保期的,税务机关与纳税人约定将兑现的价款用于缴纳或者抵缴所担保的税款及滞纳金。

第二十九条 纳税人在规定的期限内缴清税款及滞纳金的,税务机关应当自纳税人缴清税款及滞纳金之日起3个工作日内返还质物,解除质押关系。

纳税人在规定的期限内未缴清税款、滞纳金的,税务机关应当依法拍卖、变卖质物,抵缴税款、滞纳金。

第三十条 纳税担保人以其动产或财产权利为纳税人提供纳税质押担保的,按照纳税人提供质押担保的规定执行;纳税担保书和纳税担保财产清单须经纳税人、纳税担保人签字盖章并经税务机关确认。

纳税人在规定的期限内缴清税款、滞纳金的,税务机关应当在3个工作日内将质物返还给纳税担保人,解除质押关系。

纳税人在规定的期限内未缴清税款、滞纳金的,税务机关应当在期限届满之日起15日内书面通知纳税担保人自收到纳税通知书之日起15日内缴纳担保的税款、滞纳金。

纳税担保人未按照前款规定的期限缴纳所担保的税款、滞纳金,由税务机关责令限期在15日内缴纳;缴清税款、滞纳金的,税务机关自纳税担保人缴清税款及滞纳金之日起3个工作日内返还质物、解除质押关系;逾期仍未缴纳的,经县以上税务局(分局)局长批准,税务机关依法拍卖、变卖质物,抵缴税款、滞纳金。

第五章 法律责任

第三十一条 纳税人、纳税担保人采取欺骗、隐瞒等手段提供担保的,由税务机关处以 1000 元以下的罚款;属于经营行为的,处以 10000 元以下的罚款。

非法为纳税人、纳税担保人实施虚假纳税担保提供方便的,由税务机关处以 1000 元以下的罚款。

第三十二条 纳税人采取欺骗、隐瞒等手段提供担保,造成应缴税款损失的,由税务机关按照《税收征管法》第六十八条规定处以未缴、少缴税款 50% 以上 5 倍以下的罚款。

第三十三条 税务机关负有妥善保管质物的义务。因保管不善致使质物灭失或者毁损,或未经纳税人同意擅自使用、出租、处分质物而给纳税人造成损失的,税务机关应当对直接损失承担赔偿责任。

纳税义务期限届满或担保期间,纳税人或者纳税担保人请求税务机关及时行使权利,而税务机关怠于行使权利致使质物价格下跌造成损失的,税务机关应当对直接损失承担赔偿责任。

第三十四条 税务机关工作人员有下列情形之一的,根据情节轻重给予行政处分:

(一)违反本办法规定,对符合担保条件的纳税担保,不予同意或故意刁难的;

(二)违反本办法规定,对不符合担保条件的纳税担保,予以批准,致使国家税款及滞纳金遭受损失的;

(三)私分、挪用、占用、擅自处分担保财物的;

(四)其他违法情形。

第六章 附 则

第三十五条 纳税担保文书由国家税务总局统一制定。

第三十六条 本办法自 2005 年 7 月 1 日起施行。

附件：（略）

抵税财物拍卖、变卖试行办法

（2005 年 5 月 24 日国家税务总局令第 12 号公布　自 2005 年 7 月 1 日起施行）

第一章　总　　则

第一条　为规范税收强制执行中抵税财物的拍卖、变卖行为，保障国家税收收入，保护纳税人合法权益，根据《中华人民共和国税收征收管理法》及其实施细则和有关法律法规规定，制定本办法。

第二条　税务机关拍卖、变卖抵税财物，以拍卖、变卖所得抵缴税款、滞纳金的行为，适用本办法。

拍卖是指税务机关将抵税财物依法委托拍卖机构，以公开竞价的形式，将特定财物转让给最高应价者的买卖方式。

变卖是指税务机关将抵税财物委托商业企业代为销售、责令纳税人限期处理或由税务机关变价处理的买卖方式。

抵税财物，是指被税务机关依法实施税收强制执行而扣押、查封或者按照规定应强制执行的已设置纳税担保物权的商品、货物、其他财产或者财产权利。

被执行人是指从事生产经营的纳税人、扣缴义务人或者纳税担保人等税务行政相对人。

第三条　拍卖或者变卖抵税财物应依法进行，并遵循公开、公正、公平、效率的原则。

第四条　有下列情形之一的，税务机关依法进行拍卖、变卖：

（一）采取税收保全措施后，限期期满仍未缴纳税款的；

（二）设置纳税担保后，限期期满仍未缴纳所担保的税款的；

（三）逾期不按规定履行税务处理决定的；

（四）逾期不按规定履行复议决定的；

（五）逾期不按规定履行税务行政处罚决定的；

（六）其他经责令限期缴纳，逾期仍未缴纳税款的；

对前款（三）至（六）项情形进行强制执行时，在拍卖、变卖之前（或同时）进行扣押、查封，办理扣押、查封手续。

第五条 税务机关按照拍卖优先的原则确定抵税财物拍卖、变卖的顺序：

（一）委托依法成立的拍卖机构拍卖；

（二）无法委托拍卖或者不适于拍卖的，可以委托当地商业企业代为销售，或者责令被执行人限期处理；

（三）无法委托商业企业销售，被执行人也无法处理的，由税务机关变价处理。

国家禁止自由买卖的商品、货物、其他财产，应当交由有关单位按照国家规定的价格收购。

第六条 税务机关拍卖变卖抵税财物时按下列程序进行：

（一）制作拍卖（变卖）抵税财物决定书，经县以上税务局（分局）局长批准后，对被执行人下达拍卖（变卖）抵税财物决定书。

依照法律法规规定需要经过审批才能转让的物品或财产权利，在拍卖、变卖前，应当依法办理审批手续。

（二）查实需要拍卖或者变卖的商品、货物或者其他财产。在拍卖或者变卖前，应当审查所扣押商品、货物、财产专用收据和所查封商品、货物、财产清单，查实被执行人与抵税财物的权利关系，核对盘点需要拍卖或者变卖的商品、货物或者其他财产是否与收据或清单一致。

（三）按照本办法规定的顺序和程序，委托拍卖、变卖，填写拍卖（变卖）财产清单，与拍卖机构签订委托拍卖合同，与受委托的商业企业签订委托变卖合同，对被执行人下达税务事项通知书，并按规定结算价款。

（四）以拍卖、变卖所得支付应由被执行人依法承担的扣押、查封、保管以及拍卖、变卖过程中的费用。

（五）拍卖、变卖所得支付有关费用后抵缴未缴的税款、滞纳金，并按规定抵缴罚款。

（六）拍卖、变卖所得支付扣押、查封、保管、拍卖、变卖等费用并抵缴税款、滞纳金后，剩余部分应当在3个工作日内退还被执行人。

（七）税务机关应当通知被执行人将拍卖、变卖全部收入计入当期销售收入额并在当期申报缴纳各种应纳税款。

拍卖、变卖所得不足抵缴税款、滞纳金的，税务机关应当继续追缴。

第七条 拍卖、变卖抵税财物，由县以上税务局（分局）组织进行。变卖鲜活、易腐烂变质或者易失效的商品、货物时，经县以上税务局（分局）局长批准，可由县以下税务机关进行。

第八条 拍卖、变卖抵税财物进行时，应当通知被执行人到场；被执行人未到场的，不影响执行。

第九条 税务机关及其工作人员不得参与被拍卖或者变卖商品、货物或者其他财产的竞买或收购，也不得委托他人为其竞买或收购。

第二章 拍 卖

第十条 拍卖由财产所在地的省、自治区、直辖市的人民政府和设区的市的人民政府指定的拍卖机构进行拍卖。

第十一条 抵税财物除有市场价或其价格依照通常方法可以确定的外，应当委托依法设立并具有相应资质的评估鉴定机构进行质量鉴定和价格评估，并将鉴定、评估结果通知被执行人。

拍卖抵税财物应当确定保留价，由税务机关与被执行人协商确定，协商不成的，由税务机关参照市场价、出厂价或者评估价确定。

第十二条　委托拍卖的文物，在拍卖前，应当经文物行政管理部门依法鉴定、许可。

第十三条　被执行人应当向税务机关说明商品、货物或其他财产的瑕疵，税务机关应当向拍卖机构说明拍卖标的的来源和了解到的瑕疵。

第十四条　拍卖机构接受委托后，未经委托拍卖的税务机关同意，不得委托其他拍卖机构拍卖。

第十五条　税务机关应当在作出拍卖决定后 10 日内委托拍卖。

第十六条　税务机关应当向拍卖机构提供下列材料：

（一）税务机关单位证明及委托拍卖的授权委托书；

（二）拍卖（变卖）抵税财物决定书；

（三）拍卖（变卖）财产清单；

（四）抵税财物质量鉴定与价格评估结果；

（五）与拍卖活动有关的其他资料。

第十七条　税务机关应当与拍卖机构签订书面委托拍卖合同。委托拍卖合同应载明以下内容：

（一）税务机关及拍卖机构的名称、住所、法定代表人姓名；

（二）拍卖标的的名称、规格、数量、质量、存放地或者坐落地、新旧程度或者使用年限等；

（三）拍卖的时间、地点，拍卖标的的交付或转移的时间、方式，拍卖公告的方式及其费用的承担；

（四）拍卖价款结算方式及价款给付期限；

（五）佣金标准及其支付的方式、期限；

（六）违约责任；

（七）双方约定的其他事项。

第十八条 拍卖一次流拍后，税务机关经与被执行人协商同意，可以将抵税财物进行变卖；被执行人不同意变卖的，应当进行第二次拍卖。不动产和文物应当进行第二次拍卖。

第二次拍卖仍然流拍的，税务机关应当将抵税财物进行变卖，以抵缴税款、滞纳金或罚款。

经过流拍再次拍卖的，保留价应当不低于前次拍卖保留价的2/3。

第十九条 税务机关可以自行办理委托拍卖手续，也可以由其上级税务机关代为办理拍卖手续。

第三章 变　　卖

第二十条 下列抵税财物为无法委托拍卖或者不适于拍卖，可以交由当地商业企业代为销售或责令被执行人限期处理，进行变卖：

（一）鲜活、易腐烂变质或者易失效的商品、货物；

（二）经拍卖程序一次或二次流拍的抵税财物；

（三）拍卖机构不接受拍卖的抵税财物。

第二十一条 变卖抵税财物的价格，应当参照同类商品的市场价、出厂价遵循公平、合理、合法的原则确定。税务机关应当与被执行人协商是否需要请评估机构进行价格评估，被执行人认为需要的，税务机关应当委托评估机构进行评估，按照评估价确定变卖价格。

对有政府定价的商品、货物或者其他财产，由政府价格主管部门，按照定价权限和范围确定价格。对实行政府指导价的商品、货物或者其他财产，按照定价权限和范围规定的基准价及其浮动幅度确定。

经拍卖流拍的抵税财物，其变卖价格应当不低于最后一次拍卖保留价的2/3。

第二十二条 委托商业企业变卖的，受委托的商业企业要经县以上税务机关确认,并与商业企业签订委托变卖合同,按本办法第二十一条规定的核价方式约定变卖价格。委托变卖合同应载明下列内容:

(一)税务机关及商业企业的名称、地址、法定代表人姓名;

(二)变卖商品、货物或其他财产的名称、规格、数量、质量、存放地或坐落地、新旧程度或使用年限等;

(三)变卖商品、货物或其他财产的时间、地点及其费用的承担;

(四)变卖价款结算方式及价款给付期限;

(五)违约责任;

(六)双方约定的其他事项。

第二十三条 抵税财物委托商业企业代为销售15日后,无法实现销售的,税务机关应当第二次核定价格,由商业企业继续销售,第二次核定的价格应当不低于首次核定价格的2/3。

第二十四条 无法委托商业企业销售,被执行人也无法处理的,税务机关应当进行变价处理。

有下列情形之一的,属于无法委托商业企业代为销售:

(一)税务机关与两家(含两家)以上商业企业联系协商,不能达成委托销售的;

(二)经税务机关在新闻媒体上征求代售单位,自征求公告发出之日起10日内无应征单位或个人,或应征之后未达成代售协议的;

(三)已达成代售协议的商业企业在经第二次核定价格15日内仍无法售出税务机关委托代售的商品、货物或其他财产的。

被执行人无法处理,包括拒绝处理、逾期不处理等情形。

第二十五条 税务机关变价处理时,按照本办法第二十一条规定的原则以不低于前两种变卖方式定价的2/3确定价格。

税务机关实施变卖前,应当在办税服务厅、税务机关网站或当地新闻媒体上公告,说明变卖财物的名称、规格、数量、质量、新旧程度或使用年限、变卖价格、变卖时间等事项；登出公告10日后实施变卖。

税务机关实施变卖10日后仍没有实现变卖的，税务机关可以重新核定价格，再次发布变卖公告，组织变卖。再次核定的价格不得低于首次定价的2/3。

经过二次定价变卖仍未实现变卖的，以市场可接受的价格进行变卖。

第四章 税款的实现和费用的支付

第二十六条 以拍卖、变卖收入抵缴未缴的税款、滞纳金和支付相关费用时按照下列顺序进行：

（一）拍卖、变卖费用。由被执行人承担拍卖变卖所发生的费用，包括扣押、查封活动中和拍卖或者变卖活动中发生的依法应由被执行人承担的费用，具体为：保管费、仓储费、运杂费、评估费、鉴定费、拍卖公告费、支付给变卖企业的手续费以及其他依法应由被执行人承担的费用。

拍卖物品的买受人未按照约定领受拍卖物品的，由买受人支付自应领受拍卖财物之日起的保管费用。

（二）未缴的税款、滞纳金。

（三）罚款。下列情况可以用拍卖、变卖收入抵缴罚款：

1. 被执行人主动用拍卖、变卖收入抵缴罚款的；

2. 对价值超过应纳税额且不可分割的商品、货物或者其他财产进行整体扣押、查封、拍卖，以拍卖收入抵缴未缴的税款、滞纳金时，连同罚款一并抵缴；

3. 从事生产经营的被执行人对税务机关的处罚决定逾期不申请行政复议也不向人民法院起诉、又不履行的，作出处罚决定的税务机关可以强制执行，抵缴罚款。

第二十七条 拍卖或者变卖实现后，税务机关在结算并收取价款后 3 个工作日内,办理税款、滞纳金或者罚款的入库手续。

第二十八条 拍卖或者变卖收入抵缴税款、滞纳金、罚款后有余额的,税务机关应当自办理入库手续之日起 3 个工作日内退还被执行人,并通知被执行人将拍卖、变卖全部收入记入当期销售收入额并在当期申报缴纳各种税款。

第二十九条 拍卖变卖结束后,税务机关制作拍卖、变卖结果通知书、拍卖、变卖扣押、查封的商品、货物、财产清单一式两份,一份税务机关留存,一份交被执行人。

第三十条 被执行人在拍卖、变卖成交前缴清了税款、滞纳金的,税务机关应当终止拍卖或者变卖活动,税务机关将商品、货物或其他财产退还被执行人,扣押、查封、保管以及拍卖或者变卖已经产生的费用由被执行人承担。

被执行人拒不承担上述相关费用的,继续进行拍卖或者变卖,以拍卖、变卖收入扣除被执行人应承担的扣押、查封、保管、拍卖或者变卖费用后,剩余部分税务机关在 3 个工作日内返还被执行人。

第三十一条 对抵税财物经鉴定、评估为不能或不适于进行拍卖、变卖的,税务机关应当终止拍卖、变卖,并将抵税财物返还被执行人。

对抵税财物经拍卖、变卖程序而无法完成拍卖、变卖实现变价抵税的,税务机关应当将抵税财物返还被执行人。

抵税财物无法或不能返还被执行人的,税务机关应当经专门鉴定机构或公证部门鉴定或公证,报废抵税财物。

被执行人应缴纳的税款、滞纳金和应支付的费用,由税务机关采取其他措施继续追缴。

第五章 法 律 责 任

第三十二条 拍卖、变卖过程中,严禁向被执行人摊派、索取任何不合法费用。税务人员在拍卖、变卖过程中,向被执行人摊派、索取不合法费用的，依法给予行政处分；税务机关及其工作人员参与被拍卖或者变卖商品、货物或者其他财产的竞买或收购，或者委托他人竞买或收购，依法给予行政处分。

第三十三条 税务人员有不依法对抵税财物进行拍卖或者变卖，或者擅自将应该拍卖的改为变卖的，在变卖过程中擅自将应该委托商业企业变卖、责令被执行人自行处理的由税务机关直接变价处理的行为，依法给予行政处分；给被执行人造成损失的，由批准拍卖或者变卖的税务机关赔偿其直接损失。

税务机关可向直接责任人追偿部分或全部直接损失。对有故意或重大过失的责任人员依法给予行政处分。

第三十四条 因税务机关违法对扣押、查封的商品、货物、或者其他财产造成损失的，由造成损失的税务机关负责赔偿直接损失，并可向直接责任人追偿部分或全部直接损失。

第三十五条 受税务机关委托的拍卖机构或商业企业违反拍卖合同或变卖合同的约定进行拍卖或变卖的，依照合同的约定承担违约责任；合同无约定的，依照法律的规定承担违约责任；其行为构成违法的，依法承担法律责任。

第三十六条 抵税财物在被查封、扣押前，已经设置担保物权而被执行人隐瞒的，或者有瑕疵、质量问题而被执行人隐瞒的，由被执行人承担扣押、查封、拍卖、变卖活动产生的费用，并依法承担法律责任。

第六章 附　　则

第三十七条 税务机关追缴从事生产经营的纳税人骗取国家出口退税的，适用本办法规定。

第三十八条 税收强制执行拍卖、变卖文书由国家税务总局统一制定。

第三十九条 本办法自 2005 年 7 月 1 日起施行。

附件：

1. 拍卖/变卖抵税财物决定书（略）
2. 拍卖/变卖结果通知书（略）
3. 拍卖/变卖商品、货物或者其他财产清单（略）
4. 返还商品、货物或者其他财产通知书（略）
5. 返还商品、货物或者其他财产清单（略）

（三）检查监督

税务稽查案件办理程序规定

(2021年7月12日国家税务总局令第52号公布　自2021年8月11日起施行)

第一章　总　则

第一条　为了贯彻落实中共中央办公厅、国务院办公厅印发的《关于进一步深化税收征管改革的意见》，保障税收法律、行政法规的贯彻实施，规范税务稽查案件办理程序，强化监督制约机制，保护纳税人、扣缴义务人和其他涉税当事人合法权益，根据《中华人民共和国税收征收管理法》（以下简称税收征管法）、《中华人民共和国税收征收管理法实施细则》（以下简称税收征管法实施细则）等法律、行政法规，制定本规定。

第二条　稽查局办理税务稽查案件适用本规定。

第三条　办理税务稽查案件应当以事实为根据，以法律为准绳，坚持公平、公正、公开、效率的原则。

第四条　税务稽查由稽查局依法实施。稽查局主要职责是依法对纳税人、扣缴义务人和其他涉税当事人履行纳税义务、扣缴义务情况及涉税事项进行检查处理，以及围绕检查处理开展的其他相关工作。稽查局具体职责由国家税务总局依照税收征管法、税收征管法实施细则和国家有关规定确定。

第五条 稽查局办理税务稽查案件时，实行选案、检查、审理、执行分工制约原则。

第六条 稽查局应当在税务局向社会公告的范围内实施税务稽查。上级税务机关可以根据案件办理的需要指定管辖。

税收法律、行政法规和国家税务总局规章对税务稽查管辖另有规定的，从其规定。

第七条 税务稽查管辖有争议的，由争议各方本着有利于案件办理的原则逐级协商解决；不能协商一致的，报请共同的上级税务机关决定。

第八条 税务稽查人员具有税收征管法实施细则规定回避情形的，应当回避。

被查对象申请税务稽查人员回避或者税务稽查人员自行申请回避的，由稽查局局长依法决定是否回避。稽查局局长发现税务稽查人员具有规定回避情形的，应当要求其回避。稽查局局长的回避，由税务局局长依法审查决定。

第九条 税务稽查人员对实施税务稽查过程中知悉的国家秘密、商业秘密或者个人隐私、个人信息，应当依法予以保密。

纳税人、扣缴义务人和其他涉税当事人的税收违法行为不属于保密范围。

第十条 税务稽查人员应当遵守工作纪律，恪守职业道德，不得有下列行为：

（一）违反法定程序、超越权限行使职权；

（二）利用职权为自己或者他人牟取利益；

（三）玩忽职守，不履行法定义务；

（四）泄露国家秘密、工作秘密，向被查对象通风报信、泄露案情；

（五）弄虚作假，故意夸大或者隐瞒案情；

（六）接受被查对象的请客送礼等影响公正执行公务的行为；

（七）其他违法违纪行为。

税务稽查人员在执法办案中滥用职权、玩忽职守、徇私舞弊的，依照有关规定严肃处理；涉嫌犯罪的，依法移送司法机关处理。

第十一条 税务稽查案件办理应当通过文字、音像等形式，对案件办理的启动、调查取证、审核、决定、送达、执行等进行全过程记录。

第二章 选 案

第十二条 稽查局应当加强稽查案源管理，全面收集整理案源信息，合理、准确地选择待查对象。案源管理依照国家税务总局有关规定执行。

第十三条 待查对象确定后，经稽查局局长批准实施立案检查。必要时，依照法律法规的规定，稽查局可以在立案前进行检查。

第十四条 稽查局应当统筹安排检查工作，严格控制对纳税人、扣缴义务人的检查次数。

第三章 检 查

第十五条 检查前，稽查局应当告知被查对象检查时间、需要准备的资料等，但预先通知有碍检查的除外。

检查应当由两名以上具有执法资格的检查人员共同实施，并向被查对象出示税务检查证件、出示或者送达税务检查通知书，告知其权利和义务。

第十六条 检查应当依照法定权限和程序，采取实地检查、调取账簿资料、询问、查询存款账户或者储蓄存款、异地协查等方法。

对采用电子信息系统进行管理和核算的被查对象，检查人员可以要求其打开该电子信息系统，或者提供与原始电子数据、电子信息系统技术资料一致的复制件。被查对象拒不打开或者拒不提供的，经稽查局局长批准，可以采用适当的技术手段对该电子信息系统进行直接检查，或者提取、复制电子数据进行检查，但所采用的技术手段不得破坏该电子信息系统原始电子数据，或者影响该电子信息系统正常运行。

第十七条　检查应当依照法定权限和程序收集证据材料。收集的证据必须经查证属实，并与证明事项相关联。

不得以下列方式收集、获取证据材料：

（一）严重违反法定程序收集；

（二）以违反法律强制性规定的手段获取且侵害他人合法权益；

（三）以利诱、欺诈、胁迫、暴力等手段获取。

第十八条　调取账簿、记账凭证、报表和其他有关资料时，应当向被查对象出具调取账簿资料通知书，并填写调取账簿资料清单交其核对后签章确认。

调取纳税人、扣缴义务人以前会计年度的账簿、记账凭证、报表和其他有关资料的，应当经县以上税务局局长批准，并在3个月内完整退还；调取纳税人、扣缴义务人当年的账簿、记账凭证、报表和其他有关资料的，应当经设区的市、自治州以上税务局局长批准，并在30日内退还。

退还账簿资料时，应当由被查对象核对调取账簿资料清单，并签章确认。

第十九条　需要提取证据材料原件的，应当向当事人出具提取证据专用收据，由当事人核对后签章确认。对需要退还的证据材料原件，检查结束后应当及时退还，并履行相关签收手续。需要将已开具的纸质发票调出查验时，应当向被查验的单位或者个人开具发票换票证；需要将空白纸质发票调出查验时，应当向被查验的单位或者个人开具调验空白发票收据。经查无问题的，应当及时退还，并履行相关签收手续。

提取证据材料复制件的，应当由当事人或者原件保存单位（个人）在复制件上注明"与原件核对无误"及原件存放地点，并签章。

第二十条　询问应当由两名以上检查人员实施。除在被查对象生产、经营、办公场所询问外，应当向被询问人送达询问通知书。

询问时应当告知被询问人有关权利义务。询问笔录应当交被询问人核对或者向其宣读；询问笔录有修改的，应当由被询问人在改动处捺指印；核对无误后，由被询问人在尾页结束处写明"以上笔录我看过（或者向我宣读过），与我说的相符"，并逐页签章、捺指印。被询问人拒绝在询问笔录上签章、捺指印的，检查人员应当在笔录上注明。

第二十一条　当事人、证人可以采取书面或者口头方式陈述或者提供证言。当事人、证人口头陈述或者提供证言的，检查人员应当以笔录、录音、录像等形式进行记录。笔录可以手写或者使用计算机记录并打印，由当事人或者证人逐页签章、捺指印。

当事人、证人口头提出变更陈述或者证言的，检查人员应当就变更部分重新制作笔录，注明原因，由当事人或者证人逐页签章、捺指印。当事人、证人变更书面陈述或者证言的，变更前的笔录不予退回。

第二十二条　制作录音、录像等视听资料的，应当注明制作方法、制作时间、制作人和证明对象等内容。

调取视听资料时，应当调取有关资料的原始载体；难以调取原始载体的，可以调取复制件，但应当说明复制方法、人员、时间和原件存放处等事项。

对声音资料，应当附有该声音内容的文字记录；对图像资料，应当附有必要的文字说明。

第二十三条　以电子数据的内容证明案件事实的，检查人员可以要求当事人将电子数据打印成纸质资料，在纸质资料上注明数据出处、打印场所、打印时间或者提供时间，注明"与电子数据核对无误",并由当事人签章。

需要以有形载体形式固定电子数据的,检查人员应当与提供电子数据的个人、单位的法定代表人或者财务负责人或者经单位授权的其他人员一起将电子数据复制到存储介质上并封存,同时在封存包装物上注明制作方法、制作时间、制作人、文件格式及大小等,注明"与原始载体记载的电子数据核对无误",并由电子数据提供人签章。

收集、提取电子数据,检查人员应当制作现场笔录,注明电子数据的来源、事由、证明目的或者对象,提取时间、地点、方法、过程,原始存储介质的存放地点以及对电子数据存储介质的签封情况等。进行数据压缩的,应当在笔录中注明压缩方法和完整性校验值。

第二十四条 检查人员实地调查取证时,可以制作现场笔录、勘验笔录,对实地调查取证情况予以记录。

制作现场笔录、勘验笔录,应当载明时间、地点和事件等内容,并由检查人员签名和当事人签章。

当事人经通知不到场或者拒绝在现场笔录、勘验笔录上签章的,检查人员应当在笔录上注明原因;如有其他人员在场,可以由其签章证明。

第二十五条 检查人员异地调查取证的,当地税务机关应当予以协助;发函委托相关稽查局调查取证的,必要时可以派人参与受托地稽查局的调查取证,受托地稽查局应当根据协查请求,依照法定权限和程序调查。

需要取得境外资料的,稽查局可以提请国际税收管理部门依照有关规定程序获取。

第二十六条 查询从事生产、经营的纳税人、扣缴义务人存款账户,应当经县以上税务局局长批准,凭检查存款账户许可证明向相关银行或者其他金融机构查询。

查询案件涉嫌人员储蓄存款的,应当经设区的市、自治州以上税务局局长批准,凭检查存款账户许可证明向相关银行或者其他金融机构查询。

第二十七条 被查对象有下列情形之一的,依照税收征管法和税收征管法实施细则有关逃避、拒绝或者以其他方式阻挠税务检查的规定处理:

(一)提供虚假资料,不如实反映情况,或者拒绝提供有关资料的;

(二)拒绝或者阻止税务机关记录、录音、录像、照相和复制与案件有关的情况和资料的;

(三)在检查期间转移、隐匿、销毁有关资料的;

(四)有不依法接受税务检查的其他情形的。

第二十八条 税务机关有根据认为从事生产、经营的纳税人有逃避纳税义务行为,可以在规定的纳税期之前,责令限期缴纳应纳税款;在限期内发现纳税人有明显的转移、隐匿其应纳税的商品、货物以及其他财产或者应纳税收入迹象的,可以责成纳税人提供纳税担保。如果纳税人不能提供纳税担保,经县以上税务局局长批准,可以依法采取税收强制措施。

检查从事生产、经营的纳税人以前纳税期的纳税情况时,发现纳税人有逃避纳税义务行为,并有明显的转移、隐匿其应纳税的商品、货物以及其他财产或者应纳税收入迹象的,经县以上税务局局长批准,可以依法采取税收强制措施。

第二十九条 稽查局采取税收强制措施时,应当向纳税人、扣缴义务人、纳税担保人交付税收强制措施决定书,告知其采取税收强制措施的内容、理由、依据以及依法享有的权利、救济途径,并履行法律、法规规定的其他程序。

采取冻结纳税人在开户银行或者其他金融机构的存款措施时,应当向纳税人开户银行或者其他金融机构交付冻结存款通知书,冻结其相当于应纳税款的存款;并于作出冻结决定之日起3个工作日内,向纳税人交付冻结决定书。

采取查封、扣押商品、货物或者其他财产措施时,应当向纳税人、扣缴义务人、纳税担保人当场交付查封、扣押决定书,填写查封商品、货物或者其他财产清单或者出具扣押商品、货物或者其他财产专用收据,由当事人核对后签章。查封清单、扣押收据一式二份,由当事人和稽查局分别保存。

采取查封、扣押有产权证件的动产或者不动产措施时,应当依法向有关单位送达税务协助执行通知书,通知其在查封、扣押期间不再办理该动产或者不动产的过户手续。

第三十条 按照本规定第二十八条第二款采取查封、扣押措施的,期限一般不得超过6个月;重大案件有下列情形之一,需要延长期限的,应当报国家税务总局批准:

(一) 案情复杂,在查封、扣押期限内确实难以查明案件事实的;

(二) 被查对象转移、隐匿、销毁账簿、记账凭证或者其他证据材料的;

(三) 被查对象拒不提供相关情况或者以其他方式拒绝、阻挠检查的;

(四) 解除查封、扣押措施可能使纳税人转移、隐匿、损毁或者违法处置财产,从而导致税款无法追缴的。

除前款规定情形外采取查封、扣押、冻结措施的,期限不得超过30日;情况复杂的,经县以上税务局局长批准,可以延长,但是延长期限不得超过30日。

第三十一条 有下列情形之一的,应当依法及时解除税收强制措施:

(一) 纳税人已按履行期限缴纳税款、扣缴义务人已按履行期限解缴税款、纳税担保人已按履行期限缴纳所担保税款的;

（二）税收强制措施被复议机关决定撤销的；

（三）税收强制措施被人民法院判决撤销的；

（四）其他法定应当解除税收强制措施的。

第三十二条　解除税收强制措施时，应当向纳税人、扣缴义务人、纳税担保人送达解除税收强制措施决定书，告知其解除税收强制措施的时间、内容和依据，并通知其在规定时间内办理解除税收强制措施的有关事宜：

（一）采取冻结存款措施的，应当向冻结存款的纳税人开户银行或者其他金融机构送达解除冻结存款通知书，解除冻结；

（二）采取查封商品、货物或者其他财产措施的，应当解除查封并收回查封商品、货物或者其他财产清单；

（三）采取扣押商品、货物或者其他财产措施的，应当予以返还并收回扣押商品、货物或者其他财产专用收据。

税收强制措施涉及协助执行单位的，应当向协助执行单位送达税务协助执行通知书，通知解除税收强制措施相关事项。

第三十三条　有下列情形之一，致使检查暂时无法进行的，经稽查局局长批准后，中止检查：

（一）当事人被有关机关依法限制人身自由的；

（二）账簿、记账凭证及有关资料被其他国家机关依法调取且尚未归还的；

（三）与税收违法行为直接相关的事实需要人民法院或者其他国家机关确认的；

（四）法律、行政法规或者国家税务总局规定的其他可以中止检查的。

中止检查的情形消失，经稽查局局长批准后，恢复检查。

第三十四条　有下列情形之一，致使检查确实无法进行的，经稽查局局长批准后，终结检查：

（一）被查对象死亡或者被依法宣告死亡或者依法注销，且有证据表明无财产可抵缴税款或者无法定税收义务承担主体的；

（二）被查对象税收违法行为均已超过法定追究期限的；

（三）法律、行政法规或者国家税务总局规定的其他可以终结检查的。

第三十五条 检查结束前，检查人员可以将发现的税收违法事实和依据告知被查对象。

被查对象对违法事实和依据有异议的，应当在限期内提供说明及证据材料。被查对象口头说明的，检查人员应当制作笔录，由当事人签章。

第四章 审 理

第三十六条 检查结束后，稽查局应当对案件进行审理。符合重大税务案件标准的，稽查局审理后提请税务局重大税务案件审理委员会审理。

重大税务案件审理依照国家税务总局有关规定执行。

第三十七条 案件审理应当着重审核以下内容：

（一）执法主体是否正确；

（二）被查对象是否准确；

（三）税收违法事实是否清楚，证据是否充分，数据是否准确，资料是否齐全；

（四）适用法律、行政法规、规章及其他规范性文件是否适当，定性是否正确；

（五）是否符合法定程序；

（六）是否超越或者滥用职权；

（七）税务处理、处罚建议是否适当；

（八）其他应当审核确认的事项或者问题。

第三十八条 有下列情形之一的，应当补正或者补充调查：

（一）被查对象认定错误的；

（二）税收违法事实不清、证据不足的；

（三）不符合法定程序的；

（四）税务文书不规范、不完整的；

（五）其他需要补正或者补充调查的。

第三十九条 拟对被查对象或者其他涉税当事人作出税务行政处罚的，应当向其送达税务行政处罚事项告知书，告知其依法享有陈述、申辩及要求听证的权利。税务行政处罚事项告知书应当包括以下内容：

（一）被查对象或者其他涉税当事人姓名或者名称、有效身份证件号码或者统一社会信用代码、地址。没有统一社会信用代码的，以税务机关赋予的纳税人识别号代替；

（二）认定的税收违法事实和性质；

（三）适用的法律、行政法规、规章及其他规范性文件；

（四）拟作出的税务行政处罚；

（五）当事人依法享有的权利；

（六）告知书的文号、制作日期、税务机关名称及印章；

（七）其他相关事项。

第四十条 被查对象或者其他涉税当事人可以书面或者口头提出陈述、申辩意见。对当事人口头提出陈述、申辩意见，应当制作陈述申辩笔录，如实记录，由陈述人、申辩人签章。

应当充分听取当事人的陈述、申辩意见；经复核，当事人提出的事实、理由或者证据成立的，应当采纳。

第四十一条 被查对象或者其他涉税当事人按照法律、法规、规章要求听证的，应当依法组织听证。

听证依照国家税务总局有关规定执行。

第四十二条 经审理，区分下列情形分别作出处理：

（一）有税收违法行为，应当作出税务处理决定的，制作税务处理决定书；

（二）有税收违法行为，应当作出税务行政处罚决定的，制作税务行政处罚决定书；

（三）税收违法行为轻微，依法可以不予税务行政处罚的，制作不予税务行政处罚决定书；

（四）没有税收违法行为的，制作税务稽查结论。

税务处理决定书、税务行政处罚决定书、不予税务行政处罚决定书、税务稽查结论引用的法律、行政法规、规章及其他规范性文件，应当注明文件全称、文号和有关条款。

第四十三条 税务处理决定书应当包括以下主要内容：

（一）被查对象姓名或者名称、有效身份证件号码或者统一社会信用代码、地址。没有统一社会信用代码的，以税务机关赋予的纳税人识别号代替；

（二）检查范围和内容；

（三）税收违法事实及所属期间；

（四）处理决定及依据；

（五）税款金额、缴纳期限及地点；

（六）税款滞纳时间、滞纳金计算方法、缴纳期限及地点；

（七）被查对象不按期履行处理决定应当承担的责任；

（八）申请行政复议或者提起行政诉讼的途径和期限；

（九）处理决定书的文号、制作日期、税务机关名称及印章。

第四十四条 税务行政处罚决定书应当包括以下主要内容：

（一）被查对象或者其他涉税当事人姓名或者名称、有效身份证件号码或者统一社会信用代码、地址。没有统一社会信用代码的，以税务机关赋予的纳税人识别号代替；

（二）检查范围和内容；

（三）税收违法事实、证据及所属期间；

（四）行政处罚种类和依据；

（五）行政处罚履行方式、期限和地点；

（六）当事人不按期履行行政处罚决定应当承担的责任；

（七）申请行政复议或者提起行政诉讼的途径和期限；

（八）行政处罚决定书的文号、制作日期、税务机关名称及印章。

税务行政处罚决定应当依法公开。公开的行政处罚决定被依法变更、撤销、确认违法或者确认无效的，应当在3个工作日内撤回原行政处罚决定信息并公开说明理由。

第四十五条　不予税务行政处罚决定书应当包括以下主要内容：

（一）被查对象或者其他涉税当事人姓名或者名称、有效身份证件号码或者统一社会信用代码、地址。没有统一社会信用代码的，以税务机关赋予的纳税人识别号代替；

（二）检查范围和内容；

（三）税收违法事实及所属期间；

（四）不予税务行政处罚的理由及依据；

（五）申请行政复议或者提起行政诉讼的途径和期限；

（六）不予行政处罚决定书的文号、制作日期、税务机关名称及印章。

第四十六条　税务稽查结论应当包括以下主要内容：

（一）被查对象姓名或者名称、有效身份证件号码或者统一社会信用代码、地址。没有统一社会信用代码的，以税务机关赋予的纳税人识别号代替；

（二）检查范围和内容；

（三）检查时间和检查所属期间；

（四）检查结论；

（五）结论的文号、制作日期、税务机关名称及印章。

第四十七条　稽查局应当自立案之日起90日内作出行政处理、处罚决定或者无税收违法行为结论。案情复杂需要延期的，经税务局局长批准，可以延长不超过90日；特殊情况或者发生不可抗力需要继续延期的，应当经上一级税务局分管副局长批准，并确定合理的延长期限。但下列时间不计算在内：

（一）中止检查的时间；

（二）请示上级机关或者征求有权机关意见的时间；

（三）提请重大税务案件审理的时间；

（四）因其他方式无法送达，公告送达文书的时间；

（五）组织听证的时间；

（六）纳税人、扣缴义务人超期提供资料的时间；

（七）移送司法机关后，税务机关需根据司法文书决定是否处罚的案件，从司法机关接受移送到司法文书生效的时间。

第四十八条　税收违法行为涉嫌犯罪的，填制涉嫌犯罪案件移送书，经税务局局长批准后，依法移送公安机关，并附送以下资料：

（一）涉嫌犯罪案件情况的调查报告；

（二）涉嫌犯罪的主要证据材料复制件；

（三）其他有关涉嫌犯罪的材料。

第五章　执　　行

第四十九条　稽查局应当依法及时送达税务处理决定书、税务行政处罚决定书、不予税务行政处罚决定书、税务稽查结论等税务文书。

第五十条　具有下列情形之一的，经县以上税务局局长批准，稽查局可以依法强制执行，或者依法申请人民法院强制执行：

（一）纳税人、扣缴义务人未按照规定的期限缴纳或者解缴税款、滞纳金，责令限期缴纳逾期仍未缴纳的；

（二）经稽查局确认的纳税担保人未按照规定的期限缴纳所担保的税款、滞纳金，责令限期缴纳逾期仍未缴纳的；

（三）当事人对处罚决定逾期不申请行政复议也不向人民法院起诉、又不履行的；

（四）其他可以依法强制执行的。

第五十一条 当事人确有经济困难,需要延期或者分期缴纳罚款的,可向稽查局提出申请,经税务局局长批准后,可以暂缓或者分期缴纳。

第五十二条 作出强制执行决定前,应当制作并送达催告文书,催告当事人履行义务,听取当事人陈述、申辩意见。经催告,当事人逾期仍不履行行政决定,且无正当理由的,经县以上税务局局长批准,实施强制执行。

实施强制执行时,应当向被执行人送达强制执行决定书,告知其实施强制执行的内容、理由及依据,并告知其享有依法申请行政复议或者提起行政诉讼的权利。

催告期间,对有证据证明有转移或者隐匿财物迹象的,可以作出立即强制执行决定。

第五十三条 稽查局采取从被执行人开户银行或者其他金融机构的存款中扣缴税款、滞纳金、罚款措施时,应当向被执行人开户银行或者其他金融机构送达扣缴税收款项通知书,依法扣缴税款、滞纳金、罚款,并及时将有关凭证送达被执行人。

第五十四条 拍卖、变卖被执行人商品、货物或者其他财产,以拍卖、变卖所得抵缴税款、滞纳金、罚款的,在拍卖、变卖前应当依法进行查封、扣押。

稽查局拍卖、变卖被执行人商品、货物或者其他财产前,应当制作拍卖/变卖抵税财物决定书,经县以上税务局局长批准后送达被执行人,予以拍卖或者变卖。

拍卖或者变卖实现后,应当在结算并收取价款后 3 个工作日内,办理税款、滞纳金、罚款的入库手续,并制作拍卖/变卖结果通知书,附拍卖/变卖查封、扣押的商品、货物或者其他财产清单,经稽查局局长审核后,送达被执行人。

以拍卖或者变卖所得抵缴税款、滞纳金、罚款和拍卖、变卖等费用后,尚有剩余的财产或者无法进行拍卖、变卖的财产的,应当制作返还商品、货物或者其他财产通知书，附返还商品、货物或者其他财产清单，送达被执行人，并自办理税款、滞纳金、罚款入库手续之日起3个工作日内退还被执行人。

第五十五条 执行过程中发现涉嫌犯罪的，依照本规定第四十八条处理。

第五十六条 执行过程中发现有下列情形之一的，经稽查局局长批准后，中止执行：

（一）当事人死亡或者被依法宣告死亡，尚未确定可执行财产的；

（二）当事人进入破产清算程序尚未终结的；

（三）可执行财产被司法机关或者其他国家机关依法查封、扣押、冻结，致使执行暂时无法进行的；

（四）可供执行的标的物需要人民法院或者仲裁机构确定权属的；

（五）法律、行政法规和国家税务总局规定其他可以中止执行的。

中止执行情形消失后，经稽查局局长批准，恢复执行。

第五十七条 当事人确无财产可供抵缴税款、滞纳金、罚款或者依照破产清算程序确实无法清缴税款、滞纳金、罚款，或者有其他法定终结执行情形的，经税务局局长批准后，终结执行。

第五十八条 税务处理决定书、税务行政处罚决定书等决定性文书送达后，有下列情形之一的，稽查局可以依法重新作出：

（一）决定性文书被人民法院判决撤销的；

（二）决定性文书被行政复议机关决定撤销的；

（三）税务机关认为需要变更或者撤销原决定性文书的；

（四）其他依法需要变更或者撤销原决定性文书的。

第六章 附　　则

第五十九条 本规定相关税务文书的式样，由国家税务总局规定。

第六十条 本规定所称签章，区分以下情况确定：

（一）属于法人或者其他组织的，由相关人员签名，加盖单位印章并注明日期；

（二）属于个人的，由个人签名并注明日期。

本规定所称"以上""日内"，均含本数。

第六十一条 本规定自 2021 年 8 月 11 日起施行。《税务稽查工作规程》（国税发〔2009〕157 号印发，国家税务总局公告 2018 年第 31 号修改）同时废止。

重大税收违法失信主体信息公布管理办法

（2021 年 12 月 31 日国家税务总局令第 54 号公布　自 2022 年 2 月 1 日起施行）

第一章　总　　则

第一条 为了贯彻落实中共中央办公厅、国务院办公厅印发的《关于进一步深化税收征管改革的意见》，维护正常税收征收管理秩序，惩戒重大税收违法失信行为，保障税务行政相对人合法权益，促进依法诚信纳税，推进社会信用体系建设，根据《中华人民共和国税收征收管理法》《优化营商环境条例》等相关法律法规，制定本办法。

第二条 税务机关依照本办法的规定，确定重大税收违法失信主体，向社会公布失信信息，并将信息通报相关部门实施监管和联合惩戒。

第三条 重大税收违法失信主体信息公布管理应当遵循依法行政、公平公正、统一规范、审慎适当的原则。

第四条 各级税务机关应当依法保护税务行政相对人合法权益，对重大税收违法失信主体信息公布管理工作中知悉的国家秘密、商业秘密或者个人隐私、个人信息，应当依法予以保密。

第五条　税务机关工作人员在重大税收违法失信主体信息公布管理工作中，滥用职权、玩忽职守、徇私舞弊的，依照有关规定严肃处理；涉嫌犯罪的，依法移送司法机关。

第二章　失信主体的确定

第六条　本办法所称"重大税收违法失信主体"（以下简称失信主体）是指有下列情形之一的纳税人、扣缴义务人或者其他涉税当事人（以下简称当事人）：

（一）伪造、变造、隐匿、擅自销毁账簿、记账凭证，或者在账簿上多列支出或者不列、少列收入，或者经税务机关通知申报而拒不申报或者进行虚假的纳税申报，不缴或者少缴应纳税款100万元以上，且任一年度不缴或者少缴应纳税款占当年各税种应纳税总额10%以上的，或者采取前述手段，不缴或者少缴已扣、已收税款，数额在100万元以上的；

（二）欠缴应纳税款，采取转移或者隐匿财产的手段，妨碍税务机关追缴欠缴的税款，欠缴税款金额100万元以上的；

（三）骗取国家出口退税款的；

（四）以暴力、威胁方法拒不缴纳税款的；

（五）虚开增值税专用发票或者虚开用于骗取出口退税、抵扣税款的其他发票的；

（六）虚开增值税普通发票100份以上或者金额400万元以上的；

（七）私自印制、伪造、变造发票，非法制造发票防伪专用品，伪造发票监制章的；

（八）具有偷税、逃避追缴欠税、骗取出口退税、抗税、虚开发票等行为，在稽查案件执行完毕前，不履行税收义务并脱离税务机关监管，经税务机关检查确认走逃（失联）的；

（九）为纳税人、扣缴义务人非法提供银行账户、发票、证明或者其他方便，导致未缴、少缴税款 100 万元以上或者骗取国家出口退税款的；

（十）税务代理人违反税收法律、行政法规造成纳税人未缴或者少缴税款 100 万元以上的；

（十一）其他性质恶劣、情节严重、社会危害性较大的税收违法行为。

第七条　税务机关对当事人依法作出《税务行政处罚决定书》，当事人在法定期限内未申请行政复议、未提起行政诉讼，或者申请行政复议，行政复议机关作出行政复议决定后，在法定期限内未提起行政诉讼，或者人民法院对税务行政处罚决定或行政复议决定作出生效判决、裁定后，有本办法第六条规定情形之一的，税务机关确定其为失信主体。

对移送公安机关的当事人，税务机关在移送时已依法作出《税务处理决定书》，未作出《税务行政处罚决定书》的，当事人在法定期限内未申请行政复议、未提起行政诉讼，或者申请行政复议，行政复议机关作出行政复议决定后，在法定期限内未提起行政诉讼，或者人民法院对税务处理决定或行政复议决定作出生效判决、裁定后，有本办法第六条规定情形之一的，税务机关确定其为失信主体。

第八条　税务机关应当在作出确定失信主体决定前向当事人送达告知文书，告知其依法享有陈述、申辩的权利。告知文书应当包括以下内容：

（一）当事人姓名或者名称、有效身份证件号码或者统一社会信用代码、地址。没有统一社会信用代码的，以税务机关赋予的纳税人识别号代替；

（二）拟确定为失信主体的事由、依据；

（三）拟向社会公布的失信信息；

（四）拟通知相关部门采取失信惩戒措施提示；

（五）当事人依法享有的相关权利；

（六）其他相关事项。

对纳入纳税信用评价范围的当事人，还应当告知其拟适用 D 级纳税人管理措施。

第九条 当事人在税务机关告知后 5 日内，可以书面或者口头提出陈述、申辩意见。当事人口头提出陈述、申辩意见的，税务机关应当制作陈述申辩笔录，并由当事人签章。

税务机关应当充分听取当事人陈述、申辩意见，对当事人提出的事实、理由和证据进行复核。当事人提出的事实、理由或者证据成立的，应当采纳。

第十条 经设区的市、自治州以上税务局局长或者其授权的税务局领导批准，税务机关在本办法第七条规定的申请行政复议或提起行政诉讼期限届满，或者行政复议决定、人民法院判决或裁定生效后，于 30 日内制作失信主体确定文书，并依法送达当事人。失信主体确定文书应当包括以下内容：

（一）当事人姓名或者名称、有效身份证件号码或者统一社会信用代码、地址。没有统一社会信用代码的，以税务机关赋予的纳税人识别号代替；

（二）确定为失信主体的事由、依据；

（三）向社会公布的失信信息提示；

（四）相关部门采取失信惩戒措施提示；

（五）当事人依法享有的相关权利；

（六）其他相关事项。

对纳入纳税信用评价范围的当事人，还应当包括适用 D 级纳税人管理措施提示。

本条第一款规定的时限不包括因其他方式无法送达，公告送达告知文书和确定文书的时间。

第三章　信息公布

第十一条　税务机关应当在失信主体确定文书送达后的次月15日内,向社会公布下列信息:

（一）失信主体基本情况;

（二）失信主体的主要税收违法事实;

（三）税务处理、税务行政处罚决定及法律依据;

（四）确定失信主体的税务机关;

（五）法律、行政法规规定应当公布的其他信息。

对依法确定为国家秘密的信息,法律、行政法规禁止公开的信息,以及公开后可能危及国家安全、公共安全、经济安全、社会稳定的信息,税务机关不予公开。

第十二条　税务机关按照本办法第十一条第一款第一项规定向社会公布失信主体基本情况。失信主体为法人或者其他组织的,公布其名称、统一社会信用代码（纳税人识别号）、注册地址以及违法行为发生时的法定代表人、负责人或者经人民法院生效裁判确定的实际责任人的姓名、性别及身份证件号码（隐去出生年、月、日号码段）;失信主体为自然人的,公布其姓名、性别、身份证件号码（隐去出生年、月、日号码段）。

经人民法院生效裁判确定的实际责任人,与违法行为发生时的法定代表人或者负责人不一致的,除有证据证明法定代表人或者负责人有涉案行为外,税务机关只向社会公布实际责任人信息。

第十三条　税务机关应当通过国家税务总局各省、自治区、直辖市、计划单列市税务局网站向社会公布失信主体信息,根据本地区实际情况,也可以通过税务机关公告栏、报纸、广播、电视、网络媒体等途径以及新闻发布会等形式向社会公布。

国家税务总局归集各地税务机关确定的失信主体信息,并提供至"信用中国"网站进行公开。

第十四条　属于本办法第六条第一项、第二项规定情形的失信主体，在失信信息公布前按照《税务处理决定书》《税务行政处罚决定书》缴清税款、滞纳金和罚款的，经税务机关确认，不向社会公布其相关信息。

属于本办法第六条第八项规定情形的失信主体，具有偷税、逃避追缴欠税行为的，按照前款规定处理。

第十五条　税务机关对按本办法规定确定的失信主体，纳入纳税信用评价范围的，按照纳税信用管理规定，将其纳税信用级别判为D级，适用相应的D级纳税人管理措施。

第十六条　对按本办法第十一条第一款规定向社会公布信息的失信主体，税务机关将失信信息提供给相关部门，由相关部门依法依规采取失信惩戒措施。

第十七条　失信主体信息自公布之日起满3年的，税务机关在5日内停止信息公布。

第四章　提前停止公布

第十八条　失信信息公布期间，符合下列条件之一的，失信主体或者其破产管理人可以向作出确定失信主体决定的税务机关申请提前停止公布失信信息：

（一）按照《税务处理决定书》《税务行政处罚决定书》缴清（退）税款、滞纳金、罚款，且失信主体失信信息公布满六个月的；

（二）失信主体破产，人民法院出具批准重整计划或认可和解协议的裁定书，税务机关依法受偿的；

（三）在发生重大自然灾害、公共卫生、社会安全等突发事件期间，因参与应急抢险救灾、疫情防控、重大项目建设或者履行社会责任作出突出贡献的。

第十九条　按本办法第十八条第一项规定申请提前停止公布的，申请人应当提交停止公布失信信息申请表、诚信纳税承诺书。

按本办法第十八条第二项规定申请提前停止公布的，申请人应当提交停止公布失信信息申请表，人民法院出具的批准重整计划或认可和解协议的裁定书。

按本办法第十八条第三项规定申请提前停止公布的，申请人应当提交停止公布失信信息申请表、诚信纳税承诺书以及省、自治区、直辖市、计划单列市人民政府出具的有关材料。

第二十条 税务机关应当自收到申请之日起2日内作出是否受理的决定。申请材料齐全、符合法定形式的，应当予以受理，并告知申请人。不予受理的，应当告知申请人，并说明理由。

第二十一条 受理申请后，税务机关应当及时审核。符合本办法第十八条第一项规定条件的，经设区的市、自治州以上税务局局长或者其授权的税务局领导批准，准予提前停止公布；符合本办法第十八条第二项、第三项规定条件的，经省、自治区、直辖市、计划单列市税务局局长或者其授权的税务局领导批准，准予提前停止公布。

税务机关应当自受理之日起15日内作出是否予以提前停止公布的决定，并告知申请人。对不予提前停止公布的，应当说明理由。

第二十二条 失信主体有下列情形之一的，不予提前停止公布：

（一）被确定为失信主体后，因发生偷税、逃避追缴欠税、骗取出口退税、抗税、虚开发票等税收违法行为受到税务处理或者行政处罚的；

（二）五年内被确定为失信主体两次以上的。

申请人按本办法第十八条第二项规定申请提前停止公布的，不受前款规定限制。

第二十三条 税务机关作出准予提前停止公布决定的，应当在5日内停止信息公布。

第二十四条 税务机关可以组织申请提前停止公布的失信主体法定代表人、财务负责人等参加信用培训，开展依法诚信纳税教育。信用培训不得收取任何费用。

第五章 附　　则

第二十五条　本办法规定的期间以日计算的,是指工作日,不含法定休假日;期间以年、月计算的,到期月的对应日为期间的最后一日;没有对应日的,月末日为期间的最后一日。期间开始的当日不计算在期间内。

本办法所称"以上、日内",包含本数(级)。

第二十六条　国家税务总局各省、自治区、直辖市、计划单列市税务局可以依照本办法制定具体实施办法。

第二十七条　本办法自2022年2月1日起施行。《国家税务总局关于发布〈重大税收违法失信案件信息公布办法〉的公告》(2018年第54号)同时废止。

重大税务案件审理办法

(2014年12月2日国家税务总局令第34号公布　根据2021年6月7日《国家税务总局关于修改〈重大税务案件审理办法〉的决定》修正)

第一章 总　　则

第一条　为贯彻落实中共中央办公厅、国务院办公厅印发的《关于进一步深化税收征管改革的意见》,推进税务机关科学民主决策,强化内部权力制约,优化税务执法方式,严格规范执法行为,推进科学精确执法,保护纳税人缴费人等税务行政相对人合法权益,根据《中华人民共和国行政处罚法》《中华人民共和国税收征收管理法》,制定本办法。

第二条　省以下各级税务局开展重大税务案件审理工作适用本

办法。

第三条 重大税务案件审理应当以事实为根据、以法律为准绳，遵循合法、合理、公平、公正、效率的原则，注重法律效果和社会效果相统一。

第四条 参与重大税务案件审理的人员应当严格遵守国家保密规定和工作纪律，依法为纳税人缴费人等税务行政相对人的商业秘密、个人隐私和个人信息保密。

第二章　审理机构和职责

第五条 省以下各级税务局设立重大税务案件审理委员会（以下简称审理委员会）。

审理委员会由主任、副主任和成员单位组成，实行主任负责制。

审理委员会主任由税务局局长担任，副主任由税务局其他领导担任。审理委员会成员单位包括政策法规、税政业务、纳税服务、征管科技、大企业税收管理、税务稽查、督察内审部门。各级税务局可以根据实际需要，增加其他与案件审理有关的部门作为成员单位。

第六条 审理委员会履行下列职责：

（一）拟定本机关审理委员会工作规程、议事规则等制度；

（二）审理重大税务案件；

（三）指导监督下级税务局重大税务案件审理工作。

第七条 审理委员会下设办公室，办公室设在政策法规部门，办公室主任由政策法规部门负责人兼任。

第八条 审理委员会办公室履行下列职责：

（一）组织实施重大税务案件审理工作；

（二）提出初审意见；

（三）制作审理会议纪要和审理意见书；

（四）办理重大税务案件审理工作的统计、报告、案卷归档；

（五）承担审理委员会交办的其他工作。

第九条 审理委员会成员单位根据部门职责参加案件审理，提出审理意见。

稽查局负责提交重大税务案件证据材料、拟作税务处理处罚意见、举行听证。

稽查局对其提交的案件材料的真实性、合法性、准确性负责。

第十条 参与重大税务案件审理的人员有法律法规规定的回避情形的，应当回避。

重大税务案件审理参与人员的回避，由其所在部门的负责人决定；审理委员会成员单位负责人的回避，由审理委员会主任或其授权的副主任决定。

第三章 审理范围

第十一条 本办法所称重大税务案件包括：

（一）重大税务行政处罚案件，具体标准由各省、自治区、直辖市和计划单列市税务局根据本地情况自行制定，报国家税务总局备案；

（二）根据《重大税收违法案件督办管理暂行办法》督办的案件；

（三）应监察、司法机关要求出具认定意见的案件；

（四）拟移送公安机关处理的案件；

（五）审理委员会成员单位认为案情重大、复杂，需要审理的案件；

（六）其他需要审理委员会审理的案件。

有下列情形之一的案件，不属于重大税务案件审理范围：

（一）公安机关已就税收违法行为立案的；

（二）公安机关尚未就税收违法行为立案，但被查对象为走逃（失联）企业，并且涉嫌犯罪的；

（三）国家税务总局规定的其他情形。

第十二条 本办法第十一条第一款第三项规定的案件经审理委员会审理后，应当将拟处理意见报上一级税务局审理委员会备案。备案5日后可以作出决定。

第十三条 稽查局应当在每季度终了后5日内将稽查案件审理情况备案表送审理委员会办公室备案。

第四章 提请和受理

第十四条 稽查局应当在内部审理程序终结后5日内，将重大税务案件提请审理委员会审理。

当事人按照法律、法规、规章有关规定要求听证的，由稽查局组织听证。

第十五条 稽查局提请审理委员会审理案件，应当提交以下案件材料：

（一）重大税务案件审理案卷交接单；

（二）重大税务案件审理提请书；

（三）税务稽查报告；

（四）税务稽查审理报告；

（五）听证材料；

（六）相关证据材料。

重大税务案件审理提请书应当写明拟处理意见，所认定的案件事实应当标明证据指向。

证据材料应当制作证据目录。

稽查局应当完整移交证据目录所列全部证据材料，不能当场移交的应当注明存放地点。

第十六条 审理委员会办公室收到稽查局提请审理的案件材料后，应当在重大税务案件审理案卷交接单上注明接收部门和收到日期，并由接收人签名。

对于证据目录中列举的不能当场移交的证据材料，必要时，接收人在签收前可以到证据存放地点现场查验。

第十七条 审理委员会办公室收到稽查局提请审理的案件材料后，应当在5日内进行审核。

根据审核结果，审理委员会办公室提出处理意见，报审理委员会主任或其授权的副主任批准：

（一）提请审理的案件属于本办法规定的审理范围，提交了本办法第十五条规定的材料的，建议受理；

（二）提请审理的案件属于本办法规定的审理范围，但未按照本办法第十五条的规定提交相关材料的，建议补正材料；

（三）提请审理的案件不属于本办法规定的审理范围的，建议不予受理。

第五章 审理程序

第一节 一般规定

第十八条 重大税务案件应当自批准受理之日起30日内作出审理决定，不能在规定期限内作出审理决定的，经审理委员会主任或其授权的副主任批准，可以适当延长，但延长期限最多不超过15日。

补充调查、请示上级机关或征求有权机关意见、拟处理意见报上一级税务局审理委员会备案的时间不计入审理期限。

第十九条 审理委员会审理重大税务案件，应当重点审查：

（一）案件事实是否清楚；

（二）证据是否充分、确凿；

（三）执法程序是否合法；

（四）适用法律是否正确；

（五）案件定性是否准确；

（六）拟处理意见是否合法适当。

第二十条 审理委员会成员单位应当认真履行职责，根据本办法第十九条的规定提出审理意见，所出具的审理意见应当详细阐述理由、列明法律依据。

审理委员会成员单位审理案件，可以到审理委员会办公室或证据存放地查阅案卷材料，向稽查局了解案件有关情况。

第二十一条 重大税务案件审理采取书面审理和会议审理相结合的方式。

第二节 书 面 审 理

第二十二条 审理委员会办公室自批准受理重大税务案件之日起5日内，将重大税务案件审理提请书及必要的案件材料分送审理委员会成员单位。

第二十三条 审理委员会成员单位自收到审理委员会办公室分送的案件材料之日起10日内，提出书面审理意见送审理委员会办公室。

第二十四条 审理委员会成员单位认为案件事实不清、证据不足，需要补充调查的，应当在书面审理意见中列明需要补充调查的问题并说明理由。

审理委员会办公室应当召集提请补充调查的成员单位和稽查局进行协调，确需补充调查的，由审理委员会办公室报审理委员会主任或其授权的副主任批准，将案件材料退回稽查局补充调查。

第二十五条 稽查局补充调查不应超过30日，有特殊情况的，经稽查局局长批准可以适当延长，但延长期限最多不超过30日。

稽查局完成补充调查后，应当按照本办法第十五条、第十六条的规定重新提交案件材料、办理交接手续。

稽查局不能在规定期限内完成补充调查的，或者补充调查后仍然事实不清、证据不足的，由审理委员会办公室报请审理委员会主任或其授权的副主任批准,终止审理。

第二十六条 审理过程中,稽查局发现本办法第十一条第二款规定情形的,书面告知审理委员会办公室。审理委员会办公室报请审理委员会主任或其授权的副主任批准,可以终止审理。

第二十七条 审理委员会成员单位认为案件事实清楚、证据确凿,但法律依据不明确或者需要处理的相关事项超出本机关权限的,按规定程序请示上级税务机关或者征求有权机关意见。

第二十八条 审理委员会成员单位书面审理意见一致,或者经审理委员会办公室协调后达成一致意见的,由审理委员会办公室起草审理意见书,报审理委员会主任批准。

第三节 会议审理

第二十九条 审理委员会成员单位书面审理意见存在较大分歧,经审理委员会办公室协调仍不能达成一致意见的,由审理委员会办公室向审理委员会主任或其授权的副主任报告,提请审理委员会会议审理。

第三十条 审理委员会办公室提请会议审理的报告,应当说明成员单位意见分歧、审理委员会办公室协调情况和初审意见。

审理委员会办公室应当将会议审理时间和地点提前通知审理委员会主任、副主任和成员单位,并分送案件材料。

第三十一条 成员单位应当派员参加会议,三分之二以上成员单位到会方可开会。审理委员会办公室以及其他与案件相关的成员单位应当出席会议。

案件调查人员、审理委员会办公室承办人员应当列席会议。必要时,审理委员会可要求调查对象所在地主管税务机关参加会议。

第三十二条 审理委员会会议由审理委员会主任或其授权的副主任主持。首先由稽查局汇报案情及拟处理意见。审理委员会办公室汇报初审意见后,各成员单位发表意见并陈述理由。

审理委员会办公室应当做好会议记录。

第三十三条　经审理委员会会议审理，根据不同情况，作出以下处理：

（一）案件事实清楚、证据确凿、程序合法、法律依据明确的，依法确定审理意见；

（二）案件事实不清、证据不足的，由稽查局对案件重新调查；

（三）案件执法程序违法的，由稽查局对案件重新处理；

（四）案件适用法律依据不明确，或者需要处理的有关事项超出本机关权限的，按规定程序请示上级机关或征求有权机关的意见。

第三十四条　审理委员会办公室根据会议审理情况制作审理纪要和审理意见书。

审理纪要由审理委员会主任或其授权的副主任签发。会议参加人员有保留意见或者特殊声明的，应当在审理纪要中载明。

审理意见书由审理委员会主任签发。

第六章　执行和监督

第三十五条　稽查局应当按照重大税务案件审理意见书制作税务处理处罚决定等相关文书，加盖稽查局印章后送达执行。

文书送达后5日内，由稽查局送审理委员会办公室备案。

第三十六条　重大税务案件审理程序终结后，审理委员会办公室应当将相关证据材料退回稽查局。

第三十七条　各级税务局督察内审部门应当加强对重大税务案件审理工作的监督。

第三十八条　审理委员会办公室应当加强重大税务案件审理案卷的归档管理，按照受理案件的顺序统一编号，做到一案一卷、资料齐全、卷面整洁、装订整齐。

需要归档的重大税务案件审理案卷包括税务稽查报告、税务稽查审理报告以及有关文书。

第三十九条 各省、自治区、直辖市和计划单列市税务局应当于每年 1 月 31 日之前,将本辖区上年度重大税务案件审理工作开展情况和重大税务案件审理统计表报送国家税务总局。

第七章 附 则

第四十条 各级税务局办理的其他案件,需要移送审理委员会审理的,参照本办法执行。特别纳税调整案件按照有关规定执行。

第四十一条 各级税务局在重大税务案件审理工作中可以使用重大税务案件审理专用章。

第四十二条 本办法规定期限的最后一日为法定休假日的,以休假日期满的次日为期限的最后一日;在期限内有连续 3 日以上法定休假日的,按休假日天数顺延。

本办法有关"5 日"的规定指工作日,不包括法定休假日。

第四十三条 各级税务局应当按照国家税务总局的规划和要求,积极推动重大税务案件审理信息化建设。

第四十四条 各级税务局应当加大对重大税务案件审理工作的基础投入,保障审理人员和经费,配备办案所需的录音录像、文字处理、通讯等设备,推进重大税务案件审理规范化建设。

第四十五条 各省、自治区、直辖市和计划单列市税务局可以依照本办法制定具体实施办法。

第四十六条 本办法自 2015 年 2 月 1 日起施行。《国家税务总局关于印发〈重大税务案件审理办法(试行)〉的通知》(国税发〔2001〕21 号)同时废止。

税收违法行为检举管理办法

(2019年11月26日国家税务总局令第49号公布 自2020年1月1日起施行)

第一章 总 则

第一条 为了保障单位、个人依法检举纳税人、扣缴义务人违反税收法律、行政法规行为的权利，规范检举秩序，根据《中华人民共和国税收征收管理法》及其实施细则的有关规定，制定本办法。

第二条 本办法所称检举，是指单位、个人采用书信、电话、传真、网络、来访等形式，向税务机关提供纳税人、扣缴义务人税收违法行为线索的行为。

采用前款所述的形式，检举税收违法行为的单位、个人称检举人；被检举的纳税人、扣缴义务人称被检举人。

检举人可以实名检举，也可以匿名检举。

第三条 本办法所称税收违法行为，是指涉嫌偷税（逃避缴纳税款）、逃避追缴欠税，骗税，虚开、伪造、变造发票，以及其他与逃避缴纳税款相关的税收违法行为。

第四条 检举管理工作坚持依法依规、分级分类、属地管理、严格保密的原则。

第五条 市（地、州、盟）以上税务局稽查局设立税收违法案件举报中心。国家税务总局稽查局税收违法案件举报中心负责接收税收违法行为检举，督促、指导、协调处理重要检举事项；省、自治区、直辖市、计划单列市和市（地、州、盟）税务局稽查局税收违法案件举报中心负责税收违法行为检举的接收、受理、处理和管理；各级跨区域稽查局和县税务局应当指定行使税收违法案件举报中心职能的部门,负责税收违法行为检举的接收,并按规定职责处理。

本办法所称举报中心是指前款所称的税收违法案件举报中心和指定行使税收违法案件举报中心职能的部门。举报中心应当对外挂标识牌。

第六条 税务机关应当向社会公布举报中心的电话(传真)号码、通讯地址、邮政编码、网络检举途径,设立检举接待场所和检举箱。

税务机关同时通过 12366 纳税服务热线接收税收违法行为检举。

第七条 税务机关应当与公安、司法、纪检监察和信访等单位加强联系和合作,做好检举管理工作。

第八条 检举税收违法行为是检举人的自愿行为,检举人因检举而产生的支出应当由其自行承担。

第九条 检举人在检举过程中应当遵守法律、行政法规等规定;应当对其所提供检举材料的真实性负责,不得捏造、歪曲事实,不得诬告、陷害他人;不得损害国家、社会、集体的利益和其他公民的合法权益。

第二章 检举事项的接收与受理

第十条 检举人检举税收违法行为应当提供被检举人的名称(姓名)、地址(住所)和税收违法行为线索;尽可能提供被检举人统一社会信用代码(身份证件号码),法定代表人、实际控制人信息和其他相关证明资料。

鼓励检举人提供书面检举材料。

第十一条 举报中心接收实名检举,应当准确登记实名检举人信息。

检举人以个人名义实名检举应当由其本人提出;以单位名义实

名检举应当委托本单位工作人员提出。

多人联名进行实名检举的，应当确定第一联系人；未确定的，以检举材料的第一署名人为第一联系人。

第十二条 12366纳税服务热线接收电话检举后，应当按照以下分类转交相关部门：

（一）符合本办法第三条规定的检举事项，应当及时转交举报中心；

（二）对应开具而未开具发票、未申报办理税务登记及其他轻微税收违法行为的检举事项，按照有关规定直接转交被检举人主管税务机关相关业务部门处理；

（三）其他检举事项转交有处理权的单位或者部门。

税务机关的其他单位或者部门接到符合本办法第三条规定的检举材料后，应当及时转交举报中心。

第十三条 以来访形式实名检举的，检举人应当提供营业执照、居民身份证等有效身份证件的原件和复印件。

以来信、网络、传真形式实名检举的，检举人应当提供营业执照、居民身份证等有效身份证件的复印件。

以电话形式要求实名检举的，税务机关应当告知检举人采取本条第一款、第二款的形式进行检举。

检举人未采取本条第一款、第二款的形式进行检举的，视同匿名检举。

举报中心可以应来访的实名检举人要求出具接收回执；对多人联名进行实名来访检举的，向其确定的第一联系人或者第一署名人出具接收回执。

第十四条 来访检举应当到税务机关设立的检举接待场所；多人来访提出相同检举事项的，应当推选代表，代表人数应当在3人以内。

第十五条 接收来访口头检举，应当准确记录检举事项，交检举人阅读或者向检举人宣读确认。实名检举的,由检举人签名或者盖章;匿名检举的,应当记录在案。

接收电话检举,应当细心接听、询问清楚、准确记录。

接收电话、来访检举,经告知检举人后可以录音、录像。

接收书信、传真等书面形式检举,应当保持检举材料的完整,及时登记处理。

第十六条 税务机关应当合理设置检举接待场所。检举接待场所应当与办公区域适当分开,配备使用必要的录音、录像等监控设施,保证监控设施对接待场所全覆盖并正常运行。

第十七条 举报中心对接收的检举事项,应当及时审查,有下列情形之一的,不予受理:

(一)无法确定被检举对象,或者不能提供税收违法行为线索的;

(二)检举事项已经或者依法应当通过诉讼、仲裁、行政复议以及其他法定途径解决的;

(三)对已经查结的同一检举事项再次检举,没有提供新的有效线索的。

除前款规定外,举报中心自接收检举事项之日起即为受理。

举报中心可以应实名检举人要求,视情况采取口头或者书面方式解释不予受理原因。

国家税务总局稽查局举报中心对本级收到的检举事项应当进行甄别。对本办法第三条规定以外的检举事项,转送有处理权的单位或者部门;对本办法第三条规定范围内的检举事项,按属地管理原则转送相关举报中心,由该举报中心审查并决定是否受理。国家税务总局稽查局举报中心应当定期向相关举报中心了解所转送检举事项的受理情况,对应受理未受理的应予以督办。

第十八条 未设立稽查局的县税务局受理的检举事项,符合本办法第三条规定的,提交上一级税务局稽查局举报中心统一处理。

各级跨区域稽查局受理的检举事项,符合本办法第三条规定的,提交同级税务局稽查局备案后处理。

第十九条 检举事项管辖有争议的,由争议各方本着有利于案件查处的原则协商解决;不能协商一致的,报请共同的上一级税务机关协调或者决定。

第三章 检举事项的处理

第二十条 检举事项受理后,应当分级分类,按照以下方式处理:

(一)检举内容详细、税收违法行为线索清楚、证明资料充分的,由稽查局立案检查。

(二)检举内容与线索较明确但缺少必要证明资料,有可能存在税收违法行为的,由稽查局调查核实。发现存在税收违法行为的,立案检查;未发现的,作查结处理。

(三)检举对象明确,但其他检举事项不完整或者内容不清、线索不明的,可以暂存待查,待检举人将情况补充完整以后,再进行处理。

(四)已经受理尚未查结的检举事项,再次检举的,可以合并处理。

(五)本办法第三条规定以外的检举事项,转交有处理权的单位或者部门。

第二十一条 举报中心可以税务机关或者以自己的名义向下级税务机关督办、交办检举事项。

第二十二条 举报中心应当在检举事项受理之日起十五个工作日内完成分级分类处理,特殊情况除外。

查处部门应当在收到举报中心转来的检举材料之日起三个月内办理完毕;案情复杂无法在期限内办理完毕的,可以延期。

第二十三条 税务局稽查局对督办案件的处理结果应当认真审

查。对于事实不清、处理不当的，应当通知承办机关补充调查或者重新调查，依法处理。

第四章 检举事项的管理

第二十四条 举报中心应当严格管理检举材料，逐件登记已受理检举事项的主要内容、办理情况和检举人、被检举人的基本情况。

第二十五条 已接收的检举材料原则上不予退还。不予受理的检举材料，登记检举事项的基本信息和不予受理原因后，经本级稽查局负责人批准可以销毁。

第二十六条 暂存待查的检举材料，若在受理之日起两年内未收到有价值的补充材料，可以销毁。

第二十七条 督办案件的检举材料应当专门管理，并按照规定办理督办案件材料的转送、报告等具体事项。

第二十八条 检举材料的保管和整理，应当按照档案管理的有关规定办理。

第二十九条 举报中心每年度对检举案件和有关事项的数量、类别及办理情况等进行汇总分析，形成年度分析报告，并按规定报送。

第五章 检举人的答复和奖励

第三十条 实名检举人可以要求答复检举事项的处理情况与查处结果。

实名检举人要求答复处理情况时，应当配合核对身份；要求答复查处结果时，应当出示检举时所提供的有效身份证件。

举报中心可以视具体情况采取口头或者书面方式答复实名检举人。

第三十一条 实名检举事项的处理情况，由作出处理行为的税务机关的举报中心答复。

将检举事项督办、交办、提交或者转交的,应当告知去向;暂存待查的,应当建议检举人补充资料。

第三十二条 实名检举事项的查处结果,由负责查处的税务机关的举报中心答复。

实名检举人要求答复检举事项查处结果的,检举事项查结以后,举报中心可以将与检举线索有关的查处结果简要告知检举人,但不得告知其检举线索以外的税收违法行为的查处情况,不得提供执法文书及有关案情资料。

第三十三条 12366纳税服务热线接收检举事项并转交举报中心或者相关业务部门后,可以应检举人要求将举报中心或者相关业务部门反馈的受理情况告知检举人。

第三十四条 检举事项经查证属实,为国家挽回或者减少损失的,按照财政部和国家税务总局的有关规定对实名检举人给予相应奖励。

第六章 权利保护

第三十五条 检举人不愿提供个人信息或者不愿公开检举行为的,税务机关应当予以尊重和保密。

第三十六条 税务机关应当在职责范围内依法保护检举人、被检举人的合法权益。

第三十七条 税务机关工作人员与检举事项或者检举人、被检举人有直接利害关系的,应当回避。

检举人有正当理由并且有证据证明税务机关工作人员应当回避的,经本级税务机关负责人或者稽查局负责人批准以后,予以回避。

第三十八条 税务机关工作人员必须严格遵守以下保密规定:

(一)检举事项的受理、登记、处理及查处,应当依照国家有关法律、行政法规等规定严格保密,并建立健全工作责任制,不得私自摘抄、复制、扣压、销毁检举材料；

（二）严禁泄露检举人的姓名、身份、单位、地址、联系方式等情况，严禁将检举情况透露给被检举人及与案件查处无关的人员；

（三）调查核实情况和立案检查时不得出示检举信原件或者复印件，不得暴露检举人的有关信息，对匿名的检举书信及材料，除特殊情况以外，不得鉴定笔迹；

（四）宣传报道和奖励检举有功人员，未经检举人书面同意，不得公开检举人的姓名、身份、单位、地址、联系方式等情况。

第七章 法律责任

第三十九条 税务机关工作人员违反本办法规定，将检举人的检举材料或者有关情况提供给被检举人或者与案件查处无关人员的，依法给予行政处分。

第四十条 税务机关工作人员打击报复检举人的，视情节和后果，依法给予行政处分；涉嫌犯罪的，移送司法机关依法处理。

第四十一条 税务机关工作人员不履行职责、玩忽职守、徇私舞弊，给检举工作造成损失的，应当给予批评教育；情节严重的，依法给予行政处分并调离工作岗位；涉嫌犯罪的，移送司法机关依法处理。

第四十二条 税收违法检举案件中涉及税务机关或者税务人员违纪违法问题的，应当按照规定移送有关部门依纪依法处理。

第四十三条 检举人违反本办法第九条规定的，税务机关工作人员应当对检举人进行劝阻、批评和教育；经劝阻、批评和教育无效的，可以联系有关部门依法处理。

第八章 附 则

第四十四条 本办法所称的检举事项查结，是指检举案件的结论性文书生效，或者检举事项经调查核实后未发现税收违法行为。

第四十五条 国家税务总局各省、自治区、直辖市和计划单列市税务局可以根据本办法制定具体的实施办法。

第四十六条 本办法自 2020 年 1 月 1 日起施行。《税收违法行为检举管理办法》（国家税务总局令第 24 号公布）同时废止。

一般反避税管理办法（试行）

（2014 年 12 月 2 日国家税务总局令第 32 号公布　自 2015 年 2 月 1 日起施行）

第一章　总　　则

第一条 为规范一般反避税管理，根据《中华人民共和国企业所得税法》（以下简称企业所得税法）及其实施条例、《中华人民共和国税收征收管理法》（以下简称税收征管法）及其实施细则，制定本办法。

第二条 本办法适用于税务机关按照企业所得税法第四十七条、企业所得税法实施条例第一百二十条的规定，对企业实施的不具有合理商业目的而获取税收利益的避税安排，实施的特别纳税调整。

下列情况不适用本办法：

（一）与跨境交易或者支付无关的安排；

（二）涉嫌逃避缴纳税款、逃避追缴欠税、骗税、抗税以及虚开发票等税收违法行为。

第三条 税收利益是指减少、免除或者推迟缴纳企业所得税应纳税额。

第四条 避税安排具有以下特征：

（一）以获取税收利益为唯一目的或者主要目的；

（二）以形式符合税法规定、但与其经济实质不符的方式获取税收利益。

第五条 税务机关应当以具有合理商业目的和经济实质的类似安排为基准，按照实质重于形式的原则实施特别纳税调整。调整方法包括：

（一）对安排的全部或者部分交易重新定性；

（二）在税收上否定交易方的存在，或者将该交易方与其他交易方视为同一实体；

（三）对相关所得、扣除、税收优惠、境外税收抵免等重新定性或者在交易各方间重新分配；

（四）其他合理方法。

第六条 企业的安排属于转让定价、成本分摊、受控外国企业、资本弱化等其他特别纳税调整范围的，应当首先适用其他特别纳税调整相关规定。

企业的安排属于受益所有人、利益限制等税收协定执行范围的，应当首先适用税收协定执行的相关规定。

第二章 立 案

第七条 各级税务机关应当结合工作实际，应用各种数据资源，如企业所得税汇算清缴、纳税评估、同期资料管理、对外支付税务管理、股权转让交易管理、税收协定执行等，及时发现一般反避税案源。

第八条 主管税务机关发现企业存在避税嫌疑的，层报省、自治区、直辖市和计划单列市（以下简称省）税务机关复核同意后，报税务总局申请立案。

第九条 省税务机关应当将税务总局形成的立案申请审核意见转发主管税务机关。税务总局同意立案的，主管税务机关实施一般反避税调查。

第三章 调 查

第十条 主管税务机关实施一般反避税调查时，应当向被调查企业送达《税务检查通知书》。

第十一条 被调查企业认为其安排不属于本办法所称避税安排的，应当自收到《税务检查通知书》之日起60日内提供下列资料：

（一）安排的背景资料；

（二）安排的商业目的等说明文件；

（三）安排的内部决策和管理资料，如董事会决议、备忘录、电子邮件等；

（四）安排涉及的详细交易资料，如合同、补充协议、收付款凭证等；

（五）与其他交易方的沟通信息；

（六）可以证明其安排不属于避税安排的其他资料；

（七）税务机关认为有必要提供的其他资料。

企业因特殊情况不能按期提供的，可以向主管税务机关提交书面延期申请，经批准可以延期提供，但是最长不得超过30日。主管税务机关应当自收到企业延期申请之日起15日内书面回复。逾期未回复的，视同税务机关同意企业的延期申请。

第十二条 企业拒绝提供资料的，主管税务机关可以按照税收征管法第三十五条的规定进行核定。

第十三条 主管税务机关实施一般反避税调查时，可以要求为企业筹划安排的单位或者个人（以下简称筹划方）提供有关资料及证明材料。

第十四条 一般反避税调查涉及向筹划方、关联方以及与关联业务调查有关的其他企业调查取证的，主管税务机关应当送达《税务事项通知书》。

第十五条 主管税务机关审核企业、筹划方、关联方以及与关联业务调查有关的其他企业提供的资料，可以采用现场调查、发函协查和查阅公开信息等方式核实。需取得境外有关资料的，可以按有关规定启动税收情报交换程序，或者通过我驻外机构调查收集有关信息。涉及境外关联方相关资料的，主管税务机关也可以要求企业提供公证机构的证明。

第四章 结　　案

第十六条 主管税务机关根据调查过程中获得的相关资料，自税务总局同意立案之日起 9 个月内进行审核，综合判断企业是否存在避税安排，形成案件不予调整或者初步调整方案的意见和理由，层报省税务机关复核同意后，报税务总局申请结案。

第十七条 主管税务机关应当根据税务总局形成的结案申请审核意见，分别以下情况进行处理：

（一）同意不予调整的，向被调查企业下发《特别纳税调查结论通知书》；

（二）同意初步调整方案的，向被调查企业下发《特别纳税调查初步调整通知书》；

（三）税务总局有不同意见的，按照税务总局的意见修改后再次层报审核。

被调查企业在收到《特别纳税调查初步调整通知书》之日起 7 日内未提出异议的，主管税务机关应当下发《特别纳税调查调整通知书》。

被调查企业在收到《特别纳税调查初步调整通知书》之日起 7 日内提出异议，但是主管税务机关经审核后认为不应采纳的，应将被调查企业的异议及不应采纳的意见和理由层报省税务机关复核同意后，报税务总局再次申请结案。

被调查企业在收到《特别纳税调查初步调整通知书》之日起 7 日内提出异议，主管税务机关经审核后认为确需对调整方案进行修改的,应当将被调查企业的异议及修改后的调整方案层报省税务机关复核同意后,报税务总局再次申请结案。

第十八条 主管税务机关应当根据税务总局考虑企业异议形成的结案申请审核意见,分别以下情况进行处理:

(一)同意不应采纳企业所提异议的,向被调查企业下发《特别纳税调查调整通知书》;

(二)同意修改后调整方案的,向被调查企业下发《特别纳税调查调整通知书》;

(三)税务总局有不同意见的,按照税务总局的意见修改后再次层报审核。

第五章 争议处理

第十九条 被调查企业对主管税务机关作出的一般反避税调整决定不服的,可以按照有关法律法规的规定申请法律救济。

第二十条 主管税务机关作出的一般反避税调整方案导致国内双重征税的,由税务总局统一组织协调解决。

第二十一条 被调查企业认为我国税务机关作出的一般反避税调整,导致国际双重征税或者不符合税收协定规定征税的,可以按照税收协定及其相关规定申请启动相互协商程序。

第六章 附 则

第二十二条 本办法自2015年2月1日起施行。2015年2月1日前税务机关尚未结案处理的避税安排适用本办法。

税收违法案件发票协查管理办法(试行)

(2013年6月19日 税总发〔2013〕66号)

第一章 总 则

第一条 为了规范税收违法案件发票协查工作,提高协查管理工作效率,根据《中华人民共和国税收征收管理法》、《中华人民共和国发票管理办法》及相关法律法规,制订本办法。

第二条 税收违法案件发票协查是指查办税收违法案件的税务局稽查局(以下简称委托方)将需异地调查取证的发票委托有管辖权的税务局稽查局(以下简称受托方),开展调查取证的相关活动。

第三条 协查工作遵循合法、真实、相关和效率的原则。

第四条 税务局稽查局负责实施税收违法案件发票的协查。

第五条 国家税务总局应当逐步推进税收违法案件发票协查信息化,将税收违法案件发票协查全面纳入协查信息管理系统进行管理。

第二章 委托协查

第六条 委托方对税收违法案件中需调查取证的发票采取发函或者派人参与的方式进行协查。

发函是指委托方向受托方发出《税收违法案件协查函》,包括寄送纸质协查函和通过协查信息管理系统发出协查函。纸质协查函原则上采取同级发函的方式进行。

派人参与是指重大案件或者有特殊要求的案件,委托方可派人参与受托方的调查取证,提出取证要求。

第七条 委托方根据案件查办情况,确定协查对象,需要发起委托协查的,向受托方发出《税收违法案件协查函》。

《税收违法案件协查函》内容包括：委托方案件名称、基本案情、涉案发票记载的信息、已掌握的疑点或者线索、作案手法、提出有针对性的取证要求、回复期限、组卷及寄送要求、联系人和联系方式等。

第八条 国家税务总局督办案件的发票协查应当按照《重大税收违法案件督办管理暂行办法》有关规定执行，并在协查函中予以说明，注明督办函号。

第九条 已确定虚开发票案件的协查，委托方应当按照受托方一户一函的形式出具《已证实虚开通知单》及相关证据资料，并在所附发票清单上逐页加盖公章，随同《税收违法案件协查函》寄送受托方。

通过协查信息管理系统发起已确定虚开发票案件协查函的，委托方应当在发送委托协查信息后5个工作日内寄送《已证实虚开通知单》以及相关证据资料。

第十条 委托方收到协查回函后，根据协查回函信息依法对被查对象进行查处。

第十一条 委托方派人协查方式进行协查的，应当向受托方通报情况、沟通案情，派出人员需携带加盖本单位公章的《介绍信》和《税收违法案件协查函》、《税务检查证》以及相关身份证明，参与受托方的调查取证，提出取证要求。

第十二条 委托方应当及时登记《委托协查台账》，跟踪协查函的发出、回复和处理情况。

《委托协查台账》包括以下内容：

（一）函件发出日期，派人协查日期；

（二）函件名称、编号或者文号、是否督办；

（三）涉及企业名称、资料种类、数量；

（四）是否立案；

（五）负责检查的人员；

（六）协查回函情况、回函日期；

（七）案卷号和归档地；

（八）其他。

第三章 受托协查

第十三条 受托方收到《税收违法案件协查函》后，应当根据协查请求，依照法定权限和程序调查，并按照要求及期限回函。

第十四条 《税收违法案件协查函》涉及的协查对象不属于受托方管辖范围的，受托方应当在收函之日起5个工作日内，出具本辖区县（区）级主管税务机关证明材料，并将《税收违法案件协查函》退回委托方。

第十五条 有下列情形之一的，受托方应当按照《税务稽查工作规程》有关规定立案检查：

（一）委托方已开具《已证实虚开通知单》的；

（二）委托方提供的证据资料证明协查对象有税收违法嫌疑的；

（三）受托方检查发现协查对象有税收违法嫌疑的；

（四）上级税务局稽查局要求立案检查的。

第十六条 国家税务总局督办的案件，受托方在回函期限前不能完成检查工作的，可以逐级上报国家税务总局申请延期，在得到国家税务总局同意后，在延期期限内给予回复。

申请延期应当说明延期理由、延期期限以及与委托方沟通的情况。

第十七条 受托方需要取得协查对象的税务登记、变更、注销、失控或者查无企业、发票领用、发票鉴定、纳税申报、抵扣税款、免税、出口退税等征管资料和证明材料的，应当向其县（区）级主管税务机关提出要求。县（区）级主管税务机关应当在5个工作日内提供相关资料并出具相应的证明材料。

第十八条 受托方应当依据调查取证所掌握的情况及所获取的

证据材料，向委托方出具《税收违法案件协查回复函》。

《税收违法案件协查回复函》的内容包括：

（一）协查来源；

（二）涉案企业的基本情况及协查发票记载的信息；

（三）协查取证要求的说明；

（四）协查结论或者协查结果；

（五）税务处理和税务行政处罚事项；

（六）其他应予说明的事项。

第十九条 受托方应当对取得的证据材料，连同相关文书一并作为协查案卷立卷存档；同时根据委托方协查函委托的事项，将相关证据材料及文书复制，注明"与原件核对无误"，注明原件存放处，并加盖本单位印章后一并寄送委托方。

受托方通过协查信息管理系统收到的协查函，应当通过协查信息管理系统进行函复。经检查有问题的以及委托方要求寄送取证材料的，应当在回复协查结果后5个工作日内将相关证据材料及文书复制，注明"与原件核对无误"，注明原件存放处，并加盖本单位印章后一并寄送委托方。

第二十条 受托方应当在收到协查函后60日内回函。

通过协查信息管理系统发出的协查函，受托方应当在收到协查函后30日内回函。

国家税务总局对协查回函期限有特殊要求的，应当按照相关要求办理。

第二十一条 受托方应当登记《受托协查台账》，及时掌握协查工作安排、回复、处理情况。

《受托协查台账》包括以下内容：

（一）函件收到日期，来人协查日期；

（二）函件名称、编号或者文号、是否督办；

（三）涉及企业名称、资料种类、数量；

（四）是否立案；

（五）负责检查的人员；

（六）协查复函情况、复函日期；

（七）案卷号和归档地；

（八）其他。

第四章 协查管理

第二十二条 地市级以上税务局稽查局应当定期对本辖区协查台账进行统计汇总，全面掌握本辖区协查情况，督促指导下级协查工作。

第二十三条 上级税务局稽查局对下级税务局稽查局的协查质量和效率进行考核，包括受托方按期回复情况、委托方选票针对性、协查函和回复函的信息完整性等。

第二十四条 稽查机构设置发生撤销、合并、增设的，应当及时向上一级税务局稽查局提出与本稽查机构对应的协查信息管理系统节点的变更申请，并逐级上报国家税务总局备案。

第二十五条 税务违法案件发票协查资料按照《税务稽查工作规程》的规定归档。

第五章 附 则

第二十六条 本办法适用于各级税务机关。

第二十七条 各级税务局可以依据本办法对辖区内税务违法案件发票协查工作制定考核制度和奖惩实施办法。

第二十八条 本办法所称以上、日内，包括本数（级）。

第二十九条 本办法自发布之日起施行。2008年5月14日印发的《国家税务总局关于印发〈增值税抵扣凭证协查管理办法〉的通知》（国税发〔2008〕51号）同时废止。

附件：（略）

税收执法督察规则

(2013年2月25日国家税务总局令第29号公布　根据2018年6月15日《国家税务总局关于修改部分税务部门规章的决定》修正)

第一章　总　　则

第一条　为了规范税收执法督察工作,促进税务机关依法行政,保证税收法律、行政法规和税收政策的贯彻实施,保护纳税人的合法权益,防范和化解税收执法风险,根据《中华人民共和国税收征收管理法》及其实施细则的有关规定,制定本规则。

第二条　各级税务机关开展税收执法督察工作,适用本规则。

第三条　本规则所称税收执法督察(以下简称执法督察),是指县以上(含县)各级税务机关对本级税务机关内设机构、直属机构、派出机构或者下级税务机关的税收执法行为实施检查和处理的行政监督。

第四条　执法督察应当服从和服务于税收中心工作,坚持依法督察,客观公正,实事求是。

第五条　被督察单位及其工作人员应当自觉接受和配合执法督察。

第二章　执法督察的组织管理

第六条　各级税务机关督察内审部门或者承担税收执法监督检查职责的部门(以下简称督察内审部门),代表本级税务机关组织开展执法督察工作,履行以下职责:

(一)依据上级税务机关执法督察工作制度和计划,制定本级税务机关执法督察工作制度和计划;

（二）组织实施执法督察，向本级税务机关提交税收执法督察报告，并制作《税收执法督察处理决定书》、《税收执法督察处理意见书》或者《税收执法督察结论书》；

（三）组织实施税务系统税收执法责任制工作，牵头推行税收执法责任制考核信息系统，实施执法疑点信息分析监控；

（四）督办执法督察所发现问题的整改和责任追究；

（五）配合外部监督部门对税务机关开展监督检查工作；

（六）向本级和上级税务机关报告执法督察工作情况；

（七）通报执法督察工作情况和执法督察结果；

（八）指导、监督和考核下级税务机关执法督察工作；

（九）其他相关工作。

第七条　执法督察实行统筹规划，归口管理。督察内审部门负责执法督察工作的具体组织、协调和落实。税务机关内部相关部门应当树立全局观念，积极参与、支持和配合执法督察工作。

各级税务机关根据工作需要，可以将执法督察与其他具有监督性质的工作协同开展。

第八条　各级税务机关应当统一安排专门的执法督察工作经费，根据年度执法督察工作计划和具体执法督察工作的开展情况，做好经费预算，并保障经费的正确合理使用。

第九条　上级税务机关对执法督察事项可以直接进行督察，也可以授权或者指定下级税务机关进行督察。

第十条　上级税务机关认为下级税务机关作出的执法督察结论不适当的，可以责成下级税务机关予以变更或者撤销，必要时也可以直接作出变更或者撤销的决定。

第十一条　各级税务机关可以采取复查、抽查等方式，对执法督察人员在执法督察工作中履行职责、遵守纪律、廉洁自律等情况进行监督检查。

第十二条　各级税务机关应当建立税收执法督察人才库，为执法督察储备人才。根据执法督察工作需要,确定执法督察人才库人员基数,实行动态管理,定期组织业务培训。下级税务机关应当向上级税务机关执法督察人才库输送人才。

第十三条 执法督察可以由督察内审部门人员独立完成,也可以抽调本级和下级税务机关税务人员实施,优先抽调执法督察人才库成员参加。相关单位和部门应当予以配合。

第三章 执法督察的内容和形式

第十四条 执法督察的内容包括:

(一)税收法律、行政法规、规章和规范性文件的执行情况;

(二)国务院和上级税务机关有关税收工作重要决策、部署的贯彻落实情况;

(三)税务机关制定或者与其他部门联合制定的涉税文件,以及税务机关以外的单位制定的涉税文件的合法性;

(四)外部监督部门依法查处或者督查、督办的税收执法事项;

(五)上级机关交办、有关部门转办的税收执法事项;

(六)执法督察所发现问题的整改和责任追究情况;

(七)其他需要实施执法督察的税收执法事项。

第十五条 执法督察可以通过全面执法督察、重点执法督察、专项执法督察和专案执法督察等形式开展。

第十六条 全面执法督察是指税务机关对本级和下级税务机关的税收执法行为进行的广泛、系统的监督检查。

第十七条 重点执法督察是指税务机关对本级和下级税务机关某些重点方面、重点环节、重点行业的税收执法行为所进行的监督检查。

第十八条 专项执法督察是指税务机关对本级和下级税务机关某项特定内容涉及到的税收执法行为进行的监督检查。

第十九条 专案执法督察是指税务机关对上级机关交办、有关部门转办的特定税收执法事项,以及通过信访、举报、媒体等途径反映的重大税收执法问题所涉及到的本级和下级税务机关的税收执法行为进行的监督检查。

第二十条 各级税务机关应当积极运用信息化手段,对与税收执法活动有关的各类信息系统执法数据进行分析、筛选、监控和提示,为各种形式的执法督察提供线索。

第四章 执法督察实施程序

第二十一条 执法督察工作要有计划、有组织、有步骤地开展,主要包括准备、实施、处理、整改、总结等阶段,根据工作需要可以进行复查。

第二十二条 督察内审部门应当科学、合理制定年度执法督察工作计划,报本级税务机关批准后统一部署实施。

未纳入年度执法督察工作计划的专案执法督察和其他特殊情况下需要启动的执法督察,应当在实施前报本级税务机关批准。

第二十三条 实施执法督察前,督察内审部门应当根据执法督察的对象和内容,制定包括组织领导、工作要求和执法督察的时限、重点、方法、步骤等内容的执法督察方案。

第二十四条 实施执法督察的税务机关应当成立执法督察组,负责具体实施执法督察。执法督察组人员不得少于2人,并实行组长负责制。

执法督察组组长应当对执法督察的总体质量负责。当执法督察组组长对被督察单位有关税收执法事项的意见与其他组员的意见不一致时,应当在税收执法督察报告中进行说明。

第二十五条 实施执法督察的税务机关应当根据执法督察的对象和内容对执法督察组人员进行查前培训,保证执法督察效率和质量。

第二十六条 实施执法督察,应当提前3个工作日向被督察单位下发税收执法督察通知，告知执法督察的时间、内容、方式，需要准备的资料，配合工作的要求等。被督察单位应当将税收执法督察通知在本单位范围内予以公布。

专案执法督察和其他特殊情况下，可以不予提前通知和公布。

第二十七条 执法督察可以采取下列工作方式：

（一）听取被督察单位税收执法情况汇报；

（二）调阅被督察单位收发文簿、会议纪要、涉税文件、税收执法卷宗和文书，以及其他相关资料；

（三）查阅、调取与税收执法活动有关的各类信息系统电子文档和数据；

（四）与被督察单位有关人员谈话，了解有关情况；

（五）特殊情况下需要到相关纳税人和有关单位了解情况或者取证时，应当按照法律规定的权限进行，并商请主管税务机关予以配合；

（六）其他方式。

第二十八条 执法督察中，被督察单位应当及时提供相关资料，以及与税收执法活动有关的各类信息系统所有数据查询权限。被督察单位主要负责人对本单位所提供的税收执法资料的真实性和完整性负责。

第二十九条 实施执法督察应当制作《税收执法督察工作底稿》。

发现税收执法行为存在违法、违规问题的，应当收集相关证据材料，在工作底稿上写明行为的内容、时间、情节、证据的名称和出处，以及违法、违规的文件依据等，由被督察单位盖章或者由有关人员签字。拒不盖章或者拒不签字的，应当说明理由，记录在案。

收集证据材料时无法取得原件的，应当通过复印、照相、摄像、扫描、录音等手段提取或者复制有关资料，由原件保存单位或者个人在复制件上注明"与原件核对无误，原件存于我处"，并由有关人员签字。原件由单位保存的，还应当由该单位盖章。

第三十条 执法督察组实施执法督察后,应当及时将发现的问题汇总,并向被督察单位反馈情况。

被督察单位或者个人可以对反馈的情况进行陈述和申辩,并提供陈述申辩的书面材料。

第三十一条 执法督察组实施执法督察后,应当起草税收执法督察报告,内容包括:

(一)执法督察的时间、内容、方法、步骤;

(二)被督察单位税收执法的基本情况;

(三)执法督察发现的具体问题,认定被督察单位存在违法、违规问题的基本事实和法律依据;

(四)对发现问题的拟处理意见;

(五)加强税收执法监督管理的建议;

(六)执法督察组认为应当报告的其他事项。

第三十二条 执法督察组实施执法督察后,应当将税收执法督察报告、工作底稿、证据材料、陈述申辩资料以及与执法督察情况有关的其他资料进行整理,提交督察内审部门。

第三十三条 督察内审部门收到税收执法督察报告和其他证据材料后,应当对以下内容进行审理:

(一)执法督察程序是否符合规定;

(二)事实是否清楚,证据是否确实充分,资料是否齐全;

(三)适用的法律、行政法规、规章、规范性文件和有关政策等是否正确;

(四)对被督察单位的评价是否准确,拟定的意见、建议等是否适当。

第三十四条 督察内审部门在审理中发现事实不清、证据不足、资料不全的,应当通知执法督察组对证据予以补正,也可以重新组织人员进行核实、检查。

第三十五条 督察内审部门在审理中对适用税收法律、行政法规和税收政策有疑义的问题，以及涉嫌违规的涉税文件，应当书面征求本级税务机关法规部门和业务主管部门意见，也可以提交本级税务机关集体研究，并做好会议记录；本级税务机关无法或者无权确定的，应当请示上级税务机关或者请有权机关解释或者确定。

第三十六条 督察内审部门根据审理结果修订税收执法督察报告，送被督察单位征求意见。被督察单位应当在15个工作日内提出书面反馈意见。在限期内未提出书面意见的，视同无异议。

督察内审部门应当对被督察单位提出的意见进行研究，对税收执法督察报告作必要修订，连同被督察单位的书面反馈意见一并报送本级税务机关审定。

第三十七条 督察内审部门根据本级税务机关审定的税收执法督察报告制作《税收执法督察处理决定书》、《税收执法督察处理意见书》或者《税收执法督察结论书》，经本级税务机关审批后下达被督察单位。

《税收执法督察处理决定书》适用于对被督察单位违反税收法律、行政法规和税收政策的行为进行处理。

《税收执法督察处理意见书》适用于对被督察单位提出自行纠正的事项和改进工作的建议。

《税收执法督察结论书》适用于对未发现违法、违规问题的被督察单位作出评价。

受本级税务机关委托，执法督察组组长可以就执法督察结果与被督察单位主要负责人或者有关人员进行谈话。

第三十八条 对违反税收法律、行政法规、规章和上级税收规范性文件的涉税文件，按下列原则作出执法督察决定：

（一）对下级税务机关制定，或者下级税务机关与其他部门联合制定的，责令停止执行，并予以纠正；

（二）对本级税务机关制定的，应当停止执行并提出修改建议；

（三）对地方政府和其他部门制定的，同级税务机关应当停止执行，向发文单位提出修改建议，并报告上级税务机关。

第三十九条 除第三十八条规定外，对其他不符合税收法律、行政法规、规章和上级税收规范性文件的税收执法行为，按下列原则作出执法督察处理决定：

（一）执法主体资格不合法的，依法予以撤销；

（二）未履行法定职责的，责令限期履行法定职责；

（三）事实不清、证据不足的，依法予以撤销，并可以责令重新作出执法行为；

（四）未正确适用法律依据的，依法予以变更或者撤销，并可以责令重新作出执法行为；

（五）严重违反法定程序的，依法予以变更或者撤销，并可以责令重新作出执法行为；

（六）超越职权或者滥用职权的，依法予以撤销；

（七）其他不符合税收法律、行政法规、规章和上级税收规范性文件的，依法予以变更或者撤销，并可以责令重新作出执法行为。

第四十条 被督察单位收到《税收执法督察处理决定书》和《税收执法督察处理意见书》后，应当在规定的期限内执行，并以书面形式向实施执法督察的税务机关报告下列执行结果：

（一）对违法、违规涉税文件的清理情况和清理结果；

（二）对违法、违规的税收执法行为予以变更、撤销和重新作出执法行为的情况；

（三）对有关责任人的责任追究情况；

（四）要求报送的其他文件和资料。

第四十一条 被督察单位对执法督察处理决定有异议的，可以在规定的期限内向实施执法督察的税务机关提出复核申请。实施执法督察的税务机关应当进行复核，并作出答复。

第四十二条 实施执法督察的税务机关应当在本单位范围内对执法督察结果和执法督察工作情况予以通报。

执法督察事项应当保密的，可以不予通报。

第四十三条 各级税务机关应当建立执法督察结果报告制度。

督察内审部门应当对执法督察所发现的问题进行归纳和分析，提出完善制度、加强管理等工作建议，向本级税务机关专题报告，并作为有关业务部门的工作参考。

发现税收政策或者税收征管制度存在问题的，各级税务机关应当及时向上级税务机关报告。

第四十四条 各级税务机关每年应当在规定时间内，向上级税务机关报送年度执法督察工作总结和报表等相关材料。

第四十五条 督察内审部门应当按照有关规定做好执法督察工作资料的立卷和归档工作。

执法督察档案应当做到资料齐全、分类清楚，便于质证和查阅。

第五章 责任追究及奖惩

第四十六条 执法督察中发现税收执法行为存在违法、违规问题的，应当按照有关规定和管理权限，对有关负责人和直接责任人予以责任追究。

第四十七条 执法督察中发现纳税人的税收违法行为，实施执法督察的税务机关应当责令主管税务机关调查处理；情节严重的，移交稽查部门处理。

第四十八条 执法督察中，被督察单位不如实提供相关资料和查询权限，或者无正当理由拒绝、拖延、阻挠执法督察的，由实施执法督察的税务机关责令限期改正；拒不改正的，对有关负责人和直接责任人予以责任追究。

第四十九条 被督察单位未按照《税收执法督察处理决定书》和《税收执法督察处理意见书》的要求执行，由实施执法督察的税务机关责令限期改正，并对其主要负责人和有关责任人予以责任追究。

第五十条 执法督察结果及其整改落实情况应当作为各级税务机关考核的重要内容。

各级税务机关应当对执法规范、成绩突出的单位和个人给予表彰和奖励，并予以通报，同时将其先进经验进行推广。存在重大执法问题的单位、部门及其主要负责人和有关责任人，不得参加先进评选。

第五十一条 对执法督察人员在执法督察中滥用职权、徇私舞弊、玩忽职守或者违反廉政建设有关规定的，应当按照有关规定追究其责任。

第五十二条 对在执法督察工作中业绩突出的执法督察人员，各级税务机关应当给予表扬和奖励，并将其业绩作为在优秀公务员等先进评选活动中的重要依据。

第六章　附　　则

第五十三条 本规则相关文书式样，由国家税务总局另行规定。

第五十四条 各省、自治区、直辖市和计划单列市税务局可以依据本规则，结合本地区的具体情况制定具体实施办法。

第五十五条 本规则自2013年4月1日起施行，《国家税务总局关于印发〈税收执法检查规则〉的通知》（国税发〔2004〕126号）同时废止。

（四）其 他

非居民纳税人享受协定待遇管理办法

（2019 年 10 月 14 日　国家税务总局公告 2019 年第 35 号）

第一章　总　则

第一条　为执行中华人民共和国政府签署的避免双重征税协定（以下简称"税收协定"）和国际运输协定税收条款，规范非居民纳税人享受协定待遇管理，根据《中华人民共和国企业所得税法》（以下简称"企业所得税法"）及其实施条例、《中华人民共和国个人所得税法》及其实施条例、《中华人民共和国税收征收管理法》（以下简称"税收征管法"）及其实施细则（以下统称"国内税收法律规定"）的有关规定，制定本办法。

第二条　在中国境内发生纳税义务的非居民纳税人需要享受协定待遇的，适用本办法。

第三条　非居民纳税人享受协定待遇，采取"自行判断、申报享受、相关资料留存备查"的方式办理。非居民纳税人自行判断符合享受协定待遇条件的，可在纳税申报时，或通过扣缴义务人在扣缴申报时，自行享受协定待遇，同时按照本办法的规定归集和留存相关资料备查，并接受税务机关后续管理。

第四条　本办法所称非居民纳税人，是指按照税收协定居民条款规定应为缔约对方税收居民的纳税人。

本办法所称协定包括税收协定和国际运输协定。国际运输协定包括中华人民共和国政府签署的航空协定、海运协定、道路运输协定、汽车运输协定、互免国际运输收入税收协议或换函以及其他关于国际运输的协定。

本办法所称协定待遇，是指按照协定可以减轻或者免除按照国内税收法律规定应当履行的企业所得税、个人所得税纳税义务。

本办法所称扣缴义务人，是指按国内税收法律规定，对非居民纳税人来源于中国境内的所得负有扣缴税款义务的单位或个人，包括法定扣缴义务人和企业所得税法规定的指定扣缴义务人。

本办法所称主管税务机关，是指按国内税收法律规定，对非居民纳税人在中国的纳税义务负有征管职责的税务机关。

第二章 协定适用和纳税申报

第五条 非居民纳税人自行申报的，自行判断符合享受协定待遇条件且需要享受协定待遇，应在申报时报送《非居民纳税人享受协定待遇信息报告表》（见附件），并按照本办法第七条的规定归集和留存相关资料备查。

第六条 在源泉扣缴和指定扣缴情况下，非居民纳税人自行判断符合享受协定待遇条件且需要享受协定待遇的，应当如实填写《非居民纳税人享受协定待遇信息报告表》，主动提交给扣缴义务人，并按照本办法第七条的规定归集和留存相关资料备查。

扣缴义务人收到《非居民纳税人享受协定待遇信息报告表》后，确认非居民纳税人填报信息完整的，依国内税收法律规定和协定规定扣缴，并如实将《非居民纳税人享受协定待遇信息报告表》作为扣缴申报的附表报送主管税务机关。

非居民纳税人未主动提交《非居民纳税人享受协定待遇信息报告表》给扣缴义务人或填报信息不完整的，扣缴义务人依国内税收法律规定扣缴。

第七条 本办法所称留存备查资料包括：

（一）由协定缔约对方税务主管当局开具的证明非居民纳税人取得所得的当年度或上一年度税收居民身份的税收居民身份证明；享受税收协定国际运输条款或国际运输协定待遇的，可用能够证明

符合协定规定身份的证明代替税收居民身份证明;

（二）与取得相关所得有关的合同、协议、董事会或股东会决议、支付凭证等权属证明资料；

（三）享受股息、利息、特许权使用费条款协定待遇的，应留存证明"受益所有人"身份的相关资料；

（四）非居民纳税人认为能够证明其符合享受协定待遇条件的其他资料。

第八条 非居民纳税人对《非居民纳税人享受协定待遇信息报告表》填报信息和留存备查资料的真实性、准确性、合法性承担法律责任。

第九条 非居民纳税人发现不应享受而享受了协定待遇，并少缴或未缴税款的，应当主动向主管税务机关申报补税。

第十条 非居民纳税人可享受但未享受协定待遇而多缴税款的，可在税收征管法规定期限内自行或通过扣缴义务人向主管税务机关要求退还多缴税款，同时提交本办法第七条规定的资料。

主管税务机关应当自接到非居民纳税人或扣缴义务人退还多缴税款申请之日起30日内查实，对符合享受协定待遇条件的多缴税款办理退还手续。

第十一条 非居民纳税人享受协定待遇留存备查资料应按照税收征管法及其实施细则规定的期限保存。

第三章 税务机关后续管理

第十二条 各级税务机关应当对非居民纳税人享受协定待遇开展后续管理，准确执行协定，防范协定滥用和逃避税风险7。

第十三条 主管税务机关在后续管理时，可要求非居民纳税人限期提供留存备查资料。

主管税务机关在后续管理或税款退还查实工作过程中，发现依据本办法第七条规定的资料不足以证明非居民纳税人符合享受协定待遇条件，或非居民纳税人存在逃避税嫌疑的，可要求非居民纳税人或扣缴义务人限期提供相关资料并配合调查。

第十四条 本办法规定的资料原件为外文文本的，按照主管税务机关要求提供时，应当附送中文译本，并对中文译本的准确性和完整性负责。

非居民纳税人、扣缴义务人可以向主管税务机关提供资料复印件，但是应当在复印件上标注原件存放处，加盖报告责任人印章或签章。主管税务机关要求报验原件的，应报验原件。

第十五条 非居民纳税人、扣缴义务人应配合主管税务机关进行非居民纳税人享受协定待遇的后续管理与调查。非居民纳税人、扣缴义务人均未按照税务机关要求提供相关资料，或逃避、拒绝、阻挠税务机关进行后续调查，主管税务机关无法查实其是否符合享受协定待遇条件的，应视为不符合享受协定待遇条件。

第十六条 非居民纳税人不符合享受协定待遇条件而享受了协定待遇且未缴或少缴税款的，除因扣缴义务人未按本办法第六条规定扣缴申报外，视为非居民纳税人未按照规定申报缴纳税款，主管税务机关依法追缴税款并追究非居民纳税人延迟纳税责任。在扣缴情况下，税款延迟缴纳期限自扣缴申报享受协定待遇之日起计算。

第十七条 扣缴义务人未按本办法第六条规定扣缴申报，或者未按本办法第十三条规定提供相关资料，发生不符合享受协定待遇条件的非居民纳税人享受协定待遇且未缴或少缴税款情形的，主管税务机关依据有关规定追究扣缴义务人责任，并责令非居民纳税人限期缴纳税款。

第十八条 依据企业所得税法第三十九条规定，非居民纳税人未依法缴纳税款的，主管税务机关可以从该非居民纳税人在中国境内其他收入项目的支付人应付的款项中，追缴该非居民纳税人的应纳税款。

第十九条　主管税务机关在后续管理或税款退还查实工作过程中，发现不能准确判定非居民纳税人是否可以享受协定待遇的，应当向上级税务机关报告；需要启动相互协商或情报交换程序的，按有关规定启动相应程序。

第二十条　本办法第十条所述查实时间不包括非居民纳税人或扣缴义务人补充提供资料、个案请示、相互协商、情报交换的时间。税务机关因上述原因延长查实时间的，应书面通知退税申请人相关决定及理由。

第二十一条　主管税务机关在后续管理过程中，发现需要适用税收协定主要目的测试条款或国内税收法律规定中的一般反避税规则的，适用一般反避税相关规定。

第二十二条　主管税务机关应当对非居民纳税人不当享受协定待遇情况建立信用档案，并采取相应后续管理措施。

第四章　附　　则

第二十三条　协定与本办法规定不同的，按协定执行。

第二十四条　非居民纳税人需要享受内地与香港、澳门特别行政区签署的避免双重征税安排待遇的，按照本公告执行。

第二十五条　本办法自2020年1月1日起施行。《非居民纳税人享受税收协定待遇管理办法》（国家税务总局公告2015年第60号发布，国家税务总局公告2018年第31号修改）同时废止。

税收政策合规工作实施办法（试行）

(2015年10月10日　税总发〔2015〕117号)

第一条 为了规范税收政策合规工作，根据国务院办公厅《关于进一步加强贸易政策合规工作的通知》（国办发〔2014〕29号），制定本办法。

第二条 本办法所称税收政策，是指依法制定的可能影响货物贸易、服务贸易以及与贸易有关的知识产权的税务部门规章、税收规范性文件，以及税务机关与其他部门联合制定文件中涉及的税收政策和管理措施，不包括针对特定行政相对人实施的具体行政行为。

前款中的税收政策和管理措施包括但不限于：

（一）直接影响进出口的税收政策，包括：

1. 影响进口的间接税；

2. 出口税；

3. 出口退税；

4. 加工贸易税收减让。

（二）可能影响贸易的税收优惠政策；

（三）执行上述税收政策的管理措施。

第三条 本办法所称合规，是指税收政策应当符合世界贸易组织规则。

世界贸易组织规则，包括《世界贸易组织协定》及其附件和后续协定、《中华人民共和国加入议定书》和《中国加入工作组报告书》。

第四条 设区的市（盟、州、地区）以上税务机关应当按照本办法的规定，对税收政策进行合规性评估。

第五条 设区的市（盟、州、地区）以上税务机关从事政策法规工作的部门或人员（以下简称政策法规部门）负责对税收政策进行合规性评估。

税收政策未经政策法规部门进行合规性评估的，办公厅（室）不予核稿，局领导不予签发。

第六条 税收政策在送交合规性评估时，税收政策起草部门应当对其制定背景、制定依据、政策目标等进行说明。

起草部门未按前款规定对税收政策进行说明的，政策法规部门应将起草文本退回起草部门，由其进行补充说明。

第七条 政策法规部门主要依据以下内容，对税收政策起草文本是否合规进行评估：

（一）最惠国待遇原则；

（二）国民待遇原则；

（三）透明度原则；

（四）有关补贴的规定；

（五）其他世界贸易组织规则。

第八条 政策法规部门根据不同情形，分别提出以下评估意见：

（一）认为起草文本符合世界贸易组织规则的，提出无异议评估意见；

（二）认为起草文本可能引发国际贸易争端的，向起草部门作出风险提示；

（三）认为起草文本不符合世界贸易组织规则、必然引发国际贸易争端的，向起草部门作出风险提示，并提出修改的意见和理由。

第九条 经评估，政策法规部门对起草文本提出无异议评估意见的，在签署同意意见后，按公文处理程序办理。

第十条 政策法规部门认为起草文本可能或必然引发国际贸易争端，起草部门同意政策法规部门意见的，由起草部门根据政策法规部门的风险提示进行分析，按公文处理程序办理。

第十一条 政策法规部门认为起草文本可能或必然引发国际贸易争端，起草部门不同意政策法规部门的意见，经充分协商仍不能达成一致的，由起草部门在起草说明中注明各方意见和理由，报局领导确定。

第十二条 设区的市（盟、州、地区）以上税务机关难以确定税收政策是否合规的，可由政策起草部门征求同级商务部门意见后，报局领导确定。

如有必要，设区的市（盟、州、地区）以上税务机关可以邀请有关部门、专家学者、中介机构等对税收政策的合规性和引发国际贸易争端的风险进行论证。

第十三条 合规性评估过程中发现起草文本所依据的税收政策不符合世界贸易组织规则的，由起草机关层报该税收政策制定机关处理。

第十四条 设区的市（盟、州、地区）以上税务机关应当在税收政策印发之日起30日内将正式文本报上级税务机关政策法规部门备案。

第十五条 上级税务机关政策法规部门应当对下级税务机关报备的税收政策进行合规性评估，提出处理意见。

根据世界贸易组织规则发展变化情况，税务总局及时组织设区的市（盟、州、地区）以上税务机关对税收政策进行专项清理。

第十六条 各省、自治区、直辖市和计划单列市税务机关应当于每年1月31日前向国家税务总局报告本地区上一年度合规性评估工作开展情况，包括当年合规性评估文件数量、名称、政策法规部门的评估意见以及文件最终制定情况。

第十七条 税收政策文本印发后，应当按照世界贸易组织规则的要求翻译成英文。

税收政策翻译工作实施办法由税务总局另行制定。

第十八条 国务院商务主管部门转来的世贸组织成员提出的税收政策合规问题，由税务总局统一负责，参照本办法的规定办理。

第十九条 设区的市（盟、州、地区）以上税务机关可以根据需要，建立合规工作专家支持体系。

第二十条 本办法自2015年11月1日起实施。

司法解释及文件

最高人民法院、最高人民检察院关于办理危害税收征管刑事案件适用法律若干问题的解释

（2024年1月8日最高人民法院审判委员会第1911次会议、2024年2月22日最高人民检察院第十四届检察委员会第二十五次会议通过 2024年3月15日最高人民法院、最高人民检察院公告公布 自2024年3月20日起施行 法释〔2024〕4号）

为依法惩治危害税收征管犯罪，根据《中华人民共和国刑法》《中华人民共和国刑事诉讼法》的有关规定，现就办理此类刑事案件适用法律的若干问题解释如下：

第一条 纳税人进行虚假纳税申报，具有下列情形之一的，应当认定为刑法第二百零一条第一款规定的"欺骗、隐瞒手段"：

（一）伪造、变造、转移、隐匿、擅自销毁账簿、记账凭证或者其他涉税资料的；

（二）以签订"阴阳合同"等形式隐匿或者以他人名义分解收入、财产的；

(三)虚列支出、虚抵进项税额或者虚报专项附加扣除的;

(四)提供虚假材料,骗取税收优惠的;

(五)编造虚假计税依据的;

(六)为不缴、少缴税款而采取的其他欺骗、隐瞒手段。

具有下列情形之一的,应当认定为刑法第二百零一条第一款规定的"不申报":

(一)依法在登记机关办理设立登记的纳税人,发生应税行为而不申报纳税的;

(二)依法不需要在登记机关办理设立登记或者未依法办理设立登记的纳税人,发生应税行为,经税务机关依法通知其申报而不申报纳税的;

(三)其他明知应当依法申报纳税而不申报纳税的。

扣缴义务人采取第一、二款所列手段,不缴或者少缴已扣、已收税款,数额较大的,依照刑法第二百零一条第一款的规定定罪处罚。扣缴义务人承诺为纳税人代付税款,在其向纳税人支付税后所得时,应当认定扣缴义务人"已扣、已收税款"。

第二条 纳税人逃避缴纳税款十万元以上、五十万元以上的,应当分别认定为刑法第二百零一条第一款规定的"数额较大"、"数额巨大"。

扣缴义务人不缴或者少缴已扣、已收税款"数额较大"、"数额巨大"的认定标准,依照前款规定。

第三条 纳税人有刑法第二百零一条第一款规定的逃避缴纳税款行为,在公安机关立案前,经税务机关依法下达追缴通知后,在规定的期限或者批准延缓、分期缴纳的期限内足额补缴应纳税款,缴纳滞纳金,并全部履行税务机关作出的行政处罚决定的,不予追究刑事责任。但是,五年内因逃避缴纳税款受过刑事处罚或者被税务机关给予二次以上行政处罚的除外。

纳税人有逃避缴纳税款行为,税务机关没有依法下达追缴通知的，依法不予追究刑事责任。

第四条 刑法第二百零一条第一款规定的"逃避缴纳税款数额"，是指在确定的纳税期间，不缴或者少缴税务机关负责征收的各税种税款的总额。

刑法第二百零一条第一款规定的"应纳税额"，是指应税行为发生年度内依照税收法律、行政法规规定应当缴纳的税额，不包括海关代征的增值税、关税等及纳税人依法预缴的税额。

刑法第二百零一条第一款规定的"逃避缴纳税款数额占应纳税额的百分比"，是指行为人在一个纳税年度中的各税种逃税总额与该纳税年度应纳税总额的比例；不按纳税年度确定纳税期的，按照最后一次逃税行为发生之日前一年中各税种逃税总额与该年应纳税总额的比例确定。纳税义务存续期间不足一个纳税年度的，按照各税种逃税总额与实际发生纳税义务期间应纳税总额的比例确定。

逃税行为跨越若干个纳税年度，只要其中一个纳税年度的逃税数额及百分比达到刑法第二百零一条第一款规定的标准，即构成逃税罪。各纳税年度的逃税数额应当累计计算，逃税额占应纳税额百分比应当按照各逃税年度百分比的最高值确定。

刑法第二百零一条第三款规定的"未经处理"，包括未经行政处理和刑事处理。

第五条 以暴力、威胁方法拒不缴纳税款，具有下列情形之一的，应当认定为刑法第二百零二条规定的"情节严重"：

（一）聚众抗税的首要分子；

（二）故意伤害致人轻伤的；

（三）其他情节严重的情形。

实施抗税行为致人重伤、死亡，符合刑法第二百三十四条或者第二百三十二条规定的，以故意伤害罪或者故意杀人罪定罪处罚。

第六条 纳税人欠缴应纳税款，为逃避税务机关追缴，具有下列情形之一的，应当认定为刑法第二百零三条规定的"采取转移或

者隐匿财产的手段":

（一）放弃到期债权的；

（二）无偿转让财产的；

（三）以明显不合理的价格进行交易的；

（四）隐匿财产的；

（五）不履行税收义务并脱离税务机关监管的；

（六）以其他手段转移或者隐匿财产的。

第七条 具有下列情形之一的，应当认定为刑法第二百零四条第一款规定的"假报出口或者其他欺骗手段"：

（一）使用虚开、非法购买或者以其他非法手段取得的增值税专用发票或者其他可以用于出口退税的发票申报出口退税的；

（二）将未负税或者免税的出口业务申报为已税的出口业务的；

（三）冒用他人出口业务申报出口退税的；

（四）虽有出口，但虚构应退税出口业务的品名、数量、单价等要素，以虚增出口退税额申报出口退税的；

（五）伪造、签订虚假的销售合同，或者以伪造、变造等非法手段取得出口报关单、运输单据等出口业务相关单据、凭证，虚构出口事实申报出口退税的；

（六）在货物出口后，又转入境内或者将境外同种货物转入境内循环进出口并申报出口退税的；

（七）虚报出口产品的功能、用途等，将不享受退税政策的产品申报为退税产品的；

（八）以其他欺骗手段骗取出口退税款的。

第八条 骗取国家出口退税款数额十万元以上、五十万元以上、五百万元以上的，应当分别认定为刑法第二百零四条第一款规定的"数额较大"、"数额巨大"、"数额特别巨大"。

具有下列情形之一的，应当认定为刑法第二百零四条第一款规定的"其他严重情节"：

（一）两年内实施虚假申报出口退税行为三次以上，且骗取国家税款三十万元以上的；

（二）五年内因骗取国家出口退税受过刑事处罚或者二次以上行政处罚，又实施骗取国家出口退税行为，数额在三十万元以上的；

（三）致使国家税款被骗取三十万元以上并且在提起公诉前无法追回的；

（四）其他情节严重的情形。

具有下列情形之一的，应当认定为刑法第二百零四条第一款规定的"其他特别严重情节"：

（一）两年内实施虚假申报出口退税行为五次以上，或者以骗取出口退税为主要业务，且骗取国家税款三百万元以上的；

（二）五年内因骗取国家出口退税受过刑事处罚或者二次以上行政处罚，又实施骗取国家出口退税行为，数额在三百万元以上的；

（三）致使国家税款被骗取三百万元以上并且在提起公诉前无法追回的；

（四）其他情节特别严重的情形。

第九条 实施骗取国家出口退税行为，没有实际取得出口退税款的，可以比照既遂犯从轻或者减轻处罚。

从事货物运输代理、报关、会计、税务、外贸综合服务等中介组织及其人员违反国家有关进出口经营规定，为他人提供虚假证明文件，致使他人骗取国家出口退税款，情节严重的，依照刑法第二百二十九条的规定追究刑事责任。

第十条 具有下列情形之一的，应当认定为刑法第二百零五条第一款规定的"虚开增值税专用发票或者虚开用于骗取出口退税、抵扣税款的其他发票"：

（一）没有实际业务，开具增值税专用发票、用于骗取出口退税、抵扣税款的其他发票的；

（二）有实际应抵扣业务，但开具超过实际应抵扣业务对应税款的增值税专用发票、用于骗取出口退税、抵扣税款的其他发票的；

（三）对依法不能抵扣税款的业务，通过虚构交易主体开具增值税专用发票、用于骗取出口退税、抵扣税款的其他发票的；

（四）非法篡改增值税专用发票或者用于骗取出口退税、抵扣税款的其他发票相关电子信息的；

（五）违反规定以其他手段虚开的。

为虚增业绩、融资、贷款等不以骗抵税款为目的，没有因抵扣造成税款被骗损失的，不以本罪论处，构成其他犯罪的，依法以其他犯罪追究刑事责任。

第十一条 虚开增值税专用发票、用于骗取出口退税、抵扣税款的其他发票，税款数额在十万元以上的，应当依照刑法第二百零五条的规定定罪处罚；虚开税款数额在五十万元以上、五百万元以上的，应当分别认定为刑法第二百零五条第一款规定的"数额较大"、"数额巨大"。

具有下列情形之一的，应当认定为刑法第二百零五条第一款规定的"其他严重情节"：

（一）在提起公诉前，无法追回的税款数额达到三十万元以上的；

（二）五年内因虚开发票受过刑事处罚或者二次以上行政处罚，又虚开增值税专用发票或者虚开用于骗取出口退税、抵扣税款的其他发票，虚开税款数额在三十万元以上的；

（三）其他情节严重的情形。

具有下列情形之一的，应当认定为刑法第二百零五条第一款规定的"其他特别严重情节"：

（一）在提起公诉前，无法追回的税款数额达到三百万元以上的；

（二）五年内因虚开发票受过刑事处罚或者二次以上行政处罚，又虚开增值税专用发票或者虚开用于骗取出口退税、抵扣税款的其他发票，虚开税款数额在三百万元以上的；

（三）其他情节特别严重的情形。

以同一购销业务名义，既虚开进项增值税专用发票、用于骗取出口退税、抵扣税款的其他发票，又虚开销项的，以其中较大的数额计算。

以伪造的增值税专用发票进行虚开，达到本条规定标准的，应当以虚开增值税专用发票罪追究刑事责任。

第十二条 具有下列情形之一的，应当认定为刑法第二百零五条之一第一款规定的"虚开刑法第二百零五条规定以外的其他发票"：

（一）没有实际业务而为他人、为自己、让他人为自己、介绍他人开具发票的；

（二）有实际业务，但为他人、为自己、让他人为自己、介绍他人开具与实际业务的货物品名、服务名称、货物数量、金额等不符的发票的；

（三）非法篡改发票相关电子信息的；

（四）违反规定以其他手段虚开的。

第十三条 具有下列情形之一的，应当认定为刑法第二百零五条之一第一款规定的"情节严重"：

（一）虚开发票票面金额五十万元以上的；

（二）虚开发票一百份以上且票面金额三十万元以上的；

（三）五年内因虚开发票受过刑事处罚或者二次以上行政处罚，又虚开发票，票面金额达到第一、二项规定的标准60%以上的。

具有下列情形之一的，应当认定为刑法第二百零五条之一第一款规定的"情节特别严重"：

（一）虚开发票票面金额二百五十万元以上的；

（二）虚开发票五百份以上且票面金额一百五十万元以上的；

（三）五年内因虚开发票受过刑事处罚或者二次以上行政处罚，又虚开发票，票面金额达到第一、二项规定的标准60%以上的。

以伪造的发票进行虚开，达到本条第一款规定的标准的，应当以虚开发票罪追究刑事责任。

第十四条 伪造或者出售伪造的增值税专用发票，具有下列情形之一的，应当依照刑法第二百零六条的规定定罪处罚：

（一）票面税额十万元以上的；

（二）伪造或者出售伪造的增值税专用发票十份以上且票面税额六万元以上的；

（三）违法所得一万元以上的。

伪造或者出售伪造的增值税专用发票票面税额五十万元以上的，或者五十份以上且票面税额三十万元以上的，应当认定为刑法第二百零六条第一款规定的"数量较大"。

五年内因伪造或者出售伪造的增值税专用发票受过刑事处罚或者二次以上行政处罚，又实施伪造或者出售伪造的增值税专用发票行为，票面税额达到本条第二款规定的标准60%以上的，或者违法所得五万元以上的，应当认定为刑法第二百零六条第一款规定的"其他严重情节"。

伪造或者出售伪造的增值税专用发票票面税额五百万元以上的，或者五百份以上且票面税额三百万元以上的，应当认定为刑法第二百零六条第一款规定的"数量巨大"。

五年内因伪造或者出售伪造的增值税专用发票受过刑事处罚或者二次以上行政处罚，又实施伪造或者出售伪造的增值税专用发票行为，票面税额达到本条第四款规定的标准60%以上的，或者违法所得五十万元以上的，应当认定为刑法第二百零六条第一款规定的"其他特别严重情节"。

伪造并出售同一增值税专用发票的，以伪造、出售伪造的增值税专用发票罪论处,数量不重复计算。

变造增值税专用发票的,按照伪造增值税专用发票论处。

第十五条 非法出售增值税专用发票的,依照本解释第十四条的定罪量刑标准定罪处罚。

第十六条 非法购买增值税专用发票或者购买伪造的增值税专用发票票面税额二十万元以上的,或者二十份以上且票面税额十万元以上的,应当依照刑法第二百零八条第一款的规定定罪处罚。

非法购买真、伪两种增值税专用发票的,数额累计计算,不实行数罪并罚。

购买伪造的增值税专用发票又出售的,以出售伪造的增值税专用发票罪定罪处罚;非法购买增值税专用发票用于骗取抵扣税款或者骗取出口退税款,同时构成非法购买增值税专用发票罪与虚开增值税专用发票罪、骗取出口退税罪的,依照处罚较重的规定定罪处罚。

第十七条 伪造、擅自制造或者出售伪造、擅自制造的用于骗取出口退税、抵扣税款的其他发票,具有下列情形之一的,应当依照刑法第二百零九条第一款的规定定罪处罚:

(一)票面可以退税、抵扣税额十万元以上的;

(二)伪造、擅自制造或者出售伪造、擅自制造的发票十份以上且票面可以退税、抵扣税额六万元以上的;

(三)违法所得一万元以上的。

伪造、擅自制造或者出售伪造、擅自制造的可以用于骗取出口退税、抵扣税款的其他发票票面可以退税、抵扣税额五十万元以上的,或者五十份以上且票面可以退税、抵扣税额三十万元以上的,应当认定为刑法第二百零九条第一款规定的"数量巨大";伪造、擅自制造或者出售伪造、擅自制造的可以用于骗取出口退税、抵扣税款的其他发票票面可以退税、抵扣税额五百万元以上的,或者五百份以上且票面可以退税、抵扣税额三百万元以上的,应当认定为刑法第二百零九条第一款规定的"数量特别巨大"。

伪造、擅自制造或者出售伪造、擅自制造刑法第二百零九条第二款规定的发票，具有下列情形之一的，应当依照该款的规定定罪处罚：

（一）票面金额五十万元以上的；

（二）伪造、擅自制造或者出售伪造、擅自制造发票一百份以上且票面金额三十万元以上的；

（三）违法所得一万元以上的。

伪造、擅自制造或者出售伪造、擅自制造刑法第二百零九条第二款规定的发票，具有下列情形之一的，应当认定为"情节严重"：

（一）票面金额二百五十万元以上的；

（二）伪造、擅自制造或者出售伪造、擅自制造发票五百份以上且票面金额一百五十万元以上的；

（三）违法所得五万元以上的。

非法出售用于骗取出口退税、抵扣税款的其他发票的，定罪量刑标准依照本条第一、二款的规定执行。

非法出售增值税专用发票、用于骗取出口退税、抵扣税款的其他发票以外的发票的，定罪量刑标准依照本条第三、四款的规定执行。

第十八条 具有下列情形之一的，应当认定为刑法第二百一十条之一第一款规定的"数量较大"：

（一）持有伪造的增值税专用发票或者可以用于骗取出口退税、抵扣税款的其他发票票面税额五十万元以上的；或者五十份以上且票面税额二十五万元以上的；

（二）持有伪造的前项规定以外的其他发票票面金额一百万元以上的，或者一百份以上且票面金额五十万元以上的。

持有的伪造发票数量、票面税额或者票面金额达到前款规定的标准五倍以上的，应当认定为刑法第二百一十条之一第一款规定的

"数量巨大"。

第十九条 明知他人实施危害税收征管犯罪而仍为其提供账号、资信证明或者其他帮助的,以相应犯罪的共犯论处。

第二十条 单位实施危害税收征管犯罪的定罪量刑标准,依照本解释规定的标准执行。

第二十一条 实施危害税收征管犯罪,造成国家税款损失,行为人补缴税款、挽回税收损失,有效合规整改的,可以从宽处罚;犯罪情节轻微不需要判处刑罚的,可以不起诉或者免予刑事处罚;情节显著轻微危害不大的,不作为犯罪处理。

对于实施本解释规定的相关行为被不起诉或者免予刑事处罚,需要给予行政处罚、政务处分或者其他处分的,依法移送有关主管机关处理。有关主管机关应当将处理结果及时通知人民检察院、人民法院。

第二十二条 本解释自2024年3月20日起施行。《最高人民法院关于适用〈全国人民代表大会常务委员会关于惩治虚开、伪造和非法出售增值税专用发票犯罪的决定〉的若干问题的解释》(法发〔1996〕30号)、《最高人民法院关于审理骗取出口退税刑事案件具体应用法律若干问题的解释》(法释〔2002〕30号)、《最高人民法院关于审理偷税、抗税刑事案件具体应用法律若干问题的解释》(法释〔2002〕33号)同时废止;最高人民法院、最高人民检察院以前发布的司法解释与本解释不一致的,以本解释为准。

最高人民法院关于
审理偷税抗税刑事案件具体
应用法律若干问题的解释

（2002年11月4日最高人民法院审判委员会第1254次会议通过 2002年11月5日最高人民法院公告公布 自2002年11月7日起施行 法释〔2002〕33号）

为依法惩处偷税、抗税犯罪活动，根据刑法的有关规定，现就审理偷税、抗税刑事案件具体应用法律的若干问题解释如下：

第一条 纳税人实施下列行为之一，不缴或者少缴应纳税款，偷税数额占应纳税额的百分之十以上且偷税数额在一万元以上的，依照刑法第二百零一条第一款的规定定罪处罚：

（一）伪造、变造、隐匿、擅自销毁账簿、记账凭证；

（二）在账簿上多列支出或者不列、少列收入；

（三）经税务机关通知申报而拒不申报纳税；

（四）进行虚假纳税申报；

（五）缴纳税款后，以假报出口或者其他欺骗手段，骗取所缴纳的税款。

扣缴义务人实施前款行为之一，不缴或者少缴已扣、已收税款，数额在一万元以上且占应缴税额百分之十以上的，依照刑法第二百零一条第一款的规定定罪处罚。扣缴义务人书面承诺代纳税人支付税款的，应当认定扣缴义务人"已扣、已收税款"。

实施本条第一款、第二款规定的行为，偷税数额在五万元以下，纳税人或者扣缴义务人在公安机关立案侦查以前已经足额补缴应纳税款和滞纳金，犯罪情节轻微，不需要判处刑罚的，可以免予刑事处罚。

第二条 纳税人伪造、变造、隐匿、擅自销毁用于记账的发票等原始凭证的行为，应当认定为刑法第二百零一条第一款规定的伪造、变造、隐匿、擅自销毁记账凭证的行为。

具有下列情形之一的，应当认定为刑法第二百零一条第一款规定的"经税务机关通知申报"：

（一）纳税人、扣缴义务人已经依法办理税务登记或者扣缴税款登记的；

（二）依法不需要办理税务登记的纳税人，经税务机关依法书面通知其申报的；

（三）尚未依法办理税务登记、扣缴税款登记的纳税人、扣缴义务人，经税务机关依法书面通知其申报的。

刑法第二百零一条第一款规定的"虚假的纳税申报"，是指纳税人或者扣缴义务人向税务机关报送虚假的纳税申报表、财务报表、代扣代缴、代收代缴税款报告表或者其他纳税申报资料，如提供虚假申请，编造减税、免税、抵税、先征收后退还税款等虚假资料等。

刑法第二百零一条第三款规定的"未经处理"，是指纳税人或者扣缴义务人在五年内多次实施偷税行为，但每次偷税数额均未达到刑法第二百零一条规定的构成犯罪的数额标准，且未受行政处罚的情形。

纳税人、扣缴义务人因同一偷税犯罪行为受到行政处罚，又被移送起诉的，人民法院应当依法受理。依法定罪并判处罚金的，行政罚款折抵罚金。

第三条 偷税数额，是指在确定的纳税期间，不缴或者少缴各税种税款的总额。

偷税数额占应纳税额的百分比，是指一个纳税年度中的各税种偷税总额与该纳税年度应纳税总额的比例。不按纳税年度确定纳税期的其他纳税人，偷税数额占应纳税额的百分比，按照行为人最后一次偷税行为发生之日前一年中各税种偷税总额与该年纳税总额的比例确定。纳税义务存续期间不足一个纳税年度的，偷税数额占应纳税额的百分比，按照各税种偷税总额与实际发生纳税义务期间应当缴纳税款总额的比例确定。

偷税行为跨越若干个纳税年度，只要其中一个纳税年度的偷税数额及百分比达到刑法第二百零一条第一款规定的标准，即构成偷税罪。各纳税年度的偷税数额应当累计计算，偷税百分比应当按照最高的百分比确定。

第四条 两年内因偷税受过二次行政处罚，又偷税且数额在一万元以上的，应当以偷税罪定罪处罚。

第五条 实施抗税行为具有下列情形之一的，属于刑法第二百零二条规定的"情节严重"：

（一）聚众抗税的首要分子；

（二）抗税数额在十万元以上的；

（三）多次抗税的；

（四）故意伤害致人轻伤的；

（五）具有其他严重情节。

第六条 实施抗税行为致人重伤、死亡，构成故意伤害罪、故意杀人罪的，分别依照刑法第二百三十四条第二款、第二百三十二条的规定定罪处罚。

与纳税人或者扣缴义务人共同实施抗税行为的，以抗税罪的共犯依法处罚。

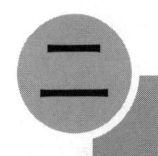

二 所得税

法　　律

中华人民共和国企业所得税法

（2007年3月16日第十届全国人民代表大会第五次会议通过　根据2017年2月24日第十二届全国人民代表大会常务委员会第二十六次会议《关于修改〈中华人民共和国企业所得税法〉的决定》第一次修正　根据2018年12月29日第十三届全国人民代表大会常务委员会第七次会议《关于修改〈中华人民共和国电力法〉等四部法律的决定》第二次修正）

目　　录

第一章　总　　则

第二章　应纳税所得额

第三章　应纳税额

第四章　税收优惠

第五章　源泉扣缴

第六章　特别纳税调整

第七章　征收管理

第八章　附　　则

第一章 总　则

第一条 【适用范围】在中华人民共和国境内，企业和其他取得收入的组织（以下统称企业）为企业所得税的纳税人，依照本法的规定缴纳企业所得税。

个人独资企业、合伙企业不适用本法。

第二条 【企业分类及其含义】企业分为居民企业和非居民企业。

本法所称居民企业，是指依法在中国境内成立，或者依照外国（地区）法律成立但实际管理机构在中国境内的企业。

本法所称非居民企业，是指依照外国（地区）法律成立且实际管理机构不在中国境内，但在中国境内设立机构、场所的，或者在中国境内未设立机构、场所，但有来源于中国境内所得的企业。

第三条 【缴纳企业所得税的所得范围】居民企业应当就其来源于中国境内、境外的所得缴纳企业所得税。

非居民企业在中国境内设立机构、场所的，应当就其所设机构、场所取得的来源于中国境内的所得，以及发生在中国境外但与其所设机构、场所有实际联系的所得，缴纳企业所得税。

非居民企业在中国境内未设立机构、场所的，或者虽设立机构、场所但取得的所得与其所设机构、场所没有实际联系的，应当就其来源于中国境内的所得缴纳企业所得税。

第四条 【企业所得税税率】企业所得税的税率为25%。

非居民企业取得本法第三条第三款规定的所得，适用税率为20%。

第二章　应纳税所得额

第五条 【应税所得的计算】企业每一纳税年度的收入总额，减除不征税收入、免税收入、各项扣除以及允许弥补的以前年度亏损后的余额，为应纳税所得额。

第六条　【企业收入总额】企业以货币形式和非货币形式从各种来源取得的收入，为收入总额。包括：

（一）销售货物收入；

（二）提供劳务收入；

（三）转让财产收入；

（四）股息、红利等权益性投资收益；

（五）利息收入；

（六）租金收入；

（七）特许权使用费收入；

（八）接受捐赠收入；

（九）其他收入。

第七条　【不征税收入项目】收入总额中的下列收入为不征税收入：

（一）财政拨款；

（二）依法收取并纳入财政管理的行政事业性收费、政府性基金；

（三）国务院规定的其他不征税收入。

第八条　【与收入有关的、合理支出的扣除】企业实际发生的与取得收入有关的、合理的支出，包括成本、费用、税金、损失和其他支出，准予在计算应纳税所得额时扣除。

第九条　【公益性捐赠支出的扣除】企业发生的公益性捐赠支出，在年度利润总额12%以内的部分，准予在计算应纳税所得额时扣除；超过年度利润总额12%的部分，准予结转以后三年内在计算应纳税所得额时扣除。

第十条　【不得扣除的支出事项】在计算应纳税所得额时，下列支出不得扣除：

（一）向投资者支付的股息、红利等权益性投资收益款项；

（二）企业所得税税款；

（三）税收滞纳金；

（四）罚金、罚款和被没收财物的损失；

（五）本法第九条规定以外的捐赠支出；

（六）赞助支出；

（七）未经核定的准备金支出；

（八）与取得收入无关的其他支出。

第十一条 【固定资产折旧的扣除】在计算应纳税所得额时，企业按照规定计算的固定资产折旧，准予扣除。

下列固定资产不得计算折旧扣除：

（一）房屋、建筑物以外未投入使用的固定资产；

（二）以经营租赁方式租入的固定资产；

（三）以融资租赁方式租出的固定资产；

（四）已足额提取折旧仍继续使用的固定资产；

（五）与经营活动无关的固定资产；

（六）单独估价作为固定资产入账的土地；

（七）其他不得计算折旧扣除的固定资产。

第十二条 【无形资产摊销费用的扣除】在计算应纳税所得额时，企业按照规定计算的无形资产摊销费用，准予扣除。

下列无形资产不得计算摊销费用扣除：

（一）自行开发的支出已在计算应纳税所得额时扣除的无形资产；

（二）自创商誉；

（三）与经营活动无关的无形资产；

（四）其他不得计算摊销费用扣除的无形资产。

第十三条 【可扣除的长期待摊费用范围】在计算应纳税所得额时，企业发生的下列支出作为长期待摊费用，按照规定摊销的，准予扣除：

（一）已足额提取折旧的固定资产的改建支出；

（二）租入固定资产的改建支出；

（三）固定资产的大修理支出；

（四）其他应当作为长期待摊费用的支出。

第十四条 【投资资产成本不得扣除】企业对外投资期间，投资资产的成本在计算应纳税所得额时不得扣除。

第十五条 【存货成本的扣除】企业使用或者销售存货，按照规定计算的存货成本，准予在计算应纳税所得额时扣除。

第十六条 【转让资产净值的扣除】企业转让资产，该项资产的净值，准予在计算应纳税所得额时扣除。

第十七条 【境外亏损不得抵减境内盈利】企业在汇总计算缴纳企业所得税时，其境外营业机构的亏损不得抵减境内营业机构的盈利。

第十八条 【年度亏损结转】企业纳税年度发生的亏损，准予向以后年度结转，用以后年度的所得弥补，但结转年限最长不得超过五年。

第十九条 【非居民企业应税所得的计算】非居民企业取得本法第三条第三款规定的所得，按照下列方法计算其应纳税所得额：

（一）股息、红利等权益性投资收益和利息、租金、特许权使用费所得，以收入全额为应纳税所得额；

（二）转让财产所得，以收入全额减除财产净值后的余额为应纳税所得额；

（三）其他所得，参照前两项规定的方法计算应纳税所得额。

第二十条 【具体办法的授权规定】本章规定的收入、扣除的具体范围、标准和资产的税务处理的具体办法，由国务院财政、税务主管部门规定。

第二十一条 【税收法律优先】在计算应纳税所得额时，企业财务、会计处理办法与税收法律、行政法规的规定不一致的，应当依照税收法律、行政法规的规定计算。

第三章 应 纳 税 额

第二十二条 【应纳税额计算方法】企业的应纳税所得额乘以适用税率，减除依照本法关于税收优惠的规定减免和抵免的税额后的余额，为应纳税额。

第二十三条 【境外缴纳所得税额的抵免】企业取得的下列所得已在境外缴纳的所得税税额，可以从其当期应纳税额中抵免，抵免限额为该项所得依照本法规定计算的应纳税额；超过抵免限额的部分，可以在以后五个年度内，用每年度抵免限额抵免当年应抵税额后的余额进行抵补：

（一）居民企业来源于中国境外的应税所得；

（二）非居民企业在中国境内设立机构、场所，取得发生在中国境外但与该机构、场所有实际联系的应税所得。

第二十四条 【境外法定所得抵免】居民企业从其直接或者间接控制的外国企业分得的来源于中国境外的股息、红利等权益性投资收益，外国企业在境外实际缴纳的所得税税额中属于该项所得负担的部分，可以作为该居民企业的可抵免境外所得税税额，在本法第二十三条规定的抵免限额内抵免。

第四章 税 收 优 惠

第二十五条 【税收优惠的一般规定】国家对重点扶持和鼓励发展的产业和项目，给予企业所得税优惠。

第二十六条 【免税收入】企业的下列收入为免税收入：

（一）国债利息收入；

（二）符合条件的居民企业之间的股息、红利等权益性投资收益；

（三）在中国境内设立机构、场所的非居民企业从居民企业取得与该机构、场所有实际联系的股息、红利等权益性投资收益；

（四）符合条件的非营利组织的收入。

第二十七条 【免征、减征所得】企业的下列所得，可以免征、减征企业所得税：

（一）从事农、林、牧、渔业项目的所得；
（二）从事国家重点扶持的公共基础设施项目投资经营的所得；
（三）从事符合条件的环境保护、节能节水项目的所得；
（四）符合条件的技术转让所得；
（五）本法第三条第三款规定的所得。

第二十八条 【小型微利企业、高新技术企业减征所得税】符合条件的小型微利企业，减按20%的税率征收企业所得税。

国家需要重点扶持的高新技术企业，减按15%的税率征收企业所得税。

第二十九条 【民族自治地方企业所得税的减免】民族自治地方的自治机关对本民族自治地方的企业应缴纳的企业所得税中属于地方分享的部分，可以决定减征或者免征。自治州、自治县决定减征或者免征的，须报省、自治区、直辖市人民政府批准。

第三十条 【加计扣除范围】企业的下列支出，可以在计算应纳税所得额时加计扣除：

（一）开发新技术、新产品、新工艺发生的研究开发费用；
（二）安置残疾人员及国家鼓励安置的其他就业人员所支付的工资。

第三十一条 【创业投资企业应税所得的抵扣】创业投资企业从事国家需要重点扶持和鼓励的创业投资，可以按投资额的一定比例抵扣应纳税所得额。

第三十二条 【企业加速折旧】企业的固定资产由于技术进步等原因，确需加速折旧的，可以缩短折旧年限或者采取加速折旧的方法。

第三十三条 【应税所得的减计收入】企业综合利用资源，生产符合国家产业政策规定的产品所取得的收入，可以在计算应纳税所得额时减计收入。

第三十四条 【企业税额抵免】企业购置用于环境保护、节能节水、安全生产等专用设备的投资额，可以按一定比例实行税额抵免。

第三十五条 【制定税收优惠办法的授权规定】本法规定的税收优惠的具体办法，由国务院规定。

第三十六条 【专项优惠政策】根据国民经济和社会发展的需要，或者由于突发事件等原因对企业经营活动产生重大影响的，国务院可以制定企业所得税专项优惠政策，报全国人民代表大会常务委员会备案。

第五章 源泉扣缴

第三十七条 【源泉扣缴的条件与执行】对非居民企业取得本法第三条第三款规定的所得应缴纳的所得税，实行源泉扣缴，以支付人为扣缴义务人。税款由扣缴义务人在每次支付或者到期应支付时，从支付或者到期应支付的款项中扣缴。

第三十八条 【非居民企业境内取得工程作业、劳务所得源泉扣缴时的扣缴义务人】对非居民企业在中国境内取得工程作业和劳务所得应缴纳的所得税，税务机关可以指定工程价款或者劳务费的支付人为扣缴义务人。

第三十九条 【扣缴义务人无法履行扣缴义务时纳税人所得税的缴纳】依照本法第三十七条、第三十八条规定应当扣缴的所得税，扣缴义务人未依法扣缴或者无法履行扣缴义务的，由纳税人在所得发生地缴纳。纳税人未依法缴纳的，税务机关可以从该纳税人在中国境内其他收入项目的支付人应付的款项中，追缴该纳税人的应纳税款。

第四十条 【扣缴义务人缴纳代扣方式】扣缴义务人每次代扣

的税款,应当自代扣之日起七日内缴入国库,并向所在地的税务机关报送扣缴企业所得税报告表。

第六章 特别纳税调整

第四十一条 【企业与关联方之间应税收入或所得的计算】企业与其关联方之间的业务往来,不符合独立交易原则而减少企业或者其关联方应纳税收入或者所得额的,税务机关有权按照合理方法调整。

企业与其关联方共同开发、受让无形资产,或者共同提供、接受劳务发生的成本,在计算应纳税所得额时应当按照独立交易原则进行分摊。

第四十二条 【预约定价安排】企业可以向税务机关提出与其关联方之间业务往来的定价原则和计算方法,税务机关与企业协商、确认后,达成预约定价安排。

第四十三条 【纳税申报的附随义务及协助调查责任】企业向税务机关报送年度企业所得税纳税申报表时,应当就其与关联方之间的业务往来,附送年度关联业务往来报告表。

税务机关在进行关联业务调查时,企业及其关联方,以及与关联业务调查有关的其他企业,应当按照规定提供相关资料。

第四十四条 【不提供、违规提供与关联方业务往来资料的处理】企业不提供与其关联方之间业务往来资料,或者提供虚假、不完整资料,未能真实反映其关联业务往来情况的,税务机关有权依法核定其应纳税所得额。

第四十五条 【设立在低税率国家(地区)企业的利润处理】由居民企业,或者由居民企业和中国居民控制的设立在实际税负明显低于本法第四条第一款规定税率水平的国家(地区)的企业,并非由于合理的经营需要而对利润不作分配或者减少分配的,上述利润中应归属于该居民企业的部分,应当计入该居民企业的当期收入。

第四十六条 【超标利息不得扣除】企业从其关联方接受的债权性投资与权益性投资的比例超过规定标准而发生的利息支出,不得在计算应纳税所得额时扣除。

第四十七条 【不合理安排减少所得税的调整】企业实施其他不具有合理商业目的的安排而减少其应纳税收入或者所得额的,税务机关有权按照合理方法调整。

第四十八条 【特别纳税调整补征税款应加收利息】税务机关依照本章规定作出纳税调整,需要补征税款的,应当补征税款,并按照国务院规定加收利息。

第七章 征收管理

第四十九条 【企业所得税的征收管理】企业所得税的征收管理除本法规定外,依照《中华人民共和国税收征收管理法》的规定执行。

第五十条 【居民企业纳税地点】除税收法律、行政法规另有规定外,居民企业以企业登记注册地为纳税地点;但登记注册地在境外的,以实际管理机构所在地为纳税地点。

居民企业在中国境内设立不具有法人资格的营业机构的,应当汇总计算并缴纳企业所得税。

第五十一条 【非居民企业纳税地点】非居民企业取得本法第三条第二款规定的所得,以机构、场所所在地为纳税地点。非居民企业在中国境内设立两个或者两个以上机构、场所,符合国务院税务主管部门规定条件的,可以选择由其主要机构、场所汇总缴纳企业所得税。

非居民企业取得本法第三条第三款规定的所得,以扣缴义务人所在地为纳税地点。

第五十二条 【禁止合并缴纳所得税】除国务院另有规定外,

企业之间不得合并缴纳企业所得税。

第五十三条 【企业所得税纳税年度】企业所得税按纳税年度计算。纳税年度自公历1月1日起至12月31日止。

企业在一个纳税年度中间开业，或者终止经营活动，使该纳税年度的实际经营期不足十二个月的，应当以其实际经营期为一个纳税年度。

企业依法清算时，应当以清算期间作为一个纳税年度。

第五十四条 【企业所得税缴纳方式】企业所得税分月或者分季预缴。

企业应当自月份或者季度终了之日起十五日内，向税务机关报送预缴企业所得税纳税申报表，预缴税款。

企业应当自年度终了之日起五个月内，向税务机关报送年度企业所得税纳税申报表，并汇算清缴，结清应缴应退税款。

企业在报送企业所得税纳税申报表时，应当按照规定附送财务会计报告和其他有关资料。

第五十五条 【企业终止经营活动及清算时所得税的缴纳】企业在年度中间终止经营活动的，应当自实际经营终止之日起六十日内，向税务机关办理当期企业所得税汇算清缴。

企业应当在办理注销登记前，就其清算所得向税务机关申报并依法缴纳企业所得税。

第五十六条 【货币计量单位】依照本法缴纳的企业所得税，以人民币计算。所得以人民币以外的货币计算的，应当折合成人民币计算并缴纳税款。

第八章 附 则

第五十七条 【已享受法定优惠企业的过渡性措施】本法公布前已经批准设立的企业，依照当时的税收法律、行政法规规定，享受低税率优惠的，按照国务院规定，可以在本法施行后五年内，逐步过渡到本法规定的税率；享受定期减免税优惠的，按照国务院规定，可以在本法施行后继续享受到期满为止，但因未获利而尚未享受优惠的，优惠期限从本法施行年度起计算。

法律设置的发展对外经济合作和技术交流的特定地区内，以及国务院已规定执行上述地区特殊政策的地区内新设立的国家需要重点扶持的高新技术企业，可以享受过渡性税收优惠，具体办法由国务院规定。

国家已确定的其他鼓励类企业，可以按照国务院规定享受减免税优惠。

第五十八条 【本法与国际税收协定关系】中华人民共和国政府同外国政府订立的有关税收的协定与本法有不同规定的，依照协定的规定办理。

第五十九条 【制定实施条例的授权规定】国务院根据本法制定实施条例。

第六十条 【施行日期】本法自 2008 年 1 月 1 日起施行。1991 年 4 月 9 日第七届全国人民代表大会第四次会议通过的《中华人民共和国外商投资企业和外国企业所得税法》和 1993 年 12 月 13 日国务院发布的《中华人民共和国企业所得税暂行条例》同时废止。

中华人民共和国个人所得税法

（1980年9月10日第五届全国人民代表大会第三次会议通过　根据1993年10月31日第八届全国人民代表大会常务委员会第四次会议《关于修改〈中华人民共和国个人所得税法〉的决定》第一次修正　根据1999年8月30日第九届全国人民代表大会常务委员会第十一次会议《关于修改〈中华人民共和国个人所得税法〉的决定》第二次修正　根据2005年10月27日第十届全国人民代表大会常务委员会第十八次会议《关于修改〈中华人民共和国个人所得税法〉的决定》第三次修正　根据2007年6月29日第十届全国人民代表大会常务委员会第二十八次会议《关于修改〈中华人民共和国个人所得税法〉的决定》第四次修正　根据2007年12月29日第十届全国人民代表大会常务委员会第三十一次会议《关于修改〈中华人民共和国个人所得税法〉的决定》第五次修正　根据2011年6月30日第十一届全国人民代表大会常务委员会第二十一次会议《关于修改〈中华人民共和国个人所得税法〉的决定》第六次修正　根据2018年8月31日第十三届全国人民代表大会常务委员会第五次会议《关于修改〈中华人民共和国个人所得税法〉的决定》第七次修正）

第一条　【纳税义务人和征税范围】在中国境内有住所，或者无住所而一个纳税年度内在中国境内居住累计满一百八十三天的个人，为居民个人。居民个人从中国境内和境外取得的所得，依照本法规定缴纳个人所得税。

在中国境内无住所又不居住，或者无住所而一个纳税年度内在中国境内居住累计不满一百八十三天的个人，为非居民个人。非居民个人从中国境内取得的所得，依照本法规定缴纳个人所得税。

纳税年度，自公历一月一日起至十二月三十一日止。

第二条 【应税所得项目】下列各项个人所得，应当缴纳个人所得税：

（一）工资、薪金所得；

（二）劳务报酬所得；

（三）稿酬所得；

（四）特许权使用费所得；

（五）经营所得；

（六）利息、股息、红利所得；

（七）财产租赁所得；

（八）财产转让所得；

（九）偶然所得。

居民个人取得前款第一项至第四项所得（以下称综合所得），按纳税年度合并计算个人所得税；非居民个人取得前款第一项至第四项所得，按月或者按次分项计算个人所得税。纳税人取得前款第五项至第九项所得，依照本法规定分别计算个人所得税。

第三条 【税率】个人所得税的税率：

（一）综合所得，适用百分之三至百分之四十五的超额累进税率（税率表附后）；

（二）经营所得，适用百分之五至百分之三十五的超额累进税率（税率表附后）；

（三）利息、股息、红利所得，财产租赁所得，财产转让所得和偶然所得，适用比例税率，税率为百分之二十。

第四条 【免税】下列各项个人所得，免征个人所得税：

（一）省级人民政府、国务院部委和中国人民解放军军以上单位，以及外国组织、国际组织颁发的科学、教育、技术、文化、卫生、体育、环境保护等方面的奖金；

（二）国债和国家发行的金融债券利息；

（三）按照国家统一规定发给的补贴、津贴；

（四）福利费、抚恤金、救济金；

（五）保险赔款；

（六）军人的转业费、复员费、退役金；

（七）按照国家统一规定发给干部、职工的安家费、退职费、基本养老金或者退休费、离休费、离休生活补助费；

（八）依照有关法律规定应予免税的各国驻华使馆、领事馆的外交代表、领事官员和其他人员的所得；

（九）中国政府参加的国际公约、签订的协议中规定免税的所得；

（十）国务院规定的其他免税所得。

前款第十项免税规定，由国务院报全国人民代表大会常务委员会备案。

第五条　【减税】有下列情形之一的，可以减征个人所得税，具体幅度和期限，由省、自治区、直辖市人民政府规定，并报同级人民代表大会常务委员会备案：

（一）残疾、孤老人员和烈属的所得；

（二）因自然灾害遭受重大损失的。

国务院可以规定其他减税情形，报全国人民代表大会常务委员会备案。

第六条　【应纳税所得额的计算】应纳税所得额的计算：

（一）居民个人的综合所得，以每一纳税年度的收入额减除费用六万元以及专项扣除、专项附加扣除和依法确定的其他扣除后的余额，为应纳税所得额。

（二）非居民个人的工资、薪金所得，以每月收入额减除费用五千元后的余额为应纳税所得额；劳务报酬所得、稿酬所得、特许权使用费所得，以每次收入额为应纳税所得额。

（三）经营所得，以每一纳税年度的收入总额减除成本、费用以及损失后的余额，为应纳税所得额。

（四）财产租赁所得，每次收入不超过四千元的，减除费用八百元；四千元以上的，减除百分之二十的费用，其余额为应纳税所得额。

（五）财产转让所得，以转让财产的收入额减除财产原值和合理费用后的余额，为应纳税所得额。

（六）利息、股息、红利所得和偶然所得，以每次收入额为应纳税所得额。

劳务报酬所得、稿酬所得、特许权使用费所得以收入减除百分之二十的费用后的余额为收入额。稿酬所得的收入额减按百分之七十计算。

个人将其所得对教育、扶贫、济困等公益慈善事业进行捐赠，捐赠额未超过纳税人申报的应纳税所得额百分之三十的部分，可以从其应纳税所得额中扣除；国务院规定对公益慈善事业捐赠实行全额税前扣除的，从其规定。

本条第一款第一项规定的专项扣除，包括居民个人按照国家规定的范围和标准缴纳的基本养老保险、基本医疗保险、失业保险等社会保险费和住房公积金等；专项附加扣除，包括子女教育、继续教育、大病医疗、住房贷款利息或者住房租金、赡养老人等支出，具体范围、标准和实施步骤由国务院确定，并报全国人民代表大会常务委员会备案。

第七条　【境外所得】居民个人从中国境外取得的所得，可以从其应纳税额中抵免已在境外缴纳的个人所得税税额，但抵免额不得超过该纳税人境外所得依照本法规定计算的应纳税额。

第八条　【纳税调整】有下列情形之一的，税务机关有权按照合理方法进行纳税调整：

（一）个人与其关联方之间的业务往来不符合独立交易原则而减少本人或者其关联方应纳税额，且无正当理由；

（二）居民个人控制的，或者居民个人和居民企业共同控制的设立在实际税负明显偏低的国家（地区）的企业，无合理经营需要，对应当归属于居民个人的利润不作分配或者减少分配；

（三）个人实施其他不具有合理商业目的的安排而获取不当税收利益。

税务机关依照前款规定作出纳税调整，需要补征税款的，应当补征税款，并依法加收利息。

第九条　【纳税人与扣缴义务人】个人所得税以所得人为纳税人，以支付所得的单位或者个人为扣缴义务人。

纳税人有中国公民身份号码的，以中国公民身份号码为纳税人识别号；纳税人没有中国公民身份号码的，由税务机关赋予其纳税人识别号。扣缴义务人扣缴税款时，纳税人应当向扣缴义务人提供纳税人识别号。

第十条　【纳税申报】有下列情形之一的，纳税人应当依法办理纳税申报：

（一）取得综合所得需要办理汇算清缴；

（二）取得应税所得没有扣缴义务人；

（三）取得应税所得，扣缴义务人未扣缴税款；

（四）取得境外所得；

（五）因移居境外注销中国户籍；

（六）非居民个人在中国境内从两处以上取得工资、薪金所得；

（七）国务院规定的其他情形。

扣缴义务人应当按照国家规定办理全员全额扣缴申报，并向纳税人提供其个人所得和已扣缴税款等信息。

第十一条　【综合所得和工资、薪金所得】居民个人取得综合所得，按年计算个人所得税；有扣缴义务人的，由扣缴义务人按月或者按次预扣预缴税款；需要办理汇算清缴的，应当在取得所得的次年三月一日至六月三十日内办理汇算清缴。预扣预缴办法由国务院税务主管部门制定。

居民个人向扣缴义务人提供专项附加扣除信息的，扣缴义务人按月预扣预缴税款时应当按照规定予以扣除，不得拒绝。

非居民个人取得工资、薪金所得，劳务报酬所得，稿酬所得和特许权使用费所得，有扣缴义务人的，由扣缴义务人按月或者按次代扣代缴税款，不办理汇算清缴。

第十二条 【经营所得和利息、股息红利所得】纳税人取得经营所得，按年计算个人所得税，由纳税人在月度或者季度终了后十五日内向税务机关报送纳税申报表，并预缴税款；在取得所得的次年三月三十一日前办理汇算清缴。

纳税人取得利息、股息、红利所得，财产租赁所得，财产转让所得和偶然所得，按月或者按次计算个人所得税，有扣缴义务人的，由扣缴义务人按月或者按次代扣代缴税款。

第十三条 【取得应税所得的不同情形】纳税人取得应税所得没有扣缴义务人的，应当在取得所得的次月十五日内向税务机关报送纳税申报表，并缴纳税款。

纳税人取得应税所得，扣缴义务人未扣缴税款的，纳税人应当在取得所得的次年六月三十日前，缴纳税款；税务机关通知限期缴纳的，纳税人应当按照期限缴纳税款。

居民个人从中国境外取得所得的，应当在取得所得的次年三月一日至六月三十日内申报纳税。

非居民个人在中国境内从两处以上取得工资、薪金所得的，应当在取得所得的次月十五日内申报纳税。

纳税人因移居境外注销中国户籍的，应当在注销中国户籍前办理税款清算。

第十四条 【预扣、代扣税款的处理】扣缴义务人每月或者每次预扣、代扣的税款,应当在次月十五日内缴入国库,并向税务机关报送扣缴个人所得税申报表。

纳税人办理汇算清缴退税或者扣缴义务人为纳税人办理汇算清缴退税的,税务机关审核后,按照国库管理的有关规定办理退税。

第十五条 【有关部门的职责】公安、人民银行、金融监督管理等相关部门应当协助税务机关确认纳税人的身份、金融账户信息。教育、卫生、医疗保障、民政、人力资源社会保障、住房城乡建设、公安、人民银行、金融监督管理等相关部门应当向税务机关提供纳税人子女教育、继续教育、大病医疗、住房贷款利息、住房租金、赡养老人等专项附加扣除信息。

个人转让不动产的,税务机关应当根据不动产登记等相关信息核验应缴的个人所得税,登记机构办理转移登记时,应当查验与该不动产转让相关的个人所得税的完税凭证。个人转让股权办理变更登记的,市场主体登记机关应当查验与该股权交易相关的个人所得税的完税凭证。

有关部门依法将纳税人、扣缴义务人遵守本法的情况纳入信用信息系统,并实施联合激励或者惩戒。

第十六条 【计算单位】各项所得的计算,以人民币为单位。所得为人民币以外的货币的,按照人民币汇率中间价折合成人民币缴纳税款。

第十七条 【扣缴手续费】对扣缴义务人按照所扣缴的税款,付给百分之二的手续费。

第十八条 【所得开征、减征、停止个人所得税】对储蓄存款利息所得开征、减征、停征个人所得税及其具体办法,由国务院规定,并报全国人民代表大会常务委员会备案。

第十九条 【法律责任】纳税人、扣缴义务人和税务机关及其工作人员违反本法规定的,依照《中华人民共和国税收征收管理法》和有关法律法规的规定追究法律责任。

第二十条 【征收管理】个人所得税的征收管理,依照本法和《中华人民共和国税收征收管理法》的规定执行。

第二十一条 【对国务院制定实施条例的授权】国务院根据本法制定实施条例。

第二十二条 【生效日期】本法自公布之日起施行。

个人所得税税率表一（综合所得适用）

级数	全年应纳税所得额	税率（%）
1	不超过36000元的	3
2	超过36000元至144000元的部分	10
3	超过144000元至300000元的部分	20
4	超过300000元至420000元的部分	25
5	超过420000元至660000元的部分	30
6	超过660000元至960000元的部分	35
7	超过960000元的部分	45

（注1：本表所称全年应纳税所得额是指依照本法第六条的规定,居民个人取得综合所得以每一纳税年度收入额减除费用六万元以及专项扣除、专项附加扣除和依法确定的其他扣除后的余额。

注2：非居民个人取得工资、薪金所得,劳务报酬所得,稿酬所得和特许权使用费所得,依照本表按月换算后计算应纳税额。）

个人所得税税率表二（经营所得适用）

级数	全年应纳税所得额	税率（%）
1	不超过30000元的	5
2	超过30000元至90000元的部分	10
3	超过90000元至300000元的部分	20
4	超过300000元至500000元的部分	30
5	超过500000元的部分	35

（注：本表所称全年应纳税所得额是指依照本法第六条的规定,以每一纳税年度的收入总额减除成本、费用以及损失后的余额。）

行政法规及文件

中华人民共和国企业所得税法实施条例

（2007年12月6日中华人民共和国国务院令第512号公布　根据2019年4月23日《国务院关于修改部分行政法规的决定》修订）

第一章　总　　则

第一条　根据《中华人民共和国企业所得税法》（以下简称企业所得税法）的规定，制定本条例。

第二条　企业所得税法第一条所称个人独资企业、合伙企业，是指依照中国法律、行政法规成立的个人独资企业、合伙企业。

第三条　企业所得税法第二条所称依法在中国境内成立的企业，包括依照中国法律、行政法规在中国境内成立的企业、事业单位、社会团体以及其他取得收入的组织。

企业所得税法第二条所称依照外国（地区）法律成立的企业，包括依照外国（地区）法律成立的企业和其他取得收入的组织。

第四条　企业所得税法第二条所称实际管理机构，是指对企业的生产经营、人员、账务、财产等实施实质性全面管理和控制的机构。

第五条　企业所得税法第二条第三款所称机构、场所，是指在中国境内从事生产经营活动的机构、场所，包括：

（一）管理机构、营业机构、办事机构；

（二）工厂、农场、开采自然资源的场所；

（三）提供劳务的场所；

（四）从事建筑、安装、装配、修理、勘探等工程作业的场所；

（五）其他从事生产经营活动的机构、场所。

非居民企业委托营业代理人在中国境内从事生产经营活动的，包括委托单位或者个人经常代其签订合同，或者储存、交付货物等，该营业代理人视为非居民企业在中国境内设立的机构、场所。

第六条 企业所得税法第三条所称所得，包括销售货物所得、提供劳务所得、转让财产所得、股息红利等权益性投资所得、利息所得、租金所得、特许权使用费所得、接受捐赠所得和其他所得。

第七条 企业所得税法第三条所称来源于中国境内、境外的所得，按照以下原则确定：

（一）销售货物所得，按照交易活动发生地确定；

（二）提供劳务所得，按照劳务发生地确定；

（三）转让财产所得，不动产转让所得按照不动产所在地确定，动产转让所得按照转让动产的企业或者机构、场所所在地确定，权益性投资资产转让所得按照被投资企业所在地确定；

（四）股息、红利等权益性投资所得，按照分配所得的企业所在地确定；

（五）利息所得、租金所得、特许权使用费所得，按照负担、支付所得的企业或者机构、场所所在地确定，或者按照负担、支付所得的个人的住所地确定；

（六）其他所得，由国务院财政、税务主管部门确定。

第八条 企业所得税法第三条所称实际联系，是指非居民企业在中国境内设立的机构、场所拥有据以取得所得的股权、债权，以及拥有、管理、控制据以取得所得的财产等。

第二章 应纳税所得额

第一节 一般规定

第九条 企业应纳税所得额的计算，以权责发生制为原则，属于当期的收入和费用，不论款项是否收付，均作为当期的收入和费用；不属于当期的收入和费用，即使款项已经在当期收付，均不作为当期的收入和费用。本条例和国务院财政、税务主管部门另有规定的除外。

第十条 企业所得税法第五条所称亏损，是指企业依照企业所得税法和本条例的规定将每一纳税年度的收入总额减除不征税收入、免税收入和各项扣除后小于零的数额。

第十一条 企业所得税法第五十五条所称清算所得，是指企业的全部资产可变现价值或者交易价格减除资产净值、清算费用以及相关税费等后的余额。

投资方企业从被清算企业分得的剩余资产，其中相当于从被清算企业累计未分配利润和累计盈余公积中应当分得的部分，应当确认为股息所得；剩余资产减除上述股息所得后的余额，超过或者低于投资成本的部分，应当确认为投资资产转让所得或者损失。

第二节　收　入

第十二条 企业所得税法第六条所称企业取得收入的货币形式，包括现金、存款、应收账款、应收票据、准备持有至到期的债券投资以及债务的豁免等。

企业所得税法第六条所称企业取得收入的非货币形式，包括固定资产、生物资产、无形资产、股权投资、存货、不准备持有至到期的债券投资、劳务以及有关权益等。

第十三条 企业所得税法第六条所称企业以非货币形式取得的收入，应当按照公允价值确定收入额。

前款所称公允价值，是指按照市场价格确定的价值。

第十四条 企业所得税法第六条第（一）项所称销售货物收入，是指企业销售商品、产品、原材料、包装物、低值易耗品以及其他存货取得的收入。

第十五条 企业所得税法第六条第（二）项所称提供劳务收入，是指企业从事建筑安装、修理修配、交通运输、仓储租赁、金融保险、邮电通信、咨询经纪、文化体育、科学研究、技术服务、教育培训、餐饮住宿、中介代理、卫生保健、社区服务、旅游、娱乐、加工以及其他劳务服务活动取得的收入。

第十六条 企业所得税法第六条第（三）项所称转让财产收入，是指企业转让固定资产、生物资产、无形资产、股权、债权等财产取得的收入。

第十七条 企业所得税法第六条第（四）项所称股息、红利等权益性投资收益，是指企业因权益性投资从被投资方取得的收入。

股息、红利等权益性投资收益，除国务院财政、税务主管部门另有规定外，按照被投资方作出利润分配决定的日期确认收入的实现。

第十八条 企业所得税法第六条第（五）项所称利息收入，是指企业将资金提供他人使用但不构成权益性投资，或者因他人占用本企业资金取得的收入，包括存款利息、贷款利息、债券利息、欠款利息等收入。

利息收入，按照合同约定的债务人应付利息的日期确认收入的实现。

第十九条 企业所得税法第六条第（六）项所称租金收入，是指企业提供固定资产、包装物或者其他有形资产的使用权取得的收入。

租金收入，按照合同约定的承租人应付租金的日期确认收入的实现。

第二十条 企业所得税法第六条第（七）项所称特许权使用费收入，是指企业提供专利权、非专利技术、商标权、著作权以及其他特许权的使用权取得的收入。

特许权使用费收入，按照合同约定的特许权使用人应付特许权使用费的日期确认收入的实现。

第二十一条 企业所得税法第六条第（八）项所称接受捐赠收入，是指企业接受的来自其他企业、组织或者个人无偿给予的货币性资产、非货币性资产。

接受捐赠收入，按照实际收到捐赠资产的日期确认收入的实现。

第二十二条 企业所得税法第六条第（九）项所称其他收入，是指企业取得的除企业所得税法第六条第（一）项至第（八）项规定的收入外的其他收入，包括企业资产溢余收入、逾期未退包装物押金收入、确实无法偿付的应付款项、已作坏账损失处理后又收回的应收款项、债务重组收入、补贴收入、违约金收入、汇兑收益等。

第二十三条 企业的下列生产经营业务可以分期确认收入的实现：

（一）以分期收款方式销售货物的，按照合同约定的收款日期确认收入的实现；

（二）企业受托加工制造大型机械设备、船舶、飞机，以及从事建筑、安装、装配工程业务或者提供其他劳务等，持续时间超过12个月的，按照纳税年度内完工进度或者完成的工作量确认收入的实现。

第二十四条 采取产品分成方式取得收入的，按照企业分得产品的日期确认收入的实现，其收入额按照产品的公允价值确定。

第二十五条 企业发生非货币性资产交换，以及将货物、财产、劳务用于捐赠、偿债、赞助、集资、广告、样品、职工福利或者利润分配等用途的，应当视同销售货物、转让财产或者提供劳务，但国务院财政、税务主管部门另有规定的除外。

第二十六条 企业所得税法第七条第（一）项所称财政拨款，是指各级人民政府对纳入预算管理的事业单位、社会团体等组织拨付的财政资金，但国务院和国务院财政、税务主管部门另有规定的除外。

企业所得税法第七条第（二）项所称行政事业性收费，是指依照法律法规等有关规定，按照国务院规定程序批准，在实施社会公共管理，以及在向公民、法人或者其他组织提供特定公共服务过程中，向特定对象收取并纳入财政管理的费用。

企业所得税法第七条第（二）项所称政府性基金，是指企业依照法律、行政法规等有关规定，代政府收取的具有专项用途的财政资金。

企业所得税法第七条第（三）项所称国务院规定的其他不征税收入，是指企业取得的，由国务院财政、税务主管部门规定专项用途并经国务院批准的财政性资金。

第三节 扣 除

第二十七条 企业所得税法第八条所称有关的支出，是指与取得收入直接相关的支出。

企业所得税法第八条所称合理的支出，是指符合生产经营活动常规，应当计入当期损益或者有关资产成本的必要和正常的支出。

第二十八条 企业发生的支出应当区分收益性支出和资本性支出。收益性支出在发生当期直接扣除；资本性支出应当分期扣除或者计入有关资产成本，不得在发生当期直接扣除。

企业的不征税收入用于支出所形成的费用或者财产，不得扣除或者计算对应的折旧、摊销扣除。

除企业所得税法和本条例另有规定外，企业实际发生的成本、费用、税金、损失和其他支出，不得重复扣除。

第二十九条 企业所得税法第八条所称成本，是指企业在生产经营活动中发生的销售成本、销货成本、业务支出以及其他耗费。

第三十条 企业所得税法第八条所称费用，是指企业在生产经营活动中发生的销售费用、管理费用和财务费用,已经计入成本的有关费用除外。

第三十一条 企业所得税法第八条所称税金,是指企业发生的除企业所得税和允许抵扣的增值税以外的各项税金及其附加。

第三十二条 企业所得税法第八条所称损失,是指企业在生产经营活动中发生的固定资产和存货的盘亏、毁损、报废损失,转让财产损失,呆账损失,坏账损失,自然灾害等不可抗力因素造成的损失以及其他损失。

企业发生的损失,减除责任人赔偿和保险赔款后的余额,依照国务院财政、税务主管部门的规定扣除。

企业已经作为损失处理的资产,在以后纳税年度又全部收回或者部分收回时,应当计入当期收入。

第三十三条 企业所得税法第八条所称其他支出,是指除成本、费用、税金、损失外,企业在生产经营活动中发生的与生产经营活动有关的、合理的支出。

第三十四条 企业发生的合理的工资薪金支出,准予扣除。

前款所称工资薪金,是指企业每一纳税年度支付给在本企业任职或者受雇的员工的所有现金形式或者非现金形式的劳动报酬,包括基本工资、奖金、津贴、补贴、年终加薪、加班工资,以及与员工任职或者受雇有关的其他支出。

第三十五条 企业依照国务院有关主管部门或者省级人民政府规定的范围和标准为职工缴纳的基本养老保险费、基本医疗保险费、失业保险费、工伤保险费、生育保险费等基本社会保险费和住房公积金,准予扣除。

企业为投资者或者职工支付的补充养老保险费、补充医疗保险费,在国务院财政、税务主管部门规定的范围和标准内,准予扣除。

第三十六条 除企业依照国家有关规定为特殊工种职工支付的

人身安全保险费和国务院财政、税务主管部门规定可以扣除的其他商业保险费外，企业为投资者或者职工支付的商业保险费，不得扣除。

第三十七条　企业在生产经营活动中发生的合理的不需要资本化的借款费用，准予扣除。

企业为购置、建造固定资产、无形资产和经过12个月以上的建造才能达到预定可销售状态的存货发生借款的，在有关资产购置、建造期间发生的合理的借款费用，应当作为资本性支出计入有关资产的成本，并依照本条例的规定扣除。

第三十八条　企业在生产经营活动中发生的下列利息支出，准予扣除：

（一）非金融企业向金融企业借款的利息支出、金融企业的各项存款利息支出和同业拆借利息支出、企业经批准发行债券的利息支出；

（二）非金融企业向非金融企业借款的利息支出，不超过按照金融企业同期同类贷款利率计算的数额的部分。

第三十九条　企业在货币交易中，以及纳税年度终了时将人民币以外的货币性资产、负债按照期末即期人民币汇率中间价折算为人民币时产生的汇兑损失，除已经计入有关资产成本以及与向所有者进行利润分配相关的部分外，准予扣除。

第四十条　企业发生的职工福利费支出，不超过工资薪金总额14%的部分，准予扣除。

第四十一条　企业拨缴的工会经费，不超过工资薪金总额2%的部分，准予扣除。

第四十二条　除国务院财政、税务主管部门另有规定外，企业发生的职工教育经费支出，不超过工资薪金总额2.5%的部分，准予扣除；超过部分，准予在以后纳税年度结转扣除。

第四十三条　企业发生的与生产经营活动有关的业务招待费支

出，按照发生额的60%扣除，但最高不得超过当年销售（营业）收入的5‰。

第四十四条 企业发生的符合条件的广告费和业务宣传费支出，除国务院财政、税务主管部门另有规定外，不超过当年销售（营业）收入15%的部分，准予扣除；超过部分，准予在以后纳税年度结转扣除。

第四十五条 企业依照法律、行政法规有关规定提取的用于环境保护、生态恢复等方面的专项资金，准予扣除。上述专项资金提取后改变用途的，不得扣除。

第四十六条 企业参加财产保险，按照规定缴纳的保险费，准予扣除。

第四十七条 企业根据生产经营活动的需要租入固定资产支付的租赁费，按照以下方法扣除：

（一）以经营租赁方式租入固定资产发生的租赁费支出，按照租赁期限均匀扣除；

（二）以融资租赁方式租入固定资产发生的租赁费支出，按照规定构成融资租入固定资产价值的部分应当提取折旧费用，分期扣除。

第四十八条 企业发生的合理的劳动保护支出，准予扣除。

第四十九条 企业之间支付的管理费、企业内营业机构之间支付的租金和特许权使用费，以及非银行企业内营业机构之间支付的利息，不得扣除。

第五十条 非居民企业在中国境内设立的机构、场所，就其中国境外总机构发生的与该机构、场所生产经营有关的费用，能够提供总机构出具的费用汇集范围、定额、分配依据和方法等证明文件，并合理分摊的，准予扣除。

第五十一条 企业所得税法第九条所称公益性捐赠，是指企业通过公益性社会组织或者县级以上人民政府及其部门，用于符合法律规定的慈善活动、公益事业的捐赠。

第五十二条 本条例第五十一条所称公益性社会组织,是指同时符合下列条件的慈善组织以及其他社会组织:

(一) 依法登记,具有法人资格;
(二) 以发展公益事业为宗旨,且不以营利为目的;
(三) 全部资产及其增值为该法人所有;
(四) 收益和营运结余主要用于符合该法人设立目的的事业;
(五) 终止后的剩余财产不归属任何个人或者营利组织;
(六) 不经营与其设立目的无关的业务;
(七) 有健全的财务会计制度;
(八) 捐赠者不以任何形式参与该法人财产的分配;
(九) 国务院财政、税务主管部门会同国务院民政部门等登记管理部门规定的其他条件。

第五十三条 企业当年发生以及以前年度结转的公益性捐赠支出,不超过年度利润总额12%的部分,准予扣除。

年度利润总额,是指企业依照国家统一会计制度的规定计算的年度会计利润。

第五十四条 企业所得税法第十条第(六)项所称赞助支出,是指企业发生的与生产经营活动无关的各种非广告性质支出。

第五十五条 企业所得税法第十条第(七)项所称未经核定的准备金支出,是指不符合国务院财政、税务主管部门规定的各项资产减值准备、风险准备等准备金支出。

第四节 资产的税务处理

第五十六条 企业的各项资产,包括固定资产、生物资产、无形资产、长期待摊费用、投资资产、存货等,以历史成本为计税基础。

前款所称历史成本,是指企业取得该项资产时实际发生的支出。

企业持有各项资产期间资产增值或者减值，除国务院财政、税务主管部门规定可以确认损益外，不得调整该资产的计税基础。

第五十七条　企业所得税法第十一条所称固定资产，是指企业为生产产品、提供劳务、出租或者经营管理而持有的、使用时间超过 12 个月的非货币性资产，包括房屋、建筑物、机器、机械、运输工具以及其他与生产经营活动有关的设备、器具、工具等。

第五十八条　固定资产按照以下方法确定计税基础：

（一）外购的固定资产，以购买价款和支付的相关税费以及直接归属于使该资产达到预定用途发生的其他支出为计税基础；

（二）自行建造的固定资产，以竣工结算前发生的支出为计税基础；

（三）融资租入的固定资产，以租赁合同约定的付款总额和承租人在签订租赁合同过程中发生的相关费用为计税基础，租赁合同未约定付款总额的，以该资产的公允价值和承租人在签订租赁合同过程中发生的相关费用为计税基础；

（四）盘盈的固定资产，以同类固定资产的重置完全价值为计税基础；

（五）通过捐赠、投资、非货币性资产交换、债务重组等方式取得的固定资产，以该资产的公允价值和支付的相关税费为计税基础；

（六）改建的固定资产，除企业所得税法第十三条第（一）项和第（二）项规定的支出外，以改建过程中发生的改建支出增加计税基础。

第五十九条　固定资产按照直线法计算的折旧，准予扣除。

企业应当自固定资产投入使用月份的次月起计算折旧；停止使用的固定资产，应当自停止使用月份的次月起停止计算折旧。

企业应当根据固定资产的性质和使用情况，合理确定固定资产的预计净残值。固定资产的预计净残值一经确定，不得变更。

第六十条 除国务院财政、税务主管部门另有规定外，固定资产计算折旧的最低年限如下：

（一）房屋、建筑物，为20年；

（二）飞机、火车、轮船、机器、机械和其他生产设备，为10年；

（三）与生产经营活动有关的器具、工具、家具等，为5年；

（四）飞机、火车、轮船以外的运输工具，为4年；

（五）电子设备，为3年。

第六十一条 从事开采石油、天然气等矿产资源的企业，在开始商业性生产前发生的费用和有关固定资产的折耗、折旧方法，由国务院财政、税务主管部门另行规定。

第六十二条 生产性生物资产按照以下方法确定计税基础：

（一）外购的生产性生物资产，以购买价款和支付的相关税费为计税基础；

（二）通过捐赠、投资、非货币性资产交换、债务重组等方式取得的生产性生物资产，以该资产的公允价值和支付的相关税费为计税基础。

前款所称生产性生物资产，是指企业为生产农产品、提供劳务或者出租等而持有的生物资产，包括经济林、薪炭林、产畜和役畜等。

第六十三条 生产性生物资产按照直线法计算的折旧，准予扣除。

企业应当自生产性生物资产投入使用月份的次月起计算折旧；停止使用的生产性生物资产，应当自停止使用月份的次月起停止计算折旧。

企业应当根据生产性生物资产的性质和使用情况，合理确定生产性生物资产的预计净残值。生产性生物资产的预计净残值一经确定，不得变更。

第六十四条 生产性生物资产计算折旧的最低年限如下：

（一）林木类生产性生物资产，为10年；

（二）畜类生产性生物资产，为3年。

第六十五条 企业所得税法第十二条所称无形资产，是指企业为生产产品、提供劳务、出租或者经营管理而持有的、没有实物形态的非货币性长期资产，包括专利权、商标权、著作权、土地使用权、非专利技术、商誉等。

第六十六条 无形资产按照以下方法确定计税基础：

（一）外购的无形资产，以购买价款和支付的相关税费以及直接归属于使该资产达到预定用途发生的其他支出为计税基础；

（二）自行开发的无形资产，以开发过程中该资产符合资本化条件后至达到预定用途前发生的支出为计税基础；

（三）通过捐赠、投资、非货币性资产交换、债务重组等方式取得的无形资产，以该资产的公允价值和支付的相关税费为计税基础。

第六十七条 无形资产按照直线法计算的摊销费用，准予扣除。

无形资产的摊销年限不得低于10年。

作为投资或者受让的无形资产，有关法律规定或者合同约定了使用年限的，可以按照规定或者约定的使用年限分期摊销。

外购商誉的支出，在企业整体转让或者清算时，准予扣除。

第六十八条 企业所得税法第十三条第（一）项和第（二）项所称固定资产的改建支出，是指改变房屋或者建筑物结构、延长使用年限等发生的支出。

企业所得税法第十三条第（一）项规定的支出，按照固定资产预计尚可使用年限分期摊销；第（二）项规定的支出，按照合同约定的剩余租赁期限分期摊销。

改建的固定资产延长使用年限的，除企业所得税法第十三条第（一）项和第（二）项规定外，应当适当延长折旧年限。

第六十九条 企业所得税法第十三条第（三）项所称固定资产的大修理支出，是指同时符合下列条件的支出：

（一）修理支出达到取得固定资产时的计税基础50%以上；

（二）修理后固定资产的使用年限延长2年以上。

企业所得税法第十三条第（三）项规定的支出，按照固定资产尚可使用年限分期摊销。

第七十条 企业所得税法第十三条第（四）项所称其他应当作为长期待摊费用的支出，自支出发生月份的次月起，分期摊销，摊销年限不得低于3年。

第七十一条 企业所得税法第十四条所称投资资产，是指企业对外进行权益性投资和债权性投资形成的资产。

企业在转让或者处置投资资产时，投资资产的成本，准予扣除。

投资资产按照以下方法确定成本：

（一）通过支付现金方式取得的投资资产，以购买价款为成本；

（二）通过支付现金以外的方式取得的投资资产，以该资产的公允价值和支付的相关税费为成本。

第七十二条 企业所得税法第十五条所称存货，是指企业持有以备出售的产品或者商品、处在生产过程中的在产品、在生产或者提供劳务过程中耗用的材料和物料等。

存货按照以下方法确定成本：

（一）通过支付现金方式取得的存货，以购买价款和支付的相关税费为成本；

（二）通过支付现金以外的方式取得的存货，以该存货的公允价值和支付的相关税费为成本；

（三）生产性生物资产收获的农产品，以产出或者采收过程中发生的材料费、人工费和分摊的间接费用等必要支出为成本。

第七十三条 企业使用或者销售的存货的成本计算方法，可以在先进先出法、加权平均法、个别计价法中选用一种。计价方法一经选用，不得随意变更。

第七十四条 企业所得税法第十六条所称资产的净值和第十九条所称财产净值，是指有关资产、财产的计税基础减除已经按照规定扣除的折旧、折耗、摊销、准备金等后的余额。

第七十五条 除国务院财政、税务主管部门另有规定外，企业在重组过程中，应当在交易发生时确认有关资产的转让所得或者损失，相关资产应当按照交易价格重新确定计税基础。

第三章 应 纳 税 额

第七十六条 企业所得税法第二十二条规定的应纳税额的计算公式为：

应纳税额＝应纳税所得额×适用税率－减免税额－抵免税额

公式中的减免税额和抵免税额，是指依照企业所得税法和国务院的税收优惠规定减征、免征和抵免的应纳税额。

第七十七条 企业所得税法第二十三条所称已在境外缴纳的所得税税额，是指企业来源于中国境外的所得依照中国境外税收法律以及相关规定应当缴纳并已经实际缴纳的企业所得税性质的税款。

第七十八条 企业所得税法第二十三条所称抵免限额，是指企业来源于中国境外的所得，依照企业所得税法和本条例的规定计算的应纳税额。除国务院财政、税务主管部门另有规定外，该抵免限额应当分国（地区）不分项计算，计算公式如下：

抵免限额＝中国境内、境外所得依照企业所得税法和本条例的规定计算的应纳税总额×来源于某国（地区）的应纳税所得额÷中国境内、境外应纳税所得总额

第七十九条 企业所得税法第二十三条所称5个年度，是指从企业取得的来源于中国境外的所得，已经在中国境外缴纳的企业所得税性质的税额超过抵免限额的当年的次年起连续5个纳税年度。

第八十条 企业所得税法第二十四条所称直接控制，是指居民

企业直接持有外国企业20%以上股份。

企业所得税法第二十四条所称间接控制，是指居民企业以间接持股方式持有外国企业20%以上股份，具体认定办法由国务院财政、税务主管部门另行制定。

第八十一条 企业依照企业所得税法第二十三条、第二十四条的规定抵免企业所得税税额时，应当提供中国境外税务机关出具的税款所属年度的有关纳税凭证。

第四章 税 收 优 惠

第八十二条 企业所得税法第二十六条第（一）项所称国债利息收入，是指企业持有国务院财政部门发行的国债取得的利息收入。

第八十三条 企业所得税法第二十六条第（二）项所称符合条件的居民企业之间的股息、红利等权益性投资收益，是指居民企业直接投资于其他居民企业取得的投资收益。企业所得税法第二十六条第（二）项和第（三）项所称股息、红利等权益性投资收益，不包括连续持有居民企业公开发行并上市流通的股票不足12个月取得的投资收益。

第八十四条 企业所得税法第二十六条第（四）项所称符合条件的非营利组织，是指同时符合下列条件的组织：

（一）依法履行非营利组织登记手续；

（二）从事公益性或者非营利性活动；

（三）取得的收入除用于与该组织有关的、合理的支出外，全部用于登记核定或者章程规定的公益性或者非营利性事业；

（四）财产及其孳息不用于分配；

（五）按照登记核定或者章程规定，该组织注销后的剩余财产用于公益性或者非营利性目的，或者由登记管理机关转赠给与该组织性质、宗旨相同的组织，并向社会公告；

（六）投入人对投入该组织的财产不保留或者享有任何财产权利；

（七）工作人员工资福利开支控制在规定的比例内，不变相分配该组织的财产。

前款规定的非营利组织的认定管理办法由国务院财政、税务主管部门会同国务院有关部门制定。

第八十五条 企业所得税法第二十六条第（四）项所称符合条件的非营利组织的收入，不包括非营利组织从事营利性活动取得的收入，但国务院财政、税务主管部门另有规定的除外。

第八十六条 企业所得税法第二十七条第（一）项规定的企业从事农、林、牧、渔业项目的所得，可以免征、减征企业所得税，是指：

（一）企业从事下列项目的所得，免征企业所得税：

1. 蔬菜、谷物、薯类、油料、豆类、棉花、麻类、糖料、水果、坚果的种植；

2. 农作物新品种的选育；

3. 中药材的种植；

4. 林木的培育和种植；

5. 牲畜、家禽的饲养；

6. 林产品的采集；

7. 灌溉、农产品初加工、兽医、农技推广、农机作业和维修等农、林、牧、渔服务业项目；

8. 远洋捕捞。

（二）企业从事下列项目的所得，减半征收企业所得税：

1. 花卉、茶以及其他饮料作物和香料作物的种植；

2. 海水养殖、内陆养殖。

企业从事国家限制和禁止发展的项目，不得享受本条规定的企业所得税优惠。

第八十七条 企业所得税法第二十七条第（二）项所称国家重

点扶持的公共基础设施项目,是指《公共基础设施项目企业所得税优惠目录》规定的港口码头、机场、铁路、公路、城市公共交通、电力、水利等项目。

企业从事前款规定的国家重点扶持的公共基础设施项目的投资经营的所得,自项目取得第一笔生产经营收入所属纳税年度起,第一年至第三年免征企业所得税,第四年至第六年减半征收企业所得税。

企业承包经营、承包建设和内部自建自用本条规定的项目,不得享受本条规定的企业所得税优惠。

第八十八条 企业所得税法第二十七条第(三)项所称符合条件的环境保护、节能节水项目,包括公共污水处理、公共垃圾处理、沼气综合开发利用、节能减排技术改造、海水淡化等。项目的具体条件和范围由国务院财政、税务主管部门商国务院有关部门制订,报国务院批准后公布施行。

企业从事前款规定的符合条件的环境保护、节能节水项目的所得,自项目取得第一笔生产经营收入所属纳税年度起,第一年至第三年免征企业所得税,第四年至第六年减半征收企业所得税。

第八十九条 依照本条例第八十七条和第八十八条规定享受减免税优惠的项目,在减免税期限内转让的,受让方自受让之日起,可以在剩余期限内享受规定的减免税优惠;减免税期限届满后转让的,受让方不得就该项目重复享受减免税优惠。

第九十条 企业所得税法第二十七条第(四)项所称符合条件的技术转让所得免征、减征企业所得税,是指一个纳税年度内,居民企业技术转让所得不超过500万元的部分,免征企业所得税;超过500万元的部分,减半征收企业所得税。

第九十一条 非居民企业取得企业所得税法第二十七条第(五)项规定的所得,减按10%的税率征收企业所得税。

下列所得可以免征企业所得税:

（一）外国政府向中国政府提供贷款取得的利息所得；

（二）国际金融组织向中国政府和居民企业提供优惠贷款取得的利息所得；

（三）经国务院批准的其他所得。

第九十二条 企业所得税法第二十八条第一款所称符合条件的小型微利企业，是指从事国家非限制和禁止行业，并符合下列条件的企业：

（一）工业企业，年度应纳税所得额不超过30万元，从业人数不超过100人，资产总额不超过3000万元；

（二）其他企业，年度应纳税所得额不超过30万元，从业人数不超过80人，资产总额不超过1000万元。

第九十三条 企业所得税法第二十八条第二款所称国家需要重点扶持的高新技术企业，是指拥有核心自主知识产权，并同时符合下列条件的企业：

（一）产品（服务）属于《国家重点支持的高新技术领域》规定的范围；

（二）研究开发费用占销售收入的比例不低于规定比例；

（三）高新技术产品（服务）收入占企业总收入的比例不低于规定比例；

（四）科技人员占企业职工总数的比例不低于规定比例；

（五）高新技术企业认定管理办法规定的其他条件。

《国家重点支持的高新技术领域》和高新技术企业认定管理办法由国务院科技、财政、税务主管部门商国务院有关部门制订，报国务院批准后公布施行。

第九十四条 企业所得税法第二十九条所称民族自治地方，是指依照《中华人民共和国民族区域自治法》的规定，实行民族区域自治的自治区、自治州、自治县。

对民族自治地方内国家限制和禁止行业的企业，不得减征或者免征企业所得税。

第九十五条 企业所得税法第三十条第（一）项所称研究开发费用的加计扣除，是指企业为开发新技术、新产品、新工艺发生的研究开发费用，未形成无形资产计入当期损益的，在按照规定据实扣除的基础上，按照研究开发费用的50%加计扣除；形成无形资产的，按照无形资产成本的150%摊销。

第九十六条 企业所得税法第三十条第（二）项所称企业安置残疾人员所支付的工资的加计扣除，是指企业安置残疾人员的，在按照支付给残疾职工工资据实扣除的基础上，按照支付给残疾职工工资的100%加计扣除。残疾人员的范围适用《中华人民共和国残疾人保障法》的有关规定。

企业所得税法第三十条第（二）项所称企业安置国家鼓励安置的其他就业人员所支付的工资的加计扣除办法，由国务院另行规定。

第九十七条 企业所得税法第三十一条所称抵扣应纳税所得额，是指创业投资企业采取股权投资方式投资于未上市的中小高新技术企业2年以上的，可以按照其投资额的70%在股权持有满2年的当年抵扣该创业投资企业的应纳税所得额；当年不足抵扣的，可以在以后纳税年度结转抵扣。

第九十八条 企业所得税法第三十二条所称可以采取缩短折旧年限或者采取加速折旧的方法的固定资产，包括：

（一）由于技术进步，产品更新换代较快的固定资产；

（二）常年处于强震动、高腐蚀状态的固定资产。

采取缩短折旧年限方法的，最低折旧年限不得低于本条例第六十条规定折旧年限的60%；采取加速折旧方法的，可以采取双倍余额递减法或者年数总和法。

第九十九条 企业所得税法第三十三条所称减计收入，是指企业以《资源综合利用企业所得税优惠目录》规定的资源作为主要原材料,生产国家非限制和禁止并符合国家和行业相关标准的产品取得的收入,减按90%计入收入总额。

前款所称原材料占生产产品材料的比例不得低于《资源综合利用企业所得税优惠目录》规定的标准。

第一百条 企业所得税法第三十四条所称税额抵免,是指企业购置并实际使用《环境保护专用设备企业所得税优惠目录》、《节能节水专用设备企业所得税优惠目录》和《安全生产专用设备企业所得税优惠目录》规定的环境保护、节能节水、安全生产等专用设备的,该专用设备的投资额的10%可以从企业当年的应纳税额中抵免;当年不足抵免的,可以在以后5个纳税年度结转抵免。

享受前款规定的企业所得税优惠的企业,应当实际购置并自身实际投入使用前款规定的专用设备;企业购置上述专用设备在5年内转让、出租的,应当停止享受企业所得税优惠,并补缴已经抵免的企业所得税税款。

第一百零一条 本章第八十七条、第九十九条、第一百条规定的企业所得税优惠目录,由国务院财政、税务主管部门商国务院有关部门制订,报国务院批准后公布施行。

第一百零二条 企业同时从事适用不同企业所得税待遇的项目的,其优惠项目应当单独计算所得,并合理分摊企业的期间费用;没有单独计算的,不得享受企业所得税优惠。

第五章 源泉扣缴

第一百零三条 依照企业所得税法对非居民企业应当缴纳的企业所得税实行源泉扣缴的,应当依照企业所得税法第十九条的规定计算应纳税所得额。

企业所得税法第十九条所称收入全额,是指非居民企业向支付人收取的全部价款和价外费用。

第一百零四条 企业所得税法第三十七条所称支付人,是指依照有关法律规定或者合同约定对非居民企业直接负有支付相关款项义务的单位或者个人。

第一百零五条　企业所得税法第三十七条所称支付，包括现金支付、汇拨支付、转账支付和权益兑价支付等货币支付和非货币支付。

企业所得税法第三十七条所称到期应支付的款项，是指支付人按照权责发生制原则应当计入相关成本、费用的应付款项。

第一百零六条　企业所得税法第三十八条规定的可以指定扣缴义务人的情形，包括：

（一）预计工程作业或者提供劳务期限不足一个纳税年度，且有证据表明不履行纳税义务的；

（二）没有办理税务登记或者临时税务登记，且未委托中国境内的代理人履行纳税义务的；

（三）未按照规定期限办理企业所得税纳税申报或者预缴申报的。

前款规定的扣缴义务人，由县级以上税务机关指定，并同时告知扣缴义务人所扣税款的计算依据、计算方法、扣缴期限和扣缴方式。

第一百零七条　企业所得税法第三十九条所称所得发生地，是指依照本条例第七条规定的原则确定的所得发生地。在中国境内存在多处所得发生地的，由纳税人选择其中之一申报缴纳企业所得税。

第一百零八条　企业所得税法第三十九条所称该纳税人在中国境内其他收入，是指该纳税人在中国境内取得的其他各种来源的收入。

税务机关在追缴该纳税人应纳税款时，应当将追缴理由、追缴数额、缴纳期限和缴纳方式等告知该纳税人。

第六章　特别纳税调整

第一百零九条　企业所得税法第四十一条所称关联方，是指与企业有下列关联关系之一的企业、其他组织或者个人：

（一）在资金、经营、购销等方面存在直接或者间接的控制关系；

（二）直接或者间接地同为第三者控制；

（三）在利益上具有相关联的其他关系。

第一百一十条　企业所得税法第四十一条所称独立交易原则，是指没有关联关系的交易各方，按照公平成交价格和营业常规进行业务往来遵循的原则。

第一百一十一条　企业所得税法第四十一条所称合理方法，包括：

（一）可比非受控价格法，是指按照没有关联关系的交易各方进行相同或者类似业务往来的价格进行定价的方法；

（二）再销售价格法，是指按照从关联方购进商品再销售给没有关联关系的交易方的价格，减除相同或者类似业务的销售毛利进行定价的方法；

（三）成本加成法，是指按照成本加合理的费用和利润进行定价的方法；

（四）交易净利润法，是指按照没有关联关系的交易各方进行相同或者类似业务往来取得的净利润水平确定利润的方法；

（五）利润分割法，是指将企业与其关联方的合并利润或者亏损在各方之间采用合理标准进行分配的方法；

（六）其他符合独立交易原则的方法。

第一百一十二条　企业可以依照企业所得税法第四十一条第二款的规定，按照独立交易原则与其关联方分摊共同发生的成本，达成成本分摊协议。

企业与其关联方分摊成本时,应当按照成本与预期收益相配比的原则进行分摊,并在税务机关规定的期限内,按照税务机关的要求报送有关资料。

企业与其关联方分摊成本时违反本条第一款、第二款规定的,其自行分摊的成本不得在计算应纳税所得额时扣除。

第一百一十三条 企业所得税法第四十二条所称预约定价安排,是指企业就其未来年度关联交易的定价原则和计算方法,向税务机关提出申请,与税务机关按照独立交易原则协商、确认后达成的协议。

第一百一十四条 企业所得税法第四十三条所称相关资料,包括:

(一)与关联业务往来有关的价格、费用的制定标准、计算方法和说明等同期资料;

(二)关联业务往来所涉及的财产、财产使用权、劳务等的再销售(转让)价格或者最终销售(转让)价格的相关资料;

(三)与关联业务调查有关的其他企业应当提供的与被调查企业可比的产品价格、定价方式以及利润水平等资料;

(四)其他与关联业务往来有关的资料。

企业所得税法第四十三条所称与关联业务调查有关的其他企业,是指与被调查企业在生产经营内容和方式上相类似的企业。

企业应当在税务机关规定的期限内提供与关联业务往来有关的价格、费用的制定标准、计算方法和说明等资料。关联方以及与关联业务调查有关的其他企业应当在税务机关与其约定的期限内提供相关资料。

第一百一十五条 税务机关依照企业所得税法第四十四条的规定核定企业的应纳税所得额时,可以采用下列方法:

(一)参照同类或者类似企业的利润率水平核定;

(二)按照企业成本加合理的费用和利润的方法核定;

（三）按照关联企业集团整体利润的合理比例核定；

（四）按照其他合理方法核定。

企业对税务机关按照前款规定的方法核定的应纳税所得额有异议的，应当提供相关证据，经税务机关认定后，调整核定的应纳税所得额。

第一百一十六条　企业所得税法第四十五条所称中国居民，是指根据《中华人民共和国个人所得税法》的规定，就其从中国境内、境外取得的所得在中国缴纳个人所得税的个人。

第一百一十七条　企业所得税法第四十五条所称控制，包括：

（一）居民企业或者中国居民直接或者间接单一持有外国企业10%以上有表决权股份，且由其共同持有该外国企业50%以上股份；

（二）居民企业，或者居民企业和中国居民持股比例没有达到第（一）项规定的标准，但在股份、资金、经营、购销等方面对该外国企业构成实质控制。

第一百一十八条　企业所得税法第四十五条所称实际税负明显低于企业所得税法第四条第一款规定税率水平，是指低于企业所得税法第四条第一款规定税率的50%。

第一百一十九条　企业所得税法第四十六条所称债权性投资，是指企业直接或者间接从关联方获得的，需要偿还本金和支付利息或者需要以其他具有支付利息性质的方式予以补偿的融资。

企业间接从关联方获得的债权性投资，包括：

（一）关联方通过无关联第三方提供的债权性投资；

（二）无关联第三方提供的、由关联方担保且负有连带责任的债权性投资；

（三）其他间接从关联方获得的具有负债实质的债权性投资。

企业所得税法第四十六条所称权益性投资，是指企业接受的不需要偿还本金和支付利息，投资人对企业净资产拥有所有权的投资。

企业所得税法第四十六条所称标准,由国务院财政、税务主管部门另行规定。

第一百二十条 企业所得税法第四十七条所称不具有合理商业目的,是指以减少、免除或者推迟缴纳税款为主要目的。

第一百二十一条 税务机关根据税收法律、行政法规的规定,对企业作出特别纳税调整的,应当对补征的税款,自税款所属纳税年度的次年6月1日起至补缴税款之日止的期间,按日加收利息。

前款规定加收的利息,不得在计算应纳税所得额时扣除。

第一百二十二条 企业所得税法第四十八条所称利息,应当按照税款所属纳税年度中国人民银行公布的与补税期间同期的人民币贷款基准利率加5个百分点计算。

企业依照企业所得税法第四十三条和本条例的规定提供有关资料的,可以只按前款规定的人民币贷款基准利率计算利息。

第一百二十三条 企业与其关联方之间的业务往来,不符合独立交易原则,或者企业实施其他不具有合理商业目的的安排的,税务机关有权在该业务发生的纳税年度起10年内,进行纳税调整。

第七章 征收管理

第一百二十四条 企业所得税法第五十条所称企业登记注册地,是指企业依照国家有关规定登记注册的住所地。

第一百二十五条 企业汇总计算并缴纳企业所得税时,应当统一核算应纳税所得额,具体办法由国务院财政、税务主管部门另行制定。

第一百二十六条 企业所得税法第五十一条所称主要机构、场所,应当同时符合下列条件:

(一)对其他各机构、场所的生产经营活动负有监督管理责任;

(二)设有完整的账簿、凭证,能够准确反映各机构、场所的收入、成本、费用和盈亏情况。

第一百二十七条 企业所得税分月或者分季预缴,由税务机关具体核定。

企业根据企业所得税法第五十四条规定分月或者分季预缴企业所得税时,应当按照月度或者季度的实际利润额预缴;按照月度或者季度的实际利润额预缴有困难的,可以按照上一纳税年度应纳税所得额的月度或者季度平均额预缴,或者按照经税务机关认可的其他方法预缴。预缴方法一经确定,该纳税年度内不得随意变更。

第一百二十八条 企业在纳税年度内无论盈利或者亏损,都应当依照企业所得税法第五十四条规定的期限,向税务机关报送预缴企业所得税纳税申报表、年度企业所得税纳税申报表、财务会计报告和税务机关规定应当报送的其他有关资料。

第一百二十九条 企业所得以人民币以外的货币计算的,预缴企业所得税时,应当按照月度或者季度最后一日的人民币汇率中间价,折合成人民币计算应纳税所得额。年度终了汇算清缴时,对已经按照月度或者季度预缴税款的,不再重新折合计算,只就该纳税年度内未缴纳企业所得税的部分,按照纳税年度最后一日的人民币汇率中间价,折合成人民币计算应纳税所得额。

经税务机关检查确认,企业少计或者多计前款规定的所得的,应当按照检查确认补税或者退税时的上一个月最后一日的人民币汇率中间价,将少计或者多计的所得折合成人民币计算应纳税所得额,再计算应补缴或者应退的税款。

第八章 附 则

第一百三十条 企业所得税法第五十七条第一款所称本法公布前已经批准设立的企业,是指企业所得税法公布前已经完成登记注册的企业。

第一百三十一条 在香港特别行政区、澳门特别行政区和台湾地区成立的企业,参照适用企业所得税法第二条第二款、第三款的有关规定。

第一百三十二条 本条例自 2008 年 1 月 1 日起施行。1991 年 6 月 30 日国务院发布的《中华人民共和国外商投资企业和外国企业所得税法实施细则》和 1994 年 2 月 4 日财政部发布的《中华人民共和国企业所得税暂行条例实施细则》同时废止。

中华人民共和国个人所得税法实施条例

（1994 年 1 月 28 日中华人民共和国国务院令第 142 号发布 根据 2005 年 12 月 19 日《国务院关于修改〈中华人民共和国个人所得税法实施条例〉的决定》第一次修订 根据 2008 年 2 月 18 日《国务院关于修改〈中华人民共和国个人所得税法实施条例〉的决定》第二次修订 根据 2011 年 7 月 19 日《国务院关于修改〈中华人民共和国个人所得税法实施条例〉的决定》第三次修订 2018 年 12 月 18 日中华人民共和国国务院令第 707 号第四次修订）

第一条 根据《中华人民共和国个人所得税法》（以下简称个人所得税法），制定本条例。

第二条 个人所得税法所称在中国境内有住所，是指因户籍、家庭、经济利益关系而在中国境内习惯性居住；所称从中国境内和境外取得的所得，分别是指来源于中国境内的所得和来源于中国境外的所得。

第三条 除国务院财政、税务主管部门另有规定外，下列所得，不论支付地点是否在中国境内，均为来源于中国境内的所得：

（一）因任职、受雇、履约等在中国境内提供劳务取得的所得；

（二）将财产出租给承租人在中国境内使用而取得的所得；

（三）许可各种特许权在中国境内使用而取得的所得；

（四）转让中国境内的不动产等财产或者在中国境内转让其他财产取得的所得；

（五）从中国境内企业、事业单位、其他组织以及居民个人取得的利息、股息、红利所得。

第四条 在中国境内无住所的个人，在中国境内居住累计满183天的年度连续不满六年的，经向主管税务机关备案，其来源于中国境外且由境外单位或者个人支付的所得，免予缴纳个人所得税；在中国境内居住累计满183天的任一年度中有一次离境超过30天的，其在中国境内居住累计满183天的年度的连续年限重新起算。

第五条 在中国境内无住所的个人，在一个纳税年度内在中国境内居住累计不超过90天的，其来源于中国境内的所得，由境外雇主支付并且不由该雇主在中国境内的机构、场所负担的部分，免予缴纳个人所得税。

第六条 个人所得税法规定的各项个人所得的范围：

（一）工资、薪金所得，是指个人因任职或者受雇取得的工资、薪金、奖金、年终加薪、劳动分红、津贴、补贴以及与任职或者受雇有关的其他所得。

（二）劳务报酬所得，是指个人从事劳务取得的所得，包括从事设计、装潢、安装、制图、化验、测试、医疗、法律、会计、咨询、讲学、翻译、审稿、书画、雕刻、影视、录音、录像、演出、表演、广告、展览、技术服务、介绍服务、经纪服务、代办服务以及其他劳务取得的所得。

（三）稿酬所得，是指个人因其作品以图书、报刊等形式出版、发表而取得的所得。

（四）特许权使用费所得，是指个人提供专利权、商标权、著作权、非专利技术以及其他特许权的使用权取得的所得；提供著作权的使用权取得的所得，不包括稿酬所得。

（五）经营所得，是指：

1. 个体工商户从事生产、经营活动取得的所得，个人独资企业投资人、合伙企业的个人合伙人来源于境内注册的个人独资企业、合伙企业生产、经营的所得；

2. 个人依法从事办学、医疗、咨询以及其他有偿服务活动取得的所得；

3. 个人对企业、事业单位承包经营、承租经营以及转包、转租取得的所得；

4. 个人从事其他生产、经营活动取得的所得。

（六）利息、股息、红利所得，是指个人拥有债权、股权等而取得的利息、股息、红利所得。

（七）财产租赁所得，是指个人出租不动产、机器设备、车船以及其他财产取得的所得。

（八）财产转让所得，是指个人转让有价证券、股权、合伙企业中的财产份额、不动产、机器设备、车船以及其他财产取得的所得。

（九）偶然所得，是指个人得奖、中奖、中彩以及其他偶然性质的所得。

个人取得的所得，难以界定应纳税所得项目的，由国务院税务主管部门确定。

第七条 对股票转让所得征收个人所得税的办法，由国务院另行规定，并报全国人民代表大会常务委员会备案。

第八条 个人所得的形式，包括现金、实物、有价证券和其他形式的经济利益；所得为实物的，应当按照取得的凭证上所注明的价格计算应纳税所得额，无凭证的实物或者凭证上所注明的价格明显偏低的，参照市场价格核定应纳税所得额；所得为有价证券的，根据票面价格和市场价格核定应纳税所得额；所得为其他形式的经济利益的，参照市场价格核定应纳税所得额。

第九条 个人所得税法第四条第一款第二项所称国债利息，是指个人持有中华人民共和国财政部发行的债券而取得的利息；所称国家发行的金融债券利息，是指个人持有经国务院批准发行的金融债券而取得的利息。

第十条 个人所得税法第四条第一款第三项所称按照国家统一规定发给的补贴、津贴，是指按照国务院规定发给的政府特殊津贴、院士津贴，以及国务院规定免予缴纳个人所得税的其他补贴、津贴。

第十一条 个人所得税法第四条第一款第四项所称福利费，是指根据国家有关规定，从企业、事业单位、国家机关、社会组织提留的福利费或者工会经费中支付给个人的生活补助费；所称救济金，是指各级人民政府民政部门支付给个人的生活困难补助费。

第十二条 个人所得税法第四条第一款第八项所称依照有关法律规定应予免税的各国驻华使馆、领事馆的外交代表、领事官员和其他人员的所得，是指依照《中华人民共和国外交特权与豁免条例》和《中华人民共和国领事特权与豁免条例》规定免税的所得。

第十三条 个人所得税法第六条第一款第一项所称依法确定的其他扣除，包括个人缴付符合国家规定的企业年金、职业年金，个人购买符合国家规定的商业健康保险、税收递延型商业养老保险的支出，以及国务院规定可以扣除的其他项目。

专项扣除、专项附加扣除和依法确定的其他扣除，以居民个人一个纳税年度的应纳税所得额为限额；一个纳税年度扣除不完的，不结转以后年度扣除。

第十四条 个人所得税法第六条第一款第二项、第四项、第六项所称每次，分别按照下列方法确定：

（一）劳务报酬所得、稿酬所得、特许权使用费所得，属于一次性收入的，以取得该项收入为一次；属于同一项目连续性收入的，以一个月内取得的收入为一次。

（二）财产租赁所得，以一个月内取得的收入为一次。

（三）利息、股息、红利所得，以支付利息、股息、红利时取得的收入为一次。

（四）偶然所得，以每次取得该项收入为一次。

第十五条 个人所得税法第六条第一款第三项所称成本、费用，是指生产、经营活动中发生的各项直接支出和分配计入成本的间接费用以及销售费用、管理费用、财务费用；所称损失，是指生产、经营活动中发生的固定资产和存货的盘亏、毁损、报废损失、转让财产损失、坏账损失、自然灾害等不可抗力因素造成的损失以及其他损失。

取得经营所得的个人，没有综合所得的，计算其每一纳税年度的应纳税所得额时，应当减除费用6万元、专项扣除、专项附加扣除以及依法确定的其他扣除。专项附加扣除在办理汇算清缴时减除。

从事生产、经营活动，未提供完整、准确的纳税资料，不能正确计算应纳税所得额的，由主管税务机关核定应纳税所得额或者应纳税额。

第十六条 个人所得税法第六条第一款第五项规定的财产原值，按照下列方法确定：

（一）有价证券，为买入价以及买入时按照规定交纳的有关费用；

（二）建筑物，为建造费或者购进价格以及其他有关费用；

（三）土地使用权，为取得土地使用权所支付的金额、开发土地的费用以及其他有关费用；

（四）机器设备、车船，为购进价格、运输费、安装费以及其他有关费用。

其他财产，参照前款规定的方法确定财产原值。

纳税人未提供完整、准确的财产原值凭证，不能按照本条第一款规定的方法确定财产原值的，由主管税务机关核定财产原值。

个人所得税法第六条第一款第五项所称合理费用，是指卖出财产时按照规定支付的有关税费。

第十七条 财产转让所得，按照一次转让财产的收入额减除财产原值和合理费用后的余额计算纳税。

第十八条 两个以上的个人共同取得同一项目收入的，应当对每个人取得的收入分别按照个人所得税法的规定计算纳税。

第十九条 个人所得税法第六条第三款所称个人将其所得对教育、扶贫、济困等公益慈善事业进行捐赠，是指个人将其所得通过中国境内的公益性社会组织、国家机关向教育、扶贫、济困等公益慈善事业的捐赠；所称应纳税所得额，是指计算扣除捐赠额之前的应纳税所得额。

第二十条 居民个人从中国境内和境外取得的综合所得、经营所得，应当分别合并计算应纳税额；从中国境内和境外取得的其他所得，应当分别单独计算应纳税额。

第二十一条 个人所得税法第七条所称已在境外缴纳的个人所得税税额，是指居民个人来源于中国境外的所得，依照该所得来源国家（地区）的法律应当缴纳并且实际已经缴纳的所得税税额。

个人所得税法第七条所称纳税人境外所得依照本法规定计算的应纳税额，是居民个人抵免已在境外缴纳的综合所得、经营所得以及其他所得的所得税税额的限额（以下简称抵免限额）。除国务院财政、税务主管部门另有规定外，来源于中国境外一个国家（地区）的综合所得抵免限额、经营所得抵免限额以及其他所得抵免限额之和，为来源于该国家（地区）所得的抵免限额。

居民个人在中国境外一个国家（地区）实际已经缴纳的个人所得税税额，低于依照前款规定计算出的来源于该国家（地区）所得的抵免限额的，应当在中国缴纳差额部分的税款；超过来源于该国家（地区）所得的抵免限额的，其超过部分不得在本纳税年度的应纳税额中抵免，但是可以在以后纳税年度来源于该国家（地区）所得的抵免限额的余额中补扣。补扣期限最长不得超过五年。

第二十二条 居民个人申请抵免已在境外缴纳的个人所得税税额，应当提供境外税务机关出具的税款所属年度的有关纳税凭证。

第二十三条 个人所得税法第八条第二款规定的利息，应当按照税款所属纳税申报期最后一日中国人民银行公布的与补税期间同期的人民币贷款基准利率计算，自税款纳税申报期满次日起至补缴税款期限届满之日止按日加收。纳税人在补缴税款期限届满前补缴税款的，利息加收至补缴税款之日。

第二十四条 扣缴义务人向个人支付应税款项时，应当依照个人所得税法规定预扣或者代扣税款，按时缴库，并专项记载备查。

前款所称支付，包括现金支付、汇拨支付、转账支付和以有价证券、实物以及其他形式的支付。

第二十五条 取得综合所得需要办理汇算清缴的情形包括：

（一）从两处以上取得综合所得，且综合所得年收入额减除专项扣除的余额超过6万元；

（二）取得劳务报酬所得、稿酬所得、特许权使用费所得中一项或者多项所得，且综合所得年收入额减除专项扣除的余额超过6万元；

（三）纳税年度内预缴税额低于应纳税额；

（四）纳税人申请退税。

纳税人申请退税，应当提供其在中国境内开设的银行账户，并在汇算清缴地就地办理税款退库。

汇算清缴的具体办法由国务院税务主管部门制定。

第二十六条 个人所得税法第十条第二款所称全员全额扣缴申报，是指扣缴义务人在代扣税款的次月十五日内，向主管税务机关报送其支付所得的所有个人的有关信息、支付所得数额、扣除事项和数额、扣缴税款的具体数额和总额以及其他相关涉税信息资料。

第二十七条　纳税人办理纳税申报的地点以及其他有关事项的具体办法，由国务院税务主管部门制定。

第二十八条　居民个人取得工资、薪金所得时，可以向扣缴义务人提供专项附加扣除有关信息，由扣缴义务人扣缴税款时减除专项附加扣除。纳税人同时从两处以上取得工资、薪金所得，并由扣缴义务人减除专项附加扣除的，对同一专项附加扣除项目，在一个纳税年度内只能选择从一处取得的所得中减除。

居民个人取得劳务报酬所得、稿酬所得、特许权使用费所得，应当在汇算清缴时向税务机关提供有关信息，减除专项附加扣除。

第二十九条　纳税人可以委托扣缴义务人或者其他单位和个人办理汇算清缴。

第三十条　扣缴义务人应当按照纳税人提供的信息计算办理扣缴申报，不得擅自更改纳税人提供的信息。

纳税人发现扣缴义务人提供或者扣缴申报的个人信息、所得、扣缴税款等与实际情况不符的，有权要求扣缴义务人修改。扣缴义务人拒绝修改的，纳税人应当报告税务机关，税务机关应当及时处理。

纳税人、扣缴义务人应当按照规定保存与专项附加扣除相关的资料。税务机关可以对纳税人提供的专项附加扣除信息进行抽查，具体办法由国务院税务主管部门另行规定。税务机关发现纳税人提供虚假信息的，应当责令改正并通知扣缴义务人；情节严重的，有关部门应当依法予以处理，纳入信用信息系统并实施联合惩戒。

第三十一条　纳税人申请退税时提供的汇算清缴信息有错误的，税务机关应当告知其更正；纳税人更正的，税务机关应当及时办理退税。

扣缴义务人未将扣缴的税款解缴入库的，不影响纳税人按照规定申请退税，税务机关应当凭纳税人提供的有关资料办理退税。

第三十二条 所得为人民币以外货币的,按照办理纳税申报或者扣缴申报的上一月最后一日人民币汇率中间价,折合成人民币计算应纳税所得额。年度终了后办理汇算清缴的,对已经按月、按季或者按次预缴税款的人民币以外货币所得,不再重新折算;对应当补缴税款的所得部分,按照上一纳税年度最后一日人民币汇率中间价,折合成人民币计算应纳税所得额。

第三十三条 税务机关按照个人所得税法第十七条的规定付给扣缴义务人手续费,应当填开退还书;扣缴义务人凭退还书,按照国库管理有关规定办理退库手续。

第三十四条 个人所得税纳税申报表、扣缴个人所得税报告表和个人所得税完税凭证式样,由国务院税务主管部门统一制定。

第三十五条 军队人员个人所得税征收事宜,按照有关规定执行。

第三十六条 本条例自 2019 年 1 月 1 日起施行。

国务院关于提高个人所得税有关专项附加扣除标准的通知

(2023 年 8 月 28 日 国发〔2023〕13 号)

各省、自治区、直辖市人民政府,国务院各部委、各直属机构:

为进一步减轻家庭生育养育和赡养老人的支出负担,依据《中华人民共和国个人所得税法》有关规定,国务院决定,提高 3 岁以下婴幼儿照护等三项个人所得税专项附加扣除标准。现将有关事项通知如下:

一、3 岁以下婴幼儿照护专项附加扣除标准,由每个婴幼儿每月 1000 元提高到 2000 元。

二、子女教育专项附加扣除标准，由每个子女每月1000元提高到2000元。

三、赡养老人专项附加扣除标准，由每月2000元提高到3000元。其中，独生子女按照每月3000元的标准定额扣除；非独生子女与兄弟姐妹分摊每月3000元的扣除额度，每人分摊的额度不能超过每月1500元。

四、3岁以下婴幼儿照护、子女教育、赡养老人专项附加扣除涉及的其他事项，按照《个人所得税专项附加扣除暂行办法》有关规定执行。

五、上述调整后的扣除标准自2023年1月1日起实施。

部门规章及文件

（一）企业所得税

财政部、税务总局关于设备、器具扣除有关企业所得税政策的公告

（2023年8月18日　财政部、税务总局公告2023年第37号）

为引导企业加大设备、器具投资力度，现就有关企业所得税政策公告如下：

一、企业在2024年1月1日至2027年12月31日期间新购进的设备、器具，单位价值不超过500万元的，允许一次性计入当期成本费用在计算应纳税所得额时扣除，不再分年度计算折旧；单位价值超过500万元的，仍按企业所得税法实施条例、《财政部、国家税务总局关于完善固定资产加速折旧企业所得税政策的通知》

(财税〔2014〕75号)、《财政部、国家税务总局关于进一步完善固定资产加速折旧企业所得税政策的通知》（财税〔2015〕106号）等相关规定执行。

二、本公告所称设备、器具，是指除房屋、建筑物以外的固定资产。

财政部、税务总局关于进一步支持小微企业和个体工商户发展有关税费政策的公告

（2023年8月2日　财政部、税务总局公告2023年第12号）

为进一步支持小微企业和个体工商户发展，现将有关税费政策公告如下：

一、自2023年1月1日至2027年12月31日，对个体工商户年应纳税所得额不超过200万元的部分，减半征收个人所得税。个体工商户在享受现行其他个人所得税优惠政策的基础上，可叠加享受本条优惠政策。

二、自2023年1月1日至2027年12月31日，对增值税小规模纳税人、小型微利企业和个体工商户减半征收资源税（不含水资源税）、城市维护建设税、房产税、城镇土地使用税、印花税（不含证券交易印花税）、耕地占用税和教育费附加、地方教育附加。

三、对小型微利企业减按25%计算应纳税所得额，按20%的税率缴纳企业所得税政策，延续执行至2027年12月31日。

四、增值税小规模纳税人、小型微利企业和个体工商户已依法享受资源税、城市维护建设税、房产税、城镇土地使用税、印花税、耕地占用税、教育费附加、地方教育附加等其他优惠政策的，可叠加享受本公告第二条规定的优惠政策。

五、本公告所称小型微利企业，是指从事国家非限制和禁止行业，且同时符合年度应纳税所得额不超过 300 万元、从业人数不超过 300 人、资产总额不超过 5000 万元等三个条件的企业。

从业人数，包括与企业建立劳动关系的职工人数和企业接受的劳务派遣用工人数。所称从业人数和资产总额指标，应按企业全年的季度平均值确定。具体计算公式如下：

季度平均值＝（季初值＋季末值）÷2

全年季度平均值＝全年各季度平均值之和÷4

年度中间开业或者终止经营活动的，以其实际经营期作为一个纳税年度确定上述相关指标。

小型微利企业的判定以企业所得税年度汇算清缴结果为准。登记为增值税一般纳税人的新设立的企业，从事国家非限制和禁止行业，且同时符合申报期上月末从业人数不超过 300 人、资产总额不超过 5000 万元等两个条件的，可在首次办理汇算清缴前按照小型微利企业申报享受第二条规定的优惠政策。

六、本公告发布之日前，已征的相关税款，可抵减纳税人以后月份应缴纳税款或予以退还。发布之日前已办理注销的，不再追溯享受。

《财政部、税务总局关于进一步实施小微企业"六税两费"减免政策的公告》（财政部、税务总局公告 2022 年第 10 号）及《财政部、税务总局关于小微企业和个体工商户所得税优惠政策的公告》（财政部、税务总局公告 2023 年第 6 号）中个体工商户所得税优惠政策自 2023 年 1 月 1 日起相应停止执行。

特此公告。

国家税务总局关于落实小型微利企业所得税优惠政策征管问题的公告

（2023年3月27日　国家税务总局公告2023年第6号）

为支持小微企业发展，落实好小型微利企业所得税优惠政策，现就有关征管问题公告如下：

一、符合财政部、税务总局规定的小型微利企业条件的企业（以下简称小型微利企业），按照相关政策规定享受小型微利企业所得税优惠政策。

企业设立不具有法人资格分支机构的，应当汇总计算总机构及其各分支机构的从业人数、资产总额、年度应纳税所得额，依据合计数判断是否符合小型微利企业条件。

二、小型微利企业无论按查账征收方式或核定征收方式缴纳企业所得税，均可享受小型微利企业所得税优惠政策。

三、小型微利企业在预缴和汇算清缴企业所得税时，通过填写纳税申报表，即可享受小型微利企业所得税优惠政策。

小型微利企业应准确填报基础信息，包括从业人数、资产总额、年度应纳税所得额、国家限制或禁止行业等，信息系统将为小型微利企业智能预填优惠项目、自动计算减免税额。

四、小型微利企业预缴企业所得税时，从业人数、资产总额、年度应纳税所得额指标，暂按当年度截至本期预缴申报所属期末的情况进行判断。

五、原不符合小型微利企业条件的企业，在年度中间预缴企业所得税时，按照相关政策标准判断符合小型微利企业条件的，应按照截至本期预缴申报所属期末的累计情况，计算减免税额。当年度此前期间如因不符合小型微利企业条件而多预缴的企业所得税税款，可在以后季度应预缴的企业所得税税款中抵减。

六、企业预缴企业所得税时享受了小型微利企业所得税优惠政策，但在汇算清缴时发现不符合相关政策标准的，应当按照规定补缴企业所得税税款。

七、小型微利企业所得税统一实行按季度预缴。

按月度预缴企业所得税的企业，在当年度4月、7月、10月预缴申报时，若按相关政策标准判断符合小型微利企业条件的，下一个预缴申报期起调整为按季度预缴申报，一经调整，当年度内不再变更。

八、本公告自2023年1月1日起施行。《国家税务总局关于小型微利企业所得税优惠政策征管问题的公告》（2022年第5号）同时废止。

特此公告。

国家税务总局关于企业所得税年度纳税申报有关事项的公告

（2022年12月30日　国家税务总局公告2022年第27号）

为贯彻落实《中华人民共和国企业所得税法》及有关税收政策，进一步减轻纳税人办税负担，现就企业所得税年度纳税申报有关事项公告如下：

一、对《中华人民共和国企业所得税年度纳税申报表（A类，2017年版）》部分表单和填报说明进行修订，具体如下：对《资产折旧、摊销及纳税调整明细表》（A105080）、《企业重组及递延纳税事项纳税调整明细表》（A105100）、《免税、减计收入及加计扣除优惠明细表》（A107010）、《研发费用加计扣除优惠明细表》（A107012）、《减免所得税优惠明细表》（A107040）的表单样式及填报说明进行修订；对《纳税调整项目明细表》（A105000）的填报说明进行修订。

二、企业搬迁完成当年，向主管税务机关报送企业所得税年度纳税申报表时，不再报送《企业政策性搬迁清算损益表》。

三、本公告适用于2022年度及以后年度企业所得税汇算清缴申报。《国家税务总局关于发布〈中华人民共和国企业所得税年度纳税申报表（A类，2017年版）〉的公告》（2017年第54号）、《国家税务总局关于修订〈中华人民共和国企业所得税年度纳税申报表（A类，2017年版）〉部分表单样式及填报说明的公告》（2018年第57号）、《国家税务总局关于修订企业所得税年度纳税申报表的公告》（2020年第24号）、《国家税务总局关于企业所得税年度汇算清缴有关事项的公告》（2021年第34号）中的上述表单和填报说明同时废止。《国家税务总局关于发布〈企业政策性搬迁所得税管理办法〉的公告》（2012年第40号）第二十五条关于"应同时报送《企业政策性搬迁清算损益表》（表样附后）"的规定和附件《企业政策性搬迁清算损益表》同时废止。

特此公告。

附件：《中华人民共和国企业所得税年度纳税申报表（A类，2017年版）》部分表单及填报说明（2022年修订）（略）

企业所得税核定征收办法（试行）[①]

（2008年3月6日 国税发〔2008〕30号 根据2018年6月15日《国家税务总局关于修改部分税收规范性文件的公告》修正）

第一条 为了加强企业所得税征收管理，规范核定征收企业所得税工作，保障国家税款及时足额入库，维护纳税人合法权益，根据《中华人民共和国企业所得税法》及其实施条例、《中华人民共和国税收征收管理法》及其实施细则的有关规定，制定本办法。

第二条 本办法适用于居民企业纳税人。

第三条 纳税人具有下列情形之一的，核定征收企业所得税：

（一）依照法律、行政法规的规定可以不设置账簿的；

（二）依照法律、行政法规的规定应当设置但未设置账簿的；

（三）擅自销毁账簿或者拒不提供纳税资料的；

（四）虽设置账簿，但账目混乱或者成本资料、收入凭证、费用凭证残缺不全，难以查账的；

（五）发生纳税义务，未按照规定的期限办理纳税申报，经税务机关责令限期申报，逾期仍不申报的；

（六）申报的计税依据明显偏低，又无正当理由的。

特殊行业、特殊类型的纳税人和一定规模以上的纳税人不适用本办法。上述特定纳税人由国家税务总局另行明确。

第四条 税务机关应根据纳税人具体情况，对核定征收企业所得税的纳税人，核定应税所得率或者核定应纳所得税额。

---

① 本办法第六条已被《国家税务总局关于修改部分税收规范性文件的公告》（国家税务总局公告2018年第31号）删除。

具有下列情形之一的,核定其应税所得率:

(一)能正确核算(查实)收入总额,但不能正确核算(查实)成本费用总额的;

(二)能正确核算(查实)成本费用总额,但不能正确核算(查实)收入总额的;

(三)通过合理方法,能计算和推定纳税人收入总额或成本费用总额的。

纳税人不属于以上情形的,核定其应纳所得税额。

第五条 税务机关采用下列方法核定征收企业所得税:

(一)参照当地同类行业或者类似行业中经营规模和收入水平相近的纳税人的税负水平核定;

(二)按照应税收入额或成本费用支出额定率核定;

(三)按照耗用的原材料、燃料、动力等推算或测算核定;

(四)按照其他合理方法核定。

采用前款所列一种方法不足以正确核定应纳税所得额或应纳税额的,可以同时采用两种以上的方法核定。采用两种以上方法测算的应纳税额不一致时,可按测算的应纳税额从高核定。

第六条 采用应税所得率方式核定征收企业所得税的,应纳所得税额计算公式如下:

应纳所得税额=应纳税所得额×适用税率

应纳税所得额=应税收入额×应税所得率

或:应纳税所得额=成本(费用)支出额/(1-应税所得率)×应税所得率

第七条 实行应税所得率方式核定征收企业所得税的纳税人,经营多业的,无论其经营项目是否单独核算,均由税务机关根据其主营项目确定适用的应税所得率。

主营项目应为纳税人所有经营项目中,收入总额或者成本(费用)支出额或者耗用原材料、燃料、动力数量所占比重最大的项目。

第八条 应税所得率按下表规定的幅度标准确定：

行　业	应税所得率（%）
农、林、牧、渔业	3-10
制造业	5-15
批发和零售贸易业	4-15
交通运输业	7-15
建筑业	8-20
饮食业	8-25
娱乐业	15-30
其他行业	10-30

第九条 纳税人的生产经营范围、主营业务发生重大变化，或者应纳税所得额或应纳税额增减变化达到20%的，应及时向税务机关申报调整已确定的应纳税额或应税所得率。

第十条 主管税务机关应及时向纳税人送达《企业所得税核定征收鉴定表》（表样附后），及时完成对其核定征收企业所得税的鉴定工作。具体程序如下：

（一）纳税人应在收到《企业所得税核定征收鉴定表》后10个工作日内，填好该表并报送主管税务机关。《企业所得税核定征收鉴定表》一式三联，主管税务机关和县税务机关各执一联，另一联送达纳税人执行。主管税务机关还可根据实际工作需要，适当增加联次备用。

（二）主管税务机关应在受理《企业所得税核定征收鉴定表》后20个工作日内，分类逐户审查核实，提出鉴定意见，并报县税务机关复核、认定。

（三）县税务机关应在收到《企业所得税核定征收鉴定表》后

30个工作日内,完成复核、认定工作。

纳税人收到《企业所得税核定征收鉴定表》后,未在规定期限内填列、报送的,税务机关视同纳税人已经报送,按上述程序进行复核认定。

第十一条 税务机关应在每年6月底前对上年度实行核定征收企业所得税的纳税人进行重新鉴定。重新鉴定工作完成前,纳税人可暂按上年度的核定征收方式预缴企业所得税;重新鉴定工作完成后,按重新鉴定的结果进行调整。

第十二条 主管税务机关应当分类逐户公示核定的应纳所得税额或应税所得率。主管税务机关应当按照便于纳税人及社会各界了解、监督的原则确定公示地点、方式。

纳税人对税务机关确定的企业所得税征收方式、核定的应纳所得税额或应税所得率有异议的,应当提供合法、有效的相关证据,税务机关经核实认定后调整有异议的事项。

第十三条 纳税人实行核定应税所得率方式的,按下列规定申报纳税:

(一)主管税务机关根据纳税人应纳税额的大小确定纳税人按月或者按季预缴,年终汇算清缴。预缴方法一经确定,一个纳税年度内不得改变。

(二)纳税人应依照确定的应税所得率计算纳税期间实际应缴纳的税额,进行预缴。按实际数额预缴有困难的,经主管税务机关同意,可按上一年度应纳税额的1/12或1/4预缴,或者按经主管税务机关认可的其他方法预缴。

(三)纳税人预缴税款或年终进行汇算清缴时,应按规定填写《中华人民共和国企业所得税月(季)度预缴纳税申报表(B类)》,在规定的纳税申报时限内报送主管税务机关。

第十四条 纳税人实行核定应纳所得税额方式的,按下列规定申报纳税:

（一）纳税人在应纳所得税额尚未确定之前，可暂按上年度应纳所得税额的 1/12 或 1/4 预缴，或者按经主管税务机关认可的其他方法，按月或按季分期预缴。

（二）在应纳所得税额确定以后，减除当年已预缴的所得税额，余额按剩余月份或季度均分，以此确定以后各月或各季的应纳税额，由纳税人按月或按季填写《中华人民共和国企业所得税月（季）度预缴纳税申报表（B 类）》，在规定的纳税申报期限内进行纳税申报。

（三）纳税人年度终了后，在规定的时限内按照实际经营额或实际应纳税额向税务机关申报纳税。申报额超过核定经营额或应纳税额的，按申报额缴纳税款；申报额低于核定经营额或应纳税额的，按核定经营额或应纳税额缴纳税款。

第十五条　对违反本办法规定的行为，按照《中华人民共和国税收征收管理法》及其实施细则的有关规定处理。

第十六条　各省、自治区、直辖市和计划单列市税务局，根据本办法的规定联合制定具体实施办法，并报国家税务总局备案。

第十七条　本办法自 2008 年 1 月 1 日起执行。《国家税务总局关于印发〈核定征收企业所得税暂行办法〉的通知》（国税发〔2000〕38 号）同时废止。

附件：企业所得税核定征收鉴定表（略）

跨地区经营汇总纳税企业所得税征收管理办法[①]

(2012年12月27日 国家税务总局公告2012年第57号 根据2018年6月15日《国家税务总局关于修改部分税收规范性文件的公告》修正)

第一章 总 则

第一条 为加强跨地区经营汇总纳税企业所得税的征收管理,根据《中华人民共和国企业所得税法》及其实施条例(以下简称《企业所得税法》)、《中华人民共和国税收征收管理法》及其实施细则(以下简称《征收管理法》)和《财政部、国家税务总局、中国人民银行关于印发〈跨省市总分机构企业所得税分配及预算管理办法〉的通知》(财预〔2012〕40号)等的有关规定,制定本办法。

第二条 居民企业在中国境内跨地区(指跨省、自治区、直辖市和计划单列市,下同)设立不具有法人资格分支机构的,该居民企业为跨地区经营汇总纳税企业(以下简称汇总纳税企业),除另有规定外,其企业所得税征收管理适用本办法。

国有邮政企业(包括中国邮政集团公司及其控股公司和直属单位)、中国工商银行股份有限公司、中国农业银行股份有限公司、中国银行股份有限公司、国家开发银行股份有限公司、中国农业发展银行、中国进出口银行、中国投资有限责任公司、中国建设银行

[①] 本办法第二十四条第三款已被《国家税务总局关于3项企业所得税事项取消审批后加强后续管理的公告》(国家税务总局公告2015年第6号)废止;第十条中"或者经总、分机构同意后分别抵缴其下一年度应缴企业所得税税款"的规定已被《国家税务总局关于企业所得税年度汇算清缴有关事项的公告》(国家税务总局公告2021年第34号)废止。

股份有限公司、中国建银投资有限责任公司、中国信达资产管理股份有限公司、中国石油天然气股份有限公司、中国石油化工股份有限公司、海洋石油天然气企业（包括中国海洋石油总公司、中海石油（中国）有限公司、中海油田服务股份有限公司、海洋石油工程股份有限公司）、中国长江电力股份有限公司等企业缴纳的企业所得税（包括滞纳金、罚款）为中央收入，全额上缴中央国库，其企业所得税征收管理不适用本办法。

铁路运输企业所得税征收管理不适用本办法。

第三条 汇总纳税企业实行"统一计算、分级管理、就地预缴、汇总清算、财政调库"的企业所得税征收管理办法：

（一）统一计算，是指总机构统一计算包括汇总纳税企业所属各个不具有法人资格分支机构在内的全部应纳税所得额、应纳税额。

（二）分级管理，是指总机构、分支机构所在地的主管税务机关都有对当地机构进行企业所得税管理的责任，总机构和分支机构应分别接受机构所在地主管税务机关的管理。

（三）就地预缴，是指总机构、分支机构应按本办法的规定，分月或分季分别向所在地主管税务机关申报预缴企业所得税。

（四）汇总清算，是指在年度终了后，总机构统一计算汇总纳税企业的年度应纳税所得额、应纳所得税额，抵减总机构、分支机构当年已就地分期预缴的企业所得税款后，多退少补。

（五）财政调库，是指财政部定期将缴入中央国库的汇总纳税企业所得税待分配收入，按照核定的系数调整至地方国库。

第四条 总机构和具有主体生产经营职能的二级分支机构，就地分摊缴纳企业所得税。

二级分支机构，是指汇总纳税企业依法设立并领取非法人营业执照（登记证书），且总机构对其财务、业务、人员等直接进行统一核算和管理的分支机构。

第五条 以下二级分支机构不就地分摊缴纳企业所得税：

(一)不具有主体生产经营职能,且在当地不缴纳增值税、营业税的产品售后服务、内部研发、仓储等汇总纳税企业内部辅助性的二级分支机构,不就地分摊缴纳企业所得税。

(二)上年度认定为小型微利企业的,其二级分支机构不就地分摊缴纳企业所得税。

(三)新设立的二级分支机构,设立当年不就地分摊缴纳企业所得税。

(四)当年撤销的二级分支机构,自办理注销税务登记之日所属企业所得税预缴期间起,不就地分摊缴纳企业所得税。

(五)汇总纳税企业在中国境外设立的不具有法人资格的二级分支机构,不就地分摊缴纳企业所得税。

第二章 税款预缴和汇算清缴

第六条 汇总纳税企业按照《企业所得税法》规定汇总计算的企业所得税,包括预缴税款和汇算清缴应缴应退税款,50%在各分支机构间分摊,各分支机构根据分摊税款就地办理缴库或退库;50%由总机构分摊缴纳,其中25%就地办理缴库或退库,25%就地全额缴入中央国库或退库。具体的税款缴库或退库程序按照财预〔2012〕40号文件第五条等相关规定执行。

第七条 企业所得税分月或者分季预缴,由总机构所在地主管税务机关具体核定。

汇总纳税企业应根据当期实际利润额,按照本办法规定的预缴分摊方法计算总机构和分支机构的企业所得税预缴额,分别由总机构和分支机构就地预缴;在规定期限内按实际利润额预缴有困难的,也可以按照上一年度应纳税所得额的1/12或1/4,按照本办法规定的预缴分摊方法计算总机构和分支机构的企业所得税预缴额,分别由总机构和分支机构就地预缴。预缴方法一经确定,当年度不得变更。

第八条 总机构应将本期企业应纳所得税额的50%部分，在每月或季度终了后15日内就地申报预缴。总机构应将本期企业应纳所得税额的另外50%部分，按照各分支机构应分摊的比例，在各分支机构之间进行分摊，并及时通知到各分支机构；各分支机构应在每月或季度终了之日起15日内，就其分摊的所得税额就地申报预缴。

分支机构未按税款分配数额预缴所得税造成少缴税款的，主管税务机关应按照《征收管理法》的有关规定对其处罚，并将处罚结果通知总机构所在地主管税务机关。

第九条 汇总纳税企业预缴申报时，总机构除报送企业所得税预缴申报表和企业当期财务报表外，还应报送汇总纳税企业分支机构所得税分配表和各分支机构上一年度的年度财务报表（或年度财务状况和营业收支情况）；分支机构除报送企业所得税预缴申报表（只填列部分项目）外，还应报送经总机构所在地主管税务机关受理的汇总纳税企业分支机构所得税分配表。

在一个纳税年度内，各分支机构上一年度的年度财务报表（或年度财务状况和营业收支情况）原则上只需要报送一次。

第十条 汇总纳税企业应当自年度终了之日起5个月内，由总机构汇总计算企业年度应纳所得税额，扣除总机构和各分支机构已预缴的税款，计算出应缴应退税款，按照本办法规定的税款分摊方法计算总机构和分支机构的企业所得税应缴应退税款，分别由总机构和分支机构就地办理税款缴库或退库。

汇总纳税企业在纳税年度内预缴企业所得税税款少于全年应缴企业所得税税款的，应在汇算清缴期内由总、分机构分别结清应缴的企业所得税税款；预缴税款超过应缴税款的，主管税务机关应及时按有关规定分别办理退税，或者经总、分机构同意后分别抵缴其下一年度应缴企业所得税税款。

第十一条 汇总纳税企业汇算清缴时，总机构除报送企业所得税年度纳税申报表和年度财务报表外,还应报送汇总纳税企业分支机构所得税分配表、各分支机构的年度财务报表和各分支机构参与企业年度纳税调整情况的说明;分支机构除报送企业所得税年度纳税申报表(只填列部分项目)外,还应报送经总机构所在地主管税务机关受理的汇总纳税企业分支机构所得税分配表、分支机构的年度财务报表(或年度财务状况和营业收支情况)和分支机构参与企业年度纳税调整情况的说明。

分支机构参与企业年度纳税调整情况的说明,可参照企业所得税年度纳税申报表附表"纳税调整项目明细表"中列明的项目进行说明,涉及需由总机构统一计算调整的项目不进行说明。

第十二条 分支机构未按规定报送经总机构所在地主管税务机关受理的汇总纳税企业分支机构所得税分配表,分支机构所在地主管税务机关应责成该分支机构在申报期内报送,同时提请总机构所在地主管税务机关督促总机构按照规定提供上述分配表;分支机构在申报期内不提供的,由分支机构所在地主管税务机关对分支机构按照《征收管理法》的有关规定予以处罚;属于总机构未向分支机构提供分配表的,分支机构所在地主管税务机关还应提请总机构所在地主管税务机关对总机构按照《征收管理法》的有关规定予以处罚。

第三章 总分机构分摊税款的计算

第十三条 总机构按以下公式计算分摊税款:

总机构分摊税款=汇总纳税企业当期应纳所得税额×50%

第十四条 分支机构按以下公式计算分摊税款:

所有分支机构分摊税款总额=汇总纳税企业当期应纳所得税额×50%

某分支机构分摊税款=所有分支机构分摊税款总额×该分支机构分摊比例

第十五条 总机构应按照上年度分支机构的营业收入、职工薪酬和资产总额三个因素计算各分支机构分摊所得税款的比例;三级及以下分支机构,其营业收入、职工薪酬和资产总额统一计入二级分支机构;三因素的权重依次为 0.35、0.35、0.30。

计算公式如下:

某分支机构分摊比例=(该分支机构营业收入/各分支机构营业收入之和)×0.35+(该分支机构职工薪酬/各分支机构职工薪酬之和)×0.35+(该分支机构资产总额/各分支机构资产总额之和)×0.30

分支机构分摊比例按上述方法一经确定后,除出现本办法第五条第(四)项和第十六条第二、三款情形外,当年不作调整。

第十六条 总机构设立具有主体生产经营职能的部门(非本办法第四条规定的二级分支机构),且该部门的营业收入、职工薪酬和资产总额与管理职能部门分开核算的,可将该部门视同一个二级分支机构,按本办法规定计算分摊并就地缴纳企业所得税;该部门与管理职能部门的营业收入、职工薪酬和资产总额不能分开核算的,该部门不得视同一个二级分支机构,不得按本办法规定计算分摊并就地缴纳企业所得税。

汇总纳税企业当年由于重组等原因从其他企业取得重组当年之前已存在的二级分支机构,并作为本企业二级分支机构管理的,该二级分支机构不视同当年新设立的二级分支机构,按本办法规定计算分摊并就地缴纳企业所得税。

汇总纳税企业内就地分摊缴纳企业所得税的总机构、二级分支机构之间,发生合并、分立、管理层级变更等形成的新设或存续的二级分支机构,不视同当年新设立的二级分支机构,按本办法规定计算分摊并就地缴纳企业所得税。

第十七条 本办法所称分支机构营业收入,是指分支机构销售商品、提供劳务、让渡资产使用权等日常经营活动实现的全部收入。其中，生产经营企业分支机构营业收入是指生产经营企业分支机构销售商品、提供劳务、让渡资产使用权等取得的全部收入。金融企业分支机构营业收入是指金融企业分支机构取得的利息、手续费、佣金等全部收入。保险企业分支机构营业收入是指保险企业分支机构取得的保费等全部收入。

本办法所称分支机构职工薪酬，是指分支机构为获得职工提供的服务而给予各种形式的报酬以及其他相关支出。

本办法所称分支机构资产总额，是指分支机构在经营活动中实际使用的应归属于该分支机构的资产合计额。

本办法所称上年度分支机构的营业收入、职工薪酬和资产总额，是指分支机构上年度全年的营业收入、职工薪酬数据和上年度12月31日的资产总额数据，是依照国家统一会计制度的规定核算的数据。

一个纳税年度内，总机构首次计算分摊税款时采用的分支机构营业收入、职工薪酬和资产总额数据，与此后经过中国注册会计师审计确认的数据不一致的，不作调整。

第十八条 对于按照税收法律、法规和其他规定，总机构和分支机构处于不同税率地区的，先由总机构统一计算全部应纳税所得额，然后按本办法第六条规定的比例和按第十五条计算的分摊比例，计算划分不同税率地区机构的应纳税所得额，再分别按各自的适用税率计算应纳税额后加总计算出汇总纳税企业的应纳所得税总额，最后按本办法第六条规定的比例和按第十五条计算的分摊比例，向总机构和分支机构分摊就地缴纳的企业所得税款。

第十九条 分支机构所在地主管税务机关应根据经总机构所在地主管税务机关受理的汇总纳税企业分支机构所得税分配表、分支机构的年度财务报表（或年度财务状况和营业收支情况）等，对其主管分支机构计算分摊税款比例的三个因素、计算的分摊税款比例和应分摊缴纳的所得税税款进行查验核对；对查验项目有异议的，应于收到汇总纳税企业分支机构所得税分配表后 30 日内向企业总机构所在地主管税务机关提出书面复核建议，并附送相关数据资料。

总机构所在地主管税务机关必须于收到复核建议后 30 日内，对分摊税款的比例进行复核，作出调整或维持原比例的决定，并将复核结果函复分支机构所在地主管税务机关。分支机构所在地主管税务机关应执行总机构所在地主管税务机关的复核决定。

总机构所在地主管税务机关未在规定时间内复核并函复复核结果的，上级税务机关应对总机构所在地主管税务机关按照有关规定进行处理。

复核期间，分支机构应先按总机构确定的分摊比例申报缴纳税款。

第二十条 汇总纳税企业未按照规定准确计算分摊税款，造成总机构与分支机构之间同时存在一方（或几方）多缴另一方（或几方）少缴税款的，其总机构或分支机构分摊缴纳的企业所得税低于按本办法规定计算分摊的数额的，应在下一税款缴纳期内，由总机构将按本办法规定计算分摊的税款差额分摊到总机构或分支机构补缴；其总机构或分支机构就地缴纳的企业所得税高于按本办法规定计算分摊的数额的，应在下一税款缴纳期内，由总机构将按本办法规定计算分摊的税款差额从总机构或分支机构的分摊税款中扣减。

第四章 日常管理

第二十一条 汇总纳税企业总机构和分支机构应依法办理税务登记，接受所在地主管税务机关的监督和管理。

第二十二条 总机构应将其所有二级及以下分支机构（包括本办法第五条规定的分支机构）信息报其所在地主管税务机关备案，内容包括分支机构名称、层级、地址、邮编、纳税人识别号及企业所得税主管税务机关名称、地址和邮编。

分支机构（包括本办法第五条规定的分支机构）应将其总机

构、上级分支机构和下属分支机构信息报其所在地主管税务机关备案，内容包括总机构、上级机构和下属分支机构名称、层级、地址、邮编、纳税人识别号及企业所得税主管税务机关名称、地址和邮编。

上述备案信息发生变化的，除另有规定外，应在内容变化后30日内报总机构和分支机构所在地主管税务机关备案，并办理变更税务登记。

分支机构注销税务登记后15日内，总机构应将分支机构注销情况报所在地主管税务机关备案，并办理变更税务登记。

第二十三条 以总机构名义进行生产经营的非法人分支机构，无法提供汇总纳税企业分支机构所得税分配表，应在预缴申报期内向其所在地主管税务机关报送非法人营业执照（或登记证书）的复印件、由总机构出具的二级及以下分支机构的有效证明和支持有效证明的相关材料（包括总机构拨款证明、总分机构协议或合同、公司章程、管理制度等），证明其二级及以下分支机构身份。

二级及以下分支机构所在地主管税务机关应对二级及以下分支机构进行审核鉴定，对应按本办法规定就地分摊缴纳企业所得税的二级分支机构，应督促其及时就地缴纳企业所得税。

第二十四条 以总机构名义进行生产经营的非法人分支机构，无法提供汇总纳税企业分支机构所得税分配表，也无法提供本办法第二十三条规定相关证据证明其二级及以下分支机构身份的，应视同独立纳税人计算并就地缴纳企业所得税，不执行本办法的相关规定。

按上款规定视同独立纳税人的分支机构，其独立纳税人身份一个年度内不得变更。

汇总纳税企业以后年度改变组织结构的，该分支机构应按本办法第二十三条规定报送相关证据，分支机构所在地主管税务机关重新进行审核鉴定。

第二十五条 汇总纳税企业发生的资产损失，应按以下规定申报扣除：

（一）总机构及二级分支机构发生的资产损失，除应按专项申报和清单申报的有关规定各自向所在地主管税务机关申报外，二级分支机构还应同时上报总机构；三级及以下分支机构发生的资产损失不需向所在地主管税务机关申报，应并入二级分支机构，由二级分支机构统一申报。

（二）总机构对各分支机构上报的资产损失，除税务机关另有规定外，应以清单申报的形式向所在地主管税务机关申报。

（三）总机构将分支机构所属资产捆绑打包转让所发生的资产损失，由总机构向所在地主管税务机关专项申报。

二级分支机构所在地主管税务机关应对二级分支机构申报扣除的资产损失强化后续管理。

第二十六条 对于按照税收法律、法规和其他规定，由分支机构所在地主管税务机关管理的企业所得税优惠事项，分支机构所在地主管税务机关应加强审批（核）、备案管理，并通过评估、检查和台账管理等手段，加强后续管理。

第二十七条 总机构所在地主管税务机关应加强对汇总纳税企业申报缴纳企业所得税的管理，可以对企业自行实施税务检查，也可以与二级分支机构所在地主管税务机关联合实施税务检查。

总机构所在地主管税务机关应对查实项目按照《企业所得税法》的规定统一计算查增的应纳税所得额和应纳税额。

总机构应将查补所得税款（包括滞纳金、罚款，下同）的50%按照本办法第十五条规定计算的分摊比例，分摊给各分支机构（不包括本办法第五条规定的分支机构）缴纳，各分支机构根据分摊查补税款就地办理缴库；50%分摊给总机构缴纳，其中25%就地办理缴库，25%就地全额缴入中央国库。具体的税款缴库程序按照财预〔2012〕40号文件第五条等相关规定执行。

汇总纳税企业缴纳查补所得税款时，总机构应向其所在地主管税务机关报送汇总纳税企业分支机构所得税分配表和总机构所在地主管税务机关出具的税务检查结论，各分支机构也应向其所在地主管税务机关报送经总机构所在地主管税务机关受理的汇总纳税企业分支机构所得税分配表和税务检查结论。

第二十八条 二级分支机构所在地主管税务机关应配合总机构所在地主管税务机关对其主管二级分支机构实施税务检查，也可以自行对该二级分支机构实施税务检查。

二级分支机构所在地主管税务机关自行对其主管二级分支机构实施税务检查，可对查实项目按照《企业所得税法》的规定自行计算查增的应纳税所得额和应纳税额。

计算查增的应纳税所得额时，应减除允许弥补的汇总纳税企业以前年度亏损；对于需由总机构统一计算的税前扣除项目，不得由分支机构自行计算调整。

二级分支机构应将查补所得税款的50%分摊给总机构缴纳，其中25%就地办理缴库，25%就地全额缴入中央国库；50%分摊给该二级分支机构就地办理缴库。具体的税款缴库程序按照财预〔2012〕40号文件第五条等相关规定执行。

汇总纳税企业缴纳查补所得税款时，总机构应向其所在地主管税务机关报送经二级分支机构所在地主管税务机关受理的汇总纳税企业分支机构所得税分配表和二级分支机构所在地主管税务机关出具的税务检查结论，二级分支机构也应向其所在地主管税务机关报送汇总纳税企业分支机构所得税分配表和税务检查结论。

第二十九条 税务机关应将汇总纳税企业总机构、分支机构的税务登记信息、备案信息、总机构出具的分支机构有效证明情况及分支机构审核鉴定情况、企业所得税月（季）度预缴纳税申报表和年度纳税申报表、汇总纳税企业分支机构所得税分配表、财务报表（或年度财务状况和营业收支情况）、企业所得税款入库情况、资产损失情况、税收优惠情况、各分支机构参与企业年度纳税调整情况的说明、税务检查及查补税款分摊和入库情况等信息，定期分省汇总上传至国家税务总局跨地区经营汇总纳税企业管理信息交换平台。

第三十条 2008 年底之前已成立的汇总纳税企业，2009 年起新设立的分支机构，其企业所得税的征管部门应与总机构企业所得税征管部门一致；2009 年起新增汇总纳税企业，其分支机构企业所得税的管理部门也应与总机构企业所得税管理部门一致。

第三十一条 汇总纳税企业不得核定征收企业所得税。

第五章 附 则

第三十二条 居民企业在中国境内没有跨地区设立不具有法人资格分支机构，仅在同一省、自治区、直辖市和计划单列市（以下称同一地区）内设立不具有法人资格分支机构的，其企业所得税征收管理办法，由各省、自治区、直辖市和计划单列市税务局参照本办法制定。

居民企业在中国境内既跨地区设立不具有法人资格分支机构，又在同一地区内设立不具有法人资格分支机构的，其企业所得税征收管理实行本办法。

第三十三条 本办法自 2013 年 1 月 1 日起施行。

《国家税务总局关于印发〈跨地区经营汇总纳税企业所得税征收管理暂行办法〉的通知》（国税发〔2008〕28 号）、《国家税务总局关于跨地区经营汇总纳税企业所得税征收管理有关问题的通知》（国税函〔2008〕747 号）、《国家税务总局关于跨地区经营外商独资银行汇总纳税问题的通知》（国税函〔2008〕958 号）、《国家税务总局关于华能国际电力股份有限公司汇总计算缴纳企业所得税问题的通知》（国税函〔2009〕33 号）、《国家税务总局关于跨地区经营汇总纳税企业所得税征收管理若干问题的通知》（国税函〔2009〕221 号）和《国家税务总局关于华能国际电力股份有限公司所属分支机构 2008 年度预缴企业所得税款问题的通知》(国税函〔2009〕674 号)同时废止。

《国家税务总局关于发布〈中华人民共和国企业所得税月(季)度预缴纳税申报表〉等报表的公告》(税务总局公告 2011 年第 64 号)和《国家税务总局关于发布〈中华人民共和国企业所得税月(季)度预缴纳税申报表〉等报表的补充公告》(税务总局公告 2011 年第 76 号)规定与本办法不一致的,按本办法执行。

跨省市总分机构企业所得税分配及预算管理办法

(2012 年 6 月 12 日　财预〔2012〕40 号)

为了保证《中华人民共和国企业所得税法》的顺利实施,妥善处理地区间利益分配关系,做好跨省市总分机构企业所得税收入的征缴和分配管理工作,制定本办法。

一、主要内容

(一)基本方法。属于中央与地方共享范围的跨省市总分机构企业缴纳的企业所得税,按照统一规范、兼顾总机构和分支机构所在地利益的原则,实行"统一计算、分级管理、就地预缴、汇总清算、财政调库"的处理办法,总分机构统一计算的当期应纳税额的地方分享部分中,25%由总机构所在地分享,50%由各分支机构所在地分享,25%按一定比例在各地间进行分配。

统一计算,是指居民企业应统一计算包括各个不具有法人资格营业机构在内的企业全部应纳税所得额、应纳税额。总机构和分支机构适用税率不一致的,应分别按适用税率计算应纳所得税额。

分级管理,是指居民企业总机构、分支机构,分别由所在地主管税务机关属地进行监督和管理。

就地预缴，是指居民企业总机构、分支机构，应按本办法规定的比例分别就地按月或者按季向所在地主管税务机关申报、预缴企业所得税。

汇总清算，是指在年度终了后，总分机构企业根据统一计算的年度应纳税所得额、应纳所得税额，抵减总机构、分支机构当年已就地分期预缴的企业所得税款后，多退少补。

财政调库，是指财政部定期将缴入中央总金库的跨省市总分机构企业所得税待分配收入，按照核定的系数调整至地方国库。

（二）适用范围。跨省市总分机构企业是指跨省（自治区、直辖市和计划单列市，下同）设立不具有法人资格分支机构的居民企业。

总机构和具有主体生产经营职能的二级分支机构就地预缴企业所得税。三级及三级以下分支机构，其营业收入、职工薪酬和资产总额等统一并入二级分支机构计算。

按照现行财政体制的规定，国有邮政企业（包括中国邮政集团公司及其控股公司和直属单位）、中国工商银行股份有限公司、中国农业银行股份有限公司、中国银行股份有限公司、国家开发银行股份有限公司、中国农业发展银行、中国进出口银行、中国投资有限责任公司、中国建设银行股份有限公司、中国建银投资有限责任公司、中国信达资产管理股份有限公司、中国石油天然气股份有限公司、中国石油化工股份有限公司、海洋石油天然气企业（包括中国海洋石油总公司、中海石油（中国）有限公司、中海油田服务股份有限公司、海洋石油工程股份有限公司）、中国长江电力股份有限公司等企业总分机构缴纳的企业所得税（包括滞纳金、罚款收入）为中央收入，全额上缴中央国库，不实行本办法。

不具有主体生产经营职能且在当地不缴纳营业税、增值税的产品售后服务、内部研发、仓储等企业内部辅助性的二级分支机构以及上年度符合条件的小型微利企业及其分支机构，不实行本办法。

居民企业在中国境外设立不具有法人资格分支机构的，按本办法计算有关分期预缴企业所得税时，其应纳税所得额、应纳所得税额及分摊因素数额，均不包括其境外分支机构。

二、预算科目

从2013年起，在《政府收支分类科目》中增设1010449项"分支机构汇算清缴所得税"科目，其下设01目"国有企业分支机构汇算清缴所得税"、02目"股份制企业分支机构汇算清缴所得税"、03目"港澳台和外商投资企业分支机构汇算清缴所得税"、99目"其他企业分支机构汇算清缴所得税"，有关科目说明及其他修订情况见《2013年政府收支分类科目》。

三、税款预缴

由总机构统一计算企业应纳税所得额和应纳所得税额，并分别由总机构、分支机构按月或按季就地预缴。

（一）分支机构分摊预缴税款。总机构在每月或每季终了之日起十日内，按照上年度各省市分支机构的营业收入、职工薪酬和资产总额三个因素，将统一计算的企业当期应纳税额的50%在各分支机构之间进行分摊（总机构所在省市同时设有分支机构的，同样按三个因素分摊），各分支机构根据分摊税款就地办理缴库，所缴纳税款收入由中央与分支机构所在地按60∶40分享。分摊时三个因素权重依次为0.35、0.35和0.3。当年新设立的分支机构第二年起参与分摊；当年撤销的分支机构自办理注销税务登记之日起不参与分摊。

本办法所称的分支机构营业收入，是指分支机构销售商品、提供劳务、让渡资产使用权等日常经营活动实现的全部收入。其中，生产经营企业分支机构营业收入是指生产经营企业分支机构销售商品、提供劳务、让渡资产使用权等取得的全部收入；金融企业分支机构营业收入是指金融企业分支机构取得的利息、手续费、佣金等全部收入；保险企业分支机构营业收入是指保险企业分支机构取得的保费等全部收入。

本办法所称的分支机构职工薪酬,是指分支机构为获得职工提供的服务而给予职工的各种形式的报酬。

本办法所称的分支机构资产总额,是指分支机构在12月31日拥有或者控制的资产合计额。

各分支机构分摊预缴额按下列公式计算:

各分支机构分摊预缴额＝所有分支机构应分摊的预缴总额×该分支机构分摊比例

其中:

所有分支机构应分摊的预缴总额＝统一计算的企业当期应纳所得税额×50%

该分支机构分摊比例＝(该分支机构营业收入/各分支机构营业收入之和)×0.35+(该分支机构职工薪酬/各分支机构职工薪酬之和)×0.35+(该分支机构资产总额/各分支机构资产总额之和)×0.30

以上公式中,分支机构仅指需要参与就地预缴的分支机构。

(二)总机构就地预缴税款。总机构应将统一计算的企业当期应纳税额的25%,就地办理缴库,所缴纳税款收入由中央与总机构所在地按60:40分享。

(三)总机构预缴中央国库税款。总机构应将统一计算的企业当期应纳税额的剩余25%,就地全额缴入中央国库,所缴纳税款收入60%为中央收入,40%由财政部按照2004年至2006年各省市三年实际分享企业所得税占地方分享总额的比例定期向各省市分配。

四、汇总清算

企业总机构汇总计算企业年度应纳所得税额,扣除总机构和各境内分支机构已预缴的税款,计算出应补应退税款,分别由总机构和各分支机构(不包括当年已办理注销税务登记的分支机构)就地办理税款缴库或退库。

（一）补缴的税款按照预缴的分配比例，50%由各分支机构就地办理缴库，所缴纳税款收入由中央与分支机构所在地按60∶40分享；25%由总机构就地办理缴库，所缴纳税款收入由中央与总机构所在地按60∶40分享；其余25%部分就地全额缴入中央库，所缴纳税款收入中60%为中央收入，40%由财政部按照2004年至2006年各省市三年实际分享企业所得税占地方分享总额的比例定期向各省市分配。

（二）多缴的税款按照预缴的分配比例，50%由各分支机构就地办理退库，所退税款由中央与分支机构所在地按60∶40分担；25%由总机构就地办理退库，所退税款由中央与总机构所在地按60∶40分担；其余25%部分就地从中央国库退库，其中60%从中央级1010442项"总机构汇算清缴所得税"下有关科目退付，40%从中央级1010443项"企业所得税待分配收入"下有关科目退付。

五、税款缴库程序

（一）分支机构分摊的、预缴税款、汇算补缴税款、查补税款（包括滞纳金和罚款）由分支机构办理就地缴库。分支机构所在地税务机关开具税收缴款书，预算科目栏按企业所有制性质对应填写1010440项"分支机构预缴所得税"、1010449项"分支机构汇算清缴所得税"和1010450项"企业所得税查补税款、滞纳金、罚款收入"下的有关目级科目名称及代码，"级次"栏填写"中央60%、地方40%"。

（二）总机构就地预缴、汇算补缴、查补税款（包括滞纳金和罚款）由总机构合并办理就地缴库。中央与地方分配方式为中央60%，企业所得税待分配收入（暂列中央收入）20%，总机构所在地20%。总机构所在地税务机关开具税收缴款书，预算科目栏按企业所有制性质对应填写1010441项"总机构预缴所得税"、1010442项"总机构汇算清缴所得税"和1010450项"企业所得税查补税款、滞纳金、罚款收入"下的有关目级科目名称及代码，"级次"

栏按上述分配比例填写"中央60%、中央20%（待分配）、地方20%"。

国库部门收到税款（包括滞纳金和罚款）后，将其中60%列入中央级1010441项"总机构预缴所得税"、1010442项"总机构汇算清缴所得税"和1010450项"企业所得税查补税款、滞纳金、罚款收入"下有关目级科目，20%列入中央级1010443项"企业所得税待分配收入"下有关目级科目，20%列入地方级1010441项"总机构预缴所得税"、1010442项"总机构汇算清缴所得税"和1010450项"企业所得税查补税款、滞纳金、罚款收入"下有关目级科目。

（三）多缴的税款由分支机构和总机构所在地税务机关开具收入退还书并按规定办理退库。收入退还书预算科目按企业所有制性质对应填写，预算级次按原缴款时的级次填写。

六、财政调库

财政部根据2004年至2006年各省市三年实际分享企业所得税占地方分享总额的比例，定期向中央总金库按目级科目开具分地区调库划款指令，将"企业所得税待分配收入"全额划转至地方国库。地方国库收款后，全额列入地方级1010441项"总机构预缴所得税"下的目级科目办理入库，并通知同级财政部门。

七、其他

（一）跨省市总分机构企业缴纳的所得税查补税款、滞纳金、罚款收入，按中央与地方60∶40分成比例就地缴库。需要退还的所得税查补税款、滞纳金和罚款收入仍按现行管理办法办理审批退库手续。

（二）财政部于每年1月初按中央总金库截至上年12月31日的跨省市总分机构企业所得税待分配收入进行分配，并在库款报解整理期（1月1日至1月10日）内划转至地方国库；地方国库收到下划资金后，金额纳入上年度地方预算收入。地方财政列入上年度收入决算。各省市分库在12月31日向中央总金库报解最后一份中央预算收入日报表后，整理期内再收纳的跨省市分机构企业缴纳的所得税，统一作为新年度的缴库收入处理。

（三）税务机关与国库部门在办理总机构缴纳的所得税对账时，需要将1010441项"总机构预缴所得税"、42项"总机构汇算清缴所得税"、43项"企业所得税待分配收入"下设的目级科目按级次核对一致。

（四）本办法自2013年1月1日起执行。《财政部、国家税务总局中国人民银行关于印发〈跨省市总分机构企业所得税分配及预算管理暂行办法〉的通知》（财预〔2008〕10号）同时废止。

（五）分配给地方的跨省市总分机构企业所得税收入，以及省区域内跨市县经营企业缴纳的企业所得税收入，可参照本办法制定省以下分配与预算管理办法。

关于《跨省市总分机构企业所得税分配及预算管理办法》的补充通知

（2012年12月25日　财预〔2012〕453号）

各省、自治区、直辖市、计划单列市财政厅（局）、国家税务局、地方税务局，财政部驻各省、自治区、直辖市、计划单列市财政监察专员办事处，中国人民银行上海总部，各分行、营业管理部，省会（首府）城市中心支行，深圳、大连、青岛、厦门、宁波市中心支行：

为更好落实《财政部、国家税务总局、中国人民银行关于印发〈跨省市总分机构企业所得税分配及预算管理办法〉的通知》（财预〔2012〕40号），现对有关事项补充通知如下：

一、关于分支机构查补收入的归属。二级分支机构所在地主管税务机关自行对二级分支机构实施税务检查，二级分支机构应将查补所得税款、滞纳金、罚款地方分享部分的50%归属该二级分支机构所在地，就地办理缴库；其余50%分摊给总机构办理缴库，其中，25%归属总机构所在地，25%就地全额缴入中央国库，由中央财政按照一定比例在各地区间分配。

二、关于税款滞纳金、罚款收入的归属。除查补税款滞纳金、罚款收入实行跨地区分享外，跨省市总分机构企业缴纳的其他企业所得税滞纳金、罚款收入不实行跨地区分享，按照规定的缴库程序就地缴库。

三、关于预算科目的调整。将财预〔2012〕40号文件和2013年《政府收支分类科目》中1010450项名称修改为"企业所得税税款滞纳金、罚款、加收利息收入"。1010450项下01目名称修改为"内资企业所得税税款滞纳金、罚款、加收利息收入"；02目名称修改为"港澳台和外商投资企业所得税税款滞纳金、罚款、加收利息收入"；03目名称修改为"中央企业所得税税款滞纳金、罚款、加收利息收入"。科目具体修改情况见附件。

四、关于缴库程序。分支机构分摊的查补税款入库的预算科目为1010449项"分支机构汇算清缴所得税"下的有关目级科目，级次为"中央60%、地方40%"；滞纳金、罚款入库的预算科目为1010450项"企业所得税税款滞纳金、罚款、加收利息收入"下的有关目级科目，级次为"中央60%、地方40%"。

总机构分摊的查补税款入库的预算科目为1010442项"总机构汇算清缴所得税"下的有关目级科目，级次为"中央60%、中央20%（待分配）、地方20%"；滞纳金、罚款入库的预算科目为1010450项"企业所得税税款滞纳金、罚款、加收利息收入"下的有关目级科目，级次为"中央60%、中央20%（待分配）、地方20%"。国库部门收到总机构企业查补税款和滞纳金、罚款后，将其中60%列入中央级1010442项"总机构汇算清缴所得税"下的有关目级科目和1010450项"企业所得税税款滞纳金、罚款、加收利息收入"下的有关目级科目，20%列入中央级1010443"企业所得税待分配收入"下的有关目级科目，20%列入地方级1010442项"总机构汇算清缴所得税"下的有关目级科目和1010450项"企业所得税税款滞纳金、罚款、加收利息收入"下的有关目级科目。

五、其他。本办法实施后，缴纳和退还2012年及以前年度的企业所得税，仍按原办法执行。

财预〔2012〕40号文件规定与本文规定不一致的，按本文规定执行。

附件：2013年政府收支分类科目修订前后对照表（略）

企业重组业务企业所得税管理办法[①]

（2010年7月26日　国家税务总局公告2010年第4号）

第一章　总则及定义

第一条　为规范和加强对企业重组业务的企业所得税管理，根据《中华人民共和国企业所得税法》（以下简称《税法》）及其实施条例（以下简称《实施条例》）、《中华人民共和国税收征收管理法》及其实施细则（以下简称《征管法》）、《财政部、国家税务总局关于企业重组业务企业所得税处理若干问题的通知》（财税〔2009〕59号）（以下简称《通知》）等有关规定，制定本办法。

[①] 本办法第三条、第七条、第八条、第十六条、第十七条、第十八条、第二十二条、第二十三条、第二十四条、第二十五条、第二十七条、第三十二条已被《国家税务总局关于企业重组业务企业所得税征收管理若干问题的公告》（国家税务总局公告2015年第48号）废止；第三十六条已被《国家税务总局关于非居民企业所得税源泉扣缴有关问题的公告》（国家税务总局公告2017年第37号）废止。

第二条　本办法所称企业重组业务，是指《通知》第一条所规定的企业法律形式改变、债务重组、股权收购、资产收购、合并、分立等各类重组。

第三条　企业发生各类重组业务，其当事各方，按重组类型，分别指以下企业：

（一）债务重组中当事各方，指债务人及债权人。

（二）股权收购中当事各方，指收购方、转让方及被收购企业。

（三）资产收购中当事各方，指转让方、受让方。

（四）合并中当事各方，指合并企业、被合并企业及各方股东。

（五）分立中当事各方，指分立企业、被分立企业及各方股东。

第四条　同一重组业务的当事各方应采取一致税务处理原则，即统一按一般性或特殊性税务处理。

第五条　《通知》第一条第（四）项所称实质经营性资产，是指企业用于从事生产经营活动、与产生经营收入直接相关的资产，包括经营所用各类资产、企业拥有的商业信息和技术、经营活动产生的应收款项、投资资产等。

第六条　《通知》第二条所称控股企业，是指由本企业直接持有股份的企业。

第七条　《通知》中规定的企业重组，其重组日的确定，按以下规定处理：

（一）债务重组，以债务重组合同或协议生效日为重组日。

（二）股权收购，以转让协议生效且完成股权变更手续日为重组日。

（三）资产收购，以转让协议生效且完成资产实际交割日为重组日。

（四）企业合并，以合并企业取得被合并企业资产所有权并完成工商登记变更日期为重组日。

（五）企业分立，以分立企业取得被分立企业资产所有权并完成工商登记变更日期为重组日。

第八条 重组业务完成年度的确定,可以按各当事方适用的会计准则确定,具体参照各当事方经审计的年度财务报告。由于当事方适用的会计准则不同导致重组业务完成年度的判定有差异时,各当事方应协商一致,确定同一个纳税年度作为重组业务完成年度。

第九条 本办法所称评估机构,是指具有合法资质的中国资产评估机构。

第二章 企业重组一般性税务处理管理

第十条 企业发生《通知》第四条第(一)项规定的由法人转变为个人独资企业、合伙企业等非法人组织,或将登记注册地转移至中华人民共和国境外(包括港澳台地区),应按照《财政部、国家税务总局关于企业清算业务企业所得税处理若干问题的通知》(财税〔2009〕60号)规定进行清算。

企业在报送《企业清算所得纳税申报表》时,应附送以下资料:

(一)企业改变法律形式的工商部门或其他政府部门的批准文件;

(二)企业全部资产的计税基础以及评估机构出具的资产评估报告;

(三)企业债权、债务处理或归属情况说明;

(四)主管税务机关要求提供的其他资料证明。

第十一条 企业发生《通知》第四条第(二)项规定的债务重组,应准备以下相关资料,以备税务机关检查。

(一)以非货币资产清偿债务的,应保留当事各方签订的清偿债务的协议或合同,以及非货币资产公允价格确认的合法证据等;

(二)债权转股权的,应保留当事各方签订的债权转股权协议或合同。

第十二条 企业发生《通知》第四条第（三）项规定的股权收购、资产收购重组业务，应准备以下相关资料，以备税务机关检查。

（一）当事各方所签订的股权收购、资产收购业务合同或协议；

（二）相关股权、资产公允价值的合法证据。

第十三条 企业发生《通知》第四条第（四）项规定的合并，应按照财税〔2009〕60号文件规定进行清算。

被合并企业在报送《企业清算所得纳税申报表》时，应附送以下资料：

（一）企业合并的工商部门或其他政府部门的批准文件；

（二）企业全部资产和负债的计税基础以及评估机构出具的资产评估报告；

（三）企业债务处理或归属情况说明；

（四）主管税务机关要求提供的其他资料证明。

第十四条 企业发生《通知》第四条第（五）项规定的分立，被分立企业不再继续存在，应按照财税〔2009〕60号文件规定进行清算。

被分立企业在报送《企业清算所得纳税申报表》时，应附送以下资料：

（一）企业分立的工商部门或其他政府部门的批准文件；

（二）被分立企业全部资产的计税基础以及评估机构出具的资产评估报告；

（三）企业债务处理或归属情况说明；

（四）主管税务机关要求提供的其他资料证明。

第十五条 企业合并或分立，合并各方企业或分立企业涉及享受《税法》第五十七条规定中就企业整体（即全部生产经营所得）享受的税收优惠过渡政策尚未期满的，仅就存续企业未享受完的税收优惠，按照《通知》第九条的规定执行；注销的被合并或被分立企业未享受完的税收优惠，不再由存续企业承继；合并或分立而新设的企业不得再承继或重新享受上述优惠。合并或分立各方企业按照《税法》的税收优惠规定和税收优惠过渡政策中就企业有关生产经营项目的所得享受的税收优惠承继问题，按照《实施条例》第八十九条规定执行。

第三章　企业重组特殊性税务处理管理

第十六条　企业重组业务，符合《通知》规定条件并选择特殊性税务处理的，应按照《通知》第十一条规定进行备案；如企业重组各方需要税务机关确认，可以选择由重组主导方向主管税务机关提出申请，层报省税务机关给予确认。

采取申请确认的，主导方和其他当事方不在同一省（自治区、市）的，主导方省税务机关应将确认文件抄送其他当事方所在地省税务机关。

省税务机关在收到确认申请时，原则上应在当年度企业所得税汇算清缴前完成确认。特殊情况，需要延长的，应将延长理由告知主导方。

第十七条　企业重组主导方，按以下原则确定：

（一）债务重组为债务人；

（二）股权收购为股权转让方；

（三）资产收购为资产转让方；

（四）吸收合并为合并后拟存续的企业，新设合并为合并前资产较大的企业；

（五）分立为被分立的企业或存续企业。

第十八条　企业发生重组业务，按照《通知》第五条第（一）项要求，企业在备案或提交确认申请时，应从以下方面说明企业重组具有合理的商业目的：

（一）重组活动的交易方式。即重组活动采取的具体形式、交易背景、交易时间、在交易之前和之后的运作方式和有关的商业常规；

（二）该项交易的形式及实质。即形式上交易所产生的法律权利和责任，也是该项交易的法律后果。另外，交易实际上或商业上产生的最终结果；

（三）重组活动给交易各方税务状况带来的可能变化；

（四）重组各方从交易中获得的财务状况变化；

（五）重组活动是否给交易各方带来了在市场原则下不会产生的异常经济利益或潜在义务；

（六）非居民企业参与重组活动的情况。

第十九条 《通知》第五条第（三）和第（五）项所称"企业重组后的连续12个月内"，是指自重组日起计算的连续12个月内。

第二十条 《通知》第五条第（五）项规定的原主要股东，是指原持有转让企业或被收购企业20%以上股权的股东。

第二十一条 《通知》第六条第（四）项规定的同一控制，是指参与合并的企业在合并前后均受同一方或相同的多方最终控制，且该控制并非暂时性的。能够对参与合并的企业在合并前后均实施最终控制权的相同多方，是指根据合同或协议的约定，对参与合并企业的财务和经营政策拥有决定控制权的投资者群体。在企业合并前，参与合并各方受最终控制方的控制在12个月以上，企业合并后所形成的主体在最终控制方的控制时间也应达到连续12个月。

第二十二条 企业发生《通知》第六条第（一）项规定的债务重组，根据不同情形，应准备以下资料：

（一）发生债务重组所产生的应纳税所得额占该企业当年应纳税所得额50%以上的，债务重组所得要求在5个纳税年度的期间内，均匀计入各年度应纳税所得额的，应准备以下资料：

1. 当事方的债务重组的总体情况说明（如果采取申请确认的，

应为企业的申请,下同),情况说明中应包括债务重组的商业目的;

2. 当事各方所签订的债务重组合同或协议;

3. 债务重组所产生的应纳税所得额、企业当年应纳税所得额情况说明;

4. 税务机关要求提供的其他资料证明。

(二)发生债权转股权业务,债务人对债务清偿业务暂不确认所得或损失,债权人对股权投资的计税基础以原债权的计税基础确定,应准备以下资料:

1. 当事方的债务重组的总体情况说明。情况说明中应包括债务重组的商业目的;

2. 双方所签订的债转股合同或协议;

3. 企业所转换的股权公允价格证明;

4. 工商部门及有关部门核准相关企业股权变更事项证明材料;

5. 税务机关要求提供的其他资料证明。

第二十三条 企业发生《通知》第六条第(二)项规定的股权收购业务,应准备以下资料:

(一)当事方的股权收购业务总体情况说明,情况说明中应包括股权收购的商业目的;

(二)双方或多方所签订的股权收购业务合同或协议;

(三)由评估机构出具的所转让及支付的股权公允价值;

(四)证明重组符合特殊性税务处理条件的资料,包括股权比例,支付对价情况,以及12个月内不改变资产原来的实质性经营活动和原主要股东不转让所取得股权的承诺书等;

(五)工商等相关部门核准相关企业股权变更事项证明材料;

(六)税务机关要求的其他材料。

第二十四条 企业发生《通知》第六条第(三)项规定的资产收购业务,应准备以下资料:

(一)当事方的资产收购业务总体情况说明,情况说明中应包括资产收购的商业目的；

（二）当事各方所签订的资产收购业务合同或协议；

（三）评估机构出具的资产收购所体现的资产评估报告；

（四）受让企业股权的计税基础的有效凭证；

（五）证明重组符合特殊性税务处理条件的资料，包括资产收购比例，支付对价情况，以及12个月内不改变资产原来的实质性经营活动、原主要股东不转让所取得股权的承诺书等；

（六）工商部门核准相关企业股权变更事项证明材料；

（七）税务机关要求提供的其他材料证明。

第二十五条 企业发生《通知》第六条第（四）项规定的合并，应准备以下资料：

（一）当事方企业合并的总体情况说明。情况说明中应包括企业合并的商业目的；

（二）企业合并的政府主管部门的批准文件；

（三）企业合并各方当事人的股权关系说明；

（四）被合并企业的净资产、各单项资产和负债及其账面价值和计税基础等相关资料；

（五）证明重组符合特殊性税务处理条件的资料，包括合并前企业各股东取得股权支付比例情况、以及12个月内不改变资产原来的实质性经营活动、原主要股东不转让所取得股权的承诺书等；

（六）工商部门核准相关企业股权变更事项证明材料；

（七）主管税务机关要求提供的其他资料证明。

第二十六条 《通知》第六条第（四）项所规定的可由合并企业弥补的被合并企业亏损的限额，是指按《税法》规定的剩余结转年限内，每年可由合并企业弥补的被合并企业亏损的限额。

第二十七条 企业发生《通知》第六条第（五）项规定的分立，应准备以下资料：

（一）当事方企业分立的总体情况说明。情况说明中应包括企业分立的商业目的；

（二）企业分立的政府主管部门的批准文件；

（三）被分立企业的净资产、各单项资产和负债账面价值和计税基础等相关资料；

（四）证明重组符合特殊性税务处理条件的资料，包括分立后企业各股东取得股权支付比例情况、以及12个月内不改变资产原来的实质性经营活动、原主要股东不转让所取得股权的承诺书等；

（五）工商部门认定的分立和被分立企业股东股权比例证明材料；分立后，分立和被分立企业工商营业执照复印件；分立和被分立企业分立业务账务处理复印件；

（六）税务机关要求提供的其他资料证明。

第二十八条 根据《通知》第六条第（四）项第2目规定，被合并企业合并前的相关所得税事项由合并企业承继，以及根据《通知》第六条第（五）项第2目规定，企业分立，已分立资产相应的所得税事项由分立企业承继，这些事项包括尚未确认的资产损失、分期确认收入的处理以及尚未享受期满的税收优惠政策承继处理问题等。其中，对税收优惠政策承继处理问题，凡属于依照《税法》第五十七条规定中就企业整体（即全部生产经营所得）享受税收优惠过渡政策的，合并或分立后的企业性质及适用税收优惠条件未发生改变的，可以继续享受合并前各企业或分立前被分立企业剩余期限的税收优惠。合并前各企业剩余的税收优惠年限不一致的，合并后企业每年度的应纳税所得额，应统一按合并日各合并前企业资产占合并后企业总资产的比例进行划分，再分别按相应的剩余优惠计算应纳税额。合并前各企业或分立前被分立企业按照《税法》的税收优惠规定以及税收优惠过渡政策中就有关生产经营项目所得享受的税收优惠承继处理问题，按照《实施条例》第八十九条规定执行。

第二十九条 适用《通知》第五条第（三）项和第（五）项

的当事各方应在完成重组业务后的下一年度的企业所得税年度申报时，向主管税务机关提交书面情况说明，以证明企业在重组后的连续12个月内，有关符合特殊性税务处理的条件未发生改变。

第三十条　当事方的其中一方在规定时间内发生生产经营业务、公司性质、资产或股权结构等情况变化，致使重组业务不再符合特殊性税务处理条件的，发生变化的当事方应在情况发生变化的30天内书面通知其他所有当事方。主导方在接到通知后30日内将有关变化通知其主管税务机关。

上款所述情况发生变化后60日内，应按照《通知》第四条的规定调整重组业务的税务处理。原交易各方应各自按原交易完成时资产和负债的公允价值计算重组业务的收益或损失，调整交易完成纳税年度的应纳税所得额及相应的资产和负债的计税基础，并向各自主管税务机关申请调整交易完成纳税年度的企业所得税年度申报表。逾期不调整申报的，按照《征管法》的相关规定处理。

第三十一条　各当事方的主管税务机关应当对企业申报或确认适用特殊性税务处理的重组业务进行跟踪监管，了解重组企业的动态变化情况。发现问题，应及时与其他当事方主管税务机关沟通联系，并按照规定给予调整。

第三十二条　根据《通知》第十条规定，若同一项重组业务涉及在连续12个月内分步交易，且跨两个纳税年度，当事各方在第一步交易完成时预计整个交易可以符合特殊性税务处理条件，可以协商一致选择特殊性税务处理的，可在第一步交易完成后，适用特殊性税务处理。主管税务机关在审核有关资料后，符合条件的，可以暂认可适用特殊性税务处理。第二年进行下一步交易后，应按本办法要求，准备相关资料确认适用特殊性税务处理。

第三十三条　上述跨年度分步交易，若当事方在首个纳税年度不能预计整个交易是否符合特殊性税务处理条件，应适用一般性税务处理。在下一纳税年度全部交易完成后，适用特殊性税务处理的，可以调整上一纳税年度的企业所得税年度申报表，涉及多缴税款的，各主管税务机关应退税，或抵缴当年应纳税款。

第三十四条 企业重组的当事各方应该取得并保管与该重组有关的凭证、资料，保管期限按照《征管法》的有关规定执行。

第四章 跨境重组税收管理

第三十五条 发生《通知》第七条规定的重组，凡适用特殊性税务处理规定的，应按照本办法第三章相关规定执行。

第三十六条 发生《通知》第七条第（一）、（二）项规定的重组，适用特殊税务处理的，应按照《国家税务总局关于印发〈非居民企业所得税源泉扣缴管理暂行办法〉的通知》（国税发〔2009〕3号）和《国家税务总局关于加强非居民企业股权转让所得企业所得税管理的通知》（国税函〔2009〕698号）要求，准备资料。

第三十七条 发生《通知》第七条第（三）项规定的重组，居民企业应向其所在地主管税务机关报送以下资料：

1. 当事方的重组情况说明，申请文件中应说明股权转让的商业目的；

2. 双方所签订的股权转让协议；

3. 双方控股情况说明；

4. 由评估机构出具的资产或股权评估报告。报告中应分别列示涉及的各单项被转让资产和负债的公允价值；

5. 证明重组符合特殊性税务处理条件的资料，包括股权或资产转让比例，支付对价情况，以及12个月内不改变资产原来的实质性经营活动、不转让所取得股权的承诺书等；

6. 税务机关要求的其他材料。

国家税务总局关于企业重组业务
企业所得税征收管理若干问题的公告

(2015年6月24日 国家税务总局公告2015年第48号 根据2018年6月15日《国家税务总局关于修改部分税收规范性文件的公告》修正)

根据《中华人民共和国企业所得税法》及其实施条例、《中华人民共和国税收征收管理法》及其实施细则、《国务院关于取消非行政许可审批事项的决定》(国发〔2015〕27号)、《财政部、国家税务总局关于企业重组业务企业所得税处理若干问题的通知》(财税〔2009〕59号)和《财政部、国家税务总局关于促进企业重组有关企业所得税处理问题的通知》(财税〔2014〕109号)等有关规定,现对企业重组业务企业所得税征收管理若干问题公告如下:

一、按照重组类型,企业重组的当事各方是指:

(一)债务重组中当事各方,指债务人、债权人。

(二)股权收购中当事各方,指收购方、转让方及被收购企业。

(三)资产收购中当事各方,指收购方、转让方。

(四)合并中当事各方,指合并企业、被合并企业及被合并企业股东。

(五)分立中当事各方,指分立企业、被分立企业及被分立企业股东。

上述重组交易中,股权收购中转让方、合并中被合并企业股东和分立中被分立企业股东,可以是自然人。

当事各方中的自然人应按个人所得税的相关规定进行税务处理。

二、重组当事各方企业适用特殊性税务处理的（指重组业务符合财税〔2009〕59号文件和财税〔2014〕109号文件第一条、第二条规定条件并选择特殊性税务处理的，下同），应按如下规定确定重组主导方：

（一）债务重组，主导方为债务人。

（二）股权收购，主导方为股权转让方，涉及两个或两个以上股权转让方，由转让被收购企业股权比例最大的一方作为主导方（转让股权比例相同的可协商确定主导方）。

（三）资产收购，主导方为资产转让方。

（四）合并，主导方为被合并企业，涉及同一控制下多家被合并企业的，以净资产最大的一方为主导方。

（五）分立，主导方为被分立企业。

三、财税〔2009〕59号文件第十一条所称重组业务完成当年，是指重组日所属的企业所得税纳税年度。

企业重组日的确定，按以下规定处理：

1. 债务重组，以债务重组合同（协议）或法院裁定书生效日为重组日。

2. 股权收购，以转让合同（协议）生效且完成股权变更手续日为重组日。关联企业之间发生股权收购，转让合同（协议）生效后12个月内尚未完成股权变更手续的，应以转让合同（协议）生效日为重组日。

3. 资产收购，以转让合同（协议）生效且当事各方已进行会计处理的日期为重组日。

4. 合并，以合并合同（协议）生效、当事各方已进行会计处理且完成工商新设登记或变更登记日为重组日。按规定不需要办理工商新设或变更登记的合并，以合并合同（协议）生效且当事各方已进行会计处理的日期为重组日。

5. 分立，以分立合同（协议）生效、当事各方已进行会计处理且完成工商新设登记或变更登记日为重组日。

四、企业重组业务适用特殊性税务处理的,除财税〔2009〕59号文件第四条第(一)项所称企业发生其他法律形式简单改变情形外,重组各方应在该重组业务完成当年,办理企业所得税年度申报时,分别向各自主管税务机关报送《企业重组所得税特殊性税务处理报告表及附表》(详见附件1)和申报资料(详见附件2)。合并、分立中重组一方涉及注销的,应在尚未办理注销税务登记手续前进行申报。

重组主导方申报后,其他当事方向其主管税务机关办理纳税申报。申报时还应附送重组主导方经主管税务机关受理的《企业重组所得税特殊性税务处理报告表及附表》(复印件)。

五、企业重组业务适用特殊性税务处理的,申报时,应从以下方面逐条说明企业重组具有合理的商业目的:

(一)重组交易的方式;

(二)重组交易的实质结果;

(三)重组各方涉及的税务状况变化;

(四)重组各方涉及的财务状况变化;

(五)非居民企业参与重组活动的情况。

六、企业重组业务适用特殊性税务处理的,申报时,当事各方还应向主管税务机关提交重组前连续12个月内有无与该重组相关的其他股权、资产交易情况的说明,并说明这些交易与该重组是否构成分步交易,是否作为一项企业重组业务进行处理。

七、根据财税〔2009〕59号文件第十条规定,若同一项重组业务涉及在连续12个月内分步交易,且跨两个纳税年度,当事各方在首个纳税年度交易完成时预计整个交易符合特殊性税务处理条件,经协商一致选择特殊性税务处理的,可以暂时适用特殊性税务处理,并在当年企业所得税年度申报时提交书面申报资料。

在下一纳税年度全部交易完成后,企业应判断是否适用特殊性税务处理。如适用特殊性税务处理的，当事各方应按本公告要求申报相关资料；如适用一般性税务处理的，应调整相应纳税年度的企业所得税年度申报表，计算缴纳企业所得税。

八、企业发生财税〔2009〕59号文件第六条第（一）项规定的债务重组，应准确记录应予确认的债务重组所得，并在相应年度的企业所得税汇算清缴时对当年确认额及分年结转额的情况做出说明。

主管税务机关应建立台账，对企业每年申报的债务重组所得与台账进行比对分析，加强后续管理。

九、企业发生财税〔2009〕59号文件第七条第（三）项规定的重组，居民企业应准确记录应予确认的资产或股权转让收益总额，并在相应年度的企业所得税汇算清缴时对当年确认额及分年结转额的情况做出说明。

主管税务机关应建立台账，对居民企业取得股权的计税基础和每年确认的资产或股权转让收益进行比对分析，加强后续管理。

十、适用特殊性税务处理的企业，在以后年度转让或处置重组资产（股权）时，应在年度纳税申报时对资产（股权）转让所得或损失情况进行专项说明，包括特殊性税务处理时确定的重组资产（股权）计税基础与转让或处置时的计税基础的比对情况，以及递延所得税负债的处理情况等。

适用特殊性税务处理的企业，在以后年度转让或处置重组资产（股权）时，主管税务机关应加强评估和检查，将企业特殊性税务处理时确定的重组资产（股权）计税基础与转让或处置时的计税基础及相关的年度纳税申报表比对，发现问题的，应依法进行调整。

十一、税务机关应对适用特殊性税务处理的企业重组做好统计和相关资料的归档工作。各省、自治区、直辖市和计划单列市税务局应于每年8月底前将《企业重组所得税特殊性税务处理统计表》（详见附件3）上报税务总局（所得税司）。

十二、本公告适用于 2015 年度及以后年度企业所得税汇算清缴。《国家税务总局关于发布〈企业重组业务企业所得税管理办法〉的公告》（国家税务总局公告 2010 年第 4 号）第三条、第七条、第八条、第十六条、第十七条、第十八条、第二十二条、第二十三条、第二十四条、第二十五条、第二十七条、第三十二条同时废止。

本公告施行时企业已经签订重组协议，但尚未完成重组的，按本公告执行。

特此公告。

附件： 1. 企业重组所得税特殊性税务处理报告表及附表（略）
2. 企业重组所得税特殊性税务处理申报资料一览表（略）
3. 企业重组所得税特殊性税务处理统计表（略）

企业资产损失所得税税前扣除管理办法[①]

（2011 年 3 月 31 日国家税务总局令第 25 号公布 根据 2018 年 6 月 15 日《国家税务总局关于修改部分税收规范性文件的公告》修正）

第一章 总 则

第一条 根据《中华人民共和国企业所得税法》（以下简称企业所得税法）及其实施条例、《中华人民共和国税收征收管理法》（以下简称征管法）及其实施细则、《财政部、国家税务总局关于企业资产损失税前扣除政策的通知》（财税〔2009〕57 号）（以下

[①] 本办法第十二条已被《国家税务总局关于企业因国务院决定事项形成的资产损失税前扣除问题的公告》（国家税务总局公告 2014 年第 18 号）废止；第四条、第七条、第八条、第十三条有关资产损失证据资料、会计核算资料、纳税资料等相关资料报送的内容已被《国家税务总局关于企业所得税资产损失资料留存备查有关事项的公告》（国家税务总局公告 2018 年第 15 号）废止。

简称《通知》）的规定，制定本办法。

第二条 本办法所称资产是指企业拥有或者控制的、用于经营管理活动相关的资产，包括现金、银行存款、应收及预付款项（包括应收票据、各类垫款、企业之间往来款项）等货币性资产，存货、固定资产、无形资产、在建工程、生产性生物资产等非货币性资产，以及债权性投资和股权（权益）性投资。

第三条 准予在企业所得税税前扣除的资产损失，是指企业在实际处置、转让上述资产过程中发生的合理损失（以下简称实际资产损失），以及企业虽未实际处置、转让上述资产，但符合《通知》和本办法规定条件计算确认的损失（以下简称法定资产损失）。

第四条 企业实际资产损失，应当在其实际发生且会计上已作损失处理的年度申报扣除；法定资产损失，应当在企业向主管税务机关提供证据资料证明该项资产已符合法定资产损失确认条件，且会计上已作损失处理的年度申报扣除。

第五条 企业发生的资产损失，应按规定的程序和要求向主管税务机关申报后方能在税前扣除。未经申报的损失，不得在税前扣除。

第六条 企业以前年度发生的资产损失未能在当年税前扣除的，可以按照本办法的规定，向税务机关说明并进行专项申报扣除。其中，属于实际资产损失，准予追补至该项损失发生年度扣除，其追补确认期限一般不得超过五年，但因计划经济体制转轨过程中遗留的资产损失、企业重组上市过程中因权属不清出现争议而未能及时扣除的资产损失、因承担国家政策性任务而形成的资产损失以及政策定性不明确而形成资产损失等特殊原因形成的资产损失，其追补确认期限经国家税务总局批准后可适当延长。属于法定资产损失，应在申报年度扣除。

企业因以前年度实际资产损失未在税前扣除而多缴的企业所得税税款，可在追补确认年度企业所得税应纳税款中予以抵扣，不足抵扣的，向以后年度递延抵扣。

企业实际资产损失发生年度扣除追补确认的损失后出现亏损的，应先调整资产损失发生年度的亏损额，再按弥补亏损的原则计算以后年度多缴的企业所得税税款，并按前款办法进行税务处理。

第二章　申报管理

第七条　企业在进行企业所得税年度汇算清缴申报时，可将资产损失申报材料和纳税资料作为企业所得税年度纳税申报表的附件一并向税务机关报送。

第八条　企业资产损失按其申报内容和要求的不同，分为清单申报和专项申报两种申报形式。其中，属于清单申报的资产损失，企业可按会计核算科目进行归类、汇总，然后再将汇总清单报送税务机关，有关会计核算资料和纳税资料留存备查；属于专项申报的资产损失，企业应逐项（或逐笔）报送申请报告，同时附送会计核算资料及其他相关的纳税资料。

企业在申报资产损失税前扣除过程中不符合上述要求的，税务机关应当要求其改正，企业拒绝改正的，税务机关有权不予受理。

第九条　下列资产损失，应以清单申报的方式向税务机关申报扣除：

（一）企业在正常经营管理活动中，按照公允价格销售、转让、变卖非货币资产的损失；

（二）企业各项存货发生的正常损耗；

（三）企业固定资产达到或超过使用年限而正常报废清理的损失；

（四）企业生产性生物资产达到或超过使用年限而正常死亡发生的资产损失；

（五）企业按照市场公平交易原则，通过各种交易场所、市场等买卖债券、股票、期货、基金以及金融衍生产品等发生的损失。

第十条　前条以外的资产损失，应以专项申报的方式向税务机关申报扣除。企业无法准确判别是否属于清单申报扣除的资产损失，可以采取专项申报的形式申报扣除。

第十一条　在中国境内跨地区经营的汇总纳税企业发生的资产损失，应按以下规定申报扣除：

（一）总机构及其分支机构发生的资产损失，除应按专项申报和清单申报的有关规定，各自向当地主管税务机关申报外，各分支机构同时还应上报总机构；

（二）总机构对各分支机构上报的资产损失，除税务机关另有规定外，应以清单申报的形式向当地主管税务机关进行申报；

（三）总机构将跨地区分支机构所属资产捆绑打包转让所发生的资产损失，由总机构向当地主管税务机关进行专项申报。

第十二条　企业因国务院决定事项形成的资产损失，应向国家税务总局提供有关资料。国家税务总局审核有关情况后，将损失情况通知相关税务机关。企业应按本办法的要求进行专项申报。

第十三条　属于专项申报的资产损失，企业因特殊原因不能在规定的时限内报送相关资料的，可以向主管税务机关提出申请，经主管税务机关同意后，可适当延期申报。

第十四条　企业应当建立健全资产损失内部核销管理制度，及时收集、整理、编制、审核、申报、保存资产损失税前扣除证据材料，方便税务机关检查。

第十五条　税务机关应按分项建档、分级管理的原则，建立企业资产损失税前扣除管理台账和纳税档案，及时进行评估。对资产损失金额较大或经评估后发现不符合资产损失税前扣除规定、或存有疑点、异常情况的资产损失，应及时进行核查。对有证据证明申报扣除的资产损失不真实、不合法的，应依法作出税收处理。

第三章　资产损失确认证据

第十六条　企业资产损失相关的证据包括具有法律效力的外部证据和特定事项的企业内部证据。

第十七条　具有法律效力的外部证据，是指司法机关、行政机关、专业技术鉴定部门等依法出具的与本企业资产损失相关的具有法律效力的书面文件，主要包括：

（一）司法机关的判决或者裁定；

（二）公安机关的立案结案证明、回复；

（三）工商部门出具的注销、吊销及停业证明；

（四）企业的破产清算公告或清偿文件；

（五）行政机关的公文；

（六）专业技术部门的鉴定报告；

（七）具有法定资质的中介机构的经济鉴定证明；

（八）仲裁机构的仲裁文书；

（九）保险公司对投保资产出具的出险调查单、理赔计算单等保险单据；

（十）符合法律规定的其他证据。

第十八条　特定事项的企业内部证据，是指会计核算制度健全、内部控制制度完善的企业，对各项资产发生毁损、报废、盘亏、死亡、变质等内部证明或承担责任的声明，主要包括：

（一）有关会计核算资料和原始凭证；

（二）资产盘点表；

（三）相关经济行为的业务合同；

（四）企业内部技术鉴定部门的鉴定文件或资料；

（五）企业内部核批文件及有关情况说明；

（六）对责任人由于经营管理责任造成损失的责任认定及赔偿情况说明；

（七）法定代表人、企业负责人和企业财务负责人对特定事项真实性承担法律责任的声明。

第四章 货币资产损失的确认

第十九条 企业货币资产损失包括现金损失、银行存款损失和应收及预付款项损失等。

第二十条 现金损失应依据以下证据材料确认：

（一）现金保管人确认的现金盘点表（包括倒推至基准日的记录）；

（二）现金保管人对于短缺的说明及相关核准文件；

（三）对责任人由于管理责任造成损失的责任认定及赔偿情况的说明；

（四）涉及刑事犯罪的，应有司法机关出具的相关材料；

（五）金融机构出具的假币收缴证明。

第二十一条 企业因金融机构清算而发生的存款类资产损失应依据以下证据材料确认：

（一）企业存款类资产的原始凭据；

（二）金融机构破产、清算的法律文件；

（三）金融机构清算后剩余资产分配情况资料。

金融机构应清算而未清算超过三年的，企业可将该款项确认为资产损失，但应有法院或破产清算管理人出具的未完成清算证明。

第二十二条 企业应收及预付款项坏账损失应依据以下相关证据材料确认：

（一）相关事项合同、协议或说明；

（二）属于债务人破产清算的，应有人民法院的破产、清算公告；

（三）属于诉讼案件的，应出具人民法院的判决书或裁决书或仲裁机构的仲裁书，或者被法院裁定终（中）止执行的法律文书；

（四）属于债务人停止营业的，应有工商部门注销、吊销营业执照证明；

（五）属于债务人死亡、失踪的，应有公安机关等有关部门对债务人个人的死亡、失踪证明；

（六）属于债务重组的，应有债务重组协议及其债务人重组收益纳税情况说明；

（七）属于自然灾害、战争等不可抗力而无法收回的，应有债务人受灾情况说明以及放弃债权申明。

第二十三条 企业逾期三年以上的应收款项在会计上已作为损失处理的，可以作为坏账损失，但应说明情况，并出具专项报告。

第二十四条 企业逾期一年以上，单笔数额不超过五万或者不超过企业年度收入总额万分之一的应收款项，会计上已经作为损失处理的，可以作为坏账损失，但应说明情况，并出具专项报告。

第五章　非货币资产损失的确认

第二十五条 企业非货币资产损失包括存货损失、固定资产损失、无形资产损失、在建工程损失、生产性生物资产损失等。

第二十六条 存货盘亏损失，为其盘亏金额扣除责任人赔偿后的余额，应依据以下证据材料确认：

（一）存货计税成本确定依据；

（二）企业内部有关责任认定、责任人赔偿说明和内部核批文件；

（三）存货盘点表；

（四）存货保管人对于盘亏的情况说明。

第二十七条 存货报废、毁损或变质损失，为其计税成本扣除残值及责任人赔偿后的余额，应依据以下证据材料确认：

（一）存货计税成本的确定依据；

（二）企业内部关于存货报废、毁损、变质、残值情况说明及核销资料；

（三）涉及责任人赔偿的，应当有赔偿情况说明；

（四）该项损失数额较大的（指占企业该类资产计税成本10%以上，或减少当年应纳税所得、增加亏损10%以上，下同），应有专业技术鉴定意见或法定资质中介机构出具的专项报告等。

第二十八条　存货被盗损失，为其计税成本扣除保险理赔以及责任人赔偿后的余额，应依据以下证据材料确认：

（一）存货计税成本的确定依据；

（二）向公安机关的报案记录；

（三）涉及责任人和保险公司赔偿的，应有赔偿情况说明等。

第二十九条　固定资产盘亏、丢失损失，为其账面净值扣除责任人赔偿后的余额，应依据以下证据材料确认：

（一）企业内部有关责任认定和核销资料；

（二）固定资产盘点表；

（三）固定资产的计税基础相关资料；

（四）固定资产盘亏、丢失情况说明；

（五）损失金额较大的，应有专业技术鉴定报告或法定资质中介机构出具的专项报告等。

第三十条　固定资产报废、毁损损失，为其账面净值扣除残值和责任人赔偿后的余额，应依据以下证据材料确认：

（一）固定资产的计税基础相关资料；

（二）企业内部有关责任认定和核销资料；

（三）企业内部有关部门出具的鉴定材料；

（四）涉及责任赔偿的，应当有赔偿情况的说明；

（五）损失金额较大的或自然灾害等不可抗力原因造成固定资产毁损、报废的，应有专业技术鉴定意见或法定资质中介机构出具的专项报告等。

第三十一条　固定资产被盗损失，为其账面净值扣除责任人赔

偿后的余额,应依据以下证据材料确认:

(一)固定资产计税基础相关资料;

(二)公安机关的报案记录,公安机关立案、破案和结案的证明材料;

(三)涉及责任赔偿的,应有赔偿责任的认定及赔偿情况的说明等。

第三十二条 在建工程停建、报废损失,为其工程项目投资账面价值扣除残值后的余额,应依据以下证据材料确认:

(一)工程项目投资账面价值确定依据;

(二)工程项目停建原因说明及相关材料;

(三)因质量原因停建、报废的工程项目和因自然灾害和意外事故停建、报废的工程项目,应出具专业技术鉴定意见和责任认定、赔偿情况的说明等。

第三十三条 工程物资发生损失,可比照本办法存货损失的规定确认。

第三十四条 生产性生物资产盘亏损失,为其账面净值扣除责任人赔偿后的余额,应依据以下证据材料确认:

(一)生产性生物资产盘点表;

(二)生产性生物资产盘亏情况说明;

(三)生产性生物资产损失金额较大的,企业应有专业技术鉴定意见和责任认定、赔偿情况的说明等。

第三十五条 因森林病虫害、疫情、死亡而产生的生产性生物资产损失,为其账面净值扣除残值、保险赔偿和责任人赔偿后的余额,应依据以下证据材料确认:

(一)损失情况说明;

(二)责任认定及其赔偿情况的说明;

(三)损失金额较大的,应有专业技术鉴定意见。

第三十六条 对被盗伐、被盗、丢失而产生的生产性生物资产损失，为其账面净值扣除保险赔偿以及责任人赔偿后的余额，应依据以下证据材料确认：

（一）生产性生物资产被盗后，向公安机关的报案记录或公安机关立案、破案和结案的证明材料；

（二）责任认定及其赔偿情况的说明。

第三十七条 企业由于未能按期赎回抵押资产，使抵押资产被拍卖或变卖，其账面净值大于变卖价值的差额，可认定为资产损失，按以下证据材料确认：

（一）抵押合同或协议书；

（二）拍卖或变卖证明、清单；

（三）会计核算资料等其他相关证据材料。

第三十八条 被其他新技术所代替或已经超过法律保护期限，已经丧失使用价值和转让价值，尚未摊销的无形资产损失，应提交以下证据备案：

（一）会计核算资料；

（二）企业内部核批文件及有关情况说明；

（三）技术鉴定意见和企业法定代表人、主要负责人和财务负责人签章证实无形资产已无使用价值或转让价值的书面申明；

（四）无形资产的法律保护期限文件。

第六章　投资损失的确认

第三十九条 企业投资损失包括债权性投资损失和股权（权益）性投资损失。

第四十条 企业债权投资损失应依据投资的原始凭证、合同或协议、会计核算资料等相关证据材料确认。下列情况债权投资损失的，还应出具相关证据材料：

（一）债务人或担保人依法被宣告破产、关闭、被解散或撤销、被吊销营业执照、失踪或者死亡等，应出具资产清偿证明或者遗产清偿证明。无法出具资产清偿证明或者遗产清偿证明，且上述事项超过三年以上的，或债权投资（包括信用卡透支和助学贷款）余额在三百万元以下的，应出具对应的债务人和担保人破产、关闭、解散证明、撤销文件、工商行政管理部门注销证明或查询证明以及追索记录等（包括司法追索、电话追索、信件追索和上门追索等原始记录）；

（二）债务人遭受重大自然灾害或意外事故，企业对其资产进行清偿和对担保人进行追偿后，未能收回的债权，应出具债务人遭受重大自然灾害或意外事故证明、保险赔偿证明、资产清偿证明等；

（三）债务人因承担法律责任，其资产不足归还所借债务，又无其他债务承担者的，应出具法院裁定证明和资产清偿证明；

（四）债务人和担保人不能偿还到期债务，企业提出诉讼或仲裁的，经人民法院对债务人和担保人强制执行，债务人和担保人均无资产可执行，人民法院裁定终结或终止（中止）执行的，应出具人民法院裁定文书；

（五）债务人和担保人不能偿还到期债务，企业提出诉讼后被驳回起诉的、人民法院不予受理或不予支持的，或经仲裁机构裁决免除（或部分免除）债务人责任，经追偿后无法收回的债权，应提交法院驳回起诉的证明，或法院不予受理或不予支持证明，或仲裁机构裁决免除债务人责任的文书；

（六）经国务院专案批准核销的债权，应提供国务院批准文件或经国务院同意后由国务院有关部门批准的文件。

第四十一条 企业股权投资损失应依据以下相关证据材料确认：

（一）股权投资计税基础证明材料；

（二）被投资企业破产公告、破产清偿文件；

（三）工商行政管理部门注销、吊销被投资单位营业执照文件；

（四）政府有关部门对被投资单位的行政处理决定文件；

（五）被投资企业终止经营、停止交易的法律或其他证明文件；

（六）被投资企业资产处置方案、成交及入账材料；

（七）企业法定代表人、主要负责人和财务负责人签章证实有关投资（权益）性损失的书面申明；

（八）会计核算资料等其他相关证据材料。

第四十二条 被投资企业依法宣告破产、关闭、解散或撤销、吊销营业执照、停止生产经营活动、失踪等，应出具资产清偿证明或者遗产清偿证明。

上述事项超过三年以上且未能完成清算的，应出具被投资企业破产、关闭、解散或撤销、吊销等的证明以及不能清算的原因说明。

第四十三条 企业委托金融机构向其他单位贷款，或委托其他经营机构进行理财，到期不能收回贷款或理财款项，按照本办法第六章有关规定进行处理。

第四十四条 企业对外提供与本企业生产经营活动有关的担保，因被担保人不能按期偿还债务而承担连带责任，经追索，被担保人无偿还能力，对无法追回的金额，比照本办法规定的应收款项损失进行处理。

与本企业生产经营活动有关的担保是指企业对外提供的与本企业应税收入、投资、融资、材料采购、产品销售等生产经营活动相关的担保。

第四十五条 企业按独立交易原则向关联企业转让资产而发生的损失，或向关联企业提供借款、担保而形成的债权损失，准予扣除，但企业应作专项说明，同时出具中介机构出具的专项报告及其相关的证明材料。

第四十六条 下列股权和债权不得作为损失在税前扣除：

（一）债务人或者担保人有经济偿还能力，未按期偿还的企业债权；

（二）违反法律、法规的规定，以各种形式、借口逃废或悬空的企业债权；

（三）行政干预逃废或悬空的企业债权；

（四）企业未向债务人和担保人追偿的债权；

（五）企业发生非经营活动的债权；

（六）其他不应当核销的企业债权和股权。

第七章 其他资产损失的确认

第四十七条 企业将不同类别的资产捆绑（打包），以拍卖、询价、竞争性谈判、招标等市场方式出售，其出售价格低于计税成本的差额，可以作为资产损失并准予在税前申报扣除，但应出具资产处置方案、各类资产作价依据、出售过程的情况说明、出售合同或协议、成交及入账证明、资产计税基础等确定依据。

第四十八条 企业正常经营业务因内部控制制度不健全而出现操作不当、不规范或因业务创新但政策不明确、不配套等原因形成的资产损失，应由企业承担的金额，可以作为资产损失并准予在税前申报扣除，但应出具损失原因证明材料或业务监管部门定性证明、损失专项说明。

第四十九条 企业因刑事案件原因形成的损失，应由企业承担的金额，或经公安机关立案侦查两年以上仍未追回的金额，可以作为资产损失并准予在税前申报扣除，但应出具公安机关、人民检察院的立案侦查情况或人民法院的判决书等损失原因证明材料。

第八章 附 则

第五十条 本办法没有涉及的资产损失事项，只要符合企业所得税法及其实施条例等法律、法规规定的，也可以向税务机关申报扣除。

第五十一条 省、自治区、直辖市和计划单列市税务局可以根据本办法制定具体实施办法。

第五十二条 本办法自 2011 年 1 月 1 日起施行,《国家税务总局关于印发〈企业资产损失税前扣除管理办法〉的通知》(国税发〔2009〕88 号)、《国家税务总局关于企业以前年度未扣除资产损失企业所得税处理问题的通知》(国税函〔2009〕772 号)、《国家税务总局关于电信企业坏账损失税前扣除问题的通知》(国税函〔2010〕196 号)同时废止。本办法生效之日前尚未进行税务处理的资产损失事项,也应按本办法执行。

企业所得税汇算清缴管理办法[①]

(2009 年 4 月 16 日 国税发〔2009〕79 号 根据 2018 年 6 月 15 日《国家税务总局关于修改部分税收规范性文件的公告》修正)

第一条 为加强企业所得税征收管理,进一步规范企业所得税汇算清缴管理工作,根据《中华人民共和国企业所得税法》及其实施条例(以下简称企业所得税法及其实施条例)和《中华人民共和国税收征收管理法》及其实施细则(以下简称税收征管法及其实施细则)的有关规定,制定本办法。

第二条 企业所得税汇算清缴,是指纳税人自纳税年度终了之日起 5 个月内或实际经营终止之日起 60 日内,依照税收法律、法规、规章及其他有关企业所得税的规定,自行计算本纳税年度应纳税所得额和应纳所得税额,根据月度或季度预缴企业所得税的数

---

① 本办法第十一条中"或者经纳税人同意后抵缴其下一年度应缴企业所得税税款"的规定已被《国家税务总局关于企业所得税年度汇算清缴有关事项的公告》(国家税务总局公告 2021 年第 34 号),废止。

额，确定该纳税年度应补或者应退税额，并填写企业所得税年度纳税申报表，向主管税务机关办理企业所得税年度纳税申报、提供税务机关要求提供的有关资料、结清全年企业所得税税款的行为。

第三条 凡在纳税年度内从事生产、经营（包括试生产、试经营），或在纳税年度中间终止经营活动的纳税人，无论是否在减税、免税期间，也无论盈利或亏损，均应按照企业所得税法及其实施条例和本办法的有关规定进行企业所得税汇算清缴。

实行核定定额征收企业所得税的纳税人，不进行汇算清缴。

第四条 纳税人应当自纳税年度终了之日起5个月内，进行汇算清缴，结清应缴应退企业所得税税款。

纳税人在年度中间发生解散、破产、撤销等终止生产经营情形，需进行企业所得税清算的，应在清算前报告主管税务机关，并自实际经营终止之日起60日内进行汇算清缴，结清应缴应退企业所得税款；纳税人有其他情形依法终止纳税义务的，应当自停止生产、经营之日起60日内，向主管税务机关办理当期企业所得税汇算清缴。

第五条 纳税人12月份或者第四季度的企业所得税预缴纳税申报，应在纳税年度终了后15日内完成，预缴申报后进行当年企业所得税汇算清缴。

第六条 纳税人需要报经税务机关审批、审核或备案的事项，应按有关程序、时限和要求报送材料等有关规定，在办理企业所得税年度纳税申报前及时办理。

第七条 纳税人应当按照企业所得税法及其实施条例和企业所得税的有关规定，正确计算应纳税所得额和应纳所得税额，如实、正确填写企业所得税年度纳税申报表及其附表，完整、及时报送相关资料，并对纳税申报的真实性、准确性和完整性负法律责任。

第八条 纳税人办理企业所得税年度纳税申报时，应如实填写和报送下列有关资料：

（一）企业所得税年度纳税申报表及其附表；

（二）财务报表；

（三）备案事项相关资料；

（四）总机构及分支机构基本情况、分支机构征税方式、分支机构的预缴税情况；

（五）委托中介机构代理纳税申报的，应出具双方签订的代理合同，并附送中介机构出具的包括纳税调整的项目、原因、依据、计算过程、调整金额等内容的报告；

（六）涉及关联方业务往来的，同时报送《中华人民共和国企业年度关联业务往来报告表》；

（七）主管税务机关要求报送的其他有关资料。

纳税人采用电子方式办理企业所得税年度纳税申报的，应按照有关规定保存有关资料或附报纸质纳税申报资料。

第九条 纳税人因不可抗力，不能在汇算清缴期内办理企业所得税年度纳税申报或备齐企业所得税年度纳税申报资料的，应按照税收征管法及其实施细则的规定，申请办理延期纳税申报。

第十条 纳税人在汇算清缴期内发现当年企业所得税申报有误的，可在汇算清缴期内重新办理企业所得税年度纳税申报。

第十一条 纳税人在纳税年度内预缴企业所得税税款少于应缴企业所得税税款的，应在汇算清缴期内结清应补缴的企业所得税税款；预缴税款超过应纳税款的，主管税务机关应及时按有关规定办理退税，或者经纳税人同意后抵缴其下一年度应缴企业所得税税款。

第十二条 纳税人因有特殊困难，不能在汇算清缴期内补缴企业所得税款的，应按照税收征管法及其实施细则的有关规定，办理申请延期缴纳税款手续。

第十三条 实行跨地区经营汇总缴纳企业所得税的纳税人，由统一计算应纳税所得额和应纳所得税额的总机构，按照上述规定，在汇算清缴期内向所在地主管税务机关办理企业所得税年度纳税申报，进行汇算清缴。分支机构不进行汇算清缴，但应将分支机构的营业收支等情况在报总机构统一汇算清缴前报送分支机构所在地主管税务机关。总机构应将分支机构及其所属机构的营业收支纳入总机构汇算清缴等情况报送各分支机构所在地主管税务机关。

第十四条 经批准实行合并缴纳企业所得税的企业集团，由集团母公司（以下简称汇缴企业）在汇算清缴期内，向汇缴企业所在地主管税务机关报送汇缴企业及各个成员企业合并计算填写的企业所得税年度纳税申报表，以及本办法第八条规定的有关资料及各个成员企业的企业所得税年度纳税申报表，统一办理汇缴企业及其成员企业的企业所得税汇算清缴。

汇缴企业应根据汇算清缴的期限要求，自行确定其成员企业向汇缴企业报送本办法第八条规定的有关资料的期限。成员企业向汇缴企业报送的上述资料，应经成员企业所在地的主管税务机关审核。

第十五条 纳税人未按规定期限进行汇算清缴，或者未报送本办法第八条所列资料的，按照税收征管法及其实施细则的有关规定处理。

第十六条 各级税务机关要结合当地实际，对每一纳税年度的汇算清缴工作进行统一安排和组织部署。汇算清缴管理工作由具体负责企业所得税日常管理的部门组织实施。税务机关内部各职能部门应充分协调和配合，共同做好汇算清缴的管理工作。

第十七条 各级税务机关应在汇算清缴开始之前和汇算清缴期间，主动为纳税人提供税收服务。

（一）采用多种形式进行宣传，帮助纳税人了解企业所得税政策、征管制度和办税程序。

（二）积极开展纳税辅导，帮助纳税人知晓汇算清缴范围、时间要求、报送资料及其他应注意的事项。

（三）必要时组织纳税培训，帮助纳税人进行企业所得税自核自缴。

第十八条 主管税务机关应及时向纳税人发放汇算清缴的表、证、单、书。

第十九条 主管税务机关受理纳税人企业所得税年度纳税申报表及有关资料时，如发现企业未按规定报齐有关资料或填报项目不完整的，应及时告知企业在汇算清缴期内补齐补正。

第二十条 主管税务机关受理纳税人年度纳税申报后，应对纳税人年度纳税申报表的逻辑性和有关资料的完整性、准确性进行审核。审核重点主要包括：

（一）纳税人企业所得税年度纳税申报表及其附表与企业财务报表有关项目的数字是否相符，各项目之间的逻辑关系是否对应，计算是否正确。

（二）纳税人是否按规定弥补以前年度亏损额和结转以后年度待弥补的亏损额。

（三）纳税人是否符合税收优惠条件、税收优惠的确认和申请是否符合规定程序。

（四）纳税人税前扣除的财产损失是否真实、是否符合有关规定程序。跨地区经营汇总缴纳企业所得税的纳税人，其分支机构税前扣除的财产损失是否由分支机构所在地主管税务机关出具证明。

（五）纳税人有无预缴企业所得税的完税凭证，完税凭证上填列的预缴数额是否真实。跨地区经营汇总缴纳企业所得税的纳税人及其所属分支机构预缴的税款是否与《中华人民共和国企业所得税汇总纳税分支机构分配表》中分配的数额一致。

（六）纳税人企业所得税和其他各税种之间的数据是否相符、逻辑关系是否吻合。

第二十一条 主管税务机关应结合纳税人企业所得税预缴情况及日常征管情况，对纳税人报送的企业所得税年度纳税申报表及其附表和其他有关资料进行初步审核后，按规定程序及时办理企业所得税补、退税或抵缴其下一年度应纳所得税款等事项。

第二十二条 税务机关应做好跨地区经营汇总纳税企业和合并纳税企业汇算清缴的协同管理。

（一）总机构和汇缴企业所在地主管税务机关在对企业的汇总或合并纳税申报资料审核时，发现其分支机构或成员企业申报内容有疑点需进一步核实的，应向其分支机构或成员企业所在地主管税务机关发出有关税务事项协查函；该分支机构或成员企业所在地主管税务机关应在要求的时限内就协查事项进行调查核实，并将核查结果函复总机构或汇缴企业所在地主管税务机关。

（二）总机构和汇缴企业所在地主管税务机关收到分支机构或成员企业所在地主管税务机关反馈的核查结果后，应对总机构和汇缴企业申报的应纳税所得额及应纳所得税额作相应调整。

第二十三条 汇算清缴工作结束后，税务机关应组织开展汇算清缴数据分析、纳税评估和检查。纳税评估和检查的对象、内容、方法、程序等按照国家税务总局的有关规定执行。

第二十四条 汇算清缴工作结束后，各级税务机关应认真总结，写出书面总结报告逐级上报。各省、自治区、直辖市和计划单列市税务局应在每年 7 月底前将汇算清缴工作总结报告、年度企业所得税汇总报表报送国家税务总局（所得税司）。总结报告的内容应包括：

（一）汇算清缴工作的基本情况；

（二）企业所得税税源结构的分布情况；

（三）企业所得税收入增减变化及原因；

（四）企业所得税政策和征管制度贯彻落实中存在的问题和改进建议。

第二十五条 本办法适用于企业所得税居民企业纳税人。

第二十六条 各省、自治区、直辖市和计划单列市税务局可根据本办法制定具体实施办法。

第二十七条 本办法自 2009 年 1 月 1 日起执行。《国家税务总局关于印发〈企业所得税汇算清缴管理办法〉的通知》(国税发〔2005〕200号)、《国家税务总局关于印发新修订的〈外商投资企业和外国企业所得税汇算清缴工作规程〉的通知》(国税发〔2003〕12号)和《国家税务总局关于印发新修订的〈外商投资企业和外国企业所得税汇算清缴管理办法〉的通知》(国税发〔2003〕13号)同时废止。

2008年度企业所得税汇算清缴按本办法执行。

第二十八条 本办法由国家税务总局负责解释。

国家税务总局关于技术转让所得减免企业所得税有关问题的公告

(2013年10月21日 国家税务总局公告2013年第62号)

为加强技术转让所得减免企业所得税的征收管理,现将《国家税务总局关于技术转让所得减免企业所得税有关问题的通知》(国税函〔2009〕212号)中技术转让收入计算的有关问题,公告如下:

一、可以计入技术转让收入的技术咨询、技术服务、技术培训收入,是指转让方为使受让方掌握所转让的技术投入使用、实现产业化而提供的必要的技术咨询、技术服务、技术培训所产生的收入,并应同时符合以下条件:

(一)在技术转让合同中约定的与该技术转让相关的技术咨询、技术服务、技术培训;

(二)技术咨询、技术服务、技术培训收入与该技术转让项目收入一并收取价款。

二、本公告自2013年11月1日起施行。此前已进行企业所得税处理的相关业务,不作纳税调整。

非居民企业所得税核定征收管理办法

(2010年2月20日 国税发〔2010〕19号 根据2018年6月15日《国家税务总局关于修改部分税收规范性文件的公告》修正)

第一条 为了规范非居民企业所得税核定征收工作,根据《中华人民共和国企业所得税法》(以下简称企业所得税法)及其实施条例和《中华人民共和国税收征收管理法》(以下简称税收征管法)及其实施细则,制定本办法。

第二条 本办法适用于企业所得税法第三条第二款规定的非居民企业,外国企业常驻代表机构企业所得税核定办法按照有关规定办理。

第三条 非居民企业应当按照税收征管法及有关法律法规设置账簿,根据合法、有效凭证记账,进行核算,并应按照其实际履行的功能与承担的风险相匹配的原则,准确计算应纳税所得额,据实申报缴纳企业所得税。

第四条 非居民企业因会计账簿不健全,资料残缺难以查账,或者其他原因不能准确计算并据实申报其应纳税所得额的,税务机关有权采取以下方法核定其应纳税所得额。

(一)按收入总额核定应纳税所得额:适用于能够正确核算收入或通过合理方法推定收入总额,但不能正确核算成本费用的非居民企业。计算公式如下:

应纳税所得额=收入总额×经税务机关核定的利润率

(二)按成本费用核定应纳税所得额:适用于能够正确核算成本费用,但不能正确核算收入总额的非居民企业。计算公式如下:

应纳税所得额=成本费用总额/(1-经税务机关核定的利润率)

×经税务机关核定的利润率

（三）按经费支出换算收入核定应纳税所得额：适用于能够正确核算经费支出总额，但不能正确核算收入总额和成本费用的非居民企业。计算公式：

应纳税所得额=本期经费支出额/（1-核定利润率）×核定利润率

第五条 税务机关可按照以下标准确定非居民企业的利润率：

（一）从事承包工程作业、设计和咨询劳务的，利润率为15%-30%；

（二）从事管理服务的，利润率为30%-50%；

（三）从事其他劳务或劳务以外经营活动的，利润率不低于15%。

税务机关有根据认为非居民企业的实际利润率明显高于上述标准的，可以按照比上述标准更高的利润率核定其应纳税所得额。

第六条 非居民企业与中国居民企业签订机器设备或货物销售合同，同时提供设备安装、装配、技术培训、指导、监督服务等劳务，其销售货物合同中未列明提供上述劳务服务收费金额，或者计价不合理的，主管税务机关可以根据实际情况，参照相同或相近业务的计价标准核定劳务收入。无参照标准的，以不低于销售货物合同总价款的10%为原则，确定非居民企业的劳务收入。

第七条 非居民企业为中国境内客户提供劳务取得的收入，凡其提供的服务全部发生在中国境内的，应全额在中国境内申报缴纳企业所得税。凡其提供的服务同时发生在中国境内外的，应以劳务发生地为原则划分其境内外收入，并就其在中国境内取得的劳务收入申报缴纳企业所得税。税务机关对其境内外收入划分的合理性和真实性有疑义的，可以要求非居民企业提供真实有效的证明，并根据工作量、工作时间、成本费用等因素合理划分其境内外收入；如非居民企业不能提供真实有效的证明，税务机关可视同其提供的服务全部发生在中国境内，确定其劳务收入并据以征收企业所得税。

第八条 采取核定征收方式征收企业所得税的非居民企业,在中国境内从事适用不同核定利润率的经营活动,并取得应税所得的,应分别核算并适用相应的利润率计算缴纳企业所得税;凡不能分别核算的,应从高适用利润率,计算缴纳企业所得税。

第九条 主管税务机关应及时向非居民企业送达《非居民企业所得税征收方式鉴定表》(见附件,以下简称《鉴定表》),非居民企业应在收到《鉴定表》后10个工作日内,完成《鉴定表》的填写并送达主管税务机关,主管税务机关在受理《鉴定表》后20个工作日内,完成该项征收方式的确认工作。

第十条 税务机关发现非居民企业采用核定征收方式计算申报的应纳税所得额不真实,或者明显与其承担的功能风险不相匹配的,有权予以调整。

第十一条 各省、自治区、直辖市和计划单列市税务局可按照本办法第五条规定确定适用的核定利润率幅度,并根据本办法规定制定具体操作规程,报国家税务总局(国际税务司)备案。

第十二条 本办法自发布之日起施行。

附件:非居民企业所得税征收方式鉴定表(略)

非居民企业所得税汇算清缴管理办法[①]

(2009年1月22日国税发〔2009〕6号公布 根据2018年6月15日《国家税务总局关于修改部分税收规范性文件的公告》修正)

为规范非居民企业所得税汇算清缴工作,根据《中华人民共和

[①] 本办法第三条第六项已被《国家税务总局财政部中国人民银行关于非居民企业机构场所汇总缴纳企业所得税有关问题的公告》(国家税务总局公告2019年第12号)废止。

国企业所得税法》（以下简称企业所得税法）及其实施条例和《中华人民共和国税收征收管理法》（以下简称税收征管法）及其实施细则的有关规定，制定本办法。

一、汇算清缴对象

（一）依照外国（地区）法律成立且实际管理机构不在中国境内，但在中国境内设立机构、场所的非居民企业（以下称为企业），无论盈利或者亏损，均应按照企业所得税法及本办法规定参加所得税汇算清缴。

（二）企业具有下列情形之一的，可不参加当年度的所得税汇算清缴：

1. 临时来华承包工程和提供劳务不足1年，在年度中间终止经营活动，且已经结清税款；

2. 汇算清缴期内已办理注销；

3. 其他经主管税务机关批准可不参加当年度所得税汇算清缴。

二、汇算清缴时限

（一）企业应当自年度终了之日起5个月内，向税务机关报送年度企业所得税纳税申报表，并汇算清缴，结清应缴应退税款。

（二）企业在年度中间终止经营活动的，应当自实际经营终止之日起60日内，向税务机关办理当期企业所得税汇算清缴。

三、申报纳税

（一）企业办理所得税年度申报时，应当如实填写和报送下列报表、资料：

1. 年度企业所得税纳税申报表及其附表；

2. 年度财务会计报告；

3. 税务机关规定应当报送的其他有关资料。

（二）企业因特殊原因，不能在规定期限内办理年度所得税申报，应当在年度终了之日起5个月内，向主管税务机关提出延期申报申请。主管税务机关批准后，可以适当延长申报期限。

（三）企业采用电子方式办理纳税申报的，应附报纸质纳税申报资料。

（四）企业委托中介机构代理年度企业所得税纳税申报的，应附送委托人签章的委托书原件。

（五）企业申报年度所得税后，经主管税务机关审核，需补缴或退还所得税的，应在收到主管税务机关送达的《非居民企业所得税汇算清缴涉税事宜通知书》（见附件1和附件2）后，按规定时限将税款补缴入库，或按照主管税务机关的要求办理退税手续。

（六）经批准采取汇总申报缴纳所得税的企业，其履行汇总纳税的机构、场所（以下简称汇缴机构），应当于每年5月31日前，向汇缴机构所在地主管税务机关索取《非居民企业汇总申报企业所得税证明》（以下称为《汇总申报纳税证明》，见附件3）；企业其他机构、场所（以下简称其他机构）应当于每年6月30前将《汇总申报纳税证明》及其财务会计报告送交其所在地主管税务机关。

在上述规定期限内，其他机构未向其所在地主管税务机关提供《汇总申报纳税证明》，且又无汇缴机构延期申报批准文件的，其他机构所在地主管税务机关应负责检查核实或核定该其他机构应纳税所得额，计算征收应补缴税款并实施处罚。

（七）企业补缴税款确因特殊困难需延期缴纳的，按税收征管法及其实施细则的有关规定办理。

（八）企业在所得税汇算清缴期限内，发现当年度所得税申报有误的，应当在年度终了之日起5个月内向主管税务机关重新办理年度所得税申报。

（九）企业报送报表期限的最后一日是法定休假日的，以休假日期满的次日为期限的最后一日；在期限内有连续三日以上法定休假日的，按休假日天数顺延。

四、法律责任

（一）企业未按规定期限办理年度所得税申报，且未经主管税务机关批准延期申报,或报送资料不全、不符合要求的,应在收到主管税务机关送达的《责令限期改正通知书》后按规定时限补报。

企业未按规定期限办理年度所得税申报,且未经主管税务机关批准延期申报的,主管税务机关除责令其限期申报外,可按照税收征管法的规定处以2000元以下的罚款,逾期仍不申报的,可处以2000元以上10000元以下的罚款,同时核定其年度应纳税额,责令其限期缴纳。企业在收到主管税务机关送达的《非居民企业所得税应纳税款核定通知书》(见附件4)后,应在规定时限内缴纳税款。

(二)企业未按规定期限办理所得税汇算清缴,主管税务机关除责令其限期办理外,对发生税款滞纳的,按照税收征管法的规定,加收滞纳金。

(三)企业同税务机关在纳税上发生争议时,依照税收征管法相关规定执行。

五、本办法自2008年1月1日起执行。

附件:

1. 非居民企业所得税汇算清缴涉税事宜通知书(据实申报企业适用)(略)

2. 非居民企业所得税汇算清缴涉税事宜通知书(核定征收企业适用)(略)

3. 非居民企业汇总申报企业所得税证明(略)

4. 非居民企业所得税应纳税款核定通知书(略)

（二）个人所得税

国家税务总局关于贯彻执行提高个人所得税有关专项附加扣除标准政策的公告

（2023年8月30日　国家税务总局公告2023年第14号）

根据《国务院关于提高个人所得税有关专项附加扣除标准的通知》（国发〔2023〕13号，以下简称《通知》），现就有关贯彻落实事项公告如下：

一、3岁以下婴幼儿照护、子女教育专项附加扣除标准，由每个婴幼儿（子女）每月1000元提高到2000元。

父母可以选择由其中一方按扣除标准的100%扣除，也可以选择由双方分别按50%扣除。

二、赡养老人专项附加扣除标准，由每月2000元提高到3000元，其中，独生子女每月扣除3000元；非独生子女与兄弟姐妹分摊每月3000元的扣除额度，每人不超过1500元。

需要分摊享受的，可以由赡养人均摊或者约定分摊，也可以由被赡养人指定分摊。约定或者指定分摊的须签订书面分摊协议，指定分摊优先于约定分摊。

三、纳税人尚未填报享受3岁以下婴幼儿照护、子女教育、赡养老人专项附加扣除的，可以在手机个人所得税APP或通过扣缴义务人填报享受，系统将按照提高后的专项附加扣除标准计算应缴纳的个人所得税。

纳税人在2023年度已经填报享受3岁以下婴幼儿照护、子女教育、赡养老人专项附加扣除的，无需重新填报，系统将自动按照提高后的专项附加扣除标准计算应缴纳的个人所得税。纳税人对约定分摊或者指定分摊赡养老人专项附加扣除额度有调整的，可以在手机个人所得税APP或通过扣缴义务人填报新的分摊额度。

四、《通知》发布前，纳税人已经填报享受专项附加扣除并扣缴个人所得税的，多缴的税款可以自动抵减纳税人本年度后续月份应纳税款，抵减不完的，可以在2023年度综合所得汇算清缴时继续享受。

五、纳税人对专项附加扣除信息的真实性、准确性、完整性负责，纳税人情况发生变化的，应当及时向扣缴义务人或者税务机关报送新的专项附加扣除信息。对虚假填报享受专项附加扣除的，税务机关将按照《中华人民共和国税收征收管理法》《中华人民共和国个人所得税法》等有关规定处理。

六、各级税务机关要切实提高政治站位，积极做好政策解读、宣传辅导和政策精准推送工作，便利纳税人享受税收优惠，确保减税红利精准直达。

七、个人所得税专项附加扣除标准提高涉及的其他管理事项，按照《国务院关于印发个人所得税专项附加扣除暂行办法的通知》（国发〔2018〕41号）、《国家税务总局关于修订发布〈个人所得税专项附加扣除操作办法（试行）〉的公告》（2022年第7号）等有关规定执行。

八、本公告自2023年1月1日起施行。

特此公告。

财政部、税务总局、国家发展改革委、中国证监会关于延续实施创业投资企业个人合伙人所得税政策的公告

（2023年8月21日 财政部、税务总局、国家发展改革委、中国证监会公告2023年第24号）

为继续支持创业投资企业（含创投基金，以下统称创投企业）发展，现将有关个人所得税政策问题公告如下：

一、创投企业可以选择按单一投资基金核算或者按创投企业年度所得整体核算两种方式之一，对其个人合伙人来源于创投企业的所得计算个人所得税应纳税额。

本公告所称创投企业，是指符合《创业投资企业管理暂行办法》（发展改革委等10部门令第39号）或者《私募投资基金监督管理暂行办法》（证监会令第105号）关于创业投资企业（基金）的有关规定，并按照上述规定完成备案且规范运作的合伙制创业投资企业（基金）。

二、创投企业选择按单一投资基金核算的，其个人合伙人从该基金应分得的股权转让所得和股息红利所得，按照20%税率计算缴纳个人所得税。

创投企业选择按年度所得整体核算的，其个人合伙人应从创投企业取得的所得，按照"经营所得"项目、5%—35%的超额累进税率计算缴纳个人所得税。

三、单一投资基金核算，是指单一投资基金（包括不以基金名义设立的创投企业）在一个纳税年度内从不同创业投资项目取得的股权转让所得和股息红利所得按下述方法分别核算纳税：

（一）股权转让所得。单个投资项目的股权转让所得，按年度股权转让收入扣除对应股权原值和转让环节合理费用后的余额计算，股权原值和转让环节合理费用的确定方法，参照股权转让所得个人所得税有关政策规定执行；单一投资基金的股权转让所得，按一个纳税年度内不同投资项目的所得和损失相互抵减后的余额计算，余额大于或等于零的，即确认为该基金的年度股权转让所得；余额小于零的，该基金年度股权转让所得按零计算且不能跨年结转。

个人合伙人按照其应从基金年度股权转让所得中分得的份额计算其应纳税额，并由创投企业在次年3月31日前代扣代缴个人所得税。如符合《财政部、税务总局关于创业投资企业和天使投资个人有关税收政策的通知》（财税〔2018〕55号）规定条件的，创投企业个人合伙人可以按照被转让项目对应投资额的70%抵扣其应从基金年度股权转让所得中分得的份额后再计算其应纳税额，当期不足抵扣的，不得向以后年度结转。

（二）股息红利所得。单一投资基金的股息红利所得，以其来源于所投资项目分配的股息、红利收入以及其他固定收益类证券等收入的全额计算。

个人合伙人按照其应从基金股息红利所得中分得的份额计算其应纳税额，并由创投企业按次代扣代缴个人所得税。

（三）除前述可以扣除的成本、费用之外，单一投资基金发生的包括投资基金管理人的管理费和业绩报酬在内的其他支出，不得在核算时扣除。

本条规定的单一投资基金核算方法仅适用于计算创投企业个人合伙人的应纳税额。

四、创投企业年度所得整体核算，是指将创投企业以每一纳税年度的收入总额减除成本、费用以及损失后，计算应分配给个人合伙人的所得。如符合《财政部、税务总局关于创业投资企业和天使投资个人有关税收政策的通知》（财税〔2018〕55号）规定条件的，创投企业个人合伙人可以按照被转让项目对应投资额的70%抵扣其可以从创投企业应分得的经营所得后再计算其应纳税额。年度核算亏损的，准予按有关规定向以后年度结转。

按照"经营所得"项目计税的个人合伙人，没有综合所得的，可依法减除基本减除费用、专项扣除、专项附加扣除以及国务院确定的其他扣除。从多处取得经营所得的，应汇总计算个人所得税，只减除一次上述费用和扣除。

五、创投企业选择按单一投资基金核算或按创投企业年度所得整体核算后，3年内不能变更。

六、创投企业选择按单一投资基金核算的，应当在按照本公告第一条规定完成备案的30日内，向主管税务机关进行核算方式备案；未按规定备案的，视同选择按创投企业年度所得整体核算。创投企业选择一种核算方式满3年需要调整的，应当在满3年的次年1月31日前，重新向主管税务机关备案。

七、税务部门依法开展税收征管和后续管理工作，可转请发展改革部门、证券监督管理部门对创投企业及其所投项目是否符合有关规定进行核查，发展改革部门、证券监督管理部门应当予以配合。

八、本公告执行至2027年12月31日。

特此公告。

财政部、税务总局关于延续实施全年一次性奖金个人所得税政策的公告

（2023年8月18日 财政部、税务总局公告2023年第30号）

为进一步减轻纳税人负担，现将全年一次性奖金个人所得税政策公告如下：

一、居民个人取得全年一次性奖金，符合《国家税务总局关于调整个人取得全年一次性奖金等计算征收个人所得税方法问题的通知》（国税发〔2005〕9号）规定的，不并入当年综合所得，以全年一次性奖金收入除以12个月得到的数额，按照本公告所附按月换算后的综合所得税率表，确定适用税率和速算扣除数，单独计算纳税。计算公式为：

应纳税额=全年一次性奖金收入×适用税率-速算扣除数

二、居民个人取得全年一次性奖金，也可以选择并入当年综合所得计算纳税。

三、本公告执行至2027年12月31日。

特此公告。

附件： 按月换算后的综合所得税率表（略）

财政部、税务总局关于延续实施上市公司股权激励有关个人所得税政策的公告

（2023年8月18日 财政部、税务总局公告2023年第25号）

为继续支持企业创新发展，现将上市公司股权激励有关个人所得税政策公告如下：

一、居民个人取得股票期权、股票增值权、限制性股票、股权奖励等股权激励（以下简称股权激励），符合《财政部、国家税务总局关于个人股票期权所得征收个人所得税问题的通知》（财税〔2005〕35号）、《财政部、国家税务总局关于股票增值权所得和限制性股票所得征收个人所得税有关问题的通知》（财税〔2009〕5号）、《财政部、国家税务总局关于将国家自主创新示范区有关税收试点政策推广到全国范围实施的通知》（财税〔2015〕116号）第四条、《财政部、国家税务总局关于完善股权激励和技术入股有关所得税政策的通知》（财税〔2016〕101号）第四条第（一）项规定的相关条件的，不并入当年综合所得，全额单独适用综合所得税率表，计算纳税。计算公式为：

应纳税额＝股权激励收入×适用税率－速算扣除数

二、居民个人一个纳税年度内取得两次以上（含两次）股权激励的，应合并按本公告第一条规定计算纳税。

三、本公告执行至2027年12月31日。

特此公告。

财政部、税务总局、住房城乡建设部关于延续实施支持居民换购住房有关个人所得税政策的公告

（2023年8月18日　财政部、税务总局、住房城乡建设部公告2023年第28号）

为继续支持居民改善住房条件，现就有关个人所得税政策公告如下：

一、自2024年1月1日至2025年12月31日，对出售自有住房并在现住房出售后1年内在市场重新购买住房的纳税人，对其出售现住房已缴纳的个人所得税予以退税优惠。其中，新购住房金额大于或等于现住房转让金额的，全部退还已缴纳的个人所得税；新购住房金额小于现住房转让金额的，按新购住房金额占现住房转让金额的比例退还出售现住房已缴纳的个人所得税。

二、本公告所称现住房转让金额为该房屋转让的市场成交价格。新购住房为新房的，购房金额为纳税人在住房城乡建设部门网签备案的购房合同中注明的成交价格；新购住房为二手房的，购房金额为房屋的成交价格。

三、享受本公告规定优惠政策的纳税人须同时满足以下条件：

1. 纳税人出售和重新购买的住房应在同一城市范围内。同一城市范围是指同一直辖市、副省级城市、地级市（地区、州、盟）所辖全部行政区划范围。

2. 出售自有住房的纳税人与新购住房之间须直接相关，应为新购住房产权人或产权人之一。

四、符合退税优惠政策条件的纳税人应向主管税务机关提供合

法、有效的售房、购房合同和主管税务机关要求提供的其他有关材料，经主管税务机关审核后办理退税。

五、各级住房城乡建设部门应与税务部门建立信息共享机制，将本地区房屋交易合同网签备案等信息（含撤销备案信息）实时共享至当地税务部门；暂未实现信息实时共享的地区，要建立健全工作机制，确保税务部门及时获取审核退税所需的房屋交易合同备案信息。

特此公告。

国家税务总局关于进一步落实支持个体工商户发展个人所得税优惠政策有关事项的公告

（2023年8月2日　国家税务总局公告2023年第12号）

为贯彻落实《财政部、税务总局关于进一步支持小微企业和个体工商户发展有关税费政策的公告》（2023年第12号，以下简称12号公告），进一步支持个体工商户发展，现就有关事项公告如下：

一、对个体工商户年应纳税所得额不超过200万元的部分，减半征收个人所得税。个体工商户在享受现行其他个人所得税优惠政策的基础上，可叠加享受本条优惠政策。个体工商户不区分征收方式，均可享受。

二、个体工商户在预缴税款时即可享受，其年应纳税所得额暂按截至本期申报所属期末的情况进行判断，并在年度汇算清缴时按年计算、多退少补。若个体工商户从两处以上取得经营所得，需在办理年度汇总纳税申报时，合并个体工商户经营所得年应纳税所得额，重新计算减免税额，多退少补。

三、个体工商户按照以下方法计算减免税额：

减免税额=（经营所得应纳税所得额不超过200万元部分的应纳税额-其他政策减免税额×经营所得应纳税所得额不超过200万元部分÷经营所得应纳税所得额）×50%。

四、个体工商户需将按上述方法计算得出的减免税额填入对应经营所得纳税申报表"减免税额"栏次，并附报《个人所得税减免税事项报告表》。对于通过电子税务局申报的个体工商户，税务机关将提供该优惠政策减免税额和报告表的预填服务。实行简易申报的定期定额个体工商户，税务机关按照减免后的税额进行税款划缴。

五、按12号公告应减征的税款，在本公告发布前已缴纳的，可申请退税；也可自动抵减以后月份的税款，当年抵减不完的在汇算清缴时办理退税；12号公告发布之日前已办理注销的，不再追溯享受。

六、各级税务机关要切实提高政治站位，充分认识税收政策对于市场主体稳定预期、提振信心、安排好投资经营的重要意义，认真做好宣传解读、做优精准辅导，为纳税人提供便捷、高效的政策享受通道，积极回应纳税人诉求，全面抓好推进落实。

七、本公告自2023年1月1日起施行，2027年12月31日终止执行。《国家税务总局关于落实支持个体工商户发展个人所得税优惠政策有关事项的公告》（2023年第5号）同时废止。

特此公告。

个人所得税专项附加扣除操作办法（试行）

（2022年3月25日　国家税务总局公告2022年第7号）

第一章　总　　则

第一条　为了规范个人所得税专项附加扣除行为，切实维护纳税人合法权益，根据《中华人民共和国个人所得税法》及其实施条例、《中华人民共和国税收征收管理法》及其实施细则、《国务院关于印发个人所得税专项附加扣除暂行办法的通知》（国发〔2018〕41号）、《国务院关于设立3岁以下婴幼儿照护个人所得税专项附加扣除的通知》（国发〔2022〕8号）的规定，制定本办法。

第二条　纳税人享受子女教育、继续教育、大病医疗、住房贷款利息或者住房租金、赡养老人、3岁以下婴幼儿照护专项附加扣除的，依照本办法规定办理。

第二章　享受扣除及办理时间

第三条　纳税人享受符合规定的专项附加扣除的计算时间分别为：

（一）子女教育。学前教育阶段，为子女年满3周岁当月至小学入学前一月。学历教育，为子女接受全日制学历教育入学的当月至全日制学历教育结束的当月。

（二）继续教育。学历（学位）继续教育，为在中国境内接受学历（学位）继续教育入学的当月至学历（学位）继续教育结束的当月，同一学历（学位）继续教育的扣除期限最长不得超过48个月。技能人员职业资格继续教育、专业技术人员职业资格继续教育,为取得相关证书的当年。

(三)大病医疗。为医疗保障信息系统记录的医药费用实际支出的当年。

(四)住房贷款利息。为贷款合同约定开始还款的当月至贷款全部归还或贷款合同终止的当月,扣除期限最长不得超过240个月。

(五)住房租金。为租赁合同(协议)约定的房屋租赁期开始的当月至租赁期结束的当月。提前终止合同(协议)的,以实际租赁期限为准。

(六)赡养老人。为被赡养人年满60周岁的当月至赡养义务终止的年末。

(七)3岁以下婴幼儿照护。为婴幼儿出生的当月至年满3周岁的前一个月。

前款第一项、第二项规定的学历教育和学历(学位)继续教育的期间,包含因病或其他非主观原因休学但学籍继续保留的休学期间,以及施教机构按规定组织实施的寒暑假等假期。

第四条 享受子女教育、继续教育、住房贷款利息或者住房租金、赡养老人、3岁以下婴幼儿照护专项附加扣除的纳税人,自符合条件开始,可以向支付工资、薪金所得的扣缴义务人提供上述专项附加扣除有关信息,由扣缴义务人在预扣预缴税款时,按其在本单位本年可享受的累计扣除额办理扣除;也可以在次年3月1日至6月30日内,向汇缴地主管税务机关办理汇算清缴申报时扣除。

纳税人同时从两处以上取得工资、薪金所得,并由扣缴义务人办理上述专项附加扣除的,对同一专项附加扣除项目,一个纳税年度内,纳税人只能选择从其中一处扣除。

享受大病医疗专项附加扣除的纳税人,由其在次年3月1日至6月30日内,自行向汇缴地主管税务机关办理汇算清缴申报时扣除。

第五条　扣缴义务人办理工资、薪金所得预扣预缴税款时，应当根据纳税人报送的《个人所得税专项附加扣除信息表》（以下简称《扣除信息表》，见附件）为纳税人办理专项附加扣除。

纳税人年度中间更换工作单位的，在原单位任职、受雇期间已享受的专项附加扣除金额，不得在新任职、受雇单位扣除。原扣缴义务人应当自纳税人离职不再发放工资薪金所得的当月起，停止为其办理专项附加扣除。

第六条　纳税人未取得工资、薪金所得，仅取得劳务报酬所得、稿酬所得、特许权使用费所得需要享受专项附加扣除的，应当在次年3月1日至6月30日内，自行向汇缴地主管税务机关报送《扣除信息表》，并在办理汇算清缴申报时扣除。

第七条　一个纳税年度内，纳税人在扣缴义务人预扣预缴税款环节未享受或未足额享受专项附加扣除的，可以在当年内向支付工资、薪金的扣缴义务人申请在剩余月份发放工资、薪金时补充扣除，也可以在次年3月1日至6月30日内，向汇缴地主管税务机关办理汇算清缴时申报扣除。

第三章　报送信息及留存备查资料

第八条　纳税人选择在扣缴义务人发放工资、薪金所得时享受专项附加扣除的，首次享受时应当填写并向扣缴义务人报送《扣除信息表》；纳税年度中间相关信息发生变化的，纳税人应当更新《扣除信息表》相应栏次，并及时报送给扣缴义务人。

更换工作单位的纳税人，需要由新任职、受雇扣缴义务人办理专项附加扣除的，应当在入职的当月，填写并向扣缴义务人报送《扣除信息表》。

第九条　纳税人次年需要由扣缴义务人继续办理专项附加扣除的，应当于每年12月份对次年享受专项附加扣除的内容进行确认，并报送至扣缴义务人。纳税人未及时确认的，扣缴义务人于次年1

月起暂停扣除，待纳税人确认后再行办理专项附加扣除。

扣缴义务人应当将纳税人报送的专项附加扣除信息，在次月办理扣缴申报时一并报送至主管税务机关。

第十条 纳税人选择在汇算清缴申报时享受专项附加扣除的，应当填写并向汇缴地主管税务机关报送《扣除信息表》。

第十一条 纳税人将需要享受的专项附加扣除项目信息填报至《扣除信息表》相应栏次。填报要素完整的，扣缴义务人或者主管税务机关应当受理；填报要素不完整的，扣缴义务人或者主管税务机关应当及时告知纳税人补正或重新填报。纳税人未补正或重新填报的，暂不办理相关专项附加扣除，待纳税人补正或重新填报后再行办理。

第十二条 纳税人享受子女教育专项附加扣除，应当填报配偶及子女的姓名、身份证件类型及号码、子女当前受教育阶段及起止时间、子女就读学校以及本人与配偶之间扣除分配比例等信息。

纳税人需要留存备查资料包括：子女在境外接受教育的，应当留存境外学校录取通知书、留学签证等境外教育佐证资料。

第十三条 纳税人享受继续教育专项附加扣除，接受学历（学位）继续教育的，应当填报教育起止时间、教育阶段等信息；接受技能人员或者专业技术人员职业资格继续教育的，应当填报证书名称、证书编号、发证机关、发证（批准）时间等信息。

纳税人需要留存备查资料包括：纳税人接受技能人员职业资格继续教育、专业技术人员职业资格继续教育的，应当留存职业资格相关证书等资料。

第十四条 纳税人享受住房贷款利息专项附加扣除，应当填报住房权属信息、住房坐落地址、贷款方式、贷款银行、贷款合同编号、贷款期限、首次还款日期等信息；纳税人有配偶的，填写配偶姓名、身份证件类型及号码。

纳税人需要留存备查资料包括：住房贷款合同、贷款还款支出凭证等资料。

第十五条　纳税人享受住房租金专项附加扣除，应当填报主要工作城市、租赁住房坐落地址、出租人姓名及身份证件类型和号码或者出租方单位名称及纳税人识别号（社会统一信用代码）、租赁起止时间等信息；纳税人有配偶的，填写配偶姓名、身份证件类型及号码。

纳税人需要留存备查资料包括：住房租赁合同或协议等资料。

第十六条　纳税人享受赡养老人专项附加扣除，应当填报纳税人是否为独生子女、月扣除金额、被赡养人姓名及身份证件类型和号码、与纳税人关系；有共同赡养人的，需填报分摊方式、共同赡养人姓名及身份证件类型和号码等信息。

纳税人需要留存备查资料包括：约定或指定分摊的书面分摊协议等资料。

第十七条　纳税人享受大病医疗专项附加扣除，应当填报患者姓名、身份证件类型及号码、与纳税人关系、与基本医保相关的医药费用总金额、医保目录范围内个人负担的自付金额等信息。

纳税人需要留存备查资料包括：大病患者医药服务收费及医保报销相关票据原件或复印件，或者医疗保障部门出具的纳税年度医药费用清单等资料。

第十八条　纳税人享受3岁以下婴幼儿照护专项附加扣除，应当填报配偶及子女的姓名、身份证件类型（如居民身份证、子女出生医学证明等）及号码以及本人与配偶之间扣除分配比例等信息。

纳税人需要留存备查资料包括：子女的出生医学证明等资料。

第十九条　纳税人应当对报送的专项附加扣除信息的真实性、准确性、完整性负责。

第四章　信息报送方式

第二十条　纳税人可以通过远程办税端、电子或者纸质报表等方式，向扣缴义务人或者主管税务机关报送个人专项附加扣除信息。

第二十一条　纳税人选择纳税年度内由扣缴义务人办理专项附加扣除的，按下列规定办理：

（一）纳税人通过远程办税端选择扣缴义务人并报送专项附加扣除信息的，扣缴义务人根据接收的扣除信息办理扣除。

（二）纳税人通过填写电子或者纸质《扣除信息表》直接报送扣缴义务人的，扣缴义务人将相关信息导入或者录入扣缴端软件，并在次月办理扣缴申报时提交给主管税务机关。《扣除信息表》应当一式两份，纳税人和扣缴义务人签字（章）后分别留存备查。

第二十二条　纳税人选择年度终了后办理汇算清缴申报时享受专项附加扣除的，既可以通过远程办税端报送专项附加扣除信息，也可以将电子或者纸质《扣除信息表》（一式两份）报送给汇缴地主管税务机关。

报送电子《扣除信息表》的，主管税务机关受理打印，交由纳税人签字后，一份由纳税人留存备查，一份由税务机关留存；报送纸质《扣除信息表》的，纳税人签字确认、主管税务机关受理签章后，一份退还纳税人留存备查，一份由税务机关留存。

第二十三条　扣缴义务人和税务机关应当告知纳税人办理专项附加扣除的方式和渠道，鼓励并引导纳税人采用远程办税端报送信息。

第五章　后续管理

第二十四条　纳税人应当将《扣除信息表》及相关留存备查资料，自法定汇算清缴期结束后保存五年。

纳税人报送给扣缴义务人的《扣除信息表》，扣缴义务人应当自预扣预缴年度的次年起留存五年。

第二十五条　纳税人向扣缴义务人提供专项附加扣除信息的，扣缴义务人应当按照规定予以扣除，不得拒绝。扣缴义务人应当为纳税人报送的专项附加扣除信息保密。

第二十六条 扣缴义务人应当及时按照纳税人提供的信息计算办理扣缴申报，不得擅自更改纳税人提供的相关信息。

扣缴义务人发现纳税人提供的信息与实际情况不符，可以要求纳税人修改。纳税人拒绝修改的，扣缴义务人应当向主管税务机关报告，税务机关应当及时处理。

除纳税人另有要求外，扣缴义务人应当于年度终了后两个月内，向纳税人提供已办理的专项附加扣除项目及金额等信息。

第二十七条 税务机关定期对纳税人提供的专项附加扣除信息开展抽查。

第二十八条 税务机关核查时，纳税人无法提供留存备查资料，或者留存备查资料不能支持相关情况的，税务机关可以要求纳税人提供其他佐证；不能提供其他佐证材料，或者佐证材料仍不足以支持的，不得享受相关专项附加扣除。

第二十九条 税务机关核查专项附加扣除情况时，可以提请有关单位和个人协助核查，相关单位和个人应当协助。

第三十条 纳税人有下列情形之一的，主管税务机关应当责令其改正；情形严重的，应当纳入有关信用信息系统，并按照国家有关规定实施联合惩戒；涉及违反税收征管法等法律法规的，税务机关依法进行处理：

（一）报送虚假专项附加扣除信息；

（二）重复享受专项附加扣除；

（三）超范围或标准享受专项附加扣除；

（四）拒不提供留存备查资料；

（五）税务总局规定的其他情形。

纳税人在任职、受雇单位报送虚假扣除信息的，税务机关责令改正的同时，通知扣缴义务人。

第三十一条 本办法自 2022 年 1 月 1 日起施行。

附件：1. 个人所得税专项附加扣除信息表（略）
   2. 个人所得税扣缴申报表（略）

财政部、税务总局关于权益性投资经营所得个人所得税征收管理的公告

（2021年12月30日 财政部、税务总局公告2021年第41号）

为贯彻落实中央办公厅、国务院办公厅《关于进一步深化税收征管改革的意见》有关要求，深化"放管服"改革，现就权益性投资经营所得个人所得税征收管理有关问题公告如下：

一、持有股权、股票、合伙企业财产份额等权益性投资的个人独资企业、合伙企业（以下简称独资合伙企业），一律适用查账征收方式计征个人所得税。

二、独资合伙企业应自持有上述权益性投资之日起30日内，主动向税务机关报送持有权益性投资的情况；公告实施前独资合伙企业已持有权益性投资的，应当在2022年1月30日前向税务机关报送持有权益性投资的情况。税务机关接到核定征收独资合伙企业报送持有权益性投资情况的，调整其征收方式为查账征收。

三、各级财政、税务部门应做好服务辅导工作，积极引导独资合伙企业建立健全账簿、完善会计核算和财务管理制度、如实申报纳税。独资合伙企业未如实报送持有权益性投资情况的，依据税收征收管理法相关规定处理。

四、本公告自2022年1月1日起施行。

特此公告。

国家税务总局关于进一步简便优化
部分纳税人个人所得税预扣预缴方法的公告

（2020 年 12 月 4 日　国家税务总局公告 2020 年第 19 号）

为进一步支持稳就业、保就业、促消费，助力构建新发展格局，按照《中华人民共和国个人所得税法》及其实施条例有关规定，现就进一步简便优化部分纳税人个人所得税预扣预缴方法有关事项公告如下：

一、对上一完整纳税年度内每月均在同一单位预扣预缴工资、薪金所得个人所得税且全年工资、薪金收入不超过 6 万元的居民个人，扣缴义务人在预扣预缴本年度工资、薪金所得个人所得税时，累计减除费用自 1 月份起直接按照全年 6 万元计算扣除。即，在纳税人累计收入不超过 6 万元的月份，暂不预扣预缴个人所得税；在其累计收入超过 6 万元的当月及年内后续月份，再预扣预缴个人所得税。

扣缴义务人应当按规定办理全员全额扣缴申报，并在《个人所得税扣缴申报表》相应纳税人的备注栏注明"上年各月均有申报且全年收入不超过 6 万元"字样。

二、对按照累计预扣法预扣预缴劳务报酬所得个人所得税的居民个人，扣缴义务人比照上述规定执行。

本公告自 2021 年 1 月 1 日起施行。

特此公告。

国家税务总局关于完善调整部分纳税人个人所得税预扣预缴方法的公告

(2020年7月28日 国家税务总局公告2020年第13号)

为进一步支持稳就业、保就业,减轻当年新入职人员个人所得税预扣预缴阶段的税收负担,现就完善调整年度中间首次取得工资、薪金所得等人员有关个人所得税预扣预缴方法事项公告如下:

一、对一个纳税年度内首次取得工资、薪金所得的居民个人,扣缴义务人在预扣预缴个人所得税时,可按照5000元/月乘以纳税人当年截至本月月份数计算累计减除费用。

二、正在接受全日制学历教育的学生因实习取得劳务报酬所得的,扣缴义务人预扣预缴个人所得税时,可按照《国家税务总局关于发布〈个人所得税扣缴申报管理办法(试行)〉的公告》(2018年第61号)规定的累计预扣法计算并预扣预缴税款。

三、符合本公告规定并可按上述条款预扣预缴个人所得税的纳税人,应当及时向扣缴义务人申明并如实提供相关佐证资料或承诺书,并对相关资料及承诺书的真实性、准确性、完整性负责。相关资料或承诺书,纳税人及扣缴义务人需留存备查。

四、本公告所称首次取得工资、薪金所得的居民个人,是指自纳税年度首月起至新入职时,未取得工资、薪金所得或者未按照累计预扣法预扣预缴过连续性劳务报酬所得个人所得税的居民个人。

本公告自2020年7月1日起施行。

特此公告。

国家税务总局关于自然人纳税人
识别号有关事项的公告

（2018年12月17日 国家税务总局公告2018年第59号 自2019年1月1日起施行）

根据新修改的《中华人民共和国个人所得税法》，为便利纳税人办理涉税业务，现就自然人纳税人识别号有关事项公告如下：

一、自然人纳税人识别号，是自然人纳税人办理各类涉税事项的唯一代码标识。

二、有中国公民身份号码的，以其中国公民身份号码作为纳税人识别号；没有中国公民身份号码的，由税务机关赋予其纳税人识别号。

三、纳税人首次办理涉税事项时，应当向税务机关或者扣缴义务人出示有效身份证件，并报送相关基础信息。

四、税务机关应当在赋予自然人纳税人识别号后告知或者通过扣缴义务人告知纳税人其纳税人识别号，并为自然人纳税人查询本人纳税人识别号提供便利。

五、自然人纳税人办理纳税申报、税款缴纳、申请退税、开具完税凭证、纳税查询等涉税事项时应当向税务机关或扣缴义务人提供纳税人识别号。

六、本公告所称"有效身份证件"，是指：

（一）纳税人为中国公民且持有有效《中华人民共和国居民身份证》（以下简称"居民身份证"）的，为居民身份证。

（二）纳税人为华侨且没有居民身份证的，为有效的《中华人民共和国护照》和华侨身份证明。

（三）纳税人为港澳居民的，为有效的《港澳居民来往内地通行证》或《中华人民共和国港澳居民居住证》。

（四）纳税人为台湾居民的，为有效的《台湾居民来往大陆通行证》或《中华人民共和国台湾居民居住证》。

（五）纳税人为持有有效《中华人民共和国外国人永久居留身份证》（以下简称永久居留证）的外籍个人的，为永久居留证和外国护照；未持有永久居留证但持有有效《中华人民共和国外国人工作许可证》（以下简称工作许可证）的，为工作许可证和外国护照；其他外籍个人，为有效的外国护照。

本公告自 2019 年 1 月 1 日起施行。

特此公告。

个人所得税扣缴申报管理办法（试行）

（2018 年 12 月 21 日　国家税务总局公告 2018 年第 61 号　自 2019 年 1 月 1 日起施行）

第一条　为规范个人所得税扣缴申报行为，维护纳税人和扣缴义务人合法权益，根据《中华人民共和国个人所得税法》及其实施条例、《中华人民共和国税收征收管理法》及其实施细则等法律法规的规定，制定本办法。

第二条　扣缴义务人，是指向个人支付所得的单位或者个人。扣缴义务人应当依法办理全员全额扣缴申报。

全员全额扣缴申报，是指扣缴义务人应当在代扣税款的次月十五日内，向主管税务机关报送其支付所得的所有个人的有关信息、支付所得数额、扣除事项和数额、扣缴税款的具体数额和总额以及其他相关涉税信息资料。

第三条 扣缴义务人每月或者每次预扣、代扣的税款,应当在次月十五日内缴入国库,并向税务机关报送《个人所得税扣缴申报表》。

第四条 实行个人所得税全员全额扣缴申报的应税所得包括:

(一)工资、薪金所得;

(二)劳务报酬所得;

(三)稿酬所得;

(四)特许权使用费所得;

(五)利息、股息、红利所得;

(六)财产租赁所得;

(七)财产转让所得;

(八)偶然所得。

第五条 扣缴义务人首次向纳税人支付所得时,应当按照纳税人提供的纳税人识别号等基础信息,填写《个人所得税基础信息表(A表)》,并于次月扣缴申报时向税务机关报送。

扣缴义务人对纳税人向其报告的相关基础信息变化情况,应当于次月扣缴申报时向税务机关报送。

第六条 扣缴义务人向居民个人支付工资、薪金所得时,应当按照累计预扣法计算预扣税款,并按月办理扣缴申报。

累计预扣法,是指扣缴义务人在一个纳税年度内预扣预缴税款时,以纳税人在本单位截至当前月份工资、薪金所得累计收入减除累计免税收入、累计减除费用、累计专项扣除、累计专项附加扣除和累计依法确定的其他扣除后的余额为累计预扣预缴应纳税所得额,适用个人所得税预扣率表一(见附件),计算累计应预扣预缴税额,再减除累计减免税额和累计已预扣预缴税额,其余额为本期应预扣预缴税额。余额为负值时,暂不退税。纳税年度终了后余额仍为负值时,由纳税人通过办理综合所得年度汇算清缴,税款多退少补。

具体计算公式如下：

本期应预扣预缴税额=（累计预扣预缴应纳税所得额×预扣率-速算扣除数）-累计减免税额-累计已预扣预缴税额

累计预扣预缴应纳税所得额=累计收入-累计免税收入-累计减除费用-累计专项扣除-累计专项附加扣除-累计依法确定的其他扣除

其中：累计减除费用，按照 5000 元/月乘以纳税人当年截至本月在本单位的任职受雇月份数计算。

第七条 居民个人向扣缴义务人提供有关信息并依法要求办理专项附加扣除的，扣缴义务人应当按照规定在工资、薪金所得按月预扣预缴税款时予以扣除，不得拒绝。

第八条 扣缴义务人向居民个人支付劳务报酬所得、稿酬所得、特许权使用费所得时，应当按照以下方法按次或者按月预扣预缴税款：

劳务报酬所得、稿酬所得、特许权使用费所得以收入减除费用后的余额为收入额；其中，稿酬所得的收入额减按百分之七十计算。

减除费用：预扣预缴税款时，劳务报酬所得、稿酬所得、特许权使用费所得每次收入不超过四千元的，减除费用按八百元计算；每次收入四千元以上的，减除费用按收入的百分之二十计算。

应纳税所得额：劳务报酬所得、稿酬所得、特许权使用费所得，以每次收入额为预扣预缴应纳税所得额，计算应预扣预缴税额。劳务报酬所得适用个人所得税预扣率表二（见附件），稿酬所得、特许权使用费所得适用百分之二十的比例预扣率。

居民个人办理年度综合所得汇算清缴时，应当依法计算劳务报酬所得、稿酬所得、特许权使用费所得的收入额，并入年度综合所得计算应纳税款，税款多退少补。

第九条 扣缴义务人向非居民个人支付工资、薪金所得，劳务报酬所得，稿酬所得和特许权使用费所得时，应当按照以下方法按月或者按次代扣代缴税款：

非居民个人的工资、薪金所得，以每月收入额减除费用五千元后的余额为应纳税所得额；劳务报酬所得、稿酬所得、特许权使用费所得，以每次收入额为应纳税所得额，适用个人所得税税率表三（见附件）计算应纳税额。劳务报酬所得、稿酬所得、特许权使用费所得以收入减除百分之二十的费用后的余额为收入额；其中，稿酬所得的收入额减按百分之七十计算。

非居民个人在一个纳税年度内税款扣缴方法保持不变，达到居民个人条件时，应当告知扣缴义务人基础信息变化情况，年度终了后按照居民个人有关规定办理汇算清缴。

第十条 扣缴义务人支付利息、股息、红利所得，财产租赁所得，财产转让所得或者偶然所得时，应当依法按次或者按月代扣代缴税款。

第十一条 劳务报酬所得、稿酬所得、特许权使用费所得，属于一次性收入的，以取得该项收入为一次；属于同一项目连续性收入的，以一个月内取得的收入为一次。

财产租赁所得，以一个月内取得的收入为一次。

利息、股息、红利所得，以支付利息、股息、红利时取得的收入为一次。

偶然所得，以每次取得该项收入为一次。

第十二条 纳税人需要享受税收协定待遇的，应当在取得应税所得时主动向扣缴义务人提出，并提交相关信息、资料，扣缴义务人代扣代缴税款时按照享受税收协定待遇有关办法办理。

第十三条 支付工资、薪金所得的扣缴义务人应当于年度终了后两个月内，向纳税人提供其个人所得和已扣缴税款等信息。纳税人年度中间需要提供上述信息的，扣缴义务人应当提供。

纳税人取得除工资、薪金所得以外的其他所得，扣缴义务人应当在扣缴税款后,及时向纳税人提供其个人所得和已扣缴税款等信息。

第十四条 扣缴义务人应当按照纳税人提供的信息计算税款、办理扣缴申报,不得擅自更改纳税人提供的信息。

扣缴义务人发现纳税人提供的信息与实际情况不符的,可以要求纳税人修改。纳税人拒绝修改的,扣缴义务人应当报告税务机关,税务机关应当及时处理。

纳税人发现扣缴义务人提供或者扣缴申报的个人信息、支付所得、扣缴税款等信息与实际情况不符的,有权要求扣缴义务人修改。扣缴义务人拒绝修改的,纳税人应当报告税务机关,税务机关应当及时处理。

第十五条 扣缴义务人对纳税人提供的《个人所得税专项附加扣除信息表》,应当按照规定妥善保存备查。

第十六条 扣缴义务人应当依法对纳税人报送的专项附加扣除等相关涉税信息和资料保密。

第十七条 对扣缴义务人按照规定扣缴的税款,按年付给百分之二的手续费。不包括税务机关、司法机关等查补或者责令补扣的税款。

扣缴义务人领取的扣缴手续费可用于提升办税能力、奖励办税人员。

第十八条 扣缴义务人依法履行代扣代缴义务,纳税人不得拒绝。纳税人拒绝的,扣缴义务人应当及时报告税务机关。

第十九条 扣缴义务人有未按照规定向税务机关报送资料和信息、未按照纳税人提供信息虚报虚扣专项附加扣除、应扣未扣税款、不缴或少缴已扣税款、借用或冒用他人身份等行为的,依照《中华人民共和国税收征收管理法》等相关法律、行政法规处理。

第二十条 本办法相关表证单书式样,由国家税务总局另行制定发布。

第二十一条 本办法自2019年1月1日起施行。《国家税务总局关于印发〈个人所得税全员全额扣缴申报管理暂行办法〉的通知》（国税发〔2005〕205号）同时废止。

附件：个人所得税税率表及预扣率表（略）

个体工商户个人所得税计税办法

（2014年12月27日国家税务总局令第35号公布　根据2018年6月15日《国家税务总局关于修改部分税务部门规章的决定》修正）

第一章　总　则

第一条 为了规范和加强个体工商户个人所得税征收管理，根据个人所得税法等有关税收法律、法规和政策规定，制定本办法。

第二条 实行查账征收的个体工商户应当按照本办法的规定，计算并申报缴纳个人所得税。

第三条 本办法所称个体工商户包括：

（一）依法取得个体工商户营业执照，从事生产经营的个体工商户；

（二）经政府有关部门批准，从事办学、医疗、咨询等有偿服务活动的个人；

（三）其他从事个体生产、经营的个人。

第四条 个体工商户以业主为个人所得税纳税义务人。

第五条 个体工商户应纳税所得额的计算，以权责发生制为原则，属于当期的收入和费用，不论款项是否收付，均作为当期的收入和费用；不属于当期的收入和费用，即使款项已经在当期收付，均不作为当期收入和费用。本办法和财政部、国家税务总局另有规定的除外。

第六条 在计算应纳税所得额时，个体工商户会计处理办法与本办法和财政部、国家税务总局相关规定不一致的，应当依照本办法和财政部、国家税务总局的相关规定计算。

第二章 计税基本规定

第七条 个体工商户的生产、经营所得，以每一纳税年度的收入总额，减除成本、费用、税金、损失、其他支出以及允许弥补的以前年度亏损后的余额，为应纳税所得额。

第八条 个体工商户从事生产经营以及与生产经营有关的活动（以下简称生产经营）取得的货币形式和非货币形式的各项收入，为收入总额。包括：销售货物收入、提供劳务收入、转让财产收入、利息收入、租金收入、接受捐赠收入、其他收入。

前款所称其他收入包括个体工商户资产溢余收入、逾期一年以上的未退包装物押金收入、确实无法偿付的应付款项、已作坏账损失处理后又收回的应收款项、债务重组收入、补贴收入、违约金收入、汇兑收益等。

第九条 成本是指个体工商户在生产经营活动中发生的销售成本、销货成本、业务支出以及其他耗费。

第十条 费用是指个体工商户在生产经营活动中发生的销售费用、管理费用和财务费用，已经计入成本的有关费用除外。

第十一条 税金是指个体工商户在生产经营活动中发生的除个人所得税和允许抵扣的增值税以外的各项税金及其附加。

第十二条 损失是指个体工商户在生产经营活动中发生的固定资产和存货的盘亏、毁损、报废损失，转让财产损失，坏账损失，自然灾害等不可抗力因素造成的损失以及其他损失。

个体工商户发生的损失，减除责任人赔偿和保险赔款后的余额，参照财政部、国家税务总局有关企业资产损失税前扣除的规定扣除。

个体工商户已经作为损失处理的资产，在以后纳税年度又全部收回或者部分收回时，应当计入收回当期的收入。

第十三条 其他支出是指除成本、费用、税金、损失外，个体工商户在生产经营活动中发生的与生产经营活动有关的、合理的支出。

第十四条 个体工商户发生的支出应当区分收益性支出和资本性支出。收益性支出在发生当期直接扣除；资本性支出应当分期扣除或者计入有关资产成本，不得在发生当期直接扣除。

前款所称支出，是指与取得收入直接相关的支出。

除税收法律法规另有规定外，个体工商户实际发生的成本、费用、税金、损失和其他支出，不得重复扣除。

第十五条 个体工商户下列支出不得扣除：

（一）个人所得税税款；

（二）税收滞纳金；

（三）罚金、罚款和被没收财物的损失；

（四）不符合扣除规定的捐赠支出；

（五）赞助支出；

（六）用于个人和家庭的支出；

（七）与取得生产经营收入无关的其他支出；

（八）国家税务总局规定不准扣除的支出。

第十六条 个体工商户生产经营活动中，应当分别核算生产经营费用和个人、家庭费用。对于生产经营与个人、家庭生活混用难以分清的费用，其40%视为与生产经营有关费用，准予扣除。

第十七条 个体工商户纳税年度发生的亏损，准予向以后年度结转，用以后年度的生产经营所得弥补，但结转年限最长不得超过五年。

第十八条 个体工商户使用或者销售存货，按照规定计算的存货成本，准予在计算应纳税所得额时扣除。

第十九条 个体工商户转让资产，该项资产的净值，准予在计算应纳税所得额时扣除。

第二十条 本办法所称亏损，是指个体工商户依照本办法规定计算的应纳税所得额小于零的数额。

第三章 扣除项目及标准

第二十一条 个体工商户实际支付给从业人员的、合理的工资薪金支出，准予扣除。

个体工商户业主的费用扣除标准，依照相关法律、法规和政策规定执行。

个体工商户业主的工资薪金支出不得税前扣除。

第二十二条 个体工商户按照国务院有关主管部门或者省级人民政府规定的范围和标准为其业主和从业人员缴纳的基本养老保险费、基本医疗保险费、失业保险费、生育保险费、工伤保险费和住房公积金，准予扣除。

个体工商户为从业人员缴纳的补充养老保险费、补充医疗保险费，分别在不超过从业人员工资总额5%标准内的部分据实扣除；超过部分，不得扣除。

个体工商户业主本人缴纳的补充养老保险费、补充医疗保险费，以当地（地级市）上年度社会平均工资的3倍为计算基数，分别在不超过该计算基数5%标准内的部分据实扣除；超过部分，不得扣除。

第二十三条 除个体工商户依照国家有关规定为特殊工种从业人员支付的人身安全保险费和财政部、国家税务总局规定可以扣除的其他商业保险费外，个体工商户业主本人或者为从业人员支付的商业保险费，不得扣除。

第二十四条 个体工商户在生产经营活动中发生的合理的不需

要资本化的借款费用,准予扣除。

个体工商户为购置、建造固定资产、无形资产和经过 12 个月以上的建造才能达到预定可销售状态的存货发生借款的,在有关资产购置、建造期间发生的合理的借款费用,应当作为资本性支出计入有关资产的成本,并依照本办法的规定扣除。

第二十五条 个体工商户在生产经营活动中发生的下列利息支出,准予扣除:

(一)向金融企业借款的利息支出;

(二)向非金融企业和个人借款的利息支出,不超过按照金融企业同期同类贷款利率计算的数额的部分。

第二十六条 个体工商户在货币交易中,以及纳税年度终了时将人民币以外的货币性资产、负债按照期末即期人民币汇率中间价折算为人民币时产生的汇兑损失,除已经计入有关资产成本部分外,准予扣除。

第二十七条 个体工商户向当地工会组织拨缴的工会经费、实际发生的职工福利费支出、职工教育经费支出分别在工资薪金总额的 2%、14%、2.5% 的标准内据实扣除。

工资薪金总额是指允许在当期税前扣除的工资薪金支出数额。

职工教育经费的实际发生数额超出规定比例当期不能扣除的数额,准予在以后纳税年度结转扣除。

个体工商户业主本人向当地工会组织缴纳的工会经费、实际发生的职工福利费支出、职工教育经费支出,以当地(地级市)上年度社会平均工资的 3 倍为计算基数,在本条第一款规定比例内据实扣除。

第二十八条 个体工商户发生的与生产经营活动有关的业务招待费,按照实际发生额的 60% 扣除,但最高不得超过当年销售(营业)收入的 5‰。

业主自申请营业执照之日起至开始生产经营之日止所发生的业

务招待费，按照实际发生额的60%计入个体工商户的开办费。

第二十九条 个体工商户每一纳税年度发生的与其生产经营活动直接相关的广告费和业务宣传费不超过当年销售（营业）收入15%的部分，可以据实扣除；超过部分，准予在以后纳税年度结转扣除。

第三十条 个体工商户代其从业人员或者他人负担的税款，不得税前扣除。

第三十一条 个体工商户按照规定缴纳的摊位费、行政性收费、协会会费等，按实际发生数额扣除。

第三十二条 个体工商户根据生产经营活动的需要租入固定资产支付的租赁费，按照以下方法扣除：

（一）以经营租赁方式租入固定资产发生的租赁费支出，按照租赁期限均匀扣除；

（二）以融资租赁方式租入固定资产发生的租赁费支出，按照规定构成融资租入固定资产价值的部分应当提取折旧费用，分期扣除。

第三十三条 个体工商户参加财产保险，按照规定缴纳的保险费，准予扣除。

第三十四条 个体工商户发生的合理的劳动保护支出，准予扣除。

第三十五条 个体工商户自申请营业执照之日起至开始生产经营之日止所发生符合本办法规定的费用，除为取得固定资产、无形资产的支出，以及应计入资产价值的汇兑损益、利息支出外，作为开办费，个体工商户可以选择在开始生产经营的当年一次性扣除，也可自生产经营月份起在不短于3年期限内摊销扣除，但一经选定，不得改变。

开始生产经营之日为个体工商户取得第一笔销售（营业）收入的日期。

第三十六条 个体工商户通过公益性社会团体或者县级以上人民政府及其部门，用于《中华人民共和国公益事业捐赠法》规定的公益事业的捐赠，捐赠额不超过其应纳税所得额30%的部分可以据实扣除。

财政部、国家税务总局规定可以全额在税前扣除的捐赠支出项目，按有关规定执行。

个体工商户直接对受益人的捐赠不得扣除。

公益性社会团体的认定，按照财政部、国家税务总局、民政部有关规定执行。

第三十七条 本办法所称赞助支出，是指个体工商户发生的与生产经营活动无关的各种非广告性质支出。

第三十八条 个体工商户研究开发新产品、新技术、新工艺所发生的开发费用，以及研究开发新产品、新技术而购置单台价值在10万元以下的测试仪器和试验性装置的购置费准予直接扣除；单台价值在10万元以上（含10万元）的测试仪器和试验性装置，按固定资产管理，不得在当期直接扣除。

第四章 附 则

第三十九条 个体工商户资产的税务处理，参照企业所得税相关法律、法规和政策规定执行。

第四十条 个体工商户有两处或两处以上经营机构的，选择并固定向其中一处经营机构所在地主管税务机关申报缴纳个人所得税。

第四十一条 个体工商户终止生产经营的，应当在注销工商登记或者向政府有关部门办理注销前向主管税务机关结清有关纳税事宜。

第四十二条 各省、自治区、直辖市和计划单列市税务局可以结合本地实际，制定具体实施办法。

第四十三条 本办法自 2015 年 1 月 1 日起施行。国家税务总局 1997 年 3 月 26 日发布的《国家税务总局关于印发〈个体工商户个人所得税计税办法（试行）〉的通知》（国税发〔1997〕43 号）同时废止。

个人所得税管理办法

（2005 年 7 月 6 日　国税发〔2005〕120 号　根据 2018 年 6 月 15 日《国家税务总局关于修改部分税收规范性文件的公告》修正）

第一章　总　　则

第一条 为了进一步加强和规范税务机关对个人所得税的征收管理，促进个人所得税征管的科学化、精细化，不断提高征管效率和质量，根据《中华人民共和国个人所得税法》（以下简称税法）、《中华人民共和国税收征收管理法》（以下简称征管法）及有关税收法律法规规定，制定本办法。

第二条 加强和规范个人所得税征管，要着力健全管理制度，完善征管手段，突出管理重点。即要建立个人收入档案管理制度、代扣代缴明细账制度、纳税人与扣缴义务人向税务机关双向申报制度、与社会各部门配合的协税制度；尽快研发应用统一的个人所得税管理信息系统，充分利用信息技术手段加强个人所得税管理；切实加强高收入者的重点管理、税源的源泉管理、全员全额管理。

第二章　个人收入档案管理制度

第三条 个人收入档案管理制度是指，税务机关按照要求对每个纳税人的个人基本信息、收入和纳税信息以及相关信息建立档案，并对其实施动态管理的一项制度。

第四条 省以下（含省级）各级税务机关的管理部门应当按照规定逐步对每个纳税人建立收入和纳税档案，实施"一户式"的动态管理。

第五条 省以下（含省级）各级税务机关的管理部门应区别不同类型纳税人，并按以下内容建立相应的基础信息档案：

（一）雇员纳税人（不含股东、投资者、外籍人员）的档案内容包括：姓名、身份证照类型、身份证照号码、学历、职业、职务、电子邮箱地址、有效联系电话、有效通信地址、邮政编码、户籍所在地、扣缴义务人编码、是否重点纳税人。

（二）非雇员纳税人（不含股东、投资者）的档案内容包括：姓名、身份证照类型、身份证照号码、电子邮箱地址、有效联系电话、有效通信地址（工作单位或家庭地址）、邮政编码、工作单位名称、扣缴义务人编码、是否重点纳税人。

（三）股东、投资者（不含个人独资、合伙企业投资者）的档案内容包括：姓名、国籍、身份证照类型、身份证照号码、有效通讯地址、邮政编码、户籍所在地、有效联系电话、电子邮箱地址、公司股本（投资）总额、个人股本（投资）额、扣缴义务人编码、是否重点纳税人。

（四）个人独资、合伙企业投资者、个体工商户、对企事业单位的承包承租经营人的档案内容包括：姓名、身份证照类型、身份证照号码、个体工商户（或个人独资企业、合伙企业、承包承租企事业单位）名称，经济类型、行业、经营地址、邮政编码、有效联系电话、税务登记证号码、电子邮箱地址、所得税征收方式（核定、查账）、主管税务机关、是否重点纳税人。

（五）外籍人员（含雇员和非雇员）的档案内容包括：纳税人编码、姓名（中、英文）、性别、出生地（中、英文）、出生年月、境外地址（中、英文）、国籍或地区、身份证照类型、身份证照号码、居留许可号码（或台胞证号码、回乡证号码）、劳动就业证号码、职业、境内职务、境外职务、入境时间、任职期限、预计在华时间、预计离境时间、境内任职单位名称及税务登记证号码、境内任职单位地址、邮政编码、联系电话、其他任职单位（也应包括地址、电话、联系方式）名称及税务登记证号码、境内受聘或签约单位名称及税务登记证号码、地址、邮政编码、联系电话、境外派遣单位名称（中、英文）、境外派遣单位地址（中、英文）、支付地（包括境内支付还是境外支付）、是否重点纳税人。

第六条 纳税人档案的内容来源于：

（一）纳税人税务登记情况。

（二）《扣缴个人所得税报告表》和《支付个人收入明细表》。

（三）代扣代收税款凭证。

（四）个人所得税纳税申报表。

（五）社会公共部门提供的有关信息。

（六）税务机关的纳税检查情况和处罚记录。

（七）税务机关掌握的其他资料及纳税人提供的其他信息资料。

第七条 税务机关应对档案内容适时进行更新和调整；并根据本地信息化水平和征管能力提高的实际，以及个人收入的变化等情况，不断扩大档案管理的范围，直至实现全员全额管理。

第八条 税务机关应充分利用纳税人档案资料，加强个人所得税管理。定期对重点纳税人、重点行业和企业的个人档案资料进行比对分析和纳税评估，查找税源变动情况和原因，及时发现异常情况，采取措施堵塞征管漏洞。

第三章 代扣代缴明细账制度

第九条 代扣代缴明细账制度是指，税务机关依据个人所得税法和有关规定，要求扣缴义务人按规定报送其支付收入的个人所有的基本信息、支付个人收入和扣缴税款明细信息以及其他相关涉税信息,并对每个扣缴义务人建立档案,为后续实施动态管理打下基础的一项制度。

第十条 税务机关应按照税法及相关法律、法规的有关规定,督促扣缴义务人按规定设立代扣代缴税款账簿,正确反映个人所得税的扣缴情况。

第十一条 扣缴义务人申报的纳税资料,税务机关应严格审查核实。对《扣缴个人所得税报告表》和《支付个人收入明细表》没有按每一个人逐栏逐项填写的,或者填写内容不全的,主管税务机关应要求扣缴义务人重新填报。已实行信息化管理的,可以将《支付个人收入明细表》并入《扣缴个人所得税报告表》。

《扣缴个人所得税报告表》填写实际缴纳了个人所得税的纳税人的情况;《支付个人收入明细表》填写支付了应税收入,但未达到纳税标准的纳税人的情况。

第十二条 税务机关应将扣缴义务人报送的支付个人收入情况与其同期财务报表交叉比对,发现不符的,应要求其说明情况,并依法查实处理。

第十三条 税务机关应对每个扣缴义务人建立档案,其内容包括:扣缴义务人编码、扣缴义务人名称、税务(注册)登记证号码、电话号码、电子邮件地址、行业、经济类型、单位地址、邮政编码、法定代表人(单位负责人)和财务主管人员姓名及联系电话、税务登记机关、登记证照类型、发照日期、主管税务机关、应纳税所得额(按所得项目归类汇总)、免税收入、应纳税额(按所得项目归类汇总)、纳税人数、已纳税额、应补(退)税额、减免税额、滞纳金、罚款、完税凭证号等。

第十四条 扣缴义务人档案的内容来源于:

(一)扣缴义务人扣缴税款登记情况。

(二)《扣缴个人所得税报告表》和《支付个人收入明细表》。

（三）代扣代收税款凭证。
（四）社会公共部门提供的有关信息。
（五）税务机关的纳税检查情况和处罚记录。
（六）税务机关掌握的其他资料。

第四章 纳税人与扣缴义务人向税务机关双向申报制度

第十五条 纳税人与扣缴义务人向税务机关双向申报制度是指，纳税人与扣缴义务人按照法律、行政法规规定和税务机关依法律、行政法规所提出的要求，分别向主管税务机关办理纳税申报，税务机关对纳税人和扣缴义务人提供的收入、纳税信息进行交叉比对、核查的一项制度。

第十六条 对税法及其实施条例，以及相关法律、法规规定纳税人必须自行申报的，税务机关应要求其自行向主管税务机关进行纳税申报。

第十七条 税务机关接受纳税人、扣缴义务人的纳税申报时，应对申报的时限、应税项目、适用税率、税款计算及相关资料的完整性和准确性进行初步审核，发现有误的，应及时要求纳税人、扣缴义务人修正申报。

第十八条 税务机关应对双向申报的内容进行交叉比对和评估分析，从中发现问题并及时依法处理。

第五章 与社会各部门配合的协税制度

第十九条 与社会各部门配合的协税制度是指，税务机关应建立与个人收入和个人所得税征管有关的各部门的协调与配合的制度，及时掌握税源和与纳税有关的信息，共同制定和实施协税、护税措施，形成社会协税、护税网络。

第二十条 税务机关应重点加强与以下部门的协调配合：公

安、检察、法院、工商、银行、文化体育、财政、劳动、房管、交通、审计、外汇管理等部门。

第二十一条 税务机关通过加强与有关部门的协调配合，着重掌握纳税人的相关收入信息。

（一）与公安部门联系，了解中国境内无住所个人出入境情况及在中国境内的居留暂住情况，实施阻止欠税人出境制度，掌握个人购车等情况。

（二）与工商部门联系，了解纳税人登记注册的变化情况和股份制企业股东及股本变化等情况。

（三）与文化体育部门联系，掌握各种演出、比赛获奖等信息，落实演出承办单位和体育单位的代扣代缴义务等情况。

（四）与房管部门联系，了解房屋买卖、出租等情况。

（五）与交通部门联系，了解出租车、货运车以及运营等情况。

（六）与劳动部门联系，了解中国境内无住所个人的劳动就业情况。

第二十二条 税务机关应积极创造条件，逐步实现与有关部门的相关信息共享或定期交换。

第二十三条 各级税务机关应当把大力宣传和普及个人所得税法知识、不断提高公民的依法纳税意识作为一项长期的基础性工作予以高度重视，列入重要议事日程，并结合征管工作的要求、社会关注的热点和本地征管的重点，加强与上述部门的密切配合。制定周密的宣传工作计划，充分利用各种宣传媒体和途径、采取灵活多样的方式进行个人所得税宣传。

第六章　加快信息化建设

第二十四条 各级税务机关应在金税工程三期的总体框架下，按照"一体化"要求和"统筹规划、统一标准，突出重点、分步实施，整合资源、讲究实效，加强管理、保证安全"的原则，进一步加快个人所得税征管信息化建设,以此提高个人所得税征管质量和效率。

第二十五条 按照一体化建设的要求,个人所得税与其他税种具有共性的部分,由核心业务系统统一开发软件,个人所得税个性的部分单独开发软件。根据个人所得税特点,总局先行开发个人所得税代扣代缴(扣缴义务人端)和基础信息管理(税务端)两个子系统。

第二十六条 代扣代缴(扣缴义务人端)系统的要求是:

(一)为扣缴义务人提供方便快捷的报税工具。

(二)可以从扣缴义务人现有的财务等软件中导入相关信息。

(三)自动计算税款,自动生成各种报表。

(四)支持多元化的申报方式。

(五)方便扣缴义务人统计、查询、打印。

(六)提供《代扣代收税款凭证》打印功能。

(七)便于税务机关接受扣缴义务人的明细扣缴申报,准确全面掌握有关基础数据资料。

第二十七条 基础信息管理系统(税务端)的要求是:

(一)建立个人收入纳税一户式档案,用于汇集扣缴义务人、纳税人的基础信息、收入及纳税信息资料。

(二)传递个人两处以上取得的收入及纳税信息给征管环节。

(三)从一户式档案中筛选高收入个人、高收入行业、重点纳税人、重点扣缴义务人,并实施重点管理。

(四)通过对纳税人收入、纳税相关信息进行汇总比对,判定纳税人申报情况的真实性。

(五)通过设定各类统计指标、口径和运用统计结果,为加强个人所得税管理和完善政策提供决策支持。

(六)建立与各部门的数据应用接口,为其他税费征收提供信息。

（七）按规定打印《中华人民共和国个人所得税完税证明》，为纳税人提供完税依据。

第二十八条　省级税务机关应做好现有个人所得税征管软件的整合工作。省级及以下各级税务机关原则上不应再自行开发个人所得税征管软件。

第七章　加强高收入者的重点管理

第二十九条　税务机关应将下列人员纳入重点纳税人范围：金融、保险、证券、电力、电信、石油、石化、烟草、民航、铁道、房地产、学校、医院、城市供水供气、出版社、公路管理、外商投资企业和外国企业、高新技术企业、中介机构、体育俱乐部等高收入行业人员；民营经济投资者、影视明星、歌星、体育明星、模特等高收入个人；临时来华演出人员。

第三十条　各级税务机关应从下列人员中，选择一定数量的个人作为重点纳税人，实施重点管理：

（一）收入较高者。

（二）知名度较高者。

（三）收入来源渠道较多者。

（四）收入项目较多者。

（五）无固定单位的自由职业者。

（六）对税收征管影响较大者。

第三十一条　各级税务机关对重点纳税人应实行滚动动态管理办法，每年都应根据本地实际情况，适时增补重点纳税人，不断扩大重点纳税人管理范围，直至实现全员全额管理。

第三十二条　税务机关应对重点纳税人按人建立专门档案，实行重点管理，随时跟踪其收入和纳税变化情况。

第三十三条　各级税务机关应充分利用建档管理掌握的重点纳税人信息，定期对重点纳税人的收入、纳税情况进行比对、评估分析，从中发现异常问题，及时采取措施堵塞管理漏洞。

第三十四条 省级（含计划单列市）税务机关应于每年7月底以前和次年1月底以前，分别将所确定的重点纳税人的半年和全年的基本情况及收入、纳税等情况，用Excel表格的形式填写《个人所得税重点纳税人收入和纳税情况汇总表》报送国家税务总局（所得税管理司）。

第三十五条 各级税务机关应强化对个体工商户、个人独资企业和合伙企业投资者以及独立从事劳务活动的个人的个人所得税征管。

（一）积极推行个体工商户、个人独资企业和合伙企业建账工作，规范财务管理，健全财务制度；有条件的地区应使用税控装置加强对纳税人的管理和监控。

（二）健全和完善核定征收工作，对账证不全、无法实行查账征收的纳税人，按规定实行核定征收，并根据纳税人经营情况及时进行定额调整。

（三）加强税务系统的协作配合，实现信息共享，建立健全个人所得税情报交流和异地协查制度，互通信息，解决同一个投资者在两处或两处以上投资和取得收入合并缴纳个人所得税的监控难题。

（四）加强个人投资者从其投资企业借款的管理，对期限超过一年又未用于企业生产经营的借款，严格按照有关规定征税。

（五）要严格对个人投资的企业和个体工商户税前扣除的管理，定期进行检查。对个人投资者以企业资金为本人、家庭成员及其相关人员支付的与生产经营无关的消费性、财产性支出，严格按照规定征税。

（六）加强对从事演出、广告、讲课、医疗等人员的劳务报酬所得的征收管理，全面推行预扣预缴办法，从源泉上加强征管。

第三十六条 税务机关要加强对重点纳税人、独立纳税人的专项检查，严厉打击涉税违法犯罪行为。各地每年应当通过有关媒体公开曝光2至3起个人所得税违法犯罪案件。

第三十七条　税务机关要重视和加强重点纳税人、独立纳税人的个人所得税日常检查，及时发现征管漏洞和薄弱环节，制定和完善征管制度、办法。日常检查由省级以下税务机关的征管和税政部门共同组织实施。

实施日常检查应当制定计划，并按规定程序进行，防止多次、重复检查，防止影响纳税人的生产经营。

第八章　加强税源的源泉管理

第三十八条　税务机关应严格税务登记管理制度，认真开展漏征漏管户的清理工作，摸清底数。

第三十九条　税务机关应按照有关要求建立和健全纳税人、扣缴义务人的档案，切实加强个人所得税税源管理。

第四十条　税务机关应继续做好代扣代缴工作，提高扣缴质量和水平：

（一）要继续贯彻落实已有的个人所得税代扣代缴工作制度和办法，并在实践中不断完善提高。

（二）要对本地区所有行政、企事业单位、社会团体等扣缴义务人进行清理和摸底，在此基础上按照纳税档案管理的指标建立扣缴义务人台账或基本账户，对其实行跟踪管理。

（三）配合全员全额管理，推行扣缴义务人支付个人收入明细申报制度。

（四）对下列行业应实行重点税源管理：金融、保险、证券、电力、电信、石油、石化、烟草、民航、铁道、房地产、学校、医院、城市供水供气、出版社、公路管理、外商投资企业、高新技术企业、中介机构、体育俱乐部等高收入行业；连续3年（含3年）为零申报的代扣代缴单位（以下简称长期零申报单位）。

（五）对重点税源管理的行业、单位和长期零申报单位，应将其列为每年开展专项检查的重点对象,或对其纳税申报材料进行重点审核。

第四十一条 各级税务机关应充分利用与各部门配合的协作制度,从公安、工商、银行、文化、体育、房管、劳动、外汇管理等社会公共部门获取税源信息。

第四十二条 各级税务机关应利用从有关部门获取的信息,加强税源管理、进行纳税评估。税务机关应定期分析税源变化情况,对变动较大等异常情况,应及时分析原因,采取相应管理措施。

第四十三条 各级税务机关在加强查账征收工作的基础上,对符合征管法第三十五条规定情形的,采取定期定额征收和核定应税所得率征收,以及其他合理的办法核定征收个人所得税。

第四十四条 主管税务机关在确定对纳税人的核定征收方式后,要选择有代表性的典型户进行调查,在此基础上确定应纳税额。典型调查面不得低于核定征收纳税人的3%。

第九章 加强全员全额管理

第四十五条 全员全额管理是指,凡取得应税收入的个人,无论收入额是否达到个人所得税的纳税标准,均应就其取得的全部收入,通过代扣代缴和个人申报,全部纳入税务机关管理。

第四十六条 各级税务机关应本着先扣缴义务人后纳税人,先重点行业、企业和纳税人后一般行业、企业和纳税人,先进"笼子"后规范的原则,积极稳妥地推进全员全额管理工作。

第四十七条 各级税务机关要按照规定和要求,尽快建立个人收入档案管理制度、代扣代缴明细账制度、纳税人与扣缴义务人向税务机关双向申报制度、与社会各部门配合的协税制度,为实施全员全额管理打下基础。

第四十八条 各级税务机关应积极创造条件,并根据金税工程三期的总体规划和有关要求,依托信息化手段,逐步实现全员全额申报管理，并在此基础上，为每个纳税人开具完税凭证（证明）。

第四十九条　税务机关应充分利用全员全额管理掌握的纳税人信息、扣缴义务人信息、税源监控信息、有关部门、媒体提供的信息、税收管理人员实地采集的信息等，依据国家有关法律和政策法规的规定，对自行申报纳税人纳税申报情况和扣缴义务人扣缴税情况的真实性、准确性进行分析、判断，开展个人所得税纳税评估，提高全员全额管理的质量。

第五十条　税务机关应加强个人独资和合伙企业投资者、个体工商户、独立劳务者等无扣缴义务人的独立纳税人的基础信息和税源管理工作。

第五十一条　个人所得税纳税评估应按"人机结合"的方式进行，其基本原理和流程是：根据当地居民收入水平及其变动、行业收入水平及其变动等影响个人所得税的相关因素，建立纳税评估分析系统；根据税收收入增减额、增减率或行业平均指标模型确定出纳税评估的重点对象；对纳税评估对象进行具体评估分析，查找锁定引起该扣缴义务人或者纳税人个人所得税变化的具体因素；据此与评估对象进行约谈，要求其说明情况并纠正错误，或者交由稽查部门实施稽查，并进行后续的重点管理。

第五十二条　税务机关应按以下范围和来源采集纳税评估的信息：

（一）信息采集的范围

1. 当地职工年平均工资、月均工资水平。
2. 当地分行业职工年平均工资、月均工资水平。
3. 当地分行业资金利润率。
4. 企业财务报表相关数据。
5. 股份制企业分配股息、红利情况。
6. 其他有关数据。

（二）信息采集的来源

1. 税务登记的有关信息。

2. 纳税申报的有关信息。

3. 会计报表有关信息。

4. 税控收款装置的有关信息。

5. 中介机构出具的审计报告、评估报告的信息。

6. 相关部门、媒体提供的信息。

7. 税收管理人员到纳税户了解采集的信息。

8. 其他途径采集的纳税人和扣缴义务人与个人所得税征管有关的信息。

第五十三条 税务机关应设置纳税评估分析指标、财务分析指标、业户不良记录评析指标，通过分析确定某一期间个人所得税的总体税源发生增减变化的主要行业、主要企业、主要群体，确定纳税评估重点对象。个人所得税纳税评估的程序、指标、方法等按照总局《纳税评估管理办法》（试行）及相关规定执行。

第五十四条 个人所得税纳税评估主要从以下项目进行：

（一）工资、薪金所得，应重点分析工资总额增减率与该项目税款增减率对比情况，人均工资增减率与人均该项目税款增减率对比情况，税款增减率与企业利润增减率对比分析，同行业、同职务人员的收入和纳税情况对比分析。

（二）利息、股息、红利所得，应重点分析当年该项目税款与上年同期对比情况，该项目税款增减率与企业利润增减率对比情况，企业转增个人股本情况，企业税后利润分配情况。

（三）个体工商户的生产、经营所得（含个人独资企业和合伙企业），应重点分析当年与上年该项目税款对比情况，该项目税款增减率与企业利润增减率对比情况；税前扣除项目是否符合现行政策规定；是否连续多个月零申报；同地区、同行业个体工商户生产、经营所得的税负对比情况。

（四）对企事业单位的承包经营、承租经营所得，应重点分析当年与上年该项目税款对比情况，该项目税款增减率与企业利润增减率对比情况，其行业利润率、上缴税款占利润总额的比重等情况；是否连续多个月零申报；同地区、同行业对企事业单位的承包经营、承租经营所得的税负对比情况。

（五）劳务报酬所得，应重点分析纳税人取得的所得与过去对比情况，支付劳务费的合同、协议、项目情况，单位白条列支劳务报酬情况。

（六）其他各项所得，应结合个人所得税征管实际，选择有针对性的评估指标进行评估分析。

第十章　附　　则

第五十五条　储蓄存款利息所得的个人所得税管理办法，另行制定。

第五十六条　此前规定与本办法不一致的，按本办法执行。

第五十七条　本办法未尽事宜按照税收法律、法规以及相关规定办理。

第五十八条　本办法由国家税务总局负责解释，各省、自治区、直辖市和计划单列市税务局可根据本办法制定具体实施意见。

第五十九条　本办法自 2005 年 10 月 1 日起执行。

个人所得税自行纳税申报办法(试行)[①]

(2006年11月6日 国税发〔2006〕162号 根据2018年6月15日《国家税务总局关于修改部分税收规范性文件的公告》修正)

第一章 总 则

第一条 为进一步加强个人所得税征收管理,保障国家税收收入,维护纳税人的合法权益,方便纳税人自行纳税申报,规范自行纳税申报行为,根据《中华人民共和国个人所得税法》(以下简称个人所得税法)及其实施条例、《中华人民共和国税收征收管理法》(以下简称税收征管法)及其实施细则和其他法律、法规的有关规定,制定本办法。

第二条 凡依据个人所得税法负有纳税义务的纳税人,有下列情形之一的,应当按照本办法的规定办理纳税申报:

(一)年所得12万元以上的;

(二)从中国境内两处或者两处以上取得工资、薪金所得的;

(三)从中国境外取得所得的;

(四)取得应税所得,没有扣缴义务人的;

(五)国务院规定的其他情形。

第三条 本办法第二条第一项年所得12万元以上的纳税人,无论取得的各项所得是否已足额缴纳了个人所得税,均应当按照本办法的规定,于纳税年度终了后向主管税务机关办理纳税申报。

[①] 本办法中的附件1已被《国家税务总局关于公布全文失效废止、部分条款失效废止的税收规范性文件目录的公告》(国家税务总局公告2011年第2号)宣布失效;附件2至附件9已被《国家税务总局关于发布个人所得税申报表的公告》(国家税务总局公告2013年第21号)废止。

本办法第二条第二项至第四项情形的纳税人,均应当按照本办法的规定,于取得所得后向主管税务机关办理纳税申报。

本办法第二条第五项情形的纳税人,其纳税申报办法根据具体情形另行规定。

第四条 本办法第二条第一项所称年所得12万元以上的纳税人,不包括在中国境内无住所,且在一个纳税年度中在中国境内居住不满1年的个人。

本办法第二条第三项所称从中国境外取得所得的纳税人,是指在中国境内有住所,或者无住所而在一个纳税年度中在中国境内居住满1年的个人。

第二章 申报内容

第五条 年所得12万元以上的纳税人,在纳税年度终了后,应当填写《个人所得税纳税申报表(适用于年所得12万元以上的纳税人申报)》(见附表1),并在办理纳税申报时报送主管税务机关,同时报送个人有效身份证件复印件,以及主管税务机关要求报送的其他有关资料。

有效身份证件,包括纳税人的身份证、护照、回乡证、军人身份证件等。

第六条 本办法所称年所得12万元以上,是指纳税人在一个纳税年度取得以下各项所得的合计数额达到12万元:

(一)工资、薪金所得;

(二)个体工商户的生产、经营所得;

(三)对企事业单位的承包经营、承租经营所得;

(四)劳务报酬所得;

(五)稿酬所得;

(六)特许权使用费所得;

(七)利息、股息、红利所得;

（八）财产租赁所得；

（九）财产转让所得；

（十）偶然所得；

（十一）经国务院财政部门确定征税的其他所得。

第七条 本办法第六条规定的所得不含以下所得：

（一）个人所得税法第四条第一项至第九项规定的免税所得，即：

1. 省级人民政府、国务院部委、中国人民解放军军以上单位，以及外国组织、国际组织颁发的科学、教育、技术、文化、卫生、体育、环境保护等方面的奖金；

2. 国债和国家发行的金融债券利息；

3. 按照国家统一规定发给的补贴、津贴，即个人所得税法实施条例第十三条规定的按照国务院规定发放的政府特殊津贴、院士津贴、资深院士津贴以及国务院规定免纳个人所得税的其他补贴、津贴；

4. 福利费、抚恤金、救济金；

5. 保险赔款；

6. 军人的转业费、复员费；

7. 按照国家统一规定发给干部、职工的安家费、退职费、退休工资、离休工资、离休生活补助费；

8. 依照我国有关法律规定应予免税的各国驻华使馆、领事馆的外交代表、领事官员和其他人员的所得；

9. 中国政府参加的国际公约、签订的协议中规定免税的所得。

（二）个人所得税法实施条例第六条规定可以免税的来源于中国境外的所得。

（三）个人所得税法实施条例第二十五条规定的按照国家规定单位为个人缴付和个人缴付的基本养老保险费、基本医疗保险费、失业保险费、住房公积金。

第八条　本办法第六条所指各项所得的年所得按照下列方法计算：

（一）工资、薪金所得，按照未减除费用（每月1600元）及附加减除费用（每月3200元）的收入额计算。

（二）个体工商户的生产、经营所得，按照应纳税所得额计算。实行查账征收的，按照每一纳税年度的收入总额减除成本、费用以及损失后的余额计算；实行定期定额征收的，按照纳税人自行申报的年度应纳税所得额计算，或者按照其自行申报的年度应纳税经营额乘以应税所得率计算。

（三）对企事业单位的承包经营、承租经营所得，按照每一纳税年度的收入总额计算，即按照承包经营、承租经营者实际取得的经营利润，加上从承包、承租的企事业单位中取得的工资、薪金性质的所得计算。

（四）劳务报酬所得，稿酬所得，特许权使用费所得，按照未减除费用（每次800元或者每次收入的20%）的收入额计算。

（五）财产租赁所得，按照未减除费用（每次800元或者每次收入的20%）和修缮费用的收入额计算。

（六）财产转让所得，按照应纳税所得额计算，即按照以转让财产的收入额减除财产原值和转让财产过程中缴纳的税金及有关合理费用后的余额计算。

（七）利息、股息、红利所得，偶然所得和其他所得，按照收入额全额计算。

第九条　纳税人取得本办法第二条第二项至第四项所得，应当按规定填写并向主管税务机关报送相应的纳税申报表（见附表2-附表9），同时报送主管税务机关要求报送的其他有关资料。

第三章　申报地点

第十条　年所得12万元以上的纳税人，纳税申报地点分别为：

（一）在中国境内有任职、受雇单位的，向任职、受雇单位所在地主管税务机关申报。

（二）在中国境内有两处或者两处以上任职、受雇单位的，选择并固定向其中一处单位所在地主管税务机关申报。

（三）在中国境内无任职、受雇单位，年所得项目中有个体工商户的生产、经营所得或者对企事业单位的承包经营、承租经营所得（以下统称生产、经营所得）的，向其中一处实际经营所在地主管税务机关申报。

（四）在中国境内无任职、受雇单位，年所得项目中无生产、经营所得的，向户籍所在地主管税务机关申报。在中国境内有户籍，但户籍所在地与中国境内经常居住地不一致的，选择并固定向其中一地主管税务机关申报。在中国境内没有户籍的，向中国境内经常居住地主管税务机关申报。

第十一条 取得本办法第二条第二项至第四项所得的纳税人，纳税申报地点分别为：

（一）从两处或者两处以上取得工资、薪金所得的，选择并固定向其中一处单位所在地主管税务机关申报。

（二）从中国境外取得所得的，向中国境内户籍所在地主管税务机关申报。在中国境内有户籍，但户籍所在地与中国境内经常居住地不一致的，选择并固定向其中一地主管税务机关申报。在中国境内没有户籍的，向中国境内经常居住地主管税务机关申报。

（三）个体工商户向实际经营所在地主管税务机关申报。

（四）个人独资、合伙企业投资者兴办两个或两个以上企业的，区分不同情形确定纳税申报地点：

1. 兴办的企业全部是个人独资性质的，分别向各企业的实际经营管理所在地主管税务机关申报。

2. 兴办的企业中含有合伙性质的，向经常居住地主管税务机关申报。

3. 兴办的企业中含有合伙性质，个人投资者经常居住地与其兴办企业的经营管理所在地不一致的，选择并固定向其参与兴办的某一合伙企业的经营管理所在地主管税务机关申报。

（五）除以上情形外，纳税人应当向取得所得所在地主管税务机关申报。

第十二条　纳税人不得随意变更纳税申报地点，因特殊情况变更纳税申报地点的，须报原主管税务机关备案。

第十三条　本办法第十一条第四项第三目规定的纳税申报地点，除特殊情况外，5年以内不得变更。

第十四条　本办法所称经常居住地，是指纳税人离开户籍所在地最后连续居住一年以上的地方。

第四章　申　报　期　限

第十五条　年所得12万元以上的纳税人，在纳税年度终了后3个月内向主管税务机关办理纳税申报。

第十六条　个体工商户和个人独资、合伙企业投资者取得的生产、经营所得应纳的税款，分月预缴的，纳税人在每月终了后7日内办理纳税申报；分季预缴的，纳税人在每个季度终了后7日内办理纳税申报。纳税年度终了后，纳税人在3个月内进行汇算清缴。

第十七条　纳税人年终一次性取得对企事业单位的承包经营、承租经营所得的，自取得所得之日起30日内办理纳税申报；在1个纳税年度内分次取得承包经营、承租经营所得的，在每次取得所得后的次月7日内申报预缴，纳税年度终了后3个月内汇算清缴。

第十八条　从中国境外取得所得的纳税人，在纳税年度终了后30日内向中国境内主管税务机关办理纳税申报。

第十九条　除本办法第十五条至第十八条规定的情形外，纳税人取得其他各项所得须申报纳税的，在取得所得的次月7日内向主管税务机关办理纳税申报。

第二十条　纳税人不能按照规定的期限办理纳税申报，需要延期的，按照税收征管法第二十七条和税收征管法实施细则第三十七条的规定办理。

第五章 申报方式

第二十一条 纳税人可以采取数据电文、邮寄等方式申报，也可以直接到主管税务机关申报，或者采取符合主管税务机关规定的其他方式申报。

第二十二条 纳税人采取数据电文方式申报的，应当按照税务机关规定的期限和要求保存有关纸质资料。

第二十三条 纳税人采取邮寄方式申报的，以邮政部门挂号信函收据作为申报凭据，以寄出的邮戳日期为实际申报日期。

第二十四条 纳税人可以委托有税务代理资质的中介机构或者他人代为办理纳税申报。

第六章 申报管理

第二十五条 主管税务机关应当将各类申报表，登载到税务机关的网站上，或者摆放到税务机关受理纳税申报的办税服务厅，免费供纳税人随时下载或取用。

第二十六条 主管税务机关应当在每年法定申报期间，通过适当方式，提醒年所得12万元以上的纳税人办理自行纳税申报。

第二十七条 受理纳税申报的主管税务机关根据纳税人的申报情况，按照规定办理税款的征、补、退、抵手续。

第二十八条 主管税务机关按照规定为已经办理纳税申报并缴纳税款的纳税人开具完税凭证。

第二十九条 税务机关依法为纳税人的纳税申报信息保密。

第三十条 纳税人变更纳税申报地点，并报原主管税务机关备案的，原主管税务机关应当及时将纳税人变更纳税申报地点的信息传递给新的主管税务机关。

第三十一条 主管税务机关对已办理纳税申报的纳税人建立纳税档案，实施动态管理。

第七章 法律责任

第三十二条 纳税人未按照规定的期限办理纳税申报和报送纳税资料的，依照税收征管法第六十二条的规定处理。

第三十三条 纳税人采取伪造、变造、隐匿、擅自销毁账簿、记账凭证，或者在账簿上多列支出或者不列、少列收入，或者经税务机关通知申报而拒不申报或者进行虚假的纳税申报，不缴或者少缴应纳税款的，依照税收征管法第六十三条的规定处理。

第三十四条 纳税人编造虚假计税依据的，依照税收征管法第六十四条第一款的规定处理。

第三十五条 纳税人有扣缴义务人支付的应税所得，扣缴义务人应扣未扣、应收未收税款的，依照税收征管法第六十九条的规定处理。

第三十六条 税务人员徇私舞弊或者玩忽职守，不征或者少征应征税款的，依照税收征管法第八十二条第一款的规定处理。

第三十七条 税务人员滥用职权，故意刁难纳税人的，依照税收征管法第八十二条第二款的规定处理。

第三十八条 税务机关和税务人员未依法为纳税人保密的，依照税收征管法第八十七条的规定处理。

第三十九条 税务代理人违反税收法律、行政法规，造成纳税人未缴或者少缴税款的，依照税收征管法实施细则第九十八条的规定处理。

第四十条 其他税收违法行为，依照税收法律、法规的有关规定处理。

第八章 附 则

第四十一条 纳税申报表由各省、自治区、直辖市和计划单列市税务局按照国家税务总局规定的式样统一印制。

第四十二条 纳税申报的其他事项,依照税收征管法、个人所得税法及其他有关法律、法规的规定执行。

第四十三条 本办法第二条第一项年所得12万元以上情形的纳税申报,按照第十届全国人民代表大会常务委员会第十八次会议通过的《关于修改〈中华人民共和国个人所得税法〉的决定》规定的施行时间,自2006年1月1日起执行。

第四十四条 本办法有关第二条第二项至第四项情形的纳税申报规定,自2007年1月1日起执行,《国家税务总局关于印发〈个人所得税自行申报纳税暂行办法〉的通知》(国税发〔1995〕077号)同时废止。

股权转让所得个人所得税管理办法(试行)[①]

(2014年12月7日 国家税务总局公告2014年第67号 根据2018年6月15日《国家税务总局关于修改部分税收规范性文件的公告》修正)

第一章 总 则

第一条 为加强股权转让所得个人所得税征收管理,规范税务机关、纳税人和扣缴义务人征纳行为,维护纳税人合法权益,根据《中华人民共和国个人所得税法》及其实施条例、《中华人民共和

[①] 本办法第二十六条已被《国家税务总局关于修改部分税收规范性文件的公告》(国家税务总局公告2018年第31号)删除。

国税收征收管理法》及其实施细则，制定本办法。

第二条 本办法所称股权是指自然人股东（以下简称个人）投资于在中国境内成立的企业或组织（以下统称被投资企业，不包括个人独资企业和合伙企业）的股权或股份。

第三条 本办法所称股权转让是指个人将股权转让给其他个人或法人的行为，包括以下情形：

（一）出售股权；

（二）公司回购股权；

（三）发行人首次公开发行新股时，被投资企业股东将其持有的股份以公开发行方式一并向投资者发售；

（四）股权被司法或行政机关强制过户；

（五）以股权对外投资或进行其他非货币性交易；

（六）以股权抵偿债务；

（七）其他股权转移行为。

第四条 个人转让股权，以股权转让收入减除股权原值和合理费用后的余额为应纳税所得额，按"财产转让所得"缴纳个人所得税。

合理费用是指股权转让时按照规定支付的有关税费。

第五条 个人股权转让所得个人所得税，以股权转让方为纳税人，以受让方为扣缴义务人。

第六条 扣缴义务人应于股权转让相关协议签订后5个工作日内，将股权转让的有关情况报告主管税务机关。

被投资企业应当详细记录股东持有本企业股权的相关成本，如实向税务机关提供与股权转让有关的信息，协助税务机关依法执行公务。

第二章　股权转让收入的确认

第七条 股权转让收入是指转让方因股权转让而获得的现金、

实物、有价证券和其他形式的经济利益。

第八条　转让方取得与股权转让相关的各种款项，包括违约金、补偿金以及其他名目的款项、资产、权益等，均应当并入股权转让收入。

第九条　纳税人按照合同约定，在满足约定条件后取得的后续收入，应当作为股权转让收入。

第十条　股权转让收入应当按照公平交易原则确定。

第十一条　符合下列情形之一的，主管税务机关可以核定股权转让收入：

（一）申报的股权转让收入明显偏低且无正当理由的；

（二）未按照规定期限办理纳税申报，经税务机关责令限期申报，逾期仍不申报的；

（三）转让方无法提供或拒不提供股权转让收入的有关资料；

（四）其他应核定股权转让收入的情形。

第十二条　符合下列情形之一，视为股权转让收入明显偏低：

（一）申报的股权转让收入低于股权对应的净资产份额的。其中，被投资企业拥有土地使用权、房屋、房地产企业未销售房产、知识产权、探矿权、采矿权、股权等资产的，申报的股权转让收入低于股权对应的净资产公允价值份额的；

（二）申报的股权转让收入低于初始投资成本或低于取得该股权所支付的价款及相关税费的；

（三）申报的股权转让收入低于相同或类似条件下同一企业同一股东或其他股东股权转让收入的；

（四）申报的股权转让收入低于相同或类似条件下同类行业的企业股权转让收入的；

（五）不具合理性的无偿让渡股权或股份；

（六）主管税务机关认定的其他情形。

第十三条　符合下列条件之一的股权转让收入明显偏低，视为有正当理由：

（一）能出具有效文件，证明被投资企业因国家政策调整，生产经营受到重大影响，导致低价转让股权；

（二）继承或将股权转让给其能提供具有法律效力身份关系证明的配偶、父母、子女、祖父母、外祖父母、孙子女、外孙子女、兄弟姐妹以及对转让人承担直接抚养或者赡养义务的抚养人或者赡养人；

（三）相关法律、政府文件或企业章程规定，并有相关资料充分证明转让价格合理且真实的本企业员工持有的不能对外转让股权的内部转让；

（四）股权转让双方能够提供有效证据证明其合理性的其他合理情形。

第十四条 主管税务机关应依次按照下列方法核定股权转让收入：

（一）净资产核定法

股权转让收入按照每股净资产或股权对应的净资产份额核定。

被投资企业的土地使用权、房屋、房地产企业未销售房产、知识产权、探矿权、采矿权、股权等资产占企业总资产比例超过20%的，主管税务机关可参照纳税人提供的具有法定资质的中介机构出具的资产评估报告核定股权转让收入。

6个月内再次发生股权转让且被投资企业净资产未发生重大变化的，主管税务机关可参照上一次股权转让时被投资企业的资产评估报告核定此次股权转让收入。

（二）类比法

1. 参照相同或类似条件下同一企业同一股东或其他股东股权转让收入核定；

2. 参照相同或类似条件下同类行业企业股权转让收入核定。

（三）其他合理方法

主管税务机关采用以上方法核定股权转让收入存在困难的，可以采取其他合理方法核定。

第三章 股权原值的确认

第十五条 个人转让股权的原值依照以下方法确认:

(一) 以现金出资方式取得的股权,按照实际支付的价款与取得股权直接相关的合理税费之和确认股权原值;

(二) 以非货币性资产出资方式取得的股权,按照税务机关认可或核定的投资入股时非货币性资产价格与取得股权直接相关的合理税费之和确认股权原值;

(三) 通过无偿让渡方式取得股权,具备本办法第十三条第二项所列情形的,按取得股权发生的合理税费与原持有人的股权原值之和确认股权原值;

(四) 被投资企业以资本公积、盈余公积、未分配利润转增股本,个人股东已依法缴纳个人所得税的,以转增额和相关税费之和确认其新转增股本的股权原值;

(五) 除以上情形外,由主管税务机关按照避免重复征收个人所得税的原则合理确认股权原值。

第十六条 股权转让人已被主管税务机关核定股权转让收入并依法征收个人所得税的,该股权受让人的股权原值以取得股权时发生的合理税费与股权转让人被主管税务机关核定的股权转让收入之和确认。

第十七条 个人转让股权未提供完整、准确的股权原值凭证,不能正确计算股权原值的,由主管税务机关核定其股权原值。

第十八条 对个人多次取得同一被投资企业股权的,转让部分股权时,采用"加权平均法"确定其股权原值。

第四章 纳税申报

第十九条 个人股权转让所得个人所得税以被投资企业所在地

税务机关为主管税务机关。

第二十条 具有下列情形之一的，扣缴义务人、纳税人应当依法在次月 15 日内向主管税务机关申报纳税：

（一）受让方已支付或部分支付股权转让价款的；

（二）股权转让协议已签订生效的；

（三）受让方已经实际履行股东职责或者享受股东权益的；

（四）国家有关部门判决、登记或公告生效的；

（五）本办法第三条第四至第七项行为已完成的；

（六）税务机关认定的其他有证据表明股权已发生转移的情形。

第二十一条 纳税人、扣缴义务人向主管税务机关办理股权转让纳税（扣缴）申报时，还应当报送以下资料：

（一）股权转让合同（协议）；

（二）股权转让双方身份证明；

（三）按规定需要进行资产评估的，需提供具有法定资质的中介机构出具的净资产或土地房产等资产价值评估报告；

（四）计税依据明显偏低但有正当理由的证明材料；

（五）主管税务机关要求报送的其他材料。

第二十二条 被投资企业应当在董事会或股东会结束后 5 个工作日内，向主管税务机关报送与股权变动事项相关的董事会或股东会决议、会议纪要等资料。

被投资企业发生个人股东变动或者个人股东所持股权变动的，应当在次月 15 日内向主管税务机关报送含有股东变动信息的《个人所得税基础信息表（A 表）》及股东变更情况说明。

主管税务机关应当及时向被投资企业核实其股权变动情况，并确认相关转让所得，及时督促扣缴义务人和纳税人履行法定义务。

第二十三条 转让的股权以人民币以外的货币结算的，按照结算当日人民币汇率中间价，折算成人民币计算应纳税所得额。

第五章 征收管理

第二十四条 税务机关应加强与工商部门合作，落实和完善股权信息交换制度，积极开展股权转让信息共享工作。

第二十五条 税务机关应当建立股权转让个人所得税电子台账，将个人股东的相关信息录入征管信息系统，强化对每次股权转让间股权转让收入和股权原值的逻辑审核，对股权转让实施链条式动态管理。

第二十六条 税务机关应当加强对股权转让所得个人所得税的日常管理和税务检查，积极推进股权转让各税种协同管理。

第二十七条 纳税人、扣缴义务人及被投资企业未按照规定期限办理纳税（扣缴）申报和报送相关资料的，依照《中华人民共和国税收征收管理法》及其实施细则有关规定处理。

第二十八条 各地可通过政府购买服务的方式，引入中介机构参与股权转让过程中相关资产的评估工作。

第六章 附 则

第二十九条 个人在上海证券交易所、深圳证券交易所转让从上市公司公开发行和转让市场取得的上市公司股票，转让限售股，以及其他有特别规定的股权转让，不适用本办法。

第三十条 各省、自治区、直辖市和计划单列市税务局可以根据本办法，结合本地实际，制定具体实施办法。

第三十一条 本办法自 2015 年 1 月 1 日起施行。《国家税务总局关于加强股权转让所得征收个人所得税管理的通知》（国税函〔2009〕285 号）、《国家税务总局关于股权转让个人所得税计税依据核定问题的公告》（国家税务总局公告 2010 年第 27 号）同时废止。

国家税务总局关于个人非货币性资产投资
有关个人所得税征管问题的公告

(2015年4月8日 国家税务总局公告2015年第20号 根据2018年6月15日《国家税务总局关于修改部分税收规范性文件的公告》修正)

为落实国务院第83次常务会议决定，鼓励和引导民间个人投资，根据《中华人民共和国个人所得税法》及其实施条例、《中华人民共和国税收征收管理法》及其实施细则、《财政部、国家税务总局关于个人非货币性资产投资有关个人所得税政策的通知》（财税〔2015〕41号）规定，现就落实个人非货币性资产投资有关个人所得税征管问题公告如下：

一、非货币性资产投资个人所得税以发生非货币性资产投资行为并取得被投资企业股权的个人为纳税人。

二、非货币性资产投资个人所得税由纳税人向主管税务机关自行申报缴纳。

三、纳税人以不动产投资的，以不动产所在地税务机关为主管税务机关；纳税人以其持有的企业股权对外投资的，以该企业所在地税务机关为主管税务机关；纳税人以其他非货币资产投资的，以被投资企业所在地税务机关为主管税务机关。

四、纳税人非货币性资产投资应纳税所得额为非货币性资产转让收入减除该资产原值及合理税费后的余额。

五、非货币性资产原值为纳税人取得该项资产时实际发生的支出。纳税人无法提供完整、准确的非货币性资产原值凭证，不能正确计算非货币性资产原值的，主管税务机关可依法核定其非货币性资产原值。

六、合理税费是指纳税人在非货币性资产投资过程中发生的与资产转移相关的税金及合理费用。

七、纳税人以股权投资的，该股权原值确认等相关问题依照《股权转让所得个人所得税管理办法（试行）》（国家税务总局公告2014年第67号发布）有关规定执行。

八、纳税人非货币性资产投资需要分期缴纳个人所得税的，应于取得被投资企业股权之日的次月15日内，自行制定缴税计划并向主管税务机关报送《非货币性资产投资分期缴纳个人所得税备案表》（见附件）、纳税人身份证明、投资协议、非货币性资产评估价格证明材料、能够证明非货币性资产原值及合理税费的相关资料。

2015年4月1日之前发生的非货币性资产投资，期限未超过5年，尚未进行税收处理且需要分期缴纳个人所得税的，纳税人应于本公告下发之日起30日内向主管税务机关办理分期缴税备案手续。

九、纳税人分期缴税期间提出变更原分期缴税计划的，应重新制定分期缴税计划并向主管税务机关重新报送《非货币性资产投资分期缴纳个人所得税备案表》。

十、纳税人按分期缴税计划向主管税务机关办理纳税申报时，应提供已在主管税务机关备案的《非货币性资产投资分期缴纳个人所得税备案表》和本期之前各期已缴纳个人所得税的完税凭证。

十一、纳税人在分期缴税期间转让股权的，应于转让股权之日的次月15日内向主管税务机关申报纳税。

十二、被投资企业应将纳税人以非货币性资产投入本企业取得股权和分期缴税期间纳税人股权变动情况，分别于相关事项发生后15日内向主管税务机关报告，并协助税务机关执行公务。

十三、纳税人和被投资企业未按规定备案、缴税和报送资料的，按照《中华人民共和国税收征收管理法》及有关规定处理。

十四、本公告自2015年4月1日起施行。

国家税务总局关于个人非货币性资产投资有关个人所得税征管问题的公告 427

特此公告。

附件：《非货币性资产投资分期缴纳个人所得税备案表》及填报说明

附件

非货币性资产投资分期缴纳个人所得税备案表

（本表一式二份）

备案编号（主管税务机关填写）：

金额单位：人民币元（列至角分）

投资人信息	姓　名		身份证件类型		身份证件号码	□□□□□□□□□□□□□□□□□□		
	国籍（地区）				纳税人识别号	□□□□□□□□□□□□□□□□□□		
	通讯地址				联系电话			
被投资单位信息	名　称				纳税人识别号	□□□□□□□□□□□□□□□□□□		
	地　址				联系人及电话			
投资情况	投资类型	□新设公司　□参与增资　□定向增发　□股权置换　□重组改制　□其他___						
	取得股权时间	年　月　日			取得的现金补价			
	非货币性资产名称	产权证或注册登记证号码	登记机关	坐落地	评估后的公允价值	持股比例% 非货币性资产原值		合理税费
分期缴税计划	截止缴税时间	年　月　日			应纳税所得额			
	应缴个人所得税				已缴个人所得税			
	分　期	合　计	1	2	3	4		5
	计划缴税时间	—						
	计划缴税金额							

谨声明：本表根据《财政部、国家税务总局关于个人非货币性资产投资有关个人所得税政策的通知》（财税〔2015〕41号）及本公告有关规定填列。所填信息，是真实的、完整的、可靠的。

纳税人签字：	被投资单位公章：	填报日期：　年　月　日

提醒：请妥善保存此表。办理纳税申报时请主动提供此表及以前各期缴纳个人所得税的完税证明。如因股权转让取得收益，请及时缴纳个人所得税。

感谢您对税收工作的支持！

代理申报机构（人）签章：	主管税务机关印章：	
经办人：	受理人：	
经办人执业证件号码：		
代理申报日期：　年　月　日	受理日期：　年　月　日	

国家税务总局监制

《非货币性资产投资分期缴纳个人所得税备案表》填报说明

本表适用于个人非货币性资产投资向主管税务机关办理分期缴纳个人所得税备案事宜。本表一式二份，主管税务机关受理后，由投资人和主管税务机关分别留存。

一、备案编号：由主管税务机关自行编制。

二、纳税人识别号：该栏填写税务机关赋予的18位纳税人识别号。初次办理涉税事宜的，应一并提供《个人所得税基础信息表（B表）》。

三、产权证或注册登记证号码：填写产权登记部门核发的不动产、技术发明成果等非货币性资产产权证号码或注册登记证上的注册登记号码。未登记或无需登记的非货币性资产不填此列。

四、登记机关：填写核发产权证或注册登记证的单位名称。未登记或无需登记的非货币性资产不填此列。

五、坐落地：填写不动产的具体坐落地址。其他非货币性资产无需填列。

六、评估后的公允价值、非货币性资产原值、合理税费：按照《财政部、国家税务总局关于个人非货币性资产投资有关个人所得税政策的通知》（财税〔2015〕41号）及本公告中有关规定填写。

七、应纳税所得额：应纳税所得额=评估后的公允价值-非货币性资产原值-合理税费

八、应缴个人所得税：应缴个人所得税=应纳税所得额×20%

九、已缴个人所得税：填写纳税人取得现金补价或自筹资金已缴纳的个人所得税。纳税人变更分期缴税计划的，其前期已经缴纳的个人所得税也一并在此填列。

十、计划缴税时间：填写每一期计划缴税的截止时点。

十一、计划缴税金额：填写应缴个人所得税减去已缴个人所得税后需要分期缴纳的个人所得税金额。

财政部、国家税务总局、证监会关于上市公司股息红利差别化个人所得税政策有关问题的通知①

(2015年9月7日　财税〔2015〕101号)

各省、自治区、直辖市、计划单列市财政厅(局)、国家税务局、地方税务局,新疆生产建设兵团财务局,上海、深圳证券交易所,全国中小企业股份转让系统有限责任公司,中国证券登记结算公司:

经国务院批准,现就上市公司股息红利差别化个人所得税政策等有关问题通知如下:

一、个人从公开发行和转让市场取得的上市公司股票,持股期限超过1年的,股息红利所得暂免征收个人所得税。

个人从公开发行和转让市场取得的上市公司股票,持股期限在1个月以内(含1个月)的,其股息红利所得全额计入应纳税所得额;持股期限在1个月以上至1年(含1年)的,暂减按50%计入应纳税所得额;上述所得统一适用20%的税率计征个人所得税。

二、上市公司派发股息红利时,对个人持股1年以内(含1年)的,上市公司暂不扣缴个人所得税;待个人转让股票时,证券登记结算公司根据其持股期限计算应纳税额,由证券公司等股份托管机构从个人资金账户中扣收并划付证券登记结算公司,证券登记结算公司应于次月5个工作日内划付上市公司,上市公司在收到税

---

① 本通知第四条已被《财政部、税务总局、证监会关于继续实施全国中小企业股份转让系统挂牌公司股息红利差别化个人所得税政策的公告》(财政部公告2019年第78号)废止。

款当月的法定申报期内向主管税务机关申报缴纳。

三、上市公司股息红利差别化个人所得税政策其他有关操作事项，按照《财政部、国家税务总局、证监会关于实施上市公司股息红利差别化个人所得税政策有关问题的通知》（财税〔2012〕85号）的相关规定执行。

四、全国中小企业股份转让系统挂牌公司股息红利差别化个人所得税政策，按照本通知规定执行。其他有关操作事项，按照《财政部、国家税务总局、证监会关于实施全国中小企业股份转让系统挂牌公司股息红利差别化个人所得税政策有关问题的通知》（财税〔2014〕48号）的相关规定执行。

五、本通知自2015年9月8日起施行。

上市公司派发股息红利，股权登记日在2015年9月8日之后的，股息红利所得按照本通知的规定执行。本通知实施之日个人投资者证券账户已持有的上市公司股票，其持股时间自取得之日起计算。

增值税

行政法规及文件

中华人民共和国增值税暂行条例

（1993年12月13日中华人民共和国国务院令第134号公布 2008年11月5日国务院第34次常务会议修订通过 根据2016年2月6日《国务院关于修改部分行政法规的决定》第一次修订 根据2017年11月19日《国务院关于废止〈中华人民共和国营业税暂行条例〉和修改〈中华人民共和国增值税暂行条例〉的决定》第二次修订）

第一条 在中华人民共和国境内销售货物或者加工、修理修配劳务（以下简称劳务），销售服务、无形资产、不动产以及进口货物的单位和个人，为增值税的纳税人，应当依照本条例缴纳增值税。

第二条 增值税税率：

（一）纳税人销售货物、劳务、有形动产租赁服务或者进口货物，除本条第二项、第四项、第五项另有规定外，税率为17%。

（二）纳税人销售交通运输、邮政、基础电信、建筑、不动产租赁服务，销售不动产，转让土地使用权，销售或者进口下列货物，税率为11%：

1. 粮食等农产品、食用植物油、食用盐;

2. 自来水、暖气、冷气、热水、煤气、石油液化气、天然气、二甲醚、沼气、居民用煤炭制品;

3. 图书、报纸、杂志、音像制品、电子出版物;

4. 饲料、化肥、农药、农机、农膜;

5. 国务院规定的其他货物。

(三) 纳税人销售服务、无形资产,除本条第一项、第二项、第五项另有规定外,税率为6%。

(四) 纳税人出口货物,税率为零;但是,国务院另有规定的除外。

(五) 境内单位和个人跨境销售国务院规定范围内的服务、无形资产,税率为零。

税率的调整,由国务院决定。

第三条 纳税人兼营不同税率的项目,应当分别核算不同税率项目的销售额;未分别核算销售额的,从高适用税率。

第四条 除本条例第十一条规定外,纳税人销售货物、劳务、服务、无形资产、不动产(以下统称应税销售行为),应纳税额为当期销项税额抵扣当期进项税额后的余额。应纳税额计算公式:

应纳税额＝当期销项税额－当期进项税额

当期销项税额小于当期进项税额不足抵扣时,其不足部分可以结转下期继续抵扣。

第五条 纳税人发生应税销售行为,按照销售额和本条例第二条规定的税率计算收取的增值税额,为销项税额。销项税额计算公式:

销项税额＝销售额×税率

第六条 销售额为纳税人发生应税销售行为收取的全部价款和价外费用,但是不包括收取的销项税额。

销售额以人民币计算。纳税人以人民币以外的货币结算销售额的,应当折合成人民币计算。

第七条 纳税人发生应税销售行为的价格明显偏低并无正当理由的,由主管税务机关核定其销售额。

第八条 纳税人购进货物、劳务、服务、无形资产、不动产支付或者负担的增值税额,为进项税额。

下列进项税额准予从销项税额中抵扣:

(一)从销售方取得的增值税专用发票上注明的增值税额。

(二)从海关取得的海关进口增值税专用缴款书上注明的增值税额。

(三)购进农产品,除取得增值税专用发票或者海关进口增值税专用缴款书外,按照农产品收购发票或者销售发票上注明的农产品买价和11%的扣除率计算的进项税额,国务院另有规定的除外。进项税额计算公式:

进项税额=买价×扣除率

(四)自境外单位或者个人购进劳务、服务、无形资产或者境内的不动产,从税务机关或者扣缴义务人取得的代扣代缴税款的完税凭证上注明的增值税额。

准予抵扣的项目和扣除率的调整,由国务院决定。

第九条 纳税人购进货物、劳务、服务、无形资产、不动产,取得的增值税扣税凭证不符合法律、行政法规或者国务院税务主管部门有关规定的,其进项税额不得从销项税额中抵扣。

第十条 下列项目的进项税额不得从销项税额中抵扣:

(一)用于简易计税方法计税项目、免征增值税项目、集体福利或者个人消费的购进货物、劳务、服务、无形资产和不动产;

(二)非正常损失的购进货物,以及相关的劳务和交通运输服务;

(三)非正常损失的在产品、产成品所耗用的购进货物(不包括固定资产)、劳务和交通运输服务;

（四）国务院规定的其他项目。

第十一条 小规模纳税人发生应税销售行为，实行按照销售额和征收率计算应纳税额的简易办法，并不得抵扣进项税额。应纳税额计算公式：

应纳税额＝销售额×征收率

小规模纳税人的标准由国务院财政、税务主管部门规定。

第十二条 小规模纳税人增值税征收率为3%，国务院另有规定的除外。

第十三条 小规模纳税人以外的纳税人应当向主管税务机关办理登记。具体登记办法由国务院税务主管部门制定。

小规模纳税人会计核算健全，能够提供准确税务资料的，可以向主管税务机关办理登记，不作为小规模纳税人，依照本条例有关规定计算应纳税额。

第十四条 纳税人进口货物，按照组成计税价格和本条例第二条规定的税率计算应纳税额。组成计税价格和应纳税额计算公式：

组成计税价格＝关税完税价格＋关税＋消费税

应纳税额＝组成计税价格×税率

第十五条 下列项目免征增值税：

（一）农业生产者销售的自产农产品；

（二）避孕药品和用具；

（三）古旧图书；

（四）直接用于科学研究、科学试验和教学的进口仪器、设备；

（五）外国政府、国际组织无偿援助的进口物资和设备；

（六）由残疾人的组织直接进口供残疾人专用的物品；

（七）销售的自己使用过的物品。

除前款规定外，增值税的免税、减税项目由国务院规定。任何地区、部门均不得规定免税、减税项目。

第十六条 纳税人兼营免税、减税项目的，应当分别核算免税、减税项目的销售额；未分别核算销售额的，不得免税、减税。

第十七条 纳税人销售额未达到国务院财政、税务主管部门规定的增值税起征点的，免征增值税；达到起征点的，依照本条例规定全额计算缴纳增值税。

第十八条 中华人民共和国境外的单位或者个人在境内销售劳务，在境内未设有经营机构的，以其境内代理人为扣缴义务人；在境内没有代理人的，以购买方为扣缴义务人。

第十九条 增值税纳税义务发生时间：

（一）发生应税销售行为，为收讫销售款项或者取得索取销售款项凭据的当天；先开具发票的，为开具发票的当天。

（二）进口货物，为报关进口的当天。

增值税扣缴义务发生时间为纳税人增值税纳税义务发生的当天。

第二十条 增值税由税务机关征收，进口货物的增值税由海关代征。

个人携带或者邮寄进境自用物品的增值税，连同关税一并计征。具体办法由国务院关税税则委员会会同有关部门制定。

第二十一条 纳税人发生应税销售行为，应当向索取增值税专用发票的购买方开具增值税专用发票，并在增值税专用发票上分别注明销售额和销项税额。

属于下列情形之一的，不得开具增值税专用发票：

（一）应税销售行为的购买方为消费者个人的；

（二）发生应税销售行为适用免税规定的。

第二十二条 增值税纳税地点：

（一）固定业户应当向其机构所在地的主管税务机关申报纳税。总机构和分支机构不在同一县（市）的，应当分别向各自所在地的主管税务机关申报纳税；经国务院财政、税务主管部门或者其授权的财政、税务机关批准，可以由总机构汇总向总机构所在地的主管税务机关申报纳税。

（二）固定业户到外县（市）销售货物或者劳务，应当向其机构所在地的主管税务机关报告外出经营事项，并向其机构所在地的主管税务机关申报纳税；未报告的，应当向销售地或者劳务发生地的主管税务机关申报纳税；未向销售地或者劳务发生地的主管税务机关申报纳税的，由其机构所在地的主管税务机关补征税款。

（三）非固定业户销售货物或者劳务，应当向销售地或者劳务发生地的主管税务机关申报纳税；未向销售地或者劳务发生地的主管税务机关申报纳税的，由其机构所在地或者居住地的主管税务机关补征税款。

（四）进口货物，应当向报关地海关申报纳税。

扣缴义务人应当向其机构所在地或者居住地的主管税务机关申报缴纳其扣缴的税款。

第二十三条 增值税的纳税期限分别为 1 日、3 日、5 日、10 日、15 日、1 个月或者 1 个季度。纳税人的具体纳税期限，由主管税务机关根据纳税人应纳税额的大小分别核定；不能按照固定期限纳税的，可以按次纳税。

纳税人以 1 个月或者 1 个季度为 1 个纳税期的，自期满之日起 15 日内申报纳税；以 1 日、3 日、5 日、10 日或者 15 日为 1 个纳税期的，自期满之日起 5 日内预缴税款，于次月 1 日起 15 日内申报纳税并结清上月应纳税款。

扣缴义务人解缴税款的期限，依照前两款规定执行。

第二十四条 纳税人进口货物，应当自海关填发海关进口增值税专用缴款书之日起 15 日内缴纳税款。

第二十五条 纳税人出口货物适用退（免）税规定的，应当向海关办理出口手续，凭出口报关单等有关凭证，在规定的出口退（免）税申报期内按月向主管税务机关申报办理该项出口货物的退（免）税；境内单位和个人跨境销售服务和无形资产适用退（免）

税规定的,应当按期向主管税务机关申报办理退(免)税。具体办法由国务院财政、税务主管部门制定。

出口货物办理退税后发生退货或者退关的,纳税人应当依法补缴已退的税款。

第二十六条 增值税的征收管理,依照《中华人民共和国税收征收管理法》及本条例有关规定执行。

第二十七条 纳税人缴纳增值税的有关事项,国务院或者国务院财政、税务主管部门经国务院同意另有规定的,依照其规定。

第二十八条 本条例自2009年1月1日起施行。

部门规章及文件

中华人民共和国增值税暂行条例实施细则

(2008年12月15日财政部、国家税务总局令第50号公布 根据2011年10月28日《关于修改〈中华人民共和国增值税暂行条例实施细则〉和〈中华人民共和国营业税暂行条例实施细则〉的决定》修订)

第一条 根据《中华人民共和国增值税暂行条例》(以下简称条例),制定本细则。

第二条 条例第一条所称货物,是指有形动产,包括电力、热力、气体在内。

条例第一条所称加工,是指受托加工货物,即委托方提供原料及主要材料,受托方按照委托方的要求,制造货物并收取加工费的业务。

条例第一条所称修理修配,是指受托对损伤和丧失功能的货物进行修复，使其恢复原状和功能的业务。

第三条 条例第一条所称销售货物，是指有偿转让货物的所有权。

条例第一条所称提供加工、修理修配劳务（以下称应税劳务），是指有偿提供加工、修理修配劳务。单位或者个体工商户聘用的员工为本单位或者雇主提供加工、修理修配劳务，不包括在内。

本细则所称有偿，是指从购买方取得货币、货物或者其他经济利益。

第四条 单位或者个体工商户的下列行为，视同销售货物：

（一）将货物交付其他单位或者个人代销；

（二）销售代销货物；

（三）设有两个以上机构并实行统一核算的纳税人，将货物从一个机构移送其他机构用于销售，但相关机构设在同一县（市）的除外；

（四）将自产或者委托加工的货物用于非增值税应税项目；

（五）将自产、委托加工的货物用于集体福利或者个人消费；

（六）将自产、委托加工或者购进的货物作为投资，提供给其他单位或者个体工商户；

（七）将自产、委托加工或者购进的货物分配给股东或者投资者；

（八）将自产、委托加工或者购进的货物无偿赠送其他单位或者个人。

第五条 一项销售行为如果既涉及货物又涉及非增值税应税劳务，为混合销售行为。除本细则第六条的规定外，从事货物的生产、批发或者零售的企业、企业性单位和个体工商户的混合销售行为，视为销售货物，应当缴纳增值税；其他单位和个人的混合销售行为，视为销售非增值税应税劳务，不缴纳增值税。

本条第一款所称非增值税应税劳务，是指属于应缴营业税的交通运输业、建筑业、金融保险业、邮电通信业、文化体育业、娱乐业、服务业税目征收范围的劳务。

本条第一款所称从事货物的生产、批发或者零售的企业、企业性单位和个体工商户，包括以从事货物的生产、批发或者零售为主，并兼营非增值税应税劳务的单位和个体工商户在内。

第六条　纳税人的下列混合销售行为，应当分别核算货物的销售额和非增值税应税劳务的营业额，并根据其销售货物的销售额计算缴纳增值税，非增值税应税劳务的营业额不缴纳增值税；未分别核算的，由主管税务机关核定其货物的销售额：

（一）销售自产货物并同时提供建筑业劳务的行为；

（二）财政部、国家税务总局规定的其他情形。

第七条　纳税人兼营非增值税应税项目的，应分别核算货物或者应税劳务的销售额和非增值税应税项目的营业额；未分别核算的，由主管税务机关核定货物或者应税劳务的销售额。

第八条　条例第一条所称在中华人民共和国境内（以下简称境内）销售货物或者提供加工、修理修配劳务，是指：

（一）销售货物的起运地或者所在地在境内；

（二）提供的应税劳务发生在境内。

第九条　条例第一条所称单位，是指企业、行政单位、事业单位、军事单位、社会团体及其他单位。

条例第一条所称个人，是指个体工商户和其他个人。

第十条　单位租赁或者承包给其他单位或者个人经营的，以承租人或者承包人为纳税人。

第十一条　小规模纳税人以外的纳税人（以下称一般纳税人）因销售货物退回或者折让而退还给购买方的增值税额，应从发生销售货物退回或者折让当期的销项税额中扣减；因购进货物退出或者折让而收回的增值税额，应从发生购进货物退出或者折让当期的进项税额中扣减。

一般纳税人销售货物或者应税劳务，开具增值税专用发票后，发生销售货物退回或者折让、开票有误等情形，应按国家税务总局的规定开具红字增值税专用发票。未按规定开具红字增值税专用发票的，增值税额不得从销项税额中扣减。

第十二条 条例第六条第一款所称价外费用，包括价外向购买方收取的手续费、补贴、基金、集资费、返还利润、奖励费、违约金、滞纳金、延期付款利息、赔偿金、代收款项、代垫款项、包装费、包装物租金、储备费、优质费、运输装卸费以及其他各种性质的价外收费。但下列项目不包括在内：

（一）受托加工应征消费税的消费品所代收代缴的消费税；

（二）同时符合以下条件的代垫运输费用：

1. 承运部门的运输费用发票开具给购买方的；

2. 纳税人将该项发票转交给购买方的。

（三）同时符合以下条件代为收取的政府性基金或者行政事业性收费：

1. 由国务院或者财政部批准设立的政府性基金，由国务院或者省级人民政府及其财政、价格主管部门批准设立的行政事业性收费；

2. 收取时开具省级以上财政部门印制的财政票据；

3. 所收款项全额上缴财政。

（四）销售货物的同时代办保险等而向购买方收取的保险费，以及向购买方收取的代购买方缴纳的车辆购置税、车辆牌照费。

第十三条 混合销售行为依照本细则第五条规定应当缴纳增值税的，其销售额为货物的销售额与非增值税应税劳务营业额的合计。

第十四条 一般纳税人销售货物或者应税劳务，采用销售额和销项税额合并定价方法的，按下列公式计算销售额：

销售额＝含税销售额÷（1+税率）

第十五条　纳税人按人民币以外的货币结算销售额的，其销售额的人民币折合率可以选择销售额发生的当天或者当月 1 日的人民币汇率中间价。纳税人应在事先确定采用何种折合率，确定后 1 年内不得变更。

第十六条　纳税人有条例第七条所称价格明显偏低并无正当理由或者有本细则第四条所列视同销售货物行为而无销售额者，按下列顺序确定销售额：

（一）按纳税人最近时期同类货物的平均销售价格确定；

（二）按其他纳税人最近时期同类货物的平均销售价格确定；

（三）按组成计税价格确定。组成计税价格的公式为：

组成计税价格＝成本×（1+成本利润率）

属于应征消费税的货物，其组成计税价格中应加计消费税额。

公式中的成本是指：销售自产货物的为实际生产成本，销售外购货物的为实际采购成本。公式中的成本利润率由国家税务总局确定。

第十七条　条例第八条第二款第（三）项所称买价，包括纳税人购进农产品在农产品收购发票或者销售发票上注明的价款和按规定缴纳的烟叶税。

第十八条　条例第八条第二款第（四）项所称运输费用金额，是指运输费用结算单据上注明的运输费用（包括铁路临管线及铁路专线运输费用）、建设基金，不包括装卸费、保险费等其他杂费。

第十九条　条例第九条所称增值税扣税凭证，是指增值税专用发票、海关进口增值税专用缴款书、农产品收购发票和农产品销售发票以及运输费用结算单据。

第二十条　混合销售行为依照本细则第五条规定应当缴纳增值税的，该混合销售行为所涉及的非增值税应税劳务所用购进货物的进项税额，符合条例第八条规定的，准予从销项税额中抵扣。

第二十一条　条例第十条第（一）项所称购进货物，不包括既用于增值税应税项目（不含免征增值税项目）也用于非增值税应税项目、免征增值税（以下简称免税）项目、集体福利或者个人消费的固定资产。

前款所称固定资产，是指使用期限超过12个月的机器、机械、运输工具以及其他与生产经营有关的设备、工具、器具等。

第二十二条　条例第十条第（一）项所称个人消费包括纳税人的交际应酬消费。

第二十三条　条例第十条第（一）项和本细则所称非增值税应税项目，是指提供非增值税应税劳务、转让无形资产、销售不动产和不动产在建工程。

前款所称不动产是指不能移动或者移动后会引起性质、形状改变的财产，包括建筑物、构筑物和其他土地附着物。

纳税人新建、改建、扩建、修缮、装饰不动产，均属于不动产在建工程。

第二十四条　条例第十条第（二）项所称非正常损失，是指因管理不善造成被盗、丢失、霉烂变质的损失。

第二十五条　纳税人自用的应征消费税的摩托车、汽车、游艇，其进项税额不得从销项税额中抵扣。

第二十六条　一般纳税人兼营免税项目或者非增值税应税劳务而无法划分不得抵扣的进项税额的，按下列公式计算不得抵扣的进项税额：

不得抵扣的进项税额＝当月无法划分的全部进项税额×当月免税项目销售额、非增值税应税劳务营业额合计÷当月全部销售额、营业额合计

第二十七条　已抵扣进项税额的购进货物或者应税劳务，发生条例第十条规定的情形的（免税项目、非增值税应税劳务除外），应当将该项购进货物或者应税劳务的进项税额从当期的进项税额中扣减；无法确定该项进项税额的，按当期实际成本计算应扣减的进

项税额。

第二十八条　条例第十一条所称小规模纳税人的标准为：

（一）从事货物生产或者提供应税劳务的纳税人，以及以从事货物生产或者提供应税劳务为主，并兼营货物批发或者零售的纳税人，年应征增值税销售额（以下简称应税销售额）在50万元以下（含本数，下同）的；

（二）除本条第一款第（一）项规定以外的纳税人，年应税销售额在80万元以下的。

本条第一款所称以从事货物生产或者提供应税劳务为主，是指纳税人的年货物生产或者提供应税劳务的销售额占年应税销售额的比重在50%以上。

第二十九条　年应税销售额超过小规模纳税人标准的其他个人按小规模纳税人纳税；非企业性单位、不经常发生应税行为的企业可选择按小规模纳税人纳税。

第三十条　小规模纳税人的销售额不包括其应纳税额。

小规模纳税人销售货物或者应税劳务采用销售额和应纳税额合并定价方法的，按下列公式计算销售额：

销售额=含税销售额÷（1+征收率）

第三十一条　小规模纳税人因销售货物退回或者折让退还给购买方的销售额，应从发生销售货物退回或者折让当期的销售额中扣减。

第三十二条　条例第十三条和本细则所称会计核算健全，是指能够按照国家统一的会计制度规定设置账簿，根据合法、有效凭证核算。

第三十三条　除国家税务总局另有规定外，纳税人一经认定为一般纳税人后，不得转为小规模纳税人。

第三十四条　有下列情形之一者，应按销售额依照增值税税率计算应纳税额，不得抵扣进项税额，也不得使用增值税专用发票：

（一）一般纳税人会计核算不健全，或者不能够提供准确税务资料的；

（二）除本细则第二十九条规定外，纳税人销售额超过小规模纳税人标准，未申请办理一般纳税人认定手续的。

第三十五条　条例第十五条规定的部分免税项目的范围，限定如下：

（一）第一款第（一）项所称农业，是指种植业、养殖业、林业、牧业、水产业。

农业生产者，包括从事农业生产的单位和个人。

农产品，是指初级农产品，具体范围由财政部、国家税务总局确定。

（二）第一款第（三）项所称古旧图书，是指向社会收购的古书和旧书。

（三）第一款第（七）项所称自己使用过的物品，是指其他个人自己使用过的物品。

第三十六条　纳税人销售货物或者应税劳务适用免税规定的，可以放弃免税，依照条例的规定缴纳增值税。放弃免税后，36个月内不得再申请免税。

第三十七条　增值税起征点的适用范围限于个人。

增值税起征点的幅度规定如下：

（一）销售货物的，为月销售额5000-20000元；

（二）销售应税劳务的，为月销售额5000-20000元；

（三）按次纳税的，为每次（日）销售额300-500元。

前款所称销售额，是指本细则第三十条第一款所称小规模纳税人的销售额。

省、自治区、直辖市财政厅（局）和国家税务局应在规定的幅度内，根据实际情况确定本地区适用的起征点，并报财政部、国家税务总局备案。

第三十八条 条例第十九条第一款第（一）项规定的收讫销售款项或者取得索取销售款项凭据的当天，按销售结算方式的不同，具体为：

（一）采取直接收款方式销售货物，不论货物是否发出，均为收到销售款或者取得索取销售款凭据的当天；

（二）采取托收承付和委托银行收款方式销售货物，为发出货物并办妥托收手续的当天；

（三）采取赊销和分期收款方式销售货物，为书面合同约定的收款日期的当天，无书面合同的或者书面合同没有约定收款日期的，为货物发出的当天；

（四）采取预收货款方式销售货物，为货物发出的当天，但生产销售生产工期超过12个月的大型机械设备、船舶、飞机等货物，为收到预收款或者书面合同约定的收款日期的当天；

（五）委托其他纳税人代销货物，为收到代销单位的代销清单或者收到全部或者部分货款的当天。未收到代销清单及货款的，为发出代销货物满180天的当天；

（六）销售应税劳务，为提供劳务同时收讫销售款或者取得索取销售款的凭据的当天；

（七）纳税人发生本细则第四条第（三）项至第（八）项所列视同销售货物行为，为货物移送的当天。

第三十九条 条例第二十三条以1个季度为纳税期限的规定仅适用于小规模纳税人。小规模纳税人的具体纳税期限，由主管税务机关根据其应纳税额的大小分别核定。

第四十条 本细则自2009年1月1日起施行。

财政部、税务总局关于增值税小规模纳税人减免增值税政策的公告

（2023年8月1日　财政部、税务总局公告2023年第19号）

为进一步支持小微企业和个体工商户发展，现将延续小规模纳税人增值税减免政策公告如下：

一、对月销售额10万元以下（含本数）的增值税小规模纳税人，免征增值税。

二、增值税小规模纳税人适用3%征收率的应税销售收入，减按1%征收率征收增值税；适用3%预征率的预缴增值税项目，减按1%预征率预缴增值税。

三、本公告执行至2027年12月31日。

特此公告。

国家税务总局关于增值税小规模纳税人减免增值税等政策有关征管事项的公告

（2023年1月9日　国家税务总局公告2023年第1号）

按照《财政部、税务总局关于明确增值税小规模纳税人减免增值税等政策的公告》（2023年第1号，以下简称1号公告）的规定，现将有关征管事项公告如下：

一、增值税小规模纳税人（以下简称小规模纳税人）发生增值税应税销售行为，合计月销售额未超过10万元（以1个季度为1

个纳税期的,季度销售额未超过30万元,下同)的,免征增值税。

小规模纳税人发生增值税应税销售行为,合计月销售额超过10万元,但扣除本期发生的销售不动产的销售额后未超过10万元的,其销售货物、劳务、服务、无形资产取得的销售额免征增值税。

二、适用增值税差额征税政策的小规模纳税人,以差额后的销售额确定是否可以享受1号公告第一条规定的免征增值税政策。

《增值税及附加税费申报表(小规模纳税人适用)》中的"免税销售额"相关栏次,填写差额后的销售额。

三、《中华人民共和国增值税暂行条例实施细则》第九条所称的其他个人,采取一次性收取租金形式出租不动产取得的租金收入,可在对应的租赁期内平均分摊,分摊后的月租金收入未超过10万元的,免征增值税。

四、小规模纳税人取得应税销售收入,适用1号公告第一条规定的免征增值税政策的,纳税人可就该笔销售收入选择放弃免税并开具增值税专用发票。

五、小规模纳税人取得应税销售收入,适用1号公告第二条规定的减按1%征收率征收增值税政策的,应按照1%征收率开具增值税发票。纳税人可就该笔销售收入选择放弃减税并开具增值税专用发票。

六、小规模纳税人取得应税销售收入,纳税义务发生时间在2022年12月31日前并已开具增值税发票,如发生销售折让、中止或者退回等情形需要开具红字发票,应开具对应征收率红字发票或免税红字发票;开票有误需要重新开具的,应开具对应征收率红字发票或免税红字发票,再重新开具正确的蓝字发票。

七、小规模纳税人发生增值税应税销售行为,合计月销售额未超过10万元的,免征增值税的销售额等项目应填写在《增值税及附加税费申报表(小规模纳税人适用)》"小微企业免税销售额"或者"未达起征点销售额"相关栏次;减按1%征收率征收增值税的销售额应填写在《增值税及附加税费申报表（小规模纳税人适用）》"应征增值税不含税销售额（3%征收率）"相应栏次，对应减征的增值税应纳税额按销售额的2%计算填写在《增值税及附加税费申报表（小规模纳税人适用）》"本期应纳税额减征额"及《增值税减免税申报明细表》减税项目相应栏次。

八、按固定期限纳税的小规模纳税人可以选择以1个月或1个季度为纳税期限，一经选择，一个会计年度内不得变更。

九、按照现行规定应当预缴增值税税款的小规模纳税人，凡在预缴地实现的月销售额未超过10万元的，当期无需预缴税款。在预缴地实现的月销售额超过10万元的，适用3%预征率的预缴增值税项目，减按1%预征率预缴增值税。

十、小规模纳税人中的单位和个体工商户销售不动产，应按其纳税期、本公告第九条以及其他现行政策规定确定是否预缴增值税；其他个人销售不动产，继续按照现行规定征免增值税。

十一、符合《财政部、税务总局 海关总署关于深化增值税改革有关政策的公告》（2019年第39号）、1号公告规定的生产性服务业纳税人，应在年度首次确认适用5%加计抵减政策时，通过电子税务局或办税服务厅提交《适用5%加计抵减政策的声明》（见附件1）；符合《财政部、税务总局关于明确生活性服务业增值税加计抵减政策的公告》（2019年第87号）、1号公告规定的生活性服务业纳税人，应在年度首次确认适用10%加计抵减政策时，通过电子税务局或办税服务厅提交《适用10%加计抵减政策的声明》（见附件2）。

十二、纳税人适用加计抵减政策的其他征管事项，按照《国家税务总局关于国内旅客运输服务进项税抵扣等增值税征管问题的公告》（2019年第31号）第二条等有关规定执行。

十三、纳税人按照1号公告第四条规定申请办理抵减或退还已缴纳税款，如果已经向购买方开具了增值税专用发票，应先将增值税专用发票追回。

十四、本公告自2023年1月1日起施行。《国家税务总局关于深化增值税改革有关事项的公告》（2019年第14号）第八条及附件《适用加计抵减政策的声明》、《国家税务总局关于增值税发票管理等有关事项的公告》（2019年第33号）第一条及附件《适用15%加计抵减政策的声明》、《国家税务总局关于支持个体工商户复工复业等税收征收管理事项的公告》（2020年第5号）第一条至第五条、《国家税务总局关于小规模纳税人免征增值税征管问题的公告》（2021年第5号）、《国家税务总局关于小规模纳税人免征增值税等征收管理事项的公告》（2022年第6号）第一、二、三条同时废止。

特此公告。

附件：
1. 适用5%加计抵减政策的声明（略）
2. 适用10%加计抵减政策的声明（略）

财政部、税务总局关于扩大全额退还增值税留抵税额政策行业范围的公告

（2022年6月7日　财政部、税务总局公告2022年第21号）

为进一步加大增值税留抵退税政策实施力度，着力稳市场主体稳就业，现将扩大全额退还增值税留抵税额政策行业范围有关政策公告如下：

一、扩大全额退还增值税留抵税额政策行业范围，将《财政部、税务总局关于进一步加大增值税期末留抵退税政策实施力度的公告》（财政部、税务总局公告2022年第14号，以下称2022年第14

号公告）第二条规定的制造业等行业按月全额退还增值税增量留抵税额、一次性退还存量留抵税额的政策范围，扩大至"批发和零售业"、"农、林、牧、渔业"、"住宿和餐饮业"、"居民服务、修理和其他服务业"、"教育"、"卫生和社会工作"和"文化、体育和娱乐业"（以下称批发零售业等行业）企业（含个体工商户，下同）。

（一）符合条件的批发零售业等行业企业，可以自2022年7月纳税申报期起向主管税务机关申请退还增量留抵税额。

（二）符合条件的批发零售业等行业企业，可以自2022年7月纳税申报期起向主管税务机关申请一次性退还存量留抵税额。

二、2022年第14号公告和本公告所称制造业、批发零售业等行业企业，是指从事《国民经济行业分类》中"批发和零售业"、"农、林、牧、渔业"、"住宿和餐饮业"、"居民服务、修理和其他服务业"、"教育"、"卫生和社会工作"、"文化、体育和娱乐业"、"制造业"、"科学研究和技术服务业"、"电力、热力、燃气及水生产和供应业"、"软件和信息技术服务业"、"生态保护和环境治理业"和"交通运输、仓储和邮政业"业务相应发生的增值税销售额占全部增值税销售额的比重超过50%的纳税人。

上述销售额比重根据纳税人申请退税前连续12个月的销售额计算确定；申请退税前经营期不满12个月但满3个月的，按照实际经营期的销售额计算确定。

三、按照2022年第14号公告第六条规定适用《中小企业划型标准规定》（工信部联企业〔2011〕300号）和《金融业企业划型标准规定》（银发〔2015〕309号）时，纳税人的行业归属，根据《国民经济行业分类》关于以主要经济活动确定行业归属的原则，以上一会计年度从事《国民经济行业分类》对应业务增值税销售额占全部增值税销售额比重最高的行业确定。

四、制造业、批发零售业等行业企业申请留抵退税的其他规定，继续按照2022年第14号公告等有关规定执行。

五、本公告第一条和第二条自 2022 年 7 月 1 日起执行；第三条自公告发布之日起执行。

各级财政和税务部门要坚决贯彻党中央、国务院决策部署，按照 2022 年第 14 号公告、《财政部、税务总局关于进一步加快增值税期末留抵退税政策实施进度的公告》（财政部、税务总局公告 2022 年第 17 号）、《财政部、税务总局关于进一步持续加快增值税期末留抵退税政策实施进度的公告》（财政部、税务总局公告 2022 年第 19 号）和本公告有关要求，在纳税人自愿申请的基础上，狠抓落实，持续加快留抵退税进度。同时，严密防范退税风险，严厉打击骗税行为。

特此公告。

财政部、税务总局、海关总署关于深化增值税改革有关政策的公告

（2019 年 3 月 20 日　财政部、税务总局、海关总署公告 2019 年第 39 号　自 2019 年 4 月 1 日起施行）

为贯彻落实党中央、国务院决策部署，推进增值税实质性减税，现将 2019 年增值税改革有关事项公告如下：

一、增值税一般纳税人（以下称纳税人）发生增值税应税销售行为或者进口货物，原适用 16% 税率的，税率调整为 13%；原适用 10% 税率的，税率调整为 9%。

二、纳税人购进农产品，原适用 10% 扣除率的，扣除率调整为 9%。纳税人购进用于生产或者委托加工 13% 税率货物的农产品，按照 10% 的扣除率计算进项税额。

三、原适用 16% 税率且出口退税率为 16% 的出口货物劳务，出

口退税率调整为13%；原适用10%税率且出口退税率为10%的出口货物、跨境应税行为，出口退税率调整为9%。

2019年6月30日前（含2019年4月1日前），纳税人出口前款所涉货物劳务、发生前款所涉跨境应税行为，适用增值税免退税办法的，购进时已按调整前税率征收增值税的，执行调整前的出口退税率，购进时已按调整后税率征收增值税的，执行调整后的出口退税率；适用增值税免抵退税办法的，执行调整前的出口退税率，在计算免抵退税时，适用税率低于出口退税率的，适用税率与出口退税率之差视为零参与免抵退税计算。

出口退税率的执行时间及出口货物劳务、发生跨境应税行为的时间，按照以下规定执行：报关出口的货物劳务（保税区及经保税区出口除外），以海关出口报关单上注明的出口日期为准；非报关出口的货物劳务、跨境应税行为，以出口发票或普通发票的开具时间为准；保税区及经保税区出口的货物，以货物离境时海关出具的出境货物备案清单上注明的出口日期为准。

四、适用13%税率的境外旅客购物离境退税物品，退税率为11%；适用9%税率的境外旅客购物离境退税物品，退税率为8%。

2019年6月30日前，按调整前税率征收增值税的，执行调整前的退税率；按调整后税率征收增值税的，执行调整后的退税率。

退税率的执行时间，以退税物品增值税普通发票的开具日期为准。

五、自2019年4月1日起，《营业税改征增值税试点有关事项的规定》（财税〔2016〕36号印发）第一条第（四）项第1点、第二条第（一）项第1点停止执行，纳税人取得不动产或者不动产在建工程的进项税额不再分2年抵扣。此前按照上述规定尚未抵扣完毕的待抵扣进项税额，可自2019年4月税款所属期起从销项税额中抵扣。

六、纳税人购进国内旅客运输服务，其进项税额允许从销项税额中抵扣。

（一）纳税人未取得增值税专用发票的，暂按照以下规定确定进项税额：

1. 取得增值税电子普通发票的，为发票上注明的税额；

2. 取得注明旅客身份信息的航空运输电子客票行程单的，为按照下列公式计算进项税额：

航空旅客运输进项税额＝（票价＋燃油附加费）÷（1＋9%）×9%

3. 取得注明旅客身份信息的铁路车票的，为按照下列公式计算的进项税额：

铁路旅客运输进项税额＝票面金额÷（1＋9%）×9%

4. 取得注明旅客身份信息的公路、水路等其他客票的，按照下列公式计算进项税额：

公路、水路等其他旅客运输进项税额＝票面金额÷（1＋3%）×3%

（二）《营业税改征增值税试点实施办法》（财税〔2016〕36号印发）第二十七条第（六）项和《营业税改征增值税试点有关事项的规定》（财税〔2016〕36号印发）第二条第（一）项第5点中"购进的旅客运输服务、贷款服务、餐饮服务、居民日常服务和娱乐服务"修改为"购进的贷款服务、餐饮服务、居民日常服务和娱乐服务"。

七、自2019年4月1日至2021年12月31日，允许生产、生活性服务业纳税人按照当期可抵扣进项税额加计10%，抵减应纳税额（以下称加计抵减政策）。

（一）本公告所称生产、生活性服务业纳税人，是指提供邮政服务、电信服务、现代服务、生活服务（以下称四项服务）取得的销售额占全部销售额的比重超过50%的纳税人。四项服务的具体范围按照《销售服务、无形资产、不动产注释》（财税〔2016〕36号印发）执行。

2019年3月31日前设立的纳税人，自2018年4月至2019年3月期间的销售额（经营期不满12个月的，按照实际经营期的销售额）符合上述规定条件的，自2019年4月1日起适用加计抵减政策。

2019年4月1日后设立的纳税人，自设立之日起3个月的销售额符合上述规定条件的，自登记为一般纳税人之日起适用加计抵减政策。

纳税人确定适用加计抵减政策后，当年内不再调整，以后年度是否适用，根据上年度销售额计算确定。

纳税人可计提但未计提的加计抵减额，可在确定适用加计抵减政策当期一并计提。

（二）纳税人应按照当期可抵扣进项税额的10%计提当期加计抵减额。按照现行规定不得从销项税额中抵扣的进项税额，不得计提加计抵减额；已计提加计抵减额的进项税额，按规定作进项税额转出的，应在进项税额转出当期，相应调减加计抵减额。计算公式如下：

当期计提加计抵减额=当期可抵扣进项税额×10%

当期可抵减加计抵减额=上期末加计抵减额余额+当期计提加计抵减额-当期调减加计抵减额

（三）纳税人应按照现行规定计算一般计税方法下的应纳税额（以下称抵减前的应纳税额）后，区分以下情形加计抵减：

1. 抵减前的应纳税额等于零的，当期可抵减加计抵减额全部结转下期抵减；

2. 抵减前的应纳税额大于零，且大于当期可抵减加计抵减额的，当期可抵减加计抵减额全额从抵减前的应纳税额中抵减；

3. 抵减前的应纳税额大于零，且小于或等于当期可抵减加计抵减额的，以当期可抵减加计抵减额抵减应纳税额至零。未抵减完的当期可抵减加计抵减额，结转下期继续抵减。

（四）纳税人出口货物劳务、发生跨境应税行为不适用加计抵减政策，其对应的进项税额不得计提加计抵减额。

纳税人兼营出口货物劳务、发生跨境应税行为且无法划分不得计提加计抵减额的进项税额，按照以下公式计算：

不得计提加计抵减额的进项税额＝当期无法划分的全部进项税额×当期出口货物劳务和发生跨境应税行为的销售额÷当期全部销售额

（五）纳税人应单独核算加计抵减额的计提、抵减、调减、结余等变动情况。骗取适用加计抵减政策或虚增加计抵减额的，按照《中华人民共和国税收征收管理法》等有关规定处理。

（六）加计抵减政策执行到期后，纳税人不再计提加计抵减额，结余的加计抵减额停止抵减。

八、自 2019 年 4 月 1 日起，试行增值税期末留抵税额退税制度。

（一）同时符合以下条件的纳税人，可以向主管税务机关申请退还增量留抵税额：

1. 自 2019 年 4 月税款所属期起，连续六个月（按季纳税的，连续两个季度）增量留抵税额均大于零，且第六个月增量留抵税额不低于 50 万元；

2. 纳税信用等级为 A 级或者 B 级；

3. 申请退税前 36 个月未发生骗取留抵退税、出口退税或虚开增值税专用发票情形的；

4. 申请退税前 36 个月未因偷税被税务机关处罚两次及以上的；

5. 自 2019 年 4 月 1 日起未享受即征即退、先征后返（退）政策的。

（二）本公告所称增量留抵税额，是指与 2019 年 3 月底相比新增加的期末留抵税额。

（三）纳税人当期允许退还的增量留抵税额，按照以下公式计算：

允许退还的增量留抵税额=增量留抵税额×进项构成比例×60%

进项构成比例，为2019年4月至申请退税前一税款所属期内已抵扣的增值税专用发票（含税控机动车销售统一发票）、海关进口增值税专用缴款书、解缴税款完税凭证注明的增值税额占同期全部已抵扣进项税额的比重。

（四）纳税人应在增值税纳税申报期内，向主管税务机关申请退还留抵税额。

（五）纳税人出口货物劳务、发生跨境应税行为，适用免抵退税办法的，办理免抵退税后，仍符合本公告规定条件的，可以申请退还留抵税额；适用免退税办法的，相关进项税额不得用于退还留抵税额。

（六）纳税人取得退还的留抵税额后，应相应调减当期留抵税额。按照本条规定再次满足退税条件的，可以继续向主管税务机关申请退还留抵税额，但本条第（一）项第1点规定的连续期间，不得重复计算。

（七）以虚增进项、虚假申报或其他欺骗手段，骗取留抵退税款的，由税务机关追缴其骗取的退税款，并按照《中华人民共和国税收征收管理法》等有关规定处理。

（八）退还的增量留抵税额中央、地方分担机制另行通知。

九、本公告自2019年4月1日起执行。

特此公告。

营业税改征增值税跨境应税行为增值税免税管理办法(试行)

(2016年5月6日 国家税务总局公告2016年第29号 根据2018年6月15日《国家税务总局关于修改部分税收规范性文件的公告》修正)

第一条 中华人民共和国境内(以下简称境内)的单位和个人(以下称纳税人)发生跨境应税行为,适用本办法。

第二条 下列跨境应税行为免征增值税:

(一)工程项目在境外的建筑服务。

工程总承包方和工程分包方为施工地点在境外的工程项目提供的建筑服务,均属于工程项目在境外的建筑服务。

(二)工程项目在境外的工程监理服务。

(三)工程、矿产资源在境外的工程勘察勘探服务。

(四)会议展览地点在境外的会议展览服务。

为客户参加在境外举办的会议、展览而提供的组织安排服务,属于会议展览地点在境外的会议展览服务。

(五)存储地点在境外的仓储服务。

(六)标的物在境外使用的有形动产租赁服务。

(七)在境外提供的广播影视节目(作品)的播映服务。

在境外提供的广播影视节目(作品)播映服务,是指在境外的影院、剧院、录像厅及其他场所播映广播影视节目(作品)。

通过境内的电台、电视台、卫星通信、互联网、有线电视等无线或者有线装置向境外播映广播影视节目(作品),不属于在境外提供的广播影视节目(作品)播映服务。

（八）在境外提供的文化体育服务、教育医疗服务、旅游服务。

在境外提供的文化体育服务和教育医疗服务，是指纳税人在境外现场提供的文化体育服务和教育医疗服务。

为参加在境外举办的科技活动、文化活动、文化演出、文化比赛、体育比赛、体育表演、体育活动而提供的组织安排服务，属于在境外提供的文化体育服务。

通过境内的电台、电视台、卫星通信、互联网、有线电视等媒体向境外单位或个人提供的文化体育服务或教育医疗服务，不属于在境外提供的文化体育服务、教育医疗服务。

（九）为出口货物提供的邮政服务、收派服务、保险服务。

1. 为出口货物提供的邮政服务，是指：

（1）寄递函件、包裹等邮件出境。

（2）向境外发行邮票。

（3）出口邮册等邮品。

2. 为出口货物提供的收派服务，是指为出境的函件、包裹提供的收件、分拣、派送服务。

纳税人为出口货物提供收派服务，免税销售额为其向寄件人收取的全部价款和价外费用。

3. 为出口货物提供的保险服务，包括出口货物保险和出口信用保险。

（十）向境外单位销售的完全在境外消费的电信服务。

纳税人向境外单位或者个人提供的电信服务，通过境外电信单位结算费用的，服务接受方为境外电信单位，属于完全在境外消费的电信服务。

（十一）向境外单位销售的完全在境外消费的知识产权服务。

服务实际接受方为境内单位或者个人的知识产权服务，不属于完全在境外消费的知识产权服务。

（十二）向境外单位销售的完全在境外消费的物流辅助服务

（仓储服务、收派服务除外）。

境外单位从事国际运输和港澳台运输业务经停我国机场、码头、车站、领空、内河、海域时，纳税人向其提供的航空地面服务、港口码头服务、货运客运站场服务、打捞救助服务、装卸搬运服务，属于完全在境外消费的物流辅助服务。

（十三）向境外单位销售的完全在境外消费的鉴证咨询服务。

下列情形不属于完全在境外消费的鉴证咨询服务：

1. 服务的实际接受方为境内单位或者个人。

2. 对境内的货物或不动产进行的认证服务、鉴证服务和咨询服务。

（十四）向境外单位销售的完全在境外消费的专业技术服务。

下列情形不属于完全在境外消费的专业技术服务：

1. 服务的实际接受方为境内单位或者个人。

2. 对境内的天气情况、地震情况、海洋情况、环境和生态情况进行的气象服务、地震服务、海洋服务、环境和生态监测服务。

3. 为境内的地形地貌、地质构造、水文、矿藏等进行的测绘服务。

4. 为境内的城、乡、镇提供的城市规划服务。

（十五）向境外单位销售的完全在境外消费的商务辅助服务。

1. 纳税人向境外单位提供的代理报关服务和货物运输代理服务，属于完全在境外消费的代理报关服务和货物运输代理服务。

2. 纳税人向境外单位提供的外派海员服务，属于完全在境外消费的人力资源服务。外派海员服务，是指境内单位派出属于本单位员工的海员，为境外单位在境外提供的船舶驾驶和船舶管理等服务。

3. 纳税人以对外劳务合作方式，向境外单位提供的完全在境外发生的人力资源服务，属于完全在境外消费的人力资源服务。对外劳务合作，是指境内单位与境外单位签订劳务合作合同，按照合同约定组织和协助中国公民赴境外工作的活动。

4. 下列情形不属于完全在境外消费的商务辅助服务：

（1）服务的实际接受方为境内单位或者个人。

（2）对境内不动产的投资与资产管理服务、物业管理服务、房地产中介服务。

（3）拍卖境内货物或不动产过程中提供的经纪代理服务。

（4）为境内货物或不动产的物权纠纷提供的法律代理服务。

（5）为境内货物或不动产提供的安全保护服务。

（十六）向境外单位销售的广告投放地在境外的广告服务。

广告投放地在境外的广告服务，是指为在境外发布的广告提供的广告服务。

（十七）向境外单位销售的完全在境外消费的无形资产（技术除外）。

下列情形不属于向境外单位销售的完全在境外消费的无形资产：

1. 无形资产未完全在境外使用。

2. 所转让的自然资源使用权与境内自然资源相关。

3. 所转让的基础设施资产经营权、公共事业特许权与境内货物或不动产相关。

4. 向境外单位转让在境内销售货物、应税劳务、服务、无形资产或不动产的配额、经营权、经销权、分销权、代理权。

（十八）为境外单位之间的货币资金融通及其他金融业务提供的直接收费金融服务，且该服务与境内的货物、无形资产和不动产无关。

为境外单位之间、境外单位和个人之间的外币、人民币资金往来提供的资金清算、资金结算、金融支付、账户管理服务，属于为境外单位之间的货币资金融通及其他金融业务提供的直接收费金融服务。

（十九）属于以下情形的国际运输服务：

1. 以无运输工具承运方式提供的国际运输服务。

2. 以水路运输方式提供国际运输服务但未取得《国际船舶运输经营许可证》的。

3. 以公路运输方式提供国际运输服务但未取得《道路运输经营许可证》或者《国际汽车运输行车许可证》，或者《道路运输经营许可证》的经营范围未包括"国际运输"的。

4. 以航空运输方式提供国际运输服务但未取得《公共航空运输企业经营许可证》，或者其经营范围未包括"国际航空客货邮运输业务"的。

5. 以航空运输方式提供国际运输服务但未持有《通用航空经营许可证》，或者其经营范围未包括"公务飞行"的。

（二十）符合零税率政策但适用简易计税方法或声明放弃适用零税率选择免税的下列应税行为：

1. 国际运输服务。

2. 航天运输服务。

3. 向境外单位提供的完全在境外消费的下列服务：

（1）研发服务；

（2）合同能源管理服务；

（3）设计服务；

（4）广播影视节目（作品）的制作和发行服务；

（5）软件服务；

（6）电路设计及测试服务；

（7）信息系统服务；

（8）业务流程管理服务；

（9）离岸服务外包业务。

4. 向境外单位转让完全在境外消费的技术。

第三条 纳税人向国内海关特殊监管区域内的单位或者个人销售服务、无形资产，不属于跨境应税行为，应照章征收增值税。

第四条 2016年4月30日前签订的合同，符合《财政部、国家税务总局关于将铁路运输和邮政业纳入营业税改征增值税试点的通知》（财税〔2013〕106号）附件4和《财政部、国家税务总局关于影视等出口服务适用增值税零税率政策的通知》（财税〔2015〕118号）规定的免税政策条件的，在合同到期前可以继续享受免税政策。

第五条　纳税人发生本办法第二条所列跨境应税行为，除第（九）项、第（二十）项外，必须签订跨境销售服务或无形资产书面合同。否则，不予免征增值税。

纳税人向外国航空运输企业提供空中飞行管理服务，以中国民用航空局下发的航班计划或者中国民用航空局清算中心临时来华飞行记录，为跨境销售服务书面合同。

纳税人向外国航空运输企业提供物流辅助服务（除空中飞行管理服务外），与经中国民用航空局批准设立的外国航空运输企业常驻代表机构签订的书面合同，属于与服务接受方签订跨境销售服务书面合同。外国航空运输企业临时来华飞行，未签订跨境服务书面合同的，以中国民用航空局清算中心临时来华飞行记录为跨境销售服务书面合同。

施工地点在境外的工程项目，工程分包方应提供工程项目在境外的证明、与发包方签订的建筑合同原件及复印件等资料，作为跨境销售服务书面合同。

第六条　纳税人向境外单位销售服务或无形资产，按本办法规定免征增值税的，该项销售服务或无形资产的全部收入应从境外取得，否则，不予免征增值税。

下列情形视同从境外取得收入：

（一）纳税人向外国航空运输企业提供物流辅助服务，从中国民用航空局清算中心、中国航空结算有限责任公司或者经中国民用航空局批准设立的外国航空运输企业常驻代表机构取得的收入。

（二）纳税人与境外关联单位发生跨境应税行为，从境内第三方结算公司取得的收入。上述所称第三方结算公司，是指承担跨国企业集团内部成员单位资金集中运营管理职能的资金结算公司，包括财务公司、资金池、资金结算中心等。

（三）纳税人向外国船舶运输企业提供物流辅助服务，通过外国船舶运输企业指定的境内代理公司结算取得的收入。

（四）国家税务总局规定的其他情形。

第七条 纳税人发生跨境应税行为免征增值税的，应单独核算跨境应税行为的销售额，准确计算不得抵扣的进项税额，其免税收入不得开具增值税专用发票。

纳税人为出口货物提供收派服务，按照下列公式计算不得抵扣的进项税额：

不得抵扣的进项税额＝当期无法划分的全部进项税额×（当期简易计税方法计税项目销售额＋免征增值税项目销售额－为出口货物提供收派服务支付给境外合作方的费用）÷当期全部销售额

第八条 纳税人发生免征增值税跨境应税行为，除提供第二条第（二十）项所列服务外，应在首次享受免税的纳税申报期内或在各省、自治区、直辖市和计划单列市税务局规定的申报征期后的其他期限内，到主管税务机关办理跨境应税行为免税备案手续，同时提交以下备案材料：

（一）《跨境应税行为免税备案表》（附件1）；

（二）本办法第五条规定的跨境销售服务或无形资产的合同原件及复印件；

（三）提供本办法第二条第（一）项至第（八）项和第（十六）项服务，应提交服务地点在境外的证明材料原件及复印件；

（四）提供本办法第二条规定的国际运输服务，应提交实际发生相关业务的证明材料；

（五）向境外单位销售服务或无形资产，应提交服务或无形资产购买方的机构所在地在境外的证明材料；

（六）国家税务总局规定的其他资料。

第九条 纳税人发生第二条第（二十）项所列应税行为的，应在首次享受免税的纳税申报期内或在各省、自治区、直辖市和计划单列市税务局规定的申报征期后的其他期限内，到主管税务机关办理跨境应税行为免税备案手续，同时提交以下备案材料：

（一）已向办理增值税免抵退税或免退税的主管税务机关备案的《放弃适用增值税零税率声明》（附件2）；

（二）该项应税行为享受零税率到主管税务机关办理增值税免抵退税或免退税申报时需报送的材料和原始凭证。

第十条 按照本办法第八条规定提交备案的跨境销售服务或无形资产合同原件为外文的，应提供中文翻译件并由法定代表人（负责人）签字或者单位盖章。

纳税人无法提供本办法第八条规定的境外资料原件的，可只提供复印件，注明"复印件与原件一致"字样，并由法定代表人（负责人）签字或者单位盖章；境外资料原件为外文的，应提供中文翻译件并由法定代表人（负责人）签字或者单位盖章。

主管税务机关对提交的境外证明材料有明显疑义的，可以要求纳税人提供境外公证部门出具的证明材料。

第十一条 纳税人办理跨境应税行为免税备案手续时，主管税务机关应当根据以下情况分别做出处理：

（一）备案材料存在错误的，应当告知并允许纳税人更正。

（二）备案材料不齐全或者不符合规定形式的，应当场一次性告知纳税人补正。

（三）备案材料齐全、符合规定形式的，或者纳税人按照税务机关的要求提交全部补正备案材料的，应当受理纳税人的备案，并将有关资料原件退还纳税人。

（四）按照税务机关的要求补正后的备案材料仍不符合本办法第八、九、十条规定的，应当对纳税人的本次跨境应税行为免税备案不予受理，并将所有报送材料退还纳税人。

第十二条 主管税务机关受理或者不予受理纳税人跨境应税行为免税备案，应当出具加盖本机关专用印章和注明日期的书面凭证。

第十三条 原签订的跨境销售服务或无形资产合同发生变更，或者跨境销售服务或无形资产的有关情况发生变化，变化后仍属于本办法第二条规定的免税范围的，纳税人应向主管税务机关重新办理跨境应税行为免税备案手续。

第十四条 纳税人应当完整保存本办法第八、九、十条要求的各项材料。纳税人在税务机关后续管理中不能提供上述材料的，不得享受本办法规定的免税政策，对已享受的减免税款应予补缴，并依照《中华人民共和国税收征收管理法》的有关规定处理。

第十五条 纳税人发生跨境应税行为享受免税的，应当按规定进行纳税申报。纳税人享受免税到期或实际经营情况不再符合本办法规定的免税条件的，应当停止享受免税，并按照规定申报纳税。

第十六条 纳税人发生实际经营情况不符合本办法规定的免税条件、采用欺骗手段获取免税、或者享受减免税条件发生变化未及时向税务机关报告，以及未按照本办法规定履行相关程序自行减免税的，税务机关依照《中华人民共和国税收征收管理法》有关规定予以处理。

第十七条 税务机关应高度重视跨境应税行为增值税免税管理工作，针对纳税人的备案材料，采取案头分析、日常检查、重点稽查等方式，加强对纳税人业务真实性的核实，发现问题的，按照现行有关规定处理。

第十八条 纳税人发生的与香港、澳门、台湾有关的应税行为，参照本办法执行。

第十九条 本办法自 2016 年 5 月 1 日起施行。此前，纳税人发生符合本办法第四条规定的免税跨境应税行为，已办理免税备案手续的，不再重新办理免税备案手续。纳税人发生符合本办法第二条和第四条规定的免税跨境应税行为,未办理免税备案手续但已进行免税申报的,按照本办法规定补办备案手续;未进行免税申报的,按照本办法规定办理跨境服务备案手续后,可以申请退还已缴税款或者抵减以后的应纳税额;已开具增值税专用发票的,应将全部联次追回后方可办理跨境应税行为免税备案手续。

税务机关代开增值税专用发票管理办法(试行)

(2004年12月22日 国税发〔2004〕153号 根据2018年6月15日《国家税务总局关于修改部分税收规范性文件的公告》修正)

第一条 为了进一步加强税务机关为增值税纳税人代开增值税专用发票(以下简称专用发票)管理,防范不法分子利用代开专用发票进行偷骗税活动,优化税收服务,特制定本办法。

第二条 本办法所称代开专用发票是指主管税务机关为所辖范围内的增值税纳税人代开专用发票,其他单位和个人不得代开。

第三条 主管税务机关应设立代开专用发票岗位和税款征收岗位,并分别确定专人负责代开专用发票和税款征收工作。

第四条 代开专用发票统一使用增值税防伪税控代开票系统开具。非防伪税控代开票系统开具的代开专用发票不得作为增值税进项税额抵扣凭证。

增值税防伪税控代开票系统由防伪税控企业发行岗位按规定发行。

第五条 本办法所称增值税纳税人是指已办理税务登记的小规模纳税人(包括个体经营者)以及国家税务总局确定的其他可予代开增值税专用发票的纳税人。

第六条 增值税纳税人发生增值税应税行为、需要开具专用发票时，可向其主管税务机关申请代开。

第七条 增值税纳税人申请代开专用发票时，应填写《代开增值税专用发票缴纳税款申报单》（式样见附件，以下简称《申报单》），连同税务登记证副本，到主管税务机关税款征收岗位按专用发票上注明的税额全额申报缴纳税款，同时缴纳专用发票工本费。

第八条 税款征收岗位接到《申报单》后，应对以下事项进行审核：

（一）是否属于本税务机关管辖的增值税纳税人；

（二）《申报单》上增值税征收率填写、税额计算是否正确。

审核无误后，税款征收岗位应通过防伪税控代开票征收子系统录入《申报单》的相关信息，按照《申报单》上注明的税额征收税款，开具税收完税凭证，同时收取专用发票工本费，按照规定开具有关票证，将有关征税电子信息及时传递给代开发票岗位。

在防伪税控代开票征税子系统未使用前暂传递纸质凭证。

税务机关可采取税银联网划款、银行卡（POS机）划款或现金收取三种方式征收税款。

第九条 增值税纳税人缴纳税款后，凭《申报单》和税收完税凭证及税务登记证副本，到代开专用发票岗位申请代开专用发票。

代开发票岗位确认税款征收岗位传来的征税电子信息与《申报单》和税收完税凭证上的金额、税额相符后，按照《申报单》、完税凭证和专用发票一一对应即"一单一证一票"原则，为增值税纳税人代开专用发票。

在防伪税控代开票征税子系统未使用前，代开票岗位凭《申报单》和税收完税凭证代开发票。

第十条 代开发票岗位应按下列要求填写专用发票的有关项目：

1. "单价"栏和"金额"栏分别填写不含增值税税额的单价

和销售额；

2. "税率"栏填写增值税征收率；

3. 销货单位栏填写代开税务机关的统一代码和代开税务机关名称；

4. 销方开户银行及账号栏内填写税收完税凭证号码；

5. 备注栏内注明增值税纳税人的名称和纳税人识别号。

其他项目按照专用发票填开的有关规定填写。

第十一条 增值税纳税人应在代开专用发票的备注栏上，加盖本单位的财务专用章或发票专用章。

第十二条 代开专用发票遇有填写错误、销货退回或销售折让等情形，按照专用发票有关规定处理。

税务机关代开专用发票时填写有误的，应及时在防伪税控代开票系统中作废，重新开具。代开专用发票后发生退票的，税务机关应按照增值税一般纳税人作废或开具负数专用发票的有关规定进行处理。对需要重新开票的，税务机关应同时进行新开票税额与原开票税额的清算，多退少补；对无需重新开票的，按有关规定退还增值税纳税人已缴的税款或抵顶下期正常申报税款。

第十三条 为增值税纳税人代开的专用发票应统一使用六联专用发票，第五联代开发票岗位留存，以备发票的扫描补录，第六联交税款征收岗位，用于代开发票税额与征收税款的定期核对，其他联次交增值税纳税人。

第十四条 代开专用发票岗位领用专用发票，经发票管理部门负责人批准后，到专用发票发售窗口领取专用发票，并将相应发票的电子信息读入防伪税控代开票系统。

第十五条 代开专用发票岗位应在每月纳税申报期的第一个工作日，将上月所开具的代开专用发票数据抄取、传递到防伪税控报税系统。代开专用发票的金税卡等专用设备发生故障的，税务机关应使用留存的专用发票第五联进行扫描补录。

第十六条　代开发票岗位应妥善保管代开专用发票数据，及时备份。

第十七条　税务机关应按月对代开专用发票进行汇总统计，对代开专用发票数据通过增值税计算机稽核系统比对后属于滞留、缺联、失控、作废、红字缺联等情况，应及时分析，查明原因，按规定处理，确保代开专用发票存根联数据采集的完整性和准确性。

第十八条　代开专用发票各岗位人员应严格执行本办法及有关规定。对违反规定的，追究有关人员的责任。

第十九条　各省、自治区、直辖市和计划单列市税务局可根据实际在本办法基础上制定实施细则。

第二十条　本办法自二○○五年一月一日起实施，凡与本办法相抵触的规定同时停止执行。

附件：代开增值税专用发票缴纳税款申报单（略）

增值税一般纳税人纳税申报办法

（2003年5月13日　国税发〔2003〕53号　根据2018年6月15日《国家税务总局关于修改部分税收规范性文件的公告》修正）

根据《中华人民共和国税收征收管理法》及其实施细则、《中华人民共和国增值税暂行条例》和《中华人民共和国发票管理办法》的有关规定，制定本办法。

一、凡增值税一般纳税人（以下简称纳税人）均按本办法进行纳税申报。

二、纳税人进行纳税申报必须实行电子信息采集。使用防伪税控系统开具增值税专用发票的纳税人必须在抄报税成功后，方可进行纳税申报。

三、纳税申报资料

(一) 必报资料

1.《增值税纳税申报表(适用于增值税一般纳税人)》及其《增值税纳税申报表附列资料(表一)、(表二)、(表三)、(表四)》;

2. 使用防伪税控系统的纳税人,必须报送记录当期纳税信息的IC卡(明细数据备份在软盘上的纳税人,还须报送备份数据软盘)、《增值税专用发票存根联明细表》及《增值税专用发票抵扣联明细表》;

3.《资产负债表》和《损益表》;

4.《成品油购销存情况明细表》(发生成品油零售业务的纳税人填报);

5. 主管税务机关规定的其他必报资料。

纳税申报实行电子信息采集的纳税人,除向主管税务机关报送上述必报资料的电子数据外,还需报送纸介的《增值税纳税申报表(适用于一般纳税人)》(主表及附表)。

(二) 备查资料

1. 已开具的增值税专用发票和普通发票存根联;

2. 符合抵扣条件并且在本期申报抵扣的增值税专用发票抵扣联;

3. 海关进口货物完税凭证、运输发票、购进农产品普通发票及购进废旧物资普通发票的复印件;

4. 收购凭证的存根联或报查联;

5. 代扣代缴税款凭证存根联;

6. 主管税务机关规定的其他备查资料。

备查资料是否需要在当期报送,由各省税务局确定。

四、增值税纳税申报资料的管理

(一) 增值税纳税申报必报资料

纳税人在纳税申报期内,应及时将全部必报资料的电子数据报送主管税务机关,并在主管税务机关按照税法规定确定的期限内(具体时间由各省税务局确定),将本办法第三条、第一款要求报送的纸介的必报资料(具体份数由省税务局确定)报送主管税务机关,税务机关签收后,一份退还纳税人,其余留存。

(二)增值税纳税申报备查资料

纳税人在月度终了后,应将备查资料认真整理并装订成册。

1. 属于整本开具的手工版增值税专用发票及普通发票的存根联,按原顺序装订;开具的电脑版增值税专用发票,包括防伪税控系统开具的增值税专用发票的存根联,应按开票顺序号码每25份装订一册,不足25份的按实际开具份数装订。

2. 对属于扣税凭证的单证,根据取得的时间顺序,按单证种类每25份装订一册,不足25份的按实际份数装订。

3. 装订时,必须使用税务机关统一规定的《征税/扣税单证汇总簿封面》(以下简称《封面》),并按规定填写封面内容,由办税人员和财务人员审核签章。启用《封面》后,纳税人可不再填写原增值税专用发票的封面内容。

4. 纳税人当月未使用完的手工版增值税专用发票,暂不加装《封面》,两个月仍未使用完的,应在主管税务机关对其剩余部分剪角作废的当月加装《封面》。

纳税人开具的普通发票及收购凭证在其整本使用完毕的当月,加装《封面》。

5. 《封面》的内容包括纳税人单位名称、本册单证份数、金额、税额、本月此种单证总册数及本册单证编号、税款所属时间等,具体格式由各省税务局制定。

五、《增值税纳税申报表(适用于增值税一般纳税人)》(主表及附表)由纳税人向主管税务机关购领。

六、申报期限

纳税人应按月进行纳税申报,申报期为次月1日起至10日止,遇最后一日为法定节假日的，顺延1日；在每月1日至10日内有连续3日以上法定休假日的，按休假日天数顺延。

七、罚则

（一）纳税人未按规定期限办理纳税申报和报送纳税资料的，按照《中华人民共和国税收征收管理法》第六十二条的有关规定处罚。

（二）纳税人经税务机关通知申报而拒不申报或者进行虚假的纳税申报，不缴或者少缴应纳税款的，按偷税处理，并按《中华人民共和国税收征收管理法》第六十三条的有关规定处罚。

（三）纳税人不进行纳税申报，不缴或者少缴应纳税款的，按《中华人民共和国税收征收管理法》第六十四条的有关规定处罚。

附件：

1. 增值税纳税申报表（适用于增值税一般纳税人）（略）

2. 增值税纳税申报表附列资料（表一）（略）

3. 增值税纳税申报表附列资料（表二）（略）

4. 增值税纳税申报表附列资料（表三）（略）

5. 增值税纳税申报表附列资料（表四）（略）

6. 增值税纳税申报表（适用于一般纳税人）及其附表填表说明（略）

7. 增值税纳税申报表逻辑关系审核表（略）

8. 资产负债表（略）

9. 损益表（略）

10. 成品油购销存情况明细表及填表说明（略）

增值税专用发票使用规定[①]

（2006年10月17日国税发〔2006〕156号公布　根据2018年6月15日《国家税务总局关于修改部分税收规范性文件的公告》修正）

第一条　为加强增值税征收管理，规范增值税专用发票（以下简称专用发票）使用行为，根据《中华人民共和国增值税暂行条例》及其实施细则和《中华人民共和国税收征收管理法》及其实施细则，制定本规定。

第二条　专用发票，是增值税一般纳税人（以下简称一般纳税人）销售货物或者提供应税劳务开具的发票，是购买方支付增值税额并可按照增值税有关规定据以抵扣增值税进项税额的凭证。

第三条　一般纳税人应通过增值税防伪税控系统（以下简称防伪税控系统）使用专用发票。使用，包括领购、开具、缴销、认证纸质专用发票及其相应的数据电文。

本规定所称防伪税控系统，是指经国务院同意推行的，使用专用设备和通用设备、运用数字密码和电子存储技术管理专用发票的计算机管理系统。

---

① 本规定第五条已被《国家税务总局关于在全国开展营业税改征增值税试点有关征收管理问题的公告（国家税务总局公告2013年第39号）》废止；第二十八条已被《国家税务总局关于简化增值税发票领用和使用程序有关问题的公告》（国家税务总局公告2014年第19号）废止；第十四条、第十五条、第十六条、第十七条、第十八条、第十九条已被《国家税务总局关于推行增值税发票系统升级版有关问题的公告》（国家税务总局公告2014年第73号）废止；第六条中"一般纳税人领购专用设备后，凭《最高开票限额申请表》、《发票领购簿》到主管税务机关办理初始发行"的规定已被《国家税务总局关于部分税务事项实行容缺办理和进一步精简涉税费资料报送的公告》（国家税务总局公告2022年第26号）废止。

本规定所称专用设备，是指金税卡、IC卡、读卡器和其他设备。

本规定所称通用设备，是指计算机、打印机、扫描器具和其他设备。

第四条 专用发票由基本联次或者基本联次附加其他联次构成，基本联次为三联：发票联、抵扣联和记账联。发票联，作为购买方核算采购成本和增值税进项税额的记账凭证；抵扣联，作为购买方报送主管税务机关认证和留存备查的凭证；记账联，作为销售方核算销售收入和增值税销项税额的记账凭证。其他联次用途，由一般纳税人自行确定。

第五条 专用发票实行最高开票限额管理。最高开票限额，是指单份专用发票开具的销售额合计数不得达到的上限额度。

最高开票限额由一般纳税人申请，税务机关依法审批。最高开票限额为十万元及以下的，由区县级税务机关审批；最高开票限额为一百万元的，由地市级税务机关审批；最高开票限额为一千万元及以上的，由省级税务机关审批。防伪税控系统的具体发行工作由区县级税务机关负责。

税务机关审批最高开票限额应进行实地核查。批准使用最高开票限额为十万元及以下的，由区县级税务机关派人实地核查；批准使用最高开票限额为一百万元的，由地市级税务机关派人实地核查；批准使用最高开票限额为一千万元及以上的，由地市级税务机关派人实地核查后将核查资料报省级税务机关审核。

一般纳税人申请最高开票限额时，需填报《最高开票限额申请表》（附件1）。

第六条 一般纳税人领购专用设备后，凭《增值税专用发票最高开票限额申请单》、《发票领购簿》到主管税务机关办理初始发行。

本规定所称初始发行，是指主管税务机关将一般纳税人的下列信息载入空白金税卡和IC卡的行为。

（一）企业名称；

（二）税务登记代码；

（三）开票限额；

（四）购票限量；

（五）购票人员姓名、密码；

（六）开票机数量；

（七）国家税务总局规定的其他信息。

一般纳税人发生上列第一、三、四、五、六、七项信息变化，应向主管税务机关申请变更发行；发生第二项信息变化，应向主管税务机关申请注销发行。

第七条 一般纳税人凭《发票领购簿》、IC卡和经办人身份证明领购专用发票。

第八条 一般纳税人有下列情形之一的，不得领购开具专用发票：

（一）会计核算不健全，不能向税务机关准确提供增值税销项税额、进项税额、应纳税额数据及其他有关增值税税务资料的。

上列其他有关增值税税务资料的内容，由省、自治区、直辖市和计划单列市税务局确定。

（二）有《税收征管法》规定的税收违法行为，拒不接受税务机关处理的。

（三）有下列行为之一，经税务机关责令限期改正而仍未改正的：

1. 虚开增值税专用发票；
2. 私自印制专用发票；
3. 向税务机关以外的单位和个人买取专用发票；
4. 借用他人专用发票；
5. 未按本规定第十一条开具专用发票；
6. 未按规定保管专用发票和专用设备；
7. 未按规定申请办理防伪税控系统变更发行；

8. 未按规定接受税务机关检查。

有上列情形的，如已领购专用发票，主管税务机关应暂扣其结存的专用发票和 IC 卡。

第九条 有下列情形之一的，为本规定第八条所称未按规定保管专用发票和专用设备：

（一）未设专人保管专用发票和专用设备；

（二）未按税务机关要求存放专用发票和专用设备；

（三）未将认证相符的专用发票抵扣联、《认证结果通知书》和《认证结果清单》装订成册；

（四）未经税务机关查验，擅自销毁专用发票基本联次。

第十条 一般纳税人销售货物或者提供应税劳务，应向购买方开具专用发票。

商业企业一般纳税人零售的烟、酒、食品、服装、鞋帽（不包括劳保专用部分）、化妆品等消费品不得开具专用发票。

增值税小规模纳税人（以下简称小规模纳税人）需要开具专用发票的，可向主管税务机关申请代开。

销售免税货物不得开具专用发票，法律、法规及国家税务总局另有规定的除外。

第十一条 专用发票应按下列要求开具：

（一）项目齐全，与实际交易相符；

（二）字迹清楚，不得压线、错格；

（三）发票联和抵扣联加盖财务专用章或者发票专用章；

（四）按照增值税纳税义务的发生时间开具。

对不符合上列要求的专用发票，购买方有权拒收。

第十二条 一般纳税人销售货物或者提供应税劳务可汇总开具专用发票。汇总开具专用发票的，同时使用防伪税控系统开具《销售货物或者提供应税劳务清单》（附件2），并加盖财务专用章或者发票专用章。

第十三条 一般纳税人在开具专用发票当月,发生销货退回、开票有误等情形,收到退回的发票联、抵扣联符合作废条件的,按作废处理;开具时发现有误的,可即时作废。

作废专用发票须在防伪税控系统中将相应的数据电文按"作废"处理,在纸质专用发票(含未打印的专用发票)各联次上注明"作废"字样,全联次留存。

第十四条 一般纳税人取得专用发票后,发生销货退回、开票有误等情形但不符合作废条件的,或者因销货部分退回及发生销售折让的,购买方应向主管税务机关填报《开具红字增值税专用发票申请单》(以下简称《申请单》,附件3)。

《申请单》所对应的蓝字专用发票应经税务机关认证。

经认证结果为"认证相符"并且已经抵扣增值税进项税额的,一般纳税人在填报《申请单》时不填写相对应的蓝字专用发票信息。

经认证结果为"纳税人识别号认证不符"、"专用发票代码、号码认证不符"的,一般纳税人在填报《申请单》时应填写相对应的蓝字专用发票信息。

第十五条 《申请单》一式两联:第一联由购买方留存;第二联由购买方主管税务机关留存。

《申请单》应加盖一般纳税人财务专用章。

第十六条 主管税务机关对一般纳税人填报的《申请单》进行审核后,出具《开具红字增值税专用发票通知单》(以下简称《通知单》,附件4)。《通知单》应与《申请单》一一对应。

第十七条 《通知单》一式三联:第一联由购买方主管税务机关留存;第二联由购买方送交销售方留存;第三联由购买方留存。

《通知单》应加盖主管税务机关印章。

《通知单》应按月依次装订成册,并比照专用发票保管规定管理。

第十八条　购买方必须暂依《通知单》所列增值税税额从当期进项税额中转出，未抵扣增值税进项税额的可列入当期进项税额，待取得销售方开具的红字专用发票后，与留存的《通知单》一并作为记账凭证。属于本规定第十四条第四款所列情形的，不作进项税额转出。

第十九条　销售方凭购买方提供的《通知单》开具红字专用发票，在防伪税控系统中以销项负数开具。

红字专用发票应与《通知单》一一对应。

第二十条　同时具有下列情形的，为本规定所称作废条件：

（一）收到退回的发票联、抵扣联时间未超过销售方开票当月；

（二）销售方未抄税并且未记账；

（三）购买方未认证或者认证结果为"纳税人识别号认证不符"、"专用发票代码、号码认证不符"。

本规定所称抄税，是报税前用 IC 卡或者 IC 卡和软盘抄取开票数据电文。

第二十一条　一般纳税人开具专用发票应在增值税纳税申报期内向主管税务机关报税，在申报所属月份内可分次向主管税务机关报税。

本规定所称报税，是纳税人持 IC 卡或者 IC 卡和软盘向税务机关报送开票数据电文。

第二十二条　因 IC 卡、软盘质量等问题无法报税的，应更换 IC 卡、软盘。

因硬盘损坏、更换金税卡等原因不能正常报税的，应提供已开具未向税务机关报税的专用发票记账联原件或者复印件，由主管税务机关补采开票数据。

第二十三条　一般纳税人注销税务登记或者转为小规模纳税人，应将专用设备和结存未用的纸质专用发票送交主管税务机关。

主管税务机关应缴销其专用发票，并按有关安全管理的要求处理专用设备。

第二十四条 本规定第二十三条所称专用发票的缴销，是指主管税务机关在纸质专用发票监制章处按"V"字剪角作废，同时作废相应的专用发票数据电文。

被缴销的纸质专用发票应退还纳税人。

第二十五条 用于抵扣增值税进项税额的专用发票应经税务机关认证相符（国家税务总局另有规定的除外）。认证相符的专用发票应作为购买方的记账凭证，不得退还销售方。

本规定所称认证，是税务机关通过防伪税控系统对专用发票所列数据的识别、确认。

本规定所称认证相符，是指纳税人识别号无误，专用发票所列密文解译后与明文一致。

第二十六条 经认证，有下列情形之一的，不得作为增值税进项税额的抵扣凭证，税务机关退还原件，购买方可要求销售方重新开具专用发票。

（一）无法认证。

本规定所称无法认证，是指专用发票所列密文或者明文不能辨认，无法产生认证结果。

（二）纳税人识别号认证不符。

本规定所称纳税人识别号认证不符，是指专用发票所列购买方纳税人识别号有误。

（三）专用发票代码、号码认证不符。

本规定所称专用发票代码、号码认证不符，是指专用发票所列密文解译后与明文的代码或者号码不一致。

第二十七条 经认证，有下列情形之一的，暂不得作为增值税进项税额的抵扣凭证，税务机关扣留原件，查明原因，分别情况进行处理。

（一）重复认证。

本规定所称重复认证，是指已经认证相符的同一张专用发票再次认证。

（二）密文有误。

本规定所称密文有误，是指专用发票所列密文无法解译。

（三）认证不符。

本规定所称认证不符，是指纳税人识别号有误，或者专用发票所列密文解译后与明文不一致。

本项所称认证不符不含第二十六条第二项、第三项所列情形。

（四）列为失控专用发票。

本规定所称列为失控专用发票，是指认证时的专用发票已被登记为失控专用发票。

第二十八条　一般纳税人丢失已开具专用发票的发票联和抵扣联，如果丢失前已认证相符的，购买方凭销售方提供的相应专用发票记账联复印件及销售方所在地主管税务机关出具的《丢失增值税专用发票已报税证明单》（附件5），经购买方主管税务机关审核同意后，可作为增值税进项税额的抵扣凭证；如果丢失前未认证的，购买方凭销售方提供的相应专用发票记账联复印件到主管税务机关进行认证，认证相符的凭该专用发票记账联复印件及销售方所在地主管税务机关出具的《丢失增值税专用发票已报税证明单》，经购买方主管税务机关审核同意后，可作为增值税进项税额的抵扣凭证。

一般纳税人丢失已开具专用发票的抵扣联，如果丢失前已认证相符的，可使用专用发票发票联复印件留存备查；如果丢失前未认证的，可使用专用发票发票联到主管税务机关认证，专用发票发票联复印件留存备查。

一般纳税人丢失已开具专用发票的发票联，可将专用发票抵扣联作为记账凭证，专用发票抵扣联复印件留存备查。

第二十九条　专用发票抵扣联无法认证的，可使用专用发票发票联到主管税务机关认证。专用发票发票联复印件留存备查。

第三十条　本规定自 2007 年 1 月 1 日施行，《国家税务总局关于印发〈增值税专用发票使用规定〉的通知》（国税发〔1993〕150 号）、《国家税务总局关于增值税专用发票使用问题的补充通知》（国税发〔1994〕056 号）、《国家税务总局关于由税务所为小规模企业代开增值税专用发票的通知》（国税发〔1994〕058 号）、《国家税务总局关于印发〈关于商业零售企业开具增值税专用发票的通告〉的通知》（国税发〔1994〕081 号）、《国家税务总局关于修改〈国家税务总局关于严格控制增值税专用发票使用范围的通知〉的通知》（国税发〔2000〕075 号）、《国家税务总局关于加强防伪税控开票系统最高开票限额管理的通知》（国税发明电〔2001〕57 号）、《国家税务总局关于增值税一般纳税人丢失防伪税控系统开具的增值税专用发票有关税务处理问题的通知》（国税发〔2002〕010 号）、《国家税务总局关于进一步加强防伪税控开票系统最高开票限额管理的通知》（国税发明电〔2002〕33 号）同时废止。以前有关政策规定与本规定不一致的，以本规定为准。

纳税人转让不动产增值税征收管理暂行办法

（2016 年 3 月 31 日国家税务总局公告 2016 年第 14 号公布　根据 2018 年 6 月 15 日《国家税务总局关于修改部分税收规范性文件的公告》修正）

第一条　根据《财政部、国家税务总局关于全面推开营业税改征增值税试点的通知》（财税〔2016〕36 号）及现行增值税有关规定，制定本办法。

第二条　纳税人转让其取得的不动产，适用本办法。

本办法所称取得的不动产，包括以直接购买、接受捐赠、接受投资入股、自建以及抵债等各种形式取得的不动产。

房地产开发企业销售自行开发的房地产项目不适用本办法。

第三条 一般纳税人转让其取得的不动产,按照以下规定缴纳增值税：

（一）一般纳税人转让其 2016 年 4 月 30 日前取得（不含自建）的不动产,可以选择适用简易计税方法计税,以取得的全部价款和价外费用扣除不动产购置原价或者取得不动产时的作价后的余额为销售额,按照 5% 的征收率计算应纳税额。纳税人应按照上述计税方法向不动产所在地主管税务机关预缴税款,向机构所在地主管税务机关申报纳税。

（二）一般纳税人转让其 2016 年 4 月 30 日前自建的不动产,可以选择适用简易计税方法计税,以取得的全部价款和价外费用为销售额,按照 5% 的征收率计算应纳税额。纳税人应按照上述计税方法向不动产所在地主管税务机关预缴税款,向机构所在地主管税务机关申报纳税。

（三）一般纳税人转让其 2016 年 4 月 30 日前取得（不含自建）的不动产,选择适用一般计税方法计税的,以取得的全部价款和价外费用为销售额计算应纳税额。纳税人应以取得的全部价款和价外费用扣除不动产购置原价或者取得不动产时的作价后的余额,按照 5% 的预征率向不动产所在地主管税务机关预缴税款,向机构所在地主管税务机关申报纳税。

（四）一般纳税人转让其 2016 年 4 月 30 日前自建的不动产,选择适用一般计税方法计税的,以取得的全部价款和价外费用为销售额计算应纳税额。纳税人应以取得的全部价款和价外费用,按照 5% 的预征率向不动产所在地主管税务机关预缴税款,向机构所在地主管税务机关申报纳税。

（五）一般纳税人转让其 2016 年 5 月 1 日后取得（不含自建）的不动产,适用一般计税方法,以取得的全部价款和价外费用为销售额计算应纳税额。纳税人应以取得的全部价款和价外费用扣除不动产购置原价或者取得不动产时的作价后的余额，按照5%的预征率向不动产所在地主管税务机关预缴税款，向机构所在地主管税务机关申报纳税。

（六）一般纳税人转让其2016年5月1日后自建的不动产，适用一般计税方法，以取得的全部价款和价外费用为销售额计算应纳税额。纳税人应以取得的全部价款和价外费用，按照5%的预征率向不动产所在地主管税务机关预缴税款，向机构所在地主管税务机关申报纳税。

第四条 小规模纳税人转让其取得的不动产，除个人转让其购买的住房外，按照以下规定缴纳增值税：

（一）小规模纳税人转让其取得（不含自建）的不动产，以取得的全部价款和价外费用扣除不动产购置原价或者取得不动产时的作价后的余额为销售额，按照5%的征收率计算应纳税额。

（二）小规模纳税人转让其自建的不动产，以取得的全部价款和价外费用为销售额，按照5%的征收率计算应纳税额。

除其他个人之外的小规模纳税人，应按照本条规定的计税方法向不动产所在地主管税务机关预缴税款，向机构所在地主管税务机关申报纳税；其他个人按照本条规定的计税方法向不动产所在地主管税务机关申报纳税。

第五条 个人转让其购买的住房，按照以下规定缴纳增值税：

（一）个人转让其购买的住房，按照有关规定全额缴纳增值税的，以取得的全部价款和价外费用为销售额，按照5%的征收率计算应纳税额。

（二）个人转让其购买的住房，按照有关规定差额缴纳增值税的，以取得的全部价款和价外费用扣除购买住房价款后的余额为销售额，按照5%的征收率计算应纳税额。

个体工商户应按照本条规定的计税方法向住房所在地主管税务

机关预缴税款，向机构所在地主管税务机关申报纳税；其他个人应按照本条规定的计税方法向住房所在地主管税务机关申报纳税。

第六条 其他个人以外的纳税人转让其取得的不动产，区分以下情形计算应向不动产所在地主管税务机关预缴的税款：

（一）以转让不动产取得的全部价款和价外费用作为预缴税款计算依据的，计算公式为：

应预缴税款＝全部价款和价外费用÷（1+5%）×5%

（二）以转让不动产取得的全部价款和价外费用扣除不动产购置原价或者取得不动产时的作价后的余额作为预缴税款计算依据的，计算公式为：

应预缴税款＝（全部价款和价外费用－不动产购置原价或者取得不动产时的作价）÷（1+5%）×5%

第七条 其他个人转让其取得的不动产，按照本办法第六条规定的计算方法计算应纳税额并向不动产所在地主管税务机关申报纳税。

第八条 纳税人按规定从取得的全部价款和价外费用中扣除不动产购置原价或者取得不动产时的作价的，应当取得符合法律、行政法规和国家税务总局规定的合法有效凭证。否则，不得扣除。

上述凭证是指：

（一）税务部门监制的发票。

（二）法院判决书、裁定书、调解书，以及仲裁裁决书、公证债权文书。

（三）国家税务总局规定的其他凭证。

第九条 纳税人转让其取得的不动产，向不动产所在地主管税务机关预缴的增值税税款，可以在当期增值税应纳税额中抵减，抵减不完的，结转下期继续抵减。

纳税人以预缴税款抵减应纳税额，应以完税凭证作为合法有效凭证。

第十条　小规模纳税人转让其取得的不动产，不能自行开具增值税发票的，可向不动产所在地主管税务机关申请代开。

第十一条　纳税人向其他个人转让其取得的不动产，不得开具或申请代开增值税专用发票。

第十二条　纳税人转让不动产，按照本办法规定应向不动产所在地主管税务机关预缴税款而自应当预缴之月起超过 6 个月没有预缴税款的，由机构所在地主管税务机关按照《中华人民共和国税收征收管理法》及相关规定进行处理。

纳税人转让不动产，未按照本办法规定缴纳税款的，由主管税务机关按照《中华人民共和国税收征收管理法》及相关规定进行处理。

纳税人提供不动产经营租赁服务增值税征收管理暂行办法①

（2016 年 3 月 31 日国家税务总局公告 2016 年第 16 号公布　根据 2018 年 6 月 15 日《国家税务总局关于修改部分税收规范性文件的公告》修正）

第一条　根据《财政部、国家税务总局关于全面推开营业税改征增值税试点的通知》（财税〔2016〕36 号）及现行增值税有关规定，制定本办法。

---

① 根据《财政部、税务总局关于调整增值税税率的通知》（财税〔2018〕32 号）的规定，自 2018 年 5 月 1 日起，原适用 17%和 11%税率的，税率分别调整为 16%、10%；根据《财政部、税务总局、海关总署关于深化增值税改革有关政策的公告》（财政部、税务总局、海关总署公告 2019 年第 39 号）的规定，自 2019 年 4 月 1 日起，原适用 16%和 10%税率的，分别调整为 13%、9%。参见《国家税务总局关于发布〈纳税人提供不动产经营租赁服务增值税征收管理暂行办法〉的公告》注释，载国家税务总局网站，https://fgk.chinatax.gov.cn/zcfgk/c100012/c5194629/content.html，最后访问时间：2024 年 3 月 29 日。

第二条 纳税人以经营租赁方式出租其取得的不动产（以下简称出租不动产），适用本办法。

取得的不动产，包括以直接购买、接受捐赠、接受投资入股、自建以及抵债等各种形式取得的不动产。

纳税人提供道路通行服务不适用本办法。

第三条 一般纳税人出租不动产，按照以下规定缴纳增值税：

（一）一般纳税人出租其2016年4月30日前取得的不动产，可以选择适用简易计税方法，按照5%的征收率计算应纳税额。

不动产所在地与机构所在地不在同一县（市、区）的，纳税人应按照上述计税方法向不动产所在地主管税务机关预缴税款，向机构所在地主管税务机关申报纳税。

不动产所在地与机构所在地在同一县（市、区）的，纳税人向机构所在地主管税务机关申报纳税。

（二）一般纳税人出租其2016年5月1日后取得的不动产，适用一般计税方法计税。

不动产所在地与机构所在地不在同一县（市、区）的，纳税人应按照3%的预征率向不动产所在地主管税务机关预缴税款，向机构所在地主管税务机关申报纳税。

不动产所在地与机构所在地在同一县（市、区）的，纳税人应向机构所在地主管税务机关申报纳税。

一般纳税人出租其2016年4月30日前取得的不动产适用一般计税方法计税的，按照上述规定执行。

第四条 小规模纳税人出租不动产，按照以下规定缴纳增值税：

（一）单位和个体工商户出租不动产（不含个体工商户出租住房），按照5%的征收率计算应纳税额。个体工商户出租住房，按照5%的征收率减按1.5%计算应纳税额。

不动产所在地与机构所在地不在同一县（市、区）的，纳税人应按照上述计税方法向不动产所在地主管税务机关预缴税款,向机构所在地主管税务机关申报纳税。

不动产所在地与机构所在地在同一县(市、区)的,纳税人应向机构所在地主管税务机关申报纳税。

(二)其他个人出租不动产(不含住房),按照5%的征收率计算应纳税额,向不动产所在地主管税务机关申报纳税。其他个人出租住房,按照5%的征收率减按1.5%计算应纳税额,向不动产所在地主管税务机关申报纳税。

第五条 纳税人出租的不动产所在地与其机构所在地在同一直辖市或计划单列市但不在同一县(市、区)的,由直辖市或计划单列市税务机关决定是否在不动产所在地预缴税款。

第六条 纳税人出租不动产,按照本办法规定需要预缴税款的,应在取得租金的次月纳税申报期或不动产所在地主管税务机关核定的纳税期限预缴税款。

第七条 预缴税款的计算

(一)纳税人出租不动产适用一般计税方法计税的,按照以下公式计算应预缴税款:

应预缴税款=含税销售额÷(1+11%)×3%

(二)纳税人出租不动产适用简易计税方法计税的,除个人出租住房外,按照以下公式计算应预缴税款:

应预缴税款=含税销售额÷(1+5%)×5%

(三)个体工商户出租住房,按照以下公式计算应预缴税款:

应预缴税款=含税销售额÷(1+5%)×1.5%

第八条 其他个人出租不动产,按照以下公式计算应纳税款:

(一)出租住房:

应纳税款=含税销售额÷(1+5%)×1.5%

(二)出租非住房:

应纳税款=含税销售额÷(1+5%)×5%

第九条　单位和个体工商户出租不动产,按照本办法规定向不动产所在地主管税务机关预缴税款时,应填写《增值税预缴税款表》。

第十条　单位和个体工商户出租不动产,向不动产所在地主管税务机关预缴的增值税款,可以在当期增值税应纳税额中抵减,抵减不完的,结转下期继续抵减。

纳税人以预缴税款抵减应纳税额,应以完税凭证作为合法有效凭证。

第十一条　小规模纳税人中的单位和个体工商户出租不动产,不能自行开具增值税发票的,可向不动产所在地主管税务机关申请代开增值税发票。

其他个人出租不动产,可向不动产所在地主管税务机关申请代开增值税发票。

第十二条　纳税人向其他个人出租不动产,不得开具或申请代开增值税专用发票。

第十三条　纳税人出租不动产,按照本办法规定应向不动产所在地主管税务机关预缴税款而自应当预缴之月起超过6个月没有预缴税款的,由机构所在地主管税务机关按照《中华人民共和国税收征收管理法》及相关规定进行处理。

纳税人出租不动产,未按照本办法规定缴纳税款的,由主管税务机关按照《中华人民共和国税收征收管理法》及相关规定进行处理。

司法解释及文件

最高人民法院关于虚开增值税专用发票定罪量刑标准有关问题的通知

（2018年8月22日　法〔2018〕226号）

各省、自治区、直辖市高级人民法院，解放军军事法院，新疆维吾尔自治区高级人民法院生产建设兵团分院：

为正确适用刑法第二百零五条关于虚开增值税专用发票罪的有关规定，确保罪责刑相适应，现就有关问题通知如下：

一、自本通知下发之日起，人民法院在审判工作中不再参照执行《最高人民法院关于适用〈全国人民代表大会常务委员会关于惩治虚开、伪造和非法出售增值税专用发票犯罪的决定〉的若干问题的解释》（法发〔1996〕30号）第一条规定的虚开增值税专用发票罪的定罪量刑标准。

二、在新的司法解释颁行前，对虚开增值税专用发票刑事案件定罪量刑的数额标准，可以参照《最高人民法院关于审理骗取出口退税刑事案件具体应用法律若干问题的解释》（法释〔2002〕30号）第三条的规定执行，即虚开的税款数额在五万元以上的，以虚开增值税专用发票罪处三年以下有期徒刑或者拘役，并处二万元以上二十万元以下罚金；虚开的税款数额在五十万元以上的，认定为刑法第二百零五条规定的"数额较大"；虚开的税款数额在二百五十万元以上的，认定为刑法第二百零五条规定的"数额巨大"。

以上通知，请遵照执行。执行中发现的新情况、新问题，请及时报告我院。

四 消费税

行政法规及文件

中华人民共和国消费税暂行条例

（1993年12月13日中华人民共和国国务院令第135号公布 2008年11月5日国务院第34次常务会议修订通过 2008年11月10日中华人民共和国国务院令第539号公布 自2009年1月1日起施行）

第一条 在中华人民共和国境内生产、委托加工和进口本条例规定的消费品的单位和个人，以及国务院确定的销售本条例规定的消费品的其他单位和个人，为消费税的纳税人，应当依照本条例缴纳消费税。

第二条 消费税的税目、税率，依照本条例所附的《消费税税目税率表》执行。

消费税税目、税率的调整，由国务院决定。

第三条 纳税人兼营不同税率的应当缴纳消费税的消费品（以下简称应税消费品），应当分别核算不同税率应税消费品的销售额、销售数量；未分别核算销售额、销售数量，或者将不同税率的应税消费品组成成套消费品销售的，从高适用税率。

第四条　纳税人生产的应税消费品，于纳税人销售时纳税。纳税人自产自用的应税消费品，用于连续生产应税消费品的，不纳税；用于其他方面的，于移送使用时纳税。

委托加工的应税消费品，除受托方为个人外，由受托方在向委托方交货时代收代缴税款。委托加工的应税消费品，委托方用于连续生产应税消费品的，所纳税款准予按规定抵扣。

进口的应税消费品，于报关进口时纳税。

第五条　消费税实行从价定率、从量定额，或者从价定率和从量定额复合计税（以下简称复合计税）的办法计算应纳税额。应纳税额计算公式：

实行从价定率办法计算的应纳税额＝销售额×比例税率

实行从量定额办法计算的应纳税额＝销售数量×定额税率

实行复合计税办法计算的应纳税额＝销售额×比例税率＋销售数量×定额税率

纳税人销售的应税消费品，以人民币计算销售额。纳税人以人民币以外的货币结算销售额的，应当折合成人民币计算。

第六条　销售额为纳税人销售应税消费品向购买方收取的全部价款和价外费用。

第七条　纳税人自产自用的应税消费品，按照纳税人生产的同类消费品的销售价格计算纳税；没有同类消费品销售价格的，按照组成计税价格计算纳税。

实行从价定率办法计算纳税的组成计税价格计算公式：

组成计税价格＝（成本＋利润）÷（1－比例税率）

实行复合计税办法计算纳税的组成计税价格计算公式：

组成计税价格＝（成本＋利润＋自产自用数量×定额税率）÷（1－比例税率）

第八条　委托加工的应税消费品，按照受托方的同类消费品的销售价格计算纳税；没有同类消费品销售价格的，按照组成计税价格计算纳税。

实行从价定率办法计算纳税的组成计税价格计算公式：

组成计税价格＝（材料成本＋加工费）÷（1－比例税率）

实行复合计税办法计算纳税的组成计税价格计算公式：

组成计税价格＝（材料成本＋加工费＋委托加工数量×定额税率）÷（1－比例税率）

第九条 进口的应税消费品，按照组成计税价格计算纳税。

实行从价定率办法计算纳税的组成计税价格计算公式：

组成计税价格＝（关税完税价格＋关税）÷（1－消费税比例税率）

实行复合计税办法计算纳税的组成计税价格计算公式：

组成计税价格＝（关税完税价格＋关税＋进口数量×消费税定额税率）÷（1－消费税比例税率）

第十条 纳税人应税消费品的计税价格明显偏低并无正当理由的，由主管税务机关核定其计税价格。

第十一条 对纳税人出口应税消费品，免征消费税；国务院另有规定的除外。出口应税消费品的免税办法，由国务院财政、税务主管部门规定。

第十二条 消费税由税务机关征收，进口的应税消费品的消费税由海关代征。

个人携带或者邮寄进境的应税消费品的消费税，连同关税一并计征。具体办法由国务院关税税则委员会会同有关部门制定。

第十三条 纳税人销售的应税消费品，以及自产自用的应税消费品，除国务院财政、税务主管部门另有规定外，应当向纳税人机构所在地或者居住地的主管税务机关申报纳税。

委托加工的应税消费品，除受托方为个人外，由受托方向机构所在地或者居住地的主管税务机关解缴消费税税款。

进口的应税消费品，应当向报关地海关申报纳税。

第十四条 消费税的纳税期限分别为 1 日、3 日、5 日、10 日、

15日、1个月或者1个季度。纳税人的具体纳税期限,由主管税务机关根据纳税人应纳税额的大小分别核定;不能按照固定期限纳税的,可以按次纳税。

纳税人以1个月或者1个季度为1个纳税期的,自期满之日起15日内申报纳税;以1日、3日、5日、10日或者15日为1个纳税期的,自期满之日起5日内预缴税款,于次月1日起15日内申报纳税并结清上月应纳税款。

第十五条 纳税人进口应税消费品,应当自海关填发海关进口消费税专用缴款书之日起15日内缴纳税款。

第十六条 消费税的征收管理,依照《中华人民共和国税收征收管理法》及本条例有关规定执行。

第十七条 本条例自2009年1月1日起施行。

附:

消费税税目税率表

税　目	税　率
一、烟	
1. 卷烟	
(1) 甲类卷烟	45%加0.003元/支
(2) 乙类卷烟	30%加0.003元/支
2. 雪茄烟	25%
3. 烟丝	30%
二、酒及酒精	
1. 白酒	20% 加 0.5 元/500 克(或者500毫升)
2. 黄酒	240元/吨
3. 啤酒	
(1) 甲类啤酒	250元/吨
(2) 乙类啤酒	220元/吨
4. 其他酒	10%
5. 酒精	5%

续表

税　　目	税　　率
三、化妆品	30%
四、贵重首饰及珠宝玉石 　1. 金银首饰、铂金首饰和钻石及钻石饰品 　2. 其他贵重首饰和珠宝玉石	 5% 10%
五、鞭炮、焰火	15%
六、成品油 　1. 汽油 　　（1）含铅汽油 　　（2）无铅汽油 　2. 柴油 　3. 航空煤油 　4. 石脑油 　5. 溶剂油 　6. 润滑油 　7. 燃料油	 0.28元/升 0.20元/升 0.10元/升 0.10元/升 0.20元/升 0.20元/升 0.20元/升 0.10元/升
七、汽车轮胎	3%
八、摩托车 　1. 气缸容量（排气量，下同）在250毫升（含250毫升）以下的 　2. 气缸容量在250毫升以上的	 3% 10%
九、小汽车 　1. 乘用车 　　（1）气缸容量（排气量，下同）在1.0升（含1.0升）以下的 　　（2）气缸容量在1.0升以上至1.5升（含1.5升）的 　　（3）气缸容量在1.5升以上至2.0升（含2.0升）的 　　（4）气缸容量在2.0升以上至2.5升（含2.5升）的 　　（5）气缸容量在2.5升以上至3.0升（含3.0升）的	 1% 3% 5% 9% 12%

续表

税　目	税　率
（6）气缸容量在 3.0 升以上至 4.0 升（含 4.0 升）的	25%
（7）气缸容量在 4.0 升以上的	40%
2. 中轻型商用客车	5%
十、高尔夫球及球具	10%
十一、高档手表	20%
十二、游艇	10%
十三、木制一次性筷子	5%
十四、实木地板	5%

部门规章及文件

中华人民共和国消费税暂行条例实施细则

（2008 年 12 月 15 日财政部、国家税务总局令第 51 号公布　自 2009 年 1 月 1 日起施行）

第一条　根据《中华人民共和国消费税暂行条例》（以下简称条例），制定本细则。

第二条　条例第一条所称单位，是指企业、行政单位、事业单位、军事单位、社会团体及其他单位。

条例第一条所称个人，是指个体工商户及其他个人。

条例第一条所称在中华人民共和国境内，是指生产、委托加工和进口属于应当缴纳消费税的消费品的起运地或者所在地在境内。

第三条　条例所附《消费税税目税率表》中所列应税消费品的

具体征税范围，由财政部、国家税务总局确定。

第四条 条例第三条所称纳税人兼营不同税率的应当缴纳消费税的消费品，是指纳税人生产销售两种税率以上的应税消费品。

第五条 条例第四条第一款所称销售，是指有偿转让应税消费品的所有权。

前款所称有偿，是指从购买方取得货币、货物或者其他经济利益。

第六条 条例第四条第一款所称用于连续生产应税消费品，是指纳税人将自产自用的应税消费品作为直接材料生产最终应税消费品，自产自用应税消费品构成最终应税消费品的实体。

条例第四条第一款所称用于其他方面，是指纳税人将自产自用应税消费品用于生产非应税消费品、在建工程、管理部门、非生产机构、提供劳务、馈赠、赞助、集资、广告、样品、职工福利、奖励等方面。

第七条 条例第四条第二款所称委托加工的应税消费品，是指由委托方提供原料和主要材料，受托方只收取加工费和代垫部分辅助材料加工的应税消费品。对于由受托方提供原材料生产的应税消费品，或者受托方先将原材料卖给委托方，然后再接受加工的应税消费品，以及由受托方以委托方名义购进原材料生产的应税消费品，不论在财务上是否作销售处理，都不得作为委托加工应税消费品，而应当按照销售自制应税消费品缴纳消费税。

委托加工的应税消费品直接出售的，不再缴纳消费税。

委托个人加工的应税消费品，由委托方收回后缴纳消费税。

第八条 消费税纳税义务发生时间，根据条例第四条的规定，分列如下：

（一）纳税人销售应税消费品的，按不同的销售结算方式分别为：

1. 采取赊销和分期收款结算方式的，为书面合同约定的收款日期的当天，书面合同没有约定收款日期或者无书面合同的，为发出应税消费品的当天；

2. 采取预收货款结算方式的，为发出应税消费品的当天；

3. 采取托收承付和委托银行收款方式的，为发出应税消费品并办妥托收手续的当天；

4. 采取其他结算方式的，为收讫销售款或者取得索取销售款凭据的当天。

（二）纳税人自产自用应税消费品的，为移送使用的当天。

（三）纳税人委托加工应税消费品的，为纳税人提货的当天。

（四）纳税人进口应税消费品的，为报关进口的当天。

第九条　条例第五条第一款所称销售数量，是指应税消费品的数量。具体为：

（一）销售应税消费品的，为应税消费品的销售数量；

（二）自产自用应税消费品的，为应税消费品的移送使用数量；

（三）委托加工应税消费品的，为纳税人收回的应税消费品数量；

（四）进口应税消费品的，为海关核定的应税消费品进口征税数量。

第十条　实行从量定额办法计算应纳税额的应税消费品，计量单位的换算标准如下：

（一）黄酒　1吨=962升

（二）啤酒　1吨=988升

（三）汽油　1吨=1388升

（四）柴油　1吨=1176升

（五）航空煤油　1吨=1246升

（六）石脑油　1吨=1385升

（七）溶剂油　1吨=1282升

（八）润滑油　1吨=1126升

(九) 燃料油　1 吨＝1015 升

第十一条　纳税人销售的应税消费品，以人民币以外的货币结算销售额的，其销售额的人民币折合率可以选择销售额发生的当天或者当月 1 日的人民币汇率中间价。纳税人应在事先确定采用何种折合率，确定后 1 年内不得变更。

第十二条　条例第六条所称销售额，不包括应向购货方收取的增值税税款。如果纳税人应税消费品的销售额中未扣除增值税税款或者因不得开具增值税专用发票而发生价款和增值税税款合并收取的，在计算消费税时，应当换算为不含增值税税款的销售额。其换算公式为：

应税消费品的销售额＝含增值税的销售额÷（1＋增值税税率或者征收率）

第十三条　应税消费品连同包装物销售的，无论包装物是否单独计价以及在会计上如何核算，均应并入应税消费品的销售额中缴纳消费税。如果包装物不作价随同产品销售，而是收取押金，此项押金则不应并入应税消费品的销售额中征税。但对因逾期未收回的包装物不再退还的或者已收取的时间超过 12 个月的押金，应并入应税消费品的销售额，按照应税消费品的适用税率缴纳消费税。

对既作价随同应税消费品销售，又另外收取押金的包装物的押金，凡纳税人在规定的期限内没有退还的，均应并入应税消费品的销售额，按照应税消费品的适用税率缴纳消费税。

第十四条　条例第六条所称价外费用，是指价外向购买方收取的手续费、补贴、基金、集资费、返还利润、奖励费、违约金、滞纳金、延期付款利息、赔偿金、代收款项、代垫款项、包装费、包装物租金、储备费、优质费、运输装卸费以及其他各种性质的价外收费。但下列项目不包括在内：

（一）同时符合以下条件的代垫运输费用：

1. 承运部门的运输费用发票开具给购买方的；

2. 纳税人将该项发票转交给购买方的。

（二）同时符合以下条件代为收取的政府性基金或者行政事业性收费：

1. 由国务院或者财政部批准设立的政府性基金，由国务院或者省级人民政府及其财政、价格主管部门批准设立的行政事业性收费；

2. 收取时开具省级以上财政部门印制的财政票据；

3. 所收款项全额上缴财政。

第十五条 条例第七条第一款所称纳税人自产自用的应税消费品，是指依照条例第四条第一款规定于移送使用时纳税的应税消费品。

条例第七条第一款、第八条第一款所称同类消费品的销售价格，是指纳税人或者代收代缴义务人当月销售的同类消费品的销售价格，如果当月同类消费品各期销售价格高低不同，应按销售数量加权平均计算。但销售的应税消费品有下列情况之一的，不得列入加权平均计算：

（一）销售价格明显偏低并无正当理由的；

（二）无销售价格的。

如果当月无销售或者当月未完结，应按照同类消费品上月或者最近月份的销售价格计算纳税。

第十六条 条例第七条所称成本，是指应税消费品的产品生产成本。

第十七条 条例第七条所称利润，是指根据应税消费品的全国平均成本利润率计算的利润。应税消费品全国平均成本利润率由国家税务总局确定。

第十八条 条例第八条所称材料成本，是指委托方所提供加工材料的实际成本。

委托加工应税消费品的纳税人，必须在委托加工合同上如实注明（或者以其他方式提供）材料成本，凡未提供材料成本的，受托方主管税务机关有权核定其材料成本。

第十九条　条例第八条所称加工费，是指受托方加工应税消费品向委托方所收取的全部费用（包括代垫辅助材料的实际成本）。

第二十条　条例第九条所称关税完税价格，是指海关核定的关税计税价格。

第二十一条　条例第十条所称应税消费品的计税价格的核定权限规定如下：

（一）卷烟、白酒和小汽车的计税价格由国家税务总局核定，送财政部备案；

（二）其他应税消费品的计税价格由省、自治区和直辖市国家税务局核定；

（三）进口的应税消费品的计税价格由海关核定。

第二十二条　出口的应税消费品办理退税后，发生退关，或者国外退货进口时予以免税的，报关出口者必须及时向其机构所在地或者居住地主管税务机关申报补缴已退的消费税税款。

纳税人直接出口的应税消费品办理免税后，发生退关或者国外退货，进口时已予以免税的，经机构所在地或者居住地主管税务机关批准，可暂不办理补税，待其转为国内销售时，再申报补缴消费税。

第二十三条　纳税人销售的应税消费品，如因质量等原因由购买者退回时，经机构所在地或者居住地主管税务机关审核批准后，可退还已缴纳的消费税税款。

第二十四条　纳税人到外县（市）销售或者委托外县（市）代销自产应税消费品的，于应税消费品销售后，向机构所在地或者居住地主管税务机关申报纳税。

纳税人的总机构与分支机构不在同一县（市）的，应当分别向各自机构所在地的主管税务机关申报纳税；经财政部、国家税务总局或者其授权的财政、税务机关批准,可以由总机构汇总向总机构所在地的主管税务机关申报纳税。

委托个人加工的应税消费品,由委托方向其机构所在地或者居住地主管税务机关申报纳税。

进口的应税消费品,由进口人或者其代理人向报关地海关申报纳税。

第二十五条 本细则自2009年1月1日起施行。

财政部、国家税务总局关于《中华人民共和国消费税暂行条例实施细则》有关条款解释的通知

(2012年7月13日 财法〔2012〕8号)

各省、自治区、直辖市、计划单列市财政厅(局)、国家税务局,新疆生产建设兵团财务局:

《中华人民共和国消费税暂行条例实施细则》(财政部令第51号)第七条第二款规定,"委托加工的应税消费品直接出售的,不再缴纳消费税"。现将这一规定的含义解释如下:

委托方将收回的应税消费品,以不高于受托方的计税价格出售的,为直接出售,不再缴纳消费税;委托方以高于受托方的计税价格出售的,不属于直接出售,需按照规定申报缴纳消费税,在计税时准予扣除受托方已代收代缴的消费税。

本规定自2012年9月1日起施行。

财政部、税务总局关于部分成品油消费税政策执行口径的公告

(2023 年 6 月 30 日　财政部、税务总局公告 2023 年第 11 号)

为促进成品油行业规范健康发展,根据《财政部、国家税务总局关于提高成品油消费税税率的通知》(财税〔2008〕167 号),现将符合《成品油消费税征收范围注释》规定的部分成品油消费税政策执行口径公告如下:

一、对烷基化油(异辛烷)按照汽油征收消费税。

二、对石油醚、粗白油、轻质白油、部分工业白油(5 号、7 号、10 号、15 号、22 号、32 号、46 号)按照溶剂油征收消费税。

三、对混合芳烃、重芳烃、混合碳八、稳定轻烃、轻油、轻质煤焦油按照石脑油征收消费税。

四、对航天煤油参照航空煤油暂缓征收消费税。

五、本公告自发布之日起执行。本公告所列油品,在公告发布前已经发生的事项,不再进行税收调整。

国家税务总局关于电子烟消费税征收管理有关事项的公告

(2022 年 10 月 25 日　国家税务总局公告 2022 年第 22 号)

根据《财政部、海关总署、税务总局关于对电子烟征收消费税

的公告》（2022年第33号，以下简称33号公告）规定，自2022年11月1日起对电子烟征收消费税。现将征收管理有关事项公告如下：

一、税务总局在税控开票软件中更新了《商品和服务税收分类编码表》，纳税人销售电子烟应当选择"电子烟"类编码开具发票。

二、《消费税及附加税费申报表》〔《国家税务总局关于增值税消费税与附加税费申报表整合有关事项的公告》（2021年第20号）附件7〕附注1《应税消费品名称、税率和计量单位对照表》中新增"电子烟"子目，调整后的表式见附件。

三、符合33号公告第二条规定的纳税人，从事生产、批发电子烟业务应当按规定填报《消费税及附加税费申报表》，办理消费税纳税申报。

四、根据《中华人民共和国消费税暂行条例实施细则》第十七条的规定和我国电子烟行业生产经营的实际情况，电子烟全国平均成本利润率暂定为10%。

五、本公告自2022年11月1日起施行。《国家税务总局关于增值税 消费税与附加税费申报表整合有关事项的公告》（2021年第20号）附件7的附注1同时废止。各级税务机关要根据33号公告和本公告的规定，对相关纳税人做好政策宣传和辅导工作，及时为其办理消费税税种认定。

特此公告。

附件：应税消费品名称、税率和计量单位对照表（略）

卷烟消费税计税价格信息采集和核定管理办法

(2011年10月27日国家税务总局令第26号公布 根据2018年6月15日《国家税务总局关于修改部分税务部门规章的决定》修正)

第一条 根据《中华人民共和国税收征收管理法》、《中华人民共和国消费税暂行条例》和《中华人民共和国消费税暂行条例实施细则》的规定,制定本办法。

第二条 卷烟价格信息采集范围为在中华人民共和国境内销售的所有牌号、规格的卷烟。

卷烟消费税最低计税价格(以下简称计税价格)核定范围为卷烟生产企业在生产环节销售的所有牌号、规格的卷烟。

第三条 卷烟价格信息采集的内容包括:卷烟牌号规格、卷烟类别、卷烟条包装商品条码、销售数量、销售价格和销售额及其他相关信息。

第四条 卷烟批发企业所在地主管税务机关负责卷烟价格信息采集和审核工作。

第五条 《卷烟批发企业月份销售明细清单》(以下简称《清单》,见附件),为卷烟批发企业申报缴纳消费税(以下简称申报纳税)的附报资料,由卷烟批发企业按月填写,于每月申报纳税时一并向主管税务机关报送。

第六条 《卷烟生产企业年度销售明细表》(以下简称《明细表》,见附件),由卷烟生产企业于次年的1月份填写,于填报当月申报纳税时一并向主管税务机关报送。

第七条 《清单》和《明细表》由主管税务机关审核后,于申报期结束后10个工作日内逐级上报至省（自治区、直辖市和计划单列市）税务局（以下简称省税务局）。省税务局应于次月15日前，上报国家税务总局。

第八条 新牌号、新规格卷烟信息，由国家烟草专卖局于批准生产企业新牌号、新规格卷烟执行销售价格的当月，将卷烟牌号规格、类别、卷烟条包装商品条码、调拨价格、批发价格及建议计税价格等信息送国家税务总局。

卷烟生产企业应于新牌号、新规格卷烟实际销售的当月将上述信息报送主管税务机关。

第九条 本办法第三条所称卷烟条包装商品条码按以下标准采集：

（一）标准条（200支/条）包装的卷烟，为条包装卷烟的商品标识代码；

（二）非标准条包装的卷烟，为卷烟实际外包装商品标识代码。

第十条 计税价格由国家税务总局按照卷烟批发环节销售价格扣除卷烟批发环节批发毛利核定并发布。计税价格的核定公式为：

某牌号、规格卷烟计税价格＝批发环节销售价格×（1－适用批发毛利率）

第十一条 卷烟批发环节销售价格，按照税务机关采集的所有卷烟批发企业在价格采集期内销售的该牌号、规格卷烟的数量、销售额进行加权平均计算。计算公式为：

$$批发环节销售价格 = \frac{\Sigma 该牌号规格卷烟各采集点的销售额}{\Sigma 该牌号规格卷烟各采集点的销售数量}$$

第十二条 卷烟批发毛利率具体标准为：

（一）调拨价格满146.15元的一类烟34%；

（二）其他一类烟29%；

（三）二类烟25%；

（四）三类烟25%；

（五）四类烟20%；

（六）五类烟15%。

调整后的卷烟批发毛利率，由国家税务总局另行发布。

第十三条 已经核定计税价格的卷烟，发生下列情况，国家税务总局将重新核定计税价格：

（一）卷烟价格调整的；

（二）卷烟批发毛利率调整的；

（三）通过《清单》采集的卷烟批发环节销售价格扣除卷烟批发毛利后，卷烟平均销售价格连续6个月高于国家税务总局已核定计税价格10%，且无正当理由的。

第十四条 计税价格核定时限分别为：

（一）新牌号、新规格的卷烟，国家税务总局于收到国家烟草专卖局相关信息满8个月或信息采集期满6个月后的次月核定并发布。

（二）已经核定计税价格的卷烟：

1. 全行业卷烟价格或毛利率调整的，由国家烟草专卖局向国家税务总局提请重新调整计税价格。国家税务总局于收到申请调整计税价格文件后1个月内核定并发布；

2. 个别牌号、规格卷烟价格调整的，由卷烟生产企业向主管税务机关提出重新核定计税价格的申请，主管税务机关逐级上报至国家税务总局。国家税务总局于收到申请调整计税价格文件后1个月内核定并发布；

3. 连续6个月高于计税价格的，经相关省税务局核实后，且无正当理由的，国家税务总局于收到省税务局核实文件后1个月内核定并发布。

第十五条 未经国家税务总局核定计税价格的新牌号、新规格卷烟，生产企业应按卷烟调拨价格申报纳税。

已经国家税务总局核定计税价格的卷烟，生产企业实际销售价格高于计税价格的，按实际销售价格确定适用税率，计算应纳税款并申报纳税；实际销售价格低于计税价格的，按计税价格确定适用税率，计算应纳税款并申报纳税。

第十六条　对于在6个月内未按规定向国家税务总局报送信息资料的新牌号、新规格卷烟，国家税务总局将按照《清单》采集的实际销售价格适用最低档批发毛利率核定计税价格。

第十七条　卷烟批发企业编制虚假批发环节实际销售价格信息的，由主管税务机关按照《中华人民共和国税收征收管理法》有关规定处理。

第十八条　卷烟生产企业套用其他牌号、规格卷烟已核定计税价格，造成企业少缴消费税税款的，由主管税务机关自新牌号、新规格卷烟投放市场之日起调整卷烟生产企业应纳税收入，追缴少缴消费税税款，并按照《中华人民共和国税收征收管理法》有关规定处理。

第十九条　国家税务总局依据国家烟草专卖局备案信息及《清单》，建立全国统一的卷烟信息库，记录各牌号规格卷烟核价的相关信息。

第二十条　本办法下列用语的含义：

"卷烟牌号规格"，是指经国家烟草专卖局批准生产的卷烟商标牌号规格。

"卷烟类别"，是指国家烟草专卖局划分的卷烟类别，即一类卷烟、二类卷烟、三类卷烟、四类卷烟和五类卷烟。

一类卷烟：是指每标准条（200支，下同）调拨价格满100元的卷烟。

二类卷烟：是指每标准条调拨价格满70元不满100元的卷烟。

三类卷烟：是指每标准条调拨价格满30元不满70元的卷烟。

四类卷烟：是指每标准条调拨价格满16.5元不满30元的卷烟。

五类卷烟：是指每标准条调拨价格不满 16.5 元的卷烟。

"卷烟条包装商品条码"，是指经国家烟草专卖局批准并下发的，符合国家标准规定的 13 位条包装卷烟的商品标识代码和非标准包装（如听、扁盒等）卷烟的外包装商品标识代码。

"新牌号卷烟"，是指在国家工商行政管理总局商标局新注册商标牌号，且未经国家税务总局核定计税价格的卷烟。

"新规格卷烟"，是指 2009 年 5 月 1 日卷烟消费税政策调整后，卷烟名称、产品类型、条与盒包装形式、包装支数等主要信息发生变更时，必须作为新产品重新申请新的卷烟商品条码的卷烟。

"卷烟调拨价格"，是指卷烟生产企业向商业企业销售卷烟的价格，不含增值税。

本办法所称的销售价格、销售额均不含增值税。

第二十一条 本办法自 2012 年 1 月 1 日起施行。2003 年 1 月 23 日国家税务总局公布的《卷烟消费税计税价格信息采集和核定管理办法》（国家税务总局令第 5 号）同时废止。

附件： 表 1. 卷烟批发企业月份销售明细清单及填表说明

表 2. 卷烟批发企业月份销售明细汇总表及填表说明

表 3. 卷烟生产企业年度销售明细表及填表说明

表 4. 卷烟生产企业年度销售明细汇总表及填表说明

附表1：

卷烟批发企业月份销售明细清单

填报单位：　　　　所属期：　　年　月　　　单位：万支、元、元/条（200支）

卷烟条包装商品条码	卷烟牌号规格	卷烟类别	卷烟类型	销售价格	销售数量	销售额	备注
1	2	3	4	5	6	7	8

卷烟批发企业月份销售明细清单填表说明

1. 本表由批发企业消费税纳税人填报，作为《卷烟消费税纳税申报表（批发）》的附报资料，于办理消费税纳税申报时一并报送。

2. 本表第2栏"卷烟牌号规格"名称为经国家烟草专卖局批准生产的卷烟牌号规格。

3. 本表第4栏"卷烟类型"为国产卷烟、进口卷烟、罚没卷烟、其他。

4. 本表第5栏"销售价格"为卷烟批发企业向零售单位销售卷烟的实际价格，不含增值税。计量单位为"元/条（200支）"，非标准条包装的卷烟应折算成标准条卷烟价格。

5. 本表第6栏"销售数量"为卷烟批发企业向零售单位销售卷烟的数量。计量单位为"万支"。

6. 本表第7栏"销售额"为卷烟批发企业向零售单位销售卷烟的实际销售额，不含增值税。计量单位为"元"。

7. 本表为A4横式，同时报送电子文件。

8. 本表所有数字小数点后保留两位。

附表2:

卷烟批发企业月份销售明细汇总表

填报单位： 所属期： 年 月 单位：万支、元、元/条（200支）

企业名称	卷烟条包装商品条码	卷烟牌号规格	卷烟类别	卷烟类型	销售价格	销售数量	销售额	备注
1	2	3	4	5	6	7	8	9

卷烟批发企业月份销售明细汇总表填表说明

1. 本表为月报，由省（自治区、直辖市、计划单列市）税务局汇总填报。

2. 本表第1栏"企业名称"为卷烟批发企业名称。

3. 本表第3栏"卷烟牌号规格"名称为经国家烟草专卖局批准生产的卷烟牌号规格。

4. 本表第5栏"卷烟类型"为国产卷烟、进口卷烟、罚没卷烟、其他。

5. 本表第6栏"销售价格"为卷烟批发企业向零售单位销售卷烟的实际价格，不含增值税。计量单位为"元/条（200支）"，非标准条包装的卷烟应折算成标准条卷烟价格。

6. 本表第7栏"销售数量"为卷烟批发企业向零售单位销售卷烟的数量。计量单位为"万支"。

7. 本表第8栏"销售额"为卷烟批发企业向零售单位销售卷烟的实际销售额，不含增值税。计量单位为"元"。

8. 本表为A4横式，同时报送电子文件。

9. 本表所有数字小数点后保留两位。

附表3：

卷烟生产企业年度销售明细表

所属期：　　　　　年度

企业名称：　　　　　　　　　　　　　　　　　　　计量单位：万支、元、元/条（200支）

卷烟条包装商品条码	卷烟牌号规格	产量	销量	销售价格	调拨价格	消费税计税价格	销售额	备注
1	2	3	4	5	6	7	8	9

卷烟生产企业年度销售明细表填表说明

1. 本表为年报，由卷烟生产企业消费税纳税人于年度终了后填写，作为《烟类应税消费品消费税纳税申报表》的附报资料于次年1月份办理消费税纳税申报时一并报送。

2. 本表第2栏"卷烟牌号规格"为经国家烟草专卖局批准生产的卷烟牌号规格。

3. 本表第3栏、第4栏"产量、销量"为报表所属期内同一牌号、规格卷烟产量、销量，计量单位为"万支"。

4. 本表第5栏"销售价格"为生产企业实际销售同一牌号、规格卷烟价格，不含增值税，计量单位为"元/条（200支）"，非标准条包装的卷烟应折算成标准条卷烟价格。

5. 本表第6栏"调拨价格"为国家烟草专卖局核定的卷烟价格，计量单位为"元/条（200支）"，非标准条包装的卷烟应折算成标准条卷烟价格。

6. 本表第7栏"消费税计税价格"为国家税务总局核定并下发的计税价格，计量单位为"元/条（200支）"。

7. 在同一所属期内消费税计税价格发生变化的，应分行填写，并在备注栏中标注变动日期，同时填写核定消费税计税价格的文件字号。

8. 未核定计税价格的卷烟、出口的卷烟，按实际销售价格填报。

9. 已核定消费税计税价格但已停产卷烟、新牌号新规格卷烟、价格变动牌号卷烟、出口卷烟分别在备注栏中注明"停产"、"新牌号"、"价格变动"、"出口"字样。

10. 本表第8栏"销售额"，不含增值税，计量单位为"元"。

11. 本表为A4横式，所有数字小数点后保留两位。一式二份，一份纳税人留存，一份税务机关留存。

附表 4:

卷烟生产企业年度销售明细汇总表

所属期： 年度

填报单位： 计量单位：万支、元、元/条（200 支）

企业名称	卷烟条包装商品条码	卷烟牌号规格	产量	销量	销售价格	调拨价格	消费税计税价格	销售额	备注
1	2	3	4	5	6	7	8	9	10

卷烟生产企业年度销售明细汇总表填表说明

1. 本表为年报，由省（自治区、直辖市、计划单列市）税务局汇总填报。

2. 本表第 1 栏"企业名称"为卷烟生产企业名称。

3. 本表第 3 栏"卷烟牌号规格"为经国家烟草专卖局批准生产的卷烟牌号规格。

4. 本表第 4 栏、第 5 栏"产量、销量"为报表所属期内同一牌号、规格卷烟产量、销量，计量单位为"万支"。

5. 本表第 6 栏"销售价格"为生产企业实际销售同一牌号、规格卷烟价格，不含增值税，计量单位为"元/条（200 支）"，非标准条包装的卷烟应折算成标准条卷烟价格。

6. 本表第 7 栏"调拨价格"为国家烟草专卖局核定的卷烟价格，计量单位为"元/条（200 支）"，非标准条包装的卷烟应折算成标准条卷烟价格。

7. 本表第 8 栏"消费税计税价格"为国家税务总局核定并下发的计税价格，计量单位为"元/条（200 支）"。

8. 在同一所属期内消费税计税价格发生变化的，应分行填写，并在备注栏中标注变动日期，同时填写核定消费税计税价格的文件字号。

9. 未核定计税价格的卷烟、出口的卷烟，按实际销售价格填报。

10. 已核定消费税计税价格但已停产卷烟、新牌号新规格卷烟、价格变动牌号卷烟、出口卷烟分别在备注栏中注明"停产"、"新牌号"、"价格变动"、"出口"字样。

11. 本表第 9 栏"销售额"不含增值税，计量单位为"元"。

12. 本表为 A4 横式，所有数字小数点后保留两位。一式二份，一份纳税人留存，一份税务机关留存。

五 关 税

法 律

中华人民共和国关税法

（2024年4月26日第十四届全国人民代表大会常务委员会第九次会议通过 2024年4月26日中华人民共和国主席令第23号公布 自2024年12月1日起施行）

第一章 总 则

第一条 为了规范关税的征收和缴纳，维护进出口秩序，促进对外贸易，推进高水平对外开放，推动高质量发展，维护国家主权和利益，保护纳税人合法权益，根据宪法，制定本法。

第二条 中华人民共和国准许进出口的货物、进境物品，由海关依照本法和有关法律、行政法规的规定征收关税。

第三条 进口货物的收货人、出口货物的发货人、进境物品的携带人或者收件人，是关税的纳税人。

从事跨境电子商务零售进口的电子商务平台经营者、物流企业和报关企业，以及法律、行政法规规定负有代扣代缴、代收代缴关税税款义务的单位和个人，是关税的扣缴义务人。

第四条 进出口货物的关税税目、税率以及税目、税率的适用规则等,依照本法所附《中华人民共和国进出口税则》(以下简称《税则》)执行。

第五条 个人合理自用的进境物品,按照简易征收办法征收关税。超过个人合理自用数量的进境物品,按照进口货物征收关税。

个人合理自用的进境物品,在规定数额以内的免征关税。

进境物品关税简易征收办法和免征关税数额由国务院规定,报全国人民代表大会常务委员会备案。

第六条 关税工作坚持中国共产党的领导,贯彻落实党和国家路线方针政策、决策部署,为国民经济和社会发展服务。

第七条 国务院设立关税税则委员会,履行下列职责:

(一)审议关税工作重大规划,拟定关税改革发展方案,并组织实施;

(二)审议重大关税政策和对外关税谈判方案;

(三)提出《税则》调整建议;

(四)定期编纂、发布《税则》;

(五)解释《税则》的税目、税率;

(六)决定征收反倾销税、反补贴税、保障措施关税,实施国务院决定的其他关税措施;

(七)法律、行政法规和国务院规定的其他职责。

国务院关税税则委员会的组成和工作规则由国务院规定。

第八条 海关及其工作人员对在履行职责中知悉的纳税人、扣缴义务人的商业秘密、个人隐私、个人信息,应当依法予以保密,不得泄露或者非法向他人提供。

第二章 税目和税率

第九条 关税税目由税则号列和目录条文等组成。

关税税目适用规则包括归类规则等。进出口货物的商品归类,应当按照《税则》规定的目录条文和归类总规则、类注、章注、子目注释、本国子目注释，以及其他归类注释确定，并归入相应的税则号列。

根据实际需要，国务院关税税则委员会可以提出调整关税税目及其适用规则的建议，报国务院批准后发布执行。

第十条 进口关税设置最惠国税率、协定税率、特惠税率、普通税率。

出口关税设置出口税率。

对实行关税配额管理的进出口货物，设置关税配额税率。

对进出口货物在一定期限内可以实行暂定税率。

第十一条 关税税率的适用应当符合相应的原产地规则。

完全在一个国家或者地区获得的货物，以该国家或者地区为原产地；两个以上国家或者地区参与生产的货物，以最后完成实质性改变的国家或者地区为原产地。国务院根据中华人民共和国缔结或者共同参加的国际条约、协定对原产地的确定另有规定的，依照其规定。

进口货物原产地的具体确定，依照本法和国务院及其有关部门的规定执行。

第十二条 原产于共同适用最惠国待遇条款的世界贸易组织成员的进口货物，原产于与中华人民共和国缔结或者共同参加含有相互给予最惠国待遇条款的国际条约、协定的国家或者地区的进口货物，以及原产于中华人民共和国境内的进口货物，适用最惠国税率。

原产于与中华人民共和国缔结或者共同参加含有关税优惠条款的国际条约、协定的国家或者地区且符合国际条约、协定有关规定的进口货物，适用协定税率。

原产于中华人民共和国给予特殊关税优惠安排的国家或者地区且符合国家原产地管理规定的进口货物，适用特惠税率。

原产于本条第一款至第三款规定以外的国家或者地区的进口货

物，以及原产地不明的进口货物，适用普通税率。

第十三条 适用最惠国税率的进口货物有暂定税率的，适用暂定税率。

适用协定税率的进口货物有暂定税率的，从低适用税率；其最惠国税率低于协定税率且无暂定税率的，适用最惠国税率。

适用特惠税率的进口货物有暂定税率的，从低适用税率。

适用普通税率的进口货物，不适用暂定税率。

适用出口税率的出口货物有暂定税率的，适用暂定税率。

第十四条 实行关税配额管理的进出口货物，关税配额内的适用关税配额税率，有暂定税率的适用暂定税率；关税配额外的，其税率的适用按照本法第十二条、第十三条的规定执行。

第十五条 关税税率的调整，按照下列规定执行：

（一）需要调整中华人民共和国在加入世界贸易组织议定书中承诺的最惠国税率、关税配额税率和出口税率的，由国务院关税税则委员会提出建议，经国务院审核后报全国人民代表大会常务委员会决定。

（二）根据实际情况，在中华人民共和国加入世界贸易组织议定书中承诺的范围内调整最惠国税率、关税配额税率和出口税率，调整特惠税率适用的国别或者地区、货物范围和税率，或者调整普通税率的，由国务院决定，报全国人民代表大会常务委员会备案。

（三）特殊情况下最惠国税率的适用，由国务院决定，报全国人民代表大会常务委员会备案。

协定税率在完成有关国际条约、协定的核准或者批准程序后，由国务院关税税则委员会组织实施。

实行暂定税率的货物范围、税率和期限由国务院关税税则委员会决定。

与关税税目调整相关的税率的技术性转换，由国务院关税税则委员会提出建议，报国务院批准后执行。

关税税率依照前四款规定调整的，由国务院关税税则委员会发布。

第十六条 依法对进口货物征收反倾销税、反补贴税、保障措施关税的，其税率的适用按照有关反倾销、反补贴和保障措施的法律、行政法规的规定执行。

第十七条 任何国家或者地区不履行与中华人民共和国缔结或者共同参加的国际条约、协定中的最惠国待遇条款或者关税优惠条款，国务院关税税则委员会可以提出按照对等原则采取相应措施的建议，报国务院批准后执行。

第十八条 任何国家或者地区违反与中华人民共和国缔结或者共同参加的国际条约、协定，对中华人民共和国在贸易方面采取禁止、限制、加征关税或者其他影响正常贸易的措施的，对原产于该国家或者地区的进口货物可以采取征收报复性关税等措施。

征收报复性关税的货物范围、适用国别或者地区、税率、期限和征收办法，由国务院关税税则委员会提出建议，报国务院批准后执行。

第十九条 涉及本法第十六条、第十七条、第十八条规定措施的进口货物，纳税人未提供证明材料，或者提供了证明材料但经海关审核仍无法排除该货物原产于被采取规定措施的国家或者地区的，对该货物适用下列两项税率中较高者：

（一）因采取规定措施对相关货物所实施的最高税率与按照本法第十二条、第十三条、第十四条规定适用的税率相加后的税率；

（二）普通税率。

第二十条 进出口货物、进境物品，应当适用纳税人、扣缴义务人完成申报之日实施的税率。

进口货物到达前，经海关核准先行申报的，应当适用装载该货物的运输工具申报进境之日实施的税率。

第二十一条 有下列情形之一的，应当适用纳税人、扣缴义务人办理纳税手续之日实施的税率：

（一）保税货物不复运出境，转为内销；

（二）减免税货物经批准转让、移作他用或者进行其他处置；

（三）暂时进境货物不复运出境或者暂时出境货物不复运进境；

（四）租赁进口货物留购或者分期缴纳税款。

第二十二条 补征或者退还关税税款，应当按照本法第二十条或者第二十一条的规定确定适用的税率。

因纳税人、扣缴义务人违反规定需要追征税款的，应当适用违反规定行为发生之日实施的税率；行为发生之日不能确定的，适用海关发现该行为之日实施的税率。

第三章 应 纳 税 额

第二十三条 关税实行从价计征、从量计征、复合计征的方式征收。

实行从价计征的，应纳税额按照计税价格乘以比例税率计算。

实行从量计征的，应纳税额按照货物数量乘以定额税率计算。

实行复合计征的，应纳税额按照计税价格乘以比例税率与货物数量乘以定额税率之和计算。

第二十四条 进口货物的计税价格以成交价格以及该货物运抵中华人民共和国境内输入地点起卸前的运输及其相关费用、保险费为基础确定。

进口货物的成交价格，是指卖方向中华人民共和国境内销售该货物时买方为进口该货物向卖方实付、应付的，并按照本法第二十五条、第二十六条规定调整后的价款总额，包括直接支付的价款和间接支付的价款。

进口货物的成交价格应当符合下列条件：

（一）对买方处置或者使用该货物不予限制，但法律、行政法规规定的限制、对货物转售地域的限制和对货物价格无实质性影响的限制除外；

（二）该货物的成交价格没有因搭售或者其他因素的影响而无法确定；

（三）卖方不得从买方直接或者间接获得因该货物进口后转售、处置或者使用而产生的任何收益，或者虽有收益但能够按照本法第二十五条、第二十六条的规定进行调整；

（四）买卖双方没有特殊关系，或者虽有特殊关系但未对成交价格产生影响。

第二十五条　进口货物的下列费用应当计入计税价格：

（一）由买方负担的购货佣金以外的佣金和经纪费；

（二）由买方负担的与该货物视为一体的容器的费用；

（三）由买方负担的包装材料费用和包装劳务费用；

（四）与该货物的生产和向中华人民共和国境内销售有关的，由买方以免费或者以低于成本的方式提供并可以按适当比例分摊的料件、工具、模具、消耗材料及类似货物的价款，以及在中华人民共和国境外开发、设计等相关服务的费用；

（五）作为该货物向中华人民共和国境内销售的条件，买方必须支付的、与该货物有关的特许权使用费；

（六）卖方直接或者间接从买方获得的该货物进口后转售、处置或者使用的收益。

第二十六条　进口时在货物的价款中列明的下列费用、税收，不计入该货物的计税价格：

（一）厂房、机械、设备等货物进口后进行建设、安装、装配、维修和技术服务的费用，但保修费用除外；

（二）进口货物运抵中华人民共和国境内输入地点起卸后的运输及其相关费用、保险费；

（三）进口关税及国内税收。

第二十七条　进口货物的成交价格不符合本法第二十四条第三

款规定条件，或者成交价格不能确定的，海关经了解有关情况，并与纳税人进行价格磋商后，依次以下列价格估定该货物的计税价格：

（一）与该货物同时或者大约同时向中华人民共和国境内销售的相同货物的成交价格；

（二）与该货物同时或者大约同时向中华人民共和国境内销售的类似货物的成交价格；

（三）与该货物进口的同时或者大约同时，将该进口货物、相同或者类似进口货物在中华人民共和国境内第一级销售环节销售给无特殊关系买方最大销售总量的单位价格，但应当扣除本法第二十八条规定的项目；

（四）按照下列各项总和计算的价格：生产该货物所使用的料件成本和加工费用，向中华人民共和国境内销售同等级或者同种类货物通常的利润和一般费用，该货物运抵中华人民共和国境内输入地点起卸前的运输及其相关费用、保险费；

（五）以合理方法估定的价格。

纳税人可以向海关提供有关资料，申请调整前款第三项和第四项的适用次序。

第二十八条　按照本法第二十七条第一款第三项规定估定计税价格，应当扣除下列项目：

（一）同等级或者同种类货物在中华人民共和国境内第一级销售环节销售时通常的利润和一般费用以及通常支付的佣金；

（二）进口货物运抵中华人民共和国境内输入地点起卸后的运输及其相关费用、保险费；

（三）进口关税及国内税收。

第二十九条　出口货物的计税价格以该货物的成交价格以及该货物运至中华人民共和国境内输出地点装载前的运输及其相关费用、保险费为基础确定。

出口货物的成交价格,是指该货物出口时卖方为出口该货物应当向买方直接收取和间接收取的价款总额。

出口关税不计入计税价格。

第三十条 出口货物的成交价格不能确定的,海关经了解有关情况,并与纳税人进行价格磋商后,依次以下列价格估定该货物的计税价格:

(一)与该货物同时或者大约同时向同一国家或者地区出口的相同货物的成交价格;

(二)与该货物同时或者大约同时向同一国家或者地区出口的类似货物的成交价格;

(三)按照下列各项总和计算的价格:中华人民共和国境内生产相同或者类似货物的料件成本、加工费用,通常的利润和一般费用,境内发生的运输及其相关费用、保险费;

(四)以合理方法估定的价格。

第三十一条 海关可以依申请或者依职权,对进出口货物、进境物品的计税价格、商品归类和原产地依法进行确定。

必要时,海关可以组织化验、检验,并将海关认定的化验、检验结果作为确定计税价格、商品归类和原产地的依据。

第四章 税收优惠和特殊情形关税征收

第三十二条 下列进出口货物、进境物品,免征关税:

(一)国务院规定的免征额度内的一票货物;

(二)无商业价值的广告品和货样;

(三)进出境运输工具装载的途中必需的燃料、物料和饮食用品;

(四)在海关放行前损毁或者灭失的货物、进境物品;

(五)外国政府、国际组织无偿赠送的物资;

(六)中华人民共和国缔结或者共同参加的国际条约、协定规定免征关税的货物、进境物品；

（七）依照有关法律规定免征关税的其他货物、进境物品。

第三十三条 下列进出口货物、进境物品，减征关税：

（一）在海关放行前遭受损坏的货物、进境物品；

（二）中华人民共和国缔结或者共同参加的国际条约、协定规定减征关税的货物、进境物品；

（三）依照有关法律规定减征关税的其他货物、进境物品。

前款第一项减征关税，应当根据海关认定的受损程度办理。

第三十四条 根据维护国家利益、促进对外交往、经济社会发展、科技创新需要或者由于突发事件等原因，国务院可以制定关税专项优惠政策，报全国人民代表大会常务委员会备案。

第三十五条 减免税货物应当依法办理手续。需由海关监管使用的减免税货物应当接受海关监管，在监管年限内转让、移作他用或者进行其他处置，按照国家有关规定需要补税的，应当补缴关税。

对需由海关监管使用的减免税进境物品，参照前款规定执行。

第三十六条 保税货物复运出境的，免征关税；不复运出境转为内销的，按照规定征收关税。加工贸易保税进口料件或者其制成品内销的，除按照规定征收关税外，还应当征收缓税利息。

第三十七条 暂时进境或者暂时出境的下列货物、物品，可以依法暂不缴纳关税，但该货物、物品应当自进境或者出境之日起六个月内复运出境或者复运进境；需要延长复运出境或者复运进境期限的，应当根据海关总署的规定向海关办理延期手续：

（一）在展览会、交易会、会议以及类似活动中展示或者使用的货物、物品；

（二）文化、体育交流活动中使用的表演、比赛用品；

（三）进行新闻报道或者摄制电影、电视节目使用的仪器、设备及用品；

（四）开展科研、教学、医疗卫生活动使用的仪器、设备及用品；

（五）在本款第一项至第四项所列活动中使用的交通工具及特种车辆；

（六）货样；

（七）供安装、调试、检测设备时使用的仪器、工具；

（八）盛装货物的包装材料；

（九）其他用于非商业目的的货物、物品。

前款所列货物、物品在规定期限内未复运出境或者未复运进境的，应当依法缴纳关税。

第三十八条　本法第三十七条规定以外的其他暂时进境的货物、物品，应当根据该货物、物品的计税价格和其在境内滞留时间与折旧时间的比例计算缴纳进口关税；该货物、物品在规定期限届满后未复运出境的，应当补足依法应缴纳的关税。

本法第三十七条规定以外的其他暂时出境货物，在规定期限届满后未复运进境的，应当依法缴纳关税。

第三十九条　因品质、规格原因或者不可抗力，出口货物自出口之日起一年内原状复运进境的，不征收进口关税。因品质、规格原因或者不可抗力，进口货物自进口之日起一年内原状复运出境的，不征收出口关税。

特殊情形下，经海关批准，可以适当延长前款规定的期限，具体办法由海关总署规定。

第四十条　因残损、短少、品质不良或者规格不符原因，进出口货物的发货人、承运人或者保险公司免费补偿或者更换的相同货物，进出口时不征收关税。被免费更换的原进口货物不退运出境或者原出口货物不退运进境的，海关应当对原进出口货物重新按照规定征收关税。

纳税人应当在原进出口合同约定的请求赔偿期限内且不超过原

进出口放行之日起三年内，向海关申报办理免费补偿或者更换货物的进出口手续。

第五章 征收管理

第四十一条 关税征收管理可以实施货物放行与税额确定相分离的模式。

关税征收管理应当适应对外贸易新业态新模式发展需要，提升信息化、智能化、标准化、便利化水平。

第四十二条 进出口货物的纳税人、扣缴义务人可以按照规定选择海关办理申报纳税。

纳税人、扣缴义务人应当按照规定的期限和要求如实向海关申报税额，并提供相关资料。必要时，海关可以要求纳税人、扣缴义务人补充申报。

第四十三条 进出口货物的纳税人、扣缴义务人应当自完成申报之日起十五日内缴纳税款；符合海关规定条件并提供担保的，可以于次月第五个工作日结束前汇总缴纳税款。因不可抗力或者国家税收政策调整，不能按期缴纳的，经向海关申请并提供担保，可以延期缴纳，但最长不得超过六个月。

纳税人、扣缴义务人未在前款规定的纳税期限内缴纳税款的，自规定的期限届满之日起，按日加收滞纳税款万分之五的滞纳金。

税款尚未缴纳，纳税人、扣缴义务人依照有关法律、行政法规的规定申请提供担保要求放行货物的，海关应当依法办理担保手续。

第四十四条 进出口货物的纳税人在规定的纳税期限内有转移、藏匿其应税货物以及其他财产的明显迹象，或者存在其他可能导致无法缴纳税款风险的，海关可以责令其提供担保；纳税人不提供担保的，经直属海关关长或者其授权的隶属海关关长批准，海关可以实施下列强制措施：

（一）书面通知银行业金融机构冻结纳税人金额相当于应纳税款的存款、汇款；

（二）查封、扣押纳税人价值相当于应纳税款的货物或者其他财产。

纳税人在规定的纳税期限内缴纳税款的，海关应当立即解除强制措施。

第四十五条　自纳税人、扣缴义务人缴纳税款或者货物放行之日起三年内，海关有权对纳税人、扣缴义务人的应纳税额进行确认。

海关确认的应纳税额与纳税人、扣缴义务人申报的税额不一致的，海关应当向纳税人、扣缴义务人出具税额确认书。纳税人、扣缴义务人应当按照税额确认书载明的应纳税额，在海关规定的期限内补缴税款或者办理退税手续。

经海关确认应纳税额后需要补缴税款但未在规定的期限内补缴的，自规定的期限届满之日起，按日加收滞纳税款万分之五的滞纳金。

第四十六条　因纳税人、扣缴义务人违反规定造成少征或者漏征税款的，海关可以自缴纳税款或者货物放行之日起三年内追征税款，并自缴纳税款或者货物放行之日起，按日加收少征或者漏征税款万分之五的滞纳金。

第四十七条　对走私行为，海关追征税款、滞纳金的，不受前条规定期限的限制，并有权核定应纳税额。

第四十八条　海关发现海关监管货物因纳税人、扣缴义务人违反规定造成少征或者漏征税款的，应当自纳税人、扣缴义务人应缴纳税款之日起三年内追征税款，并自应缴纳税款之日起按日加收少征或者漏征税款万分之五的滞纳金。

第四十九条　海关可以对纳税人、扣缴义务人欠缴税款的情况予以公告。

纳税人未缴清税款、滞纳金且未向海关提供担保的，经直属海关关长或者其授权的隶属海关关长批准，海关可以按照规定通知移民管理机构对纳税人或者其法定代表人依法采取限制出境措施。

第五十条 纳税人、扣缴义务人未按照规定的期限缴纳或者解缴税款的，由海关责令其限期缴纳；逾期仍未缴纳且无正当理由的，经直属海关关长或者其授权的隶属海关关长批准，海关可以实施下列强制执行措施：

（一）书面通知银行业金融机构划拨纳税人、扣缴义务人金额相当于应纳税款的存款、汇款；

（二）查封、扣押纳税人、扣缴义务人价值相当于应纳税款的货物或者其他财产，依法拍卖或者变卖所查封、扣押的货物或者其他财产，以拍卖或者变卖所得抵缴税款，剩余部分退还纳税人、扣缴义务人。

海关实施强制执行时，对未缴纳的滞纳金同时强制执行。

第五十一条 海关发现多征税款的，应当及时通知纳税人办理退还手续。

纳税人发现多缴税款的，可以自缴纳税款之日起三年内，向海关书面申请退还多缴的税款。海关应当自受理申请之日起三十日内查实并通知纳税人办理退还手续，纳税人应当自收到通知之日起三个月内办理退还手续。

第五十二条 有下列情形之一的，纳税人自缴纳税款之日起一年内，可以向海关申请退还关税：

（一）已征进口关税的货物，因品质、规格原因或者不可抗力，一年内原状复运出境；

（二）已征出口关税的货物，因品质、规格原因或者不可抗力，一年内原状复运进境，并已重新缴纳因出口而退还的国内环节有关税收；

（三）已征出口关税的货物，因故未装运出口，申报退关。

申请退还关税应当以书面形式提出，并提供原缴款凭证及相关资料。海关应当自受理申请之日起三十日内查实并通知纳税人办理退还手续。纳税人应当自收到通知之日起三个月内办理退还手续。

按照其他有关法律、行政法规规定应当退还关税的，海关应当依法予以退还。

第五十三条 按照规定退还关税的，应当加算银行同期活期存款利息。

第五十四条 对规避本法第二章、第三章有关规定，不具有合理商业目的而减少应纳税额的行为，国家可以采取调整关税等反规避措施。

第五十五条 报关企业接受纳税人的委托，以纳税人的名义办理报关纳税手续，因报关企业违反规定造成海关少征、漏征税款的，报关企业对少征或者漏征的税款及其滞纳金与纳税人承担纳税的连带责任。

报关企业接受纳税人的委托，以报关企业的名义办理报关纳税手续的，报关企业与纳税人承担纳税的连带责任。

第五十六条 除不可抗力外，在保管海关监管货物期间，海关监管货物损毁或者灭失的，对海关监管货物负有保管义务的单位或者个人应当承担相应的纳税责任。

第五十七条 未履行纳税义务的纳税人有合并、分立情形的，在合并、分立前，应当向海关报告，依法缴清税款、滞纳金或者提供担保。纳税人合并时未缴清税款、滞纳金或者未提供担保的，由合并后的法人或者非法人组织继续履行未履行的纳税义务；纳税人分立时未缴清税款、滞纳金或者未提供担保的，分立后的法人或者非法人组织对未履行的纳税义务承担连带责任。

纳税人在减免税货物、保税货物监管期间，有合并、分立或者其他资产重组情形的，应当向海关报告；按照规定需要缴税的，应当依法缴清税款、滞纳金或者提供担保；按照规定可以继续享受减免税、保税的，应当向海关办理变更纳税人的手续。

纳税人未履行纳税义务或者在减免税货物、保税货物监管期间，有解散、破产或者其他依法终止经营情形的，应当在清算前向海关报告。海关应当依法清缴税款、滞纳金。

第五十八条 海关征收的税款优先于无担保债权，法律另有规定的除外。纳税人欠缴税款发生在纳税人以其财产设定抵押、质押之前的，税款应当先于抵押权、质权执行。

纳税人欠缴税款，同时被行政机关处以罚款、没收违法所得，其财产不足以同时支付的，应当先缴纳税款。

第五十九条 税款、滞纳金应当按照国家有关规定及时缴入国库。

退还税款、利息涉及从国库中退库的，按照法律、行政法规有关国库管理的规定执行。

第六十条 税款、滞纳金、利息等应当以人民币计算。

进出口货物、进境物品的价格以及有关费用以人民币以外的货币计算的，按照纳税人完成申报之日的计征汇率折合为人民币计算。

前款所称计征汇率，是指按照海关总署规定确定的日期当日的人民币汇率中间价。

第六十一条 海关因关税征收的需要，可以依法向有关政府部门和机构查询纳税人的身份、账户、资金往来等涉及关税的信息，有关政府部门和机构应当在职责范围内予以协助和配合。海关获取的涉及关税的信息只能用于关税征收目的。

第六章 法律责任

第六十二条 有下列情形之一的，由海关给予警告；情节严重的，处三万元以下的罚款：

（一）未履行纳税义务的纳税人有合并、分立情形，在合并、

分立前,未向海关报告;

(二)纳税人在减免税货物、保税货物监管期间,有合并、分立或者其他资产重组情形,未向海关报告;

(三)纳税人未履行纳税义务或者在减免税货物、保税货物监管期间,有解散、破产或者其他依法终止经营情形,未在清算前向海关报告。

第六十三条 纳税人欠缴应纳税款,采取转移或者藏匿财产等手段,妨碍海关依法追征欠缴的税款的,除由海关追征欠缴的税款、滞纳金外,处欠缴税款百分之五十以上五倍以下的罚款。

第六十四条 扣缴义务人应扣未扣、应收未收税款的,由海关向纳税人追征税款,对扣缴义务人处应扣未扣、应收未收税款百分之五十以上三倍以下的罚款。

第六十五条 对本法第六十二条、第六十三条、第六十四条规定以外其他违反本法规定的行为,由海关依照《中华人民共和国海关法》等法律、行政法规的规定处罚。

第六十六条 纳税人、扣缴义务人、担保人对海关确定纳税人、商品归类、货物原产地、纳税地点、计征方式、计税价格、适用税率或者汇率,决定减征或者免征税款,确认应纳税额、补缴税款、退还税款以及加收滞纳金等征税事项有异议的,应当依法先向上一级海关申请行政复议;对行政复议决定不服的,可以依法向人民法院提起行政诉讼。

当事人对海关作出的前款规定以外的行政行为不服的,可以依法申请行政复议,也可以依法向人民法院提起行政诉讼。

第六十七条 违反本法规定,滥用职权、玩忽职守、徇私舞弊或者泄露、非法向他人提供在履行职责中知悉的商业秘密、个人隐私、个人信息的,依法给予处分。

第六十八条 违反本法规定,构成犯罪的,依法追究刑事责任。

第七章 附 则

第六十九条 《中华人民共和国海南自由贸易港法》对海南自由贸易港的关税事宜另有规定的，依照其规定。

第七十条 进口环节海关代征税的征收管理，适用关税征收管理的规定。

船舶吨税的征收，《中华人民共和国船舶吨税法》未作规定的，适用关税征收管理的规定。

第七十一条 从事免税商品零售业务应当经过批准，具体办法由国务院规定。

第七十二条 本法自2024年12月1日起施行。《中华人民共和国进出口关税条例》同时废止。

附：中华人民共和国进出口税则（注：《中华人民共和国进出口税则》由国务院关税税则委员会发布）

中华人民共和国海关法（节录）

（1987年1月22日第六届全国人民代表大会常务委员会第十九次会议通过　根据2000年7月8日第九届全国人民代表大会常务委员会第十六次会议《关于修改〈中华人民共和国海关法〉的决定》第一次修正　根据2013年6月29日第十二届全国人民代表大会常务委员会第三次会议《关于修改〈中华人民共和国文物保护法〉等十二部法律的决定》第二次修正　根据2013年12月28日第十二届全国人民代表大会常务委员会第六次会议《关于修改〈中华人民共和国海洋环境保护法〉等七部法律的决定》

第三次修正　根据2016年11月7日第十二届全国人民代表大会常务委员会第二十四次会议《关于修改〈中华人民共和国对外贸易法〉等十二部法律的决定》第四次修正　根据2017年11月4日第十二届全国人民代表大会常务委员会第三十次会议《关于修改〈中华人民共和国会计法〉等十一部法律的决定》第五次修正　根据2021年4月29日第十三届全国人民代表大会常务委员会第二十八次会议《关于修改〈中华人民共和国道路交通安全法〉等八部法律的决定》第六次修正）

……

第五章　关　　税

第五十三条　准许进出口的货物、进出境物品，由海关依法征收关税。

第五十四条　进口货物的收货人、出口货物的发货人、进出境物品的所有人，是关税的纳税义务人。

第五十五条　进出口货物的完税价格，由海关以该货物的成交价格为基础审查确定。成交价格不能确定时，完税价格由海关依法估定。

进口货物的完税价格包括货物的货价、货物运抵中华人民共和国境内输入地点起卸前的运输及其相关费用、保险费；出口货物的完税价格包括货物的货价、货物运至中华人民共和国境内输出地点装载前的运输及其相关费用、保险费，但是其中包含的出口关税税额，应当予以扣除。

进出境物品的完税价格，由海关依法确定。

第五十六条　下列进出口货物、进出境物品，减征或者免征关税：

（一）无商业价值的广告品和货样；

（二）外国政府、国际组织无偿赠送的物资；

（三）在海关放行前遭受损坏或者损失的货物；

（四）规定数额以内的物品；

（五）法律规定减征、免征关税的其他货物、物品；

（六）中华人民共和国缔结或者参加的国际条约规定减征、免征关税的货物、物品。

第五十七条 特定地区、特定企业或者有特定用途的进出口货物，可以减征或者免征关税。特定减税或者免税的范围和办法由国务院规定。

依照前款规定减征或者免征关税进口的货物，只能用于特定地区、特定企业或者特定用途，未经海关核准并补缴关税，不得移作他用。

第五十八条 本法第五十六条、第五十七条第一款规定范围以外的临时减征或者免征关税，由国务院决定。

第五十九条 暂时进口或者暂时出口的货物，以及特准进口的保税货物，在货物收发货人向海关缴纳相当于税款的保证金或者提供担保后，准予暂时免纳关税。

第六十条 进出口货物的纳税义务人，应当自海关填发税款缴款书之日起十五日内缴纳税款；逾期缴纳的，由海关征收滞纳金。纳税义务人、担保人超过三个月仍未缴纳的，经直属海关关长或者其授权的隶属海关关长批准，海关可以采取下列强制措施：

（一）书面通知其开户银行或者其他金融机构从其存款中扣缴税款；

（二）将应税货物依法变卖，以变卖所得抵缴税款；

（三）扣留并依法变卖其价值相当于应纳税款的货物或者其他财产，以变卖所得抵缴税款。

海关采取强制措施时，对前款所列纳税义务人、担保人未缴纳的滞纳金同时强制执行。

进出境物品的纳税义务人,应当在物品放行前缴纳税款。

第六十一条　进出口货物的纳税义务人在规定的纳税期限内有明显的转移、藏匿其应税货物以及其他财产迹象的,海关可以责令纳税义务人提供担保;纳税义务人不能提供纳税担保的,经直属海关关长或者其授权的隶属海关关长批准,海关可以采取下列税收保全措施:

(一)书面通知纳税义务人开户银行或者其他金融机构暂停支付纳税义务人相当于应纳税款的存款;

(二)扣留纳税义务人价值相当于应纳税款的货物或者其他财产。

纳税义务人在规定的纳税期限内缴纳税款的,海关必须立即解除税收保全措施;期限届满仍未缴纳税款的,经直属海关关长或者其授权的隶属海关关长批准,海关可以书面通知纳税义务人开户银行或者其他金融机构从其暂停支付的存款中扣缴税款,或者依法变卖所扣留的货物或者其他财产,以变卖所得抵缴税款。

采取税收保全措施不当,或者纳税义务人在规定期限内已缴纳税款,海关未立即解除税收保全措施,致使纳税义务人的合法权益受到损失的,海关应当依法承担赔偿责任。

第六十二条　进出口货物、进出境物品放行后,海关发现少征或者漏征税款,应当自缴纳税款或者货物、物品放行之日起一年内,向纳税义务人补征。因纳税义务人违反规定而造成的少征或者漏征,海关在三年以内可以追征。

第六十三条　海关多征的税款,海关发现后应当立即退还;纳税义务人自缴纳税款之日起一年内,可以要求海关退还。

第六十四条　纳税义务人同海关发生纳税争议时,应当缴纳税款,并可以依法申请行政复议;对复议决定仍不服的,可以依法向人民法院提起诉讼。

第六十五条 进口环节海关代征税的征收管理，适用关税征收管理的规定。

……

部门规章及文件

中华人民共和国海关进出口货物征税管理办法

（2005年1月4日海关总署令第124号公布　根据2010年11月26日《海关总署关于修改部分规章的决定》第一次修正　根据2014年3月13日《海关总署关于修改部分规章的决定》第二次修正　根据2017年12月20日《海关总署关于修改部分规章的决定》第三次修正　根据2018年5月29日《海关总署关于修改部分规章的决定》第四次修正）

第一章　总　　则

第一条　为了保证国家税收政策的贯彻实施，加强海关税收管理，确保依法征税，保障国家税收，维护纳税义务人的合法权益，根据《中华人民共和国海关法》（以下简称《海关法》）、《中华人民共和国进出口关税条例》（以下简称《关税条例》）以及其他有关法律、行政法规的规定，制定本办法。

第二条　海关征税工作，应当遵循准确归类、正确估价、依率计征、依法减免、严肃退补、及时入库的原则。

第三条　进出口关税、进口环节海关代征税的征收管理适用本办法。

进境物品进口税和船舶吨税的征收管理按照有关法律、行政法规和部门规章的规定执行,有关法律、行政法规、部门规章未作规定的,适用本办法。

第四条 海关应当按照国家有关规定承担保密义务,妥善保管纳税义务人提供的涉及商业秘密的资料,除法律、行政法规另有规定外,不得对外提供。

纳税义务人可以书面向海关提出为其保守商业秘密的要求,并且具体列明需要保密的内容,但不得以商业秘密为理由拒绝向海关提供有关资料。

第二章 进出口货物税款的征收

第一节 申报与审核

第五条 纳税义务人进出口货物时应当依法向海关办理申报手续,按照规定提交有关单证。海关认为必要时,纳税义务人还应当提供确定商品归类、完税价格、原产地等所需的相关资料。提供的资料为外文的,海关需要时,纳税义务人应当提供中文译文并且对译文内容负责。

进出口减免税货物的,纳税义务人还应当提交主管海关签发的《进出口货物征免税证明》(以下简称《征免税证明》),但本办法第七十条所列减免税货物除外。

第六条 纳税义务人应当按照法律、行政法规和海关规章关于商品归类、审定完税价格和原产地管理的有关规定,如实申报进出口货物的商品名称、税则号列(商品编号)、规格型号、价格、运保费及其他相关费用、原产地、数量等。

第七条 为审核确定进出口货物的商品归类、完税价格、原产地等,海关可以要求纳税义务人按照有关规定进行补充申报。纳税义务人认为必要时,也可以主动要求进行补充申报。

第八条 海关应当按照法律、行政法规和海关规章的规定,对纳税义务人申报的进出口货物商品名称、规格型号、税则号列、原产地、价格、成交条件、数量等进行审核。

海关可以根据口岸通关和货物进出口的具体情况，在货物通关环节仅对申报内容作程序性审核，在货物放行后再进行申报价格、商品归类、原产地等是否真实、正确的实质性核查。

第九条 海关为审核确定进出口货物的商品归类、完税价格及原产地等，可以对进出口货物进行查验，组织化验、检验或者对相关企业进行核查。

经审核，海关发现纳税义务人申报的进出口货物税则号列有误的，应当按照商品归类的有关规则和规定予以重新确定。

经审核，海关发现纳税义务人申报的进出口货物价格不符合成交价格条件，或者成交价格不能确定的，应当按照审定进出口货物完税价格的有关规定另行估价。

经审核，海关发现纳税义务人申报的进出口货物原产地有误的，应当通过审核纳税义务人提供的原产地证明、对货物进行实际查验或者审核其他相关单证等方法，按照海关原产地管理的有关规定予以确定。

经审核，海关发现纳税义务人提交的减免税申请或者所申报的内容不符合有关减免税规定的，应当按照规定计征税款。

纳税义务人违反海关规定，涉嫌伪报、瞒报的，应当按照规定移交海关调查或者缉私部门处理。

第十条 纳税义务人在货物实际进出口前，可以按照有关规定向海关申请对进出口货物进行商品预归类、价格预审核或者原产地预确定。海关审核确定后，应当书面通知纳税义务人，并且在货物实际进出口时予以认可。

第二节 税款的征收

第十一条 海关应当根据进出口货物的税则号列、完税价格、原产地、适用的税率和汇率计征税款。

第十二条 海关应当按照《关税条例》有关适用最惠国税率、协定税率、特惠税率、普通税率、出口税率、关税配额税率或者暂定税率,以及实施反倾销措施、反补贴措施、保障措施或者征收报复性关税等适用税率的规定,确定进出口货物适用的税率。

第十三条 进出口货物,应当适用海关接受该货物申报进口或者出口之日实施的税率。

进口货物到达前,经海关核准先行申报的,应当适用装载该货物的运输工具申报进境之日实施的税率。

进口转关运输货物,应当适用指运地海关接受该货物申报进口之日实施的税率;货物运抵指运地前,经海关核准先行申报的,应当适用装载该货物的运输工具抵达指运地之日实施的税率。

出口转关运输货物,应当适用启运地海关接受该货物申报出口之日实施的税率。

经海关批准,实行集中申报的进出口货物,应当适用每次货物进出口时海关接受该货物申报之日实施的税率。

因超过规定期限未申报而由海关依法变卖的进口货物,其税款计征应当适用装载该货物的运输工具申报进境之日实施的税率。

因纳税义务人违反规定需要追征税款的进出口货物,应当适用违反规定的行为发生之日实施的税率;行为发生之日不能确定的,适用海关发现该行为之日实施的税率。

第十四条 已申报进境并且放行的保税货物、减免税货物、租赁货物或者已申报进出境并且放行的暂时进出境货物,有下列情形之一需缴纳税款的,应当适用海关接受纳税义务人再次填写报关单申报办理纳税及有关手续之日实施的税率:

(一)保税货物经批准不复运出境的;

(二)保税仓储货物转入国内市场销售的;

(三)减免税货物经批准转让或者移作他用的;

（四）可以暂不缴纳税款的暂时进出境货物，不复运出境或者进境的；

（五）租赁进口货物，分期缴纳税款的。

第十五条 补征或者退还进出口货物税款，应当按照本办法第十三条和第十四条的规定确定适用的税率。

第十六条 进出口货物的价格及有关费用以外币计价的，海关按照该货物适用税率之日所适用的计征汇率折合为人民币计算完税价格。完税价格采用四舍五入法计算至分。

海关每月使用的计征汇率为上一个月第三个星期三（第三个星期三为法定节假日的，顺延采用第四个星期三）中国人民银行公布的外币对人民币的基准汇率；以基准汇率币种以外的外币计价的，采用同一时间中国银行公布的现汇买入价和现汇卖出价的中间值（人民币元后采用四舍五入法保留4位小数）。如果上述汇率发生重大波动，海关总署认为必要时，可以另行规定计征汇率，并且对外公布。

第十七条 海关应当按照《关税条例》的规定，以从价、从量或者国家规定的其他方式对进出口货物征收关税。

海关应当按照有关法律、行政法规规定的适用税种、税目、税率和计算公式对进口货物计征进口环节海关代征税。

除另有规定外，关税和进口环节海关代征税按照下述计算公式计征：

从价计征关税的计算公式为：应纳税额=完税价格×关税税率

从量计征关税的计算公式为：应纳税额=货物数量×单位关税税额

计征进口环节增值税的计算公式为：应纳税额=（完税价格+实征关税税额+实征消费税税额）×增值税税率

从价计征进口环节消费税的计算公式为：应纳税额=〔（完税价格+实征关税税额）/（1-消费税税率）〕×消费税税率

从量计征进口环节消费税的计算公式为：应纳税额＝货物数量×单位消费税税额

第十八条 除另有规定外，海关应当在货物实际进境，并且完成海关现场接单审核工作之后及时填发税款缴款书。需要通过对货物进行查验确定商品归类、完税价格、原产地的，应当在查验核实之后填发或者更改税款缴款书。

纳税义务人收到税款缴款书后应当办理签收手续。

第十九条 海关税款缴款书一式六联，第一联（收据）由银行收款签章后交缴款单位或者纳税义务人；第二联（付款凭证）由缴款单位开户银行作为付出凭证；第三联（收款凭证）由收款国库作为收入凭证；第四联（回执）由国库盖章后退回海关财务部门；第五联（报查）国库收款后，关税专用缴款书退回海关，海关代征税专用缴款书送当地税务机关；第六联（存根）由填发单位存查。

第二十条 纳税义务人应当自海关填发税款缴款书之日起15日内向指定银行缴纳税款。逾期缴纳税款的，由海关自缴款期限届满之日起至缴清税款之日止，按日加收滞纳税款万分之五的滞纳金。纳税义务人应当自海关填发滞纳金缴款书之日起15日内向指定银行缴纳滞纳金。滞纳金缴款书的格式与税款缴款书相同。

缴款期限届满日遇星期六、星期日等休息日或者法定节假日的，应当顺延至休息日或者法定节假日之后的第一个工作日。国务院临时调整休息日与工作日的，海关应当按照调整后的情况计算缴款期限。

第二十一条 关税、进口环节海关代征税、滞纳金等，应当按人民币计征，采用四舍五入法计算至分。

滞纳金的起征点为50元。

第二十二条 银行收讫税款日为纳税义务人缴清税款之日。纳税义务人向银行缴纳税款后，应当及时将盖有证明银行已收讫税款的业务印章的税款缴款书送交填发海关验核，海关据此办理核注手续。

海关发现银行未按照规定及时将税款足额划转国库的，应当将有关情况通知国库。

第二十三条 纳税义务人缴纳税款前不慎遗失税款缴款书的，可以向填发海关提出补发税款缴款书的书面申请。海关应当自接到纳税义务人的申请之日起2个工作日内审核确认并且重新予以补发。海关补发的税款缴款书内容应当与原税款缴款书完全一致。

纳税义务人缴纳税款后遗失税款缴款书的，可以自缴纳税款之日起1年内向填发海关提出确认其已缴清税款的书面申请，海关经审查核实后，应当予以确认，但不再补发税款缴款书。

第二十四条 纳税义务人因不可抗力或者国家税收政策调整不能按期缴纳税款的，依法提供税款担保后，可以向海关办理延期缴纳税款手续。

第二十五条 散装进出口货物发生溢短装的，按照以下规定办理：

（一）溢装数量在合同、发票标明数量3%以内的，或者短装的，海关应当根据审定的货物单价，按照合同、发票标明数量计征税款。

（二）溢装数量超过合同、发票标明数量3%的，海关应当根据审定的货物单价，按照实际进出口数量计征税款。

第二十六条 纳税义务人、担保人自缴款期限届满之日起超过3个月仍未缴纳税款或者滞纳金的，海关可以按照《海关法》第六十条的规定采取强制措施。

纳税义务人在规定的缴纳税款期限内有明显的转移、藏匿其应税货物以及其他财产迹象的，海关可以责令纳税义务人向海关提供税款担保。纳税义务人不能提供税款担保的，海关可以按照《海关法》第六十一条的规定采取税收保全措施。

采取强制措施和税收保全措施的具体办法另行规定。

第三章　特殊进出口货物税款的征收

第一节　无代价抵偿货物

第二十七条　进口无代价抵偿货物，不征收进口关税和进口环节海关代征税；出口无代价抵偿货物，不征收出口关税。

前款所称无代价抵偿货物是指进出口货物在海关放行后，因残损、短少、品质不良或者规格不符原因，由进出口货物的发货人、承运人或者保险公司免费补偿或者更换的与原货物相同或者与合同规定相符的货物。

第二十八条　纳税义务人应当在原进出口合同规定的索赔期内且不超过原货物进出口之日起3年，向海关申报办理无代价抵偿货物的进出口手续。

第二十九条　纳税义务人申报进口无代价抵偿货物，应当提交买卖双方签订的索赔协议。

海关认为需要时，纳税义务人还应当提交具有资质的商品检验机构出具的原进口货物残损、短少、品质不良或者规格不符的检验证明书或者其他有关证明文件。

第三十条　纳税义务人申报出口无代价抵偿货物，应当提交买卖双方签订的索赔协议。

海关认为需要时，纳税义务人还应当提交具有资质的商品检验机构出具的原出口货物残损、短少、品质不良或者规格不符的检验证明书或者其他有关证明文件。

第三十一条　纳税义务人申报进出口的无代价抵偿货物，与退运出境或者退运进境的原货物不完全相同或者与合同规定不完全相符的，应当向海关说明原因。

海关经审核认为理由正当，且其税则号列未发生改变的，应当按照审定进出口货物完税价格的有关规定和原进出口货物适用的计征汇率、税率，审核确定其完税价格、计算应征税款。应征税款高于原进出口货物已征税款的，应当补征税款的差额部分。应征税款低于原进出口货物已征税款，且原进出口货物的发货人、承运人或者保险公司同时补偿货款的，海关应当退还补偿货款部分的相应税款；未补偿货款的，税款的差额部分不予退还。

纳税义务人申报进出口的免费补偿或者更换的货物，其税则号列与原货物的税则号列不一致的，不适用无代价抵偿货物的有关规定，海关应当按照一般进出口货物的有关规定征收税款。

第三十二条　纳税义务人申报进出口无代价抵偿货物，被更换的原进口货物不退运出境且不放弃交由海关处理的，或者被更换的原出口货物不退运进境的，海关应当按照接受无代价抵偿货物申报进出口之日适用的税率、计征汇率和有关规定对原进出口货物重新估价征税。

第三十三条　被更换的原进口货物退运出境时不征收出口关税。

被更换的原出口货物退运进境时不征收进口关税和进口环节海关代征税。

第二节　租赁进口货物

第三十四条　纳税义务人进口租赁货物，除另有规定外，应当向其所在地海关办理申报进口及申报纳税手续。

纳税义务人申报进口租赁货物，应当向海关提交租赁合同及其他有关文件。海关认为必要时，纳税义务人应当提供税款担保。

第三十五条　租赁进口货物自进境之日起至租赁结束办结海关手续之日止，应当接受海关监管。

一次性支付租金的，纳税义务人应当在申报租赁货物进口时办理纳税手续，缴纳税款。

分期支付租金的，纳税义务人应当在申报租赁货物进口时，按照第一期应当支付的租金办理纳税手续，缴纳相应税款；在其后分期支付租金时，纳税义务人向海关申报办理纳税手续应当不迟于每次支付租金后的第15日。纳税义务人未在规定期限内申报纳税的，海关按照纳税义务人每次支付租金后第15日该货物适用的税率、计征汇率征收相应税款，并且自本款规定的申报办理纳税手续期限届满之日起至纳税义务人申报纳税之日止按日加收应缴纳税款万分之五的滞纳金。

第三十六条　海关应当对租赁进口货物进行跟踪管理，督促纳税义务人按期向海关申报纳税，确保税款及时足额入库。

第三十七条　纳税义务人应当自租赁进口货物租期届满之日起30日内，向海关申请办结监管手续，将租赁进口货物复运出境。需留购、续租租赁进口货物的，纳税义务人向海关申报办理相关手续应当不迟于租赁进口货物租期届满后的第30日。

海关对留购的租赁进口货物，按照审定进口货物完税价格的有关规定和海关接受申报办理留购的相关手续之日该货物适用的计征汇率、税率，审核确定其完税价格、计征应缴纳的税款。

续租租赁进口货物的，纳税义务人应当向海关提交续租合同，并且按照本办法第三十四条和第三十五条的有关规定办理申报纳税手续。

第三十八条　纳税义务人未在本办法第三十七条第一款规定的期限内向海关申报办理留购租赁进口货物的相关手续的，海关除按照审定进口货物完税价格的有关规定和租期届满后第30日该货物适用的计征汇率、税率，审核确定其完税价格、计征应缴纳的税款外，还应当自租赁期限届满后30日起至纳税义务人申报纳税之日止按日加收应缴纳税款万分之五的滞纳金。

纳税义务人未在本办法第三十七条第一款规定的期限内向海关申报办理续租租赁进口货物的相关手续的，海关除按照本办法第三十五条的规定征收续租租赁进口货物应缴纳的税款外，还应当自租赁期限届满后 30 日起至纳税义务人申报纳税之日止按日加收应缴纳税款万分之五的滞纳金。

第三十九条 租赁进口货物租赁期未满终止租赁的，其租期届满之日为租赁终止日。

第三节 暂时进出境货物

第四十条 暂时进境或者暂时出境的货物，海关按照有关规定实施管理。

第四十一条 《关税条例》第四十二条第一款所列的暂时进出境货物，在海关规定期限内，可以暂不缴纳税款。

前款所述暂时进出境货物在规定期限届满后不再复运出境或者复运进境的，纳税义务人应当在规定期限届满前向海关申报办理进出口及纳税手续。海关按照有关规定征收税款。

第四十二条 《关税条例》第四十二条第一款所列范围以外的其他暂时进出境货物，海关按照审定进出口货物完税价格的有关规定和海关接受该货物申报进出境之日适用的计征汇率、税率，审核确定其完税价格、按月征收税款，或者在规定期限内货物复运出境或者复运进境时征收税款。

计征税款的期限为 60 个月。不足一个月但超过 15 天的，按一个月计征；不超过 15 天的，免予计征。计征税款的期限自货物放行之日起计算。

按月征收税款的计算公式为：

每月关税税额＝关税总额×（1/60）

每月进口环节代征税税额＝进口环节代征税总额×（1/60）

本条第一款所述暂时进出境货物在规定期限届满后不再复运出境或者复运进境的，纳税义务人应当在规定期限届满前向海关申报办理进出口及纳税手续，缴纳剩余税款。

第四十三条 暂时进出境货物未在规定期限内复运出境或者复

运进境，且纳税义务人未在规定期限届满前向海关申报办理进出口及纳税手续的，海关除按照规定征收应缴纳的税款外，还应当自规定期限届满之日起至纳税义务人申报纳税之日止按日加收应缴纳税款万分之五的滞纳金。

第四十四条 本办法第四十一条至第四十三条中所称"规定期限"均包括暂时进出境货物延长复运出境或者复运进境的期限。

第四节 进出境修理货物和出境加工货物

第四十五条 纳税义务人在办理进境修理货物的进口申报手续时，应当向海关提交该货物的维修合同（或者含有保修条款的原出口合同），并且向海关提供进口税款担保或者由海关按照保税货物实施管理。进境修理货物应当在海关规定的期限内复运出境。

进境修理货物需要进口原材料、零部件的，纳税义务人在办理原材料、零部件进口申报手续时，应当向海关提供进口税款担保或者由海关按照保税货物实施管理。进口原材料、零部件只限用于进境修理货物的修理，修理剩余的原材料、零部件应当随进境修理货物一同复运出境。

第四十六条 进境修理货物及剩余进境原材料、零部件复运出境的，海关应当办理修理货物及原材料、零部件进境时纳税义务人提供的税款担保的退还手续；海关按照保税货物实施管理的，按照有关保税货物的管理规定办理。

因正当理由不能在海关规定期限内将进境修理货物复运出境的，纳税义务人应当在规定期限届满前向海关说明情况，申请延期复运出境。

第四十七条 进境修理货物未在海关允许期限（包括延长期，下同）内复运出境的，海关对其按照一般进出口货物的征税管理规定实施管理，将该货物进境时纳税义务人提供的税款担保转为税款。

第四十八条 纳税义务人在办理出境修理货物的出口申报手续时，应当向海关提交该货物的维修合同（或者含有保修条款的原进口合同）。出境修理货物应当在海关规定的期限内复运进境。

第四十九条 纳税义务人在办理出境修理货物复运进境的进口申报手续时，应当向海关提交该货物的维修发票等相关单证。

海关按照审定进口货物完税价格的有关规定和海关接受该货物申报复运进境之日适用的计征汇率、税率，审核确定其完税价格、计征进口税款。

因正当理由不能在海关规定期限内将出境修理货物复运进境的，纳税义务人应当在规定期限届满前向海关说明情况，申请延期复运进境。

第五十条 出境修理货物超过海关允许期限复运进境的，海关对其按照一般进口货物的征税管理规定征收进口税款。

第五十一条 纳税义务人在办理出境加工货物的出口申报手续时，应当向海关提交该货物的委托加工合同；出境加工货物属于征收出口关税的商品的，纳税义务人应当向海关提供出口税款担保。出境加工货物应当在海关规定的期限内复运进境。

第五十二条 纳税义务人在办理出境加工货物复运进境的进口申报手续时，应当向海关提交该货物的加工发票等相关单证。

海关按照审定进口货物完税价格的有关规定和海关接受该货物申报复运进境之日适用的计征汇率、税率，审核确定其完税价格、计征进口税款，同时办理解除该货物出境时纳税义务人提供税款担保的相关手续。

因正当理由不能在海关规定期限内将出境加工货物复运进境的，纳税义务人应当在规定期限届满前向海关说明情况，申请延期复运进境。

第五十三条 出境加工货物未在海关允许期限内复运进境的，海关对其按照一般进出口货物的征税管理规定实施管理，将该货物出境时纳税义务人提供的税款担保转为税款；出境加工货物复运进境时，海关按照一般进口货物的征税管理规定征收进口税款。

第五十四条 本办法第四十五条至第五十三条中所称"海关规定期限"和"海关允许期限"，由海关根据进出境修理货物、出境加工货物的有关合同规定以及具体实际情况予以确定。

第五节 退运货物

第五十五条 因品质或者规格原因，出口货物自出口放行之日起1年内原状退货复运进境的，纳税义务人在办理进口申报手续时，应当按照规定提交有关单证和证明文件。经海关确认后，对复运进境的原出口货物不予征收进口关税和进口环节海关代征税。

第五十六条 因品质或者规格原因，进口货物自进口放行之日起1年内原状退货复运出境的，纳税义务人在办理出口申报手续时，应当按照规定提交有关单证和证明文件。经海关确认后，对复运出境的原进口货物不予征收出口关税。

第四章 进出口货物税款的退还与补征

第五十七条 海关发现多征税款的，应当立即通知纳税义务人办理退税手续。纳税义务人应当自收到海关通知之日起3个月内办理有关退税手续。

第五十八条 纳税义务人发现多缴纳税款的，自缴纳税款之日起1年内，可以向海关申请退还多缴的税款并且加算银行同期活期存款利息。

纳税义务人向海关申请退还税款及利息时，应当提交下列材料：

（一）《退税申请书》；

（二）可以证明应予退税的材料。

第五十九条 已缴纳税款的进口货物，因品质或者规格原因原状退货复运出境的，纳税义务人自缴纳税款之日起1年内，可以向海关申请退税。

纳税义务人向海关申请退税时，应当提交下列材料：

（一）《退税申请书》；

（二）收发货人双方关于退货的协议。

第六十条 已缴纳出口关税的出口货物，因品质或者规格原因原状退货复运进境，并且已重新缴纳因出口而退还的国内环节有关税收的，纳税义务人自缴纳税款之日起1年内，可以向海关申请退税。

纳税义务人向海关申请退税时，应当提交下列材料：

（一）《退税申请书》；

（二）收发货人双方关于退货的协议和税务机关重新征收国内环节税的证明。

第六十一条 已缴纳出口关税的货物，因故未装运出口申报退关的，纳税义务人自缴纳税款之日起1年内，可以向海关申请退税，并提交《退税申请书》。

第六十二条 散装进出口货物发生短装并且已征税放行的，如果该货物的发货人、承运人或者保险公司已对短装部分退还或者赔偿相应货款，纳税义务人自缴纳税款之日起1年内，可以向海关申请退还进口或者出口短装部分的相应税款。

纳税义务人向海关申请退税时，应当提交下列材料：

（一）《退税申请书》；

（二）具有资质的商品检验机构出具的相关检验证明书；

（三）已经退款或者赔款的证明文件。

第六十三条 进出口货物因残损、品质不良、规格不符原因，或者发生本办法第六十二条规定以外的货物短少的情形，由进出口货物的发货人、承运人或者保险公司赔偿相应货款的，纳税义务人自缴纳税款之日起1年内，可以向海关申请退还赔偿货款部分的相应税款。

纳税义务人向海关申请退税时，应当提交下列材料：

（一）《退税申请书》；

（二）已经赔偿货款的证明文件。

第六十四条 海关收到纳税义务人的退税申请后应当进行审核。纳税义务人提交的申请材料齐全且符合规定形式的，海关应当予以受理，并且以海关收到申请材料之日作为受理之日；纳税义务人提交的申请材料不全或者不符合规定形式的，海关应当在收到申请材料之日起5个工作日内一次告知纳税义务人需要补正的全部内容，并且以海关收到全部补正申请材料之日为海关受理退税申请之日。

纳税义务人按照本办法第五十九条、第六十条或者第六十四条的规定申请退税的，海关认为需要时，可以要求纳税义务人提供具有资质的商品检验机构出具的原进口或者出口货物品质不良、规格不符或者残损、短少的检验证明书或者其他有关证明文件。

海关应当自受理退税申请之日起30日内查实并且通知纳税义务人办理退税手续或者不予退税的决定。纳税义务人应当自收到海关准予退税的通知之日起3个月内办理有关退税手续。

第六十五条 海关办理退税手续时，应当填发收入退还书，并且按照以下规定办理：

（一）按照本办法第五十八条规定应当同时退还多征税款部分所产生的利息的，应退利息按照海关填发收入退还书之日中国人民银行规定的活期储蓄存款利率计算。计算应退利息的期限自纳税义务人缴纳税款之日起至海关填发收入退还书之日止。

（二）进口环节增值税已予抵扣的，该项增值税不予退还，但国家另有规定的除外。

（三）已征收的滞纳金不予退还。

退还税款、利息涉及从国库中退库的，按照法律、行政法规有关国库管理的规定以及有关规章规定的具体实施办法执行。

第六十六条 进出口货物放行后，海关发现少征税款的，应当自缴纳税款之日起1年内，向纳税义务人补征税款；海关发现漏征税款的，应当自货物放行之日起1年内，向纳税义务人补征税款。

第六十七条 因纳税义务人违反规定造成少征税款的，海关应当自缴纳税款之日起3年内追征税款；因纳税义务人违反规定造成漏征税款的，海关应当自货物放行之日起3年内追征税款。海关除依法追征税款外，还应当自缴纳税款或者货物放行之日起至海关发现违规行为之日止按日加收少征或者漏征税款万分之五的滞纳金。

因纳税义务人违反规定造成海关监管货物少征或者漏征税款的，海关应当自纳税义务人应缴纳税款之日起3年内追征税款，并且自应缴纳税款之日起至海关发现违规行为之日止按日加收少征或者漏征税款万分之五的滞纳金。

前款所称"应缴纳税款之日"是指纳税义务人违反规定的行为发生之日；该行为发生之日不能确定的，应当以海关发现该行为之日作为应缴纳税款之日。

第六十八条 海关补征或者追征税款，应当制发《海关补征税款告知书》。纳税义务人应当自收到《海关补征税款告知书》之日起15日内到海关办理补缴税款的手续。

纳税义务人未在前款规定期限内办理补税手续的，海关应当在规定期限届满之日填发税款缴款书。

第六十九条 根据本办法第三十五条、第三十八条、第四十三条、第六十七条的有关规定，因纳税义务人违反规定需在征收税款的同时加收滞纳金的，如果纳税义务人未在规定的15天缴款期限内缴纳税款，海关依照本办法第二十条的规定另行加收自缴款期限届满之日起至缴清税款之日止滞纳税款的滞纳金。

第五章　进出口货物税款的减征与免征

第七十条　纳税义务人进出口减免税货物,应当在货物进出口前,按照规定凭有关文件向海关办理减免税审核确认手续。下列减免税进出口货物无需办理减免税审核确认手续:

（一）关税、进口环节增值税或者消费税税额在人民币 50 元以下的一票货物;

（二）无商业价值的广告品和货样;

（三）在海关放行前遭受损坏或者损失的货物;

（四）进出境运输工具装载的途中必需的燃料、物料和饮食用品;

（五）其他无需办理减免税审核确认手续的减征或者免征税款的货物。

第七十一条　对于本办法第七十条第（三）项所列货物,纳税义务人应当在申报时或者自海关放行货物之日起 15 日内书面向海关说明情况,提供相关证明材料。海关认为需要时,可以要求纳税义务人提供具有资质的商品检验机构出具的货物受损程度的检验证明书。海关根据实际受损程度予以减征或者免征税款。

第七十二条　除另有规定外,纳税义务人应当向其主管海关申请办理减免税审核确认手续。海关按照有关规定予以审核,并且签发《征免税证明》。

第七十三条　特定地区、特定企业或者有特定用途的特定减免税进口货物,应当接受海关监管。

特定减免税进口货物的监管年限为:

（一）船舶、飞机:8 年;

（二）机动车辆:6 年;

（三）其他货物:3 年。

监管年限自货物进口放行之日起计算。

第七十四条 在特定减免税进口货物的监管年限内,纳税义务人应当自减免税货物放行之日起每年一次向主管海关报告减免税货物的状况;除经海关批准转让给其他享受同等税收优惠待遇的项目单位外,纳税义务人在补缴税款并且办理解除监管手续后,方可转让或者进行其他处置。

特定减免税进口货物监管年限届满时,自动解除海关监管。纳税义务人需要解除监管证明的,可以自监管年限届满之日起1年内,凭有关单证向海关申请领取解除监管证明。海关应当自接到纳税义务人的申请之日起20日内核实情况,并且填发解除监管证明。

第六章　进出口货物的税款担保

第七十五条 有下列情形之一,纳税义务人要求海关先放行货物的,应当按照海关初步确定的应缴税款向海关提供足额税款担保:

(一)海关尚未确定商品归类、完税价格、原产地等征税要件的;

(二)正在海关办理减免税审核确认手续的;

(三)正在海关办理延期缴纳税款手续的;

(四)暂时进出境的;

(五)进境修理和出境加工的,按保税货物实施管理的除外;

(六)因残损、品质不良或者规格不符,纳税义务人申报进口或者出口无代价抵偿货物时,原进口货物尚未退运出境或者尚未放弃交由海关处理的,或者原出口货物尚未退运进境的;

(七)其他按照有关规定需要提供税款担保的。

第七十六条 除另有规定外,税款担保期限一般不超过6个月,特殊情况需要延期的,应当经主管海关核准。

税款担保一般应当为保证金、银行或者非银行金融机构的保函,但另有规定的除外。

银行或者非银行金融机构的税款保函，其保证方式应当是连带责任保证。税款保函明确规定保证期间的，保证期间应当不短于海关批准的担保期限。

第七十七条 在海关批准的担保期限内，纳税义务人履行纳税义务的，海关应当自纳税义务人履行纳税义务之日起 5 个工作日内办结解除税款担保的相关手续。

在海关批准的担保期限内，纳税义务人未履行纳税义务，对收取税款保证金的，海关应当自担保期限届满之日起 5 个工作日内完成保证金转为税款的相关手续；对银行或者非银行金融机构提供税款保函的，海关应当自担保期限届满之日起 6 个月内或者在税款保函规定的保证期间内要求担保人履行相应的纳税义务。

第七章 附 则

第七十八条 纳税义务人、担保人对海关确定纳税义务人、确定完税价格、商品归类、确定原产地、适用税率或者计征汇率、减征或者免征税款、补税、退税、征收滞纳金、确定计征方式以及确定纳税地点有异议的，应当按照海关作出的相关行政决定依法缴纳税款，并且可以依照《中华人民共和国行政复议法》和《中华人民共和国海关实施〈行政复议法〉办法》向上一级海关申请复议。对复议决定不服的，可以依法向人民法院提起诉讼。

第七十九条 违反本办法规定，构成违反海关监管规定行为、走私行为的，按照《海关法》、《中华人民共和国海关行政处罚实施条例》和其他有关法律、行政法规的规定处罚。构成犯罪的，依法追究刑事责任。

第八十条 保税货物和进出保税区、出口加工区、保税仓库及类似的保税监管场所的货物的税收管理，按照本办法规定执行。本办法未作规定的，按照有关法律、行政法规和海关规章的规定执行。

第八十一条　通过电子数据交换方式申报纳税和缴纳税款的管理办法，另行制定。

第八十二条　本办法所规定的文书由海关总署另行制定并且发布。

第八十三条　本办法由海关总署负责解释。

第八十四条　本办法自2005年3月1日起施行。1986年9月30日由中华人民共和国海关总署发布的《海关征税管理办法》同时废止。

中华人民共和国海关税收保全和强制措施暂行办法

（2009年8月19日海关总署令第184号公布　自2009年9月1日起施行）

第一条　为了规范海关实施税收保全和强制措施，保障国家税收，维护纳税义务人的合法权益，根据《中华人民共和国海关法》、《中华人民共和国进出口关税条例》，制定本办法。

第二条　海关实施税收保全和强制措施，适用本办法。

第三条　进出口货物的纳税义务人在规定的纳税期限内有明显的转移、藏匿其应税货物以及其他财产迹象的，海关应当制发《中华人民共和国海关责令提供担保通知书》，要求纳税义务人在海关规定的期限内提供海关认可的担保。

纳税义务人不能在海关规定的期限内按照海关要求提供担保的，经直属海关关长或者其授权的隶属海关关长批准，海关应当采取税收保全措施。

第四条　依照本办法第三条规定采取税收保全措施的，海关应当书面通知纳税义务人开户银行或者其他金融机构（以下统称金融机构）暂停支付纳税义务人相当于应纳税款的存款。

因无法查明纳税义务人账户、存款数额等情形不能实施暂停支付措施的，应当扣留纳税义务人价值相当于应纳税款的货物或者其他财产。

纳税义务人的货物或者其他财产本身不可分割，又没有其他财产可以扣留的，被扣留货物或者其他财产的价值可以高于应纳税款。

第五条 海关通知金融机构暂停支付纳税义务人存款的，应当向金融机构制发《中华人民共和国海关暂停支付通知书》，列明暂停支付的款项和期限。

海关确认金融机构已暂停支付相应款项的，应当向纳税义务人制发《中华人民共和国海关暂停支付告知书》。

第六条 纳税义务人在规定的纳税期限内缴纳税款的，海关应当向金融机构制发《中华人民共和国海关暂停支付解除通知书》，解除对纳税义务人相应存款实施的暂停支付措施。

本条第一款规定情形下，海关还应当向纳税义务人制发《中华人民共和国海关暂停支付解除告知书》。

第七条 纳税义务人自海关填发税款缴款书之日起15内未缴纳税款的，经直属海关关长或者其授权的隶属海关关长批准，海关应当向金融机构制发《中华人民共和国海关扣缴税款通知书》，通知其从暂停支付的款项中扣缴相应税款。

海关确认金融机构已扣缴税款的，应当向纳税义务人制发《中华人民共和国海关扣缴税款告知书》。

第八条 海关根据本办法第四条规定扣留纳税义务人价值相当于应纳税款的货物或者其他财产的，应当向纳税义务人制发《中华人民共和国海关扣留通知书》，并随附扣留清单。

扣留清单应当列明被扣留货物或者其他财产的品名、规格、数量、重量等，品名、规格、数量、重量等当场无法确定的，应当尽可能完整地描述其外在特征。扣留清单应当由纳税义务人或者其代理人、保管人确认，并签字或者盖章。

第九条 纳税义务人自海关填发税款缴款书之日起 15 日内缴纳税款的，海关应当解除扣留措施，并向纳税义务人制发《中华人民共和国海关解除扣留通知书》，随附发还清单，将有关货物、财产发还纳税义务人。

发还清单应当由纳税义务人或者其代理人确认，并签字或者盖章。

第十条 纳税义务人自海关填发税款缴款书之日起 15 内未缴纳税款的，海关应当向纳税义务人制发《中华人民共和国海关抵缴税款通知书》，依法变卖被扣留的货物或者其他财产，并以变卖所得抵缴税款。

本条第一款规定情形下，变卖所得不足以抵缴税款的，海关应当继续采取强制措施抵缴税款的差额部分；变卖所得抵缴税款及扣除相关费用后仍有余款的，应当发还纳税义务人。

第十一条 进出口货物的纳税义务人、担保人自规定的纳税期限届满之日起超过 3 个月未缴纳税款的，经直属海关关长或者其授权的隶属海关关长批准，海关可以依次采取下列强制措施：

（一）书面通知金融机构从其存款中扣缴税款；

（二）将应税货物依法变卖，以变卖所得抵缴税款；

（三）扣留并依法变卖其价值相当于应纳税款的货物或者其他财产，以变卖所得抵缴税款。

第十二条 有本办法第十一条规定情形，海关通知金融机构扣缴税款的，应当向金融机构制发《中华人民共和国海关扣缴税款通知书》，通知其从纳税义务人、担保人的存款中扣缴相应税款。

金融机构扣缴税款的，海关应当向纳税义务人、担保人制发《中华人民共和国海关扣缴税款告知书》。

第十三条　有本办法第十一条规定情形的，滞纳金按照自规定的纳税期限届满之日起至扣缴税款之日计征，并同时扣缴。

第十四条　有本办法第十一条规定情形，海关决定以应税货物、被扣留的价值相当于应纳税款的货物或者其他财产变卖并抵缴税款的，应当向纳税义务人、担保人制发《中华人民共和国海关抵缴税款告知书》。

本条第一款规定情形下，变卖所得不足以抵缴税款的，海关应当继续采取强制措施抵缴税款的差额部分；变卖所得抵缴税款及扣除相关费用后仍有余款的，应当发还纳税义务人、担保人。

第十五条　依照本办法第八条、第十四条扣留货物或者其他财产的，海关应当妥善保管被扣留的货物或者其他财产，不得擅自使用或者损毁。

第十六条　无法采取税收保全措施、强制措施，或者依照本办法规定采取税收保全措施、强制措施仍无法足额征收税款的，海关应当依法向人民法院申请强制执行，并按照法院要求提交相关材料。

第十七条　依照本办法第八条、第十四条扣留货物或者其他财产的，实施扣留的海关工作人员不得少于2人，并且应当出示执法证件。

第十八条　纳税义务人、担保人对海关采取税收保全措施、强制措施不服的，可以依法申请行政复议或者提起行政诉讼。

第十九条　纳税义务人在规定的纳税期限内已缴纳税款，海关未解除税收保全措施，或者采取税收保全措施、强制措施不当，致使纳税义务人、担保人的合法权益受到损失的，海关应当承担赔偿责任。

第二十条　送达本办法所列法律文书，应当由纳税义务人或者其代理人、担保人、保管人等签字或者盖章；纳税义务人或者其代理人、担保人、保管人等拒绝签字、盖章的，海关工作人员应当在有关法律文书上注明，并且由见证人签字或者盖章。

第二十一条 海关工作人员未依法采取税收保全措施、强制措施，损害国家利益或者纳税义务人、担保人合法权益，造成严重后果的，依法给予处分。构成犯罪的，依法追究刑事责任。

第二十二条 纳税义务人、担保人抗拒、阻碍海关依法采取税收保全措施、强制措施的，移交地方公安机关依法处理。构成犯罪的，依法追究刑事责任。

第二十三条 本办法所列法律文书由海关总署另行制定并公布。

第二十四条 本办法由海关总署负责解释。

第二十五条 本办法自2009年9月1日起施行。

六 土地方面相关税收

法　律

中华人民共和国耕地占用税法

（2018年12月29日第十三届全国人民代表大会常务委员会第七次会议通过　2018年12月29日中华人民共和国主席令第18号公布　自2019年9月1日起施行）

第一条　为了合理利用土地资源，加强土地管理，保护耕地，制定本法。

第二条　在中华人民共和国境内占用耕地建设建筑物、构筑物或者从事非农业建设的单位和个人，为耕地占用税的纳税人，应当依照本法规定缴纳耕地占用税。

占用耕地建设农田水利设施的，不缴纳耕地占用税。

本法所称耕地，是指用于种植农作物的土地。

第三条　耕地占用税以纳税人实际占用的耕地面积为计税依据，按照规定的适用税额一次性征收，应纳税额为纳税人实际占用的耕地面积（平方米）乘以适用税额。

第四条　耕地占用税的税额如下：

（一）人均耕地不超过一亩的地区（以县、自治县、不设区的市、市辖区为单位，下同），每平方米为十元至五十元；

（二）人均耕地超过一亩但不超过二亩的地区，每平方米为八元至四十元；

（三）人均耕地超过二亩但不超过三亩的地区，每平方米为六元至三十元；

（四）人均耕地超过三亩的地区，每平方米为五元至二十五元。

各地区耕地占用税的适用税额，由省、自治区、直辖市人民政府根据人均耕地面积和经济发展等情况，在前款规定的税额幅度内提出，报同级人民代表大会常务委员会决定，并报全国人民代表大会常务委员会和国务院备案。各省、自治区、直辖市耕地占用税适用税额的平均水平，不得低于本法所附《各省、自治区、直辖市耕地占用税平均税额表》规定的平均税额。

第五条 在人均耕地低于零点五亩的地区，省、自治区、直辖市可以根据当地经济发展情况，适当提高耕地占用税的适用税额，但提高的部分不得超过本法第四条第二款确定的适用税额的百分之五十。具体适用税额按照本法第四条第二款规定的程序确定。

第六条 占用基本农田的，应当按照本法第四条第二款或者第五条确定的当地适用税额，加按百分之一百五十征收。

第七条 军事设施、学校、幼儿园、社会福利机构、医疗机构占用耕地，免征耕地占用税。

铁路线路、公路线路、飞机场跑道、停机坪、港口、航道、水利工程占用耕地，减按每平方米二元的税额征收耕地占用税。

农村居民在规定用地标准以内占用耕地新建自用住宅，按照当地适用税额减半征收耕地占用税；其中农村居民经批准搬迁，新建自用住宅占用耕地不超过原宅基地面积的部分，免征耕地占用税。

农村烈士遗属、因公牺牲军人遗属、残疾军人以及符合农村最低生活保障条件的农村居民，在规定用地标准以内新建自用住宅，免征耕地占用税。

根据国民经济和社会发展的需要，国务院可以规定免征或者减征耕地占用税的其他情形，报全国人民代表大会常务委员会备案。

第八条 依照本法第七条第一款、第二款规定免征或者减征耕地占用税后，纳税人改变原占地用途，不再属于免征或者减征耕地占用税情形的，应当按照当地适用税额补缴耕地占用税。

第九条 耕地占用税由税务机关负责征收。

第十条 耕地占用税的纳税义务发生时间为纳税人收到自然资源主管部门办理占用耕地手续的书面通知的当日。纳税人应当自纳税义务发生之日起三十日内申报缴纳耕地占用税。

自然资源主管部门凭耕地占用税完税凭证或者免税凭证和其他有关文件发放建设用地批准书。

第十一条 纳税人因建设项目施工或者地质勘查临时占用耕地，应当依照本法的规定缴纳耕地占用税。纳税人在批准临时占用耕地期满之日起一年内依法复垦，恢复种植条件的，全额退还已经缴纳的耕地占用税。

第十二条 占用园地、林地、草地、农田水利用地、养殖水面、渔业水域滩涂以及其他农用地建设建筑物、构筑物或者从事非农业建设的，依照本法的规定缴纳耕地占用税。

占用前款规定的农用地的，适用税额可以适当低于本地区按照本法第四条第二款确定的适用税额，但降低的部分不得超过百分之五十。具体适用税额由省、自治区、直辖市人民政府提出，报同级人民代表大会常务委员会决定，并报全国人民代表大会常务委员会和国务院备案。

占用本条第一款规定的农用地建设直接为农业生产服务的生产设施的，不缴纳耕地占用税。

第十三条 税务机关应当与相关部门建立耕地占用税涉税信息共享机制和工作配合机制。县级以上地方人民政府自然资源、农业农村、水利等相关部门应当定期向税务机关提供农用地转用、临时占地等信息，协助税务机关加强耕地占用税征收管理。

税务机关发现纳税人的纳税申报数据资料异常或者纳税人未按照规定期限申报纳税的，可以提请相关部门进行复核，相关部门应当自收到税务机关复核申请之日起三十日内向税务机关出具复核意见。

第十四条　耕地占用税的征收管理，依照本法和《中华人民共和国税收征收管理法》的规定执行。

第十五条　纳税人、税务机关及其工作人员违反本法规定的，依照《中华人民共和国税收征收管理法》和有关法律法规的规定追究法律责任。

第十六条　本法自2019年9月1日起施行。2007年12月1日国务院公布的《中华人民共和国耕地占用税暂行条例》同时废止。

附：

各省、自治区、直辖市耕地占用税平均税额表

省、自治区、直辖市	平均税额（元/平方米）
上海	45
北京	40
天津	35
江苏、浙江、福建、广东	30
辽宁、湖北、湖南	25
河北、安徽、江西、山东、河南、重庆、四川	22.5
广西、海南、贵州、云南、陕西	20
山西、吉林、黑龙江	17.5
内蒙古、西藏、甘肃、青海、宁夏、新疆	12.5

行政法规及文件

中华人民共和国土地增值税暂行条例

(1993年12月13日中华人民共和国国务院令第138号发布 根据2011年1月8日《国务院关于废止和修改部分行政法规的决定》修订)

第一条 为了规范土地、房地产市场交易秩序,合理调节土地增值收益,维护国家权益,制定本条例。

第二条 转让国有土地使用权、地上的建筑物及其附着物(以下简称转让房地产)并取得收入的单位和个人,为土地增值税的纳税义务人(以下简称纳税人),应当依照本条例缴纳土地增值税。

第三条 土地增值税按照纳税人转让房地产所取得的增值额和本条例第七条规定的税率计算征收。

第四条 纳税人转让房地产所取得的收入减除本条例第六条规定扣除项目金额后的余额,为增值额。

第五条 纳税人转让房地产所取得的收入,包括货币收入、实物收入和其他收入。

第六条 计算增值额的扣除项目:

(一) 取得土地使用权所支付的金额;

(二) 开发土地的成本、费用;

(三) 新建房及配套设施的成本、费用,或者旧房及建筑物的评估价格;

(四) 与转让房地产有关的税金;

(五) 财政部规定的其他扣除项目。

第七条 土地增值税实行四级超率累进税率：

增值额未超过扣除项目金额50%的部分，税率为30%。

增值额超过扣除项目金额50%、未超过扣除项目金额100%的部分，税率为40%。

增值额超过扣除项目金额100%、未超过扣除项目金额200%的部分，税率为50%。

增值额超过扣除项目金额200%的部分，税率为60%。

第八条 有下列情形之一的，免征土地增值税：

（一）纳税人建造普通标准住宅出售，增值额未超过扣除项目金额20%的；

（二）因国家建设需要依法征收、收回的房地产。

第九条 纳税人有下列情形之一的，按照房地产评估价格计算征收：

（一）隐瞒、虚报房地产成交价格的；

（二）提供扣除项目金额不实的；

（三）转让房地产的成交价格低于房地产评估价格，又无正当理由的。

第十条 纳税人应当自转让房地产合同签订之日起7日内向房地产所在地主管税务机关办理纳税申报，并在税务机关核定的期限内缴纳土地增值税。

第十一条 土地增值税由税务机关征收。土地管理部门、房产管理部门应当向税务机关提供有关资料，并协助税务机关依法征收土地增值税。

第十二条 纳税人未按照本条例缴纳土地增值税的，土地管理部门、房产管理部门不得办理有关的权属变更手续。

第十三条 土地增值税的征收管理，依据《中华人民共和国税收征收管理法》及本条例有关规定执行。

第十四条 本条例由财政部负责解释，实施细则由财政部制定。

第十五条 本条例自1994年1月1日起施行。各地区的土地增值费征收办法，与本条例相抵触的，同时停止执行。

中华人民共和国城镇土地使用税暂行条例

（1988年9月27日中华人民共和国国务院令第17号发布 根据2006年12月31日《国务院关于修改〈中华人民共和国城镇土地使用税暂行条例〉的决定》第一次修订 根据2011年1月8日《国务院关于废止和修改部分行政法规的决定》第二次修订 根据2013年12月7日《国务院关于修改部分行政法规的决定》第三次修订 根据2019年3月2日《国务院关于修改部分行政法规的决定》第四次修订）

第一条 为了合理利用城镇土地，调节土地级差收入，提高土地使用效益，加强土地管理，制定本条例。

第二条 在城市、县城、建制镇、工矿区范围内使用土地的单位和个人，为城镇土地使用税（以下简称土地使用税）的纳税人，应当依照本条例的规定缴纳土地使用税。

前款所称单位，包括国有企业、集体企业、私营企业、股份制企业、外商投资企业、外国企业以及其他企业和事业单位、社会团体、国家机关、军队以及其他单位；所称个人，包括个体工商户以及其他个人。

第三条 土地使用税以纳税人实际占用的土地面积为计税依据，依照规定税额计算征收。

前款土地占用面积的组织测量工作，由省、自治区、直辖市人民政府根据实际情况确定。

第四条 土地使用税每平方米年税额如下：

（一）大城市 1.5 元至 30 元；

（二）中等城市 1.2 元至 24 元；

（三）小城市 0.9 元至 18 元；

（四）县城、建制镇、工矿区 0.6 元至 12 元。

第五条 省、自治区、直辖市人民政府，应当在本条例第四条规定的税额幅度内，根据市政建设状况、经济繁荣程度等条件，确定所辖地区的适用税额幅度。

市、县人民政府应当根据实际情况，将本地区土地划分为若干等级，在省、自治区、直辖市人民政府确定的税额幅度内，制定相应的适用税额标准，报省、自治区、直辖市人民政府批准执行。

经省、自治区、直辖市人民政府批准，经济落后地区土地使用税的适用税额标准可以适当降低，但降低额不得超过本条例第四条规定最低税额的 30%。经济发达地区土地使用税的适用税额标准可以适当提高，但须报经财政部批准。

第六条 下列土地免缴土地使用税：

（一）国家机关、人民团体、军队自用的土地；

（二）由国家财政部门拨付事业经费的单位自用的土地；

（三）宗教寺庙、公园、名胜古迹自用的土地；

（四）市政街道、广场、绿化地带等公共用地；

（五）直接用于农、林、牧、渔业的生产用地；

（六）经批准开山填海整治的土地和改造的废弃土地，从使用的月份起免缴土地使用税 5 年至 10 年；

（七）由财政部另行规定免税的能源、交通、水利设施用地和其他用地。

第七条 除本条例第六条规定外，纳税人缴纳土地使用税确有困难需要定期减免的，由县以上税务机关批准。

第八条 土地使用税按年计算、分期缴纳。缴纳期限由省、自治区、直辖市人民政府确定。

第九条 新征收的土地，依照下列规定缴纳土地使用税：

（一）征收的耕地，自批准征收之日起满 1 年时开始缴纳土地使用税；

（二）征收的非耕地，自批准征收次月起缴纳土地使用税。

第十条 土地使用税由土地所在地的税务机关征收。土地管理机关应当向土地所在地的税务机关提供土地使用权属资料。

第十一条 土地使用税的征收管理，依照《中华人民共和国税收征收管理法》及本条例的规定执行。

第十二条 土地使用税收入纳入财政预算管理。

第十三条 本条例的实施办法由省、自治区、直辖市人民政府制定。

第十四条 本条例自 1988 年 11 月 1 日起施行，各地制定的土地使用费办法同时停止执行。

部门规章及文件

中华人民共和国土地增值税暂行条例实施细则

（1995 年 1 月 27 日　财法字〔1995〕6 号）

第一条 根据《中华人民共和国土地增值税暂行条例》（以下简称条例）第十四条规定，制定本细则。

第二条 条例第二条所称的转让国有土地使用权、地上的建筑物及其附着物并取得收入，是指以出售或者其他方式有偿转让房地产的行为。不包括以继承、赠与方式无偿转让房地产的行为。

第三条 条例第二条所称的国有土地，是指按国家法律规定属于国家所有的土地。

第四条 条例第二条所称的地上的建筑物,是指建于土地上的一切建筑物,包括地上地下的各种附属设施。

条例第二条所称的附着物,是指附着于土地上的不能移动,一经移动即遭损坏的物品。

第五条 条例第二条所称的收入,包括转让房地产的全部价款及有关的经济收益。

第六条 条例第二条所称的单位,是指各类企业单位、事业单位、国家机关和社会团体及其他组织。

条例第二条所称个人,包括个体经营者。

第七条 条例第六条所列的计算增值额的扣除项目,具体为:

(一)取得土地使用权所支付的金额,是指纳税人为取得土地使用权所支付的地价款和按国家统一规定交纳的有关费用。

(二)开发土地和新建房及配套设施(以下简称房地产开发)的成本,是指纳税人房地产开发项目实际发生的成本(以下简称房地产开发成本),包括土地征用及拆迁补偿费、前期工程费、建筑安装工程费、基础设施费、公共配套设施费、开发间接费用。

土地征用及拆迁补偿费,包括土地征用费、耕地占用税、劳动力安置费及有关地上、地下附着物拆迁补偿的净支出、安置动迁用房支出等。

前期工程费,包括规划、设计、项目可行性研究和水文、地质、勘察、测绘、"三通一平"等支出。

建筑安装工程费,是指以出包方式支付给承包单位的建筑安装工程费,以自营方式发生的建筑安装工程费。

基础设施费,包括开发小区内道路、供水、供电、供气、排污、排洪、通讯、照明、环卫、绿化等工程发生的支出。

公共配套设施费,包括不能有偿转让的开发小区内公共配套设施发生的支出。

开发间接费用，是指直接组织、管理开发项目发生的费用，包括工资、职工福利费、折旧费、修理费、办公费、水电费、劳动保护费、周转房摊销等。

（三）开发土地和新建房及配套设施的费用（以下简称房地产开发费用），是指与房地产开发项目有关的销售费用、管理费用、财务费用。

财务费用中的利息支出，凡能够按转让房地产项目计算分摊并提供金融机构证明的，允许据实扣除，但最高不能超过按商业银行同类同期贷款利率计算的金额。其他房地产开发费用，按本条（一）、（二）项规定计算的金额之和的5%以内计算扣除。

凡不能按转让房地产项目计算分摊利息支出或不能提供金融机构证明的，房地产开发费用按本条（一）、（二）项规定计算的金额之和的10%以内计算扣除。

上述计算扣除的具体比例，由各省、自治区、直辖市人民政府规定。

（四）旧房及建筑物的评估价格，是指在转让已使用的房屋及建筑物时，由政府批准设立的房地产评估机构评定的重置成本价乘以成新度折扣率后的价格。评估价格须经当地税务机关确认。

（五）与转让房地产有关的税金，是指在转让房地产时缴纳的营业税、城市维护建设税、印花税。因转让房地产交纳的教育费附加，也可视同税金予以扣除。

（六）根据条例第六条（五）项规定，对从事房地产开发的纳税人可按本条（一）、（二）项规定计算的金额之和，加计20%的扣除。

第八条 土地增值税以纳税人房地产成本核算的最基本的核算项目或核算对象为单位计算。

第九条 纳税人成片受让土地使用权后，分期分批开发、转让房地产的，其扣除项目金额的确定，可按转让土地使用权的面积占总面积的比例计算分摊，或按建筑面积计算分摊，也可按税务机关确认的其他方式计算分摊。

第十条 条例第七条所列四级超率累进税率，每级"增值额未超过扣除项目金额"的比例，均包括本比例数。

计算土地增值税税额，可按增值额乘以适用的税率减去扣除项目金额乘以速算扣除系数的简便方法计算，具体公式如下：

（一）增值额未超过扣除项目金额50%

土地增值税税额＝增值额×30%

（二）增值额超过扣除项目金额50%，未超过100%

土地增值税税额＝增值额×40%－扣除项目金额×5%

（三）增值额超过扣除项目金额100%，未超过200%

土地增值税税额＝增值额×50%－扣除项目金额×15%

（四）增值额超过扣除项目金额200%

土地增值税税额＝增值额×60%－扣除项目金额×35%

公式中的5%、15%、35%为速算扣除系数。

第十一条 条例第八条（一）项所称的普通标准住宅，是指按所在地一般民用住宅标准建造的居住用住宅。高级公寓、别墅、度假村等不属于普通标准住宅。普通标准住宅与其他住宅的具体划分界限由各省、自治区、直辖市人民政府规定。

纳税人建造普通标准住宅出售，增值额未超过本细则第七条（一）、（二）、（三）、（五）、（六）项扣除项目金额之和20%的，免征土地增值税；增值额超过扣除项目金额之和20%的，应就其全部增值额按规定计税。

条例第八条（二）项所称的因国家建设需要依法征用、收回的房地产，是指因城市实施规划、国家建设的需要而被政府批准征用的房产或收回的土地使用权。

因城市实施规划、国家建设的需要而搬迁，由纳税人自行转让原房地产的，比照本规定免征土地增值税。

符合上述免税规定的单位和个人，须向房地产所在地税务机关提出免税申请，经税务机关审核后，免予征收土地增值税。

第十二条 个人因工作调动或改善居住条件而转让原自用住房，经向税务机关申报核准，凡居住满5年或5年以上的，免予征收土地增值税；居住满3年未满5年的，减半征收土地增值税。居住未满3年的，按规定计征土地增值税。

第十三条 条例第九条所称的房地产评估价格，是指由政府批准设立的房地产评估机构根据相同地段、同类房地产进行综合评定的价格。评估价格须经当地税务机关确认。

第十四条 条例第九条（一）项所称的隐瞒、虚报房地产成交价格，是指纳税人不报或有意低报转让土地使用权、地上建筑物及其附着物价款的行为。

条例第九条（二）项所称的提供扣除项目金额不实的，是指纳税人在纳税申报时不据实提供扣除项目金额的行为。

条例第九条（三）项所称的转让房地产的成交价格低于房地产评估价格，又无正当理由的，是指纳税人申报的转让房地产的实际成交价低于房地产评估机构评定的交易价，纳税人又不能提供凭据或无正当理由的行为。

隐瞒、虚报房地产成交价格，应由评估机构参照同类房地产的市场交易价格进行评估。税务机关根据评估价格确定转让房地产的收入。

提供扣除项目金额不实的，应由评估机构按照房屋重置成本价乘以成新度折扣率计算的房屋成本价和取得土地使用权时的基准地价进行评估。税务机关根据评估价格确定扣除项目金额。

转让房地产的成交价格低于房地产评估价格，又无正当理由的，由税务机关参照房地产评估价格确定转让房地产的收入。

第十五条 根据条例第十条的规定，纳税人应按照下列程序办理纳税手续：

（一）纳税人应在转让房地产合同签订后的7日内，到房地产所在地主管税务机关办理纳税申报，并向税务机关提交房屋及建筑物产权、土地使用权证书，土地转让、房产买卖合同，房地产评估报告及其他与转让房地产有关的资料。

纳税人因经常发生房地产转让而难以在每次转让后申报的，经税务机关审核同意后，可以定期进行纳税申报，具体期限由税务机关根据情况确定。

（二）纳税人按照税务机关核定的税额及规定的期限缴纳土地增值税。

第十六条　纳税人在项目全部竣工结算前转让房地产取得的收入，由于涉及成本确定或其他原因，而无法据以计算土地增值税的，可以预征土地增值税，待该项目全部竣工、办理结算后再进行清算，多退少补。具体办法由各省、自治区、直辖市地方税务局根据当地情况制定。

第十七条　条例第十条所称的房地产所在地，是指房地产的座落地。纳税人转让房地产座落在两个或两个以上地区的，应按房地产所在地分别申报纳税。

第十八条　条例第十一条所称的土地管理部门、房产管理部门应当向税务机关提供有关资料，是指向房地产所在地主管税务机关提供有关房屋及建筑物产权、土地使用权、土地出让金数额、土地基准地价、房地产市场交易价格及权属变更等方面的资料。

第十九条　纳税人未按规定提供房屋及建筑物产权、土地使用权证书，土地转让、房产买卖合同，房地产评估报告及其他与转让房地产有关资料的，按照《中华人民共和国税收征收管理法》（以下简称《征管法》）第三十九条的规定进行处理。

纳税人不如实申报房地产交易额及规定扣除项目金额造成少缴或未缴税款的，按照《征管法》第四十条的规定进行处理。

第二十条　土地增值税以人民币为计算单位。转让房地产所取得的收入为外国货币的，以取得收入当天或当月1日国家公布的市场汇价折合成人民币，据以计算应纳土地增值税税额。

第二十一条 条例第十五条所称的各地区的土地增值费征收办法是指与本条例规定的计征对象相同的土地增值费、土地收益金等征收办法。

第二十二条 本细则由财政部解释，或者由国家税务总局解释。

第二十三条 本细则自发布之日起施行。

第二十四条 1994年1月1日至本细则发布之日期间的土地增值税参照本细则的规定计算征收。

土地增值税清算管理规程

(2009年5月12日 国税发〔2009〕91号)

第一章 总 则

第一条 为了加强土地增值税征收管理，规范土地增值税清算工作，根据《中华人民共和国税收征收管理法》及其实施细则、《中华人民共和国土地增值税暂行条例》及其实施细则等规定，制定本规程（以下简称《规程》）。

第二条 《规程》适用于房地产开发项目土地增值税清算工作。

第三条 《规程》所称土地增值税清算，是指纳税人在符合土地增值税清算条件后，依照税收法律、法规及土地增值税有关政策规定，计算房地产开发项目应缴纳的土地增值税税额，并填写《土地增值税清算申报表》，向主管税务机关提供有关资料，办理土地增值税清算手续，结清该房地产项目应缴纳土地增值税税款的行为。

第四条 纳税人应当如实申报应缴纳的土地增值税税额，保证清算申报的真实性、准确性和完整性。

第五条 税务机关应当为纳税人提供优质纳税服务，加强土增值税政策宣传辅导。

主管税务机关应及时对纳税人清算申报的收入、扣除项目金额、增值额、增值率以及税款计算等情况进行审核，依法征收土地增值税。

第二章 前期管理

第六条 主管税务机关应加强房地产开发项目的日常税收管理，实施项目管理。主管税务机关应从纳税人取得土地使用权开始，按项目分别建立档案、设置台账，对纳税人项目立项、规划设计、施工、预售、竣工验收、工程结算、项目清盘等房地产开发全过程情况实行跟踪监控，做到税务管理与纳税人项目开发同步。

第七条 主管税务机关对纳税人项目开发期间的会计核算工作应当积极关注，对纳税人分期开发项目或者同时开发多个项目的，应督促纳税人根据清算要求按不同期间和不同项目合理归集有关收入、成本、费用。

第八条 对纳税人分期开发项目或者同时开发多个项目的，有条件的地区，主管税务机关可结合发票管理规定，对纳税人实施项目专用票据管理措施。

第三章 清算受理

第九条 纳税人符合下列条件之一的，应进行土地增值税的清算。

（一）房地产开发项目全部竣工、完成销售的；

（二）整体转让未竣工决算房地产开发项目的；

（三）直接转让土地使用权的。

第十条 对符合以下条件之一的，主管税务机关可要求纳税人进行土地增值税清算。

（一）已竣工验收的房地产开发项目，已转让的房地产建筑面积占整个项目可售建筑面积的比例在85%以上，或该比例虽未超过

85%，但剩余的可售建筑面积已经出租或自用的；

（二）取得销售（预售）许可证满三年仍未销售完毕的；

（三）纳税人申请注销税务登记但未办理土地增值税清算手续的；

（四）省（自治区、直辖市、计划单列市）税务机关规定的其他情况。

对前款所列第（三）项情形，应在办理注销登记前进行土地增值税清算。

第十一条　对于符合本规程第九条规定，应进行土地增值税清算的项目，纳税人应当在满足条件之日起90日内到主管税务机关办理清算手续。对于符合本规程第十条规定税务机关可要求纳税人进行土地增值税清算的项目，由主管税务机关确定是否进行清算；对于确定需要进行清算的项目，由主管税务机关下达清算通知，纳税人应当在收到清算通知之日起90日内办理清算手续。

应进行土地增值税清算的纳税人或经主管税务机关确定需要进行清算的纳税人，在上述规定的期限内拒不清算或不提供清算资料的，主管税务机关可依据《中华人民共和国税收征收管理法》有关规定处理。

第十二条　纳税人清算土地增值税时应提供的清算资料

（一）土地增值税清算表及其附表（参考表样见附件，各地可根据本地实际情况制定）。

（二）房地产开发项目清算说明，主要内容应包括房地产开发项目立项、用地、开发、销售、关联方交易、融资、税款缴纳等基本情况及主管税务机关需要了解的其他情况。

（三）项目竣工决算报表、取得土地使用权所支付的地价款凭证、国有土地使用权出让合同、银行贷款利息结算通知单、项目工程合同结算单、商品房购销合同统计表、销售明细表、预售许可证等与转让房地产的收入、成本和费用有关的证明资料。主管税务机关需要相应项目记账凭证的，纳税人还应提供记账凭证复印件。

（四）纳税人委托税务中介机构审核鉴证的清算项目，还应报送中介机构出具的《土地增值税清算税款鉴证报告》。

第十三条 主管税务机关收到纳税人清算资料后，对符合清算条件的项目，且报送的清算资料完备的，予以受理；对纳税人符合清算条件、但报送的清算资料不全的，应要求纳税人在规定限期内补报，纳税人在规定的期限内补齐清算资料后，予以受理；对不符合清算条件的项目，不予受理。上述具体期限由各省、自治区、直辖市、计划单列市税务机关确定。主管税务机关已受理的清算申请，纳税人无正当理由不得撤销。

第十四条 主管税务机关按照本规程第六条进行项目管理时，对符合税务机关可要求纳税人进行清算情形的，应当作出评估，并经分管领导批准，确定何时要求纳税人进行清算的时间。对确定暂不通知清算的，应继续做好项目管理，每年作出评估，及时确定清算时间并通知纳税人办理清算。

第十五条 主管税务机关受理纳税人清算资料后，应在一定期限内及时组织清算审核。具体期限由各省、自治区、直辖市、计划单列市税务机关确定。

第四章 清 算 审 核

第十六条 清算审核包括案头审核、实地审核。

案头审核是指对纳税人报送的清算资料进行数据、逻辑审核，重点审核项目归集的一致性、数据计算准确性等。

实地审核是指在案头审核的基础上，通过对房地产开发项目实地查验等方式，对纳税人申报情况的客观性、真实性、合理性进行审核。

第十七条 清算审核时，应审核房地产开发项目是否以国家有关部门审批、备案的项目为单位进行清算；对于分期开发的项目，是否以分期项目为单位清算；对不同类型房地产是否分别计算增值额、增值率，缴纳土地增值税。

第十八条 审核收入情况时，应结合销售发票、销售合同（含房管部门网上备案登记资料）、商品房销售（预售）许可证、房产销售分户明细表及其他有关资料，重点审核销售明细表、房地产销售面积与项目可售面积的数据关联性，以核实计税收入；对销售合同所载商品房面积与有关部门实际测量面积不一致，而发生补、退房款的收入调整情况进行审核；对销售价格进行评估，审核有无价格明显偏低情况。

必要时，主管税务机关可通过实地查验，确认有无少计、漏计事项，确认有无将开发产品用于职工福利、奖励、对外投资、分配给股东或投资人、抵偿债务、换取其他单位和个人的非货币性资产等情况。

第十九条 非直接销售和自用房地产的收入确定

（一）房地产开发企业将开发产品用于职工福利、奖励、对外投资、分配给股东或投资人、抵偿债务、换取其他单位和个人的非货币性资产等，发生所有权转移时应视同销售房地产，其收入按下列方法和顺序确认：

1. 按本企业在同一地区、同一年度销售的同类房地产的平均价格确定；

2. 由主管税务机关参照当地当年、同类房地产的市场价格或评估价值确定。

（二）房地产开发企业将开发的部分房地产转为企业自用或用于出租等商业用途时，如果产权未发生转移，不征收土地增值税，在税款清算时不列收入，不扣除相应的成本和费用。

第二十条 土地增值税扣除项目审核的内容包括：

（一）取得土地使用权所支付的金额。

（二）房地产开发成本，包括：土地征用及拆迁补偿费、前期工程费、建筑安装工程费、基础设施费、公共配套设施费、开发间接费用。

（三）房地产开发费用。

（四）与转让房地产有关的税金。

（五）国家规定的其他扣除项目。

第二十一条 审核扣除项目是否符合下列要求：

（一）在土地增值税清算中，计算扣除项目金额时，其实际发生的支出应当取得但未取得合法凭据的不得扣除。

（二）扣除项目金额中所归集的各项成本和费用，必须是实际发生的。

（三）扣除项目金额应当准确地在各扣除项目中分别归集，不得混淆。

（四）扣除项目金额中所归集的各项成本和费用必须是在清算项目开发中直接发生的或应当分摊的。

（五）纳税人分期开发项目或者同时开发多个项目的，或者同一项目中建造不同类型房地产的，应按照受益对象，采用合理的分配方法，分摊共同的成本费用。

（六）对同一类事项，应当采取相同的会计政策或处理方法。会计核算与税务处理规定不一致的，以税务处理规定为准。

第二十二条 审核取得土地使用权支付金额和土地征用及拆迁补偿费时应当重点关注：

（一）同一宗土地有多个开发项目，是否予以分摊，分摊办法是否合理、合规，具体金额的计算是否正确。

（二）是否存在将房地产开发费用记入取得土地使用权支付金额以及土地征用及拆迁补偿费的情形。

（三）拆迁补偿费是否实际发生，尤其是支付给个人的拆迁补偿款、拆迁（回迁）合同和签收花名册或签收凭证是否一一对应。

第二十三条 审核前期工程费、基础设施费时应当重点关注：

（一）前期工程费、基础设施费是否真实发生，是否存在虚列情形。

（二）是否将房地产开发费用记入前期工程费、基础设施费。

（三）多个（或分期）项目共同发生的前期工程费、基础设施费，是否按项目合理分摊。

第二十四条 审核公共配套设施费时应当重点关注：

（一）公共配套设施的界定是否准确，公共配套设施费是否真实发生，有无预提的公共配套设施费情况。

（二）是否将房地产开发费用记入公共配套设施费。

（三）多个（或分期）项目共同发生的公共配套设施费，是否按项目合理分摊。

第二十五条 审核建筑安装工程费时应当重点关注：

（一）发生的费用是否与决算报告、审计报告、工程结算报告、工程施工合同记载的内容相符。

（二）房地产开发企业自购建筑材料时，自购建材费用是否重复计算扣除项目。

（三）参照当地当期同类开发项目单位平均建安成本或当地建设部门公布的单位定额成本，验证建筑安装工程费支出是否存在异常。

（四）房地产开发企业采用自营方式自行施工建设的，还应当关注有无虚列、多列施工人工费、材料费、机械使用费等情况。

（五）建筑安装发票是否在项目所在地税务机关开具。

第二十六条 审核开发间接费用时应当重点关注：

（一）是否存在将企业行政管理部门（总部）为组织和管理生产经营活动而发生的管理费用记入开发间接费用的情形。

（二）开发间接费用是否真实发生，有无预提开发间接费用的情况，取得的凭证是否合法有效。

第二十七条 审核利息支出时应当重点关注：

（一）是否将利息支出从房地产开发成本中调整至开发费用。

（二）分期开发项目或者同时开发多个项目的，其取得的一般性贷款的利息支出,是否按照项目合理分摊。

(三)利用闲置专项借款对外投资取得收益,其收益是否冲减利息支出。

第二十八条 代收费用的审核。

对于县级以上人民政府要求房地产开发企业在售房时代收的各项费用,审核其代收费用是否计入房价并向购买方一并收取;当代收费用计入房价时,审核有无将代收费用计入加计扣除以及房地产开发费用计算基数的情形。

第二十九条 关联方交易行为的审核。

在审核收入和扣除项目时,应重点关注关联企业交易是否按照公允价值和营业常规进行业务往来。

应当关注企业大额应付款余额,审核交易行为是否真实。

第三十条 纳税人委托中介机构审核鉴证的清算项目,主管税务机关应当采取适当方法对有关鉴证报告的合法性、真实性进行审核。

第三十一条 对纳税人委托中介机构审核鉴证的清算项目,主管税务机关未采信或部分未采信鉴证报告的,应当告知其理由。

第三十二条 土地增值税清算审核结束,主管税务机关应当将审核结果书面通知纳税人,并确定办理补、退税期限。

第五章 核定征收

第三十三条 在土地增值税清算过程中,发现纳税人符合核定征收条件的,应按核定征收方式对房地产项目进行清算。

第三十四条 在土地增值税清算中符合以下条件之一的,可实行核定征收。

(一)依照法律、行政法规的规定应当设置但未设置账簿的;

(二)擅自销毁账簿或者拒不提供纳税资料的;

(三)虽设置账簿,但账目混乱或者成本资料、收入凭证、费用凭证残缺不全,难以确定转让收入或扣除项目金额的;

（四）符合土地增值税清算条件，企业未按照规定的期限办理清算手续，经税务机关责令限期清算，逾期仍不清算的；

（五）申报的计税依据明显偏低，又无正当理由的。

第三十五条　符合上述核定征收条件的，由主管税务机关发出核定征收的税务事项告知书后，税务人员对房地产项目开展土地增值税核定征收核查，经主管税务机关审核合议，通知纳税人申报缴纳应补缴税款或办理退税。

第三十六条　对于分期开发的房地产项目，各期清算的方式应保持一致。

第六章　其　　他

第三十七条　土地增值税清算资料应按照档案化管理的要求，妥善保存。

第三十八条　本规程自2009年6月1日起施行，各省（自治区、直辖市、计划单列市）税务机关可结合本地实际，对本规程进行进一步细化。

附件：

1. 土地增值税纳税申报表[①]（从事房地产开发的纳税人适用）（略）

2. 各类附表（略）

[①] 根据《国家税务总局关于修订土地增值税纳税申报表的通知》（税总函〔2016〕309号）的规定，该表内容有修订。

国家税务总局关于房地产开发企业
土地增值税清算管理有关问题的通知

(2006年12月28日 国税发〔2006〕187号 根据2018年6月15日《国家税务总局关于修改部分税收规范性文件的公告》修正)

各省、自治区、直辖市和计划单列市地方税务局,西藏、宁夏自治区国家税务局:

为进一步加强房地产开发企业土地增值税清算管理工作,根据《中华人民共和国税收征收管理法》、《中华人民共和国土地增值税暂行条例》及有关规定,现就有关问题通知如下:

一、土地增值税的清算单位

土地增值税以国家有关部门审批的房地产开发项目为单位进行清算,对于分期开发的项目,以分期项目为单位清算。

开发项目中同时包含普通住宅和非普通住宅的,应分别计算增值额。

二、土地增值税的清算条件

(一)符合下列情形之一的,纳税人应进行土地增值税的清算:

1. 房地产开发项目全部竣工、完成销售的;
2. 整体转让未竣工决算房地产开发项目的;
3. 直接转让土地使用权的。

(二)符合下列情形之一的,主管税务机关可要求纳税人进行土地增值税清算:

1. 已竣工验收的房地产开发项目,已转让的房地产建筑面积占整个项目可售建筑面积的比例在85%以上,或该比例虽未超过

85%，但剩余的可售建筑面积已经出租或自用的；

2. 取得销售（预售）许可证满三年仍未销售完毕的；

3. 纳税人申请注销税务登记但未办理土地增值税清算手续的；

4. 省税务机关规定的其他情况。

三、非直接销售和自用房地产的收入确定

（一）房地产开发企业将开发产品用于职工福利、奖励、对外投资、分配给股东或投资人、抵偿债务、换取其他单位和个人的非货币性资产等，发生所有权转移时应视同销售房地产，其收入按下列方法和顺序确认：

1. 按本企业在同一地区、同一年度销售的同类房地产的平均价格确定；

2. 由主管税务机关参照当地当年、同类房地产的市场价格或评估价值确定。

（二）房地产开发企业将开发的部分房地产转为企业自用或用于出租等商业用途时，如果产权未发生转移，不征收土地增值税，在税款清算时不列收入，不扣除相应的成本和费用。

四、土地增值税的扣除项目

（一）房地产开发企业办理土地增值税清算时计算与清算项目有关的扣除项目金额，应根据土地增值税暂行条例第六条及其实施细则第七条的规定执行。除另有规定外，扣除取得土地使用权所支付的金额、房地产开发成本、费用及与转让房地产有关税金，须提供合法有效凭证；不能提供合法有效凭证的，不予扣除。

（二）房地产开发企业办理土地增值税清算所附送的前期工程费、建筑安装工程费、基础设施费、开发间接费用的凭证或资料不符合清算要求或不实的，税务机关可参照当地建设工程造价管理部门公布的建安造价定额资料，结合房屋结构、用途、区位等因素，核定上述四项开发成本的单位面积金额标准，并据以计算扣除。具体核定方法由省税务机关确定。

（三）房地产开发企业开发建造的与清算项目配套的居委会和派出所用房、会所、停车场（库）、物业管理场所、变电站、热力站、水厂、文体场馆、学校、幼儿园、托儿所、医院、邮电通讯等公共设施，按以下原则处理：

1. 建成后产权属于全体业主所有的，其成本、费用可以扣除；

2. 建成后无偿移交给政府、公用事业单位用于非营利性社会公共事业的，其成本、费用可以扣除；

3. 建成后有偿转让的，应计算收入，并准予扣除成本、费用。

（四）房地产开发企业销售已装修的房屋，其装修费用可以计入房地产开发成本。

房地产开发企业的预提费用，除另有规定外，不得扣除。

（五）属于多个房地产项目共同的成本费用，应按清算项目可售建筑面积占多个项目可售总建筑面积的比例或其他合理的方法，计算确定清算项目的扣除金额。

五、土地增值税清算应报送的资料

符合本通知第二条第（一）项规定的纳税人，须在满足清算条件之日起 90 日内到主管税务机关办理清算手续；符合本通知第二条第（二）项规定的纳税人，须在主管税务机关限定的期限内办理清算手续。

纳税人办理土地增值税清算应报送以下资料：

（一）房地产开发企业清算土地增值税书面申请、土地增值税纳税申报表；

（二）项目竣工决算报表、取得土地使用权所支付的地价款凭证、国有土地使用权出让合同、银行贷款利息结算通知单、项目工程合同结算单、商品房购销合同统计表等与转让房地产的收入、成本和费用有关的证明资料；

（三）主管税务机关要求报送的其他与土地增值税清算有关的证明资料等。

纳税人委托税务中介机构审核鉴证的清算项目，还应报送中介机构出具的《土地增值税清算税款鉴证报告》。

六、土地增值税清算项目的审核鉴证

税务中介机构受托对清算项目审核鉴证时，应按税务机关规定的格式对审核鉴证情况出具鉴证报告。对符合要求的鉴证报告，税务机关可以采信。

税务机关要对从事土地增值税清算鉴证工作的税务中介机构在准入条件、工作程序、鉴证内容、法律责任等方面提出明确要求，并做好必要的指导和管理工作。

七、土地增值税的核定征收

房地产开发企业有下列情形之一的，税务机关可以参照与其开发规模和收入水平相近的当地企业的土地增值税税负情况，按不低于预征率的征收率核定征收土地增值税：

（一）依照法律、行政法规的规定应当设置但未设置账簿的；

（二）擅自销毁账簿或者拒不提供纳税资料的；

（三）虽设置账簿，但账目混乱或者成本资料、收入凭证、费用凭证残缺不全，难以确定转让收入或扣除项目金额的；

（四）符合土地增值税清算条件，未按照规定的期限办理清算手续，经税务机关责令限期清算，逾期仍不清算的；

（五）申报的计税依据明显偏低，又无正当理由的。

八、清算后再转让房地产的处理

在土地增值税清算时未转让的房地产，清算后销售或有偿转让的，纳税人应按规定进行土地增值税的纳税申报，扣除项目金额按清算时的单位建筑面积成本费用乘以销售或转让面积计算。

单位建筑面积成本费用=清算时的扣除项目总金额÷清算的总建筑面积

本通知自2007年2月1日起执行。各省税务机关可依据本通知的规定并结合当地实际情况制定具体清算管理办法。

国家税务总局关于耕地占用税征收管理有关事项的公告①

(2019年8月30日国家税务总局公告2019年第30号公布 自2019年9月1日起施行)

为落实《中华人民共和国耕地占用税法》(以下简称《耕地占用税法》)及《中华人民共和国耕地占用税法实施办法》(以下简称《实施办法》),规范耕地占用税征收管理,现就有关事项公告如下:

一、耕地占用税以纳税人实际占用的属于耕地占用税征税范围的土地(以下简称"应税土地")面积为计税依据,按应税土地当地适用税额计税,实行一次性征收。

耕地占用税计算公式为:应纳税额=应税土地面积×适用税额。

应税土地面积包括经批准占用面积和未经批准占用面积,以平方米为单位。

当地适用税额是指省、自治区、直辖市人民代表大会常务委员会决定的应税土地所在地县级行政区的现行适用税额。

二、按照《耕地占用税法》第六条规定,加按百分之一百五十征收耕地占用税的计算公式为:应纳税额=应税土地面积×适用税额×百分之一百五十。

三、按照《耕地占用税法》及《实施办法》的规定,免征、减征耕地占用税的部分项目按以下口径执行:

(一)免税的军事设施,是指《中华人民共和国军事设施保护

---

① 本公告中的附件已被《国家税务总局关于简并税费申报有关事项的公告》(国家税务总局公告2021年第9号)废止。

法》第二条所列建筑物、场地和设备。具体包括：指挥机关，地面和地下的指挥工程、作战工程；军用机场、港口、码头；营区、训练场、试验场；军用洞库、仓库；军用通信、侦察、导航、观测台站、测量、导航、助航标志；军用公路、铁路专用线，军用通信、输电线路，军用输油、输水管道；边防、海防管控设施；国务院和中央军事委员会规定的其他军事设施。

（二）免税的社会福利机构，是指依法登记的养老服务机构、残疾人服务机构、儿童福利机构及救助管理机构、未成年人救助保护机构内专门为老年人、残疾人、未成年人及生活无着的流浪乞讨人员提供养护、康复、托管等服务的场所。

养老服务机构，是指为老年人提供养护、康复、托管等服务的老年人社会福利机构。具体包括老年社会福利院、养老院（或老人院）、老年公寓、护老院、护养院、敬老院、托老所、老年人服务中心等。

残疾人服务机构，是指为残疾人提供养护、康复、托管等服务的社会福利机构。具体包括为肢体、智力、视力、听力、语言、精神方面有残疾的人员提供康复和功能补偿的辅助器具，进行康复治疗、康复训练，承担教育、养护和托管服务的社会福利机构。

儿童福利机构，是指为孤、弃、残儿童提供养护、康复、医疗、教育、托管等服务的儿童社会福利服务机构。具体包括儿童福利院、社会福利院、SOS 儿童村、孤儿学校、残疾儿童康复中心、社区特教班等。

社会救助机构，是指为生活无着的流浪乞讨人员提供寻亲、医疗、未成年人教育、离站等服务的救助管理机构。具体包括县级以上人民政府设立的救助管理站、未成年人救助保护中心等专门机构。

（三）免税的医疗机构，是指县级以上人民政府卫生健康行政部门批准设立的医疗机构内专门从事疾病诊断、治疗活动的场所及其配套设施。

（四）减税的公路线路，是指经批准建设的国道、省道、县道、乡道和属于农村公路的村道的主体工程以及两侧边沟或者截水沟。具体包括高速公路、一级公路、二级公路、三级公路、四级公路和等外公路的主体工程及两侧边沟或者截水沟。

四、根据《耕地占用税法》第八条的规定，纳税人改变原占地用途，需要补缴耕地占用税的，其纳税义务发生时间为改变用途当日，具体为：经批准改变用途的，纳税义务发生时间为纳税人收到批准文件的当日；未经批准改变用途的，纳税义务发生时间为自然资源主管部门认定纳税人改变原占地用途的当日。

五、未经批准占用应税土地的纳税人，其纳税义务发生时间为自然资源主管部门认定其实际占地的当日。

六、耕地占用税实行全国统一的纳税申报表（见附件）。

七、耕地占用税纳税人依法纳税申报时，应填报《耕地占用税纳税申报表》，同时依占用应税土地的不同情形分别提交下列材料：

（一）农用地转用审批文件复印件；

（二）临时占用耕地批准文件复印件；

（三）未经批准占用应税土地的，应提供实际占地的相关证明材料复印件。

其中第（一）项和第（二）项，纳税人提交的批准文书信息能够通过政府信息共享获取的，纳税人只需要提供上述材料的名称、文号、编码等信息供查询验证，不再提交材料复印件。

八、主管税务机关接收纳税人申报资料后，应审核资料是否齐全、是否符合法定形式、填写内容是否完整、项目间逻辑关系是否相符。审核无误的即时受理；审核发现问题的当场一次性告知应补正资料或不予受理原因。

九、耕地占用税减免优惠实行"自行判别、申报享受、有关资料留存备查"办理方式。纳税人根据政策规定自行判断是否符合优惠条件，符合条件的，纳税人申报享受税收优惠，并将有关资料留存备查。纳税人对留存材料的真实性和合法性承担法律责任。

符合耕地占用税减免条件的纳税人，应留存下列材料：

（一）军事设施占用应税土地的证明材料；

（二）学校、幼儿园、社会福利机构、医疗机构占用应税土地的证明材料；

（三）铁路线路、公路线路、飞机场跑道、停机坪、港口、航道、水利工程占用应税土地的证明材料；

（四）农村居民建房占用土地及其他相关证明材料；

（五）其他减免耕地占用税情形的证明材料。

十、纳税人符合《耕地占用税法》第十一条、《实施办法》第十九条的规定申请退税的，纳税人应提供身份证明查验，并提交以下材料复印件：

（一）税收缴款书、税收完税证明；

（二）复垦验收合格确认书。

十一、纳税人、建设用地人符合《实施办法》第二十九条规定共同申请退税的，纳税人、建设用地人应提供身份证明查验，并提交以下材料复印件：

（一）纳税人应提交税收缴款书、税收完税证明；

（二）建设用地人应提交使用耕地用途符合免税规定的证明材料。

十二、本公告自2019年9月1日起施行。《国家税务总局关于农业税、牧业税、耕地占用税、契税征收管理暂参照〈中华人民共和国税收征收管理法〉执行的通知》（国税发〔2001〕110号）、《国家税务总局关于耕地占用税征收管理有关问题的通知》（国税发〔2007〕129号）、《国家税务总局关于发布〈耕地占用税管理规程（试行）〉的公告》（国家税务总局公告2016年第2号发布，国家税务总局公告2018年第31号修改）同时废止。

特此公告。

附件：耕地占用税纳税申报表（略）

七 房产税

行政法规及文件

中华人民共和国房产税暂行条例

(1986年9月15日国务院发布 根据2011年1月8日《国务院关于废止和修改部分行政法规的决定》修订)

第一条 房产税在城市、县城、建制镇和工矿区征收。

第二条 房产税由产权所有人缴纳。产权属于全民所有的,由经营管理的单位缴纳。产权出典的,由承典人缴纳。产权所有人、承典人不在房产所在地的,或者产权未确定及租典纠纷未解决的,由房产代管人或者使用人缴纳。

前款列举的产权所有人、经营管理单位、承典人、房产代管人或者使用人,统称为纳税义务人(以下简称纳税人)。

第三条 房产税依照房产原值一次减除10%至30%后的余值计算缴纳。具体减除幅度,由省、自治区、直辖市人民政府规定。

没有房产原值作为依据的,由房产所在地税务机关参考同类房产核定。

房产出租的,以房产租金收入为房产税的计税依据。

第四条 房产税的税率,依照房产余值计算缴纳的,税率为1.2%;依照房产租金收入计算缴纳的,税率为12%。

第五条 下列房产免纳房产税：

一、国家机关、人民团体、军队自用的房产；

二、由国家财政部门拨付事业经费的单位自用的房产；

三、宗教寺庙、公园、名胜古迹自用的房产；

四、个人所有非营业用的房产；

五、经财政部批准免税的其他房产。

第六条 除本条例第五条规定者外，纳税人纳税确有困难的，可由省、自治区、直辖市人民政府确定，定期减征或者免征房产税。

第七条 房产税按年征收、分期缴纳。纳税期限由省、自治区、直辖市人民政府规定。

第八条 房产税的征收管理，依照《中华人民共和国税收征收管理法》的规定办理。

第九条 房产税由房产所在地的税务机关征收。

第十条 本条例由财政部负责解释；施行细则由省、自治区、直辖市人民政府制定，抄送财政部备案。

第十一条 本条例自1986年10月1日起施行。

部门规章及文件

国家税务总局关于调整房产税和土地使用税具体征税范围解释规定的通知

（1999年3月12日 国税发〔1999〕44号 根据2018年6月15日《国家税务总局关于修改部分税收规范性文件的公告》修正）

各省、自治区、直辖市和计划单列市地方税务局：

近接一些地区反映，原财政部、税务总局印发的《关于房产税若干具体问题的解释和暂行规定》(〔86〕财税地字 008 号) 与原国家税务局印发的《关于土地使用税若干具体问题的解释和暂行规定》(〔88〕国税地字第 015 号),有关房产税与土地使用税的具体征税范围的解释不尽一致,并且经济发展及城镇建设已发生很大变化,在实际执行中,不便于操作,经研究,现进一步解释和规定如下:

一、房产税、土地使用税在城市、县城、建制镇和工矿区征收,各地在遵照执行。

二、关于建制镇具体征税范围,由各省、自治区、直辖市税务局提出方案,经省、自治区、直辖市人民政府确定批准后执行,并报国家税务总局备案。对农林牧渔业用地和农民居住用房屋及土地,不征收房产税和土地使用税。

财政部、国家税务总局关于对外资企业及外籍个人征收房产税有关问题的通知

(2009 年 1 月 12 日 财税〔2009〕3 号)

各省、自治区、直辖市、计划单列市财政厅(局)、地方税务局,新疆生产建设兵团财务局:

根据 2008 年 12 月 31 日国务院发布的第 546 号令,自 2009 年 1 月 1 日起,废止《中华人民共和国城市房地产税暂行条例》,外商投资企业、外国企业和组织以及外籍个人(包括港澳台资企业和组织以及华侨、港澳台同胞,以下统称外资企业及外籍个人)依照《中华人民共和国房产税暂行条例》(国发〔1986〕90 号)缴纳房产税。为做好外资企业及外籍个人房产税征收工作,现将有关事项通知如下:

一、自 2009 年 1 月 1 日起,对外资企业及外籍个人的房产征

收房产税，在征税范围、计税依据、税率、税收优惠、征收管理等方面按照《中华人民共和国房产税暂行条例》（国发〔1986〕90号）及有关规定执行。各地要及时了解外资企业及外籍个人房产税的征收情况，对遇到的问题及时反映，确保相关政策落实到位。

二、以人民币以外的货币为记账本位币的外资企业及外籍个人在缴纳房产税时，均应将其根据记账本位币计算的税款按照缴款上月最后一日的人民币汇率中间价折合成人民币。

三、房产税由房产所在地的地方税务机关征收，其征收管理按《中华人民共和国税收征收管理法》及相关规定执行。

财政部、国家税务总局关于
房产税、城镇土地使用税有关问题的通知

（2009年11月22日 财税〔2009〕128号）

各省、自治区、直辖市、计划单列市财政厅（局）、地方税务局，西藏、宁夏、青海省（自治区）国家税务局，新疆生产建设兵团财务局：

为完善房产税、城镇土地使用税政策，堵塞税收征管漏洞，现将房产税、城镇土地使用税有关问题明确如下：

一、关于无租使用其他单位房产的房产税问题

无租使用其他单位房产的应税单位和个人，依照房产余值代缴纳房产税。

二、关于出典房产的房产税问题

产权出典的房产，由承典人依照房产余值缴纳房产税。

三、关于融资租赁房产的房产税问题

融资租赁的房产，由承租人自融资租赁合同约定开始日的次月

起依照房产余值缴纳房产税。合同未约定开始日的，由承租人自合同签订的次月起依照房产余值缴纳房产税。

四、关于地下建筑用地的城镇土地使用税问题

对在城镇土地使用税征税范围内单独建造的地下建筑用地，按规定征收城镇土地使用税。其中，已取得地下土地使用权证的，按土地使用权证确认的土地面积计算应征税款；未取得地下土地使用权证或地下土地使用权证上未标明土地面积的，按地下建筑垂直投影面积计算应征税款。

对上述地下建筑用地暂按应征税款的50%征收城镇土地使用税。

五、本通知自 2009 年 12 月 1 日起执行。《财政部、国家税务总局关于房产税若干具体问题的解释和暂行规定》〔（86）财税地字第 008 号〕第七条、《国家税务总局关于安徽省若干房产税业务问题的批复》（国税函发〔1993〕368 号）第二条同时废止。

八 资源税、环境保护税、烟叶税

法　　律

中华人民共和国资源税法

（2019年8月26日第十三届全国人民代表大会常务委员会第十二次会议通过　2019年8月26日中华人民共和国主席令第33号公布　自2020年9月1日起施行）

第一条　在中华人民共和国领域和中华人民共和国管辖的其他海域开发应税资源的单位和个人，为资源税的纳税人，应当依照本法规定缴纳资源税。

应税资源的具体范围，由本法所附《资源税税目税率表》（以下称《税目税率表》）确定。

第二条　资源税的税目、税率，依照《税目税率表》执行。

《税目税率表》中规定实行幅度税率的，其具体适用税率由省、自治区、直辖市人民政府统筹考虑该应税资源的品位、开采条件以及对生态环境的影响等情况，在《税目税率表》规定的税率幅度内提出，报同级人民代表大会常务委员会决定，并报全国人民代表大会常务委员会和国务院备案。《税目税率表》中规定征税对象为原矿或者选矿的，应当分别确定具体适用税率。

第三条 资源税按照《税目税率表》实行从价计征或者从量计征。

《税目税率表》中规定可以选择实行从价计征或者从量计征的，具体计征方式由省、自治区、直辖市人民政府提出，报同级人民代表大会常务委员会决定，并报全国人民代表大会常务委员会和国务院备案。

实行从价计征的，应纳税额按照应税资源产品（以下称应税产品）的销售额乘以具体适用税率计算。实行从量计征的，应纳税额按照应税产品的销售数量乘以具体适用税率计算。

应税产品为矿产品的，包括原矿和选矿产品。

第四条 纳税人开采或者生产不同税目应税产品的，应当分别核算不同税目应税产品的销售额或者销售数量；未分别核算或者不能准确提供不同税目应税产品的销售额或者销售数量的，从高适用税率。

第五条 纳税人开采或者生产应税产品自用的，应当依照本法规定缴纳资源税；但是，自用于连续生产应税产品的，不缴纳资源税。

第六条 有下列情形之一的，免征资源税：

（一）开采原油以及在油田范围内运输原油过程中用于加热的原油、天然气；

（二）煤炭开采企业因安全生产需要抽采的煤成（层）气。

有下列情形之一的，减征资源税：

（一）从低丰度油气田开采的原油、天然气，减征百分之二十资源税；

（二）高含硫天然气、三次采油和从深水油气田开采的原油、天然气，减征百分之三十资源税；

（三）稠油、高凝油减征百分之四十资源税；

（四）从衰竭期矿山开采的矿产品，减征百分之三十资源税。

根据国民经济和社会发展需要，国务院对有利于促进资源节约集约利用、保护环境等情形可以规定免征或者减征资源税，报全国人民代表大会常务委员会备案。

第七条　有下列情形之一的，省、自治区、直辖市可以决定免征或者减征资源税：

（一）纳税人开采或者生产应税产品过程中，因意外事故或者自然灾害等原因遭受重大损失；

（二）纳税人开采共伴生矿、低品位矿、尾矿。

前款规定的免征或者减征资源税的具体办法，由省、自治区、直辖市人民政府提出，报同级人民代表大会常务委员会决定，并报全国人民代表大会常务委员会和国务院备案。

第八条　纳税人的免税、减税项目，应当单独核算销售额或者销售数量；未单独核算或者不能准确提供销售额或者销售数量的，不予免税或者减税。

第九条　资源税由税务机关依照本法和《中华人民共和国税收征收管理法》的规定征收管理。

税务机关与自然资源等相关部门应当建立工作配合机制，加强资源税征收管理。

第十条　纳税人销售应税产品，纳税义务发生时间为收讫销售款或者取得索取销售款凭据的当日；自用应税产品的，纳税义务发生时间为移送应税产品的当日。

第十一条　纳税人应当向应税产品开采地或者生产地的税务机关申报缴纳资源税。

第十二条　资源税按月或者按季申报缴纳；不能按固定期限计算缴纳的，可以按次申报缴纳。

纳税人按月或者按季申报缴纳的，应当自月度或者季度终了之日起十五日内，向税务机关办理纳税申报并缴纳税款；按次申报缴纳的，应当自纳税义务发生之日起十五日内，向税务机关办理纳税申报并缴纳税款。

第十三条　纳税人、税务机关及其工作人员违反本法规定的，依照《中华人民共和国税收征收管理法》和有关法律法规的规定追究法律责任。

第十四条 国务院根据国民经济和社会发展需要，依照本法的原则，对取用地表水或者地下水的单位和个人试点征收水资源税。征收水资源税的，停止征收水资源费。

水资源税根据当地水资源状况、取用水类型和经济发展等情况实行差别税率。

水资源税试点实施办法由国务院规定，报全国人民代表大会常务委员会备案。

国务院自本法施行之日起五年内，就征收水资源税试点情况向全国人民代表大会常务委员会报告，并及时提出修改法律的建议。

第十五条 中外合作开采陆上、海上石油资源的企业依法缴纳资源税。

2011年11月1日前已依法订立中外合作开采陆上、海上石油资源合同的，在该合同有效期内，继续依照国家有关规定缴纳矿区使用费，不缴纳资源税；合同期满后，依法缴纳资源税。

第十六条 本法下列用语的含义是：

（一）低丰度油气田，包括陆上低丰度油田、陆上低丰度气田、海上低丰度油田、海上低丰度气田。陆上低丰度油田是指每平方公里原油可开采储量丰度低于二十五万立方米的油田；陆上低丰度气田是指每平方公里天然气可开采储量丰度低于二亿五千万立方米的气田；海上低丰度油田是指每平方公里原油可开采储量丰度低于六十万立方米的油田；海上低丰度气田是指每平方公里天然气可开采储量丰度低于六亿立方米的气田。

（二）高含硫天然气，是指硫化氢含量在每立方米三十克以上的天然气。

（三）三次采油，是指二次采油后继续以聚合物驱、复合驱、泡沫驱、气水交替驱、二氧化碳驱、微生物驱等方式进行采油。

（四）深水油气田，是指水深超过三百米的油气田。

（五）稠油，是指地层原油粘度大于或等于每秒五十毫帕或原油密度大于或等于每立方厘米零点九二克的原油。

（六）高凝油，是指凝固点高于四十摄氏度的原油。

（七）衰竭期矿山，是指设计开采年限超过十五年，且剩余可开采储量下降到原设计可开采储量的百分之二十以下或者剩余开采年限不超过五年的矿山。衰竭期矿山以开采企业下属的单个矿山为单位确定。

第十七条 本法自 2020 年 9 月 1 日起施行。1993 年 12 月 25 日国务院发布的《中华人民共和国资源税暂行条例》同时废止。

附：

资源税税目税率表

税目			征税对象	税率
能源矿产	原油		原矿	6%
	天然气、页岩气、天然气水合物		原矿	6%
	煤		原矿或者选矿	2%—10%
	煤成（层）气		原矿	1%—2%
	铀、钍		原矿	4%
	油页岩、油砂、天然沥青、石煤		原矿或者选矿	1%—4%
	地热		原矿	1%—20%或者每立方米1—30元
金属矿产	黑色金属	铁、锰、铬、钒、钛	原矿或者选矿	1%—9%
	有色金属	铜、铅、锌、锡、镍、锑、镁、钴、铋、汞	原矿或者选矿	2%—10%
		铝土矿	原矿或者选矿	2%—9%
		钨	选矿	6.5%
		钼	选矿	8%
		金、银	原矿或者选矿	2%—6%
		铂、钯、钌、铑、铱、锇	原矿或者选矿	5%—10%
		轻稀土	选矿	7%—12%
		中重稀土	选矿	20%
		铍、锂、锆、锶、铷、铯、铌、钽、锗、镓、铟、铊、铪、铼、镉、硒、碲	原矿或者选矿	2%—10%

续表

税 目			征税对象	税 率
非金属矿产	矿物类	高岭土	原矿或者选矿	1%—6%
		石灰岩	原矿或者选矿	1%—6%或者每吨（或者每立方米）1—10元
		磷	原矿或者选矿	3%—8%
		石墨	原矿或者选矿	3%—12%
		萤石、硫铁矿、自然硫	原矿或者选矿	1%—8%
		天然石英砂、脉石英、粉石英、水晶、工业用金刚石、冰洲石、蓝晶石、硅线石（矽线石）、长石、滑石、刚玉、菱镁矿、颜料矿物、天然碱、芒硝、钠硝石、明矾石、砷、硼、碘、溴、膨润土、硅藻土、陶瓷土、耐火粘土、铁矾土、凹凸棒石粘土、海泡石粘土、伊利石粘土、累托石粘土	原矿或者选矿	1%—12%
		叶蜡石、硅灰石、透辉石、珍珠岩、云母、沸石、重晶石、毒重石、方解石、蛭石、透闪石、工业用电气石、白垩、石棉、蓝石棉、红柱石、石榴子石、石膏	原矿或者选矿	2%—12%
		其他粘土（铸型用粘土、砖瓦用粘土、陶粒用粘土、水泥配料用粘土、水泥配料用红土、水泥配料用黄土、水泥配料用泥岩、保温材料用粘土）	原矿或者选矿	1%—5%或者每吨（或者每立方米）0.1—5元
	岩石类	大理岩、花岗岩、白云岩、石英岩、砂岩、辉绿岩、安山岩、闪长岩、板岩、玄武岩、片麻岩、角闪岩、页岩、浮石、凝灰岩、黑曜岩、霞石正长岩、蛇纹岩、麦饭石、泥灰岩、含钾岩石、含钾砂页岩、天然油石、橄榄岩、松脂岩、粗面岩、辉长岩、辉石岩、正长岩、火山灰、火山渣、泥炭	原矿或者选矿	1%—10%
		砂石	原矿或者选矿	1%—5%或者每吨（或者每立方米）0.1—5元
	宝玉石类	宝石、玉石、宝石级金刚石、玛瑙、黄玉、碧玺	原矿或者选矿	4%—20%
水气矿产		二氧化碳气、硫化氢气、氦气、氡气	原矿	2%—5%
		矿泉水	原矿	1%—20%或者每立方米1—30元
盐		钠盐、钾盐、镁盐、锂盐	选矿	3%—15%
		天然卤水	原矿	3%—15%或者每吨（或者每立方米）1—10元
		海盐		2%—5%

中华人民共和国环境保护税法

（2016年12月25日第十二届全国人民代表大会常务委员会第二十五次会议通过　根据2018年10月26日第十三届全国人民代表大会常务委员会第六次会议《关于修改〈中华人民共和国野生动物保护法〉等十五部法律的决定》修正）

目　录

第一章　总　则
第二章　计税依据和应纳税额
第三章　税收减免
第四章　征收管理
第五章　附　则

第一章　总　则

第一条　为了保护和改善环境，减少污染物排放，推进生态文明建设，制定本法。

第二条　在中华人民共和国领域和中华人民共和国管辖的其他海域，直接向环境排放应税污染物的企业事业单位和其他生产经营者为环境保护税的纳税人，应当依照本法规定缴纳环境保护税。

第三条　本法所称应税污染物，是指本法所附《环境保护税税目税额表》、《应税污染物和当量值表》规定的大气污染物、水污染物、固体废物和噪声。

第四条　有下列情形之一的，不属于直接向环境排放污染物，不缴纳相应污染物的环境保护税：

（一）企业事业单位和其他生产经营者向依法设立的污水集中处理、生活垃圾集中处理场所排放应税污染物的；

（二）企业事业单位和其他生产经营者在符合国家和地方环境保护标准的设施、场所贮存或者处置固体废物的。

第五条 依法设立的城乡污水集中处理、生活垃圾集中处理场所超过国家和地方规定的排放标准向环境排放应税污染物的，应当缴纳环境保护税。

企业事业单位和其他生产经营者贮存或者处置固体废物不符合国家和地方环境保护标准的，应当缴纳环境保护税。

第六条 环境保护税的税目、税额，依照本法所附《环境保护税税目税额表》执行。

应税大气污染物和水污染物的具体适用税额的确定和调整，由省、自治区、直辖市人民政府统筹考虑本地区环境承载能力、污染物排放现状和经济社会生态发展目标要求，在本法所附《环境保护税税目税额表》规定的税额幅度内提出，报同级人民代表大会常务委员会决定，并报全国人民代表大会常务委员会和国务院备案。

第二章 计税依据和应纳税额

第七条 应税污染物的计税依据，按照下列方法确定：

（一）应税大气污染物按照污染物排放量折合的污染当量数确定；

（二）应税水污染物按照污染物排放量折合的污染当量数确定；

（三）应税固体废物按照固体废物的排放量确定；

（四）应税噪声按照超过国家规定标准的分贝数确定。

第八条 应税大气污染物、水污染物的污染当量数，以该污染物的排放量除以该污染物的污染当量值计算。每种应税大气污染物、水污染物的具体污染当量值，依照本法所附《应税污染物和当量值表》执行。

第九条 每一排放口或者没有排放口的应税大气污染物，按照污染当量数从大到小排序，对前三项污染物征收环境保护税。

每一排放口的应税水污染物，按照本法所附《应税污染物和当量值表》，区分第一类水污染物和其他类水污染物，按照污染当量数从大到小排序，对第一类水污染物按照前五项征收环境保护税，对其他类水污染物按照前三项征收环境保护税。

省、自治区、直辖市人民政府根据本地区污染物减排的特殊需要，可以增加同一排放口征收环境保护税的应税污染物项目数，报同级人民代表大会常务委员会决定，并报全国人民代表大会常务委员会和国务院备案。

第十条 应税大气污染物、水污染物、固体废物的排放量和噪声的分贝数，按照下列方法和顺序计算：

（一）纳税人安装使用符合国家规定和监测规范的污染物自动监测设备的，按照污染物自动监测数据计算；

（二）纳税人未安装使用污染物自动监测设备的，按照监测机构出具的符合国家有关规定和监测规范的监测数据计算；

（三）因排放污染物种类多等原因不具备监测条件的，按照国务院生态环境主管部门规定的排污系数、物料衡算方法计算；

（四）不能按照本条第一项至第三项规定的方法计算的，按照省、自治区、直辖市人民政府生态环境主管部门规定的抽样测算的方法核定计算。

第十一条 环境保护税应纳税额按照下列方法计算：

（一）应税大气污染物的应纳税额为污染当量数乘以具体适用税额；

（二）应税水污染物的应纳税额为污染当量数乘以具体适用税额；

（三）应税固体废物的应纳税额为固体废物排放量乘以具体适用税额；

（四）应税噪声的应纳税额为超过国家规定标准的分贝数对应的具体适用税额。

第三章　税收减免

第十二条　下列情形，暂予免征环境保护税：
（一）农业生产（不包括规模化养殖）排放应税污染物的；
（二）机动车、铁路机车、非道路移动机械、船舶和航空器等流动污染源排放应税污染物的；
（三）依法设立的城乡污水集中处理、生活垃圾集中处理场所排放相应应税污染物，不超过国家和地方规定的排放标准的；
（四）纳税人综合利用的固体废物，符合国家和地方环境保护标准的；
（五）国务院批准免税的其他情形。
前款第五项免税规定，由国务院报全国人民代表大会常务委员会备案。

第十三条　纳税人排放应税大气污染物或者水污染物的浓度值低于国家和地方规定的污染物排放标准百分之三十的，减按百分之七十五征收环境保护税。纳税人排放应税大气污染物或者水污染物的浓度值低于国家和地方规定的污染物排放标准百分之五十的，减按百分之五十征收环境保护税。

第四章　征收管理

第十四条　环境保护税由税务机关依照《中华人民共和国税收征收管理法》和本法的有关规定征收管理。
生态环境主管部门依照本法和有关环境保护法律法规的规定负责对污染物的监测管理。
县级以上地方人民政府应当建立税务机关、生态环境主管部门和其他相关单位分工协作工作机制，加强环境保护税征收管理，保障税款及时足额入库。

第十五条 生态环境主管部门和税务机关应当建立涉税信息共享平台和工作配合机制。

生态环境主管部门应当将排污单位的排污许可、污染物排放数据、环境违法和受行政处罚情况等环境保护相关信息，定期交送税务机关。

税务机关应当将纳税人的纳税申报、税款入库、减免税额、欠缴税款以及风险疑点等环境保护税涉税信息，定期交送生态环境主管部门。

第十六条 纳税义务发生时间为纳税人排放应税污染物的当日。

第十七条 纳税人应当向应税污染物排放地的税务机关申报缴纳环境保护税。

第十八条 环境保护税按月计算，按季申报缴纳。不能按固定期限计算缴纳的，可以按次申报缴纳。

纳税人申报缴纳时，应当向税务机关报送所排放应税污染物的种类、数量，大气污染物、水污染物的浓度值，以及税务机关根据实际需要要求纳税人报送的其他纳税资料。

第十九条 纳税人按季申报缴纳的，应当自季度终了之日起十五日内，向税务机关办理纳税申报并缴纳税款。纳税人按次申报缴纳的，应当自纳税义务发生之日起十五日内，向税务机关办理纳税申报并缴纳税款。

纳税人应当依法如实办理纳税申报，对申报的真实性和完整性承担责任。

第二十条 税务机关应当将纳税人的纳税申报数据资料与生态环境主管部门交送的相关数据资料进行比对。

税务机关发现纳税人的纳税申报数据资料异常或者纳税人未按照规定期限办理纳税申报的，可以提请生态环境主管部门进行复核，生态环境主管部门应当自收到税务机关的数据资料之日起十五日内向税务机关出具复核意见。税务机关应当按照生态环境主管部门复核的数据资料调整纳税人的应纳税额。

第二十一条 依照本法第十条第四项的规定核定计算污染物排放量的，由税务机关会同生态环境主管部门核定污染物排放种类、数量和应纳税额。

第二十二条 纳税人从事海洋工程向中华人民共和国管辖海域排放应税大气污染物、水污染物或者固体废物，申报缴纳环境保护税的具体办法，由国务院税务主管部门会同国务院生态环境主管部门规定。

第二十三条 纳税人和税务机关、生态环境主管部门及其工作人员违反本法规定的，依照《中华人民共和国税收征收管理法》、《中华人民共和国环境保护法》和有关法律法规的规定追究法律责任。

第二十四条 各级人民政府应当鼓励纳税人加大环境保护建设投入，对纳税人用于污染物自动监测设备的投资予以资金和政策支持。

第五章 附 则

第二十五条 本法下列用语的含义：

（一）污染当量，是指根据污染物或者污染排放活动对环境的有害程度以及处理的技术经济性，衡量不同污染物对环境污染的综合性指标或者计量单位。同一介质相同污染当量的不同污染物，其污染程度基本相当。

（二）排污系数，是指在正常技术经济和管理条件下，生产单位产品所应排放的污染物量的统计平均值。

（三）物料衡算，是指根据物质质量守恒原理对生产过程中使用的原料、生产的产品和产生的废物等进行测算的一种方法。

第二十六条 直接向环境排放应税污染物的企业事业单位和其他生产经营者，除依照本法规定缴纳环境保护税外，应当对所造成的损害依法承担责任。

第二十七条 自本法施行之日起，依照本法规定征收环境保护税，不再征收排污费。

第二十八条 本法自 2018 年 1 月 1 日起施行。

附表一：

环境保护税税目税额表

税　目		计税单位	税　额	备　注
大气污染物		每污染当量	1.2 元至 12 元	
水污染物		每污染当量	1.4 元至 14 元	
固体废物	煤矸石	每吨	5 元	
	尾矿	每吨	15 元	
	危险废物	每吨	1000 元	
	冶炼渣、粉煤灰、炉渣、其他固体废物（含半固态、液态废物）	每吨	25 元	
噪声	工业噪声	超标 1—3 分贝	每月 350 元	1. 一个单位边界上有多处噪声超标，根据最高一处超标声级计算应纳税额；当沿边界长度超过 100 米有两处以上噪声超标，按照两个单位计算应纳税额。 2. 一个单位有不同地点作业场所的，应当分别计算应纳税额，合并计征。 3. 昼、夜均超标的环境噪声，昼、夜分别计算应纳税额，累计计征。 4. 声源一个月内超标不足 15 天的，减半计算应纳税额。 5. 夜间频繁突发和夜间偶然突发厂界超标噪声，按等效声级和峰值噪声两种指标中超标分贝值高的一项计算应纳税额。
		超标 4—6 分贝	每月 700 元	
		超标 7—9 分贝	每月 1400 元	
		超标 10—12 分贝	每月 2800 元	
		超标 13—15 分贝	每月 5600 元	
		超标 16 分贝以上	每月 11200 元	

附表二：

应税污染物和当量值表

一、第一类水污染物污染当量值

污染物	污染当量值（千克）
1. 总汞	0.0005
2. 总镉	0.005
3. 总铬	0.04
4. 六价铬	0.02
5. 总砷	0.02
6. 总铅	0.025
7. 总镍	0.025
8. 苯并（a）芘	0.0000003
9. 总铍	0.01
10. 总银	0.02

二、第二类水污染物污染当量值

污染物	污染当量值（千克）	备注
11. 悬浮物（SS）	4	
12. 生化需氧量（BOD_5）	0.5	同一排放口中的化学需氧量、生化需氧量和总有机碳，只征收一项。
13. 化学需氧量（COD_{cr}）	1	
14. 总有机碳（TOC）	0.49	
15. 石油类	0.1	
16. 动植物油	0.16	
17. 挥发酚	0.08	
18. 总氰化物	0.05	
19. 硫化物	0.125	
20. 氨氮	0.8	

续表

污染物	污染当量值（千克）	备注
21. 氟化物	0.5	
22. 甲醛	0.125	
23. 苯胺类	0.2	
24. 硝基苯类	0.2	
25. 阴离子表面活性剂（LAS）	0.2	
26. 总铜	0.1	
27. 总锌	0.2	
28. 总锰	0.2	
29. 彩色显影剂（CD-2）	0.2	
30. 总磷	0.25	
31. 单质磷（以P计）	0.05	
32. 有机磷农药（以P计）	0.05	
33. 乐果	0.05	
34. 甲基对硫磷	0.05	
35. 马拉硫磷	0.05	
36. 对硫磷	0.05	
37. 五氯酚及五氯酚钠（以五氯酚计）	0.25	
38. 三氯甲烷	0.04	
39. 可吸附有机卤化物（AOX）（以Cl计）	0.25	
40. 四氯化碳	0.04	
41. 三氯乙烯	0.04	
42. 四氯乙烯	0.04	
43. 苯	0.02	
44. 甲苯	0.02	
45. 乙苯	0.02	

续表

污染物	污染当量值（千克）	备注
46. 邻-二甲苯	0.02	
47. 对-二甲苯	0.02	
48. 间-二甲苯	0.02	
49. 氯苯	0.02	
50. 邻二氯苯	0.02	
51. 对二氯苯	0.02	
52. 对硝基氯苯	0.02	
53. 2，4-二硝基氯苯	0.02	
54. 苯酚	0.02	
55. 间-甲酚	0.02	
56. 2，4-二氯酚	0.02	
57. 2，4，6-三氯酚	0.02	
58. 邻苯二甲酸二丁酯	0.02	
59. 邻苯二甲酸二辛酯	0.02	
60. 丙烯腈	0.125	
61. 总硒	0.02	

三、pH值、色度、大肠菌群数、余氯量水污染物污染当量值

污染物		污染当量值	备注
1. pH值	1. 0-1，13-14 2. 1-2，12-13 3. 2-3，11-12 4. 3-4，10-11 5. 4-5，9-10 6. 5-6	0.06 吨污水 0.125 吨污水 0.25 吨污水 0.5 吨污水 1 吨污水 5 吨污水	pH值5-6指大于等于5，小于6；pH值9-10指大于9，小于等于10，其余类推。
2. 色度		5 吨水·倍	
3. 大肠菌群数（超标）		3.3 吨污水	大肠菌群数和余氯量只征收一项。
4. 余氯量（用氯消毒的医院废水）		3.3 吨污水	

四、禽畜养殖业、小型企业和第三产业水污染物污染当量值

（本表仅适用于计算无法进行实际监测或者物料衡算的禽畜养殖业、小型企业和第三产业等小型排污者的水污染物污染当量数）

类型		污染当量值	备注
禽畜养殖场	1. 牛	0.1 头	仅对存栏规模大于 50 头牛、500 头猪、5000 羽鸡鸭等的禽畜养殖场征收。
	2. 猪	1 头	
	3. 鸡、鸭等家禽	30 羽	
4. 小型企业		1.8 吨污水	
5. 饮食娱乐服务业		0.5 吨污水	
6. 医院	消毒	0.14 床	医院病床数大于 20 张的按照本表计算污染当量数。
		2.8 吨污水	
	不消毒	0.07 床	
		1.4 吨污水	

五、大气污染物污染当量值

污染物	污染当量值（千克）
1. 二氧化硫	0.95
2. 氮氧化物	0.95
3. 一氧化碳	16.7
4. 氯气	0.34
5. 氯化氢	10.75
6. 氟化物	0.87
7. 氰化氢	0.005
8. 硫酸雾	0.6
9. 铬酸雾	0.0007
10. 汞及其化合物	0.0001
11. 一般性粉尘	4

续表

污染物	污染当量值（千克）
12. 石棉尘	0.53
13. 玻璃棉尘	2.13
14. 碳黑尘	0.59
15. 铅及其化合物	0.02
16. 镉及其化合物	0.03
17. 铍及其化合物	0.0004
18. 镍及其化合物	0.13
19. 锡及其化合物	0.27
20. 烟尘	2.18
21. 苯	0.05
22. 甲苯	0.18
23. 二甲苯	0.27
24. 苯并（a）芘	0.000002
25. 甲醛	0.09
26. 乙醛	0.45
27. 丙烯醛	0.06
28. 甲醇	0.67
29. 酚类	0.35
30. 沥青烟	0.19
31. 苯胺类	0.21
32. 氯苯类	0.72
33. 硝基苯	0.17
34. 丙烯腈	0.22
35. 氯乙烯	0.55
36. 光气	0.04

续表

污染物	污染当量值（千克）
37. 硫化氢	0.29
38. 氨	9.09
39. 三甲胺	0.32
40. 甲硫醇	0.04
41. 甲硫醚	0.28
42. 二甲二硫	0.28
43. 苯乙烯	25
44. 二硫化碳	20

中华人民共和国烟叶税法

（2017年12月27日第十二届全国人民代表大会常务委员会第三十一次会议通过　2017年12月27日中华人民共和国主席令第84号公布　自2018年7月1日起施行）

第一条　在中华人民共和国境内，依照《中华人民共和国烟草专卖法》的规定收购烟叶的单位为烟叶税的纳税人。纳税人应当依照本法规定缴纳烟叶税。

第二条　本法所称烟叶，是指烤烟叶、晾晒烟叶。

第三条　烟叶税的计税依据为纳税人收购烟叶实际支付的价款总额。

第四条　烟叶税的税率为百分之二十。

第五条　烟叶税的应纳税额按照纳税人收购烟叶实际支付的价款总额乘以税率计算。

第六条　烟叶税由税务机关依照本法和《中华人民共和国税收

征收管理法》的有关规定征收管理。

第七条 纳税人应当向烟叶收购地的主管税务机关申报缴纳烟叶税。

第八条 烟叶税的纳税义务发生时间为纳税人收购烟叶的当日。

第九条 烟叶税按月计征,纳税人应当于纳税义务发生月终了之日起十五日内申报并缴纳税款。

第十条 本法自 2018 年 7 月 1 日起施行。2006 年 4 月 28 日国务院公布的《中华人民共和国烟叶税暂行条例》同时废止。

部门规章及文件

国家税务总局关于资源税征收管理若干问题的公告[①]

(2020 年 8 月 28 日 国家税务总局公告 2020 年第 14 号公布)

为规范资源税征收管理,根据《中华人民共和国资源税法》《中华人民共和国税收征收管理法》及其实施细则、《财政部、税务总局关于资源税有关问题执行口径的公告》(2020 年第 34 号)等相关规定,现就有关事项公告如下:

一、纳税人以外购原矿与自采原矿混合为原矿销售,或者以外购选矿产品与自产选矿产品混合为选矿产品销售的,在计算应税产品销售额或者销售数量时,直接扣减外购原矿或者外购选矿产品的购进金额或者购进数量。

[①] 本公告中的附件已被《国家税务总局关于简并税费申报有关事项的公告》(国家税务总局公告 2021 年第 9 号)废止。

纳税人以外购原矿与自采原矿混合洗选加工为选矿产品销售的,在计算应税产品销售额或者销售数量时,按照下列方法进行扣减:

准予扣减的外购应税产品购进金额(数量)=外购原矿购进金额(数量)×(本地区原矿适用税率÷本地区选矿产品适用税率)

不能按照上述方法计算扣减的,按照主管税务机关确定的其他合理方法进行扣减。

二、纳税人申报资源税时,应当填报《资源税纳税申报表》(见附件)。

三、纳税人享受资源税优惠政策,实行"自行判别、申报享受、有关资料留存备查"的办理方式,另有规定的除外。纳税人对资源税优惠事项留存材料的真实性和合法性承担法律责任。

四、本公告自 2020 年 9 月 1 日起施行。《国家税务总局关于发布修订后的〈资源税若干问题的规定〉的公告》(2011 年第 63 号),《国家税务总局关于发布〈中外合作及海上自营油气田资源税纳税申报表〉的公告》(2012 年第 3 号),《国家税务总局 国家能源局关于落实煤炭资源税优惠政策若干事项的公告》(2015 年第 21 号,国家税务总局公告 2018 年第 31 号修改),《国家税务总局关于发布修订后的〈资源税纳税申报表〉的公告》(2016 年第 38 号)附件 2、附件 3、附件 4,《国家税务总局 自然资源部关于落实资源税改革优惠政策若干事项的公告》(2017 年第 2 号,国家税务总局公告 2018 年第 31 号修改),《国家税务总局关于发布〈资源税征收管理规程〉的公告》(2018 年第 13 号),《国家税务总局关于增值税小规模纳税人地方税种和相关附加减征政策有关征管问题的公告》(2019 年第 5 号)发布的资源税纳税申报表同时废止。

特此公告。

附件: 资源税纳税申报表(略)

财政部、国家税务总局
关于资源税有关问题执行口径的公告

（2020年6月28日 财政部、税务总局公告2020年第34号）

为贯彻落实《中华人民共和国资源税法》，现将资源税有关问题执行口径公告如下：

一、资源税应税产品（以下简称应税产品）的销售额，按照纳税人销售应税产品向购买方收取的全部价款确定，不包括增值税税款。

计入销售额中的相关运杂费用，凡取得增值税发票或者其他合法有效凭据的，准予从销售额中扣除。相关运杂费用是指应税产品从坑口或者洗选（加工）地到车站、码头或者购买方指定地点的运输费用、建设基金以及随运销产生的装卸、仓储、港杂费用。

二、纳税人自用应税产品应当缴纳资源税的情形，包括纳税人以应税产品用于非货币性资产交换、捐赠、偿债、赞助、集资、投资、广告、样品、职工福利、利润分配或者连续生产非应税产品等。

三、纳税人申报的应税产品销售额明显偏低且无正当理由的，或者有自用应税产品行为而无销售额的，主管税务机关可以按下列方法和顺序确定其应税产品销售额：

（一）按纳税人最近时期同类产品的平均销售价格确定。

（二）按其他纳税人最近时期同类产品的平均销售价格确定。

（三）按后续加工非应税产品销售价格，减去后续加工环节的成本利润后确定。

（四）按应税产品组成计税价格确定。

组成计税价格＝成本×（1+成本利润率）÷（1-资源税税率）

上述公式中的成本利润率由省、自治区、直辖市税务机关确定。

（五）按其他合理方法确定。

四、应税产品的销售数量，包括纳税人开采或者生产应税产品的实际销售数量和自用于应当缴纳资源税情形的应税产品数量。

五、纳税人外购应税产品与自采应税产品混合销售或者混合加工为应税产品销售的，在计算应税产品销售额或者销售数量时，准予扣减外购应税产品的购进金额或者购进数量；当期不足扣减的，可结转下期扣减。纳税人应当准确核算外购应税产品的购进金额或者购进数量，未准确核算的，一并计算缴纳资源税。

纳税人核算并扣减当期外购应税产品购进金额、购进数量，应当依据外购应税产品的增值税发票、海关进口增值税专用缴款书或者其他合法有效凭据。

六、纳税人开采或者生产同一税目下适用不同税率应税产品的，应当分别核算不同税率应税产品的销售额或者销售数量；未分别核算或者不能准确提供不同税率应税产品的销售额或者销售数量的，从高适用税率。

七、纳税人以自采原矿（经过采矿过程采出后未进行选矿或者加工的矿石）直接销售，或者自用于应当缴纳资源税情形的，按照原矿计征资源税。

纳税人以自采原矿洗选加工为选矿产品（通过破碎、切割、洗选、筛分、磨矿、分级、提纯、脱水、干燥等过程形成的产品，包括富集的精矿和研磨成粉、粒级成型、切割成型的原矿加工品）销售，或者将选矿产品自用于应当缴纳资源税情形的，按照选矿产品计征资源税，在原矿移送环节不缴纳资源税。对于无法区分原生岩石矿种的粒级成型砂石颗粒，按照砂石税目征收资源税。

八、纳税人开采或者生产同一应税产品，其中既有享受减免税政策的，又有不享受减免税政策的，按照免税、减税项目的产量占比等方法分别核算确定免税、减税项目的销售额或者销售数量。

九、纳税人开采或者生产同一应税产品同时符合两项或者两项以上减征资源税优惠政策的，除另有规定外，只能选择其中一项执行。

十、纳税人应当在矿产品的开采地或者海盐的生产地缴纳资源税。

十一、海上开采的原油和天然气资源税由海洋石油税务管理机构征收管理。

十二、本公告自2020年9月1日起施行。《财政部、国家税务总局关于实施煤炭资源税改革的通知》（财税〔2014〕72号）、《财政部、国家税务总局关于调整原油天然气资源税有关政策的通知》（财税〔2014〕73号）、《财政部、国家税务总局关于实施稀土钨钼资源税从价计征改革的通知》（财税〔2015〕52号）、《财政部、国家税务总局关于全面推进资源税改革的通知》（财税〔2016〕53号）、《财政部、国家税务总局关于资源税改革具体政策问题的通知》（财税〔2016〕54号）同时废止。

九 契税、印花税

法　律

中华人民共和国契税法

（2020年8月11日第十三届全国人民代表大会常务委员会第二十一次会议通过　2020年8月11日中华人民共和国主席令第52号公布　自2021年9月1日起施行）

第一条　在中华人民共和国境内转移土地、房屋权属，承受的单位和个人为契税的纳税人，应当依照本法规定缴纳契税。

第二条　本法所称转移土地、房屋权属，是指下列行为：

（一）土地使用权出让；

（二）土地使用权转让，包括出售、赠与、互换；

（三）房屋买卖、赠与、互换。

前款第二项土地使用权转让，不包括土地承包经营权和土地经营权的转移。

以作价投资（入股）、偿还债务、划转、奖励等方式转移土地、房屋权属的，应当依照本法规定征收契税。

第三条　契税税率为百分之三至百分之五。

契税的具体适用税率，由省、自治区、直辖市人民政府在前款规定的税率幅度内提出，报同级人民代表大会常务委员会决定，并报全国人民代表大会常务委员会和国务院备案。

省、自治区、直辖市可以依照前款规定的程序对不同主体、不同地区、不同类型的住房的权属转移确定差别税率。

第四条 契税的计税依据：

（一）土地使用权出让、出售，房屋买卖，为土地、房屋权属转移合同确定的成交价格，包括应交付的货币以及实物、其他经济利益对应的价款；

（二）土地使用权互换、房屋互换，为所互换的土地使用权、房屋价格的差额；

（三）土地使用权赠与、房屋赠与以及其他没有价格的转移土地、房屋权属行为，为税务机关参照土地使用权出售、房屋买卖的市场价格依法核定的价格。

纳税人申报的成交价格、互换价格差额明显偏低且无正当理由的，由税务机关依照《中华人民共和国税收征收管理法》的规定核定。

第五条 契税的应纳税额按照计税依据乘以具体适用税率计算。

第六条 有下列情形之一的，免征契税：

（一）国家机关、事业单位、社会团体、军事单位承受土地、房屋权属用于办公、教学、医疗、科研、军事设施；

（二）非营利性的学校、医疗机构、社会福利机构承受土地、房屋权属用于办公、教学、医疗、科研、养老、救助；

（三）承受荒山、荒地、荒滩土地使用权用于农、林、牧、渔业生产；

（四）婚姻关系存续期间夫妻之间变更土地、房屋权属；

（五）法定继承人通过继承承受土地、房屋权属；

（六）依照法律规定应当予以免税的外国驻华使馆、领事馆和国际组织驻华代表机构承受土地、房屋权属。

根据国民经济和社会发展的需要，国务院对居民住房需求保障、企业改制重组、灾后重建等情形可以规定免征或者减征契税，报全国人民代表大会常务委员会备案。

第七条　省、自治区、直辖市可以决定对下列情形免征或者减征契税：

（一）因土地、房屋被县级以上人民政府征收、征用，重新承受土地、房屋权属；

（二）因不可抗力灭失住房，重新承受住房权属。

前款规定的免征或者减征契税的具体办法，由省、自治区、直辖市人民政府提出，报同级人民代表大会常务委员会决定，并报全国人民代表大会常务委员会和国务院备案。

第八条　纳税人改变有关土地、房屋的用途，或者有其他不再属于本法第六条规定的免征、减征契税情形的，应当缴纳已经免征、减征的税款。

第九条　契税的纳税义务发生时间，为纳税人签订土地、房屋权属转移合同的当日，或者纳税人取得其他具有土地、房屋权属转移合同性质凭证的当日。

第十条　纳税人应当在依法办理土地、房屋权属登记手续前申报缴纳契税。

第十一条　纳税人办理纳税事宜后，税务机关应当开具契税完税凭证。纳税人办理土地、房屋权属登记，不动产登记机构应当查验契税完税、减免税凭证或者有关信息。未按照规定缴纳契税的，不动产登记机构不予办理土地、房屋权属登记。

第十二条　在依法办理土地、房屋权属登记前，权属转移合同、权属转移合同性质凭证不生效、无效、被撤销或者被解除的，纳税人可以向税务机关申请退还已缴纳的税款，税务机关应当依法办理。

第十三条 税务机关应当与相关部门建立契税涉税信息共享和工作配合机制。自然资源、住房城乡建设、民政、公安等相关部门应当及时向税务机关提供与转移土地、房屋权属有关的信息，协助税务机关加强契税征收管理。

税务机关及其工作人员对税收征收管理过程中知悉的纳税人的个人信息，应当依法予以保密，不得泄露或者非法向他人提供。

第十四条 契税由土地、房屋所在地的税务机关依照本法和《中华人民共和国税收征收管理法》的规定征收管理。

第十五条 纳税人、税务机关及其工作人员违反本法规定的，依照《中华人民共和国税收征收管理法》和有关法律法规的规定追究法律责任。

第十六条 本法自2021年9月1日起施行。1997年7月7日国务院发布的《中华人民共和国契税暂行条例》同时废止。

中华人民共和国印花税法

（2021年6月10日第十三届全国人民代表大会常务委员会第二十九次会议通过 2021年6月10日中华人民共和国主席令第89号公布 自2022年7月1日起施行）

第一条 在中华人民共和国境内书立应税凭证、进行证券交易的单位和个人，为印花税的纳税人，应当依照本法规定缴纳印花税。

在中华人民共和国境外书立在境内使用的应税凭证的单位和个人，应当依照本法规定缴纳印花税。

第二条 本法所称应税凭证，是指本法所附《印花税税目税率表》列明的合同、产权转移书据和营业账簿。

第三条 本法所称证券交易,是指转让在依法设立的证券交易所、国务院批准的其他全国性证券交易场所交易的股票和以股票为基础的存托凭证。

证券交易印花税对证券交易的出让方征收,不对受让方征收。

第四条 印花税的税目、税率,依照本法所附《印花税税目税率表》执行。

第五条 印花税的计税依据如下:

(一)应税合同的计税依据,为合同所列的金额,不包括列明的增值税税款;

(二)应税产权转移书据的计税依据,为产权转移书据所列的金额,不包括列明的增值税税款;

(三)应税营业账簿的计税依据,为账簿记载的实收资本(股本)、资本公积合计金额;

(四)证券交易的计税依据,为成交金额。

第六条 应税合同、产权转移书据未列明金额的,印花税的计税依据按照实际结算的金额确定。

计税依据按照前款规定仍不能确定的,按照书立合同、产权转移书据时的市场价格确定;依法应当执行政府定价或者政府指导价的,按照国家有关规定确定。

第七条 证券交易无转让价格的,按照办理过户登记手续时该证券前一个交易日收盘价计算确定计税依据;无收盘价的,按照证券面值计算确定计税依据。

第八条 印花税的应纳税额按照计税依据乘以适用税率计算。

第九条 同一应税凭证载有两个以上税目事项并分别列明金额的,按照各自适用的税目税率分别计算应纳税额;未分别列明金额的,从高适用税率。

第十条 同一应税凭证由两方以上当事人书立的,按照各自涉及的金额分别计算应纳税额。

第十一条 已缴纳印花税的营业账簿,以后年度记载的实收资本(股本)、资本公积合计金额比已缴纳印花税的实收资本(股本)、资本公积合计金额增加的,按照增加部分计算应纳税额。

第十二条 下列凭证免征印花税:

(一)应税凭证的副本或者抄本;

(二)依照法律规定应当予以免税的外国驻华使馆、领事馆和国际组织驻华代表机构为获得馆舍书立的应税凭证;

(三)中国人民解放军、中国人民武装警察部队书立的应税凭证;

(四)农民、家庭农场、农民专业合作社、农村集体经济组织、村民委员会购买农业生产资料或者销售农产品书立的买卖合同和农业保险合同;

(五)无息或者贴息借款合同、国际金融组织向中国提供优惠贷款书立的借款合同;

(六)财产所有权人将财产赠与政府、学校、社会福利机构、慈善组织书立的产权转移书据;

(七)非营利性医疗卫生机构采购药品或者卫生材料书立的买卖合同;

(八)个人与电子商务经营者订立的电子订单。

根据国民经济和社会发展的需要,国务院对居民住房需求保障、企业改制重组、破产、支持小型微型企业发展等情形可以规定减征或者免征印花税,报全国人民代表大会常务委员会备案。

第十三条 纳税人为单位的,应当向其机构所在地的主管税务机关申报缴纳印花税;纳税人为个人的,应当向应税凭证书立地或者纳税人居住地的主管税务机关申报缴纳印花税。

不动产产权发生转移的,纳税人应当向不动产所在地的主管税务机关申报缴纳印花税。

第十四条 纳税人为境外单位或者个人,在境内有代理人的,以其境内代理人为扣缴义务人；在境内没有代理人的，由纳税人自行申报缴纳印花税，具体办法由国务院税务主管部门规定。

证券登记结算机构为证券交易印花税的扣缴义务人，应当向其机构所在地的主管税务机关申报解缴税款以及银行结算的利息。

第十五条 印花税的纳税义务发生时间为纳税人书立应税凭证或者完成证券交易的当日。

证券交易印花税扣缴义务发生时间为证券交易完成的当日。

第十六条 印花税按季、按年或者按次计征。实行按季、按年计征的，纳税人应当自季度、年度终了之日起十五日内申报缴纳税款；实行按次计征的，纳税人应当自纳税义务发生之日起十五日内申报缴纳税款。

证券交易印花税按周解缴。证券交易印花税扣缴义务人应当自每周终了之日起五日内申报解缴税款以及银行结算的利息。

第十七条 印花税可以采用粘贴印花税票或者由税务机关依法开具其他完税凭证的方式缴纳。

印花税票粘贴在应税凭证上的，由纳税人在每枚税票的骑缝处盖戳注销或者画销。

印花税票由国务院税务主管部门监制。

第十八条 印花税由税务机关依照本法和《中华人民共和国税收征收管理法》的规定征收管理。

第十九条 纳税人、扣缴义务人和税务机关及其工作人员违反本法规定的，依照《中华人民共和国税收征收管理法》和有关法律、行政法规的规定追究法律责任。

第二十条 本法自 2022 年 7 月 1 日起施行。1988 年 8 月 6 日国务院发布的《中华人民共和国印花税暂行条例》同时废止。

附

印花税税目税率表

税　目		税　率	备　注
合同 （指书面合同）	借款合同	借款金额的万分之零点五	指银行业金融机构、经国务院银行业监督管理机构批准设立的其他金融机构与借款人（不包括同业拆借）的借款合同
	融资租赁合同	租金的万分之零点五	
	买卖合同	价款的万分之三	指动产买卖合同（不包括个人书立的动产买卖合同）
	承揽合同	报酬的万分之三	
	建设工程合同	价款的万分之三	
	运输合同	运输费用的万分之三	指货运合同和多式联运合同（不包括管道运输合同）
	技术合同	价款、报酬或者使用费的万分之三	不包括专利权、专有技术使用权转让书据
	租赁合同	租金的千分之一	
	保管合同	保管费的千分之一	
	仓储合同	仓储费的千分之一	
	财产保险合同	保险费的千分之一	不包括再保险合同
产权转移书据	土地使用权出让书据	价款的万分之五	转让包括买卖（出售）、继承、赠与、互换、分割
	土地使用权、房屋等建筑物和构筑物所有权转让书据（不包括土地承包经营权和土地经营权转移）	价款的万分之五	
	股权转让书据（不包括应缴纳证券交易印花税的）	价款的万分之五	
	商标专用权、著作权、专利权、专有技术使用权转让书据	价款的万分之三	
营业账簿		实收资本（股本）、资本公积合计金额的万分之二点五	
证券交易		成交金额的千分之一	

部门规章及文件

（一）契　　税

财政部、税务总局关于契税法实施后有关优惠政策衔接问题的公告

（2021年8月27日　财政部、税务总局公告2021年第29号）

为贯彻落实《中华人民共和国契税法》，现将税法实施后继续执行的契税优惠政策公告如下：

一、夫妻因离婚分割共同财产发生土地、房屋权属变更的，免征契税。

二、城镇职工按规定第一次购买公有住房的，免征契税。

公有制单位为解决职工住房而采取集资建房方式建成的普通住房或由单位购买的普通商品住房，经县级以上地方人民政府房改部门批准、按照国家房改政策出售给本单位职工的，如属职工首次购买住房，比照公有住房免征契税。

已购公有住房经补缴土地出让价款成为完全产权住房的，免征契税。

三、外国银行分行按照《中华人民共和国外资银行管理条例》等相关规定改制为外商独资银行（或其分行），改制后的外商独资银行（或其分行）承受原外国银行分行的房屋权属的，免征契税。

四、除上述政策外，其他继续执行的契税优惠政策按原文件规定执行。涉及的文件及条款见附件1。

五、本公告自2021年9月1日起执行。附件2中所列文件及条款规定的契税优惠政策同时废止。附件3中所列文件及条款规定的

契税优惠政策失效。

特此公告。

附件：1. 继续执行的契税优惠政策文件及条款目录
2. 废止的契税优惠政策文件及条款目录
3. 失效的契税优惠政策文件及条款目录

附件1

继续执行的契税优惠政策文件及条款目录

序号	文件标题及条款	文号
1	《财政部、国家税务总局关于免征军队离退休干部住房移交地方政府管理所涉及契税的通知》	财税字〔2000〕176号
2	《财政部、国家税务总局关于中国信达等4家金融资产管理公司税收政策问题的通知》第三条第3项	财税〔2001〕10号
3	《财政部、国家税务总局关于4家资产管理公司接收资本金项下的资产在办理过户时有关税收政策问题的通知》第一条中关于契税的政策	财税〔2003〕21号
4	《财政部、国家税务总局关于被撤销金融机构有关税收政策问题的通知》第二条第3项	财税〔2003〕141号
5	《财政部、国家税务总局关于中国东方资产管理公司处置港澳国际（集团）有限公司有关资产税收政策问题的通知》第二条第2项、第三条第3项、第四条第3项	财税〔2003〕212号
6	《财政部、国家税务总局关于银监会各级派出机构从中国人民银行各分支行划转房屋土地有关税收问题的函》第一条	财税〔2005〕149号
7	《财政部、国家税务总局关于青藏铁路公司运营期间有关税收等政策问题的通知》第四条	财税〔2007〕11号
8	《财政部、国家税务总局关于廉租住房经济适用住房和住房租赁有关税收政策的通知》第一条第（五）项中关于经济适用住房的契税政策、第（六）项	财税〔2008〕24号

续表

序号	文件标题及条款	文号
9	《财政部、国家税务总局关于企业以售后回租方式进行融资等有关契税政策的通知》第一条、第五条、第六条	财税〔2012〕82号
10	《财政部、国家税务总局关于棚户区改造有关税收政策的通知》第三条、第四条以及第五条中关于契税的政策	财税〔2013〕101号
11	《财政部、国家税务总局、住房城乡建设部关于调整房地产交易环节契税营业税优惠政策的通知》第一条、第三条中关于契税的政策	财税〔2016〕23号
12	《财政部、税务总局关于支持农村集体产权制度改革有关税收政策的通知》第一条、第二条第一款、第三条	财税〔2017〕55号
13	《财政部、税务总局关于易地扶贫搬迁税收优惠政策的通知》第一条第(二)项以及第二条第(一)(四)(五)项中关于契税的政策	财税〔2018〕135号
14	《财政部、税务总局关于公共租赁住房税收优惠政策的公告》第三条中关于契税的政策	财政部、税务总局公告2019年第61号
15	《财政部、税务总局关于继续实行农村饮水安全工程税收优惠政策的公告》第一条以及第六条第二款中关于契税的政策	财政部、税务总局公告2019年第67号
16	《财政部、税务总局、发展改革委、民政部、商务部、卫生健康委关于养老、托育、家政等社区家庭服务业税费优惠政策的公告》第一条第(三)项	财政部、税务总局、发展改革委、民政部、商务部、卫生健康委公告2019年第76号
17	《财政部、税务总局关于延长部分税收优惠政策执行期限的公告》中关于契税的政策	财政部、税务总局公告2021年第6号
18	《财政部、税务总局关于继续执行企业事业单位改制重组有关契税政策的公告》	财政部、税务总局公告2021年第17号

附件 2
废止的契税优惠政策文件及条款目录

序号	文件标题及条款	文号
1	《国家税务总局关于离婚后房屋权属变化是否征收契税的批复》	国税函〔1999〕391号
2	《财政部、国家税务总局关于公有制单位职工首次购买住房免征契税的通知》	财税〔2000〕130号
3	《财政部、国家税务总局关于社会力量办学契税政策问题的通知》	财税〔2001〕156号
4	《财政部、国家税务总局关于教育税收政策的通知》第三条第2项	财税〔2004〕39号
5	《财政部、国家税务总局关于国有土地使用权出让等有关契税问题的通知》	财税〔2004〕134号
6	《财政部、国家税务总局关于外国银行分行改制为外商独资银行有关税收问题的通知》第四条	财税〔2007〕45号
7	《财政部、国家税务总局关于认真落实抗震救灾及灾后重建税收政策问题的通知》第四条	财税〔2008〕62号
8	《财政部、国家税务总局关于企业以售后回租方式进行融资等有关契税政策的通知》第二条、第三条、第四条	财税〔2012〕82号
9	《财政部、国家税务总局关于夫妻之间房屋土地权属变更有关契税政策的通知》	财税〔2014〕4号

附件 3
失效的契税优惠政策文件及条款目录

序号	文件标题及条款	文号
1	《财政部、国家税务总局关于本溪金岛生态农业发展有限公司承受农村集体土地使用权征收契税的批复》	财税字〔2000〕26号
2	《财政部、国家税务总局关于全国人大机关职工住宅契税问题的通知》	财税〔2001〕199号

续表

序号	文件标题及条款	文号
3	《财政部、国家税务总局关于中国华融资产管理公司接收抵债资产契税问题的通知》	财税函〔2002〕5号
4	《财政部、国家税务总局关于中国华融资产管理公司上海办事处接收中山东二路十五号楼契税问题的通知》	财税〔2002〕141号
5	《财政部、国家税务总局关于中国民族国际信托投资公司等转制为证券公司有关契税问题的通知》	财税〔2002〕151号
6	《财政部、国家税务总局关于大连证券破产及财产处置过程中有关税收政策问题的通知》第三条	财税〔2003〕88号
7	《财政部、国家税务总局关于香港中银集团重组上市有关税收问题的通知》第五条	财税〔2003〕126号
8	《财政部、国家税务总局关于中国长江电力股份有限公司上市及收购三峡发电资产有关税收问题的通知》第二条中关于契税的政策	财税〔2003〕235号
9	《财政部、国家税务总局关于中国人寿保险(集团)公司重组改制过程中有关契税政策的通知》	财税〔2004〕10号
10	《财政部、国家税务总局关于合作开发的房地产权属转移征免契税的批复》	财税〔2004〕91号
11	《财政部、国家税务总局关于航空信托投资公司转制为航空证券公司有关契税问题的通知》	财税〔2004〕122号
12	《财政部、国家税务总局关于对工行潮州分行受让国有土地使用权征免契税问题的批复》	财税〔2004〕184号
13	《财政部、国家税务总局关于国家石油储备基地建设有关税收政策的通知》第一条中关于契税的政策	财税〔2005〕23号
14	《财政部、国家税务总局关于广百新翼公司产权分割征收契税问题的批复》	财税〔2005〕26号
15	《财政部、国家税务总局关于贵州省人民政府驻京办事处收购贵州大厦用于办公的房产免征契税的通知》	财税〔2005〕141号
16	《财政部、国家税务总局关于广深铁路股份有限公司办理国有土地使用权出让有关契税问题的批复》	财税〔2005〕147号

续表

序号	文件标题及条款	文号
17	《财政部、国家税务总局关于对美国驻华使馆购买馆员住宅免征契税的通知》	财税函〔2005〕160号
18	《财政部、国家税务总局关于中国建银投资有限责任公司有关税收政策问题的通知》第三条	财税〔2005〕160号
19	《财政部、国家税务总局关于广东国际信托投资公司破产清算中房地产权属变更征收契税问题的批复》	财税〔2006〕50号
20	《财政部、国家税务总局关于中国电信集团公司和中国电信股份有限公司收购CDMA网络资产和业务有关契税政策的通知》	财税〔2009〕42号
21	《财政部、国家税务总局关于北京德国文化中心·歌德学院（中国）在华房产有关契税和印花税问题的通知》中关于契税的政策	财税〔2009〕159号
22	《财政部、国家税务总局关于中国联合网络通信集团有限公司重组过程中有关契税政策的通知》	财税〔2010〕87号
23	《财政部、国家税务总局关于明确中国邮政集团公司邮政速递物流业务重组改制过程中有关契税和印花税政策的通知》第一条	财税〔2010〕92号
24	《财政部、国家税务总局、住房城乡建设部关于调整房地产交易环节契税 个人所得税优惠政策的通知》第一条	财税〔2010〕94号
25	《财政部、国家税务总局关于中国信达资产管理股份有限公司改制过程中有关契税和印花税问题的通知》第一条	财税〔2011〕2号
26	《财政部、国家税务总局关于中国邮政储蓄银行改制上市有关税收政策的通知》第五条中关于契税的政策	财税〔2013〕53号

国家税务总局关于契税纳税服务
与征收管理若干事项的公告

(2021年8月26日　国家税务总局公告2021年第25号)

为贯彻落实中办、国办印发的《关于进一步深化税收征管改革的意见》，切实优化契税纳税服务，规范契税征收管理，根据《中华人民共和国契税法》(以下简称《契税法》)、《财政部、税务总局关于贯彻实施契税法若干事项执行口径的公告》(2021年第23号，以下简称23号公告)等相关规定，现就有关事项公告如下：

一、契税申报以不动产单元为基本单位。

二、以作价投资（入股）、偿还债务等应交付经济利益的方式转移土地、房屋权属的，参照土地使用权出让、出售或房屋买卖确定契税适用税率、计税依据等。

以划转、奖励等没有价格的方式转移土地、房屋权属的，参照土地使用权或房屋赠与确定契税适用税率、计税依据等。

三、契税计税依据不包括增值税，具体情形为：

（一）土地使用权出售、房屋买卖，承受方计征契税的成交价格不含增值税；实际取得增值税发票的，成交价格以发票上注明的不含税价格确定。

（二）土地使用权互换、房屋互换，契税计税依据为不含增值税价格的差额。

（三）税务机关核定的契税计税价格为不含增值税价格。

四、税务机关依法核定计税价格，应参照市场价格，采用房地产价格评估等方法合理确定。

五、契税纳税人依法纳税申报时，应填报《财产和行为税税源

明细表》(《契税税源明细表》部分,附件1),并根据具体情形提交下列资料:

(一)纳税人身份证件;

(二)土地、房屋权属转移合同或其他具有土地、房屋权属转移合同性质的凭证;

(三)交付经济利益方式转移土地、房屋权属的,提交土地、房屋权属转移相关价款支付凭证,其中,土地使用权出让为财政票据,土地使用权出售、互换和房屋买卖、互换为增值税发票;

(四)因人民法院、仲裁委员会的生效法律文书或者监察机关出具的监察文书等因素发生土地、房屋权属转移的,提交生效法律文书或监察文书等。

符合减免税条件的,应按规定附送有关资料或将资料留存备查。

六、税务机关在契税足额征收或办理免税(不征税)手续后,应通过契税的完税凭证或契税信息联系单(以下简称联系单,附件2)等,将完税或免税(不征税)信息传递给不动产登记机构。能够通过信息共享即时传递信息的,税务机关可不再向不动产登记机构提供完税凭证或开具联系单。

七、纳税人依照《契税法》以及23号公告规定向税务机关申请退还已缴纳契税的,应提供纳税人身份证件,完税凭证复印件,并根据不同情形提交相关资料:

(一)在依法办理土地、房屋权属登记前,权属转移合同或合同性质凭证不生效、无效、被撤销或者被解除的,提交合同或合同性质凭证不生效、无效、被撤销或者被解除的证明材料;

(二)因人民法院判决或者仲裁委员会裁决导致土地、房屋权属转移行为无效、被撤销或者被解除,且土地、房屋权属变更至原权利人的,提交人民法院、仲裁委员会的生效法律文书;

(三)在出让土地使用权交付时,因容积率调整或实际交付面积小于合同约定面积需退还土地出让价款的,提交补充合同(协议）和退款凭证；

（四）在新建商品房交付时，因实际交付面积小于合同约定面积需返还房价款的，提交补充合同（协议）和退款凭证。

税务机关收取纳税人退税资料后，应向不动产登记机构核实有关土地、房屋权属登记情况。核实后符合条件的即时受理，不符合条件的一次性告知应补正资料或不予受理原因。

八、税务机关及其工作人员对税收征管过程中知悉的个人的身份信息、婚姻登记信息、不动产权属登记信息、纳税申报信息及其他商业秘密和个人隐私，应当依法予以保密，不得泄露或者非法向他人提供。纳税人的税收违法行为信息不属于保密信息范围，税务机关可依法处理。

九、各地税务机关应与当地房地产管理部门加强协作，采用不动产登记、交易和缴税一窗受理等模式，持续优化契税申报缴纳流程，共同做好契税征收与房地产管理衔接工作。

十、本公告要求纳税人提交的资料，各省、自治区、直辖市和计划单列市税务局能够通过信息共享即时查验的，可公告明确不再要求纳税人提交。

十一、本公告所称纳税人身份证件是指：单位纳税人为营业执照，或者统一社会信用代码证书或者其他有效登记证书；个人纳税人中，自然人为居民身份证，或者居民户口簿或者入境的身份证件，个体工商户为营业执照。

十二、本公告自 2021 年 9 月 1 日起施行。《全文废止和部分条款废止的契税文件目录》（附件 3）所列文件或条款同时废止。

特此公告。

附件：1. 契税税源明细表（略）

2. 契税信息联系单（略）

3. 全文废止和部分条款废止的契税文件目录（略）

财政部、税务总局关于贯彻实施契税法若干事项执行口径的公告

(2021年6月30日 财政部、税务总局公告2021年第23号)

为贯彻落实《中华人民共和国契税法》,现将契税若干事项执行口径公告如下:

一、关于土地、房屋权属转移

(一)征收契税的土地、房屋权属,具体为土地使用权、房屋所有权。

(二)下列情形发生土地、房屋权属转移的,承受方应当依法缴纳契税:

1. 因共有不动产份额变化的;

2. 因共有人增加或者减少的;

3. 因人民法院、仲裁委员会的生效法律文书或者监察机关出具的监察文书等因素,发生土地、房屋权属转移的。

二、关于若干计税依据的具体情形

(一)以划拨方式取得的土地使用权,经批准改为出让方式重新取得该土地使用权的,应由该土地使用权人以补缴的土地出让价款为计税依据缴纳契税。

(二)先以划拨方式取得土地使用权,后经批准转让房地产,划拨土地性质改为出让的,承受方应分别以补缴的土地出让价款和房地产权属转移合同确定的成交价格为计税依据缴纳契税。

(三)先以划拨方式取得土地使用权,后经批准转让房地产,划拨土地性质未发生改变的,承受方应以房地产权属转移合同确定的成交价格为计税依据缴纳契税。

(四)土地使用权及所附建筑物、构筑物等(包括在建的房屋、其他建筑物、构筑物和其他附着物)转让的,计税依据为承受方应交付的总价款。

(五)土地使用权出让的,计税依据包括土地出让金、土地补偿费、安置补助费、地上附着物和青苗补偿费、征收补偿费、城市基础设施配套费、实物配建房屋等应交付的货币以及实物、其他经济利益对应的价款。

(六)房屋附属设施(包括停车位、机动车库、非机动车库、顶层阁楼、储藏室及其他房屋附属设施)与房屋为同一不动产单元的,计税依据为承受方应交付的总价款,并适用与房屋相同的税率;房屋附属设施与房屋为不同不动产单元的,计税依据为转移合同确定的成交价格,并按当地确定的适用税率计税。

(七)承受已装修房屋的,应将包括装修费用在内的费用计入承受方应交付的总价款。

(八)土地使用权互换、房屋互换,互换价格相等的,互换双方计税依据为零;互换价格不相等的,以其差额为计税依据,由支付差额的一方缴纳契税。

(九)契税的计税依据不包括增值税。

三、关于免税的具体情形

(一)享受契税免税优惠的非营利性的学校、医疗机构、社会福利机构,限于上述三类单位中依法登记为事业单位、社会团体、基金会、社会服务机构等的非营利法人和非营利组织。其中:

1. 学校的具体范围为经县级以上人民政府或者其教育行政部门批准成立的大学、中学、小学、幼儿园,实施学历教育的职业教育学校、特殊教育学校、专门学校,以及经省级人民政府或者其人力资源社会保障行政部门批准成立的技工院校。

2. 医疗机构的具体范围为经县级以上人民政府卫生健康行政部门批准或者备案设立的医疗机构。

3. 社会福利机构的具体范围为依法登记的养老服务机构、残疾人服务机构、儿童福利机构、救助管理机构、未成年人救助保护机构。

（二）享受契税免税优惠的土地、房屋用途具体如下：

1. 用于办公的，限于办公室（楼）以及其他直接用于办公的土地、房屋；

2. 用于教学的，限于教室（教学楼）以及其他直接用于教学的土地、房屋；

3. 用于医疗的，限于门诊部以及其他直接用于医疗的土地、房屋；

4. 用于科研的，限于科学试验的场所以及其他直接用于科研的土地、房屋；

5. 用于军事设施的，限于直接用于《中华人民共和国军事设施保护法》规定的军事设施的土地、房屋；

6. 用于养老的，限于直接用于为老年人提供养护、康复、托管等服务的土地、房屋；

7. 用于救助的，限于直接为残疾人、未成年人、生活无着的流浪乞讨人员提供养护、康复、托管等服务的土地、房屋。

（三）纳税人符合减征或者免征契税规定的，应当按照规定进行申报。

四、关于纳税义务发生时间的具体情形

（一）因人民法院、仲裁委员会的生效法律文书或者监察机关出具的监察文书等发生土地、房屋权属转移的，纳税义务发生时间为法律文书等生效当日。

（二）因改变土地、房屋用途等情形应当缴纳已经减征、免征契税的，纳税义务发生时间为改变有关土地、房屋用途等情形的当日。

（三）因改变土地性质、容积率等土地使用条件需补缴土地出让价款，应当缴纳契税的，纳税义务发生时间为改变土地使用条件当日。

发生上述情形，按规定不再需要办理土地、房屋权属登记的，纳税人应自纳税义务发生之日起 90 日内申报缴纳契税。

五、关于纳税凭证、纳税信息和退税

（一）具有土地、房屋权属转移合同性质的凭证包括契约、协议、合约、单据、确认书以及其他凭证。

（二）不动产登记机构在办理土地、房屋权属登记时，应当依法查验土地、房屋的契税完税、减免税、不征税等涉税凭证或者有关信息。

（三）税务机关应当与相关部门建立契税涉税信息共享和工作配合机制。具体转移土地、房屋权属有关的信息包括：自然资源部门的土地出让、转让、征收补偿、不动产权属登记等信息，住房城乡建设部门的房屋交易等信息，民政部门的婚姻登记、社会组织登记等信息，公安部门的户籍人口基本信息。

（四）纳税人缴纳契税后发生下列情形，可依照有关法律法规申请退税：

1. 因人民法院判决或者仲裁委员会裁决导致土地、房屋权属转移行为无效、被撤销或者被解除，且土地、房屋权属变更至原权利人的；

2. 在出让土地使用权交付时，因容积率调整或实际交付面积小于合同约定面积需退还土地出让价款的；

3. 在新建商品房交付时，因实际交付面积小于合同约定面积需返还房价款的。

六、其他

本公告自 2021 年 9 月 1 日起施行。《财政部、国家税务总局关于契税征收中几个问题的批复》（财税字〔1998〕96 号）、《财政部、国家税务总局对河南省财政厅〈关于契税有关政策问题的请示〉的批复》（财税〔2000〕14 号）、《财政部、国家税务总局关于房屋附属设施有关契税政策的批复》（财税〔2004〕126号）、《财政部、国家税务总局关于土地使用权转让契税计税依据的批复》（财税〔2007〕162号）、《财政部、国家税务总局关于企业改制过程中以国家作价出资（入股）方式转移国有土地使用权有关契税问题的通知》（财税〔2008〕129号）、《财政部、国家税务总局关于购房人办理退房有关契税问题的通知》（财税〔2011〕32号）同时废止。

（二）印花税

财政部、税务总局关于减半征收证券交易印花税的公告

（2023年8月27日 财政部、税务总局公告2023年第39号）

为活跃资本市场、提振投资者信心，自2023年8月28日起，证券交易印花税实施减半征收。

特此公告。

国家税务总局关于实施《中华人民共和国印花税法》等有关事项的公告

（2022年6月28日 国家税务总局公告2022年第14号）

为落实《中华人民共和国印花税法》（以下简称印花税法），贯彻中办、国办印发的《关于进一步深化税收征管改革的意见》，现就印花税征收管理和纳税服务有关事项及优化土地增值税优惠事

项办理方式问题公告如下:
一、印花税征收管理和纳税服务有关事项
(一)纳税人应当根据书立印花税应税合同、产权转移书据和营业账簿情况,填写《印花税税源明细表》(附件1),进行财产行为税综合申报。

(二)应税合同、产权转移书据未列明金额,在后续实际结算时确定金额的,纳税人应当于书立应税合同、产权转移书据的首个纳税申报期申报应税合同、产权转移书据书立情况,在实际结算后下一个纳税申报期,以实际结算金额计算申报缴纳印花税。

(三)印花税按季、按年或者按次计征。应税合同、产权转移书据印花税可以按季或者按次申报缴纳,应税营业账簿印花税可以按年或者按次申报缴纳,具体纳税期限由各省、自治区、直辖市、计划单列市税务局结合征管实际确定。

境外单位或者个人的应税凭证印花税可以按季、按年或者按次申报缴纳,具体纳税期限由各省、自治区、直辖市、计划单列市税务局结合征管实际确定。

(四)纳税人为境外单位或者个人,在境内有代理人的,以其境内代理人为扣缴义务人。境外单位或者个人的境内代理人应当按规定扣缴印花税,向境内代理人机构所在地(居住地)主管税务机关申报解缴税款。

纳税人为境外单位或者个人,在境内没有代理人的,纳税人应当自行申报缴纳印花税。境外单位或者个人可以向资产交付地、境内服务提供方或者接受方所在地(居住地)、书立应税凭证境内书立人所在地(居住地)主管税务机关申报缴纳;涉及不动产产权转移的,应当向不动产所在地主管税务机关申报缴纳。

(五)印花税法实施后,纳税人享受印花税优惠政策,继续实行"自行判别、申报享受、有关资料留存备查"的办理方式。纳税人对留存备查资料的真实性、完整性和合法性承担法律责任。

（六）税务机关要优化印花税纳税服务。加强培训辅导，重点抓好基层税务管理人员、一线窗口人员和12366话务人员的学习和培训，分类做好纳税人宣传辅导，促进纳税人规范印花税应税凭证管理。坚持问题导向，聚焦纳税人和基层税务人员在税法实施过程中反馈的意见建议，及时完善征管系统和办税流程，不断提升纳税人获得感。

二、优化土地增值税优惠事项办理方式

（一）土地增值税原备案类优惠政策，实行纳税人"自行判别、申报享受、有关资料留存备查"的办理方式。纳税人在土地增值税纳税申报时按规定填写申报表相应减免税栏次即可享受，相关政策规定的材料留存备查。纳税人对留存备查资料的真实性、完整性和合法性承担法律责任。

（二）税务机关应当加强土地增值税纳税辅导工作，畅通政策问题答复渠道，为纳税人及时、准确办理税收优惠事项提供支持和帮助。

本公告自2022年7月1日起施行。《全文废止和部分条款废止的印花税文件目录》（附件2）所列文件或条款同时废止。

特此公告。

附件：1. 印花税税源明细表（略）
　　　2. 全文废止和部分条款废止的印花税文件目录（略）

财政部、税务总局关于印花税法实施后有关优惠政策衔接问题的公告

（2022年6月27日　财政部、税务总局公告2022年第23号）

为贯彻落实《中华人民共和国印花税法》，现将税法实施后有

关印花税优惠政策衔接问题公告如下：

一、继续执行本公告附件1中所列文件及相关条款规定的印花税优惠政策。

二、本公告附件2中所列文件及相关条款规定的印花税优惠政策予以废止。相关政策废止后，符合印花税法第十二条规定的免税情形的，纳税人可依法享受相关印花税优惠。

三、本公告附件3中所列文件及相关条款规定的印花税优惠政策予以失效。

四、本公告自2022年7月1日起施行。

特此公告。

附件：1. 继续执行的印花税优惠政策文件及条款目录（略）
   2. 废止的印花税优惠政策文件及条款目录（略）
   3. 失效的印花税优惠政策文件及条款目录（略）

财政部、税务总局关于印花税若干事项政策执行口径的公告

（2022年6月12日　财政部、税务总局公告2022年第22号）

为贯彻落实《中华人民共和国印花税法》，现将印花税若干事项政策执行口径公告如下：

一、关于纳税人的具体情形

（一）书立应税凭证的纳税人，为对应税凭证有直接权利义务关系的单位和个人。

（二）采用委托贷款方式书立的借款合同纳税人，为受托人和借款人，不包括委托人。

（三）按买卖合同或者产权转移书据税目缴纳印花税的拍卖成

交确认书纳税人,为拍卖标的的产权人和买受人,不包括拍卖人。

二、关于应税凭证的具体情形

(一)在中华人民共和国境外书立在境内使用的应税凭证,应当按规定缴纳印花税。包括以下几种情形:

1. 应税凭证的标的为不动产的,该不动产在境内;

2. 应税凭证的标的为股权的,该股权为中国居民企业的股权;

3. 应税凭证的标的为动产或者商标专用权、著作权、专利权、专有技术使用权的,其销售方或者购买方在境内,但不包括境外单位或者个人向境内单位或者个人销售完全在境外使用的动产或者商标专用权、著作权、专利权、专有技术使用权;

4. 应税凭证的标的为服务的,其提供方或者接受方在境内,但不包括境外单位或者个人向境内单位或者个人提供完全在境外发生的服务。

(二)企业之间书立的确定买卖关系、明确买卖双方权利义务的订单、要货单等单据,且未另外书立买卖合同的,应当按规定缴纳印花税。

(三)发电厂与电网之间、电网与电网之间书立的购售电合同,应当按买卖合同税目缴纳印花税。

(四)下列情形的凭证,不属于印花税征收范围:

1. 人民法院的生效法律文书,仲裁机构的仲裁文书,监察机关的监察文书。

2. 县级以上人民政府及其所属部门按照行政管理权限征收、收回或者补偿安置房地产书立的合同、协议或者行政类文书。

3. 总公司与分公司、分公司与分公司之间书立的作为执行计划使用的凭证。

三、关于计税依据、补税和退税的具体情形

(一)同一应税合同、应税产权转移书据中涉及两方以上纳税人,且未列明纳税人各自涉及金额的,以纳税人平均分摊的应税凭证所列金额（不包括列明的增值税税款）确定计税依据。

（二）应税合同、应税产权转移书据所列的金额与实际结算金额不一致，不变更应税凭证所列金额的，以所列金额为计税依据；变更应税凭证所列金额的，以变更后的所列金额为计税依据。已缴纳印花税的应税凭证，变更后所列金额增加的，纳税人应当就增加部分的金额补缴印花税；变更后所列金额减少的，纳税人可以就减少部分的金额向税务机关申请退还或者抵缴印花税。

（三）纳税人因应税凭证列明的增值税税款计算错误导致应税凭证的计税依据减少或者增加的，纳税人应当按规定调整应税凭证列明的增值税税款，重新确定应税凭证计税依据。已缴纳印花税的应税凭证，调整后计税依据增加的，纳税人应当就增加部分的金额补缴印花税；调整后计税依据减少的，纳税人可以就减少部分的金额向税务机关申请退还或者抵缴印花税。

（四）纳税人转让股权的印花税计税依据，按照产权转移书据所列的金额（不包括列明的认缴后尚未实际出资权益部分）确定。

（五）应税凭证金额为人民币以外的货币的，应当按照凭证书立当日的人民币汇率中间价折合人民币确定计税依据。

（六）境内的货物多式联运，采用在起运地统一结算全程运费的，以全程运费作为运输合同的计税依据，由起运地运费结算双方缴纳印花税；采用分程结算运费的，以分程的运费作为计税依据，分别由办理运费结算的各方缴纳印花税。

（七）未履行的应税合同、产权转移书据，已缴纳的印花税不予退还及抵缴税款。

（八）纳税人多贴的印花税票，不予退税及抵缴税款。

四、关于免税的具体情形

（一）对应税凭证适用印花税减免优惠的，书立该应税凭证的纳税人均可享受印花税减免政策，明确特定纳税人适用印花税减免优惠的除外。

（二）享受印花税免税优惠的家庭农场，具体范围为以家庭为基本经营单元，以农场生产经营为主业，以农场经营收入为家庭主要收入来源，从事农业规模化、标准化、集约化生产经营，纳入全国家庭农场名录系统的家庭农场。

（三）享受印花税免税优惠的学校，具体范围为经县级以上人民政府或者其教育行政部门批准成立的大学、中学、小学、幼儿园，实施学历教育的职业教育学校、特殊教育学校、专门学校，以及经省级人民政府或者其人力资源社会保障行政部门批准成立的技工院校。

（四）享受印花税免税优惠的社会福利机构，具体范围为依法登记的养老服务机构、残疾人服务机构、儿童福利机构、救助管理机构、未成年人救助保护机构。

（五）享受印花税免税优惠的慈善组织，具体范围为依法设立、符合《中华人民共和国慈善法》规定，以面向社会开展慈善活动为宗旨的非营利性组织。

（六）享受印花税免税优惠的非营利性医疗卫生机构，具体范围为经县级以上人民政府卫生健康行政部门批准或者备案设立的非营利性医疗卫生机构。

（七）享受印花税免税优惠的电子商务经营者，具体范围按《中华人民共和国电子商务法》有关规定执行。

本公告自2022年7月1日起施行。

十 城市维护建设税、教育费附加

法　　律

中华人民共和国城市维护建设税法

（2020年8月11日第十三届全国人民代表大会常务委员会第二十一次会议通过　2020年8月11日中华人民共和国主席令第51号公布　自2021年9月1日起施行）

第一条　在中华人民共和国境内缴纳增值税、消费税的单位和个人，为城市维护建设税的纳税人，应当依照本法规定缴纳城市维护建设税。

第二条　城市维护建设税以纳税人依法实际缴纳的增值税、消费税税额为计税依据。

城市维护建设税的计税依据应当按照规定扣除期末留抵退税退还的增值税税额。

城市维护建设税计税依据的具体确定办法，由国务院依据本法和有关税收法律、行政法规规定，报全国人民代表大会常务委员会备案。

第三条　对进口货物或者境外单位和个人向境内销售劳务、服务、无形资产缴纳的增值税、消费税税额，不征收城市维护建设税。

第四条 城市维护建设税税率如下：

（一）纳税人所在地在市区的，税率为百分之七；

（二）纳税人所在地在县城、镇的，税率为百分之五；

（三）纳税人所在地不在市区、县城或者镇的，税率为百分之一。

前款所称纳税人所在地，是指纳税人住所地或者与纳税人生产经营活动相关的其他地点，具体地点由省、自治区、直辖市确定。

第五条 城市维护建设税的应纳税额按照计税依据乘以具体适用税率计算。

第六条 根据国民经济和社会发展的需要，国务院对重大公共基础设施建设、特殊产业和群体以及重大突发事件应对等情形可以规定减征或者免征城市维护建设税，报全国人民代表大会常务委员会备案。

第七条 城市维护建设税的纳税义务发生时间与增值税、消费税的纳税义务发生时间一致，分别与增值税、消费税同时缴纳。

第八条 城市维护建设税的扣缴义务人为负有增值税、消费税扣缴义务的单位和个人，在扣缴增值税、消费税的同时扣缴城市维护建设税。

第九条 城市维护建设税由税务机关依照本法和《中华人民共和国税收征收管理法》的规定征收管理。

第十条 纳税人、税务机关及其工作人员违反本法规定的，依照《中华人民共和国税收征收管理法》和有关法律法规的规定追究法律责任。

第十一条 本法自2021年9月1日起施行。1985年2月8日国务院发布的《中华人民共和国城市维护建设税暂行条例》同时废止。

行政法规及文件

征收教育费附加的暂行规定

（1986年4月28日国务院发布　根据1990年6月7日《国务院关于修改〈征收教育费附加的暂行规定〉的决定》第一次修订　根据2005年8月20日《国务院关于修改〈征收教育费附加的暂行规定〉的决定》第二次修订　根据2011年1月8日《国务院关于废止和修改部分行政法规的决定》第三次修订）

第一条　为贯彻落实《中共中央关于教育体制改革的决定》，加快发展地方教育事业，扩大地方教育经费的资金来源，特制定本规定。

第二条　凡缴纳消费税、增值税、营业税的单位和个人，除按照《国务院关于筹措农村学校办学经费的通知》（国发〔1984〕174号文）的规定，缴纳农村教育事业费附加的单位外，都应当依照本规定缴纳教育费附加。

第三条　教育费附加，以各单位和个人实际缴纳的增值税、营业税、消费税的税额为计征依据，教育费附加率为3%，分别与增值税、营业税、消费税同时缴纳。

除国务院另有规定者外，任何地区、部门不得擅自提高或者降低教育费附加率。

第四条　依照现行有关规定，除铁道系统、中国人民银行总行、各专业银行总行、保险总公司的教育附加随同营业税上缴中央财政外，其余单位和个人的教育费附加，均就地上缴地方财政。

第五条 教育费附加由税务机关负责征收。

教育费附加纳入预算管理,作为教育专项资金,根据"先收后支、列收列支、收支平衡"的原则使用和管理。地方各级人民政府应当依照国家有关规定,使预算内教育事业费逐步增长,不得因教育费附加纳入预算专项资金管理而抵顶教育事业费拨款。

第六条 教育费附加的征收管理,按照消费税、增值税、营业税的有关规定办理。

第七条 企业缴纳的教育费附加,一律在销售收入(或营业收入)中支付。

第八条 地方征收的教育费附加,按专项资金管理,由教育部门统筹安排,提出分配方案,商同级财政部门同意后,用于改善中小学教学设施和办学条件,不得用于职工福利和发放奖金。

铁道系统、中国人民银行总行、各专业银行总行、保险总公司随同营业税上缴的教育费附加,由国家教育委员会按年度提出分配方案,商财政部同意后,用于基础教育的薄弱环节。

地方征收的教育费附加,主要留归当地安排使用。省、自治区、直辖市可根据各地征收教育费附加的实际情况,适当提取一部分数额,用于地区之间的调剂、平衡。

第九条 地方各级教育部门每年应定期向当地人民政府、上级主管部门和财政部门,报告教育费附加的收支情况。

第十条 凡办有职工子弟学校的单位,应当先按本规定缴纳教育费附加;教育部门可根据它们办学的情况酌情返还给办学单位,作为对所办学校经费的补贴。办学单位不得借口缴纳教育费附加而撤并学校,或者缩小办学规模。

第十一条 征收教育费附加以后,地方各级教育部门和学校,不准以任何名目向学生家长和单位集资,或者变相集资,不准以任何借口不让学生入学。

对违反前款规定者,其上级教育部门要予以制止,直接责任人员要给予行政处分。单位和个人有权拒缴。

第十二条 本规定由财政部负责解释。各省、自治区、直辖市人民政府可结合当地实际情况制定实施办法。

第十三条 本规定从1986年7月1日起施行。

国务院关于统一内外资企业和个人城市维护建设税和教育费附加制度的通知

(2010年10月18日 国发〔2010〕35号)

各省、自治区、直辖市人民政府,国务院各部委、各直属机构:

为了进一步统一税制、公平税负,创造平等竞争的外部环境,根据第八届全国人民代表大会常务委员会第五次会议通过的《全国人民代表大会常务委员会关于外商投资企业和外国企业适用增值税、消费税、营业税等税收暂行条例的决定》,国务院决定统一内外资企业和个人城市维护建设税和教育费附加制度,现将有关问题通知如下:

自2010年12月1日起,外商投资企业、外国企业及外籍个人适用国务院1985年发布的《中华人民共和国城市维护建设税暂行条例》和1986年发布的《征收教育费附加的暂行规定》。1985年及1986年以来国务院及国务院财税主管部门发布的有关城市维护建设税和教育费附加的法规、规章、政策同时适用于外商投资企业、外国企业及外籍个人。

凡与本通知相抵触的各项规定同时废止。

部门规章及文件

国家税务总局关于城市维护建设税征收管理有关事项的公告

(2021年8月31日 国家税务总局公告2021年第26号)

为贯彻落实中办、国办印发的《关于进一步深化税收征管改革的意见》,进一步规范城市维护建设税(以下简称城建税)征收管理,根据《中华人民共和国城市维护建设税法》《财政部、税务总局关于城市维护建设税计税依据确定办法等事项的公告》(2021年第28号)等相关规定,现就有关事项公告如下:

一、城建税以纳税人依法实际缴纳的增值税、消费税(以下称两税)税额为计税依据。

依法实际缴纳的增值税税额,是指纳税人依照增值税相关法律法规和税收政策规定计算应当缴纳的增值税税额,加上增值税免抵税额,扣除直接减免的增值税税额和期末留抵退税退还的增值税税额(以下简称留抵退税额)后的金额。

依法实际缴纳的消费税税额,是指纳税人依照消费税相关法律法规和税收政策规定计算应当缴纳的消费税税额,扣除直接减免的消费税税额后的金额。

应当缴纳的两税税额,不含因进口货物或境外单位和个人向境内销售劳务、服务、无形资产缴纳的两税税额。

纳税人自收到留抵退税额之日起,应当在下一个纳税申报期从城建税计税依据中扣除。

留抵退税额仅允许在按照增值税一般计税方法确定的城建税计

税依据中扣除。当期未扣除完的余额，在以后纳税申报期按规定继续扣除。

二、对于增值税小规模纳税人更正、查补此前按照一般计税方法确定的城建税计税依据，允许扣除尚未扣除完的留抵退税额。

三、对增值税免抵税额征收的城建税，纳税人应在税务机关核准免抵税额的下一个纳税申报期内向主管税务机关申报缴纳。

四、城建税纳税人按所在地在市区、县城、镇和不在上述区域适用不同税率。市区、县城、镇按照行政区划确定。

行政区划变更的，自变更完成当月起适用新行政区划对应的城建税税率，纳税人在变更完成当月的下一个纳税申报期按新税率申报缴纳。

五、城建税的纳税义务发生时间与两税的纳税义务发生时间一致，分别与两税同时缴纳。同时缴纳是指在缴纳两税时，应当在两税同一缴纳地点、同一缴纳期限内，一并缴纳对应的城建税。

采用委托代征、代扣代缴、代收代缴、预缴、补缴等方式缴纳两税的，应当同时缴纳城建税。

前款所述代扣代缴，不含因境外单位和个人向境内销售劳务、服务、无形资产代扣代缴增值税情形。

六、因纳税人多缴发生的两税退税，同时退还已缴纳的城建税。

两税实行先征后返、先征后退、即征即退的，除另有规定外，不予退还随两税附征的城建税。

七、城建税的征收管理等事项，比照两税的有关规定办理。

八、本公告自2021年9月1日起施行。《废止文件及条款清单》（附件）所列文件、条款同时废止。

特此公告。

附件：废止文件及条款清单

附件

废止文件及条款清单

序号	文号	文件名称	备注
1	国税发〔1994〕35号	国家税务总局关于城市维护建设税等地方税有关问题的通知	第一条
2	国税发〔1994〕51号	国家税务总局关于城市维护建设税征收问题的通知	全文
3	国税油发〔1994〕7号	国家税务总局海洋石油税务管理局关于中国海洋石油总公司及其所属公司缴纳城市维护建设税有关问题的通知	全文
4	国税油函〔1994〕12号	国家税务总局海洋石油税务管理局关于中国海洋石油总公司缴纳城市维护建设税和教育费附加的通知	全文
5	国税函〔2002〕338号	国家税务总局关于中国出口信用保险公司纳税地点问题的批复	全文
6	国税函〔2007〕484号	国家税务总局关于调整国家开发银行城市维护建设税和教育费附加缴纳办法的通知	全文
7	国家税务总局公告	2010年第31号国家税务总局关于中外合作开采石油资源适用城市维护建设税教育费附加有关事宜的公告	全文
8	税总发〔2014〕17号	国家税务总局关于中国铁路总公司及其分支机构缴纳城市维护建设税 教育费附加问题的通知	全文

财政部、税务总局关于城市维护建设税
计税依据确定办法等事项的公告

(2021年8月24日　财政部、税务总局公告2021年第28号)

《中华人民共和国城市维护建设税法》已由第十三届全国人民代表大会常务委员会第二十一次会议于2020年8月11日通过,自2021年9月1日起施行。经国务院同意,现将城市维护建设税计税依据确定办法等事项公告如下:

一、城市维护建设税以纳税人依法实际缴纳的增值税、消费税税额(以下简称两税税额)为计税依据。

依法实际缴纳的两税税额,是指纳税人依照增值税、消费税相关法律法规和税收政策规定计算的应当缴纳的两税税额(不含因进口货物或境外单位和个人向境内销售劳务、服务、无形资产缴纳的两税税额),加上增值税免抵税额,扣除直接减免的两税税额和期末留抵退税退还的增值税税额后的金额。

直接减免的两税税额,是指依照增值税、消费税相关法律法规和税收政策规定,直接减征或免征的两税税额,不包括实行先征后返、先征后退、即征即退办法退还的两税税额。

二、教育费附加、地方教育附加计征依据与城市维护建设税计税依据一致,按本公告第一条规定执行。

三、本公告自2021年9月1日起施行。

财政部、税务总局关于继续执行的城市维护建设税优惠政策的公告

(2021年8月24日 财政部、税务总局公告2021年第27号)

《中华人民共和国城市维护建设税法》已由第十三届全国人民代表大会常务委员会第二十一次会议于2020年8月11日通过，自2021年9月1日起施行。为贯彻落实城市维护建设税法，现将税法施行后继续执行的城市维护建设税优惠政策公告如下：

1. 对黄金交易所会员单位通过黄金交易所销售且发生实物交割的标准黄金，免征城市维护建设税。具体操作按照《财政部、国家税务总局关于黄金税收政策问题的通知》（财税〔2002〕142号）有关规定执行。

2. 对上海期货交易所会员和客户通过上海期货交易所销售且发生实物交割并已出库的标准黄金，免征城市维护建设税。具体操作按照《财政部、国家税务总局关于黄金期货交易有关税收政策的通知》（财税〔2008〕5号）有关规定执行。

3. 对国家重大水利工程建设基金免征城市维护建设税。具体操作按照《财政部、国家税务总局关于免征国家重大水利工程建设基金的城市维护建设税和教育费附加的通知》（财税〔2010〕44号）有关规定执行。

4. 自2019年1月1日至2021年12月31日，对增值税小规模纳税人可以在50%的税额幅度内减征城市维护建设税。具体操作按照《财政部、税务总局关于实施小微企业普惠性税收减免政策的通知》（财税〔2019〕13号）有关规定执行。

5. 自2019年1月1日至2021年12月31日，实施扶持自主就

业退役士兵创业就业城市维护建设税减免。具体操作按照《财政部、税务总局、退役军人部关于进一步扶持自主就业退役士兵创业就业有关税收政策的通知》（财税〔2019〕21号）有关规定执行。

6. 自2019年1月1日至2025年12月31日，实施支持和促进重点群体创业就业城市维护建设税减免。具体操作按照《财政部、税务总局、人力资源社会保障部、国务院扶贫办关于进一步支持和促进重点群体创业就业有关税收政策的通知》（财税〔2019〕22号）、《财政部、税务总局、人力资源社会保障部、国家乡村振兴局关于延长部分扶贫税收优惠政策执行期限的公告》（财政部、税务总局、人力资源社会保障部、国家乡村振兴局公告2021年第18号）有关规定执行。

特此公告。

十一 车船税、车辆购置税、船舶吨税

法　律

中华人民共和国车船税法

（2011年2月25日第十一届全国人民代表大会常务委员会第十九次会议通过　根据2019年4月23日第十三届全国人民代表大会常务委员会第十次会议《关于修改〈中华人民共和国建筑法〉等八部法律的决定》修正）

第一条　在中华人民共和国境内属于本法所附《车船税税目税额表》规定的车辆、船舶（以下简称车船）的所有人或者管理人，为车船税的纳税人，应当依照本法缴纳车船税。

第二条　车船的适用税额依照本法所附《车船税税目税额表》执行。

车辆的具体适用税额由省、自治区、直辖市人民政府依照本法所附《车船税税目税额表》规定的税额幅度和国务院的规定确定。

船舶的具体适用税额由国务院在本法所附《车船税税目税额表》规定的税额幅度内确定。

第三条　下列车船免征车船税：

（一）捕捞、养殖渔船；

（二）军队、武装警察部队专用的车船；

（三）警用车船；

（四）悬挂应急救援专用号牌的国家综合性消防救援车辆和国家综合性消防救援专用船舶；

（五）依照法律规定应当予以免税的外国驻华使领馆、国际组织驻华代表机构及其有关人员的车船。

第四条 对节约能源、使用新能源的车船可以减征或者免征车船税；对受严重自然灾害影响纳税困难以及有其他特殊原因确需减税、免税的，可以减征或者免征车船税。具体办法由国务院规定，并报全国人民代表大会常务委员会备案。

第五条 省、自治区、直辖市人民政府根据当地实际情况，可以对公共交通车船，农村居民拥有并主要在农村地区使用的摩托车、三轮汽车和低速载货汽车定期减征或者免征车船税。

第六条 从事机动车第三者责任强制保险业务的保险机构为机动车车船税的扣缴义务人，应当在收取保险费时依法代收车船税，并出具代收税款凭证。

第七条 车船税的纳税地点为车船的登记地或者车船税扣缴义务人所在地。依法不需要办理登记的车船，车船税的纳税地点为车船的所有人或者管理人所在地。

第八条 车船税纳税义务发生时间为取得车船所有权或者管理权的当月。

第九条 车船税按年申报缴纳。具体申报纳税期限由省、自治区、直辖市人民政府规定。

第十条 公安、交通运输、农业、渔业等车船登记管理部门、船舶检验机构和车船税扣缴义务人的行业主管部门应当在提供车船有关信息等方面，协助税务机关加强车船税的征收管理。

车辆所有人或者管理人在申请办理车辆相关登记、定期检验手续时，应当向公安机关交通管理部门提交依法纳税或者免税证明。

公安机关交通管理部门核查后办理相关手续。

第十一条　车船税的征收管理,依照本法和《中华人民共和国税收征收管理法》的规定执行。

第十二条　国务院根据本法制定实施条例。

第十三条　本法自2012年1月1日起施行。2006年12月29日国务院公布的《中华人民共和国车船税暂行条例》同时废止。

附：

车船税税目税额表

税　目		计税单位	年基准税额	备　注
乘用车〔按发动机汽缸容量（排气量）分档〕	1.0升（含）以下的	每　辆	60元至360元	核定载客人数9人（含）以下
	1.0升以上至1.6升（含）的		300元至540元	
	1.6升以上至2.0升（含）的		360元至660元	
	2.0升以上至2.5升（含）的		660元至1200元	
	2.5升以上至3.0升（含）的		1200元至2400元	
	3.0升以上至4.0升（含）的		2400元至3600元	
	4.0升以上的		3600元至5400元	
商用车	客　车	每　辆	480元至1440元	核定载客人数9人以上,包括电车
	货　车	整备质量每　吨	16元至120元	包括半挂牵引车、三轮汽车和低速载货汽车等
挂车		整备质量每　吨	按照货车税额的50%计算	
其他车辆	专用作业车	整备质量每　吨	16元至120元	不包括拖拉机
	轮式专用机械车		16元至120元	
摩托车		每　辆	36元至180元	
船舶	机动船舶	净吨位每　吨	3元至6元	拖船、非机动驳船分别按照机动船舶税额的50%计算
	游　艇	艇身长度每　米	600元至2000元	

中华人民共和国车辆购置税法

(2018年12月29日第十三届全国人民代表大会常务委员会第七次会议通过 2018年12月29日中华人民共和国主席令第19号公布 自2019年7月1日起施行)

第一条 在中华人民共和国境内购置汽车、有轨电车、汽车挂车、排气量超过一百五十毫升的摩托车（以下统称应税车辆）的单位和个人，为车辆购置税的纳税人，应当依照本法规定缴纳车辆购置税。

第二条 本法所称购置，是指以购买、进口、自产、受赠、获奖或者其他方式取得并自用应税车辆的行为。

第三条 车辆购置税实行一次性征收。购置已征车辆购置税的车辆，不再征收车辆购置税。

第四条 车辆购置税的税率为百分之十。

第五条 车辆购置税的应纳税额按照应税车辆的计税价格乘以税率计算。

第六条 应税车辆的计税价格，按照下列规定确定：

（一）纳税人购买自用应税车辆的计税价格，为纳税人实际支付给销售者的全部价款，不包括增值税税款；

（二）纳税人进口自用应税车辆的计税价格，为关税完税价格加上关税和消费税；

（三）纳税人自产自用应税车辆的计税价格，按照纳税人生产的同类应税车辆的销售价格确定，不包括增值税税款；

（四）纳税人以受赠、获奖或者其他方式取得自用应税车辆的计税价格，按照购置应税车辆时相关凭证载明的价格确定，不包括增值税税款。

第七条　纳税人申报的应税车辆计税价格明显偏低，又无正当理由的，由税务机关依照《中华人民共和国税收征收管理法》的规定核定其应纳税额。

第八条　纳税人以外汇结算应税车辆价款的，按照申报纳税之日的人民币汇率中间价折合成人民币计算缴纳税款。

第九条　下列车辆免征车辆购置税：

（一）依照法律规定应当予以免税的外国驻华使馆、领事馆和国际组织驻华机构及其有关人员自用的车辆；

（二）中国人民解放军和中国人民武装警察部队列入装备订货计划的车辆；

（三）悬挂应急救援专用号牌的国家综合性消防救援车辆；

（四）设有固定装置的非运输专用作业车辆；

（五）城市公交企业购置的公共汽电车辆。

根据国民经济和社会发展的需要，国务院可以规定减征或者其他免征车辆购置税的情形，报全国人民代表大会常务委员会备案。

第十条　车辆购置税由税务机关负责征收。

第十一条　纳税人购置应税车辆，应当向车辆登记地的主管税务机关申报缴纳车辆购置税；购置不需要办理车辆登记的应税车辆的，应当向纳税人所在地的主管税务机关申报缴纳车辆购置税。

第十二条　车辆购置税的纳税义务发生时间为纳税人购置应税车辆的当日。纳税人应当自纳税义务发生之日起六十日内申报缴纳车辆购置税。

第十三条　纳税人应当在向公安机关交通管理部门办理车辆注册登记前，缴纳车辆购置税。

公安机关交通管理部门办理车辆注册登记，应当根据税务机关提供的应税车辆完税或者免税电子信息对纳税人申请登记的车辆信息进行核对，核对无误后依法办理车辆注册登记。

第十四条　免税、减税车辆因转让、改变用途等原因不再属于免税、减税范围的,纳税人应当在办理车辆转移登记或者变更登记前缴纳车辆购置税。计税价格以免税、减税车辆初次办理纳税申报时确定的计税价格为基准,每满一年扣减百分之十。

第十五条 纳税人将已征车辆购置税的车辆退回车辆生产企业或者销售企业的,可以向主管税务机关申请退还车辆购置税。退税额以已缴税款为基准,自缴纳税款之日至申请退税之日,每满一年扣减百分之十。

第十六条 税务机关和公安、商务、海关、工业和信息化等部门应当建立应税车辆信息共享和工作配合机制,及时交换应税车辆和纳税信息资料。

第十七条 车辆购置税的征收管理,依照本法和《中华人民共和国税收征收管理法》的规定执行。

第十八条 纳税人、税务机关及其工作人员违反本法规定的,依照《中华人民共和国税收征收管理法》和有关法律法规的规定追究法律责任。

第十九条 本法自2019年7月1日起施行。2000年10月22日国务院公布的《中华人民共和国车辆购置税暂行条例》同时废止。

中华人民共和国船舶吨税法

(2017年12月27日第十二届全国人民代表大会常务委员会第三十一次会议通过 根据2018年10月26日第十三届全国人民代表大会常务委员会第六次会议《关于修改〈中华人民共和国野生动物保护法〉等十五部法律的决定》修正)

第一条 自中华人民共和国境外港口进入境内港口的船舶(以

下称应税船舶),应当依照本法缴纳船舶吨税(以下简称吨税)。

第二条 吨税的税目、税率依照本法所附的《吨税税目税率表》执行。

第三条 吨税设置优惠税率和普通税率。

中华人民共和国籍的应税船舶,船籍国(地区)与中华人民共和国签订含有相互给予船舶税费最惠国待遇条款的条约或者协定的应税船舶,适用优惠税率。

其他应税船舶,适用普通税率。

第四条 吨税按照船舶净吨位和吨税执照期限征收。

应税船舶负责人在每次申报纳税时,可以按照《吨税税目税率表》选择申领一种期限的吨税执照。

第五条 吨税的应纳税额按照船舶净吨位乘以适用税率计算。

第六条 吨税由海关负责征收。海关征收吨税应当制发缴款凭证。

应税船舶负责人缴纳吨税或者提供担保后,海关按照其申领的执照期限填发吨税执照。

第七条 应税船舶在进入港口办理入境手续时,应当向海关申报纳税领取吨税执照,或者交验吨税执照(或者申请核验吨税执照电子信息)。应税船舶在离开港口办理出境手续时,应当交验吨税执照(或者申请核验吨税执照电子信息)。

应税船舶负责人申领吨税执照时,应当向海关提供下列文件:

(一)船舶国籍证书或者海事部门签发的船舶国籍证书收存证明;

(二)船舶吨位证明。

应税船舶因不可抗力在未设立海关地点停泊的,船舶负责人应当立即向附近海关报告,并在不可抗力原因消除后,依照本法规定向海关申报纳税。

第八条 吨税纳税义务发生时间为应税船舶进入港口的当日。

应税船舶在吨税执照期满后尚未离开港口的,应当申领新的吨税执照,自上一次执照期满的次日起续缴吨税。

第九条 下列船舶免征吨税:

(一)应纳税额在人民币五十元以下的船舶;

(二)自境外以购买、受赠、继承等方式取得船舶所有权的初次进口到港的空载船舶;

(三)吨税执照期满后二十四小时内不上下客货的船舶;

(四)非机动船舶(不包括非机动驳船);

(五)捕捞、养殖渔船;

(六)避难、防疫隔离、修理、改造、终止运营或者拆解,并不上下客货的船舶;

(七)军队、武装警察部队专用或者征用的船舶;

(八)警用船舶;

(九)依照法律规定应当予以免税的外国驻华使领馆、国际组织驻华代表机构及其有关人员的船舶;

(十)国务院规定的其他船舶。

前款第十项免税规定,由国务院报全国人民代表大会常务委员会备案。

第十条 在吨税执照期限内,应税船舶发生下列情形之一的,海关按照实际发生的天数批注延长吨税执照期限:

(一)避难、防疫隔离、修理、改造,并不上下客货;

(二)军队、武装警察部队征用。

第十一条 符合本法第九条第一款第五项至第九项、第十条规定的船舶,应当提供海事部门、渔业船舶管理部门等部门、机构出具的具有法律效力的证明文件或者使用关系证明文件,申明免税或者延长吨税执照期限的依据和理由。

第十二条 应税船舶负责人应当自海关填发吨税缴款凭证之日起十五日内缴清税款。未按期缴清税款的,自滞纳税款之日起至缴清税款之日止,按日加收滞纳税款万分之五的税款滞纳金。

第十三条 应税船舶到达港口前,经海关核准先行申报并办结出入境手续的,应税船舶负责人应当向海关提供与其依法履行吨税缴纳义务相适应的担保;应税船舶到达港口后,依照本法规定向海关申报纳税。

下列财产、权利可以用于担保:

(一)人民币、可自由兑换货币;

(二)汇票、本票、支票、债券、存单;

(三)银行、非银行金融机构的保函;

(四)海关依法认可的其他财产、权利。

第十四条 应税船舶在吨税执照期限内,因修理、改造导致净吨位变化的,吨税执照继续有效。应税船舶办理出入境手续时,应当提供船舶经过修理、改造的证明文件。

第十五条 应税船舶在吨税执照期限内,因税目税率调整或者船籍改变而导致适用税率变化的,吨税执照继续有效。

因船籍改变而导致适用税率变化的,应税船舶在办理出入境手续时,应当提供船籍改变的证明文件。

第十六条 吨税执照在期满前毁损或者遗失的,应当向原发照海关书面申请核发吨税执照副本,不再补税。

第十七条 海关发现少征或者漏征税款的,应当自应税船舶应当缴纳税款之日起一年内,补征税款。但因应税船舶违反规定造成少征或者漏征税款的,海关可以自应当缴纳税款之日起三年内追征税款,并自应当缴纳税款之日起按日加征少征或者漏征税款万分之五的税款滞纳金。

海关发现多征税款的,应当在二十四小时内通知应税船舶办理退还手续,并加算银行同期活期存款利息。

应税船舶发现多缴税款的,可以自缴纳税款之日起三年内以书面形式要求海关退还多缴的税款并加算银行同期活期存款利息;海关应当自受理退税申请之日起三十日内查实并通知应税船舶办理退还手续。

应税船舶应当自收到本条第二款、第三款规定的通知之日起三个月内办理有关退还手续。

第十八条 应税船舶有下列行为之一的,由海关责令限期改正,处二千元以上三万元以下的罚款;不缴或者少缴应纳税款的,处不缴或者少缴税款百分之五十以上五倍以下的罚款,但罚款不得低于二千元:

(一)未按照规定申报纳税、领取吨税执照;

(二)未按照规定交验吨税执照(或者申请核验吨税执照电子信息)以及提供其他证明文件。

第十九条 吨税税款、税款滞纳金、罚款以人民币计算。

第二十条 吨税的征收,本法未作规定的,依照有关税收征收管理的法律、行政法规的规定执行。

第二十一条 本法及所附《吨税税目税率表》下列用语的含义:

净吨位,是指由船籍国(地区)政府签发或者授权签发的船舶吨位证明书上标明的净吨位。

非机动船舶,是指自身没有动力装置,依靠外力驱动的船舶。

非机动驳船,是指在船舶登记机关登记为驳船的非机动船舶。

捕捞、养殖渔船,是指在中华人民共和国渔业船舶管理部门登记为捕捞船或者养殖船的船舶。

拖船,是指专门用于拖(推)动运输船舶的专业作业船舶。

吨税执照期限,是指按照公历年、日计算的期间。

第二十二条 本法自 2018 年 7 月 1 日起施行。2011 年 12 月 5 日国务院公布的《中华人民共和国船舶吨税暂行条例》同时废止。

附：

吨税税目税率表

税目 （按船舶净吨位划分）	税率（元/净吨）						备注
	普通税率 （按执照期限划分）			优惠税率 （按执照期限划分）			
	1年	90日	30日	1年	90日	30日	
不超过2000净吨	12.6	4.2	2.1	9.0	3.0	1.5	1. 拖船按照发动机功率每千瓦折合净吨位0.67吨。 2. 无法提供净吨位证明文件的游艇，按照发动机功率每千瓦折合净吨位0.05吨。 3. 拖船和非机动驳船分别按相同净吨位船舶税率的50%计征税款。
超过2000净吨，但不超过10000净吨	24.0	8.0	4.0	17.4	5.8	2.9	
超过10000净吨，但不超过50000净吨	27.6	9.2	4.6	19.8	6.6	3.3	
超过50000净吨	31.8	10.6	5.3	22.8	7.6	3.8	

行政法规及文件

中华人民共和国车船税法实施条例

（2011年12月5日中华人民共和国国务院令第611号公布　根据2019年3月2日《国务院关于修改部分行政法规的决定》修订）

第一条　根据《中华人民共和国车船税法》（以下简称车船税法）的规定，制定本条例。

第二条　车船税法第一条所称车辆、船舶，是指：

（一）依法应当在车船登记管理部门登记的机动车辆和船舶；

（二）依法不需要在车船登记管理部门登记的在单位内部场所行驶或者作业的机动车辆和船舶。

第三条　省、自治区、直辖市人民政府根据车船税法所附《车船税税目税额表》确定车辆具体适用税额，应当遵循以下原则：

（一）乘用车依排气量从小到大递增税额；

（二）客车按照核定载客人数20人以下和20人（含）以上两档划分，递增税额。

省、自治区、直辖市人民政府确定的车辆具体适用税额，应当报国务院备案。

第四条　机动船舶具体适用税额为：

（一）净吨位不超过200吨的，每吨3元；

（二）净吨位超过200吨但不超过2000吨的，每吨4元；

（三）净吨位超过2000吨但不超过10000吨的，每吨5元；

（四）净吨位超过10000吨的，每吨6元。

拖船按照发动机功率每1千瓦折合净吨位0.67吨计算征收车船税。

第五条　游艇具体适用税额为：

（一）艇身长度不超过10米的，每米600元；

（二）艇身长度超过10米但不超过18米的，每米900元；

（三）艇身长度超过18米但不超过30米的，每米1300元；

（四）艇身长度超过30米的，每米2000元；

（五）辅助动力帆艇，每米600元。

第六条　车船税法和本条例所涉及的排气量、整备质量、核定载客人数、净吨位、千瓦、艇身长度，以车船登记管理部门核发的车船登记证书或者行驶证所载数据为准。

依法不需要办理登记的车船和依法应当登记而未办理登记或者不能提供车船登记证书、行驶证的车船，以车船出厂合格证明或者进口凭证标注的技术参数、数据为准；不能提供车船出厂合格证明或者进口凭证的，由主管税务机关参照国家相关标准核定，没有国家相关标准的参照同类车船核定。

第七条　车船税法第三条第一项所称的捕捞、养殖渔船，是指在渔业船舶登记管理部门登记为捕捞船或者养殖船的船舶。

第八条　车船税法第三条第二项所称的军队、武装警察部队专用的车船，是指按照规定在军队、武装警察部队车船登记管理部门登记，并领取军队、武警牌照的车船。

第九条　车船税法第三条第三项所称的警用车船，是指公安机关、国家安全机关、监狱、劳动教养管理机关和人民法院、人民检察院领取警用牌照的车辆和执行警务的专用船舶。

第十条　节约能源、使用新能源的车船可以免征或者减半征收车船税。免征或者减半征收车船税的车船的范围，由国务院财政、税务主管部门商国务院有关部门制订，报国务院批准。

对受地震、洪涝等严重自然灾害影响纳税困难以及其他特殊原因确需减免税的车船，可以在一定期限内减征或者免征车船税。具体减免期限和数额由省、自治区、直辖市人民政府确定，报国务院备案。

第十一条　车船税由税务机关负责征收。

第十二条　机动车车船税扣缴义务人在代收车船税时，应当在机动车交通事故责任强制保险的保险单以及保费发票上注明已收税款的信息，作为代收税款凭证。

第十三条　已完税或者依法减免税的车辆，纳税人应当向扣缴义务人提供登记地的主管税务机关出具的完税凭证或者减免税证明。

第十四条　纳税人没有按照规定期限缴纳车船税的，扣缴义务人在代收代缴税款时，可以一并代收代缴欠缴税款的滞纳金。

第十五条　扣缴义务人已代收代缴车船税的，纳税人不再向车辆登记地的主管税务机关申报缴纳车船税。

没有扣缴义务人的，纳税人应当向主管税务机关自行申报缴纳车船税。

第十六条　纳税人缴纳车船税时，应当提供反映排气量、整备质量、核定载客人数、净吨位、千瓦、艇身长度等与纳税相关信息的相应凭证以及税务机关根据实际需要要求提供的其他资料。

纳税人以前年度已经提供前款所列资料信息的，可以不再提供。

第十七条　车辆车船税的纳税人按照纳税地点所在的省、自治区、直辖市人民政府确定的具体适用税额缴纳车船税。

第十八条　扣缴义务人应当及时解缴代收代缴的税款和滞纳金，并向主管税务机关申报。扣缴义务人向税务机关解缴税款和滞纳金时，应当同时报送明细的税款和滞纳金扣缴报告。扣缴义务人解缴税款和滞纳金的具体期限，由省、自治区、直辖市税务机关依照法律、行政法规的规定确定。

第十九条　购置的新车船，购置当年的应纳税额自纳税义务发生的当月起按月计算。应纳税额为年应纳税额除以12再乘以应纳税月份数。

在一个纳税年度内，已完税的车船被盗抢、报废、灭失的，纳税人可以凭有关管理机关出具的证明和完税凭证，向纳税所在地的主管税务机关申请退还自被盗抢、报废、灭失月份起至该纳税年度终了期间的税款。

已办理退税的被盗抢车船失而复得的，纳税人应当从公安机关出具相关证明的当月起计算缴纳车船税。

第二十条　已缴纳车船税的车船在同一纳税年度内办理转让过户的，不另纳税，也不退税。

第二十一条　车船税法第八条所称取得车船所有权或者管理权的当月，应当以购买车船的发票或者其他证明文件所载日期的当月为准。

第二十二条 税务机关可以在车船登记管理部门、车船检验机构的办公场所集中办理车船税征收事宜。

公安机关交通管理部门在办理车辆相关登记和定期检验手续时，经核查，对没有提供依法纳税或者免税证明的，不予办理相关手续。

第二十三条 车船税按年申报，分月计算，一次性缴纳。纳税年度为公历1月1日至12月31日。

第二十四条 临时入境的外国车船和香港特别行政区、澳门特别行政区、台湾地区的车船，不征收车船税。

第二十五条 按照规定缴纳船舶吨税的机动船舶，自车船税法实施之日起5年内免征车船税。

依法不需要在车船登记管理部门登记的机场、港口、铁路站场内部行驶或者作业的车船，自车船税法实施之日起5年内免征车船税。

第二十六条 车船税法所附《车船税税目税额表》中车辆、船舶的含义如下：

乘用车，是指在设计和技术特性上主要用于载运乘客及随身行李，核定载客人数包括驾驶员在内不超过9人的汽车。

商用车，是指除乘用车外，在设计和技术特性上用于载运乘客、货物的汽车，划分为客车和货车。

半挂牵引车，是指装备有特殊装置用于牵引半挂车的商用车。

三轮汽车，是指最高设计车速不超过每小时50公里，具有三个车轮的货车。

低速载货汽车，是指以柴油机为动力，最高设计车速不超过每小时70公里，具有四个车轮的货车。

挂车，是指就其设计和技术特性需由汽车或者拖拉机牵引，才能正常使用的一种无动力的道路车辆。

专用作业车，是指在其设计和技术特性上用于特殊工作的车辆。

轮式专用机械车,是指有特殊结构和专门功能,装有橡胶车轮可以自行行驶,最高设计车速大于每小时 20 公里的轮式工程机械车。

摩托车,是指无论采用何种驱动方式,最高设计车速大于每小时 50 公里,或者使用内燃机,其排量大于 50 毫升的两轮或者三轮车辆。

船舶,是指各类机动、非机动船舶以及其他水上移动装置,但是船舶上装备的救生艇筏和长度小于 5 米的艇筏除外。其中,机动船舶是指用机器推进的船舶;拖船是指专门用于拖(推)动运输船舶的专业作业船舶;非机动驳船,是指在船舶登记管理部门登记为驳船的非机动船舶;游艇是指具备内置机械推进动力装置,长度在 90 米以下,主要用于游览观光、休闲娱乐、水上体育运动等活动,并应当具有船舶检验证书和适航证书的船舶。

第二十七条　本条例自 2012 年 1 月 1 日起施行。

部门规章及文件

财政部、税务总局、工业和信息化部关于延续和优化新能源汽车车辆购置税减免政策的公告

(2023 年 6 月 19 日　财政部、税务总局、工业和信息化部公告 2023 年第 10 号)

为支持新能源汽车产业发展,促进汽车消费,现就延续和优化新能源汽车车辆购置税减免政策有关事项公告如下:

一、对购置日期在2024年1月1日至2025年12月31日期间的新能源汽车免征车辆购置税，其中，每辆新能源乘用车免税额不超过3万元；对购置日期在2026年1月1日至2027年12月31日期间的新能源汽车减半征收车辆购置税，其中，每辆新能源乘用车减税额不超过1.5万元。

购置日期按照机动车销售统一发票或海关关税专用缴款书等有效凭证的开具日期确定。

享受车辆购置税减免政策的新能源汽车，是指符合新能源汽车产品技术要求的纯电动汽车、插电式混合动力（含增程式）汽车、燃料电池汽车。新能源汽车产品技术要求由工业和信息化部会同财政部、税务总局根据新能源汽车技术进步、标准体系发展和车型变化情况制定。

新能源乘用车，是指在设计、制造和技术特性上主要用于载运乘客及其随身行李和（或）临时物品，包括驾驶员座位在内最多不超过9个座位的新能源汽车。

二、销售方销售"换电模式"新能源汽车时，不含动力电池的新能源汽车与动力电池分别核算销售额并分别开具发票的，依据购车人购置不含动力电池的新能源汽车取得的机动车销售统一发票载明的不含税价作为车辆购置税计税价格。

"换电模式"新能源汽车应当满足换电相关技术标准和要求，且新能源汽车生产企业能够自行或委托第三方为用户提供换电服务。

三、为加强和规范管理，工业和信息化部、税务总局通过发布《减免车辆购置税的新能源汽车车型目录》（以下简称《目录》）对享受减免车辆购置税的新能源汽车车型实施管理。《目录》发布后，购置列入《目录》的新能源汽车可按规定享受车辆购置税减免政策。

对已列入《目录》的新能源汽车，新能源汽车生产企业或进口新能源汽车经销商（以下简称汽车企业）在上传《机动车整车出厂合格证》或进口机动车《车辆电子信息单》（以下简称车辆电子信息）时，在"是否符合减免车辆购置税条件"字段标注"是"（即减免税标识）；对已列入《目录》的"换电模式"新能源汽车，还应在"是否为'换电模式'新能源汽车"字段标注"是"（即换电模式标识）。工业和信息化部对汽车企业上传的车辆电子信息中的减免税标识和换电模式标识进行校验，并将通过校验的信息传送至税务总局。税务机关依据工业和信息化部校验后的减免税标识、换电模式标识和机动车销售统一发票（或有效凭证），办理车辆购置税减免税手续。

四、汽车企业应当保证车辆电子信息与车辆产品相一致，销售方应当如实开具发票，对因提供虚假信息或资料造成车辆购置税税款流失的，依照《中华人民共和国税收征收管理法》及其实施细则予以处理。

特此公告。

国家税务总局、交通运输部关于城市公交企业购置公共汽电车辆免征车辆购置税有关事项的公告

（2019年6月6日　国家税务总局、交通运输部公告2019年第22号）

根据《中华人民共和国车辆购置税法》《财政部、税务总局关于车辆购置税有关具体政策的公告》（财政部、税务总局公告2019年第71号）的相关规定，现就城市公交企业购置的公共汽电车辆免征车辆购置税有关事项公告如下：

一、国家税务总局各省、自治区、直辖市和计划单列市税务局（以下简称"省税务局"）与本地区交通运输主管部门应当相互配合，共同做好城市公交企业购置公共汽电车辆免征车辆购置税工作。

二、《城市公共交通管理部门与城市公交企业名录》（以下简称《名录》，见附件1）是税务机关确定申报企业是否为城市公交企业的依据，各省、自治区、直辖市交通运输厅（委）（以下简称省交通厅）负责组织编制本地区《名录》。

三、各县级以上（含县级）人民政府交通运输主管部门认定城市公交企业并逐级报送《名录》信息。省交通厅定期汇总、公示本地区城市公交企业新增、退出、变更等信息，并及时将调整后的《名录》函送省税务局。《名录》的函送时间和方式由省税务局和省交通厅共同商定。

省税务局应当及时将《名录》下发至所属各级税务机关。

四、城市公交企业所在地县级以上（含县级）交通运输主管部门按照财政部、税务总局2019年第71号公告的有关规定，依据公共汽电车辆购置计划和采购合同等资料，为城市公交企业购置的符合《公共汽车类型划分及等级评定》标准的公共汽车、无轨电车和有轨电车出具《公共汽电车辆认定表》（见附件2）。

五、税务机关依据《公共汽电车辆认定表》以及办理车辆购置税纳税申报需要提供的其他资料，为已经列入《名录》的城市公交企业购置的公共汽电车辆，办理车辆购置税免税手续。

六、城市公交企业为新购置的公共汽电车辆办理免税手续后，因车辆转让、改变用途等导致免税条件消失的，纳税人应当到税务机关重新办理申报纳税手续。未按规定办理的，依据相关规定处理。

七、本公告自2019年7月1日起施行。为做好本公告实施工作，省交通厅应当按照本公告《名录》格式重新汇总编制《名录》，并于2019年7月1日之前函送省税务局。

《国家税务总局 交通运输部关于城市公交企业购置公共汽电车辆免征车辆购置税有关问题的通知》(税总发〔2016〕157号),自2019年7月1日起停止执行。

特此公告。

附件:1. 城市公共交通管理部门与城市公交企业名录
　　　2. 公共汽电车辆认定表

附件1

城市公共交通管理部门与城市公交企业名录

报送单位(签章):　　　　　　　　　　　填报时间:

序号	企业名称	纳税人识别号/统一社会信用代码	县(区)级交通主管部门名称	市级交通主管部门名称	备注(1. 新增;2. 退出;3. 变更)
1					
2					
……					

填表人:　　　　　　　　　　　　　联系方式:

填表说明:1. 企业名称填写城市公交企业全称。
　　　　　2. 备注按照相关事项填写对应编码。

附件2

公共汽电车辆认定表

交通主管部门(公章):　　　　　　　　　登记编号:

城市公交企业名称(公章)			纳税人识别号:			采购合同编号		
序号	厂牌型号	发动机号	车辆识别代码	购车价格(元)	购置日期	用途	备注
1							
2							
……							

经办(填表)人:　　　　联系电话:　　　　填表日期:

本表一式三份,城市公交企业、交通运输主管部门、税务机关征收管理部门分别留存备查。

船舶车船税委托代征管理办法

(2013年1月5日 国家税务总局、交通运输部公告2013年第1号)

第一条 为加强船舶车船税征收管理,做好船舶车船税委托代征工作,方便纳税人履行纳税义务,根据《中华人民共和国税收征收管理法》及其实施细则、《中华人民共和国车船税法》及其实施条例、《国家税务总局、交通运输部关于进一步做好船舶车船税征收管理工作的通知》(国税发〔2012〕8号)、《财政部、国家税务总局、中国人民银行关于进一步加强代扣代收代征税款手续费管理的通知》(财行〔2005〕365号)等有关规定,制定本办法。

第二条 本办法所称船舶车船税委托代征,是指税务机关根据有利于税收管理和方便纳税的原则,委托交通运输部门海事管理机构代为征收船舶车船税税款的行为。

第三条 本办法适用于船舶车船税的委托征收、解缴和监督。

第四条 在交通运输部直属海事管理机构(以下简称海事管理机构)登记的应税船舶,其车船税由船籍港所在地的税务机关委托当地海事管理机构代征。

第五条 税务机关与海事管理机构应签订委托代征协议书,明确代征税种、代征范围、完税凭证领用要求、代征税款的解缴要求、代征手续费比例和支付方式、纳税人拒绝纳税时的处理措施等事项,并向海事管理机构发放委托代征证书。

第六条 海事管理机构受税务机关委托,在办理船舶登记手续或受理年度船舶登记信息报告时代征船舶车船税。

第七条 海事管理机构应根据车船税法律、行政法规和相关政策规定代征车船税，不得违反规定多征或少征。

第八条 海事管理机构代征船舶车船税的计算方法：

（一）船舶按一个年度计算车船税。计算公式为：

年应纳税额＝计税单位×年基准税额

其中：机动船舶、非机动驳船、拖船的计税单位为净吨位每吨；游艇的计税单位为艇身长度每米；年基准税额按照车船税法及其实施条例的相关规定执行。

（二）购置的新船舶，购置当年的应纳税额自纳税义务发生时间起至该年度终了按月计算。计算公式为：

应纳税额＝年应纳税额×应纳税月份数/12

应纳税月份数＝12－纳税义务发生时间（取月份）＋1

其中，纳税义务发生时间为纳税人取得船舶所有权或管理权的当月，以购买船舶的发票或者其他证明文件所载日期的当月为准。

第九条 海事管理机构在计算船舶应纳税额时，船舶的相关技术信息以船舶登记证书所载相应数据为准。

第十条 税务机关出具减免税证明和完税凭证的船舶，海事管理机构对免税和完税船舶不代征车船税，对减税船舶根据减免税证明规定的实际年应纳税额代征车船税。海事管理机构应记录上述凭证的凭证号和出具该凭证的单位名称，并将上述凭证的复印件存档备查。

第十一条 对于以前年度未依照车船税法及其实施条例的规定缴纳船舶车船税的，海事管理机构应代征欠缴税款，并按规定代加收滞纳金。

第十二条 海事管理机构在代征税款时，应向纳税人开具税务机关提供的完税凭证。完税凭证的管理应当遵守税务机关的相关规定。

第十三条 海事管理机构依法履行委托代征税款职责时，纳税人不得拒绝。纳税人拒绝的，海事管理机构应当及时报告税务机关。

第十四条 海事管理机构应将代征的车船税单独核算、管理。

第十五条 海事管理机构应根据委托代征协议约定的方式、期限及时将代征税款解缴入库,并向税务机关提供代征船舶名称、代征金额及税款所属期等情况,不得占压、挪用、截留船舶车船税。

第十六条 已经缴纳船舶车船税的船舶在同一纳税年度内办理转让过户的,在原登记地不予退税,在新登记地凭完税凭证不再纳税,新登记地海事管理机构应记录上述船舶的完税凭证号和出具该凭证的税务机关或海事管理机构名称,并将完税凭证的复印件存档备查。

第十七条 完税船舶被盗抢、报废、灭失而申请车船税退税的,由税务机关按照有关规定办理。

第十八条 税务机关查询统计船舶登记的有关信息,海事管理机构应予以配合。

第十九条 税务机关应按委托代征协议的规定及时、足额向海事管理机构支付代征税款手续费。海事管理机构取得的手续费收入纳入预算管理,专项用于委托代征船舶车船税的管理支出,也可以适当奖励相关工作人员。

第二十条 各级税务机关应主动与海事管理机构协调配合,协助海事管理部门做好船舶车船税委托代征工作。税务机关要及时向海事管理机构通报车船税政策变化情况,传递直接征收车船税和批准减免车船税的船舶信息。

第二十一条 税务机关和海事管理机构应对对方提供的涉税信息予以保密,除办理涉税事项外,不得用于其他目的。

第二十二条 地方海事管理机构开展船舶车船税代征工作的,适用本办法。

第二十三条 本办法由国家税务总局、交通运输部负责解释。

第二十四条 本办法自 2013 年 2 月 1 日起施行。

附　录

（一）典型案例

依法惩治危害税收征管典型刑事案例[①]

案例一

四川某食品有限公司、郑某某逃税案
——实体企业违法后积极挽损整改依法从宽

（一）基本案情

被告单位四川某食品有限公司是一家小规模食品生产企业，具有一般纳税人资格。2017年至2019年，该公司法定代表人郑某某，安排公司财务人员采取欺骗、隐瞒手段进行虚假纳税申报，逃避缴纳税款共计127万余元，年度逃避纳税税款比例高达80%至97%不等。2021年9月29日，税务机关向被告单位下达《税务处理决定书》和《税务行政处罚决定书》，责令限期缴纳逃避缴纳的税款和罚款。被告单位未按期缴纳。同年10月14日，税务机关再次向被

[①] 参见《"两高"发布依法惩治危害税收征管典型刑事案例》，载最高人民法院网站，https://www.court.gov.cn/zixun/xiangqing/428492.html，最后访问时间：2024年3月20日。收录时有删改。

告单位送达《税务事项通知书》，限其在当月 28 日前缴纳上述款项。期满后，被告单位仍未缴纳。2022 年 5 月 6 日，税务机关向公安机关移交该公司涉嫌逃税犯罪线索。公安机关于次日立案侦查。郑某某接公安机关电话通知后自首。2023 年 3 月 6 日，被告单位向税务机关出具申请延期分批缴纳税款承诺书，得到批准，并于当月 8 日缴纳了部分所逃税款。

（二）处理结果

四川省仁寿县人民检察院以四川某食品有限公司、郑某某涉嫌逃税罪提起公诉。四川省仁寿县人民法院认为，被告单位四川某食品有限公司采取欺骗、隐瞒手段进行虚假纳税申报或者不申报，逃避缴纳税款数额巨大，并且占应纳税额百分之三十以上，经税务机关依法下达追缴通知后仍未补缴，已构成逃税罪。被告人郑某某作为被告单位直接负责的主管人员，亦构成逃税罪。四川省仁寿县人民法院以逃税罪判处被告单位四川某食品有限公司罚金；被告人郑某某有期徒刑一年，缓刑二年，并处罚金人民币三万元；未补缴税款责令追缴。一审宣判后无抗诉、上诉，判决已发生法律效力。

（三）典型意义

税收是国家财政的最主要来源，取之于民，用之于民。依法纳税是公民的基本义务，是企业的法定义务。逃税损害国家财政，扰乱经济秩序，侵蚀社会诚信，不仅违法，数额大的构成犯罪。对于逃税行为，一方面要依法惩处，通过"惩"警戒纳税人增强纳税意识，依法纳税，以"惩"促"治"；另一方面，也要考虑到税收的特点和纳税的现状，给予纳税人补过机会，不能"一棍子打死"。根据刑法第二百零一条第四款的规定，追究逃税人的刑事责任，应由税务机关先行处理，这既是给予纳税人补救机会，也有利于及时挽回税款损失。本案被告单位系一家福利性企业，解决十几名残疾职工就业，承担着一定的社会责任；受疫情影响，案发后未能如期补缴税款；法院裁判前制定补缴税款计划并得到税务机关认可。为有效贯彻"治罪"与"治理"并重，法院联合税务机关对被告单位进行企业经营风险审查，在企业开展合规整改后，对被告单位和被告人从宽处罚，有效避免了因一案而毁掉一个企业的不良后果。

案例二

北京某餐饮有限公司、陈某、宫某逃避追缴欠税案
——欠税人不讲诚信转移财产担刑责

（一）基本案情

被告人陈某、宫某于2006年共同出资成立北京某餐饮有限公司（以下简称某餐饮公司），陈某为法定代表人，宫某为监事，后分别于2007年、2012年成立第一分公司、第二分公司，陈某任负责人。2012年至2013年，某餐饮公司、第一分公司、第二分公司使用开票方为沃尔玛等4家公司的假发票共计53张入账，在2012年度、2013年度企业所得税应纳税所得额中进行扣除，并向北京市顺义区国家税务局进行了企业所得税纳税申报。2014年7月，顺义区国家税务局稽查局对某餐饮公司开展税务稽查，后作出行政处理决定，认定该公司使用不符合规定的发票列支，调增2012年度、2013年度应纳税所得额共计369万余元，应补缴2012至2013年度企业所得税共计92万余元，并缴纳滞纳金。被告人陈某、宫某在明知顺义区国家税务局对某餐饮公司进行税务稽查、作出税务处理决定并追缴税款的情况下，在第一分公司经营地址上成立宏某餐饮公司，在第二分公司经营地址上成立石某餐饮公司，另开立新账户供二公司经营使用，并将第一分公司、第二分公司注销，同时，某

餐饮公司也不再申领发票，公司账户于冻结后不再使用。通过以上方式，逃避顺义区国家税务局追缴税款，至案发时，尚有82万余元税款无法追缴。案发后，某餐饮公司补缴了欠缴的企业所得税税款及滞纳金共计130余万元。

（二）处理结果

北京市顺义区人民检察院以某餐饮公司、陈某、宫某涉嫌逃避追缴欠税罪提起公诉。北京市顺义区人民法院认为，被告单位会计账簿混乱、记载不规范，在案证据无法认定存在实际发生的与取得收入有关的、合理的支出，应当根据税务处理决定书认定数额补缴税款。被告单位欠缴应纳税款，以转移、隐匿财产的方式，致使税务机关无法追缴欠缴的税款，数额超过刑法规定的一万元标准，已构成逃避追缴欠税罪。北京市顺义区人民法院以逃避追缴欠税罪判处被告单位某餐饮公司罚金人民币八十五万元；被告人陈某、宫某有期徒刑三年，缓刑三年，并处罚金人民币八十五万元。一审宣判后，被告人宫某提出上诉。北京市第三中级人民法院经审理，裁定驳回上诉，维持原判。

（三）典型意义

欠税虽不构成犯罪，但欠税人有能力缴纳税款而采取转移、隐匿财产的方式，拒不缴纳税款，造成税务机关无法追缴其所欠税款的，既违反纳税义务，也违反诚信原则；造成无法追缴税款数额达到一万元以上的，依法构成逃避追缴欠税罪。本案中，被告单位和被告人通过注销纳税主体、设立新公司和开设新账户的方式，逃避缴纳欠缴的税款，数额达到十万元以上，依法应判处三年以上七年以下有期徒刑，并处欠缴税款一倍以上五倍以下罚金。人民法院依法判处被告单位和被告人刑罚，既有力维护了国家税收秩序，又维护了诚信经营的市场环境。

案例三

石某某等骗取出口退税案
—— "低值高报"骗取出口退税必严惩

(一) 基本案情

2017年12月,被告人石某某注册成立铜陵博某科技有限公司(以下简称博某公司)和铜陵金某科技有限公司(以下简称金某公司)。其中,博某公司作为软件企业享受税收优惠政策。石某某通过其控制的上述两家公司,将单价0.7元购进的空白芯片,写入电流采样控制软件后,将价格虚抬至200元。2019年1月至8月,博某公司以销售电流采样控制芯片的名义,向金某公司虚假销售并虚开增值税专用发票。之后,石某某与同案被告人黄某波商定,由后者控制的湖北省赤壁市安某公司代理金某公司的电流采样控制模块出口事宜,以签订虚假采购合同形式,由金某公司将电流采样控制模块以230元左右的单价出售给安某公司,再由安某公司和黄某波在香港成立的海某公司签订虚假的电流采样控制模块采购合同,将电流采样控制模块出口至我国香港地区。石某某安排他人在香港接货后,将电流采样控制模块当作垃圾处理。货物出口后,石某某、黄某波等人筹集美元,回流资金,在安某公司完成结汇,由金某公司将增值税专用发票邮寄到安某公司,安某公司用上述虚开的增值税专用发票及出口报关材料向税务机关申请出口退税。2018年12月至2019年,安某公司共通过金某公司虚开的149份增值税专用发票,骗取出口退税款570余万元,在扣除代理出口及其他费用后,余款以货款形式回流至金某公司。经鉴定,博某公司生产的电流采样控制芯片市场价值1.32元,金某公司生产的电流采样控制模块市场价值7.31元。

(二) 处理结果

安徽省铜陵市郊区人民检察院以石某某等涉嫌骗取出口退税罪提起公诉。安徽省铜陵市郊区人民法院认为，被告人石某某等以假报出口的手段，骗取出口退税款 570 余万元，数额特别巨大，已构成骗取出口退税罪。安徽省铜陵市郊区人民法院以骗取出口退税罪判处被告人石某某有期徒刑十一年，并处罚金人民币五百万元；对同案被告人分别判处有期徒刑五至六年，并处罚金。一审宣判后，被告人石某某等提出上诉。安徽省铜陵市中级人民法院经审理，判决维持对各被告人的定罪量刑。

(三) 典型意义

骗取出口退税罪是严重的危害税收征管犯罪之一。作为国际通行惯例，为了鼓励本国商品出口，增强国际竞争力，国家允许本国商品以不含税价格进入国际市场，即在货物出口后退还在国内生产和流通环节的已纳税款，避免国际双重课税。不法分子利用国家这一税收政策，以假报出口或者其他欺骗手段，将没有出口或者虽出口但不应退税的业务等伪装成应退税业务，骗取出口退税款。这种行为从本质上是非法占有国家财产的诈骗犯罪，危害严重，应依法从严惩处。行为人虽有出口，但其通过将低廉的产品虚抬价格，虚开增值税专用发票，以虚增的出口退税额骗取国家出口退税款，数额特别巨大，造成国家巨额财产损失，应依法从严打击。

案例四

镇江某科技公司、洪某某、周某等骗取出口退税、深圳某贸易公司虚开增值税专用发票案
——依法惩治虚开增值税专用发票与骗取出口退税关联犯罪

（一）基本案情

2014年至2017年8月，被告人洪某某、周某等人为骗取出口退税，由他人牵线联系到被告单位深圳某贸易公司，在深圳某贸易公司向广东某通讯技术公司等上游手机供货商进货时，以周某控制的镇江某科技公司等4家公司名义与上游供货商签订虚假手机采购合同，提供虚假资金流水，采取票货分离的方式，将上游供货商本应开具给深圳某贸易公司的增值税专用发票开给周某控制的公司，从而取得虚假进项增值税专用发票，深圳某贸易公司则从中收取高额开票费。同时，为取得用于出口退税的报关单证，洪某某控制的多家香港公司又与周某控制的公司签订虚假手机出口外贸合同，并通过借贷配单方式，从他人手中租用"道具"手机冒充外贸合同中的手机进行虚假报关。最后，由周某控制的公司用上述单证手续向镇江市国家税务局虚假申报，累计骗取国家出口退税款7.2亿余元。

（二）处理结果

江苏省镇江市人民检察院以洪某某、周某等人、镇江某科技公司等单位涉嫌骗取出口退税罪，深圳某贸易公司涉嫌虚开增值税专用发票罪提起公诉。江苏省镇江市中级人民法院以骗取出口退税罪判处被告单位镇江某科技公司罚金人民币一亿元；被告人洪某某有期徒刑十四年，并处罚金人民币七亿两千六百万元；被告人周某有期徒刑九年，并处罚金人民币五百万元；以虚开增值税专用发票罪

判处被告单位深圳某贸易公司罚金人民币五十万元；对同案被告人分别判处有期徒刑三至十年，并处罚金。一审宣判后，周某等被告人和深圳某贸易公司提出上诉，江苏省高级人民法院经审理，裁定驳回上诉，维持原判。

(三) 典型意义

近年来，骗取出口退税犯罪呈产业化发展，造成国家巨额税款损失，对国家出口退税政策和出口贸易活动造成极其恶劣的影响。这类犯罪往往涉及虚开、配货、报关、地下钱庄、退税等多个犯罪链条，内部分工精细，且相对独立，相互勾结，呈现产业化、专业化、隐蔽化特点。本案中涉及"购税票、假出口、申报退税"三个团伙，各被告人、被告单位参与的时间、环节各不相同，应当依据其具体参与实施的犯罪行为分别定性处理。有真实交易的企业在生产经营活动中，为了赚取开票费，让上游企业将本该开具给自己的增值税专用发票开具给他人，应当认定构成虚开增值税专用发票罪。明知他人具有骗取出口退税的主观故意，仍然为其虚开增值税专用发票的，以骗取出口退税罪的共犯定罪处罚。同时，对于虚开骗税等多环节、多链条的犯罪行为，认定是否造成国家税款流失，不能根据单个环节判断，应当对整个链条进行综合分析。

案例五

金某某等虚开增值税专用发票案
——空壳公司虚开增值税专用发票应重点从严打击

(一) 基本案情

2018年至案发前，被告人金某某雇佣被告人陈某某、李某某、王某某等人，以他人名义注册或购买上海穗某商贸有限公司等近40

家空壳公司。在无任何实际货物交易的情况下，金某某以向他人支付票面金额1.3%-2.2%开票费，通过票货分离、资金迂回走账等方式，接受山东、浙江等地多家公司虚开的增值税专用发票，价税合计3.8亿余元，税额4600余万元。之后，金某某又通过虚构货物购销业务，向山西、河北、上海等地企业虚开增值税专用发票，价税合计2.2亿余元，造成税款2700余万元被抵扣。

（二）处理结果

浙江省天台县人民检察院以金某某等涉嫌虚开增值税专用发票罪提起公诉。浙江省天台县人民法院认为，被告人金某某在没有真实交易情况下，为他人虚开、让他人为自己虚开增值税专用发票，数额巨大；其他同案被告人明知金某某虚开增值税专用发票仍然参与其中，均已构成虚开增值税专用发票罪。浙江省天台县人民法院以虚开增值税专用发票罪判处被告人金某某有期徒刑十四年，并处罚金人民币四十五万元；对同案被告人分别判处有期徒刑三年至十三年六个月，并处罚金。一审宣判后，同案被告人提出上诉。浙江省台州市中级人民法院经审理，裁定驳回上诉，维持原判。

（三）典型意义

增值税专用发票区别于其他普通发票的关键在于其可以凭票抵扣税款，这也是增值税专用发票的核心功能。不法分子利用增值税专用发票的该功能进行虚开抵扣，骗取国家税款，给国家财产造成损失，危害严重。因此，刑法对虚开增值税专用发票罪规定了严厉的法定刑。根据刑法规定，结合虚开增值税专用发票罪的严重危害性，无论是为他人虚开，还是为自己虚开、让他人为自己、介绍他人虚开，只要是利用增值税专用发票抵扣税款的功能进行虚开，都属于虚开增值税专用发票行为。行为人通过设立空壳公司实施虚开增值税专用发票犯罪，是从严打击的重点。

案例六

上海某实业公司、张某某虚开增值税专用发票案
——依法惩治企业之间无真实交易,相互开具增值税专用发票行为

(一) 基本案情

2017年8月,被告单位上海某实业公司负责人张某某在无实际业务往来的情况下,通过唐某某经营的上海某服饰有限公司为实业公司虚开增值税专用发票2份,价税合计22万余元,其中税额3万余元,均已申报抵扣。次月,张某某在无实际业务往来的情况下,以其实际控制的上海某针织制衣厂的名义为服饰公司回开相同税款的增值税专用发票用于抵扣税款。

2017年9月,张某某与实业公司业务员陆某在无实际业务往来的情况下,以支付开票费的方式,让河北某绒毛制品有限公司为实业公司虚开增值税专用发票4份,价税合计38万余元,其中税额5万余元,均已申报抵扣。

2017年9月至12月期间,张某某在经营实业公司、针织厂期间,在无实际业务往来的情况下,让针织厂为实业公司虚开增值税专用发票12份,价税合计101万余元,其中税额14万余元,均已申报抵扣。

案发后,实业公司已向税务机关补缴全部涉案税款。

(二) 处理结果

上海市松江区人民检察院以实业公司、张某某、陆某涉嫌虚开增值税专用发票罪提起公诉。上海市松江区人民法院以虚开增值税专用发票罪判处被告单位实业公司罚金人民币三万元;被告人张某某有期徒刑一年,缓刑一年;被告人陆某拘役六个月,缓刑六个月。一审宣判后无抗诉、上诉,判决已发生法律效力。

(三) 典型意义

行为人之间互相开具或者循环开具增值税专用发票，销项税额与进项税额不能互相抵消，造成国家税款损失的，应当以虚开增值税专用发票罪追究刑事责任。对于出于虚增业绩等目的，实施对开、环开行为，没有造成国家税收损失的，不以虚开增值税专用发票犯罪论处，构成其他犯罪的，以相应犯罪追究刑事责任。在办理案件中，对于相互虚开增值税专用发票的行为认定，要注意把握"虚开并造成国家税款损失"的本质要点，从行为人主观上是否具有骗取税款的故意，客观上是否已缴纳税款、造成税款损失等方面，综合审查认定犯罪，严格区分违规和违法犯罪的界限。

案例七

山东某防水材料公司、徐某某虚开增值税专用发票案
——实体企业适用企业合规整改依法从宽处理

(一) 基本案情

2019年6月至2021年9月，苟某某（另案处理）以他人名义注册了多家空壳公司，在无真实货物交易的情况下向江苏、河南、浙江、福建、山东等地多家企业虚开增值税专用发票，税额739万余元。其中，2019年9月，山东某防水材料公司（以下简称防水公司）为了抵扣税款，在无真实货物交易的情况下，由公司实际控制人徐某某通过苟某某控制的空壳公司为其虚开增值税专用发票22张，税额27万余元。2019年8月至10月期间，徐某某还通过苟某某控制的空壳公司向其担任高管的厦门某防水建材公司等2家公司虚开增值税专用发票59份，税额75万余元。上述所开具发票全部用于抵扣，案发后虚开发票已作进项税额转出。

2022年4月，本案由山东省寿光市公安局移送山东省寿光市人

民检察院审查起诉。案件移送审查起诉后，徐某某表示认罪认罚，主动申请对防水公司启动企业合规程序，自愿进行合规整改。经过实地走访调查，检察机关了解到防水公司自2015年注册成立以来一直正常经营，企业产品具有良好的发展前景与潜力，年产值在3000万至5000万之间，对当地的经济发展有一定贡献，合规整改有利于企业长期经营发展。2022年11月，检察机关决定对防水公司适用涉案企业合规及第三方监督评估机制。

(二) 处理结果

检察机关商请寿光市企业合规第三方监督评估机制管委会组建了由当地税务机关工作人员、律师等组成的第三方监督评估组织，指导督促防水公司制定合规整改计划，明确企业专项合规整改的重点内容，建立健全相关合规管理体系。防水公司外聘合规专业团队，针对法务、税务等领域按照合规计划进行合规整改，并对管理人员开展法治教育。企业合规整改后，徐某某及企业管理人员放下思想包袱，积极组织开展生产经营活动。同时，检察机关强化对涉案企业规范经营的引导，促使企业步入良性发展轨道。2023年4月，经第三方组织评估认为，防水公司已完成有效合规整改。

2023年10月，山东省寿光市人民检察院参考合规考察结论，决定对防水公司作不起诉处理；以徐某某涉嫌虚开增值税专用发票罪提起公诉，并对其提出宽缓的量刑建议。山东省寿光市人民法院以虚开增值税专用发票罪判处被告人徐某某有期徒刑二年，缓刑二年，并处罚金人民币两万元。一审宣判后无抗诉、上诉，判决已发生法律效力。经回访了解，目前防水公司正常经营，产值维持平稳，在岗员工稳定。

(三) 典型意义

在涉案企业合规改革中，检察机关要充分发挥作用，准确把握合规整改适用条件，依托第三方监督评估机制管委会，确保案件妥善处理、合规有效开展。要综合考虑案件涉嫌罪名及涉案企业类型、规模、经营范围、主营业务等因素,有针对性组建第三方组织,重点围绕与企业涉嫌犯罪有密切联系的企业内部治理结构、规章制度、人员管理等方面存在的问题,督促企业制定专项合规整改计划,建设有效合规管理体系。在办理案件中,可以根据涉案企业、涉案人员的犯罪事实、情节及在合规整改中的表现,依法分别作出处理决定,对有效合规整改的单位作相对不起诉;对直接责任人不符合不起诉条件的,依法提起公诉,并提出宽缓量刑建议。

案例八

杨某虚开发票案
——虚开普通发票也可能构成犯罪

(一) 基本案情

2014年至2022年,被告人杨某以近亲属或他人名义,注册成立11家公司。在无实际经营业务的情况下,通过中间人刘某(另案处理)、傅某某(另案处理)等人介绍,采用虚假走账、资金回流等方式,利用11家公司对外虚开增值税普通发票,从中收取票面金额0.5%-1.5%的好处费,获利共计340万余元。经税务机关稽查,杨某通过上述11家公司对外虚开增值税普通发票14370份,累计票面金额12亿余元。

(二) 处理结果

天津市滨海新区人民检察院以杨某涉嫌虚开发票罪提起公诉。天津市滨海新区人民法院认为,被告人杨某违反国家税收征管及发票管理规定,在没有实际经营活动的情况下,为他人虚开普通发票,已构成虚开发票罪,且情节特别严重。天津市滨海新区人民法院以虚开发票罪判处杨某有期徒刑六年，并处罚金人民币二十万元。一审宣判后无抗诉、上诉，判决已发生法律效力。

(三) 典型意义

虽然普通发票与增值税专用发票相比，没有抵扣税款的功能，但其是会计核算的原始凭据，同时也是审计机关、税务机关执法检查的重要依据。发票的印制、领取、开具均有相关规定。不法分子为获取非法利益，从事虚开发票违法犯罪行为，为逃税、骗税、财务造假、贪污贿赂、挥霍公款、洗钱等违法犯罪提供了便利，严重扰乱市场经济秩序，助长腐败蔓延，败坏社会风气，具有严重的社会危害性。2011年《刑法修正案（八）》将虚开发票行为新增入罪，没有要求特定目的，也没有要求造成税款损失的危害结果，顺应了社会治理的需要。行为人通过设立多家空壳公司，从税务机关骗领发票后对外虚开，虚开发票数量和发票金额均特别巨大，情节特别严重，虽有坦白、自愿认罪认罚情节，法院仍判处其有期徒刑六年，体现了对虚开发票犯罪依法惩处的态度。

未按规定办理个人所得税汇算案例[①]

案例1：虚假宣传误导退税

深圳市税务部门在2022年度个税汇算退税审核时发现，纳税人姜某某存在虚假填报大病医疗专项附加扣除的情况。经查，该纳税人通过网络购物平台购买了"所谓"的个人所得税年度汇算退税申请服务，并应用平台店家提供的虚假"国家医保服务平台"APP查询结果作为证据材料申请退税。在税务部门开展辅导后，纳税人

---

① 参见《税务部门公布5起未按规定办理个人所得税汇算案例》，载国家税务总局网站，https：//www.chinatax.gov.cn/chinatax/n810219/c102025/c5196168/content.html，最后访问时间：2024年3月20日。收录时有删改。

认识到错误并补缴了税款。税务部门通过平台对外公示信息延伸调查发现位于海南的兜售虚假服务店家。目前，涉事网店已被强制关停，税务部门将进一步依法查处。

案例2：冒用纳税人身份信息

湖北纳税人王某在办理2022年度个税汇算时发现，有一家从未任职的单位在2022年累计给自己办理了金额较大的工资薪金扣缴申报，怀疑该单位冒用自己身份，并在个人所得税APP发起了异议申诉。襄阳市税务部门收到申诉信息后，立即联系被申诉单位，要求该单位提供纳税人王某的劳动合同及向其发放工资薪金的银行账户流水等相关资料，该单位无法提供。税务部门认定该单位存在冒用纳税人身份信息办理个税扣缴申报的行为，对企业财务及办税人员进行了批评教育，并要求其及时更正申报。目前，该企业已更正申报，纳税人也依法办理了年度汇算。

案例3：虚假填报继续教育专项附加扣除

甘肃省白银市税务部门在2022年度个税汇算退税审核时发现，某中学王某某、杜某等多名教师在办理汇算时错误填报了继续教育专项附加扣除。根据《个人所得税专项附加扣除暂行办法》规定，纳税人接受职业资格继续教育的，在取得该证书的当年可以享受个税继续教育专项附加扣除。经进一步调查，该中学共有多名老师误信网上虚假退税秘籍填报了继续教育专项附加扣除，税务部门迅速与学校取得联系，确认纳税人取得的"继续教育培训学分证书"，属于在取得教师资格证书后续年度发生的进修、学习、年审等培训证书，并非当年度取得教师资格证书的情况，不符合继续教育专项附加扣除条件。白银市税务部门对错误填报的纳税人逐一纠正补征税款。

案例4：虚假填报捐赠扣除和大病医疗专项附加扣除

江苏省苏州市税务部门在2022年度个税汇算退税数据分析时发现，纳税人吴某存在虚假填报捐赠扣除和大病医疗专项附加扣除的情况。经查，吴某先后就职于苏州某人力资源有限公司、苏州某房地产经纪有限公司，在办理 2022 年度个税汇算时，填报了大额的公益性捐赠扣除和大病医疗专项附加扣除，并提供了伪造的"国家医保服务平台"相关扣除截图和捐赠支出凭证截图。税务部门进一步对该纳税人以前年度的个税汇算情况进行了核查，发现该纳税人在办理 2019—2021 年度个税汇算时，均存在以上类似情况。吴某在个税年度汇算时存在伪造证据骗取国家税款的情况，性质较为恶劣，税务部门已对其立案稽查，并在后续三年纳入税收监管重点人员名单。

案例 5：虚报免税收入

广西壮族自治区税务部门在 2022 年度个税汇算退税审核时发现，纳税人甘某某存在虚假填报免税收入的情况。经查，该纳税人实际仅在一处单位任职，属于无需个税汇算补退税人员，但甘某某在办理个税汇算时，两次作废汇算申报并虚增了科技成果转化免税收入，试图申请个税汇算退税。税务人员立即与纳税人电话联系辅导，但纳税人迟迟未更正申报，税务部门依法作出不予退税决定，并纳入税收监管重点人员名单。

企业恶意骗取留抵退税案例[①]

一、北京查处一起商贸企业骗取留抵退税案件。近期，北京市税务局第四稽查局根据税收大数据分析线索，依法查处了某进出口贸易公司骗取增值税留抵退税案件。经查，该公司通过隐匿销售收入、减少销项税额、进行虚假申报等手段，骗取留抵退税 166.16 万元，税务稽查部门依法追缴该公司骗取的留抵退税款，并依据《中华人民共和国行政处罚法》《中华人民共和国税收征收管理法》

[①] 参见《税务总局公布 5 起对恶意骗取留抵退税企业近三年各项税收缴纳情况进行检查发现其偷税予以查处的案件》，载国家税务总局网站，https://www.chinatax.gov.cn/chinatax/n810219/c102025/c5178575/content.html，最后访问时间：2024 年 3 月 20 日。收录时有删改。

相关规定，拟处1倍罚款。同时，税务稽查部门依法对其近3年各项税收缴纳情况进行全面检查，发现该公司偷税46.09万元，依法追缴该公司偷税款，并依据《中华人民共和国行政处罚法》《中华人民共和国税收征收管理法》相关规定，拟处1倍罚款，加收滞纳金。

二、浙江查处一起废旧物资回收企业骗取留抵退税案件。近期，台州市税务局第二稽查局根据税收大数据分析线索，依法查处了某再生资源公司骗取增值税留抵退税案件。经查，该公司通过隐匿销售收入、减少销项税额、进行虚假申报等手段，骗取留抵退税184.89万元。税务稽查部门依法追缴该公司骗取的留抵退税款，并依据《中华人民共和国行政处罚法》《中华人民共和国税收征收管理法》相关规定，处1倍罚款。同时，税务稽查部门依法对其近3年各项税收缴纳情况进行全面检查，发现该公司偷税41.7万元，依法追缴该公司偷税款，并依据《中华人民共和国行政处罚法》《中华人民共和国税收征收管理法》相关规定，处1倍罚款、加收滞纳金。

三、新疆查处一起商贸企业骗取留抵退税案件。近期，图木舒克税务局稽查局根据税收大数据分析线索，依法查处了某燃气公司骗取增值税留抵退税案件。经查，该公司通过隐匿销售收入、减少销项税额、进行虚假申报等手段，骗取留抵退税79.52万元。税务稽查部门依法追缴该公司骗取的留抵退税款，并依据《中华人民共和国行政处罚法》《中华人民共和国税收征收管理法》相关规定，拟处1倍罚款。同时，税务稽查部门依法对其近3年各项税收缴纳情况进行全面检查，发现该公司偷税260.9万元，依法追缴该公司偷税款，并依据《中华人民共和国行政处罚法》《中华人民共和国税收征收管理法》相关规定，拟处1倍罚款、加收滞纳金。

四、福建查处一起零售企业骗取留抵退税案件。近期，漳州市税务局第一稽查局根据税收大数据分析线索，依法查处了某加油站骗取增值税留抵退税案件。经查，该企业通过隐匿销售收入、减少销项税额、进行虚假申报等手段，骗取留抵退税15.56万元。税务稽查部门依法追缴该企业骗取的留抵退税款，并依据《中华人民共和国行政处罚法》《中华人民共和国税收征收管理法》相关规定,处1倍罚款。同时,税务稽查部门依法对其近3年各项税收缴纳情况进行全面检查,发现该企业偷税156.96万元,依法追缴该企业偷税款,并依据《中华人民共和国行政处罚法》《中华人民共和国税收征收管理法》相关规定,对该企业立案后能够配合检查且主动补缴的偷税款148.72万元,处0.5倍罚款、加收滞纳金;对其未主动补缴的偷税款8.24万元,处1倍罚款、加收滞纳金。

五、广西查处一起汽车销售企业骗取留抵退税案件。近期,广西壮族自治区税务局第一稽查局根据税收大数据分析线索,依法查处了某汽车服务公司骗取留抵退税案件。经查,该公司通过隐匿销售收入、减少销项税额、进行虚假申报等手段,骗取留抵退税71.08万元。税务稽查部门依法追缴该公司骗取的留抵退税款,并依据《中华人民共和国行政处罚法》《中华人民共和国税收征收管理法》相关规定,拟处1倍罚款。同时,税务稽查部门依法对其近3年各项税收缴纳情况进行全面检查,发现该公司偷税52.95万元,依法追缴该公司偷税款,并依据《中华人民共和国行政处罚法》《中华人民共和国税收征收管理法》相关规定,拟处1倍罚款、加收滞纳金。

增值税发票虚开骗税和隐瞒高收入
未如实申报纳税典型案例[①]

一、青海警税破获虚开机动车销售统一发票案件。2020年9月,西宁市税务部门在工作中运用增值税发票数据分析发现,有多

---

① 参见《税务总局曝光增值税发票虚开骗税和隐瞒高收入未如实申报纳税典型案例》,载国家税务总局网站,http://www.chinatax.gov.cn/chinatax/n810219/c102025/c5169398/content.html,最后访问时间:2024年3月20日。收录时有删改。

家汽车销售公司涉嫌虚开机动车销售统一发票，随即会同公安部门组成警税联合专案组开展查办工作。2020年10月，警税联合开展抓捕行动，抓获犯罪嫌疑人6名。经查，犯罪嫌疑人利用虚假身份信息注册成立空壳企业21户，向汽车购买人虚开机动车销售统一发票839份，虚开金额1.7亿余元。

二、湖北警税破获某化工企业变票虚开案件。2021年6月，湖北十堰警税联合行动，成功打掉十堰市某化工企业虚开团伙，抓获犯罪嫌疑人14名。经查，该团伙涉嫌控制18户空壳企业，采取变换品名的方式虚开增值税专用发票5147份，虚开金额7.1亿元。

三、安徽破获利用"阴阳合同"隐瞒股权转让收入逃税案。安徽省淮南市税务稽查部门根据举报线索，查实安徽某药业公司股东鲍某与殷某签订《股权转让协议》，将其实际持有的该药业公司51.09%的股权转让给殷某，实际转让价格为7000万元。后鲍某为偷逃相关税款另行伪造《股权转让协议》进行纳税申报，少缴税款合计1175.48万元。淮南市税务稽查部门依法作出对鲍某追缴税款、加收滞纳金并处罚款的处理处罚决定后，鲍某未按期补缴税款、滞纳金和罚款。税务部门随即依法将该案移送公安机关立案侦查，后鲍某被检察院提起公诉。进入司法程序后，鲍某补缴全部税款。2021年3月，法院判决认定，鲍某将其持有的某公司股权转让他人后采取欺骗、隐瞒手段进行虚假纳税申报，且涉及金额巨大，其行为已构成逃税罪，依法判处鲍某有期徒刑四年，并处罚金人民币50万元。

增值税发票虚开骗税典型案例[①]

一、湖北警税联合破获"楚剑五号"虚开增值税发票案。2020年3月，国家税务总局湖北省税务局稽查局在进行大数据选案时，发现荆州有企业存在虚开嫌疑，遂会同湖北省公安厅将该案源联合下发至荆州警税部门。2020年7月，荆州警税联合专案组成功开展"楚剑五号"虚开增值税发票案收网行动，抓获犯罪嫌疑人14人，查获作案工具若干。经查，该团伙虚假注册空壳企业92户，对外虚开增值税普通发票和专用发票14401份，虚开金额5.57亿元。

二、贵州破获出口"貂皮大衣"骗税案。2020年10月，贵州税务联合公安、海关、人民银行成功破获一起出口"貂皮大衣"骗税案。经查，该涉案团伙注册3家"貂皮大衣"生产出口企业，采取虚假购进、虚假生产、虚假出口等手段，层层伪装，短时间内"出口"金额高达2.13亿元，并通过让他人为自己虚开发票、非法买汇结汇等手段骗取出口退税。目前，税务机关认定涉案企业骗取出口退税2000万元，法院已作出一审判决，判决4名涉案人员犯骗取出口退税罪，判处4年至11年不等有期徒刑。

三、深圳警税破获"惊雷4号"虚开、伪造出售假发票案。2020年12月，深圳警税联合开展"惊雷4号"专案收网行动，摧毁犯罪团伙12个，抓获犯罪嫌疑人45人。经查，该团伙控制企业900余户，涉嫌对外虚开增值税普通发票和专用发票以及非法制造、出售非法制造的发票，涉案金额60余亿元。

四、浙江金华警税联合破获"9·×"骗税案。2020年12月，浙江金华警税联合破获"9·×"骗税案，抓获犯罪嫌疑人54名，

[①] 参见《税务总局曝光5起增值税发票虚开骗税典型案例》，载国家税务总局网站，http://www.chinatax.gov.cn/chinatax/n810219/n810724/c5165548/content.html，最后访问时间：2024年3月20日。收录时有删改。

打掉犯罪团伙16个，捣毁犯罪窝点22处。经查，本案多团伙分工协作，向地下钱庄购买外汇虚假结汇，共同组成虚开结汇骗税链条，5户出口企业利用56户上游公司虚开的13.68亿元发票，骗取出口退税款1.65亿元。

五、福建警税破获"10·24"虚开增值税普通发票案。2021年1月，福建警税联合行动，成功打掉"10·24"暴力虚开增值税普通发票团伙，捣毁犯罪窝点5个，抓获犯罪嫌疑人6名，现场查获作案工具若干。经查，该团伙控制企业153户，通过虚填免税销售额进行虚假申报，逃避缴纳税款，在没有真实业务往来的情况下，对外虚开增值税普通发票4.6万余份，虚开金额37亿元。

虚开发票违法典型案例[①]

一、四川查处"5·21"电子普通发票虚开案。2020年5月，成都警税运用大数据分析技术，发现同一团伙控制下的85户空壳企业涉嫌虚开电子普通发票。警税两部门立即联合成立专案组进行查处，于2020年7月实施收网行动，成功破获该起虚开电子普通发票案，打掉职业虚开犯罪团伙2个，抓获犯罪嫌疑人4名。经查，该团伙利用"非接触式"办税缴费便利措施，控制空壳企业919户，向全国31个省（区、市）21821户下游企业或个人虚开增值税发票11万余份，虚开金额31亿多元，其中虚开电子普通发票2807份，虚开金额1.05亿元。

二、深圳查处"护航1号"电子普通发票虚开案。2021年初，深圳税务部门依托智慧稽查系统发现一起涉嫌虚开电子普通发票案件线

---

① 参见《国家税务总局曝光8起虚开发票违法典型案例》，载国家税务总局网站，http://www.chinatax.gov.cn/chinatax/n810219/n810780/c5164117/content.html，最后访问时间：2024年3月20日。收录时有删改。

索，警税联合成立专案组开展查处，运用信息化战法快速锁定异地虚开窝点。2021年2月，深圳警税同时在深圳和广东陆丰、普宁等地开展"护航1号"收网行动，成功打掉电子普通发票虚开团伙1个，抓获犯罪嫌疑人5名，摧毁犯罪窝点4个。初步查明，该犯罪团伙控制了580余家注册在深圳的空壳企业，利用电子普通发票便利属性，采取异地开票的手段，对外虚开增值税普通发票15.8万余份，涉案金额10亿多元。其中虚开电子普通发票37734份，虚开金额2.35亿元。

三、北京查处"8·27"增值税发票虚开案。近期，北京税务稽查部门与公安部门联手，成功破获"8·27"虚开案。该团伙直接或间接控制30余家虚开企业，针对客户多为个体工商户、个人且部分人员不需要发票这一特点，将销售收入打入个人账户以使票货分离，利用大量发票富余额度，从事虚开发票犯罪活动。该团伙2013年至2019年间涉嫌对外虚开增值税专用发票7万余份，涉案金额109亿元；涉嫌对外虚开增值税普通发票2万余份，涉案金额3.23亿元。

四、湖南查处"1·23"增值税发票虚开案。2021年1月，湖南娄底税务部门在日常巡查过程中，发现3家汽车销售公司存在重大虚开增值税发票嫌疑，迅速会同公安部门成立联合专案组进行立案查处。经查，以张某为首的犯罪团伙自2020年底以来，在娄底成立22家空壳公司虚开发票，涉及发票500余份，虚开金额6亿余元。2021年1月底，联合专案成功收网，捣毁作案窝点3个，抓获嫌疑人5名。

五、重庆查处"4·01"增值税发票虚开案。2020年4月初，重庆税务、公安部门运用大数据开展虚开风险扫描研判时，发现一虚开发票团伙线索，随即会同税务总局驻重庆特派办联合开展查处工作。2020年5月，重庆市公安局、重庆市税务局和税务总局驻重庆特派办联合，对"4·01"专案涉及的7个虚开团伙跨省虚开发票案实施统一收网行动，打掉窝点12个，抓获犯罪嫌疑人63名，查获作案工具若干。经查，该团伙采取注册若干户空壳企业的方式，对外虚开增值税专用发票和普通发票金额71.8亿元。

六、浙江查处利用税收优惠政策虚开发票案。2020年5月，杭州市税务局通过大数据全面扫描申报税收优惠政策企业及相关涉税数据,发现某商贸公司存在重大虚开疑点,经进一步分析监测,最终锁定关联企业62户,其中李某控制的21户企业主要负责成立公司后虚开发票;胡某控制的41户企业主要负责非法出售营业执照和开票资格等违法行为。杭州警税开展集中收网行动,抓获犯罪嫌疑人18名,涉案金额2.5亿元。

七、上海查处利用税收优惠政策虚开发票案。2020年3月,上海市税务部门联合公安部门开展大数据分析筛查,发现一个虚开发票团伙利用征收增值税的优惠政策及办税便利条件,大肆开展虚开犯罪活动。随即,上海市公安部门与税务部门组成联合专案组,对8个虚开犯罪团伙及122户受票企业开展集中收网,抓获犯罪嫌疑人121名。

八、江苏查处利用软件产品税收优惠政策虚开发票,骗取政府补贴案。2020年12月,江苏警税协同配合,成功破获某软件科技公司虚开发票案,抓获犯罪嫌疑人2人。经查,2019年7月以来,该公司控制人利用国家对软件产品增值税实际税负超3%部分即征即退的优惠政策,使软件产品价格虚高,向当地37家实体企业开具增值税专用发票3518万元,同时与受票单位勾结,共同制作虚假材料以骗取当地工信部门鼓励企业技术升级的财政补贴。截至案发,已有21家受票单位向政府申报政策补贴100余万元。

电子普通发票虚开违法典型案例[①]

一、济南警税成功破获"5·08""7·21"电子普票虚开案。2020年7月,济南警税联合专案组在已破获的虚开发票案件基础

---

① 参见《国家税务总局曝光三起电子普通发票虚开违法典型案例》,载国家税务总局网站,http://www.chinatax.gov.cn/chinatax/n810219/n810724/c5163029/content.html,最后访问时间:2024年3月20日。收录时有删改。

上，继续深挖扩线，立案代号为"5·08""7·21"的电子普票虚开案。济南警税双方协同配合，迅速出击，2020年8月、9月先后开展三次收网行动，成功破获案件，捣毁暴力虚开窝点2个，抓获犯罪嫌疑人8名，查获电脑、打印机、手机等作案工具。经初步查明，犯罪团伙采取大量注册空壳公司的手段，向全国31个省（区、市）8000余家企业虚开增值税发票3万多份，涉案金额达30亿元，其中虚开电子普票2836份，虚开金额达1.72亿元。

二、广东"打虚14号"打掉1个电子普票虚开犯罪团伙，查获"假企业"64户。2020年11月，广东警税创新运用信息化战法，强化大数据分析运用和部门协同配合，组织开展"打虚14号"专案行动，成功打掉电子普票虚开犯罪团伙1个，抓获涉案人员8名，自首1人，捣毁涉案窝点1个。经初步查明，不法分子以办理网贷为名义，诱导急需贷款的人员挂名注册成立"空壳"公司，采取暴力虚开手段，向全国21个省（区、市）643户企业虚开电子普票1482份，虚开金额达1亿元。

三、重庆警税联手破获"11·18"电子普票虚开案。2020年12月，重庆市警税联合国家税务总局驻重庆特派办运用技术手段开展大数据分析选案，成功打掉盘踞在重庆、西安的电子普票虚开犯罪团伙4个，抓获犯罪嫌疑人5名，查获作案用电脑、打印机、物联网卡、手机等大量作案工具。经查，该虚开团伙控制空壳企业188户，向全国31个省（区、市）5173户企业或个人虚开增值税发票21338份，涉案金额3.68亿元，其中虚开电子普票7769份，虚开金额达4209万元。

（二）相关文书[①]

税务处理决定书

_____税务局（稽查局）
税务处理决定书
_____税处〔　　〕　号

_____：（纳税人识别号：　　　　）

　　我局（所）于_____年___月___日至_____年___月___日对你（单位）（地址：_____）_____年___月___日至_____年___月___日_____情况进行了检查，违法事实及处理决定如下：

一、违法事实

（一）

1.

2.

（二）

……

[①] 该部分收录的文书范本、使用说明均来源于《国家税务总局关于修订部分税务执法文书的公告》（国家税务总局公告2024年第1号），载国家税务总局网站，https://fgk.chinatax.gov.cn/zcfgk/c100012/c5221131/content.html，最后访问时间：2024年3月20日。

二、处理决定及依据

（一）

1.

2.

（二）

……

限你（单位）自收到本决定书之日起____日内到_____将上述税款及滞纳金缴纳入库，并按照规定进行相关账务调整。

逾期未缴清的，将依照《中华人民共和国税收征收管理法》第四十条规定强制执行。

你（单位）若同我局（所）在纳税上有争议，必须先依照本决定的期限缴纳税款及滞纳金或者提供相应的担保，然后可自上述款项缴清或者提供相应担保被税务机关确认之日起六十日内依法向_____申请行政复议。

税务机关（印章）

年　月　日

使用说明

1. 本决定书依据《中华人民共和国税收征收管理法》、《中华人民共和国税收征收管理法实施细则》和《中华人民共和国行政复议法》第二十条、《税务稽查案件办理程序规定》第四十三条设置。

2. 适用范围：税务机关对各类税收违法行为依据有关税收法律、行政法规、规章作出处理决定时使用。

3. 本决定书应当包括如下内容：被处理对象名称、查证的违法事实及违法所属期间、处理依据、处理决定、作出处理决定的税务机关名称及印章、作出处理决定日期、处理决定文号、告知申请行政复议的时限、途径。

4. 本文书受送达人处填写纳税人、扣缴义务人等税务行政相对人名称或者姓名，统一社会信用代码或者有效身份证件号码，没有统一社会信用代码的，填写纳税人识别号。地址填写注册登记地址或者有效身份证件上的地址。

5. 本决定书的主体部分，必须抓住税收违法行为的主要事实，简明扼要地加以叙述，然后列举处理的依据，写明处理结论。若违法事实复杂，应当分类分项叙述。

6. 本决定书所援引的处理依据，必须是税收及其他相关法律、行政法规或者规章，并应当注明文件名称、文号和有关条款。

7. "限你（单位）自本决定书送达之日起＿＿＿日内到＿＿＿将上述税款及滞纳金缴纳入库，并按照规定进行相关账务调整。逾期未缴清的，将依照《中华人民共和国税收征收管理法》第四十条规定强制执行。"其中强制执行措施仅限于对从事生产、经营的纳税人、扣缴义务人适用，对非从事生产、经营的纳税人、扣缴义务人可以申请人民法院强制执行。

8. 本决定书与《税务文书送达回证》一并使用。

9. 文书字号设为"税处"，稽查局使用设为"税稽处"。

10. 本决定书为 A4 竖式，一式三份，一份送达纳税人、扣缴义务人，一份交给纳税人、扣缴义务人的征管部门，一份装入卷宗。

催告书（申请人民法院强制执行适用）

_____税务局（稽查局）

催 告 书

（申请人民法院强制执行适用）

_____税强催〔　　〕　号

_____：（纳税人识别号：　　　　　）

　　本机关于_____年___月___日向你（单位）送达_____，你（单位）_____。根据《中华人民共和国行政强制法》第五十四条规定，现依法向你（单位）催告，请你（单位）自收到本催告书之日起十日内履行下列义务：

1. _____
2. _____

　　逾期仍未履行义务的，本机关将依法申请人民法院强制执行。

　　你（单位）在收到催告书后有权进行陈述和申辩。请你（单位）在收到本催告书之日起三日内提出陈述和申辩，逾期不陈述、申辩的视为放弃陈述和申辩的权利。

联系人：

联系电话：

地址：

执法人员（检查证号）：

税务机关（印章）

年　　月　　日

使用说明

1. 本文书依据《中华人民共和国行政强制法》第五十四条规定制作，是税务机关在申请人民法院依法强制执行前，事先催告当事人履行义务而制作的执法文书。

2. 本催告书抬头填写纳税人、扣缴义务人、纳税担保人名称或者姓名，统一社会信用代码或者有效身份证件号码，没有统一社会信用代码的，以纳税人识别号代替。

3. "本机关于＿＿＿＿年＿＿＿月＿＿＿日"：填写送达当事人文书的日期，年份不能简写。

4. "送达＿＿＿＿＿＿"：填写文书名称及字号。

5. "你（单位）＿＿＿＿＿＿"横线处根据税收征管法第八十八条、行政复议法第七十八条、行政诉讼法第九十五条等规定，结合具体情形填写。

6. "1.＿＿＿＿ 2.＿＿＿＿"：下划线填写当事人应当履行的义务，即税务机关在有关决定性文书中作出的行政决定，涉及金钱给付的，应当有明确的金额和给付方式；如当事人应当履行的义务只有一项的，第2项空白处应划去；如有多项的可增加项目。

7. 当事人陈述申辩：当事人在本催告书规定的期限内提出陈述申辩的，税务机关应当进行复核；当事人自愿放弃陈述申辩权利的，税务机关应当作出相应记录。

8. "联系人：＿＿＿＿＿＿ 联系电话：＿＿＿＿＿＿ 联系地址：＿＿＿＿＿＿"：填写税务机关受理当事人陈述申辩的联系人、电话及地址。

9. 执法人员（检查证号）：由执法人员签名（盖章）并注明税务检查证件号码。执法人员应为两名以上。

10. 本文书应当交当事人确认后由当事人签名（盖章）。当事人拒绝接收或者无法直接送达的,应当按照《中华人民共和国民事诉讼法》的有关规定送达(处罚法、强制法、复议法中有专门规定)。

11. 本文书一式两份,一份送达被催告当事人,一份税务机关留存。

税收强制执行决定书（扣缴税收款项适用）

_____税务局（稽查局）

催 告 书

（扣缴税收款项适用）

_____税强扣〔　　〕　号

_____：（纳税人识别号：　　　　　）

　　鉴于你（单位）（地址：_____）_____，根据《中华人民共和国税收征收管理法》_____规定，经_____税务局（分局）局长批准，决定从_____年___月___日起从你（单位）_____的存款账户（账号：_____）中扣缴以下款项，缴入国库：

　　税　　　　款（大写）：_____（¥　　　　）
　　滞　纳　金（大写）：_____（¥　　　　）
　　罚　　　　款（大写）：_____（¥　　　　）
　　没收违法所得（大写）：_____（¥　　　　）
　　合　　　　计（大写）：_____（¥　　　　）

　　如对本决定不服，可自收到本决定之日起六十日内依法向_____申请行政复议，或者自收到本决定之日起六个月内依法向人民法院起诉。

税务机关（印章）
年　月　日

使用说明

1. 本决定书依据《中华人民共和国税收征收管理法》第三十八条、第四十条、第五十五条、第八十八条，《中华人民共和国税收征收管理法实施细则》，《中华人民共和国行政强制法》第三十七条设置。

2. 适用范围：

（1）税务机关对从事生产、经营的纳税人已采取税收保全措施，但纳税人逾期未缴纳税款时使用；

（2）从事生产、经营的纳税人、扣缴义务人未按规定的期限缴纳或者解缴税款，纳税担保人未按规定的期限缴纳所担保的税款，由税务机关责令限期缴纳，逾期仍未缴纳时使用；

（3）税务机关对从事生产、经营的纳税人以前纳税期的纳税情况依法进行税务检查时，发现纳税人有逃避纳税义务行为，并有明显的转移、隐匿其应纳税的商品、货物以及其他财产或者应纳税的收入的迹象时使用；

（4）当事人对税务机关当场作出的处罚决定逾期不申请行政复议又不履行时，或者对税务机关作出的其他处罚决定逾期不申请行政复议也不向人民法院起诉、又不履行时使用。

3. 本文书受送达人处填写纳税人、扣缴义务人、纳税担保人名称或者姓名，统一社会信用代码或者有效身份证件号码，没有统一社会信用代码的，填写纳税人识别号。

4. "鉴于你（单位）（地址：_____）_____"地址填写注册登记地址或者有效身份证件上的地址。第二横线处填写强制执行理由。（根据《中华人民共和国税收征收管理法》第四十条、第五十五条、第八十八条，《中华人民共和国行政强制法》第三十七条，结合具体情况填写）。

5."经＿＿＿＿税务局（分局）局长批准"横线处填写符合《中华人民共和国税收征收管理法》规定具有审批权限的税务局（分局）局长所在税务机关的具体名称。

6."在＿＿＿＿的存款账户（账号：＿＿＿＿中扣缴以下款项）"横线处填写纳税人、扣缴义务人或者纳税担保人开户银行或者其他金融机构的具体名称。

7.本决定书应与《扣缴税收款项通知书》一并依照规定的审批程序和权限，由县以上税务局（分局）局长批准后使用。

8."向＿＿＿＿"横线处填写有权受理行政复议申请的上级税务机关的具体名称。

9.本决定书与《税务文书送达回证》一并使用，在送达金融机构后送达纳税人一份。

10.文书字号设为"强扣"，稽查局使用设为"稽强扣"。

11.本决定书为A4竖式。一式三份，一份送金融机构，一份送纳税人或扣缴义务人、纳税担保人，一份装入卷宗。

扣缴税收款项通知书

_____税务局（稽查局）
扣缴税收款项通知书
_____税扣通〔   〕号

_____：

_____未按规定缴纳税款（滞纳金、罚款），根据《中华人民共和国税收征收管理法》_____规定，经_____税务局（分局）局长批准，请于本通知书送达之时起至_____年___月___日止按所附缴款凭证共_____份开具的金额（大写）_____（￥_____）元从其在你处的存款账户（账号：_____）扣缴入库（账号：_____）。

税务机关（签章）
年　月　日

以下由银行（或其他金融机构）填写

存款账户余额：

签收人：

签收时间：　　年　月　日　时　分

签收单位（签章）
年　月　日

使用说明

1. 本通知书依据《中华人民共和国税收征收管理法》第三十八条、第四十条、第五十五条、第八十八条设置。

2. 适用范围：

（1）税务机关对从事生产、经营的纳税人已采取税收保全措施，但纳税人逾期未缴纳税款时使用；

（2）从事生产、经营的纳税人、扣缴义务人未按规定的期限缴纳或者解缴税款，纳税担保人未按规定的期限缴纳所担保的税款，由税务机关责令限期缴纳，逾期仍未缴纳时使用；

（3）税务机关对从事生产、经营的纳税人以前纳税期的纳税情况依法进行税务检查时，发现纳税人有逃避纳税义务行为，并有明显的转移、隐匿其应纳税的商品、货物以及其他财产或者应纳税的收入的迹象时使用；

（4）当事人对税务机关当场作出的处罚决定逾期不申请行政复议又不履行时，或者对税务机关作出的其他处罚决定逾期不申请行政复议也不向人民法院起诉、又不履行时使用。

3. 本通知书抬头填写纳税人、扣缴义务人或者纳税担保人开户银行或者其他金融机构的具体名称。

4. "_____未按规定缴纳税款（滞纳金、罚款）"横线处填写纳税人、扣缴义务人或者纳税担保人具体名称。

5. "经_____税务局（分局）局长批准"横线处填写符合《中华人民共和国税收征收管理法》规定具有审批权限的税务局（分局）局长所在税务机关的具体名称。

6. 本通知书应与《税收强制执行决定书（扣缴税收款项适用）》一并依照规定的审批程序和权限，由县以上税务局（分局）局长批准后使用。

7. 本通知书与《税务文书送达回证》一并使用，在送达时签收时间不但要写明"年"、"月"、"日"、"时"，而且要具体写明"分"。

8. 文书字号设为"扣通"，稽查局使用设为"稽扣通"。

9. 本通知书为 A4 竖式，一式二份，一份随同《税收强制执行决定书（扣缴税收款项适用）》送金融机构，一份装入卷宗。

强制执行申请书

_____税务局（稽查局）
强制执行申请书

_____税强申〔　　〕　号

_____：

申请执行人：_____　地址：_____
行政机关负责人：_____　职务：_____
联系电话：_____　邮政编码：_____

被申请执行人：_____　地址：_____
法定代表人：_____　职务：_____
联系电话：_____　邮政编码：_____

_____
_____
_____

根据_____规定，特申请贵院强制执行。

附件：_____

申请执行机关（印章）
年　月　日

使用说明

1. 本申请书依据《中华人民共和国税收征收管理法》第八十八条、《中华人民共和国行政复议法》第七十八条、《中华人民共和国行政诉讼法》第九十五条、第九十七条、《中华人民共和国行政强制法》第五十五条。

2. 适用范围：税务机关申请人民法院强制执行税款、滞纳金、罚款、没收违法所得等时使用。

3. 本申请书抬头填写税务机关申请强制执行的人民法院的具体名称。

4. 正文第一段填写申请理由，理由一般包含如下内容：

（1）对当场作出的税务行政处罚决定未按规定申请行政复议又不履行；对作出的其他税务行政处罚决定未按规定申请行政复议或者向人民法院提起行政诉讼，又不履行；

（2）已对＿＿＿＿＿＿＿（《税务处理决定书》名称、字号和《税务行政处罚决定书》名称、字号）申请行政复议，但对＿＿＿＿＿＿＿（复议机关）＿＿＿＿年＿＿＿月＿＿＿日作出的《税务行政复议决定书》（税复〔　　〕　　号）逾期不起诉又不履行；

（3）已对＿＿＿＿＿＿＿（《税务处理决定书》名称、字号、《税务行政处罚决定书》名称、字号、《税务行政复议决定书》名称、字号）提起行政诉讼，但不履行＿＿＿＿＿＿＿人民法院＿＿＿＿＿＿＿（判决书或裁定书名称、字号）的判决（裁定）。

5. "根据＿＿＿＿＿＿＿规定"横线处依照不同情况填写以下内容：

（1）《中华人民共和国行政诉讼法》第九十五条、九十七条；

（2）《中华人民共和国税收征收管理法》第八十八条；

（3）《中华人民共和国行政复议法》第七十八条。

6. "附件"根据具体情况填写《税务处理决定书》《税务行政处

罚决定书》《税务行政复议决定书》或者人民法院判决书、裁定书的文书名称、字号。

7. 文书字号设为"强申",稽查局使用设为"稽强申"。

8. 本申请书为 A4 竖式,一式二份,一份送人民法院,一份装入卷宗。

税务行政处罚决定书（简易）

_____税务局（稽查局）
税务行政处罚决定书（简易）

_____税简罚〔　　〕　号

被处罚人名称			
被处罚人证件名称		证件号码	
处罚地点		处罚时间	
违法事实及处罚依据			
缴纳方式	□1. 当场缴纳； □2. 限十五日内到_____缴纳。		
罚款金额	（大写）_____¥_____		
告知事项	1. 当事人应终止违法行为并予以纠正； 2. 如对本决定不服，可以自收到本决定书之日起六十日内依法向_____ _____申请行政复议； 3. 到期不缴纳罚款的，税务机关可自缴款期限届满次日起每日按罚款数额的百分之三加处罚款，加处罚款的数额不超过罚款本数； 4. 对处罚决定逾期不申请行政复议又不履行的，税务机关有权依法采取强制执行措施或者申请人民法院强制执行。		
执法人员已告知我享有陈述、申辩权利，我陈述、申辩如下： 　　　　　　　　　　　　　　　　　　　　　　经办人： 　　　　　　　　　　　　　　　　　　　　　　　　年　月　日			
执法人员： 税务机关（印章）： 　　　　　　　　年　月　日		签收情况： 　　　　　　　经办人： 　　　　　　　　　年　月　日	

使用说明

1. 本决定书依据《中华人民共和国税收征收管理法》、《中华人民共和国行政处罚法》第五十一条、第五十二条设置。

2. 适用范围：在对公民处以200元（含200元）以下、对法人或者其他组织处以3000元（含3000元）以下罚款，当场作出税务行政处罚时使用。

3. 填写说明：

（1）被处罚人名称：单位被处罚的，填写单位全称；个人被处罚的，填写个人姓名。

（2）被处罚人证件名称：单位填写税务登记证件（含加载统一社会信用代码的营业执照），未办理税务登记的，填写其他合法有效证件；个人被处罚的，填写个人有效身份证件名称。

（3）证件号码：单位填写纳税人识别号（含统一社会信用代码），未办理税务登记的，填写其他有效证件号码；个人填写有效身份证件号码。

（4）缴纳方式：如果是当场缴纳，在"□1"内打"√"，如是指定缴纳在"□2"处打"√"，在"＿＿"填写缴纳地点。

（5）经办人：填写具体经办被处罚事项，能代表被处罚人陈述申辩及签收文书的人员，被处罚人是单位的，要同时加盖单位公章。

4. 文书字号设为"税简罚"，稽查局使用设为"税稽简罚"。

5. 本表为A4型竖式，一式二份，当事人一份，作出处罚决定的税务机关一份。

社会保险费行政处罚决定书（简易）

_____税务局
社会保险费行政处罚决定书（简易）

_____税社简罚〔   〕   号

被处罚单位名称			
被处罚单位证件名称		证件号码	
处罚地点		处罚时间	
违法事实及处罚依据			
缴纳方式	□1. 当场缴纳； □2. 限十五日内到_____缴纳。		
罚款金额	人民币（大写）_____ ¥_____元		
告知事项	1. 当事人应终止违法行为并予以纠正； 2. 如对本决定不服，可以自收到本决定书之日起六十日内依法向_____申请行政复议； 3. 到期不缴纳罚款的，税务机关可自缴款期限届满次日起每日按罚款数额的百分之三加处罚款，加处罚款的数额不超过罚款本数； 4. 对处罚决定逾期不申请行政复议又不履行的，税务机关将依法申请人民法院强制执行。		
执法人员已告知我享有陈述、申辩权利，我陈述、申辩如下： 经办人： 年　月　日			
执法人员： 税务机关（印章）： 年　月　日		签收情况： 经办人： 年　月　日	

使用说明

1. 本决定书依据《中华人民共和国社会保险法》、《中华人民共和国行政处罚法》第五十一条、第五十二条设置。

2. 适用范围：对法人或者其他组织处以3000元（含3000元）以下罚款，当场作出社会保险费行政处罚时使用。

3. 填写说明：

（1）被处罚单位名称：填写单位全称。

（2）被处罚单位证件名称：填写营业执照或者其他合法有效证件。

（3）证件号码：填写统一社会信用代码，没有统一社会信用代码的，填写纳税人识别号。

（4）缴纳方式：如果是当场缴纳，在"□1"内打"√"，如是指定缴纳在"□2"处打"√"，在"＿＿"填写缴纳地点。

（5）经办人：填写具体经办被处罚事项，能代表被处罚单位陈述申辩及签收文书的人员，同时加盖单位公章。

4. 文书字号设为"社简罚"。

5. 本表为A4型竖式，一式二份，当事人一份，作出处罚决定的税务机关一份。

图书在版编目（CIP）数据

税收法律政策全书：含法律、法规、司法解释、典型案例及相关文书：2024年版／中国法制出版社编．—北京：中国法制出版社，2024.4
（法律政策全书系列）
ISBN 978-7-5216-4457-9

Ⅰ.①税… Ⅱ.①中… Ⅲ.①税法-汇编-中国 Ⅳ.①D922.220.9

中国国家版本馆 CIP 数据核字（2024）第 075724 号

责任编辑：王熹　　　　　　　　　　　　封面设计：周黎明

税收法律政策全书：含法律、法规、司法解释、典型案例及相关文书：2024年版
SHUISHOU FALÜ ZHENGCE QUANSHU：HAN FALÜ、FAGUI、SIFA JIESHI、DIANXING ANLI JI XIANGGUAN WENSHU：2024 NIAN BAN

编者／中国法制出版社
经销／新华书店
印刷／三河市国英印务有限公司
开本／880毫米×1230毫米　32开　　　印张／23.25　字数／489千
版次／2024年4月第1版　　　　　　　　2024年4月第1次印刷

中国法制出版社出版
书号 ISBN 978-7-5216-4457-9　　　　　　定价：69.00元

北京市西城区西便门西里甲16号西便门办公区
邮政编码：100053　　　　　　　　　　　传真：010-63141600
网址：http：//www.zgfzs.com　　　　　　编辑部电话：010-63141791
市场营销部电话：010-63141612　　　　　印务部电话：010-63141606

（如有印装质量问题，请与本社印务部联系。）